KB166689

소피의 세계

소피의 세계

초판	1쇄 발행	1996년 2월 5일
초판	53쇄 발행	2015년 8월 10일
개정판	1쇄 발행	2015년 12월 23일
개정판	18쇄 발행	2024년 10월 30일

지은이	요슈타인 가아더
옮긴이	장영은
펴낸이	조미현

편집주간	김현림
일러스트	윤예지
디자인	나윤영·유보람

펴낸곳	(주)현암사
등록	1951년 12월 24일 제10-126호
주소	04029 서울시 마포구 동교로12안길 35
전화	02-365-5051
팩스	02-313-2729
전자우편	editor@hyeonamsa.com
홈페이지	www.hyeonamsa.com

Sofies verden by Jostein Gaarder
Copyright ⓒ The author and H. Aschehoug & Co. (W.Nygaard), Oslo, Norway 1991
The Korean translation copyright ⓒ Hyeonamsa Publishing Co., Ltd. 1994
Published by arrangement with H. Aschehoug & Co. through DRT International, Seoul.
All rights reserved.

ISBN   978-89-323-1766-3 03160

소설로 읽는 철학

소피의 세계

요슈타인 가아더

장영은 옮김

ᆼ현암사

지난 3,000년을

설명할 수 없는 이는

하루하루를 어둠 속에서

아무것도 모르는 채 살아가게 되리라.

– 괴테

한국의 독자들에게

몇 년 전, 나의 어린 아들이 서울이 어디에 있느냐고 물은 적이 있습니다. 나는 땅 아래쪽을 가리키면서 '이 밑에' 있다고 대답했습니다. 내가 있는 곳과 한국은 서로 지구 반대편에 있기 때문에 그렇게 얘기한 것이지요. 그때 아들은 서울 올림픽에 참가한 그 많은 사람이 지구의 밑바닥에 있으면서 왜 우주 공간으로 떨어지지 않는지 이해하지 못했습니다.

그러나 위가 아래가 되고 아래가 위가 될 수 있지요. 지구의 같은 쪽에 살든 반대쪽에 살든, 우리는 모두 삶과 존재에 대해서 똑같은 의문을 지닌 인간입니다.

인간이란 무엇인가?
세계는 어디에서 생겨났는가?
우주에는 신이 존재하는가?
세계는 스스로 존립한다고 할 수 있는가?
의식이란 무엇인가?
세계는 내가 감각을 통해 보는 것과 똑같다고 확신할 수 있는가?
올바른 삶이란 무엇인가?
죽음 뒤에도 삶이 존재할까?

『소피의 세계』는 철학사에 관한 소설입니다. 그러나 단순히 소설만은 아니며, 또한 철학에 관한 책만도 아닙니다.『소피의 세계』는 철학 정신에 관한 역사적 배경을 그린 책입니다.

한국의 독자들에게 책 읽는 즐거움과 함께 행운이 깃들기를 바랍니다.

1994년 12월

요슈타인 가아더

『소피의 세계』 출간 20주년을 맞으며

철학에 대한 질문은 시대의 변화와는 상관없이 항상 같은 것인가? 그 대답은 그렇다고도 할 수 있고, 그렇지 않다고도 할 수 있습니다. 인간은 수천 년에 걸쳐 우주의 본질에 대한 질문, 존재적 관점에서 본 인간의 위치에 대한 질문 등 많은 근본적인 질문들을 고찰해왔습니다. 그렇습니다. 어떤 이유에선지 세상은 항상 우리에게 철학적 사고를 해보라고 요구해왔던 것 같기도 합니다. 그리고 우리 인간은 스스로의 존재에 대해 경이감을 품는 걸 멈추지 않았습니다.

가끔은 우리 주변에 급작스러운 변화가 일어나는 바람에 생각지도 않았던 완전히 새로운 질문들이 고개를 들기도 합니다. 컴퓨터공학의 인공 지능이 바로 그 예입니다. 로봇이 의식 또는 자의식을 소유할 때가 과연 오기는 할 것인가? 인간의 뇌는 어떻게 작용하는가? 인간과 기계의 차이점은 무엇인가?

또 다른 예는 현대 자연과학과 관련된 것입니다. 이것은 자연과 생물이 무엇으로 만들어졌는가 하는 원론적 질문에 근거를 둔 것이기도 합니다. 이에 우리는 오늘날 이렇게 자문합니다. 빅뱅이 초래했던 생명의 필수적 조건은 무엇이었던가?

하지만 이 모든 것을 밀어놓고, 우리 시대에 가장 중요한 철학적 질문을 들자면, 바로 이런 질문을 생각해볼 수 있습니다.

우리는 어떻게 하면 이 지구 위 모든 삶의 근본적 요소와 인류 문명을 보존할 수 있는가?

이 질문은 저도 가끔 자문해왔던 질문과 부합합니다. 만약 20년 전이 아니라 지금의 제가 『소피의 세계』를 쓴다고 가정하면 과연 저는 그때 와는 다른 새로운 질문에 더 무게를 두게 될까요? 그 대답은 분명 그렇다 입니다. 오늘날 제가 철학 소설을 쓴다면, 저는 지구에서 인간이 어떻게 삶의 터전을 영위할지에 대해 더 큰 중점을 두고 글을 쓸 것 같습니다.

『소피의 세계』가 출간된 지 20년밖에 되지 않았지만, 이제 그 시간들 을 돌이켜보니 그때는 왜 이 같은 질문들에 큰 무게를 두지 않았는지 이 상하게만 느껴집니다. 그 이유는 아마 지난 20년 동안 우리가 기후와 생 물학적 다양성에 대한 새로운 지식과 의식을 얻게 되었기 때문이 아닐 까요.

모든 윤리의 가장 중요한 근본은 중용의 법칙, 또는 상호주의 법칙이 라 할 수 있습니다. 내가 원하지 않는 것은 타인에게도 강요하지 않는다 는 법칙 말입니다. 달리 말하자면, 타인이 내게 무언가를 해주기를 바라 는 만큼 우리도 타인에게 무언가를 해주어야 한다는 것입니다. 우리는 지금까지 윤리의 관점을 점진적으로 넓혀왔습니다. 그 획기적인 이정표 로써 1960~1970년대의 사회주의라는 움직임을 들 수 있습니다. 상호 주의 법칙은 나라 간 국경은 물론 전 세계에 적용되는 것입니다.

하지만 중용의 법칙은 초기의 차원을 벗어나 이해할 때가 되었습니 다. 즉 나와 타인이 아닌 '우리'와 '너희'로 이해해야 하는 것입니다. 여 기에 발맞추어 이제 상호주의 법칙 또한 수평적이 아니라 수직적 차원 으로 이해해야 할 때가 오지 않았나 생각합니다. 다시 말해 이전 세대가 우리 세대에게 무언가를 해주기를 바랐던 것처럼, 우리도 다음 세대를 위해 무언가를 해주어야 한다고 말입니다.

너무도 간단하지 않은가요. 우리의 후세를 내 몸처럼 사랑하고 보살피는 일 말입니다. 여기엔 그다음 세대도 포함되며, 또 이 지구상에 태어날 앞으로의 모든 세대도 포함됩니다.

지구 위의 인간들은 동시적 삶을 산다고 할 수는 없습니다. 전 인류가 동시에 삶을 유지할 수도 없는 노릇입니다. 이 지구에는 우리 이전에도 사람들이 살고 있었고, 우리 이후에도 사람들의 삶은 이어질 것입니다. 물론 그들도 '우리'에 포함됩니다. 우리는 서로를 대하듯 다음 세대 또한 '우리'라는 동지의식을 가지고 대해야 할 것입니다.

이렇듯 문제는 너무도 간단합니다. 우리는 이 지구의 가치를 살리고 보존하여 다음 세대에게 물려주어야 하는 것입니다. 우리가 물려받은 것보다 훨씬 더 적은 것을 다음 세대에게 물려줄 수는 없으니까요.

2015년

요슈타인 가아더

(노르웨이어 번역 손화수)

차례

1부

2부

3부

1부

에덴동산

…… 어느 순간에 그 무엇이 무(無)에서 생겨났으리라 ……

소피 아문센은 학교에서 집으로 돌아오는 길에 친구 요룬과 로봇에 대해 이야기했다. 요룬은 사람의 두뇌가 복잡한 컴퓨터 같다고 했지만 소피는 내심 동의하지 않았다. 인간이 기계보다 나아야 하나?

슈퍼마켓 근처에서 둘은 헤어졌다. 소피는 대규모 주택단지의 변두리에 살고 있어서 등하굣길이 요룬에 비해 거의 두 배나 되었다. 소피네 정원 뒤로 숲이 펼쳐졌기 때문에 소피네 집은 세상의 끝에 있는 듯했다.

이제 소피는 클뢰베르베이엔으로 접어들었다. 이 길의 끝은 비탈지고 휘어져서 '선장의 꼬부랑길'이라고 불렀다. 주말이 아니고서는 이 길에서 사람들을 보기 어려웠다.

그날도 그런 날들 가운데 하루인 5월의 첫날이었다. 마을의 여러 정원에는 과일나무를 둘러싸고 수선화가 흐드러지게 피었다. 자작나무들은 이미 푸른 잎사귀들로 얇은 커튼을 드리우고 있었다.

어떻게 모든 것들이 이 계절에 피어나고 자라나기 시작하는지 이상하지 않은가? 어떻게 생명이 없는 흙에서 수많은 녹색 식물이 솟아나고, 왜 날씨가 따뜻해지면 마지막까지 남아 있던 눈이 사라지는 걸까?

소피는 정원 문을 열면서 우편함을 살폈다. 대개 그 안엔 많은 광고 전단지와 엄마 앞으로 온 큰 편지봉투들이 있어서 소피는 숙제하러 방으로 들어가기 전에 그 두꺼운 우편물 뭉치를 부엌 식탁 위에 올려놓곤 했다.

가끔 아빠 앞으로 청구서가 배달됐지만 소피의 아빠는 평범한 가장은 아니었다. 그는 유조선 선장이어서 한 해의 대부분을 항해 중이었다. 몇 주 동안의 휴가를 얻어 집에 돌아오면 슬리퍼를 끌고 집 안 구석구석을 다니며 소피와 엄마를 정성껏 돌보았다. 그러나 바다로 떠난 아빠는 멀게만 느껴진다.

오늘은 커다란 초록색 우체통에 작은 편지 한 통이 달랑 들어 있었다. 소피에게 온 편지였다.

작은 편지봉투에는 '클뢰베르베이엔 3, 소피 아문센'이라고만 적혀 있을 뿐 보낸 사람의 이름도 없었다. 우표도 붙어 있지 않았다.

소피는 문을 닫고 편지봉투를 뜯어보았다. 그 안엔 봉투보다 크지 않은, 아주 작은 쪽지가 들어 있었고 이렇게 적혀 있었다.

너는 누구니?

인사말도 보낸 사람 이름도 없이 손수 적은 이 네 글자만 커다란 물음표를 달고 있었다.

소피는 다시 한 번 봉투를 찬찬히 살펴보았다. 다시 봐도 분명 편지는 소피에게 온 것이다. 누가 이 편지를 우리 집 우체통에 넣었을까?

소피는 얼른 집 안으로 들어갔다. 소피가 문을 닫기 전에 평소처럼 고양이 셰레칸이 덤불에서 기어나와 층계참으로 뛰어올라 집 안으로 미끄러져 들어갔다.

"야옹, 야옹, 야옹."

소피 엄마는 기분이 나쁠 때마다 우리 집을 동물원이라고 했다. 다양한 동물들이 모여 있는 동물원. 그런 면에서 소피에게도 동물원이 있다고 할 만했고 충분히 행복을 얻었다. 맨 처음 소피는 금붕어 '황금고수머리', '빨간 모자' 그리고 '까만 피터'가 담긴 어항을 선물 받았다. 그 뒤에 앵무새인 톰과 제리, 거북이 고빈다, 마지막으로 누런 고양이 셰레칸을 키우게 되었다. 소피의 엄마는 오후 늦게 퇴근하고 아빠는 아주 멀리 가 있기 때문에 이 동물들이 소피에게 친구가 되어주었다.

소피는 책가방을 구석에 던지고 고양이 먹이를 접시에 담아 셰레칸 앞에 놓아주었다. 그러고는 그 이상한 편지를 들고 부엌 의자에 앉았다.

너는 누구니?

전혀 모르겠다! 그녀는 당연히 소피 아문센이지만 편지를 보낸 사람은 누구지? 소피는 아직 이 사실을 제대로 밝혀내지 못했다.

이제부터 소피를 다른 이름으로 부른다면? 예를 들어 안네 크누트센이라든가. 그럼 소피도 다른 사람이 되는 걸까?

소피는 처음에 아빠가 그녀에게 신뇌베라는 이름을 지어주려 했다던 사실이 문득 떠올랐다. 소피는 악수를 청하며 자신을 신뇌베 아문센으로 소개하면 어떨까 상상해보았다. 하지만 그건 불가능했다. 소피의 머릿속에는 소피가 아니라 누군가 다른 사람이 떠올랐다.

소피는 의자에서 벌떡 일어나 그 비밀스러운 편지를 들고 욕실로 갔다. 그러고는 거울 앞에 서서 두 눈을 응시했다.

"난 소피 아문센이야."

거울 속 소녀의 표정에는 아무런 변화가 없었다. 소피가 하는 대로 따라했다. 소피는 번개처럼 움직여서 거울 속의 소녀를 이겨보려고 했지만 그 소녀도 꼭 그만큼 재빨랐다.

"너는 누구니?"

소피가 물었다.

역시 대답은 없었다. 그런데 순간적으로 소피는 이 질문을 던진 게 소피인지 거울 속의 소녀인지 혼란스러웠다.

소피는 검지로 거울 속 소녀의 코를 누르며 말했다.

"너는 나야."

이마저도 대답이 없자 소피는 문장을 바꾸어 말했다.

"나는 너야."

소피 아문센은 종종 자신의 생김새가 불만스러웠다. 눈이 아몬드 모양으로 예쁘다는 이야기를 종종 듣긴 하지만 그건 아마도 코가 너무 작고 입은 너무 크기 때문에 그냥 해주는 말일 것이다. 게다가 양쪽 귀는 눈과 너무 가까이 붙어 있다. 하지만 쉽게 가라앉지 않는 생머리가 제일 끔찍하다. 아빠는 종종 소피의 머리를 쓰다듬으며 클로드 드뷔시의 작품 이름인 '아맛빛 머리의 소녀'라고 불렀다. 아빠야 길고 까맣고 축 늘어진 생머리가 아니니까. 소피의 머리카락은 스프레이나 젤로도 정리되지 않았다.

소피는 가끔 자신이 너무 못생겨서 혹시 기형으로 태어난 건 아닐까 생각하기도 했다. 소피의 엄마는 종종 소피가 얼마나 힘들게 태어났는지 얘기해주었다. 그럼 우리는 태어나면서 생김새도 결정되는 걸까?

자기 자신이 누구인지 모른다는 건 좀 이상하지 않은가? 자기의 외모를 스스로 결정할 수 없는 것 역시 불합리적인 게 아닐까? 소피의 외모는 처음부터 정해져 있었다. 친구는 선택할 수 있지만 나 자신은 선택할 수 없다. 심지어 인간으로 태어나는 것조차 스스로 결정하지 못했다.

인간은 무엇일까?

소피는 다시 거울 속의 소녀를 바라보았다.

"지금은 생물 숙제나 하는 편이 나을 것 같네."라고 거의 변명하듯이 말했다. 그리고 소피가 복도로 나왔을 때, '아니야, 정원으로 가는 게 낫겠어.'라고 생각했다.

"야옹, 야옹, 야옹, 야옹."

소피는 고양이를 바깥 계단으로 내몰고 현관문을 닫았다.

소피가 그 비밀스러운 편지를 들고 자갈길에 섰을 때, 갑자기 이상한 느낌이 들었다. 마치 자신이 마법으로 생명을 얻은 인형이 된 것 같았다.

지금 이 세상에 살면서 이상한 동화 속을 헤매게 된다면 얼마나 신기한 일일까?

셰레칸은 우아하게 자갈길 위로 뛰어올라 바로 옆 까치밥나무 덤불 속으로 사라졌다. 이 고양이는 하얀 수염에서 몸통 뒤의 살랑거리는 꼬리까지 에너지가 넘친다. 셰레칸도 지금 정원에 함께 있지만 이 문제에 관해서는 소피만큼이나 거의 이해하지 못하겠지.

소피는 자신이 지금 살아 있다는 사실을 생각하기 시작했고 곧 영원히 살아 있을 수는 없다는 것을 깨달았다.

'난 지금 이 세계에 있어.' 소피는 생각했다.

'그러나 언젠가 나는 사라질 거야.'

죽음 뒤에 삶이 있을까? 다행히 고양이는 이런 질문에 대해서는 전혀 모르겠지.

얼마 전 소피의 할머니가 돌아가셨다. 할머니가 돌아가신 지 6개월이 넘도록 소피는 매일 할머니를 그리워했다. 삶에 끝이 있어야만 하는 건 얼마나 부당한가!

소피는 깊이 생각에 빠진 채 자갈길 위에 우뚝 멈춰 섰다. 영원히 살 수 없다는 걸 잊어버리기 위해 지금 살아 있다는 것만 생각해보려고 했지만 그건 불가능했다. 지금 살아 있다는 사실에 집중하려 할수록 죽음에 대한 생각이 떠올랐다. 그 반대의 경우도 마찬가지였다. 언젠가 이 세계에서 완전히 사라지리라는 느낌이 강하게 차오르자 삶이 얼마나 값지고 귀중한지 명료해지기 시작했다. 이건 마치 계속 돌고 도는 동전의 양면과도 같았다. 동전의 한 면이 크고 뚜렷할수록 다른 한 면도 크고 뚜렷했다. 삶과 죽음은 동전의 양면 같은 것이다.

소피는 죽음을 피할 수 없다는 사실을 깨닫지 못하면 존재한다는 것도 제대로 경험할 수 없다고 생각했다. 삶이 얼마나 즐거운 것인지 생각해보지 않았다면 피할 수 없는 죽음을 깨닫는 것 역시 불가능한 일이다.

할머니가 자신의 병명을 듣게 되었을 때 소피에게 이런 비슷한 말을 해주신 것이 떠올랐다.

"이제야 넉넉한 삶이 무엇인지 알 것 같구나."

사람들 대부분이 병들기 전에는 삶의 아름다움을 전혀 깨닫지 못하는 건 얼마나 슬픈 일인가. 사람들 모두가 이 비밀이 가득한 편지 한 통쯤은 받았음직한데 말이다.

혹시 편지가 더 왔는지 살펴봐야 할까? 소피는 대문 쪽으로 달려가 우편함의 녹색 뚜껑을 젖혔다. 똑같은 편지봉투가 들어 있어 움찔했다. 소피는 첫 번째 편지를 꺼내고 분명히 우편함이 빈 것을 확인하지 않았나? 분명히 없었는데…….

이번 편지에도 소피의 이름이 적혀 있었다. 편지봉투를 뜯고, 지난번 편지와 똑같은 흰 쪽지를 꺼냈다.

세계는 어디에서 생겨났을까?

'전혀 모르겠어.' 소피는 생각했다. 그런 건 아무도 모르지 않을까! 하지만 소피는 이 질문이 타당하다고 여겼다. 소피는 지금까지 살면서 처음으로, 이 세상에서 살아가기 위해서는 적어도 세계가 어디에서 왔는지 알고 싶어 해야 한다고 생각했다.

소피는 이 이상한 편지들 때문에 머리가 아찔할 정도로 어지러워져서 동굴 안으로 들어가 좀 쉬기로 마음먹었다. 이 동굴은 소피만 아는 비밀 장소다. 소피는 아주 화가 나거나 아주 슬프거나 또는 매우 기쁠 때만 이곳을 찾았다. 오늘 소피는 정말 혼란스러웠다.

소피네 빨간 지붕 집은 넓은 정원 한가운데 있다. 이곳에는 알록달록한 꽃밭, 까치밥나무와 여러 가지 과일나무가 있고 넓은 잔디밭에는 해먹과 태어난 지 얼마 안 된 첫아이를 잃은 할머니를 위해 할아버지가 지은 정자도 있다. 그 가여운 아기의 이름은 마리였다. 묘비에는 '작은 마리가 우리를 찾아와, 그저 인사만 하고 떠나버렸네.'라고 적혀 있다.

정원 한구석에 나무딸기 가지 뒤로 열매는커녕 꽃도 피지 않는 덤불이 촘촘히 나 있다. 이 덤불은 원래 숲과 경계를 짓는 울타리였지만 지난 20년 동안 아무도 돌보지 않아 지금은 누구도 뚫고 지나갈 수 없는 덤불 숲이 되어버렸다. 할머니는 이 울타리가 전쟁 때 마당에서 자유롭게 노니는 닭들을 여우가 채 가지 못하게 친 것이라고 했다.

소피를 제외한 다른 사람들에게 이 오래된 울타리는 정원 앞의 오래된 토끼장만큼이나 쓸모가 없었다. 그들은 울타리에 담긴 소피의 비밀을 전혀 모르고 있었다. 소피는 오래전부터 그 덤불 안에 있는 작은 구멍을 알고 있었다. 그 안으로 기어 들어가면 덤불 사이의 커다란 빈 공간에 다다르는데, 이곳이 바로 소피의 동굴이다. 아무도 소피를 찾아낼 수 없는 가장 안전한 장소였다.

소피는 편지봉투를 두 손에 꼭 쥔 채, 정원을 지나 덤불 울타리 속으로 납작 엎드려 기어 들어갔다. 동굴은 소피가 똑바로 설 수 있을 만큼 꽤 넓었다. 소피는 두어 개의 굵은 나무뿌리 위에 걸터앉았다. 그곳에서는 나뭇가지와 잎들 사이에 난 아주 작은 두 구멍으로 밖을 내다볼 수 있다. 구멍은 5크로네짜리 동전 크기였지만 그 구멍으로 앞뜰 전체를 한눈에 볼 수 있다. 소피는 어렸을 때 엄마나 아빠가 나무 사이를 뛰어다니며 자기를 찾는 모습을 재밌게 바라보곤 했다.

소피에게는 항상 앞뜰이 자신만의 세계처럼 보였다. 창세기에 나오는 에덴동산 이야기를 들을 때마다 소피는 자기만의 작은 낙원을 바라보듯이 그 동굴을 떠올렸다.

'세계는 어디에서 생겨났지?'

전혀 모르겠어! 물론 이 세계가 거대한 우주 공간에 있는 작은 행성이라는 사실은 알고 있다. 하지만 이 우주는 어디에서 왔을까?

우주 공간이 태초부터 이미 존재해왔다고 생각할 수도 있다. 그러면 우주가 어디에서 생겨났느냐는 질문에 대한 답을 찾을 필요도 없다. 하지만 과연 영원한 것이 존재할 수 있을까? 무언가가 소피의 마음속에서 항의하듯 일렁였다. 존재하는 모든 것에는 시작이 있게 마련이다. 그러면 이 우주도 언젠가 그 어떤 무엇에서 생겨났을 것이 아닌가?

그런데 만일 우주가 갑자기 어떤 무엇에서 생겨났다면, 이 무엇 역시 언젠가 또 다른 어떤 무엇에서 생겨났을 것이다. 소피는 스스로 이 문제를 그저 질질 끌고 있다고 느꼈다. 어느 순간에는 그 무엇이 무(無)에서 생겨났을 것이다. 하지만 그게 가능했을까? 소피의 이런 상상은 이 세계가 태초부터 존재했다는 생각만큼이나 불가능하지 않을까?

종교 시간에 소피는 하느님이 이 세계를 창조했다고 배웠다. 소피는 여러 의문이 들기는 하지만 이것이 이 모든 문제에 대한 최고의 해답이라고 생각하며 위안 삼으려고 했다. 그러나 소피는 다시 곰곰이 생각해보았다. 물론 하느님이 우주를 창조했다고 받아들일 수도 있다. 그러면 하느님은 또 뭐지? 하느님은 스스로 무(無)에서 생겨난 걸까? 다시 소피의 마음 깊은 곳에서 무언가 일렁였다. 하느님이 모든 것을 창조했다고 하더라도 하느님 '자신'이 존재하기 전에는 스스로를 창조할 수는 없는 일이다. 그렇다면 한 가지 가능성밖에 없다. 하느님은 항상 존재해왔다는 것. 하지만 소피는 이 가능성도 이미 탈락시켰다. 존재하는 모든 것에는 시작이 있어야 하기 때문이다.

"젠장!"

소피는 다시 편지를 읽어보았다.

'너는 누구니?'

'세계는 어디에서 생겨났지?'

이런 짜증 나는 질문이라니! 이 편지들은 어디서 온 거지? 정말 이상하다.

갑자기 소피를 일상에서 끄집어내 우주의 커다란 수수께끼와 마주하게 한 사람은 누구일까?

소피가 우편함으로 세 번째 발걸음을 옮기고 있을 때 이제 막 집배원이 우편물을 가져오고 있었다. 소피는 두꺼운 전단지 뭉치와 신문 그리고 엄마에게 온 편지 두 통을 받아 들었다. 하나는 남쪽 해변의 풍경을 담은 그림엽서였다. 엽서를 뒤집어보니 노르웨이 우표와 '유엔 평화 유지군' 소인이 찍혀 있었다. 아빠가 보내셨을까? 하지만 아빠는 전혀 다른 곳에 계신데……. 글씨체도 전혀 아빠 것이 아니고.

엽서에 적힌 주소를 읽는데 소피의 심장이 점점 빠르게 뛰는 것이 느껴졌다. '클뢰베르베이엔 3, 소피 아문센 댁의 힐데 묄레르 크나그에게.' 적혀 있는 주소는 틀림없었다. 엽서에는 다음과 같이 적혀 있다.

사랑하는 힐데에게!

열다섯 번째 생일을 진심으로 축하해. 너를 성장하게 할 멋진 선물을 주고 싶은 아빠의 마음을 이해하지? 이 카드를 소피에게 보내는 걸 이해해주렴. 이게 가장 쉬운 방법이거든. 그럼 안녕.

— 아빠가

소피는 집 안으로 뛰어 들어가 부엌으로 향했다. 머리가 혼란스러웠다. 이건 또 무슨 일이지? 소피보다 꼭 한 달 앞서 열다섯 번째 생일을 맞는 이 힐데는 누구지?

소피는 복도에서 전화번호부를 가져왔다. 밀레르라는 이름은 많았고 크나그라는 이름도 종종 보였다. 하지만 두꺼운 전화번호부에 힐데 밀레르 크나그라는 사람은 없었다.

다시 찬찬히 이 이상한 엽서를 살펴보았다. 우표도 우체국 소인도 진짜였다.

왜 이 사람은 딸의 생일 축하 카드를 소피의 주소로 보냈을까? 세상에 어떤 아빠가 엽서를 잘못된 주소로 보내서 딸이 제때에 생일 축하 인사도 받지 못하게 한담! 왜 그게 가장 쉽다는 걸까? 무엇보다 힐데를 어떻게 찾아내지?

소피는 이렇게 머리가 깨질 것 같은 문제가 더 남아 있었다. 다시 생각을 정리해보려고 애썼다.

이날 오후 소피는 세 가지 수수께끼와 마주했다. 첫 수수께끼는 누가 이 두 통의 편지를 소피네 집 우편함에 넣었는가 하는 의문이다. 두 번째는 이 편지들에 적혀 있는 어려운 질문들이다. 그리고 마지막 수수께끼는 힐데 밀레르 크나그는 누구이며 왜 소피가 이 낯선 소녀의 생일 축하 엽서를 받게 되었는가 하는 것이다.

소피는 이 세 가지 수수께끼가 어떻게든 서로 맞물려 있다는 것을 확신했다. 왜냐하면 소피는 이 편지들을 받기 전까지는 아주 평범한 삶을 살아왔기 때문이다.

마술사의 모자

······훌륭한 철학자가 되기 위해 우리에게 필요한 단 한 가지는
놀라워할 줄 아는 능력이다······

소피는 익명의 편지를 보낸 사람이 다시 편지를 쓸 것인지 생각해보았다. 당분간은 아무한테도 이 편지에 관해 얘기하지 않기로 마음먹었다.

학교에서 소피는 수업에 집중할 수 없었다. 갑자기 선생님이 그다지 중요하지 않은 얘기만 한다는 생각이 들었다. 왜 선생님은 차라리 인간이란 무엇인지, 아니면 세상이란 무엇이고 어디에서 생겨났는지에 관해 얘기해주지 않을까?

소피는 예전엔 전혀 몰랐던 그런 감정을 느끼게 되었다. 학교에서도 다른 곳에서도 사람들이 크고 작은 하찮은 일에 몰두하고 있다는 느낌이다. 하지만 수업 과목들보다 더욱 절실한 해답이 필요한 어려운 문제들이 있었다.

누가 그런 문제들에 대한 해답을 알고 있을까? 적어도 지금은 강변화

동사를 벼락치기로 외우는 것보다도 이런 문제들에 대해 골똘히 생각해보는 게 소피에겐 더욱 중요해 보였다.

마지막 수업을 끝맺는 종이 울릴 때, 소피는 운동장으로 뛰어나갔다. 그래서 요룬도 소피를 따라잡기 위해서 뛸 수밖에 없었다.

한숨 돌린 후 요룬이 물었다.

"오늘 저녁에 같이 카드놀이 할래?"

소피는 어깨를 움츠렸다.

"이제 카드놀이에 관심 없어졌어."

요룬은 무척 어리둥절해했다.

"그래? 그럼 배드민턴이나 칠까?"

소피는 아스팔트 바닥을 멍하니 내려다보다가 고개를 들어 친구를 바라보았다.

"난, 배드민턴에도 이젠 관심이 없어."

"흥, 알았어!"

소피는 요룬의 목소리에서 언짢은 기색을 느꼈다.

"그럼 갑자기 너한테 그렇게 중요해진 일이 뭔데?"

소피는 머리를 가로저었다.

"그건…… 비밀이야."

"쳇! 너 좋아하는 사람이 생긴 거구나?"

둘은 한참을 말없이 걸었다. 축구장에 다다랐을 때, 요룬이 입을 열었다.

"나 축구장을 가로질러 갈게."

"가로질러서?"

그 길은 요룬네 집으로 가는 지름길이긴 하지만, 요룬은 손님이 오신다거나 치과에 예약한 날 급히 집에 가야 할 때만 그 길을 이용했다.

소피는 요룬의 기분을 상하게 한 게 정말 마음에 걸렸다.

그렇다고 소피가 달리 뭐라 대답해야 했을까? 갑자기 자신이 누구인지, 이 세상이 어디에서 생겨났는지에 관해 몰두하게 되었고 그래서 배드민턴 칠 새가 없다고? 요룬이 이 말을 이해할 수나 있을까?

어찌 되었든 제일 중요하고 당연히 이해해야 할 문제가 왜 이리도 어렵게 느껴질까?

우편함을 열어젖히는 소피의 가슴은 콩콩 뛰었다. 얼핏 봐서는 그저 청구서들과 엄마에게 온 큰 갈색 편지봉투들만 눈에 띄었다. 소피는 바보처럼 그 모르는 사람이 보냈을 새로운 편지를 너무나 고대하고 있었다.

대문을 닫고 나서 소피는 자신의 이름이 적힌 큰 편지봉투를 발견했다. 봉해진 편지봉투 뒷면에는 '철학 강의. 아주 세심하게 다뤄야 함'이라고 씌어 있었다.

소피는 자갈길을 뛰어가 계단 위에 가방을 내려놓았다. 다른 편지들을 매트 아래로 밀어 넣고, 뒤뜰로 달려가 동굴 안으로 들어갔다. 그리고 그 큰 편지봉투를 뜯었다.

셰레칸이 뒤쫓아 왔지만 소피는 전혀 신경 쓰지 않았다. 고양이가 함부로 입을 놀릴 리 없기 때문이다.

편지봉투 속에는 타자로 친 큰 편지 세 장이 클립으로 묶여 있었다. 소피는 편지를 읽기 시작했다.

철학이란 무엇인가?

사랑하는 소피아! 사람들마다 다양한 취미가 있단다. 많은 사람들이 옛날 동전이나 우표를 수집하고, 어떤 사람들은 무언가 손으로 만들길 좋아해. 또 어떤 사람들은 여가시간을 온통 특정 스포츠에 쏟아붓기도 하지.

책 읽기를 즐기는 사람들도 많아. 하지만 독서 취향은 서로 많이 다르지. 어떤 사람은 신문이나 만화만 읽고 소설을 좋아하는 사람도 있지만 천문학, 동물이나 기술의 발명 등 다양한 주제를 다룬 책을 더 좋아하는 사람도 있어.

내가 말이나 보석에 흥미가 있다고 해서, 다른 사람에게도 모두 이 분야에 관심을 가지라고 강요할 수는 없는 노릇이지. 내가 텔레비전 스포츠 중계방송에 푹 빠져 있더라도, 이런 스포츠를 지겨워하는 사람도 있다는 사실을 받아들여야 해.

그런데도 모든 사람들이 마땅히 관심을 가질 만한 무언가가 존재하는 걸까? 그들이 누구이며 이 세상 어디에 살고 있든 상관없이, 모든 사람들과 관련 있는 무엇이 있을까? 그래, 소피아! 모든 사람들이 골똘히 생각해봐야 할 그런 의문이 있단다. 이 강의는 바로 그러한 의문들에 관한 거야.

사람이 사는 데 가장 중요한 것은 무엇일까? 기아에 허덕이는 나라에 사는 사람에게 묻는다면, 그 대답은 '먹는 것'이겠지. 똑같은 질문을 추위에 떨고 있는 사람에게 해보면 '따뜻한 날씨'라고 대답할 거야. 그리고 혼자라고 느끼는 고독한 사람에게 묻는다면 틀림없이 '다른 사람들과 더불어 살기' 같은 것일 테지.

그러나 이런 기본적인 요구들이 모두 충족되어도 사람들에게 필요한 무언가가 아직 남아 있을까? 철학자들은 그렇다고 생각했어. 사람은 빵만으로 살 수 없다는 게 철학자들의 생각이지. 물론 모든 사람들은 먹지 않고는 살 수 없어. 또 사랑과 보호도 필요해. 하지만 모든 사람에게 공통으로 필요한 것이 있단다. 그것은 바로 우리가 누구이며, 왜 사는지 알아내고자 하는 마음속의 욕구야.

따라서 우리가 왜 사는지에 대한 관심은 우표 수집처럼 '가벼운' 것은 아니야. 삶에 관한 의문에 흥미가 있는 사람은 우리가 이 지구라는 행성에서 어떻게 살아야 하느냐는, 이미 오랫동안 토론해온 질문들을 생각하게 되지. 우주, 지구 그리고 생명이 어떻게 이곳에서 생겨나게 되었느냐는 의문은 올림픽 경기에서 누가 금메달을 가장 많이 땄느냐는 문제보다 더 크고 중요해.

철학에 한층 다가서는 가장 좋은 방법은 여러 철학적 질문들을 제기하는 거야.

어떻게 세계가 창조되었지? 실제 일어난 사건의 배후에는 어떤 의도나 의미가 숨어 있을까? 죽음 뒤에 또 다른 삶이 있을까? 대체 이런 질문에 대한 해답을 어떻게 찾아야 할까? 그리고 무엇보다도, 우리는 어떻게 살아야 하는지?

어느 시대를 막론하고 사람들은 이러한 문제들을 제기했지. 우리가 아는 모든 문화권에서 인간이란 무엇이며, 세상이 어디에서 생겨났는지 하는 의문은 수없이 일어났어.

그러나 기본적으로 우리가 제기할 철학 문제들이 그렇게 많지는 않아. 이미 그중 가장 중요한 몇 가지가 제기됐기 때문이지. 우리가 던진 각각의 문제에 대해 역사는 다양한 답을 많이 보여줬단다.

철학 문제에 관한 한, 질문을 하는 것이 그 문제에 답하는 것보다야 훨씬 쉽지.

오늘을 사는 우리 모두 이러한 철학 문제에 오로지 자신의 해답을 구할 수밖에 없어. 하느님이 존재하는지, 죽음 뒤에도 삶이 있는지 사전에서 찾아볼 수는 없으니까. 게다가 사전이 우리가 어떻게 살아야 할지를 얘기해줄 수는 없잖아. 하지만 다른 사람들이 생각한 것을 글로 읽는 것은 우리가 인생과 세상에 관한 자신의 그림을 그리는 데 도움이 될 수 있을 테지.

철학자들의 진리 추구는 추리소설과 비슷해. 어떤 사람들은 안데르센을 살인자로 여길 수도 있고, 또 어떤 이는 닐센이나 옌센을 살인자로 생각할 수도 있겠지. 현실에서는 어느 날 갑자기 경찰이 문제를 해결하기도 해. 물론 경찰이 수수께끼를 영원히 풀지 못할 것이라고 추측할 수도 있지. 그렇지만 수수께끼엔 늘 답이 있게 마련이야.

해답을 얻기가 아무리 어려워도, 그 문제에 단 하나의 정답이 있으리라고 상상할 수 있어. 죽은 뒤에는 삶이 있을까 없을까…….

그동안 학문이 많은 옛날 수수께끼들을 밝혀냈어. 한때는 '달의 뒷면이 어떻게 생겼을까' 하는 것이 커다란 수수께끼였지. 토론을 통해 해답을 구할 수 없자, 그 해답은 사람들의 상상에 맡겨졌어. 그러나 이제 우리는 달의 뒷면이 어떻게 생겼는지 정확히 알게 됐지. 달에 사람이 산다거나, 달이 치즈로 되어 있다는 얘기들을 우리는 더 이상 믿지 않게 되었거든.

2,000여 년 전, 그리스의 고대 철학자들 가운데 한 사람은 철학이 인간이 느끼는 감탄에서 생겨났다고 믿었어. 그의 생각에 따르면 인간이 산다는 것을 경이롭게 여겼기 때문에 철학 문제들이 자연스럽게 생겨났다는 거야.

이것은 우리가 마술을 구경하는 것과 마찬가지야. 우리는 마술이 어떻게 가능한지 파악할 수 없잖아. 그래서 우리는 결국 '마술사가 어떻게 하얀 실크 스카프 두 장으로 살아 있는 토끼를 만들 수 있었는지' 묻게 된단다.

많은 사람들은 마술사가 속이 텅 빈 모자에서 갑자기 토끼를 꺼내 올릴 때처럼 이 세상에 대해 의심을 갖게 되었어.

토끼에 관한 한, 마술사가 우리 눈을 속였다는 것은 분명해. 그러나 세계에 대해 얘기하면 사정은 전혀 달라. 우리는 이 세계가 거짓과 속임수가 아님을 알고 있지. 우리가 지구 위에 있고 우리 자신이 이 세계의 일부분임을 알기 때문이야. 근본적으로 우리는 마술사의 모자에서 꺼내 올린 흰 토끼인 셈이지. 우리와 흰 토끼 사이의 차이는, 단지 흰 토끼는 자기가 마술에 출연하고 있다는 사실을 모른다는 거야. 이 토끼와 우리는 아주 달라. 우리는 수수께끼 같은 그 무언가에 관계 되어 있다고 믿고 있지. 그래서 모든 것들이 어떤 연관 관계를 맺고 있는지 확실히 밝혀내고 싶은 거야.

추신 : 흰 토끼에 관해선 아마도 토끼를 전체 우주와 비교하는 편이 더 좋을 것 같구나. 이곳 지구에 사는 우리는 토끼 가죽 털 아래 깊숙한 곳에서 우글거리는 벌레들이라고나 할까! 하지만 철학자들은 가느다

란 털을 붙잡고, 위대한 마법사를 직접 두 눈으로 보려고 마냥 위로 기어오르려고 애쓰는 사람들이란다.

소피야, 이제 다 읽었지? 다음에 계속 얘기하기로 하자.

소피는 기진맥진했다. 다 읽었냐고? 편지를 읽으며 숨이나 제대로 쉬었는지 모르겠다.

누가 이 편지를 갖다 놓았을까? 누구지? 누구일까?

힐데 묄레르 크나그에게 생일 카드를 보낸 사람과 같은 사람일 리는 없다. 이유는 그 카드엔 우표가 붙어 있었고, 날짜 도장도 찍혀 있었기 때문이다. 하지만 이 갈색 편지봉투는 전에 온 두 통의 흰 편지와 마찬가지로 방금 우편함에 누군가가 넣어놓은 것이다.

소피는 시계를 보았다. 이제 겨우 2시 45분이다. 아직 두 시간이 더 지나야 엄마가 직장에서 돌아오신다.

소피는 다시 정원을 가로질러 우편함으로 뛰어갔다. 혹시 무엇이 더 들어 있을까?

소피는 자기의 이름이 적힌 갈색 편지봉투를 또 발견했다. 주위를 두리번거렸지만 아무도 없다. 소피는 숲의 끝까지 달려가 그쪽 길을 살폈다. 그곳 역시 사람 그림자라곤 눈에 띄지 않았다. 이때 소피는 갑자기 숲 깊은 곳에서 얼핏 나뭇가지가 부러지는 소리를 들은 듯했다. 하지만 확실치 않을뿐더러 그리로 쫓아갈 이유도 없었다. 누가 소피에게서 도망치려 한 거라면, 소피는 그 사람을 따라잡기 어려울 테니까 말이다.

소피는 현관문을 열고는 엄마 앞으로 온 우편물과 책가방을 바닥에 내려놓았다. 그러고는 제 방으로 뛰어가 각양각색의 예쁜 돌들이 든 커다란 과자 통을 꺼내 그 돌들을 방바닥에 쏟고는, 두 통의 큰 편지봉투를 그 안에 넣었다. 그리고 나서 그 과자 통을 팔로 감싸 안고는 다시 정원으로 뛰어갔다. 셰레칸에게는 미리 먹이를 준 터였다.

"야옹, 야옹, 야옹!"

다시 동굴 안에 자릴 잡고서야 소피는 편지봉투를 뜯고 이전보다 더 많아진 편지지를 꺼내 읽기 시작했다.

이상한 존재

이제 우리가 다시 만나게 되었구나! 이 짧은 철학 강의가 어떤 방식으로 진행될지 이제 확실히 파악했겠지. 이제 몇 가지 알려줄 게 있단다.

훌륭한 철학자가 되기 위해 필요한 오직 한 가지는 놀라워할 줄 아는 능력이란 점은 이미 이야기했지? 안 했으면 지금 다시 얘기하지. 훌륭한 철학자가 되기 위해 우리에게 필요한 단 한 가지는 놀라워할 줄 아는 능력이야.

어린 아기에겐 누구나 이런 능력이 있는 것이 분명해. 몇 달이 지나면, 아기들은 새로운 현실로 밀려 나오게 되지. 하지만 아이들이 자라고 나면 이런 능력은 줄어드는 것처럼 보여. 왜 그럴까? 소피 아문센이 이 질문에 대답할 수 있을까?

자, 들어봐. 어린 아기가 말을 할 수 있다면야, 어떤 이상한 세계에 있다 왔는지 분명 말해줄 수 있을 거야. 비록 아기가 말은 못해도 아기가 어떻게 주위를 둘러보고, 호기심에 가득 차 방 안의 물건들을 만져보는지 우리도 늘 보잖니!

아기가 처음 말을 시작하게 되면 "멍! 멍!" 짖는 개를 볼 때마다 제자리에 우뚝 멈춰 서서는 "멍멍! 멍멍!" 하며 유모차 안에서 깡충깡충 뛰며 팔을 마구 내젓잖니. 여러 해를 더 산 우리는 이 같은 어린 아기의 흥분이 약간 지나치다고 느끼기도 하지. "그래, 그래, 저건 멍멍이란다! 이제 그만두렴, 아가야. 자리에 앉아야지!" 세상을 겪어본 우리는 이렇게 말하지. 그리고 그렇게까지 흥분하지도 않아. 이미 오래전부터 우리는 개를 봐왔으니까.

아기가 개를 보고도 그냥 지나칠 수 있을 때까지 어쩌면 이런 어수선한 행동을 수백 번은 거듭해야 할 수도 있어. 코끼리나 하마를 보더라도 말이지. 하지만 이 세계는 아기가 제대로 말을 배우기 전에, 또 철학적으로 사고하는 법을 배우기도 전에 이미 아기에게 익숙한 세계가 되고 말아.

사랑하는 소피야, 네가 이 세계를 당연하게 생각하는 그런 사람들과 달라야 한다는 사실이 가장 중요해. 그 점을 확실히 하기 위해, 우리가 진짜 철학 강의를 시작하기에 앞서 두 가지 가상 실험을 해보자.

네가 숲 속을 산책하고 있다고 상상해보렴. 그때 갑자기 길에서 작은 우주선을 발견했어. 그 우주선에서 작은 화성인이 내려와 널 올려다본다면…….

이때 넌 무슨 생각이 들까? 물론 그건 아무래도 상관은 없어. 그런데 너도 그런 화성인이라는 걸 생각해본 적은 있니?

물론 네가 다른 행성에서 온 생물들과 맞닥뜨리게 된다는 것은 쉽게 있을 법한 일은 아니야. 우리는 다른 행성에 생물체가 있는지도 아직 모르지. 하지만 소피 네가, 바로 너 자신과 낯설게 맞부딪치는 것은 생각할 수 있는 일이야. 어느 화창한 날, 네가 깜짝 놀라 발걸음을 뚝 멈추고 완전히 새로운 방법으로 너 자신을 보게 될 수도 있어. 그런 일이 숲을 거닐다가 일어날 수도 있지.

'나는 참 이상한 존재야. 그리고 비밀에 가득 찬 동물이지…….' 하고 생각할 거야.

너는 마치 오랜 잠에서 깨어난 잠자는 숲 속의 공주처럼 느껴질 거야. 그리고 '난 누구지?' 하고 묻겠지. 너도 알다시피 우린 우주의 한 행성 위를 오가고 있어. 그런데 우주란 무엇일까?

소피야, 아직 잘 읽고 있니? 우리 또 다른 실험을 해보자.

어느 날 아침, 엄마와 아빠 그리고 두세 살 먹은 아기 토마스가 부엌에서 아침을 먹고 있는데 엄마가 잠깐 자리에서 일어나 싱크대로 몸을 돌렸어. 그런데 글쎄 갑자기 아빠가 천장 아래를 둥둥 떠다니기 시작해.

이때 토마스가 뭐라 할 것 같니? 아마도 자기 아빠를 가리키며 "와! 아빠가 날고 있다."라고 말하겠지.

분명 토마스도 놀랐겠지만, 이 일은 그저 그런 정도로 놀란 수준인 거야. 아빠는 이상한 일들을 많이 해왔으니까 식탁 위를 날아다니는 정도는 토마스 눈에 그다지 대단한 게 아닌 거지. 아빠는 날마다 신기한 기계로 면도를 했고, 때론 지붕 위로 기어 올라가 텔레비전 안테나를 이리저리 돌리기도 했어. 아니면 머리를 자동차 보닛 안쪽에 틀어박고 있다가 새까만 얼굴로 다시 모습을 드러내기도 했으니까.

그럼 이제 엄마의 반응을 보자꾸나. 엄마는 토마스가 하는 말을 듣고도 아무렇지 않게 몸을 돌리겠지. 그러고 나서 식탁 위를 둥둥 자유롭게 떠다니는 남편을 보고 어떤 반응을 보일까?

엄마는 손에 든 잼 병을 떨어뜨리고 화들짝 놀라 울부짖겠지. 어쩌면 아빠가 다시 자리에 앉고 나면 의사에게 뛰어갈지도 몰라. (아빠는 식사예절을 좀 배워야겠네.)

왜 토마스와 엄마는 그렇게 서로 다른 반응을 보였을까? 어떻게 생각하니?

이것은 '익숙함'의 문제야. (적어둬!) 토마스 엄마는 인간은 날 수 없다고 배운 사람이지. 하지만 토마스는 그렇게 배운 적이 없어. 아직 토마스에겐 이 세계에서 어떤 일이 가능하고 또 어떤 일이 불가능한지 확실치 않아.

하지만 소피야, 이 세계 자체는 어떨까? 이 세계도 그런 일이 가능하리라고 생각하니? 이 세계도 우주 안에서 자유롭게 떠다니고 있지.

슬픈 사실은 우리가 성장하면서 중력의 법칙에만 익숙해지는 게 아니라는 점이야. 동시에 이 세계 자체에 길들고 있지.

우리는 유년 시절을 보내는 동안 세상에 대해 놀라워하는 능력을 잃어버리게 돼. 게다가 그로 인해 무언가 본질적인 것도 잃게 되지. 철학자들이 다시 삶에서 일깨우려 했던 그 무엇 말야. 우리 마음속 어딘가에 있는 그 무엇은 우리에게 인생은 하나의 거대한 수수께끼라고 늘 속삭인단다. 우리는 생각하는 법을 배우기 훨씬 전부터 이를 겪어왔어.

정확히 말해서 철학 문제는 모든 사람과 관련이 있지만, 모든 사람이 철학자가 될 수는 없어. 사람들 대부분이 일상생활에 쫓겨서 각기 다른 이유로 삶에 대한 경이감을 잃어버려. (이들은 토끼 가죽 털 깊숙이 기어 들어가 편안히 자리 잡고는 여생을 거기에서 보내지.)

어린아이에겐 세계와 그 안의 모든 것이 놀랍도록 신기한 새로움으로 다가와. 그런데 어른들은 그렇지 않아. 대부분의 어른들은 이 세계를 완전히 평범한 것으로 체험하지.

바로 이 점 때문에 철학자라는 훌륭한 예외가 생겨나는 거야. 철학자는 절대로 이 세상에 적응할 수 없어. 남자든 여자든 철학자에게 이 세계는 언제나 이해하기 어렵고 수수께끼 같은 신비의 세계인 거야. 철학자와 어린이는 이처럼 중요한 공통점이 있어. 철학자는 일생 동안 어린아이 같은 감수성을 유지한다고 볼 수 있지.

사랑하는 소피야, 이제 네가 결정을 내려야 해. 너는 아직 이 세계에 '길들지' 않은 어린이라 할 수 있니? 아니면 절대로 그렇게 되지 않을 거라고 맹세할 수 있는 여성 철학자일까?

네가 고개를 저으며 스스로 어린이도 여성 철학자도 아니라고 느낀다면, 넌 더 이상 놀라는 일이 없을 만큼 이 세계에 잘 적응한 거야. 이런 경우는 위급한 상황이야. 그러기 때문에 좀 더 확실히 해두기 위해 네가 이 철학 강의를 들어야 하는 거야. 난 소피 네가 게으르고 무관심한 사람이 아니길 바라. 그리고 깨어 있는 삶을 누렸으면 해.

이 강의는 완전히 무료니까 언제든 그만두고 싶을 때 그만둘 수 있어. 그만두고 싶으면 쪽지를 우편함에 넣어둬. 우린 그것을 '살아 있는 개구리'라는 암호로 부르기로 하자. 색은 초록색이 좋겠어. 집배원 아저씨가 놀라지 않도록 하려면 말이야.

이야기를 간략히 요약해볼게. 흰 토끼를 마술사의 텅 빈 모자에서 꺼냈어. 그건 매우 큰 토끼라서 이 마술을 하는 데 수십억 년이 걸릴 거야. 모든 인간 아기들은 그 가느다란 털끝에서 태어나. 그래서 아기들은 불가능해 보이는 이 마술에 감탄하지. 하지만 나이를 먹으면, 토끼 가죽 털의 깊숙한 곳으로 기어 들어가 그 안에 머물게 되지. 그곳은 아주 편안해서 다시는 토끼 털 위로 기어오르려 하지 않아. 오로지 철학자들만이 언어와 존재의 극한에 도달하는 이 위험천만한 여행을 감히 실행하고 있지. 그들 중 몇 사람은 도중에 사라져버리기도 하지만, 나머지 다른 이들은 토끼털을 꽉 잡고 위로 기어오르면서, 깊숙한 흰 털 밑에서 그저 먹고 마시며 배나 두들기는 사람들을 향해 "신사 숙녀 여러분!" 하며 외쳐대는 거야.

"우리는 빈 우주 속에서 떠돌고 있는 겁니다!"

그러나 털 속에 있는 사람들은 아무도 이런 철학자의 외침에 관심을 기울이지 않아.

그들은 "세상에, 웬 헛소리야!" 하고 대꾸할 뿐이야.

그러고는 지금까지 해왔던 이야기들을 계속하겠지. "이리로 버터 좀 줄래?", "오늘 주가가 얼마나 되지?", "토마토가 얼마예요?" 등등.

이날 늦은 오후 소피 엄마가 집에 돌아왔을 때, 철학자의 비밀 편지가 담긴 과자 통은 동굴 속에 안전하게 숨겨져 있었다. 소피는 숙제에 집중하려 했지만 낮에 읽은 편지 생각으로 머리가 아팠다.

예전엔 전혀 생각해보지도 않은 것들이 너무나 많았다! 소피는 더 이상 어린아이가 아니었다. 하지만 아직 제대로 성숙한 어른이라고도 할 수 없다. 소피는 자기가 우주라는 마술사의 검은 모자에서 나와 토끼의 무성한 털 속에서 기어다니기 시작했음을 깨달았다. 그런데 지금 그 철학자는 소피를 붙잡아두고 있다. 그 철학자는 남자일까, 여자일까? 아무튼 그 철학자는 소피의 목덜미를 꽉 움켜쥐고선, 소피가 어린아이일 때 놀던 털 위로 다시 끌어올렸다. 그리하여 소피는 가느다란 털끝에 있는 바깥 세계를 마치 처음인 것처럼 다시 보게 된 것이다. 그 철학자가 소피를 구원해준 것이나 다름없었다.

소피는 엄마 손을 이끌고 거실로 와서 엄마를 소파에 앉게 했다.

"엄마, 산다는 게 이상하다고 생각하지 않으세요?" 하며 말문을 열었다.

엄마는 말문이 막혀서 한마디도 대꾸하지 못했다. 다른 때 같으면 엄마가 집에 돌아올 때쯤엔 소피가 늘 숙제를 하고 있었는데…….

"글쎄, 가끔 그렇지."

"가끔요? 제 말은 이 세계가 존재하는 게 놀랍지 않으냐는 거예요."

"근데 소피야, 지금 대체 무슨 소릴 하는 거니?"

"그걸 제가 묻고 싶어요. 엄마는 이 세계가 정상이라고 생각하세요?"

"그래, 세계는 정상적이지. 대체로."

소피는 그 철학자의 말이 옳다는 사실을 깨달았다. 어른들은 세계를 당연하게 받아들인다. 그들은 영원히 일상생활이라는 깊은 잠을 자고 있다.

"아휴! 엄마는 이 세계에 너무 익숙해져서 이 세계에 대해 놀랄 일도 없는 거예요."라고 소피가 말했다.

"미안하지만, 한마디도 못 알아듣겠구나."

"제 말은요, 엄마가 이 세계에 너무 적응했다고요. 다시 말해서, 모두 바보 같아요!"

"소피야, 엄마한테 그런 식으로 말하면 안 되지."

"그럼 다르게 말씀드려 볼게요. 엄마는 우주라는 마술사의 검은 모자
에서 바로 지금 끄집어낸 토끼의 털 속 깊숙한 곳에 편안히 계신 거예요.
이제 엄마는 감자를 오븐 안에 넣으시겠죠. 그러고 나선 신문을 읽으실
테고, 잠깐 한 30분쯤 눈을 붙이고 나서 텔레비전 뉴스를 보시겠죠."

엄마의 얼굴 위로 잠깐 걱정스러운 표정이 스쳐갔다. 정말로 엄마는
부엌으로 가서 감자를 오븐 안에 넣었다. 그러고는 이내 다시 거실로 와
서는, 소피를 소파에 앉혔다.

"너와 얘기 좀 해야겠구나."

소피는 무언가 진지해지는 엄마의 목소리를 느낄 수 있었다.

"설마 마약을 하는 건 아니지, 아가?"

소피는 웃을 수밖에 없었다. 하지만 엄마가 왜 이때 이런 질문을 하는
지 알 것 같았다.

"말도 안 돼요. 그런 건 사람을 더 멍청하게 할 뿐인걸요!"

소피는 이날 오후, 마약과 흰 토끼에 관해서는 한마디도 더 얘기할 수
없었다.

신화

······ 선한 힘과 악한 힘 사이의 불균형 ······

다음 날 아침 우편함에는 편지라곤 전혀 들어 있지 않았다. 여느 때보다 길게 느껴진 학교 수업 때문에 소피는 온종일 지루했다. 쉬는 시간에 요룬에게 특별히 친절하게 하려고 애썼다. 요룬과 집으로 돌아오는 길에 비가 오지 않으면 숲으로 함께 캠핑을 가자고 했다.

그리고 이제 소피는 다시 우편함 앞에서 걸음을 멈추었다. 소피는 제일 먼저 멕시코 소인이 찍힌 편지를 열어보았다. 아빠가 보낸 카드가 든 작은 편지봉투였다. 아빠는 고향이 몹시 그립다는 내용과 일등 항해사와 체스를 두어 처음으로 이겼다는 소식을 적어 보냈다. 그 밖에도 겨울 휴가가 끝날 때 가져간 20킬로그램이나 되는 책을 거의 다 읽었다는 얘기도 있었다.

우편함에는 소피의 이름이 적힌 갈색 편지봉투도 있었다. 소피는 가방과 다른 우편물을 집 안에 들여다 놓고, 동굴로 달려갔다. 소피는 더 많아진 여러 장의 타이핑한 편지지들을 봉투에서 꺼내 읽기 시작했다.

신화의 세계상

소피야, 안녕! 우린 나눌 얘기가 많으니까 바로 이야기를 시작하자.

철학이란 기원전 600년경 그리스에서 생겨난, 아주 새로운 사고방식이야. 그 전에는 여러 종교가 인간의 모든 문제에 답해주었지. 그러한 종교적 설명이 대대로 이어져 신화에 이르게 되었어.

신화란 삶이 왜 그렇고, 어떻게 그렇게 되었는지 설명하는 신들의 이야기야.

수천 년에 걸쳐 전 세계적으로 철학 문제에 관한 신화적 해석이 번창했어. 그리스 철학자들은 인간이 그저 신화적 해석에만 의지할 수 없음을 증명하려 했지.

초기 철학자들의 생각을 이해하기 위해선, 먼저 신화적 세계상이 무엇을 뜻하는지 이해해야 해. 가까운 북유럽 신화 몇 가지를 예로 들어볼게. 먼 곳에서 찾을 필요가 전혀 없지.

망치를 든 토르 이야기를 들어본 적이 있을 거야. 기독교가 노르웨이에 들어오기 전, 북유럽 사람들은 토르 신이 숫염소 두 마리가 끄는 수레를 타고 하늘을 날아다닌다고 믿었어. 그가 망치를 휘두르면 천둥과 번개가 친다고 말이야. 천둥을 뜻하는 '토르된(Thor-dønn)'은 원래 '토르가 쿵쾅거리는 소리'에서 유래해. 천둥을 뜻하는 스웨덴어 '오스카(åska)'란 단어는 원래 '오스-아카(ås-aka)'로, '하늘을 나는 신들의 행렬'을 뜻하지.

천둥이 치고 번개가 번뜩이면 비가 오게 마련이지. 이것은 바이킹 시대의 농부들이 살아가기 위한 필수 조건이었어. 그래서 토르 신은 결실의 신으로 찬양을 받았지.

'비는 왜 올까' 하는 물음에 '토르 신이 망치를 휘두르기 때문'이라는 대답이 바로 신화적 해석이야. 그래서 비가 오면 들판의 곡식이 자라는 것이라고 말이야.

그러나 들판의 식물이 자라고 열매를 맺는 이치를 근본적으로 파악할 수는 없었어. 어떻든 농부들은 비와 관련이 있다는 사실을 잘 알고 있었지. 게다가 사람들 모두 토르 신이 비를 내리게 한다고 믿었어. 그래서 토르 신은 북유럽의 가장 중요한 신 가운데 하나로 자리 잡게 되었어.

토르 신이 중요한 또 다른 이유는 그가 전 세계 질서와 관계가 있기 때문이야.

바이킹족은 그들이 사는 세계를 끊임없이 외부 세력의 위협을 받는 섬으로 생각했어. 그들은 그곳을 미드가르드(Midgard)라고 불렀어. 이 단어는 '한가운데에 놓인 나라'를 의미하지. 미드가르드에는 신들의 고향인 오스가르드(Åsgard)도 있었어. 미드가르드의 바깥에 우트가르드(Utgard)가 있었고, 이곳에는 항상 비열한 속임수로 세상을 멸망시키려 하는 위험한 트롤들이 살고 있었어. 우리는 그런 사악한 트롤들을 '혼돈의 힘'이라 불렀지. 북유럽 종교를 신봉하는 사람뿐만 아니라 대부분의 다른 문화권의 사람도 선한 힘과 악한 힘 사이의 균형이 불안정하다고 느꼈어.

트롤들이 미드가르드를 멸망시킬 수 있는 길은 결실의 여신 프레이야를 유괴하는 것뿐이었어. 트롤들이 성공하게 되면, 더 이상 들판에선 아무것도 자라지 않으며, 여자들은 아기를 갖지 못했어. 따라서 선한 신들이 트롤들을 제압하는 것은 매우 중요했지.

이때 토르 신도 중요한 역할이 있었어. 토르 신의 망치는 비를 불러올 뿐만 아니라 혼돈이라는 위험한 힘에 맞서 싸우는 무기이기도 했거든. 망치는 토르 신에게 거의 무한한 힘을 주었어. 예를 들면 토르 신은 망치를 던져서 트롤들을 죽일 수 있었어. 토르 신은 망치를 잃어버릴까 봐 걱정할 필요도 없었어. 그 망치는 던지면 부메랑처럼 그에게 되돌아오도록 만들어졌기 때문이지.

이러한 설명은 어떻게 자연현상이 일어나며, 선과 악 사이에 왜 항상 싸움이 벌어지는지를 '신화적으로' 풀이한 거야. 하지만 그저 설명에 그치지는 않아.

인간은 가뭄이나 돌림병과 같은 재앙의 위협을 받을 때, 신이 이 일에 나서주기를 그저 손 놓고 기다리고 있을 수만은 없었어. 직접 악을 물리치려고 싸움에 가담했어. 여러 종교적 행위나 의식을 통해서 말이지.

제물을 바치는 것은 고대 북유럽에서 가장 중요한 종교 행위였어. 신에게 제물을 바치는 행위는 신의 힘을 더욱 북돋우는 것을 뜻해. 예를 들면 인간은 신들의 힘을 강하게 북돋워 혼돈을 제압하도록 신에게 제물을 바쳤어. 그럴 때면 동물이 제물로 쓰였지. 토르 신에게는 대부분 숫염소를 바쳤을 거야. 오딘 신에겐 때로 인간을 제물로 바치기도 했고.

노르웨이에서 가장 유명한 신화는 트림스크베다 시에 나오는 대목이야. 어느 날 토르 신이 잠을 자다 깨어 보니 자기 망치가 없어진 거야! 너무 화가 치밀어서 두 손은 물론이고 수염까지 파르르 떨렸지. 토르 신은 신하인 로키를 데리고 프레이야 여신에게 가서 날개를 빌리지. 그걸 로키에게 달아주고 요툰하임으로 날아가 트롤들이 망치를 훔쳐갔는지 알아보라고 했어. 로키는 요툰하임으로 가서는 훔친 토르 신의 망치를 훔쳐서 지하 13킬로미터나 되는 깊은 곳에 묻어두고 껄껄 웃고 있는 트롤의 왕 트림과 마주쳤지. 트림은 뻔뻔스럽게도 "프레이야 여신이 나와 결혼해주면 그 망치를 되돌려 주겠다."라고 말했어.

잘 따라오고 있지, 소피야? 착한 신들은 갑자기 이런 충격적인 인질극을 맞닥뜨리게 된 거야. 지금 착한 신들의 가장 중요한 방어무기가 트롤들의 수중에 들어갔으니, 정말 이루 말할 수 없이 어려운 사태가 벌어진 거지. 트롤들이 토르 신의 망치를 손아귀에 쥐고 있는 한 그들은 신과 인간세계를 지배할 모든 힘을 가진 셈이었어. 또 망치와 프레이야 여신을 교환하자고 요구했지만 그건 불가능했어. 신들이 만물을 보호하는 결실의 여신인 프레이야 여신을 내준다면 들판의 풀은 모조리 시들고 신과 인간들도 죽을 테니까 말이야. 뒤로 물러설 수도 앞으로 나갈 수도 없는 팽팽한 긴장 상태였지. 위험한 요구를 들어주지 않으면 런던이나 파리에 핵폭탄을 터뜨리겠다고 위협하는 테러 집단을 연상한다면, 내가 얘기하는 걸 분명하게 이해할 수 있을 거야.

이 신화는 로키가 오스가르드로 돌아오는 대목으로 이어져. 로키는 프레이야 여신에게, 너무나 안타깝지만 지금 당장 트롤과 결혼해야 되니까 신부 치장을 하도록 요청하지. 프레이야 여신은 만일 트롤과 결혼을 한다면, 사람들은 자신이 아마 남자에게 반해서 그러는 모양이라고 여길 것이라며 노발대발했어.

그때 헤임달 신에게 좋은 생각이 떠올랐지. 헤임달 신은 토르 신을 신부로 변장시키자고 제안했어. 신들은 토르 신이 여자처럼 보이도록 머리를 틀어올리고 가슴에 돌을 매달았단다. 물론 토르 신이 이런 생각을 썩 내켜하진 않았지만, 신들이 망치를 탈환할 수 있는 유일한 기회라고 설득하는 바람에 결국 받아들였어. 마침내 신들은 토르 신을 신부로 변장시켰지. 로키는 신부 들러리로 꾸몄어. 이제 로키가 말했어.

"자 그럼, 우리 두 여인네들은 트롤에게 가봅시다."

이를 좀 더 현대적으로 표현하면, 토르 신과 로키를 신들의 '반테러 특공대'라고 이름 붙일 수 있을 거야. 그들은 여자로 변장하고 트롤의 근거지로 숨어들어 가, 토르 신의 망치를 되찾으려는 신들의 파견대였지.

토르 신과 로키가 요툰하임에 도착하자마자, 트롤들은 당장 결혼식을 치를 채비를 갖추었어. 그런데 결혼식에서 신부로 변장한 토르 신이 황소 한 마리와 연어 여덟 마리를 먹어치우고 맥주 세 통을 벌컥벌컥 들이켰지. 트롤의 왕 트림은 이런 신부의 행동을 이상하게 생각해, 하마터면 변장한 '반테러 특공대'의 정체가 드러날 뻔했어. 하지만 로키가 프레이야 여신이 요툰하임에 오는 것이 너무나 기쁜 나머지, 일주일 넘게 아무것도 먹지 못했노라고 둘러대어 신부를 구할 수 있었어.

이제 트롤의 왕 트림이 신부에게 입을 맞추려고 면사포를 걷어 올렸을 때, 트림 왕은 토르 신의 강한 눈빛에 질겁해 뒤로 주춤했어. 이번에도 로키는 위기에 빠진 신부를 구해주었지. 로키는 신부가 결혼에 대한 기쁨에 들떠 일주일 넘게 한숨도 못 잤다고 말했어. 트림 왕은 드디어 망치를 가져다가 결혼식이 진행되는 동안 신부 무릎 위에 올려놓으라고 명령했지.

토르 신은 무릎 위에 망치가 놓이자 몹시 좋아서 웃음을 터뜨렸어. 먼저 트림 왕을 죽이고, 다음으론 요툰하임에 있는 나머지 트롤들을 모조리 없애버렸어. 이렇게 해서 끔찍한 인질극은 해피엔딩으로 끝을 맺었지. 신들의 배트맨, 혹은 제임스 본드 격인 토르 신은 다시 한 번 사악한 세력을 무찌르고 승리하게 돼.

소피야, 신화 이야기는 이 정도로 충분히 한 것 같아. 그럼 그 신화가 우리에게 정말로 얘기해주려는 건 뭘까? 그저 장난으로 꾸며낸 이야기는 아닐 테니까. 이러한 신화도 무언가 '설명'하려는 거야. 여기서 가능한 뜻을 헤아려보면 이런 거야.

나라에 가뭄이 들면 사람들에게는 왜 비가 오지 않는지에 대한 설명이 필요해. 혹시 트롤들이 토르 신의 망치를 훔쳐간 건 아닐까 하고 말이야.

또 이러한 신화는 계절 변화를 이해하려는 의도로 생각할 수 있어. 즉 겨울에는 토르 신의 망치가 요툰하임에 있어서 자연은 죽은 상태지. 하지만 토르는 그 망치를 봄에 되찾게 돼. 바로 이런 식으로 신화는 인간이 이해할 수 없는 무언가를 설명하려고 하는 거야.

그러나 사람들은 우리가 들은 바와 같은 정도의 설명으로 만족하지 않고 중요한 사건에 직접 개입하려고 했지. 바로 신화와 관계가 있는 다양한 종교 의식을 통해서 말이야. 가뭄이나 흉작일 때, 신화 내용을 담은 연극을 공연했을 거라고 생각해볼 수 있잖아. 어쩌면 요괴에게서 망치를 되찾기 위해, 마을 장정 한 사람을 뽑아서 앞가슴에 돌을 매달아 신부로 변장시켰는지도 모르지. 이렇게 옛사람들은 비가 오고 들판의 곡식이 여물게 하기 위해 직접 무언가를 실행한 거지.

자연이 진행되는 과정을 촉진하기 위해 '계절 신화'를 각색한 많은 사례를 전 세계 곳곳에서 찾을 수 있어.

우리가 잠깐 북유럽의 신화 세계를 살펴보았지만 그 밖에도 토르 신과 오딘 신, 프레이 신과 프레이야 여신, 호드 신과 발더 신, 그리고 또 수많은 다른 신들에 관한 셀 수 없이 많은 신화들이 있어. 철학자들이 이리저리 헤집고 쑤석거리기 전부터, 이런 신화는 이미 전 세계에 존재했어. 최초로 철학이 생겨났을 때 그리스 사람들도 신화적 세계상을 마음속에 품고 있었어. 수백 년 동안 대대로 신들에 관한 이야기가 전해져 왔지. 그중 아주 일부만 언급해보면, 제우스와 아폴론, 헤라와 디오니소스와 아스클레피오스, 그리고 헤라클레스와 헤파이스토스가 있지.

기원전 700년경, 호메로스와 헤시오도스는 구전되던 그리스 신화의 대부분을 글로 옮겼는데, 이것은 아주 새로운 상황을 만들어냈어. 신화가 기록 형태로 남게 되자, 사람들이 그것에 관해 토론을 벌이게 된 것이지.

초기 그리스 철학자들은 호메로스의 신화에 등장하는 신들이 인간과 너무 유사하다고 비판했어. 실제로 신들은 우리와 똑같이 이기적이며 믿지 못할 대상들이었어. 신화란 단지 우리들이 상상할 수 있는 이야기에 불과하다는 것을 인류 역사상 처음 언급한 셈이지.

우리는 신화를 비판한 예를 기원전 570년경 태어난 철학자 크세노파네스에게서 찾을 수 있어. 크세노파네스는 인간이 자기 형상대로 신을 창조해냈다고 여겨 이렇게 말했어. "죽음을 피하지 못하는 인간은 신도 인간처럼 태어나고, 옷을 입으며, 인간의 형상과 목소리를 지녔다고 상상했다. …… 에티오피아 사람들은 그들의 신이 코가 납작한 흑인이라고 상상했고, 트라키아 지방 사람들은 푸른 눈에 빨간 머리의 신들을 생각해냈다. …… 암소와 말, 그리고 사자에게도 손이 있어서 그림을 그리고 인간처럼 창작을 할 수 있었다면, 말은 말과 같은 신의 모습을, 암소는 암소처럼 생긴 신의 모습을 그려 자신과 똑같은 형상을 창조했을 것이다.”

이 시기에 그리스 사람들은 그리스와 식민지였던 이탈리아 남부, 소아시아 등지에 많은 도시국가를 세웠어. 이곳에서는 노예가 모든 육체노동을 도맡았기 때문에 자유 시민이 정치와 문화에 전념할 수 있었어. 이러한 생활 조건 속에서 인간의 사고는 비약적으로 발달할 수 있었지. 바로 각 개인이 독자적으로 ‘어떻게 사회를 조직할 것인가’ 하는 문제를 제기할 수 있게 된 거야. 또 이런 방법으로 각 개인은 꼭 전래한 신화에 의지하지 않고, 철학적 문제를 생각하기 시작했지.

우리는 이때부터 바로 신화적 사고방식에서 경험과 합리성에 근거하는 사고로 발전했다고 얘기할 수 있어. 초기 그리스 철학자들의 목표는 자연의 진행 과정에 관한 ‘자연스러운 해설’이었어.

소피는 넓은 정원을 이리저리 거닐며 학교에서 배운 것은 모두 잊으려고 애썼다. 무엇보다도 소피가 자연사 책에서 읽은 얘기들을 잊는 일이 가장 중요했다.

만약 소피가 자연에 대해 아무것도 모른 채 이 정원에서 자랐다면 과연 어떻게 봄을 체험했을까?

‘왜 어느 날 갑자기 비가 내리기 시작하는 것일까?’ 하는 물음에 어떤 설명을 생각해낼 수 있었을까? 왜 눈이 녹아 없어지고, 왜 하늘에서 태양이 뜨는지, 이런 의문을 풀어줄 만한 어떤 해석을 상상해낼 수 있었을까?

소피는 분명히 그럴 수 있었을 거라고 확신했고 곧 이야기를 짓기 시작했다.

겨울은 이 나라를 얼음 주먹으로 꽉 움켜쥐었어요. 사악한 무리아트가 아름다운 시키타 공주님을 추운 지하 감옥에 가둬버렸기 때문이지요. 그런데 어느 날 아침, 용감한 브라바토 왕자님이 와서 공주님을 구해주었어요. 시키타 공주님은 매우 기뻐하며, 지하 감옥에서 지은 노래를 부르며 초원에서 춤을 추기 시작했어요. 그러자 땅과 나무들은 너무 감동한 나머지 모든 눈이 녹아 눈물바다를 이루게 되었지요. 그러나 태양이 하늘에서 비춰주었기에 눈물이 곧 말랐답니다. 새들은 시키타 공주님의 노래를 따라 불렀지요. 그리고 아름다운 시키타 공주님이 금발 머리를 풀어내리자, 몇 가닥의 곱슬머리가 땅에 떨어져 이내 들판의 백합이 되었답니다…….

소피는 아름다운 이야기라고 생각했다. 계절 변화에 대한 다른 해석들이 없었더라면, 소피는 자기가 지어낸 이야기를 그대로 믿었을 것이다.

소피가 깨달은 점은, 사람들에겐 항상 자연의 진행 과정에 대한 설명이 필요하다는 사실이다. 어쩌면 사람들은 그런 설명 없이는 살 수 없을지도 모른다. 그래서 과학이 존재하지 않던 그 옛날, 사람들은 신화를 지어낸 것이다.

자연철학자들

…… 무(無)에서는 아무것도 생길 수 없다 ……

그날 오후, 소피는 흔들의자에 앉아서 '아빠의 생일 카드를 받을 수 없게 된 힐데 묄레르 크나그와 철학 강의 사이에 어떤 관계가 있을까' 하는 생각에 빠져 있었다. 그때 엄마가 일터에서 돌아왔다.

"소피야!"

엄마가 먼발치에서 소피를 불렀다.

"너한테 편지가 왔어!"

소피는 움찔했다. 자기가 직접 우편물을 가져왔는데, 그사이 철학자가 또 편지를 보냈나 보다. 엄마에게 뭐라고 말씀드려야 할까?

소피는 천천히 흔들의자에서 일어나 엄마 쪽으로 다가갔다.

"우표를 안 붙였네. 연애편지인가 본데!"

소피는 편지를 받아들었다.

"편지 안 뜯을 거니?"

뭐라고 변명해야 할까?

"어깨너머로 자식의 연애편지를 훔쳐보는 엄마들이 있단 얘기를 들어서 그래?"

엄마가 이 편지를 차라리 연애편지라고 생각하게 하는 편이 소피에겐 더 나을 것 같았다. 연애편지를 받기엔 소피가 아직 어렸기에 아주 창피했지만, 만약 소피가 생면부지의 철학자와 숨바꼭질을 하며 완벽한 통신 강의를 받고 있단 사실이 밝혀지면 그게 더 고통스러울 것 같았다.

이번에는 작고 하얀 편지봉투다. 소피는 제 방으로 건너와, 봉투 속에 있던 쪽지에서 다음 세 가지 질문을 읽었다.

모든 것이 생겨난 어떤 원질, 즉 원재료가 있을까?
물이 포도주로 변할 수 있을까?
흙과 물이 어떻게 살아 있는 개구리가 될 수 있을까?

소피는 이런 질문들이 터무니없다고 생각했지만, 저녁 내내 그 질문들로 머릿속이 어지러웠다. 다음 날 아침 소피는 학교에서 이 세 질문을 차례차례 생각해보았다.

만물을 형성하는 하나의 '원질'이 있을까? 만약 이 세계에 있는 만물을 생성해낸 어떤 '근원 물질'이 있었다면, 어떻게 이것이 갑자기 민들레나 코끼리로 변할 수 있었을까?

물이 포도주가 될 수 있느냐는 문제도 그렇다. 물론 소피는 예수가 물로 포도주를 만들었다고 들은 적은 있지만 그 이야기를 곧이곧대로 받아들일 수는 없었다. 그리고 정말 예수가 물로 포도주를 만들었다면 그건 기적이었을 테고 실제로는 불가능한 일이다. 포도주를 비롯해서 자연 곳곳에 수분이 많다는 사실을 소피는 잘 알고 있고, 오이가 95퍼센트의 수분으로 이루어져 있다고 하더라도 오이가 오이이기 위해서는 물 외의 다른 무엇이 더 필요하다.

개구리에 대한 질문도 곰곰 되새겨보았다. 개구리에 관해서 소피의 철학 선생님은 좀 특이했다. 소피는 개구리가 흙과 물로 이루어졌다는 것을 인정할 수도 있다. 그러나 그렇다면 흙이 한 가지 물질로만 이루어질 수는 없다. 만약 흙이 여러 가지 물질들로 이루어졌다면, 흙과 물이 결합해서 개구리를 만들어낸다는 것은 당연히 상상할 수 있는 일이다. 흙과 물이 개구리 알과 올챙이라는 중간 단계를 거친다는 사실도 눈여겨볼 만하다. 왜냐하면 아무리 정성들여 물을 준다 해도 텃밭에서는 개구리가 생겨날 수 없기 때문이다.

이날 오후, 수업이 끝나고 집에 돌아왔을 때 소피 앞으로 온 두툼한 편지봉투 하나가 우편함에 들어 있었다. 여느 때와 마찬가지로 소피는 동굴 안으로 갔다.

철학자들의 구상

다시 만나니 기쁘구나! 흰 토끼나 그와 비슷한 문제를 빙빙 돌려 얘기하지 말고, 오늘 공부할 내용으로 바로 들어가 보자.

고대부터 현대에 이르기까지 여러 철학 문제에 관해 사람들이 어떻게 생각해왔는지, 그 특징을 간략하게나마 설명해주려고 해. 물론 시간

순서대로 말이지!

철학자들 대부분은 다른 시대, 또 우리와는 아주 다른 문화 속에서 살았기 때문에, 우선 여러 철학자가 내세운 철학적 구상에 대해 질문해보는 것이 좋겠구나. 우리는 그 철학자들이 특히 무엇을 연구했는지 이해해야 해. 어떤 철학자는 식물과 동물이 어떻게 생겨나는지 의문을 품었어. 또 다른 철학자는 신이 존재하는지, 인간이 영원히 불멸하는 영혼을 지니고 있는지 밝히려 했지.

우선 특정한 철학자의 구상이 무엇이었는지 확인하고 나면 그 철학자의 생각에 쉽게 동조할 수 있을 거야. 어느 철학자도 모든 철학적인 문제를 연구할 수는 없기 때문이야.

지금부터 내가 말하는 철학자란 '남자' 철학자들을 가리키는 거야. 철학사를 남성들이 만들어왔고 게다가 여성은 성적인 면에서나 생각하는 존재로서 인류 역사에서 늘 억압당해왔기 때문이야. 이런 식으로 많은 중요한 경험을 상실했다는 사실은 정말 유감스러운 일이야. 여성은 실제로 20세기에 이르러서야 비로소 철학사에 등장하기 시작했어.

네게 복잡한 수학 문제 같은 과제를 내주진 않을 거야. 그러나 가끔 가벼운 연습문제를 내줄 수도 있어.

이 조건을 받아들인다면, 이제 시작해볼까?

자연철학자들

초기 그리스 철학자들은 종종 '자연철학자'라 불렸어. 그들이 무엇보다 자연과 자연의 진행 과정에 관심을 가졌기 때문이야.

만물이 어디서 왔는지 이미 우린 스스로에게 되물어보았지. 오늘날 많은 사람들이 만물은 어느 날 아무것도 없는 무(無)의 상태에서 생겨났다고 믿고 있어. 이런 생각이 그 시대의 그리스에서는 그다지 널리 퍼져 있지 않았어. 그리스인은 어떤 이유에서인지 '무엇인가'가 언제나 존재했다는 생각에서 출발했지.

따라서 어떻게 아무것도 없는 상태에서 만물이 생길 수 있었는지는 그들에게 중요한 문제가 아니었어. 대신 그리스 사람들은 어떻게 물이 살아 있는 물고기가 되고, 생명 없는 흙이 어떻게 키 큰 나무나, 알록달록한 꽃으로 피어날 수 있는지 놀라워했어. 아기가 엄마 몸 안에서 어떻게 생기는지에 대해서는 침묵했지.

철학자들은 어떻게 자연에 끊임없이 변화가 일어나는지 그들 눈으로 직접 보았어. 하지만 그런 변화들이 어떻게 가능한 것일까? 어떻게 사물이 한 물질에서, 예를 들면 살아 있는 생명체와 같은 완전히 다른 것으로 바뀔 수 있을까?

초기 철학자들은 공통적으로 이러한 변화의 이면에는 특정한 원질이 있다고 믿었어. 그들의 생각이 어떻게 여기에 미치게 되었는지는 쉽게 설명할 수 없어. 그저 우리가 알고 있는 것은, 이런 생각이 모든 자연 변화의 이면에 분명 원질이 존재할 거라는 상상에서 확산되었다는 사실이지.

우리의 관심사는 초기 철학자들이 어떤 해답을 발견했느냐가 아니라 어떤 문제를 제기하고, 어떤 해답 방식을 추구했는가 하는 점이야. 즉 그들이 정확히 무엇을 생각해냈는지보다는 '어떻게' 생각했는지가 더욱 중요해.

우리는 초기 철학자들이 눈에 보이는 자연의 변화에 관한 문제에 더욱 힘을 기울였다는 사실을 확인할 수 있어. 그들은 영원한 자연법칙을 발견하려 애썼지. 전승된 신화에 의존하지 않은 채, 자연현상을 이해하려고 한 것이지. 무엇보다도 자연을 관찰함으로써 자연의 진행 과정을 이해하려고 했어. 이것은 천둥과 번개, 겨울과 봄을 신들의 세계에서 일어난 일들을 통해 설명하는 것과는 전혀 달라.

철학은 이런 방법으로 종교의 범주에서 벗어났어. 그렇게 자연철학자들이 학문적 사고방식을 향한 첫걸음을 내디뎠다고 말할 수 있지. 그들의 생각은 이후 모든 자연과학의 원동력이 되었어.

하지만 자연철학자들이 말하고 기록해놓은 것은 대부분 후세에 전해지지 못했어. 그나마 얼마 안 되는, 우리가 알고 있는 사실은 초기 철학자들 이후, 약 200년이 지나 등장하는 아리스토텔레스라는 철학자의 저서를 통해서 알게 된 거야. 그렇다고 하더라도 아리스토텔레스는 그의 선배 격인 초기 철학자들이 이루어놓은 결론들을 모아 적었을 뿐이지. 다시 말해 초기 철학자들이 어떻게 그러한 결론에 이르게 되었는지에 관해선 우리가 전혀 알 수가 없단 말이야. 그러나 초기 철학자들의 구상이 자연의 변화 가운데 원질과 관계 있는 문제였다는 사실은 알 수 있지.

밀레토스의 세 철학자

우리가 아는 최초의 철학자는 당시 그리스 식민지였던 소아시아 밀레토스 출신인 탈레스야. 두루두루 여행을 많이 해본 사람이었지. 자기 그림자의 길이가 키와 똑같은 순간에 피라미드의 그림자 길이를 재서 이집트 피라미드의 높이를 측정해냈다고 해. 또 기원전 585년에 일식 주기를 계산해내기도 했어.

탈레스는 만물의 근원을 물이라고 생각했어. 어떻게 해서 그런 생각을 하게 되었는지는 확실히 알 수 없지만 아마 모든 생명체는 물에서 생겨났으므로 분해하면 다시 물이 된다고 생각한 것 같아.

그는 이집트에 있을 당시, 나일 강의 삼각주에 강물이 넘쳤다가 다시 원상태로 줄어들면 그곳 들판이 비옥한 옥토로 변하는 것을 직접 두 눈으로 확인했단다. 비가 오고 난 후, 개구리와 벌레들이 나타나는 것을 보았을지도 모르지.

그 외에도 물이 어떻게 얼음과 수증기가 되는지, 그리고 다시 물로 변할 수 있는지 생각했을 거야.

탈레스는 만물은 "신들로 가득 차 있다."라고 말했다고 해. 이 말이 무엇을 의미하는지는 우리가 추측할 수밖에 없어. 어쩌면 탈레스는 검은 흙이 꽃과 곡식을 비롯하여 벌과 바퀴벌레에 이르는 만물의 근원이라고 생각했는지도 모르지. 그리고 작고 보이지 않는 '생명의 싹'으로 가득 찬 지구를 상상했을지도 몰라. 어쨌든 확실한 건 철학자 탈레스는 신들에 대해 호메로스처럼 생각하지 않았다는 점이야.

다음 철학자는 탈레스와 마찬가지로 밀레토스에 살았던 아낙시만드로스인데, 그는 이 세계를 무한한 어떤 것에서 생겨나 다시 그것으로 돌아가는 수많은 세계들 가운데 하나로 여겼어. 이때 무한한 어떤 것이 무슨 뜻인지는 단언하기 어렵지만, 탈레스처럼 특정 물질을 뜻하지 않았다는 것은 확실해. 아마도 그는 만물 형성의 근본이 되는 사물은 이미 형성된 것과는 아주 다를 거라고 생각한 것 같아. 그리고 이미 만들어진 만물은 유한하기 때문에 형성되기 이전이나 이후에는 무한한 것이어야만 한다는 거야. 따라서 원질이 아주 평범한 물일 수는 없는 게 분명해.

밀레토스 출신인 세 번째 철학자는 아낙시메네스(기원전 585년경~기원전 526년)야. 그는 대기 또는 공기를 만물의 근원으로 보았어.

물론 아낙시메네스는 탈레스의 물 이론을 알고 있었어. 그러나 물은 어디서 생겨나지? 아낙시메네스는 물을 응결한 대기로 생각했어. 우리는 비가 올 때 대기가 물로 응결한다는 것을 알고 있지. 아낙시메네스는 물이 더 응축해 흙이 된다고 생각했어. 아마 그는 녹아내리는 얼음에서 모래가 응결하는 걸 본 모양이야. 동시에 그는 불을 엷어진 공기로 생각했지. 아낙시메네스의 의견에 따르면, 공기에서 흙, 물 그리고 불이 생겨난 것이란다.

흙과 물이 들판의 식물들이 되는 과정은 그리 먼 길이 아니야. 아낙시메네스는 생명체가 생겨나기 위해 흙과 공기, 불과 물이 존재하는 것이라 믿은 듯해. 그러나 원래의 출발점은 대기야. 아낙시메네스는 모든 자연 변화를 뒷받침하는 원질이 있다는 점에선 탈레스와 생각이 같았지.

무(無)에서는 아무것도 생길 수 없다

밀레토스의 세 철학자는 만물을 형성하는 단 하나의 원질이 있다고 믿었어. 그러나 한 물질이 어떻게 갑자기 변해서 완전히 다른 사물이 될 수 있을까? 이 문제를 우린 '변화의 문제'라 부를 수 있겠지!

기원전 500년경부터 남부 이탈리아에 있는 그리스 식민지 엘레아에는 철학자 몇 명이 살고 있었단다. 이들을 '엘레아학파'라고 부르는데 이들은 이 변화의 문제를 다루었지. 그들 중 가장 유명한 철학자가 파르메니데스(기원전 515년경~기원전 445년)야.

파르메니데스는 존재하는 모든 것은 이미 늘 존재하고 있던 것이라고 믿었지. 이런 생각은 당시 그리스인에게는 널리 퍼져 있던 생각이었어. 그들은 세상의 모든 것들이 늘 있어왔다는 점을 당연한 사실로 인정했단다. 파르메니데스는 무(無)에서는 아무것도 생길 수 없다고 생각했지. 즉 존재하지 않는 깃은 이 무 것도 될 수 없다고 믿었어.

그렇지만 파르메니데스의 생각은 대부분의 다른 철학자들보다 한 걸음 더 나아갔어. 그는 변화가 실제로는 절대 불가능하다고 생각했어. 아무것도 지금과는 다른 것으로 변할 수 없다는 거야.

파르메니데스 역시 자연에서 끊임없이 변화가 일어나고 있음은 잘 알고 있었어. 그는 감각을 통해서 사물이 어떻게 변하는지를 분류해냈지. 그렇지만 그는 그것을 이성적 설명과 일치시킬 수 없었단다. 파르메니데스가 감각에 의존해야 할지 아니면 이성에 따라 판단해야 할지 양자택일을 해야만 했을 때, 그는 이성을 선택했던 거야.

"나는 내가 직접 본 것만 믿는다."라는 말은 우리가 익히 잘 알고 있지. 하지만 파르메니데스는 눈으로 봐도 믿지 않았어. 그는 감각은 인간의 이성적 설명과 부합하지 않는, 그릇된 세계상을 전한다고 생각했지. 철학자로서 그는 모든 형태의 '감각적 착각'을 밝혀내는 것을 자신의 철학 과제로 삼았어.

이렇듯 인간 이성에 대한 강한 믿음을 합리주의라고 해. 합리주의자란 이성이 세계에 대한 우리의 지식의 원천이라고 확신하는 사람이란다.

모든 것은 흐른다

파르메니데스가 살던 때와 비슷한 시기에, 소아시아 에페소스에 헤라클레이토스(기원전 540년경~기원전 480년경)란 철학자가 있었어. 헤라클레이토스는 자연의 기본 특성을 지속적인 변화라고 생각했어. 따라서 헤라클레이토스가 파르메니데스보다 감각을 더 신뢰했다고 말할 수도 있겠지.

헤라클레이토스는 '모든 것은 흐른다.'라고 생각했어. 모든 것은 운동하며 어떤 것도 영원히 존속하지 않는다는 거지. 그래서 우리는 '같은 강물에 두 번 들어갈 수 없는' 거야. 두 번째로 내가 강물에 들어갈 때는 이미 강물도 나도 처음과는 달라졌기 때문이지.

헤라클레이토스는 세계를 지속적인 여러 대립 쌍으로 규정할 수 있음을 시사했어. 아파보지 않고는 건강의 중요성을 잘 이해할 수 없듯 말이야. 한 번도 굶주린 적이 없으면 배부름의 기쁨도 모르겠지. 전쟁이 없었으면 우리는 평화를 소중히 여기지 않았을 것이며, 겨울이 없다면 봄이 오는 것도 볼 수 없겠지.

헤라클레이토스는 선뿐만 아니라 악도 전체 속에서 필수적인 자리를 차지한다고 생각했단다. 대립 쌍 사이의 지속적인 교류가 없다면 이 세계는 이미 끝난 것과 다름없다고 생각했지.

헤라클레이토스는 "신은 낮과 밤이요, 겨울과 여름이며, 전쟁과 평화, 배부름과 굶주림이다."라고 말했어. 여기서 '신'이라는 단어는 물론 신화 속의 신을 의미하지는 않아. 헤라클레이토스가 말하고자 한 신 또는 신성한 것은 세계 전체를 포괄하는 어떤 것이란다. 그래, 그에게 신은 바로 그 내부에서 부단히 변화하고 모순에 가득 찬 자연이야.

헤라클레이토스는 '신'이란 단어 대신 '로고스'라는 그리스어를 자주 썼어. 이 말은 이성을 뜻하지. 헤라클레이토스는 인간이 늘 같은 생각을 하거나 똑같은 이성을 가진 것이 아니라면 자연의 모든 현상들을 조종하는 '세계 이성'이 있어야 한다고 생각했어. 이 세계 이성 또는 세계 법칙은 모든 사람에게 공통적으로 있는 것이며, 모든 인간은 이 세계 이성에 따라 행동해야 한다는 거야. 그러나 그는 사람들이 대개 자신의 개인적 이성에 따라 살아가고 있다고 했지. 여기서 헤라클레이토스는 그의 동시대 사람들에 관해 전혀 개의치 않았어. 사람들 대부분의 견해는 그에게 그저 '어린애 장난'에 지나지 않았지.

그러니까 자연이 보여주는 모든 변화와 대립에서도 헤라클레이토스는 통일과 전체성을 보았던 거야. 그는 만물의 바탕에 놓여 있는 이 어떤 것을 '신' 또는 '로고스'라고 불렀어.

네 가지 원소

파르메니데스와 헤라클레이토스는 한 가지 측면에서 서로 정반대였단다. 파르메니데스는 이성을 토대로, 아무것도 변하지 않는다고 분명히 밝혔어. 하지만 헤라클레이토스는 감각적 경험으로는 자연 속에서 끊임없는 변화가 일어난다고 설명했지. 두 사람 가운데 누가 옳을까? 우리는 이성이 우리에게 설명해주는 것을 믿어야 할까, 아니면 감각에 더 의지해야 할까?

파르메니데스와 헤라클레이토스는 다음 두 가지 진술로 각각의 생각을 밝혔어.

파르메니데스의 주장에 따르면,
가) 아무것도 변하지 않고
나) 그래서 감각적 인식은 믿을 수 없는 것이다.

그와 반대로 헤라클레이토스의 주장에 따르면,
가) 모든 것은 변하며('모든 것은 흐른다.')
나) 감각적 인식은 믿을 만한 것이다.

철학자들 사이에서 이렇게 큰 견해 차이를 보이는 경우가 또 있을까? 그렇다고 이 두 철학자 가운데 누구 말이 옳다고 할 수 있을까? 마침내 이 철학이 한데 뒤엉켜 있는 그물망에서 빠져 나올 방법을 찾아낸 사람은 철학자 엠페도클레스(기원전 494년경~기원전 434년)야. 그는 앞의 두 철학자의 주장이 한편으로는 둘 다 옳지만, 다른 한편으로는 두 사람 모두 오류를 범하고 있다고 생각했어.

엠페도클레스에 따르면, 두 철학자들이 보여주는 큰 견해 차이는, 바로 이들이 단 하나의 원소만 존재한다는 전제에서 출발하고 있기 때문에 생긴 결과라는 것이지. 만일 두 철학자의 의견이 옳다면, 이성이 설명하는 것과 우리 감각으로 이해할 수 있는 것 사이의 골은 더욱 깊어져서 결코 건널 수 없게 된다는 거야.

당연히 물이 물고기나 나비가 될 수는 없어. 물은 절대 변하지 않아. 깨끗한 물은 영원히 깨끗한 물로 남는 거란다. 그렇게 보면 아무것도 변하지 않는다는 파르메니데스의 견해는 맞아. 동시에 엠페도클레스는 감각이 설명해주는 바를 믿어야 한다는 헤라클레이토스의 생각에도 동의해. 우리는 우리가 눈으로 직접 보는 것을 믿어야 하고 지금 우리는 자연의 변화를 목격하고 있으니 말이야.

엠페도클레스는 유일한 원소에 대한 생각을 버릴 수밖에 없다는 인식에 도달했어. 물이든 대기든 간에, 오로지 한 원소가 장미 덤불이나 나비로 변할 수는 없으니까. 자연 역시 단 하나의 '원소'로는 유지될 수 없고.

엠페도클레스는 자연에 모두 네 가지 원소, 그러니까 그 자신의 표현을 빌리자면 네 가지 '뿌리'가 있다고 믿었어. 이 네 가지 원소로 흙, 공기, 불, 물을 꼽았지.

자연의 모든 변화는 네 가지 원소가 서로 혼합하고 다시 분리하면서 생긴다고 믿었단다. 따라서 만물은 단지 서로 다른 비율로 섞인 흙, 공기, 물과 불이라는 거지. 꽃이 시들거나 동물이 죽으면, 이 네 가지 원소는 다시 분리돼. 우린 맨눈으로도 이런 변화를 볼 수 있지. 하지만 흙과 공기, 불과 물은 혼합 과정을 거치면서도 변하지 않고 순수하게 남게 된다는 거야. 즉 '만물'이 변한다는 견해와는 맞지 않지. 근본적으로 변하는 것은 아무것도 없는 거니까. 단지 네 가지의 원소가 서로 혼합하고, 다시 혼합하기 위해 분리되는 일이 일어날 뿐이지.

이런 과정을 화가가 그림 그리는 것과 비교해볼 수 있어. 화가가 한 가지 물감, 예를 들면 빨간색 물감만 가지고 있다면 초록색 나무를 그릴 수 없겠지. 하지만 그가 빨간색, 노란색, 파란색, 그리고 검정색 물감을 가지고 있다면, 그는 이 여러 물감을 다양한 비율로 섞어 수백 가지 색채를 띤 그림을 그려낼 수 있을 거야.

또 부엌일에서도 마찬가지야. 만약 밀가루 한 가지만으로 케이크를 만들려면 나는 마법사가 되어야 할 거야. 하지만 달걀과 밀가루, 그리고 우유와 설탕이 있다면 이 네 가지 재료로 여러 종류의 빵을 만들어낼 수 있겠지?

엠페도클레스가 흙과 공기 그리고 불과 물을 자연의 뿌리라고 생각한 것도 우연이 아니야. 다른 철학자들은 엠페도클레스보다 앞서서 유일한 원소가 물이나 공기 또는 불이라는 것을 증명해 보이려고 노력했어. 물과 공기가 자연의 중요한 기본 요소임을 강조한 사람은 철학자 탈레스와 아낙시메네스였어. 그리스인들은 불도 중요하게 생각했어. 예를 들면 그들은 자연의 모든 생명체에겐 태양이 중요하다는 사실과 사람과 동물의 체온에 관해서도 잘 알고 있었어.

아마 엠페도클레스는 장작이 타는 장면을 관찰했을지도 몰라. 바로 사물이 분해되는 과정이지. 우린 활활 타오르는 장작이 내는 탁탁 소리를 들을 수 있어. 그것은 물이 내는 소리란다. 또 어떤 무언가는 연기로 변하지! 그건 공기이고. 우리가 보고 있는 불이 꺼지면 재가 남는데 그것이 흙이란다.

엠페도클레스가 자연의 변화는 네 가지 자연의 뿌리가 혼합하고 다시 분리되면서 생겨난다는 점을 지적한 이후에도, 여전히 풀지 못한 문제가 있어. 즉 이러한 물질들이 서로 섞여 새로운 생명체를 만들어내는 원리가 무엇일까? 그리고 예를 들어 꽃이라는 '혼합물'을 다시 분해하는 힘은 무엇일까?

엠페도클레스는 자연에는 서로 다른 두 힘이 작용한다고 생각했어. 그는 이 두 힘을 '사랑'과 '갈등'이라고 불렀어. 사물을 결합시키는 것은 사랑의 힘이며, 분리시키는 것은 갈등의 힘이라고 보았지.

또 우리가 잘 살펴보아야 할 점은, 그가 '물질'과 '힘'을 구분했다는 사실이야. 오늘날에도 과학 분야에선 원소들과 자연계에 내재하는 힘들을 엄격히 구분한단다. 현대 과학에서도 모든 자연의 진행 과정은 여러 원소들과 자연에 존재하는 힘들의 상호작용으로 설명할 수 있다고 믿고 있어.

엠페도클레스는 그 밖에도 우리가 무언가를 감지하면, 무슨 일이 일어난 것인지를 밝혀내려 했단다. 예를 들면 내가 어떻게 꽃을 '볼' 수 있는 것일까? 꽃을 볼 때 어떤 일이 일어나는 것일까? 소피야! 넌 이런 문제를 생각해본 적이 있니?

엠페도클레스는 우리 눈이 자연의 다른 만물과 마찬가지로 흙과 공기, 물과 불로 이루어져 있다고 믿었어. 따라서 우리 눈의 흙 성분은 흙으로 된 대상을 포착하고, 공기 성분은 공기로 된 것을, 그리고 물과 불은 각각 물 성분과 불 성분을 파악해낼 수 있다고 생각했지. 이 네 가지 원소 가운데 하나라도 눈 속에 들어 있지 않다면, 나도 자연을 전혀 볼 수 없었을 거야.

모든 부분 속에 깃든 전체

특정한 원소, 예를 들면 물이 우리가 자연에서 볼 수 있는 만물로 모습이 바뀔 수 있다는 생각에만 만족하지 않은 한 철학자가 있었어. 그가 바로 아낙사고라스(기원전 500년경~기원전 428년)야. 아낙사고라스는 흙과 공기와 물과 불이 피, 뼈, 피부, 머리카락이 된다는 생각을 받아들이지 않았어.

아낙사고라스는 자연이 눈에 보이지 않는 수많은 아주 작은 조각들로 조립되어 있다고 생각했지. 만물은 더 작은 조각으로 분리할 수 있지만, 가장 작은 조각도 그 속에 전체의 모습을 내포하고 있다고 보았어. 피부와 머리카락이 어떤 다른 사물에서 생길 수 없으므로, 우리가 마시는 우유와 먹는 음식 속에 피부와 머리카락을 구성하는 것이 들어 있어야 한다고 말이야.

아마 오늘날 볼 수 있는 다음 두 사례는 아낙사고라스가 생각한 바를 좀 더 명확히 해줄 거야. 오늘날의 레이저 기술은 이른바 '홀로그램'을 만들어내기에 이르렀어. 예를 들면 홀로그램이 자동차를 재현하고 이내 사라져버려도, 홀로그램의 한 조각만 있으면 방금 나타났던 자동차의 범퍼를 보여줄 수 있어. 홀로그램은 아주 작은 조각 속에도 전체의 모습이 나타나기 때문이지.

사람의 몸도 근본적으로는 그렇게 조직되어 있단다. 내 손가락에서 피부 세포를 긁어 떼어내면, 그 피부 세포의 핵은 피부에 관해서만 설명해주는 것이 아니야. 내 눈과 머리색, 그리고 손가락 숫자와 모양새 등등 아주 많은 설명이 바로 한 세포 속에 들어 있단 말이지. 세포 하나하나에는 내 신체 속의 다른 모든 세포가 어떻게 구성되어 있는지에 대한 상세한 설명이 깃들어 있어. 가장 작은 부분 속에도 전체의 모습이 담겨 있는 것이지.

아낙사고라스는 사물 전체를 내포하는, 이 가장 작은 부분을 '씨'나 '싹'이라고 불렀어.

사랑의 힘이 각 원소들을 온전한 물체로 조립해준다는 엠페도클레스의 말이 기억나지? 아낙사고라스도 이른바 질서를 세우고, 사람과 동물 그리고 꽃과 나무를 창조하는 어떤 힘이 있다고 생각했어. 그 힘을 정신이라고 했지.

그 외에도 아낙사고라스는 우리에게 생애가 알려진, 아테네 최초의 철학자라는 점에서 흥미로워. 그는 소아시아 출신인데 마흔 살쯤에 아테네로 이주했단다. 아테네에서 그는 무신론자라는 이유로 고소를 당해서 그 도시를 떠날 수밖에 없었어. 그는 무엇보다도 태양이 신이 아니라 펠로폰네소스 반도보다 더 큰 불덩어리라고 주장했지.

아낙사고라스는 특히 천문학에 지대한 관심이 있었어. 그는 모든 천체가 지구와 똑같은 물질로 이뤄졌다고 믿었단다. 어느 한 운석을 연구하고 나서 이런 확신을 하게 되었지. 그래서 다른 행성에도 사람이 살 수 있을 것이라고 생각했어. 또 달은 그 스스로 빛나는 게 아니라 지구의 빛을 받아 빛나고 있다고 설명했고. 이렇게 해서 결국 그는 어떻게 일식이 일어나는 지를 규명해냈지.

추신 : 소피야, 내 편지를 주의깊게 읽어줘서 고맙구나. 전부 이해하려면, 이 단원을 아마 두세 번은 읽어야 할 거야. 이해하기 위해서는 어

느 정도의 노력도 필요하단다. 이제 너는 전혀 노력하지 않고 모든 일을 잘하는 사람에 대해 감탄하지는 않겠지.

자연의 원소와 변화에 관한 문제에 관해서 최선의 해답을 구하는 일은 내일까지 기다려야겠어. 내일은 철학자 데모크리토스를 배우게 될 거야. 더 이상은 미리 말해줄 수 없어!

소피는 동굴 안에 앉아서 탁 트인 바깥을 응시했다. 지금껏 읽은 내용을 머릿속에서 정리해보려고 했다.

물론 보통 물이 얼음이나 수증기 외의 다른 것이 될 수 없다는 사실은 너무나 명백하다. 물이 수박이 될 수는 없다. 수박은 물 말고도 다른 성분을 가지고 있기 때문이다. 하지만 소피가 그렇게 확신할 수 있는 것은 이미 그렇게 배웠기 때문이다. 그렇게 배우지 않았더라도 얼음이 물로 되어 있다고 확신할 수 있을까? 확신한다면 분명 물이 어떻게 얼음이 되고, 얼음이 어떻게 녹아내리는지 정확하게 관찰했기 때문일 것이다.

소피는 다시 다른 사람에게 배운 지식에 의존하지 않고 스스로 생각해보려고 애썼다.

파르메니데스는 어떤 종류의 변화도 받아들이지 않았다. 소피는 생각하면 할수록 파르메니데스가 한 가지 면에서는 옳았다는 확신이 들었다. 그의 이성은 '사물'이 갑자기 '전혀 다른 사물'로 변화한다는 생각을 수용할 수 없었다. 파르메니데스는 자기 생각을 말할 때 아마 무척 용기를 내야 했을 것이다. 사람이 눈으로 확인할 수 있는 모든 자연 변화를 부정해야만 했을 테니까 말이다. 분명 많은 사람들이 그를 비웃었을 것이다.

엠페도클레스 역시 자기 이성의 판단에 따라 세계는 필연적으로 한 가지 이상의 원소로 이루어져 있을 거라고 설명했다. 이런 식으로 모든 자연 변화는 실제로는 변하지 않으며 이루어질 수 있다는 것이다.

이러한 사실을 옛날 그리스의 철학자가 이성만으로 밝혀냈다. 그는 물론 자연을 관찰하기는 했지만, 오늘날의 과학처럼 화학적 분석을 해낼 수는 없었다.

소피 자신은 스스로 만물이 흙과 공기, 불과 물로 되어 있다고 확신하는지는 알 수 없었지만 그런 확신이 무슨 소용이 있을까? 이론적으론 엠페도클레스의 생각이 맞다. 이성에 따른 판단과 모순되지 않으면서 동시에 우리 눈에 보이는 모든 변화를 수용할 수 있는 유일한 가능성은 바로 세계가 한 가지 이상의 원소로 되어 있다는 생각뿐이다.

소피에겐 철학이 무척 흥미로웠다. 소피가 학교에서 배운 지식을 떠올리지 않아도 자기의 이성만으로 여러 생각들을 따라가 볼 수 있기 때문이었다. 소피는 근본적으로 철학은 배워서 익힐 수 없지만 철학적으로 '사유하는' 방법은 배울 수 있다고 생각했다.

데모크리토스

…… 세상에서 가장 기발한 장난감 ……

소피는 낯선 철학 선생님의 편지를 과자 통에 넣었다. 동굴에서 슬그머니 빠져나와 잠시 바깥에서 정원을 바라보았다. 불현듯 어제 있었던 일들이 떠올랐다. 아침을 먹을 때도 엄마는 '그 연애편지들 말이지!' 하며 소피를 놀렸다. 소피는 또 그런 일이 생기지 않게 하려고 냅다 우편함으로 뛰어갔다. 이틀 연속 연애편지를 받는 것은 두 배로 민망한 일이다.

우편함엔 작은 하얀 봉투가 있었다! 소피는 이제 서서히 편지가 오는 방식을 알 것 같았다. 매일 오후엔 큰 갈색 편지봉투가 우체통에 들어 있다. 그리고 그 편지를 읽는 동안, 그 철학자는 또 한 번 흰 편지를 슬쩍 우편함에 두고 가겠지.

그를 (아니면 여자일까?) 쉽게 찾아낼 수도 있을 것이다. 창가에 서서 우편함을 감시하면 분명 그 신비한 철학자가 누군지 밝힐 수 있으리라. 편지봉투들이 저절로 나타날 수는 없으니까.

소피는 내일 꼭 정신을 바짝 차리고 살피겠다고 다짐했다. 내일은 주말이 눈앞에 다가오는 금요일이다. 이제 소피는 방으로 가서 편지봉투를 뜯었다. 오늘은 쪽지에 질문이 한 가지만 적혀 있었지만 먼젓번의 '연애편지'에 적힌 세 가지보다 더 기막힌 질문이다.

왜 레고가 세상에서 가장 기발한 장난감일까?

사실 소피는 레고를 세상에서 가장 기발한 장난감이라고 생각해본 적도 없다. 벌써 몇 년 전부터 레고를 갖고 놀지 않았다. 그런데 레고 놀이가 철학과 무슨 관계가 있는 걸까?

소피는 말 잘 듣는 착한 학생이었다. 옷장 위칸을 샅샅이 뒤져 크기와 모양이 다양한 레고 조각들이 든 비닐봉지를 찾아냈다.

소피는 오랜만에 작은 레고 조각들을 쌓아올리면서 레고 놀이에 대해 곰곰이 생각해보았다.

레고 조각 쌓기는 정말 쉽다. 서로 크기와 모양이 달라도 레고 조각은 서로 끼워 맞출 수 있다. 또 쉽게 망가지지 않는다. 소피는 고장 난 레고 조각을 본 적이 없다. 소피의 레고 조각은 몇 년 전 처음 받았을 때처럼 새것 같다. 무엇보다도 소피가 레고 조각으로 만들고 싶은 것은 죄다 만들 수 있다. 만든 것을 부수고 아주 다른 모양을 만들 수도 있다.

장난감에 무엇을 더 바라겠는가? 소피는 그제야 레고 조각은 세상에서 가장 기발한 장난감이라고 확신했다. 하지만 철학과 무슨 관련이 있는지는 여전히 이해할 수 없었다.

소피는 곧 커다란 인형집을 완성했다. 한동안 이렇게 즐거운 적이 없었다고 새삼 느꼈다. 왜 사람들은 어른이 되면 노는 걸 그만두게 될까?

엄마가 집에 돌아와 소피의 인형집을 보고는 말했다.

"귀여워라! 아기들처럼 놀고 있었구나."

"아이 참! 저는 복잡한 철학 연구 중이라고요."

소피 엄마는 땅이 꺼질세라 깊은 한숨을 내쉬었다. 아마도 큰 토끼와 마술사의 모자를 떠올린 모양이다.

다음 날 소피가 학교에서 돌아오니 이전보다 더 많은 편지지가 들어 있는 큰 갈색 봉투가 또 와 있었다. 소피는 봉투를 들고 제 방으로 올라갔다. 마음 같아선 당장 읽고 싶었지만 오늘은 꼭 우편함에서 눈을 떼지 않을 생각이었다.

원자론

소피야, 반갑구나! 오늘은 마지막 위대한 자연철학자 이야기를 들려줄게. 데모크리토스(기원전 460년경~기원전 370년)라는 철학자로, 에게 해 북부 연안의 조그만 항구 도시 압데라 사람이야. 네가 레고 조각에 관한 문제에 답할 수 있다면, 이 철학자의 구상을 이해하기가 그리 어렵지 않을 거야.

데모크리토스는 자연에서 관찰할 수 있는 변화란, 사물이 실제로 '변했음'을 뜻하지 않는다는 선배 철학자들의 생각에 동의했어. 따라서 만물은 각각 영원불변하는, 눈으로 보이지 않는 작은 입자로 구성되었을 것이라고 가정했지. 데모크리토스는 이 가장 작은 입자들을 원자라고 불렀단다.

'원자'라는 말은 '더 이상 쪼갤 수 없는 것'을 의미해. 데모크리토스에게는 만물을 이루고 있는 원자를 더 작은 부분들로 무한히 쪼갤 수 없다는 결론이 중요했어. 그래, 만일 원자가 영원히 계속 작게 나뉘어 더 작은 입자로 쪼개질 수 있다면, 자연은 마치 멀건 수프처럼 서서히 녹아버릴 거야.

더욱이 자연의 구성 입자는 영원해야 해. 왜냐하면 사물은 아무것도 없는 상태에서 생겨날 수는 없으니까. 이 점에 관해서는 그도 파르메니데스와 엘레아 학파의 의견에 동의했어. 그 밖에도 그는 모든 원자가 단단하며 빈틈이 없다고 생각했어. 그러나 모든 원자들이 다 같다는 것은 아니야. 만일 원자가 다 같다면 우리는 원자들이 뭉쳐 양귀비 꽃과 올리브 나무에서부터 염소 가죽과 사람 머리카락에 이르기까지 모든 것을 이룰 수 있다는 사실에 대한 적절한 설명이 필요하겠지!

데모크리토스는 자연에 다양한 원자가 무한히 존재한다고 생각했어. 어떤 원자는 모양이 둥글고 매끈하며, 또 어떤 원자는 불규칙하고 휘어져 있다는 거였어. 원자는 그렇게 불규칙한 모양을 하고 있기에 다양한 물체들을 구성해낸다는 거야. 중요한 건 이렇게 많고 다양한 원자들은 모두 영원하고 변하지 않으며 더 이상 쪼개질 수 없다는 것이지.

예를 들면 나무나 동물과 같은 어느 물체가 죽어서 분해되면, 그 물체를 이루고 있던 원자는 흩어져 새로운 물체를 이루는 데 쓰이게 돼. 원자는 비록 공간 속에서 움직이고 있지만 서로 다른 '볼트'와 '너트'를 갖고 있기 때문이야. 그래서 이 원자들은 다시 결합해 우리 주위에서 볼 수 있는 여러 사물이 되는 거야.

이제 내가 레고 조각을 가지고 무슨 말을 하려고 했는지 이해할 수 있겠지? 레고 조각 하나하나는 데모크리토스가 원자의 특성으로 생각한 모든 특성이 있기 때문에 우리가 레고 조각을 잘 조립할 수 있는 것이지. 레고 조각은 더 나뉘지 않는 특성을 지녔어. 또 그 형태나 크기가 다르고 견고해서, 그 속으로 다른 어떤 것도 통과할 수 없지. 게다가 레고 조각들은 모든 형상을 조립할 수 있는 요철이 있어. 결합시켜서 만든 형상을 해체하고 해체한 그 레고 조각들을 가지고 다시 새로운 형상을 만들 수도 있지.

이렇게 계속 다시 쓸 수 있다는 점이, 바로 사람들이 레고를 그토록 좋아하게 된 이유야. 동일한 레고 조각이 오늘은 자동차가 되었다가 내일은 성이 되는 것이지. 게다가 레고 조각은 '영원'해. 오늘날 아이들은 예전 자기 부모님이 어릴 때 갖고 놀던 그 레고 조각들을 가지고 놀 수 있단 말이지.

우리는 점토를 가지고도 여러 사물을 빚어낼 수 있어. 그러나 점토는 계속 다시 쓸 수 없어. 점토는 점점 말라가기 때문에 최대한 작은 부스러기로 계속 쪼갤 수는 있지만 다시 새로운 물체로 '합칠' 수는 없기 때문이지.

오늘날 우리는 데모크리토스의 원자론이 옳다고 주장할 수도 있을 거야. 실제로 자연은 다른 원자와 결합하고 또다시 분리되는 다양한 원자로 구성되어 있어. 지금 내 코 끝의 세포 안에 들어 있는 수소 원자가 옛날에는 코끼리 코에 있었을지도 몰라. 또 내 심장 근육을 이루는 탄소 원자가 한때는 공룡의 꼬리였을지도 모르지.

오늘날 과학이 연구한 바로는 이 원자들을 더 미세한 '소립자'로 나눌 수 있어. 이 미세한 소립자를 양성자, 중성자, 그리고 전자로 구분해서 부르지. 아마 이 소립자들을 더 미세한 조각으로 나눌 수도 있을 테지만, 물리학자들은 모두 어느 지점에선 경계를 지을 수밖에 없다고들 해. 곧 자연을 구성하고 있는 '가장 작은 부분'이 존재한다는 것이지.

데모크리토스는 오늘날처럼 전자 기기를 사용할 수는 없었어. 그의 유일한 도구는 이성이었지. 하지만 이성은 데모크리토스에게 전혀 선택의 여지를 주지 않았어. 다시 말해 일단 우리가 어떤 것도 자기 아닌 다른 것으로 변할 수 없고, 아무것도 무에서 생겨날 수 없으며, 또한 아무것도 소멸하지 않는다는 것을 받아들일 경우에, 자연은 서로 결합과 분리를 거듭하는 미세한 소립자로 이루어졌다고 말할 수밖에 없는 거야.

데모크리토스는 자연의 진행 과정에 개입하는 '힘' 혹은 '정신'을 전혀 고려하지 않고 원자들과 빈 공간만이 존재한다고 생각했어. 오로지 물질적인 것만 믿었기 때문에 데모크리토스를 유물론자라고 하지.

그리고 원자들의 운동 배후엔 전혀 특정한 '의도' 같은 건 없어. 하지만 이 말은 모든 일이 '우연'이라고 하는 건 아니야. 만물은 변치 않는 자연 법칙을 따르고 있기 때문이지. 데모크리토스는 만물이 생기는 데는 생겨난 어떤 자연적 원인이 있는데, 그 원인은 바로 사물들 자체에 있다고 믿었어. 언젠가 그는 페르시아의 왕이 되기보다는 자연 법칙을 밝혀내고 싶다고 말한 적도 있지.

데모크리토스는 원자론이 우리의 감각도 설명하고 있다고 말했단다. 우리가 사물을 감지한다면, 그건 이미 빈 공간에서 원자들이 운동을 하고 있기 때문이라는 거야. 내가 달을 볼 수 있는 것은, '달의 원자들'이 내 눈에 와 닿기 때문이야.

그렇다면 의식은 어떤 것일까? 의식이 원자로, 다시 말해 물질로 이루어질 수는 없을까? 데모크리토스는 영혼이 특히 둥글고 매끈한 '영혼 원자들'로 구성되어 있다고 상상했어. 사람이 죽으면, 이 영혼 원자들이 사방으로 흩어져 돌아다니다가 방금 생긴 새로운 영혼과 결합한다고 본 거야.

이 말은 곧 인간에겐 불멸의 영혼이 없다는 뜻이야. 이 생각은 오늘날에도 많은 사람이 공유하고 있지. 그들은 데모크리토스와 마찬가지로 영혼이 두뇌와 관계한다고 생각해서 두뇌 활동이 멈추면 우린 어떤 형태의 의식도 가질 수 없다는 거야.

그리스의 자연철학자들 가운데 데모크리토스는 그의 원자론과 더불어 잠정적인 결론을 내렸어. 그는 자연 속의 모든 것이 '흐른다'고 믿는 헤라클레이토스의 의견에 동의했지. 형상은 계속 생기고 또 소멸하기 때문이야. 하지만 모든 흘러가는 것들 이면에는 흘러가지 않고 영원불변하는 그 무엇이 존재한다고 믿었는데 데모크리토스는 그것을 원자라고 했어.

소피는 편지를 읽는 동안에도 편지를 보낸 그 수수께끼의 인물이 우편함 근처에 모습을 나타내지 않을까 하는 마음에서 여러 번 창밖을 내다보았다. 읽은 내용을 곰곰 생각하면서도 내내 길가를 주시했다.

소피가 보기에 데모크리토스의 생각은 아주 단순하면서도 빈틈이 없어서 '원소'와 '변화'의 문제에 대한 해답을 찾아냈다. 이 문제는 너무 복잡해서 철학자들이 몇 세대에 걸쳐 씨름해왔는데 결국 데모크리토스가 자신의 이성만으로 모든 문제를 해결했던 것이다.

소피는 슬며시 미소를 지었다. 자연이 결코 변하지 않는 아주 작은 소립자로 이루어져 있다는 데모크리토스의 생각은 분명 사실이다. 이와 동시에 자연 속의 모든 형태는 '흘러간다'는 헤라클레이토스의 주장 역시 당연히 옳은 것이다! 왜냐하면 인간과 동물은 모두 죽으며, 산도 서서히 해체되기 때문이다. 이때 중요한 것은 산 역시 절대 부서지지 않고, 분리할 수 없는 작은 소립자로 이루어져 있다는 점이다.

데모크리토스는 새로운 문제들을 제기했다. 예를 들면 만물의 변화는 아주 기계적으로 진행된다고 주장한 것이다. 그는 엠페도클레스나 아낙사고라스가 인정한 정신적인 힘의 존재를 절대 인정하지 않았다. 그 밖에 인간에게 영원불멸하는 영혼이 있다는 것도 믿지 않았다.

소피는 데모크리토스의 생각이 옳다고 확신할 수 있을까?

소피 자신도 도무지 알 수가 없었다. 이제 처음으로 철학 수업을 받기 시작했을 뿐이니까.

운명

……… 예언가는 원래 해석할 수 없는 것을 애써 해석하려고 한다 ………

소피는 데모크리토스에 관한 글을 읽으며 줄곧 정원 문에서 눈을 떼지 않았다. 그래도 안심이 되지 않아, 직접 우편함을 살피러 갔다 와야겠다고 마음먹었다.

현관문을 열자, 밖의 층계 위에 웬 작은 편지봉투가 놓여 있었다. 주소도 없이 '소피 아문센 양 앞'이라고만 적혀 있다.

이런, 철학자에게 속았구나! 우편함을 내내 지켜보았는데 오늘따라 그 수수께끼의 철학자가 다른 쪽으로 몰래 숨어들어 왔을 줄이야! 이 편지를 층계 위에 올려놓고 숲으로 사라진 것이다. 에잇!

소피가 오늘 우편함을 지켜볼 줄 어떻게 알았을까? 그 철학자가 창가에 있던 소피를 보았나? 소피는 어쨌든 엄마가 돌아오기 전에 일찌감치 편지봉투를 발견해서 기뻤다.

소피는 다시 제 방으로 가서 편지를 뜯었다. 흰 봉투의 네 귀퉁이가 약간 젖었고, 또 몇 군데 깊게 자국이 나 있다. 최근 며칠 동안 비가 전혀 오지 않았는데 어쩐 일일까?

작은 편지지에는 다음과 같이 적혀 있었다.

소피 넌 운명을 믿니?

질병은 신들이 내린 벌일까?

역사의 진행을 조종하는 힘은 무엇일까?

소피가 운명을 믿느냐고? 소피는 운명을 믿지 않지만 그걸 믿는 사람들을 아주 많이 알고 있다. 예를 들면, 같은 반 친구들 가운데 네댓 명은 잡지에 난 '오늘의 운세'를 읽고 있었다. 점성술을 믿는 친구는 운명을 믿는 게 틀림없다. 왜냐하면 점성술사는 하늘의 별자리가 지상에 있는 사람들의 운명에 영향을 미친다고 믿기 때문이다.

검은 고양이가 가던 길을 가로질러 가는 것이 불길한 징조라고 믿는다면, 이것도 운명을 믿는 것일까? 이 점에 관해 소피가 곰곰 생각할수록 운명을 믿는 많은 예들이 머릿속에 떠올랐다. 왜 사람들은 "마가 끼면 안 되는데.", "잘 돼야 할 텐데."라는 말을 할까? '13일의 금요일'은 왜 불길할까? 또 소피가 듣기로 많은 호텔들은 방 번호에 13이 없다. 이는 분명 미신을 믿는 사람들이 많기 때문일 것이다.

'미신', 이것은 이상한 말이 아닐까? 유일신인 하느님을 믿는 건 '믿음'이라고 하면서 점성술을 믿거나 '13일의 금요일'을 불길한 날이라고 생각하면 미신이라니?

누가 다른 사람의 믿음을 미신이라고 할 자격이 있단 말인가?

여하튼 소피에겐 한 가지 사실만은 분명했다. 데모크리토스는 운명을 믿지 않았다는 사실 말이다. 그는 유물론자다. 그리고 원자와 빈 공간만을 믿었다.

소피는 편지에 있는 다른 질문에 대해 고심해보았다.

'질병은 신들이 내린 벌인가?' 요즘은 누가 그렇게 생각할까? 그런데 많은 사람들이 건강을 위해 신에게 비는 모습이 언뜻 소피의 머리를 스치고 지나갔다. 그렇다면 그들은 신이 사람의 질병과 건강 문제에 관계하고 있다고 믿는 것 아닌가?

마지막 질문이 대답하기 제일 어려웠다. 소피는 지금껏 역사의 진행을 조종하는 그 무엇에 대해 생각해본 적이 없기 때문이다. 하지만 그 무엇은 분명 사람이어야 하지 않을까? 만일 신이나 운명이라면 인간에겐 자유의지가 없다는 말이 된다.

이 자유의지라는 말은 아주 다른 생각으로 소피를 이끌었다. 왜 그 수수께끼 같은 철학자와 숨바꼭질을 해야 할까? 나는 왜 그 철학자에게 편지를 쓰지 않았을까? 그(또는 그녀)는 확실히 오늘 밤이나 내일 아침에 우편함에 새로운 편지를 넣고 갈 테니까, 나도 그에게 보내는 편지를 우편함에 넣을 수 있을 텐데.

소피는 바로 생각을 실행하고 싶었지만, 아직 한 번도 본 적이 없는 사람한테 편지를 쓰는 일은 무척 어려웠다. 게다가 아직 그 철학자가 남자인지 여자인지도 모르고 또 젊은지, 나이가 많은지도 모르지 않는가. 그러나 그 사람은 소피가 이미 알고 있는 사람일 수도 있다.

소피는 편지를 써 내려갔다.

존경하는 철학 선생님!

선생님께서 베풀어주시는 철학 강의를 저는 매우 소중히 여기고 있어요. 하지만 철학 선생님이 누구신지 모르고 있다는 점이 무척 안타까워요. 그래서 선생님의 이름을 밝혀주셨으면 합니다. 선생님의 배려에 보답하는 뜻에서 선생님을 저희 집에 초대해 커피를 한잔 대접하고 싶어요. 엄마가 집에 안 계시는 시간이 더 좋겠어요. 엄마는 월요일에서 금요일까지 오전 7시 30분부터 오후 5시까지 일하세요. 이때엔 저도 학교에 있을 시간이지만 매주 목요일에는 2시 15분이면 수업을 마치고 집으로 돌아와요. 제가 끓인 커피는 정말 맛있어요. 와주실 것으로 알고 미리 감사드릴게요.

안녕히 계세요.

— 열네 살의 열성적인 제자, 소피 아문센 올림

소피는 편지지 맨 끝에 '답장 기다릴게요'라고 덧붙였다.

소피는 자기 편지 내용이 너무 정중하단 생각이 들었지만 얼굴도 모르는 사람에게 어떻게 편지를 써야 할지 알 수 없었다.

이 편지를 분홍색 편지봉투에 넣고 풀로 붙였다. 봉투에는 '철학 선생님께!'라고 적었다.

문제는 이 편지를 엄마가 모르게 우편함에 넣는 일이다. 엄마가 집에 오기 전에, 이 편지를 우편함에 넣어둘 수밖에 없다. 그와 동시에 내일 아침, 신문이 배달되기 전에 꼭 우편함을 살펴봐야 한다. 만일 저녁이나 밤사이에 새 편지가 오지 않으면 소피는 이 분홍빛 봉투를 도로 가져와야 한다.

왜 이렇게 모든 일이 복잡하지?

금요일 저녁이었는데도 소피는 일찍 자기 방으로 갔다. 엄마가 소피에게 피자를 먹으면서 범죄 드라마를 같이 보자고 했지만 소피는 피곤하다며 침대에서 책을 읽을 거라고 했다. 엄마가 텔레비전을 보는 동안, 소피는 편지를 들고 우편함으로 살금살금 다가갔다.

엄마는 분명히 걱정하고 있었다. 소피가 커다란 토끼와 마법사의 모자를 얘기한 이후, 소피를 대하는 말투가 아주 달라졌다. 소피는 엄마에게 걱정을 끼치고 싶지 않았지만 지금은 자기 방으로 가 우편함을 지켜봐야 한다.

11시경 엄마가 소피 방으로 왔을 때, 소피는 창가에 앉아 길가를 내려다보고 있었다.

"우편함을 보고 있는 거니?"

"맞아요."

"소피야, 정말 네가 사랑에 빠진 것 같구나. 하지만 네 친구가 새 편지를 가져오더라도, 아마 한밤중은 아닐 거야."

세상에! 소피는 이 연애 신파극을 도저히 참을 수 없었지만 지금은 그저 엄마가 그렇게 믿도록 내버려 둘 수밖에 없다.

엄마는 계속 말했다.

"그 애가 토끼랑 마법사의 모자 이야기를 한 거니?"

소피는 고개를 끄덕였다.

"그 애…… 혹시 마약을 하는 건 아니겠지?"

이제 소피는 정말 엄마가 안타까웠다. 엄마가 그런 걱정을 하는 모습을 더 이상 두고 볼 수만은 없었다. 물론 말도 안 되는 소리를 믿을 수도 있긴 하지만 마약과 관련이 있을지도 모른다는 이런 기막힌 생각을 하시다니! 어른들은 때때로 정말 바보 같다.

소피는 말했다.

"엄마, 지금 이 자리에서 약속할게요. 전 마약 같은 것엔 절대로 손대지 않을 거예요. 그리고 '그 친구'도 마약은 안 해요. 그 아인 철학에 대단히 흥미를 갖고 있어요."

"그 친구는 너보다 나이가 많으니?"

소피는 고개를 저었다.

"동갑이니?"

소피는 고개를 끄덕였다.

"아주 멋진 친구겠구나. 이제 잘 시간인 것 같네."

그러나 소피는 계속 자리에 앉아서 길가를 내다보았다. 새벽 1시쯤, 소피는 너무 졸려서 계속 두 눈이 감겼다. 거의 잠들 뻔했다. 바로 그때, 갑자기 숲에서 나오는 그림자를 발견했다.

밖은 아주 어두웠지만, 사람의 윤곽은 충분히 알아볼 수 있었다. 남자였고, 나이가 꽤 많아 보였다. 소피와 비슷한 또래는 아니었다! 머리에 베레모 같은 것을 쓰고 있었다.

남자는 소피 집을 올려다보았지만 소피는 방에 불을 꺼둔 상태였다. 남자는 우편함에 큰 봉투를 밀어 넣었다. 그는 돌아서려 하다가 소피의 편지를 발견하곤 꺼내서 숲길을 따라 뛰어가더니, 이내 사라져버렸다.

소피 가슴은 콩콩 뛰었다. 잠옷 차림 그대로 달려가 뒤를 쫓고 싶었지만 한밤중에 아주 낯선 남자를 뒤쫓아 갈 수는 없었다. 하지만 지금 바로 편지를 가져와야 한다는 것, 그건 분명했다.

살금살금 계단을 내려가 조심스레 대문을 열고는 우편함으로 달려갔다. 소피는 편지를 손에 꼭 쥔 채 방으로 되돌아와 침대에 앉아 숨을 모아 내쉬었다. 몇 분이 흘렀을까, 숨이 가라앉자 편지봉투를 뜯고 편지를 읽기 시작했다.

소피는 지금 자신의 편지에 대한 답장은 당연히 기대하지 않았다. 빨라야 내일쯤에나 회신이 오리라고 생각했다.

운명

또 만났구나, 소피야!

절대 내 뒤를 몰래 따라다녀선 안 된다는 점을 확실하게 말해두어야겠구나. 언젠가 우린 만나게 되겠지만, 그 때와 장소는 내가 정할 거야.

넌 분명 내 말을 잘 지켜주겠지?

다시 철학자들에 관해 얘기를 나누자. 우리는 철학자들이 자연의 변화를 자연스러운 방식으로 설명하기 위해 얼마나 노력했는지 알게 되었어. 철학이 생기기 전에는 자연의 변화를 신화를 통해 설명했지.

그러나 없애야만 할 미신들은 다른 분야에도 많았어. 우리는 건강과 질병과 관련해서뿐만 아니라 정치에서도 이런 면을 볼 수 있지. 고대 그리스인들은 이 두 분야에서 운명을 맹신했단다.

'운명에 대한 믿음'은 무슨 일이 일어날지 미리 정해져 있다는 믿음을 의미해. 이러한 믿음은 세계적으로 오늘날뿐만 아니라 역사상 다른 시대에도 있어왔단다. 이곳 북유럽의 옛 아이슬란드 전설에서도 운명에 대한 강한 믿음을 볼 수 있지.

그 밖에도 사람들은 고대 그리스인이나 다른 민족에게서 여러 신탁을 통해 자신들의 운명을 통찰할 수 있다는 생각을 접하게 돼. 즉, 한 사람이나 또는 한 국가의 운명을 여러 가지 방법으로 예견하거나 어떤 특정한 '징조'로 설명할 수 있다는 거야.

카드점이나 손금을 보거나 또는 별자리를 해석하는 일이 가능하다고 믿는 사람들이 아직도 많아.

커피 찌꺼기로 점을 치는 방법도 널리 알려져 있지. 커피 한 잔을 마시고 나면 찻잔 바닥에 약간의 커피 찌꺼기가 남게 되는데 이때 커피 찌꺼기가 어떤 특정한 상이나 무늬를 보여준다는 거야. 물론 상상력을 약간 동원해야 하시민. 기령 남은 커피 찌꺼기가 자동차 모양을 하고 있으면, 이 커피를 마신 사람이 곧 장시간 자동차 여행을 하게 될 것이라고 풀이할 수 있지.

'예언가들'은 원래 해석할 수 없는 것을 애써 해석하려고 하잖아. 모든 예언술의 전형적 모습이지. 그러나 무엇을 근거로 '예언하는지' 너무 불분명하기 때문에 예언가의 예언을 반박하기도 쉽지 않아.

우리가 하늘의 별들을 바라보면, 반짝이는 점들이 빚어내는 혼돈을 목격할 수 있어. 그런데도 역사가 흐르는 동안, 많은 사람들은 이 별들이 지구에 사는 우리 인생에 대해 무언가를 설명하고 있다고 믿었어. 요즘도 중대한 결정을 내리기 전에 점성술사에게 조언을 구하는 정치가들이 있다고 하잖니.

델포이의 신탁

그리스인들은 가장 유명한 델포이의 신탁이 사람의 운명을 밝혀줄 거라고 믿었어. 델포이에서는 아폴론 신이 신탁을 내리는데 그는 갈라진 땅 위에 놓인 의자에 앉은 여사제 피티아의 입을 통해 말했어. 갈라진 땅 틈으로 정신을 마비시키는 연기가 피어오르고, 이 연기에 여사제 피티아의 정신이 몽롱해져. 이렇게 해서 여사제 피티아가 아폴론 신의 말을 전할 수 있게 된 거야.

델포이를 찾는 사람은 사제들에게 궁금한 걸 말했어. 그러면 사제들은 여사제 피티아를 찾아갔지. 하지만 여사제 피티아의 대답은 이해하기 힘들거나 많은 뜻을 내포하고 있어서 사제들이 그 대답을 '해석'해줘야 했어.

이런 식으로 그리스인들은 아폴론 신의 지혜에 의지했어. 아폴론 신은 과거뿐만 아니라 미래까지 모두 알고 있다고 믿었기 때문이지.

많은 지배자들은 델포이의 신탁을 받기 전엔 절대 전쟁터로 나가거나 다른 중대한 결단을 내리지 않았어. 그래서 아폴론 신의 사제들은 백성과 국가에 대해 특히 해박한 식견으로 조언해주는 외교관이나 고문역할을 해냈단다.

델포이 신전 입구에는 유명한 말이 새겨져 있었어.

너 자신을 알라!

이 말은 인간들은 결코 인간 이상일 수 없으며 누구도 자신의 운명에서 벗어날 수 없다는 말이야. 그리스인들 사이에서는 원치 않게 자신의 운명에 덜미를 잡힌 사람들의 이야기가 많이 전해 내려왔어. 시간이 흐르면서 이 비극적 인물들을 다룬 일련의 공연극인 '비극'이 나왔지. 가장 잘 알려진 예가 오이디푸스 왕 이야기야. 그는 자신의 운명을 피하려 했지만, 운명을 피하려 한 모든 행위로 인해 도리어 스스로 저주받은 운명에 떨어졌지.

역사학과 의학

초기 그리스인들은 몇몇 사람의 인생뿐만 아니라, 역사도 운명의 지배를 받는다고 생각했어. 전쟁의 결과도 신들이 어떻게 개입하느냐에 따라 결정된다고 믿었지. 오늘날에도 많은 사람들은 신이나 어떤 신비한 힘이 역사적 사건들을 조종한다고 생각해.

그러나 그리스 철학자들이 자연의 진행 과정에 대한 자연스러운 설명을 찾는 동안, 초기 역사가들은 역사의 진행 과정에 대해 자연스러운 설명을 찾기 시작했어. 다시 말해 한 국가가 전쟁에서 패한 경우, 그 원인을 신들의 복수욕으로 돌릴 수는 없게 되었다는 말이지. 그리스에서 제일 이름을 떨친 역사가는 헤로도토스(기원전 484년~기원전 424년)와 투키디데스(기원전 460년~기원전 400년)야.

초기 그리스인들은 질병 문제는 신들이 주관한다고 생각했어. 그래서 종종 전염병을 신이 내린 벌이라고 여겼지. 반대로 신에게 마땅한 제물을 바치면 신이 인간을 건강하게 해준다고 믿었고.

이것은 절대 그리스에서만 찾아볼 수 있는 사고방식은 아니야. 근대에 이르러 현대 의학이 생겨나기 전에는 모든 질병엔 초자연적 원인이 있다는 의견이 지배적이었어. 오늘날 우리가 사용하는 '인플루엔자(In-fluenza)'라는 단어는 원래 별에게서 불길한 '영향(influence)'을 받고 있는 사람을 뜻했지.

요즘도 많은 사람들은 전 세계에 퍼져 있는 여러 질병을 신들이 내린 벌이라고 생각해. 그 예가 바로 에이즈(AIDS)란 병이야. 그 밖에도 병든 사람이 '초자연적' 치료법으로 나을 수 있다고 믿는 사람도 많아.

그리스 철학자들이 아주 새로운 관점에서 사고를 발전시켜나가는 동안, 건강과 질병에 관해 자연적으로 설명하려는 그리스 의학이 생겨났어. 이 그리스 의학의 토대를 세운 사람은 기원전 460년경 코스 섬에서 태어난 히포크라테스야.

히포크라테스의 전통적 의술에 따르면, 절제와 건전한 품행이 질병을 예방하는 가장 좋은 방법이야. 절제하는 생활과 건전한 품행이 인간을 건강하게 한다는 거야. 병이 나는 것은 신체적·정신적 균형이 깨져 자연이 본 궤도에서 '벗어났기' 때문인 거고. 인간이 건강해지는 길은 바로 절제와 조화 그리고 '건강한 신체 속에 깃든 건전한 정신'에 있다고 했어.

오늘날에도 '의료 윤리'라는 것이 있지. 이는 의사들이 정해진 윤리 규정에 따라 의료 행위를 해야 한다는 뜻이야. 예를 들면 의사는 건강한 사람에게 마약이 든 약을 처방해선 안되고, 또 환자가 자기 병에 대해 말한 모든 내용을 비밀로 해야 할 의무가 있어. 이런 발상들 역시 히포크라테스에게서 비롯되었어. 그는 자기 제자들에게 서약을 받았단다. 그게 바로 우리가 알고 있는 히포크라테스 선서야.

나는 의신(醫神)인 아폴론 신과 아스클레피오스 신, 히기에이아 신, 파나케이아 신, 그리고 모든 신들을 증인으로 모시고, 내 최선의 능력과 판단에 따라 이 맹세를 지키고 의무를 다할 것을 서약합니다. 이 의술을 내게 가르쳐주신 스승님을 부모님과 같이 존경하며, 그분이 궁핍할 때 나의 것을 나누며, 그분의 자식들을 내 형제와 똑같이 돌볼 것이며, 이들이 배움을 원하면, 대가와 계약 없이 의술을 가르칠 것입니다. 내 자식과 스승님의 후손에게 충고와 강의 그리고 그 밖의 가르침을 전수하겠습니다. 그 외에는 단지 의사의 관습에 따라 계약을 맺거나 서약한 학생들에게 의술을 가르치겠습니다. 나는 내 최선의 능력과 판단에 따라 환자를 이롭게 하기 위해 처방할 것이며, 환자에게 해가 되는 부당한 일은 하지 않겠습니다. 나는 아무에게도, 비록 환자가 요구하더라도 치명적인 독약을 절대로 주지 않을 것이며, 그와 관계된 조언도 일절 하지 않겠습니다. 또 임산부에게 유산할 약을 주지 않겠습니다. 나는 환자를 치료할 때나, 하지 않을 때나 보고 들은 것을 절대 발설하지 않으며, 비밀로 간직할 것입니다.

토요일 아침, 소피는 눈을 뜨자마자 화들짝 놀랐다. 꿈이었을까? 아니면 정말로 철학 선생님을 본 걸까?

침대 아래쪽을 손으로 더듬어보았다. 간밤에 온 그 편지가 있다. 운명을 믿는 그리스인들에 대해 읽은 것이 생각났다. 그렇다면 그것은 분명 꿈이 아니다.

소피가 정말 그 철학 선생님을 본 것이다! 그 철학 선생님이 소피가 쓴 편지를 가져가는 모습을 두 눈으로 직접 본 것이다.

소피는 몸을 일으켜 침대 아래를 살펴 여러 장의 편지를 꺼냈다. 그런데 저건 뭐지? 벽 뒤에 뭔가 빨간 것이 있다. 스카프인가?

소피는 침대 아래로 기어 들어가 그 빨간 실크 스카프를 꺼냈다. 한 번도 본 적이 없는 것이었다.

이 실크 스카프를 자세히 살펴보다가 소피는 숨이 턱 막혔다. 스카프 한 귀퉁이에 '힐데'라는 이름이 보였기 때문이다.

힐데라니! 도대체 힐데가 누굴까? 어떻게 이런 식으로 힐데와 소피가 계속 얽힐 수 있지?

소크라테스

…… 가장 현명한 사람은 자신이 아무것도 모른다는 사실을 아는 사람이다 ……

소피는 여름 원피스를 입고 아래층 부엌으로 내려갔다. 엄마는 싱크대
위로 허리를 굽히고 있었다. 소피는 실크 스카프에 대해 한마디도 안 할
작정이다.

"엄마, 신문 가져오셨어요?"

소피 입에서 이 말이 저절로 흘러나왔다.

엄마가 소피에게로 몸을 돌렸다.

"착하지, 네가 좀 가져올래?"

소피는 자갈길을 뛰어가 초록빛 우편함 쪽으로 몸을 굽혔다.

신문뿐이다. 소피 편지의 답장인, 소인이 찍히지 않은 편지는 없었다.
소피는 신문 제1면에서 레바논 주둔 노르웨이 유엔 평화 유지군에 관한
기사를 몇 줄 읽었다.

유엔 평화 유지군이 힐데 아빠의 카드에 소인을 찍은 건 아닐까? 하지

만 우표는 노르웨이 것이었는데. 그럼 아마 유엔의 노르웨이 군인이 자기가 따로 노르웨이의 우표를 갖고 있었을 것이다.

소피가 다시 부엌으로 들어서자, 소피 엄마는 놀리듯 말했다.

"네가 갑자기 신문에 웬 관심이니?"

다행스럽게도 아침 식사 이후에는 엄마도 더 이상 우편함에 관해 언급하지 않았다. 엄마가 장을 보러 나가자, 소피는 그 운명론에 대한 편지를 갖고 동굴 안으로 달려갔다.

철학 선생님의 편지가 담긴 과자 통 옆에서 작은 흰 편지봉투를 발견한 순간, 소피의 가슴은 두근거렸다. 소피는 누가 이 편지를 여기에 놓아두었는지 아주 분명하게 알 수 있었다.

이 편지도 네 귀퉁이가 젖어 있었다. 또 어제 받은 흰 봉투처럼 두 개의 눌린 자국이 있다.

철학 선생님이 여기를 다녀갔을까? 소피의 비밀 장소를 알고 있단 말인가? 그런데 왜 이 편지봉투들이 젖었을까?

이 모든 의문들로 소피는 어찔어찔 정신을 차릴 수가 없었다. 곧 편지봉투를 뜯고 편지를 읽어 내려갔다.

안녕, 소피야! 상당히 흥미롭게 그리고 아주 걱정하며 네 편지를 읽었단다. 커피를 대접하겠다고 한 너를 실망시킬 수밖에 없어서야. 언젠가 우린 만나게 될 테니까 난 한동안 선장의 꼬부랑길엔 얼씬거리지 말아야겠어.

그리고 앞으론 내가 직접 편지를 갖다놓을 수 없겠어. 이제는 내 작은 심부름꾼이 정원에 있는 네 비밀 장소로 편지를 배달할 거야.

네가 필요하다고 생각하면 언제든 나와 연락할 수 있어. 그럴 때는 분홍색 편지봉투에다 달콤한 과자나 각설탕 한 조각을 넣어두렴. 내 심부름꾼이 그 편지를 발견하면 내게 가져다줄 거야.

추신 1 : 아가씨의 초대를 거절하게 된 건 안타까운 일이지만 때론 즐겁지 않은 일을 해야만 할 때도 있지.

추신 2 : 빨간 실크 스카프를 발견하거든 잘 보관해줘. 종종 물건이 서로 바뀔 때도 있거든. 특히 학교 같은 장소에서 말이야. 지금 이곳도 철학 학교라고 할 수 있지. 그럼 안녕!

— 알베르토 크녹스

소피는 열네 살이 되기까지 크리스마스나 생일에 여러 번 편지를 받아봤지만 이 편지는 소피가 여태까지 받은 것 중에서 제일 이상하다.

이 편지엔 우표가 없고 우편함에 꽂혀 있지도 않았고, 소피에게 가장 비밀스러운 은신처인 옛 덩굴 울타리 뒤에 있는 동굴 안에 놓여 있었다. 더 이상한 것은 비가 오지 않은 봄 날씨에도 편지가 약간 젖어 있다는 점이다.

하지만 역시 가장 특이한 것은 실크 스카프다. 선생님껜 학생이 한 명 더 있고 그 다른 여학생이 빨간 실크 스카프를 잃어버린 걸 테지. 그래, 좋아! 그런데 어떻게 그 스카프를 소피의 침대 아래에서 잃어버린 걸까?

그리고 알베르토 크녹스라니……. 뭔가 좀 웃긴 이름이네!

아무튼 이 편지는 철학 선생님과 힐데 묄레르 크나그란 인물 사이에 어떤 관계가 있다는 사실을 증명해주었다. 그런데 힐데의 아빠도 주소를 착각하기 시작했다니! 소피로선 영 이해가 되지 않았다.

소피는 한참을 앉아서 자기가 힐데라는 아이와 어떤 관계가 있는지 스스로에게 물어보았다. 하지만 결국 포기한 채 한숨만 지었다. 철학 선생님은 언젠가 우리가 만나게 될 것이라고 편지에 썼다. 그럼 힐데도 그때 알게 될까?

소피는 편지를 뒤집어보았다.

소피는 편지 뒷면에서 몇 개의 문장을 더 발견했다.

본능적인 수치심이 있을까?

가장 현명한 사람은 자신이 아무것도 모른다는 사실을 아는 사람이다.

올바른 인식은 자기 안에서 비롯된다.

무엇이 옳은지 아는 사람은 옳은 일을 하게 될 것이다.

이 글을 읽으면서 흰 봉투에 든 이 짤막한 네 문장이 다음 편지의 준비 단계임을 깨달았다. 그러자 언뜻 이런 생각이 떠올랐다. 그 '심부름꾼'이 큰 갈색 봉투를 이 동굴로 가져올 테니까, 여기에서 그 심부름꾼을 기다리면 되겠다고 생각했다. 그 심부름꾼은 여자일까? 어쨌든 그 심부름꾼을 할퀴어서라도 선생님에 관한 얘기를 듣고야 말겠어! 그리고 편지엔 그 심부름꾼이 작다고 했지. 혹시 어린아이일까?

'본능적인 수치심이 있을까?'

소피가 아는 바로는 '수치심'이란 수줍음을 표현하는 진부한 단어다. 예를 들면 남에게 알몸을 보이는 것을 부끄러워하는 것처럼. 그러나 이것에 대해 수줍음을 느끼는 것이 과연 자연스러운 것일까? 본능이라는 것은 그것이 모든 사람에게 들어맞는다는 것을 뜻한다. 그러나 어떤 나라에서는 자연스럽게 벌거벗고 살기도 하지 않는가?

따라서 어떤 행동을 해도 좋으냐 아니냐는 그 사회가 결정하는 것이 분명하다. 예를 들면, 할머니가 젊었을 때 옷을 다 벗고 일광욕을 하는 일은 상상조차 할 수 없었지만 요즘은 많은 사람들이 이를 '자연스럽게' 생각한다. 아직 강하게 금지하는 나라들도 있지만. 소피는 머리를 긁적였다. 그런 것이 철학일까?

그리고 '가장 현명한 사람은 자신이 모른다는 사실을 아는 사람이다.' 라는 다음 문장이 눈에 들어왔다.

무엇 가운데서 가장 현명하단 말일까? 하늘과 땅 사이의 모든 것을 다 알지는 못한다고 깨닫는 사람이, 조금 알면서도 대단히 많이 알고 있다고 생각하는 사람보다 현명하단 말인가? 그런 거라면 이해하는 것이 그렇게 어렵지는 않다. 소피는 여태껏 그런 문제에 대해 진지하게 생각해 본 적이 없었다. 그러나 깊이 생각할수록 자신의 무지를 아는 것 역시 근본적으로는 하나의 앎이라는 생각이 더욱 또렷해졌다. 어쨌든 소피는 자기가 잘 모르는 것에 대해 확실하게 안다고 말하는 사람이 가장 바보 같다고 생각했다.

다음 문장에서 '올바른 인식은 안에서 비롯된다'고 했는데, 모든 인식은 어떤 시점에 밖에서부터 사람의 머릿속으로 들어오는 것이 아닌가? 하지만 반대로 잘 생각해보면 소피가 전혀 받아들일 준비가 되어 있지 않은 상태에서 선생님이나 엄마가 소피에게 어떤 지식을 주입하려고 애를 쓰던 경우가 있었다. 무언가를 배울 때는 소피도 어떻게든 배우기 위해 노력했다. 또 소피가 어떤 것을 갑자기 깨닫고 이해하게 된 경우도 있었다. 아마도 그건 사람들이 '직관'이라고 부르는 거겠지.

여하튼 소피는 처음 세 질문의 과제를 꽤 잘 풀어냈다고 생각했다. 하지만 헛웃음이 나올 정도로 이상한 다음 질문이 문제다. '무엇이 옳은지 아는 사람은 옳은 일을 하게 될 것이다.'

그럼 은행 강도는 은행을 터는 짓이 나쁜지 몰라서 그런 짓을 한단 말인가? 소피는 그렇지 않다고 생각했다. 어린이뿐만 아니라 어른들도 뻔히 나쁜 짓임을 잘 알면서도 나중에 후회하게 될 멍청한 짓을 저지를 수 있다고 확신했다.

소피가 아직 그 자리에 주저앉아 있는 사이, 갑자기 숲과 맞닿은 덤불 울타리 한쪽에서 마른 나뭇가지가 부러지는 소리가 들렸다. 그 심부름꾼인가? 소피는 다시 심장이 쿵쾅거리는 걸 느꼈다. 무언가 점점 다가오는 발자국 소리와 함께 마치 동물처럼 가쁘게 헐떡이는 숨소리가 소피를 점점 불안하게 했다.

바로 그때, 큰 개 한 마리가 숲에서 동굴 안으로 뛰어들어 왔다. 래브라도레트리버 종류였다. 입에 물고 있던 큰 갈색 봉투를 소피의 발 앞에 떨어뜨렸다. 이 모든 일이 순식간에 일어났기 때문에 소피는 꼼짝도 할 수 없었다. 잠시 후에 소피는 그 편지를 집어 들었고 그러는 사이 그 누렁이 개는 다시 숲 속으로 모습을 감추었다. 소동이 지나간 뒤에야 소피는 큰 충격을 느꼈다. 잠시 망연자실해 있다가 울기 시작했다.

얼마나 그러고 있었는지 모르겠지만, 잠시 후 소피는 위를 쳐다보았다.

그가 말한 심부름꾼이 개였다니! 소피는 깊게 숨을 들이쉬었다. 그래서 흰 봉투 가장자리가 늘 젖어 있었구나! 그 깊게 눌린 자국도 그래서……. 정말 소피가 상상도 못 한 일이다. 그리고 이제 소피가 철학자에게 편지를 보낼 때 왜 편지봉투 안에 과자나 각설탕 한 조각을 넣어두라고 했는지 그 정확한 이유를 알 수 있었다.

소피는 항상 생각이 뜻대로 빨리 따라주지 않았다. 그렇지만 그 심부름꾼이 훈련받은 개라는 것은 꽤 특이했다. 소피는 이제 그 심부름꾼을 위협해 알베르토 크녹스 철학 선생님이 있는 곳을 알아내려던 계획은 단념할 수밖에 없었다.

소피는 봉투를 열고 편지를 읽기 시작했다.

아테네 철학

사랑하는 소피야! 오늘 이 편지를 읽을 때쯤이면, 벌써 헤르메스를 알게 되었겠지! 확실하게 짚어주자면 헤르메스는 그 개의 이름이야. 그렇다고 네가 걱정할 일은 없을 거야. 그 개는 아주 귀엽고 사람보다 더 똑똑하단다. 그리고 적어도 헤르메스는 실제보다 더 영리하게 보이려고 애쓰지도 않아.

너도 알아챘겠지만, 그 개를 헤르메스라고 부르게 된 것은 우연이 아니란다. 헤르메스는 원래 그리스 신들의 전령이며 항해사들의 수호신이기도 해. 이 문제는 지금 우리에게는 별로 상관없지만 말이야. 더 중요한 것은, 헤르메스라는 말에서 '애매모호한(hermetic)'이란 단어가 파생했다는 거야. 그리고 이 단어에는 '숨겨진' 혹은 '도달할 수 없는'이라는 뜻도 있어. 어떤 면에서 헤르메스가 우리를 서로 숨겨주니까, 나는 이 말이 그 심부름꾼에게 적절하다고 생각해.

물론 헤르메스는 자기 이름을 알아듣고 아주 잘 훈련받은 개야.

그럼 심부름꾼 소개는 이 정도로 끝내고 이제 우리 철학 얘기로 돌아가자. 이제 첫 단락은 끝났어. 바로 신화적 세계상으로부터 진정한 단절을 시도한 자연철학에 관한 단락이었지. 이제부터는 위대한 고대 철학자 세 사람을 사귀어보자. 이들의 이름은 소크라테스, 플라톤, 아리스토텔레스야. 이 세 철학자는 각기 나름의 방식대로 유럽 문명을 형성해냈어.

자연철학자들은 대개 소크라테스보다 전에 살다 간 사람들이라 흔히 소크라테스 이전의 철학자라고 표현해. 데모크리토스는 소크라테스보다 몇 년 더 살았지만, 그의 사상은 소크라테스 이전의 자연철학에 속했어. 단순히 생존 연대만 가지고 소크라테스 이후라는 경계선을 긋는 것은 아니야. 소크라테스는 아테네에서 태어난 첫 철학자야. 소크라테스뿐만 아니라 나머지 두 철학자도 아테네에 살았고 그곳에서 자신들의 사상을 펼쳤지. 너도 아직 기억할 거야. 아낙사고라스도 아테네에서 살다가 태양은 단지 불덩어리에 불과하다고 하는 바람에 추방당했다는 얘기 말이야.(소크라테스의 경우도 사정이 더 나은 것은 아니었어.)

아테네는 소크라테스 때부터 그리스 문화의 중심지였어. 하지만 우리가 주목해야 할 중요한 사항은 자연철학자들에서 소크라테스로 옮겨가면서 전체 철학 구상의 본질도 변했다는 사실이야.

소크라테스에 관해 살펴보기 전에, 먼저 그 당시 아테네 도시 풍경을 잘 보여주는 소피스트들에 대해 이야기해보자!

사상의 역사는 여러 막으로 이루어진 연극과 같아. 자, 이제 무대의 막이 오른다!

만물의 중심인 인간

기원전 450년경 아테네는 그리스 문화의 중심지였어. 이제 철학도 새로운 방향으로 나아가게 되었단다.

자연철학자들은 무엇보다도 자연 연구가였어. 그래서 이들은 과학사에서 매우 중요한 위치를 차지하고 있지. 그리고 아테네에서는 인간과 인간의 사회적 위치에 관심을 집중했단다.

아테네에서는 의회와 법원을 설립해 점점 민주주의가 발전하기 시작했어. 그러나 민주주의는 사람들이 민주적 과정에 참여할 수 있도록 충분한 교육을 받아야 한다는 점을 전제하지. 갓 피어난 민주주의에는 민중 계몽이 필요하다는 사실은 오늘날 우리도 잘 알고 있지. 따라서 무엇보다도 아테네인들은 수사학을 잘 구사하는 것이 중요했어.

그때 그리스 식민지 곳곳에서 유랑하던 선생들과 철학자들 한 무리가 아테네를 찾아들었단다. 이들을 바로 소피스트라고 불러. '소피스트'라는 말은 전문 지식을 가진 학자를 뜻하지. 이 소피스트들은 아테네의 시민들을 가르치면서 생활비를 벌었단다.

이 소피스트들은 자연철학자들과 매우 중요한 공통점이 있었어. 이들도 전해져 내려오는 신화에 매우 비판적이었거든. 그러나 그와 동시에 소피스트들은 불필요한 철학적 회의라고 생각되는 것은 모조리 거부했어. 대답할 수 있는 철학적 물음도 많지만, 자연과 우주의 수수께끼에 대해서는 결코 확실한 대답을 얻을 수 없다는 것이 소피스트들의 생각이었단다. 철학에선 이러한 철학적 주장을 회의론이라고 하지.

그러나 우리가 자연의 모든 수수께끼에 대한 답을 찾지 못한다고 하더라도, 우리는 어쨌든 남과 더불어 사는 법을 배워야 하는 인간임을 알고 있지. 그래서 소피스트들은 인간과 그 사회적 위치에 더욱 관심을 쏟았어.

소피스트인 프로타고라스(기원전 485년경~기원전 410년경)는 "인간은 만물의 척도"라고 말했어. 이 말은 옳고 그름, 선과 악을 늘 인간의 욕구와 관련해 평가했다는 뜻이야. 그는 그리스 신들을 믿느냐는 질문에 이렇게 답했어. "신들에 관해 나는 아무것도 단언할 수 없다. 왜냐하면 많은 것들이 존재의 어둠과 삶의 덧없음에 대한 지식을 방해하기 때문이다."라고. 신이 존재하는지 그렇지 않은지 분명하게 말할 수 없다고 주장하는 사람들을 불가지론자(不可知論者)라고 하지.

소피스트들은 여러 곳을 자주 여행하면서 다양한 지배 체제들을 볼 수 있었단다. 여러 도시국가들이 지닌 윤리와 관습, 법은 서로 아주 달랐어. 이러한 시대를 배경으로, 소피스트들은 아테네에서 무엇이 자연적인 것인지, 또 무엇이 사회가 만든 것인지를 놓고 토론을 벌였단다. 도시국가인 아테네에서 바로 이런 방법으로 사회를 비판하는 토대를 마련할 수 있었어.

소피스트들은 '본성적 수치감'이라는 말이 전혀 근거 없음을 입증해 냈어. 수치감이 본성이라면 분명 타고난 것이어야 하지. 소피야, 수치감은 타고나는 것일까? 아니면 사회가 조성한 것일까? 여행을 많이 해본 사람에게라면 대답은 아주 간단해. 즉, 벌거벗은 모습을 드러내는 데 대한 불안은 본성이거나 타고난 것이 아니라고 말이야. 무엇보다도 수치심이나, 반대로 부끄러움을 모르는 것은 사회의 윤리나 관습과 관계가 있지.

유랑하던 소피스트들은 옳고 그름에 대한 절대적인 기준은 없다고 주장함으로써 도시 사회 아테네에 격렬한 논쟁을 불러일으켰단다. 소크라테스는 이런 생각과 반대로 몇몇 규범들은 절대적이며 보편타당하다는 사실을 실제로 입증해 보이려고 노력했지.

소크라테스는 누구인가?

소크라테스(기원전 470년경~기원전 399년)는 전체 철학사에서 가장 불가사의한 인물이라고 말할 수 있어. 그는 단 한 줄의 글도 쓰지 않았지만 유럽 사상에 지대한 영향을 끼친 철학자들 가운데 한 사람이야. 철학에 대해 잘 모르더라도 소크라테스를 알고 있는 사람들은 거의 소크라테스의 죽음에 얽힌 이야기도 알고 있지.

소크라테스가 아테네에서 태어났고 지나가는 사람들과 대화할 수 있는 시장 바닥과 길거리에서 평생을 보냈다는 사실은 잘 알려져 있지. 그는 시골의 들판과 나무는 자신에게 아무것도 가르쳐줄 수 없다고 생각했어. 또 깊은 사색에 빠져 오래도록 한자리에 그냥 서 있기도 했단다.

소크라테스는 살아 있을 때도 수수께끼의 인물로 여겨졌고 죽은 뒤에는 여러 철학 방향을 제시한 창시자로 평가되었지. 그의 사상은 너무 수수께끼 같고 많은 뜻을 함축하고 있었기 때문에, 굉장히 다양한 학파들이 소크라테스 철학의 소유권을 주장하기도 했어.

소크라테스는 아주 못생겼었대. 뚱뚱한 체구에다 키가 작았고, 툭 불거진 눈과 들창코를 하고 있었지. 하지만 그의 내면세계는 '완벽하게 훌

룡한' 모습을 보여주었단다. 과거와 현재에도 소크라테스와 유사한 인물은 어디서도 찾아볼 수 없지.

하지만 소크라테스는 그의 철학자로서의 행동 때문에 사형 선고를 받았어.

소크라테스의 생애는 그의 제자이자 역시 철학사상 위대한 철학가로 손꼽히는 플라톤을 통해 우리에게 알려졌단다.

플라톤은 여러『대화편』(철학적 대화편)을 저술했는데, 여기에 소크라테스를 등장시켰어.

플라톤이『대화편』에서 소크라테스의 입을 통해 한 말들이 정말 소크라테스가 한 말인지는 명확하게 알 수 없기 때문에 소크라테스와 플라톤의 철학 이론을 구분 짓기란 쉬운 일이 아니야. 이런 문제는 직접 쓴 글을 남기지 않은 다른 역사적 인물들에게서도 볼 수 있어. 가장 잘 알려진 예가 바로 예수에 관한 얘기지. 우리는 사도 마태오나 루카가 전해주는 말을 '역사적 인물로서의 예수'가 직접 한 이야기인지 정확히 알 수는 없어. 그와 마찬가지로 '역사적 인물 소크라테스'가 실제로 무엇을 말했는지도 늘 풀 수 없는 수수께끼로 남겠지.

하지만 '원래' 소크라테스가 어떤 인물이었는지는 그리 중요하지 않아. 중요한 것은, 플라톤이 기록한 소크라테스의 모습이 약 2,400년 전부터 오늘날까지 서양 사상가들에게 영감을 주고 있다는 것이지.

문답법

소크라테스가 보여준 사유의 본래 핵심은, 그가 인간들을 가르치려하는 것이 아니라 오히려 대화 상대자에게서 배우려는 인상을 준 것이란다. 그는 절대로 학교 선생님처럼 가르치지 않았어. 대화로 이끌어나갔지.

그러나 그가 단순히 다른 사람의 이야기를 듣기만 했으면 유명한 철학자가 될 수 없었겠지? 당연히 사형 선고도 받지 않았을 것이고. 소크라테스는 먼저 질문을 던지고 자신은 마치 아무것도 모른다는 태도를 취했단다. 그러고는 대화를 진행하면서 상대방이 자기 생각의 허점을 깨닫도록 유도했지. 그렇게 그의 대화 상대를 궁지로 몰고 가, 결국 무엇이 옳고 그른지 깨닫게 한 거야.

그의 어머니는 산파였다고 해. 소크라테스는 자신의 문답법을 산파술에 비유했어. 산파 자신이 아기를 낳는 것이 아니라 남의 출산을 돕기만 하는 것처럼 소크라테스의 임무는 사람이 올바른 통찰력을 얻도록 도와주는 것이지. 사람의 인식은 내면세계에서 생기는 것이고 다른 사람에게 이식할 수 없으니까 말이야. 자신의 내면에서 생긴 인식만이 참된 '통찰력'이란다.

자신이 임신을 해야 제 아이를 얻을 수 있듯이, 우리도 자신의 이성을 발휘할 경우에 철학적 진리를 통찰할 수 있어. 사람은 '이성을 통해' 자신의 내면에서 무엇인가를 끌어낼 수 있다는 말이란다.

소크라테스는 스스로 아무것도 모르는 상대방 역할을 하면서 다른 사람들이 자신의 이성을 이용하도록 유도했어. 이때 소크라테스는 아무것도 모르는 척, 혹은 더 어리석은 척 꾸며 댔단다. 이를 '소크라테스의 아이러니'라고 하지. 이런 식으로 소크라테스는 거듭 아테네 사람들의 생각 속에 숨은 허점들을 드러냈어. 그런 일은 대개 사람들로 붐비는 광장 한복판에서 벌어졌지. 그러니까 그런 곳에서 소크라테스를 만난다는 것은 많은 사람들 앞에서 모욕을 당하고 웃음거리가 될 수도 있다는 것을 뜻했어.

이런 사정을 생각해볼 때 소크라테스가 마지막에는 동료 시민들에게, 그리고 무엇보다도 도시의 권력자들에게 성가시고 거슬리는 존재로 여겨졌다는 사실은 조금도 놀라운 일이 아니었지. 소크라테스는 "아테네는 게으른 암말과 같다. 그리고 나는 의식을 깨우기 위해 말의 옆구리를 찌르는 등에와 같다."라고 말한 적이 있었어. (소피야! 등에가 무슨 역할을 하는지 내게 설명할 수 있니?)

신의 목소리

소크라테스가 동시대인들을 괴롭히려고, 그들의 다리를 걸고넘어진 건 아니란다. 소크라테스에게는 다른 선택의 여지가 없었어. 그는 자신의 내면에서 늘 신의 목소리를 듣는다고 말했어. 한 예로 소크라테스는 사형 선고를 반대했지. 반정부 인사를 밀고하라는 명령도 거부했어. 결국 그 대가로 목숨을 잃었지만 말이야.

기원전 399년 소크라테스는 '젊은이를 망치고, 신을 인정하지 않는다.'는 이유로 고소당했단다. 500명의 배심원으로 구성된 법정에서 간신히 절반이 넘는 배심원이 소크라테스에게 유죄 판결을 내렸지.

그래도 그에게는 사면을 청할 수 있는 권리가 있었어. 게다가 아테네를 떠나 망명하겠다는 의사를 표시할 경우에는 생명을 건질 수 있었지. 그러나 그렇게 했다면, 소크라테스가 아니었을 거야. 그는 양심과 진실을 목숨보다 더 귀중하게 생각했지. 소크라테스는 국가를 위해서 행동했노라고 확언했지만 사형 선고를 받았고, 얼마 뒤 절친한 친구들이 지켜보는 앞에서 독배를 마셨단다.

소피야, 왜 그랬을까? 왜 소크라테스는 죽을 수밖에 없었을까? 아직까지도 많은 사람들이 궁금해하지만 역사상 자신의 확고한 신념을 위해 죽음을 감내한 사람이 소크라테스만 있었던 건 아니야. 예수를 언급한 적이 있지? 예수와 소크라테스 사이엔 여러 가지 유사점이 있어. 그예를 몇 가지만 들지.

두 사람은 모두 동시대인들에게 수수께끼 같은 인물이었어. 자신의 말을 글로 남겨놓지도 않았지. 그래서 우린 이들의 제자들이 전해주는 내용에 전적으로 의존할 수밖에 없어. 하지만 이 두 사람은 문답법의 거장이었단다. 그들은 사람들을 열광시킬 수도 있었고 동요하게 할 수도 있는 명확한 확신을 가지고 이야기했으며, 두 사람 모두 모든 형태의 부정과 권력 남용을 규탄하면서 사회의 권력자들에게 도전하다가 목숨을 잃었지.

예수와 소크라테스의 재판 과정에서도 뚜렷한 유사성을 볼 수 있어. 둘은 사면을 청함으로써 자신들의 생명을 구할 수도 있었지만 최악의 상황까지 가지 않는다면, 그들의 소명을 저버리는 것이라 믿었단다. 결국 머리를 꼿꼿이 세운 채 죽었고, 죽은 뒤에도 숭배와 믿음의 대상이 되었어.

그러나 내가 두 사람의 유사성을 말한 것은 그들이 똑같다고 주장하기 위해서가 아니야. 다만 나는 무엇보다 둘 다 용기 있게 메시지를 전했다는 사실을 얘기하고 싶었단다.

아테네의 조커

아직 소크라테스 이야기는 끝나지 않았어. 이제까지 한 얘기는 그의 철학 방법에 대한 것이었을 뿐이란다. 그럼 그의 철학은 어떤 것이었을까?

소크라테스는 소피스트들과 같은 시대 사람이야. 그도 소피스트들과 마찬가지로 자연철학의 문제가 아니라, 인간과 인간 생활에 더욱 철학적 관심을 기울였어. 몇백 년 후 로마 철학자인 키케로는 "소크라테스는 철학을 하늘에서 땅으로 불러 내려, 각 도시와 집집마다 보금자리를 틀게 하고, 사람들이 인생과 윤리, 선과 악에 관해 깊이 생각하게 했다."라고 말했단다.

그러나 소크라테스는 중요한 점에서 소피스트들과 달랐지. 소크라테스는 자신을 학자나 현인이라고 자처하는 소피스트로 생각하지 않았단다. 소피스트와는 달리 가르치고 돈을 받지 않았으며, 자신을 참된 의미에서의 철학자라고 칭했지. 원래 철학자라는 말인 '필로소포스(Philosophs)'는 '지혜를 사랑하는 사람'을 뜻한단다.

소피야! 똑바로 앉아 있니? 네가 남은 철학 수업에서 철학자와 소피스트의 차이를 이해하는 것이 매우 중요하단다. 소피스트들은 재치 있는 몇 마디 말을 해주고는 돈을 받았지. 그리고 그런 '소피스트들'은 전체 역사에서 계속해서 나타나고 사라졌어. 얕은 지식에 만족하거나, 실제론 아무것도 모르면서 아주 많이 알고 있는 척하는 학교 선생님이나 교만한 사람들이 떠오르는구나. 아직 어리지만 소피도 그런 '소피스트들'을 만난 적이 있겠지. 하지만 소피야, 진정한 철학자는 소피스트와는 전혀 다르단다. 그래, 정확히 정반대라고 볼 수 있지.

철학자는 자신이 근본적으로 아주 조금만 알고 있다는 점을 정확히 인식하고 있단다. 그래서 그는 진정한 인식에 도달하려고 계속 노력하는 거야. 소크라테스가 바로 그런 드문 사람이지. 소크라테스는 자신이 인생과 세계에 대해 아무것도 모르고 있다는 사실을 아주 잘 알고 있었어. 그리고 결정적으로 소크라테스 자신이 너무 조금 알고 있다는 사실이 그를 괴롭혔지.

따라서 철학자란 이해하지 못한 것이 아주 많다는 사실을 깨닫는 사람이란다. 또 그러한 사실이 그 자신을 괴롭히지. 그렇게 보면 철학자는 거짓된 지식을 뽐내는 모든 이들보다는 훨씬 현명해 보여. 아까 "가장 현명한 사람은 자신이 아무것도 모른다는 사실을 아는 사람"이라고 했었지. 소크라테스는 스스로 "내가 알고 있는 단 한 가지는, 내가 아무것도 모르고 있다는 사실이다."라고 말했어. 소피야, 이 말을 잘 적어둬! 왜냐하면 철학자들 사이에서도 이런 고백을 하는 사람은 아주 드물거든. 이 말을 공공연하게 하는 것은 아주 위험해. 목숨을 잃을 수도 있으니 말이야. '질문하는 사람'은 항상 가장 위험한 인물이야. 대답하는 것은 위험하지 않지. 수천 가지 대답보다 질문 하나가 많은 불씨를 안고 있을 수 있어.

소피야, 벌거벗은 임금님 이야기를 알지? 원래 임금님은 벌거숭이였는데, 신하 가운데 아무도 이 사실을 말할 엄두를 내지 못했어. 이때 갑자기 한 아이가 임금님은 벌거숭이라고 외쳤단다. 그 아인 정말 용감한 아이지! 이런 식으로 소크라테스는 사람들이 얼마나 적은 것만을 알고 있는지 용기를 내서 분명히 일깨워주었어. 어린이와 철학자는 서로 닮은 점이 많다고 얘기한 것처럼 말이야.

정확히 말하면, 인류는 적절한 대답을 쉽게 구할 수 없는 수많은 어려운 문제들에 직면해 있어. 이제 우리에겐 두 가지 가능성이 열려 있지. 하나는 우리가 우리 자신과 세상 모든 사람의 눈을 속이고 알 가치가 있는 것을 모두 아는 것처럼 행동하는 거야. 다른 하나는 중요한 문제에는 두 눈을 감고 아예 외면하는 것이지. 이런 방식으로 인류는 두 부류로 나뉘게 되었어. 사람들 대부분은 확신에 사로잡히거나, 아니면 그저 무관심해졌지. (이런 두 부류가 토끼털 깊숙한 곳에서 꿈틀대고 있는 거란다!) 이건 카드놀이와 비슷하단다. 한쪽에 검은색 카드 한 뭉치를 쌓아놓고, 다른 쪽에 빨간색 카드를 쌓아놓는 거야. 때때로 이 카드놀이에서 하트나 클로버, 다이아몬드와 스페이드도 아닌, 조커가 나오게 되지. 소크라테스는 아테네에서 바로 그 조커였어. 그는 확신에 차 있지도 무관심하지도 않았단다. 자신이 아무것도 모른다는 사실을 알고 있었고, 그런 사실이 그를 고통스럽게 했지. 그는 절대 포기하지 않고 쉼 없이 지혜를 얻으려고 노력하는 그런 철학자였단다.

한번은 어떤 사람이 아테네에서 제일 현명한 사람이 누구인지 델포이 신탁에 물었단다. 델포이 신탁은 소크라테스라고 대답했지. 이 신탁을 소크라테스가 전해 듣고 그는 아주 놀랐다고 해. (내 생각엔 그가 웃었을 것 같구나.) 소크라테스는 모든 사람이 현명하다고 여기는 한 사람을 찾아갔어. 그런데 그 사람이 소크라테스의 질문에 분명히 대답하지 못하자, 소크라테스는 결국 델포이 신탁이 옳다는 것을 깨달았지.

소크라테스에게 중요한 것은 우리 인식의 확실한 토대가 무엇인지를 알아내는 것이었어. 그것이 바로 인간의 이성이라고 생각했지. 이렇게 인간의 이성을 강하게 믿은 소크라테스는 명백한 합리주의자였단다.

올바른 인식은 옳은 행동을 유도한다

소피야, 소크라테스는 마음속으로 신의 목소리를 들었다는 얘기를 한 적이 있지? 그리고 이 '양심'의 소리는 소크라테스에게 무엇이 옳고 그른지 말해주었단다. "무엇이 선인지 아는 삶은 선을 행할 것이다." 소크라테스는 올바른 인식은 올바른 행동을 유도한다고 생각했어. 그리고 그는 옳은 일을 행하는 사람만이 올바른 인간이 될 수 있다고 생각했지. 우리가 그릇된 행동을 하는 것은 더 잘 알지 못하기 때문이야. 그래서 우리가 지식의 폭을 넓히는 일은 아주 중요하지. 또 무엇이 옳고 무엇이 그른지, 아주 분명하고 보편타당한 개념 정의를 내리는 것 역시 무척 중요했단다. 소크라테스는 소피스트와는 반대로 옳고 그름을 구별하는 능력은 사회가 아니라 인간 이성에 있다고 믿었어.

아마 이 맨 끝 문장을 이해하기는 쉽지 않겠구나. 다시 한 번 얘기해볼게! 소크라테스는, 자신의 확신에 반대되는 행동을 하는 사람은 절대 행복해질 수 없다고 생각했어. 어떻게 해야 행복해질 수 있는지 아는 사람은 그런 사람이 되려고 노력하겠지. 그러니까 무엇이 옳은지를 아는 사람은 옳은 일을 하게 될 거야. 어느 누구도 불행해지고 싶진 않을 테니까!

소피 넌 어떻게 생각하니? 마음속 깊이 옳지 않다고 여기는 것을 계속하더라도, 행복할 수 있겠니? 많은 사람들은 끊임없이 거짓말하고 도둑질하며 남을 비방하는데, 그들도 그런 짓이 옳지 않음을 잘 알고 있어. 하지만 소피야, 이런 사람들이 행복하겠니? 소크라테스는 전혀 그렇지 않다고 믿었어.

소크라테스 이야기를 읽은 소피는 편지를 얼른 과자 통에 넣고 정원으로 나왔다. 엄마가 어디 있었냐고 다그치는 걸 피하려면 장 보러 간 엄마가 돌아오기 전에 집에 얌전히 있어야 하기 때문이다. 게다가 설거지를 다 해놓겠다고 한 약속을 지켜야 했다.

소피가 막 수도꼭지를 트는 순간, 엄마가 커다란 비닐 봉투 두 개를 들고 들어와서 "소피야, 너 요즘 이상해!"라고 말했다.

소피는 엄마가 왜 그런 말을 하는지도 모르고 불쑥 "소크라테스도 그랬어요!" 했다.

"소크라테스라니?"

엄마의 두 눈이 휘둥그레졌다.

소피는 뭔가 골똘하게 생각하며 말을 이었다.

"그것 때문에 소크라테스가 목숨을 잃은 건 너무 안타까워요!"

"뭐? 소피야, 너 정말 이상해! 무슨 말을 하는지 전혀 모르겠어!"

"소크라테스도 몰랐어요. 소크라테스가 알고 있던 사실은 자신이 아무것도 모른다는 것뿐이었어요. 하지만 그는 아테네에서 제일 현명한 사람이었대요."

이 말에 엄마는 말문이 막혀버렸다. 잠시 후 엄마가 말했다.

"학교에서 배웠니?"

소피는 고개를 힘차게 내저었다.

"학교에서는 배운 게 하나도 없어요……. 학교 선생님과 진짜 철학자 사이에는 큰 차이가 있어요. 학교 선생님은 학생들 머릿속에 많은 지식을 넣어 주려고 애쓰지만 철학자는 학생들과 함께 사물의 근본을 파헤치려고 하지요."

"아하! 또, 그 흰 토끼 얘기구나. 네가 그 남자아이를 좋아하는 이유를 알겠어. 하지만 그 아이 머리가 좀 이상한 거 아니니?"

이때 소피는 개수대에서 엄마 쪽으로 몸을 돌리고 설거지 수세미를 들어 엄마를 가리키며 말했다.

"아니에요. 그 애는 아주 정상이에요. 하지만 마치 다른 사람을 방해하는 등에 같아요. 사람들의 낡고 굳은 생각을 마구 휘저어놓으니까요."

"얘, 이제 그만해! 그 아인 좀 건방진 괴짜인 것 같애."

소피는 다시 개수대로 몸을 돌렸다.

"현명하진 않지만, 건방진 아이도 아니에요. 옳은 지식을 얻으려고 애쓰고 있어요. 그게 바로 카드놀이에서 진짜 조커가 다른 여러 카드들과 가장 다른 점이에요."

"조커라고?"

소피는 고개를 끄덕였다.

"카드놀이에서 하트와 클로버, 그리고 스페이드와 다이아몬드가 여러 장이잖아요? 하지만 조커는 딱 한 장뿐이고요."

"도대체 무슨 말을 하는 거니?"

"그럼 엄마는요?"

소피 엄마는 장 본 물건들을 주섬주섬 치우고는 신문을 집어 들고 거실로 갔다. 그때 엄마가 특별히 문을 꼭 닫았다는 것을 소피는 느낌으로 알 수 있었다.

설거지를 마치고 소피는 자기 방으로 갔다. 선반 위에 올려놓았던 빨간 실크 스카프를 꺼내 그 위에 새긴 이름을 자세히 살펴보았다.

힐데……

아테네

…… 폐허에서 여러 개의 높은 건축물들이 솟아올랐다 ……

이날 저녁 일찍 소피 엄마는 친구 댁에 놀러 나갔다. 엄마가 나가자마자, 소피는 안뜰을 가로질러 비밀 동굴로 갔다. 동굴 속 큰 과자 통 옆에 두껍고 작은 소포가 있었다. 소피는 바로 포장을 뜯었다. 비디오테이프네!

소피는 다시 집으로 뛰어갔다. 비디오테이프를 보내다니! 뭔가 새로운데? 그런데 철학 선생님은 소피네 집에 비디오가 있는 줄 어떻게 아셨을까? 비디오는 무슨 내용일까?

소피는 테이프를 틀었다. 화면에 큰 도시가 나타났다. 가까이에서 찍은 아크로폴리스가 보였기 때문에 소피는 이 도시가 아테네라는 것을 알 수 있었다. 그런데 저기, 신전의 옛터 주위에서 가벼운 옷차림에 사진기를 목에 건 관광객들이 움직이고 있다. 이들 가운데서 플래카드를 들고 있는 사람이 어렴풋이 보였다. 카메라가 그 플래카드를 클로즈업했다. 아니, 저기 지금 '힐데'라고 쓰여 있는 거 아냐?

잠시 후, 한 중년 신사가 비디오카메라 앞에 모습을 나타냈다. 키가 작고 잘 다듬은 수염에 파란 베레모를 쓰고 있었다. 그는 곧 카메라를 똑바로 보면서 말했다.

  "소피야, 아테네에 온 것을 환영해. 네가 이미 짐작했듯이 내가 알베르토 크녹스란다. 그렇게 생각하지 않았더라도 나는 흰 토끼가 계속 우주라는 마술사의 검은 모자에서 꺼내지고 있다는 것을 다시 말해주고 싶어. 우리가 서 있는 곳은 아크로폴리스란다. 이 말은 '성채'나 '언덕 위의 도시'를 뜻하지. 이 언덕 위에는 석기시대부터 사람이 살았단다. 그건 물론 이곳의 특수한 지리와도 관계가 있어. 이 고원지대는 적을 방어하기 쉬웠단다. 아테네가 이 고지대 아래 평지에서 자신들의 영역을 넓혀갈 때, 아크로폴리스는 요새와 신전 터로 이용되었지. 기원전 5세기 초반, 페르시아인들과 끔찍한 전쟁이 있었단다. 기원전 480년에는 페르시아 왕 크세르크세스가 아테네를 약탈하고, 아크로폴리스의 옛 목조 건축물들을 모조리 잿더미로 만들었어. 그러나 아테네인들은 그 이듬해에 페르시아 병사들을 무찌르고 아테네의 황금시대를 열었지.

  그리고 아크로폴리스를 다시 지었단다. 그 어느 때보다 더욱 당당하고 아름답게 말이야. 그리고 그때부터 이곳은 순전히 신전만 있는 성역이 되었지. 바로 이 시기에 소크라테스가 거리와 장터를 돌아다니며 아테네 사람들과 대화를 나누었어. 그런 가운데서 그는 아크로폴리스의 재건과 모든 자랑스러운 건물들이 세워지는 것을 지켜봤어. 바로 이곳이 그 건축 현장이었지! 내 등 뒤로 가장 큰 신전이 보이지! 이걸 파르테논 신전 또는 '처녀의 집'이라고 불렀단다. 아테네 수호신인 아테나 여신을 숭배하기 위해 세운 신전이란다. 대리석으로 지은 이 큰 건축물의 윤곽선은 직선이 아니고 조금 휘어져서 더욱 생동감을 주지. 그래서 이 신전은 엄청나게 크지만 둔중한 느낌을 주지는 않는데 이건 착시 때문이야. 약간 안으로 휘어진 사방의 모든 기둥을 곧게 펴 한 점에서 만나게 하면, 1,500미터 높이의 피라미드를 만들 수 있단다. 신전 안에는 12미터 높이의 아테나 여신상이 있었어. 이것은 16킬로미터쯤 떨어진 산에서 가져온 흰 대리석에 여러 가지 선명한 색을 칠한 것이라고 해⋯⋯."

소피의 가슴이 마구 뛰었다. 철학 선생님이 진짜 비디오로 나에게 말을 하고 있는 것일까? 엊그제 어둠 속에서 본 희미한 그 모습이 지금 아테네의 아크로폴리스에 서 있는 저 사람인 것 같았다.

이제 화면 속의 신사가 신전의 옆면을 따라 걷고, 카메라가 그를 따랐다. 맨 가장자리에 다다르자 그 신사는 아테네의 전경을 가리켰다. 카메라는 아크로폴리스 고원지대 아래에 있는 오래된 극장을 비췄다.

"네가 보고 있는 것이 디오니소스 극장이야."

베레모를 쓴 그 신사는 계속 말을 이었다.

"아마 이것이 유럽에서 제일 오래된 극장일 거야. 소크라테스가 살아 있을 때 이 극장에선 아이스킬로스, 소포클레스, 에우리피데스 같은 위대한 비극 작가들의 작품이 공연되었어. 불행한 오이디푸스 왕을 그린 비극을 말한 적이 있지? 그 비극도 이곳에서 처음 상연되었단다. 물론 희극들도 이 무대에서 상연되었지. 가장 유명한 희극 작가는 아리스토파네스란다. 아리스토파네스는 아테네의 기인 소크라테스를 신랄히 풍자하는 희극을 썼단다. 소피야, 극장 맨 뒤로 배우들이 등장하던 돌로 된 벽이 보이지? 이를 '스케네(Skené)'라고 해. 이 이름이 오늘날 연극의 장면을 의미하는 '신(Scene)'으로 이어졌지. 그리고 극장을 의미하는 '시어터(theater)'라는 단어는 옛 그리스어의 '보다(theaesthai)'라는 말에서 나왔단다. 이제 다시 철학으로 돌아갈게. 자, 이제 우리는 파르테논 신전을 빙 둘러보고 나서 출입문을 통해 아래로 내려갈 거야……."

이제 키 작은 신사는 큰 파르테논 신전 주위를 돌았다. 그의 오른편으로 작은 몇몇 신전이 보였다. 그는 높은 기둥 사이로 난 계단을 내려왔다. 그가 걸어서 아크로폴리스 고지의 끝자락에 이르렀을 때, 작은 언덕에 올라서서 아테네 시를 가리켰다.

"우리가 서 있는 이 언덕을 아레이오스 파고스라고 부른단다. 이곳에 있던 아테네 최고 법정이 살인죄를 심문했지. 수백 년 후에 사도 바울이 이곳에 서서 아테네 시민들에게 예수와 기독교에 관해 설교했지. 이 이야기는 나중에 다시 할 기회가 있을 거야. 소피야, 저 아래 왼편으로 지금은 폐허가 된 옛 아테네 장터가 있단다. 대장장이의 수호신 헤파이스토스의 장엄한 신전을 제외하곤 대리석 조각들만 남아 있지. 그럼 아래로 내려가 보자……."

다음 순간 그의 모습이 오래된 폐허 가운데에서 다시 나타났다. 소피가 보는 화면 맨 위에는 하늘 위로 치솟을 듯한 거대한 아테나 신전이 아크로폴리스에 자리 잡고 있다. 철학 선생님은 부서진 대리석 조각 위에 걸터앉아, 카메라를 쳐다보며 말했다.

"우리가 앉아 있는 이곳은 옛날 아테네 광장의 가장자리야. 지금은 이렇게 쓸쓸해 보이지만 예전에는 멋진 신전들과 법원, 다른 공공 기관들과 상점, 음악당, 그리고 커다란 체육관도 있었단다. 이런 모든 건물이 이 정사각형 모양의 넓은 광장을 에워싸고 있었지…… 이 조그만 지역이 전 유럽 문명의 토대를 이룬 곳이란다. '정치', '민주주의', '경제', '역사', '생물학', '물리학', '수학', '논리학', '신학', '철학', '윤리학', '심리학', 그리고 '이론'과 '방법', '이념'과 '체계' 등등 그 밖의 많은 용어가 이 광장을 중심으로 생활하던 한 작은 민족에게서 유래했단다. 소크라테스는 이 광장에서 만나는 사람들과 이야기를 나눴어. 올리브유 항아리를 나르던 한 불쌍한 노예의 팔을 잡고 철학 문제를 물었을지도 모르지. 소크라테스는 노예에게도 일반 시민과 똑같은 이성이 있다고 믿었으니까. 또 어느 시인과 열띤 문답을 주고받기도 했겠지. 그리고 젊은 제자 플라톤과 조용히 깊은 대화를 나누기도 했단다. 그런 일을 생각하니 참 이상하구나. 우리가 계속 '소크라테스'나 '플라톤'의 철학을 얘기하고 있지만, 실제 플라톤이나 소크라테스가 되는 것은 아주 다른 문제겠지."

소피도 이런 생각이 좀 이상하다고 느꼈다. 하지만 이상한 것은 그뿐만이 아니었다. 철학 선생님이 갑자기 알 수 없는 개가 정원에 있는 소피의 비밀 장소에 갖다놓은 비디오테이프를 통해서 소피에게 말하는 것도 이상하긴 마찬가지였다.

이제 철학 선생님은 앉아 있던 대리석에서 일어났다. 그러고는 아주 나지막한 목소리로 말을 이었다.

"원래는 이쯤에서 끝맺으려고 했단다. 네게 아테네의 아크로폴리스와 폐허가 된 옛 광장 아고라를 보여주려고 했었지. 그런데 이 주변이 그 옛날 얼마나 번창했었는지 네가 확실히 이해했는지 잘 모르겠구나…… 그래서 내 생각에…… 좀 더 이야기를 해야 할 것 같아. 사실 이건 규칙 위반이지만…… 우리 둘 사이의 비밀이야…… 어쨌든 조금만 더 살펴보면 돼……."

그는 아무 말 없이 오랫동안 묵묵히 제자리에 서서 카메라를 쳐다보왔고, 곧 아주 다른 영상이 화면에 나타났다. 폐허에서 여러 개의 높은 건축물들이 솟아오르기 시작했다. 마치 마술처럼 폐허가 된 옛 건물들이 다시 세워졌다. 지평선 너머로는 아직 아크로폴리스가 보였지만 시장 근처의 아크로폴리스와 그 아래 평지의 건물들은 아주 새것이다. 건물들은 황금빛을 띠는 화려한 색으로 칠해져 있었다. 사각형의 커다란 광장에는 형형색색의 옷을 걸친 사람들이 산책하고 있다. 몇몇 사람은 칼을 차고 있다. 어떤 이들은 머리에 항아리를 이고 있으며, 파피루스 두루마리를 팔에 건 사람도 있었다.

이제야 소피는 철학 선생님의 모습을 알아볼 수 있었다. 그는 여전히 파란 베레모를 쓰고 있었지만 화면에 비치는 다른 사람들처럼 노란색 긴 겉옷을 입고 있었다. 그는 화면 정면으로 다가와 카메라를 쳐다보며 말했다.

"소피야, 우린 지금 고대 아테네에 있단다. 너도 왔으면 좋았을 텐데……. 내 말 뜻 알겠지? 지금은 기원전 402년이고, 소크라테스가 죽기 3년 전이야. 이 특별한 만남이 소중하다는 걸 네가 알아줬으면 좋겠어. 비디오카메라를 빌리는 문제도 무척 어려웠고……."

소피는 머리가 어지러웠다. 어떻게 그 수수께끼의 철학 선생님이 갑자기 2,400년 전의 아테네에 서 있는 걸까? 어떻게 다른 시대에 찍은 비디오를 지금 볼 수 있는 걸까? 고대에는 비디오가 없었다는 사실을 물론 소피도 알고 있다. 혹시 지금 영화를 보고 있는 것일까? 그러나 그 많은 대리석 건축물들은 모두 진짜처럼 보였다. 그렇다면 아테네의 옛 광장과 아크로폴리스까지 단지 영화 한 편을 위해 전체를 다시 세운 걸까? 아니야, 그럴 리 없지! 이 무대 배경을 만드는 데 아주 많은 비용이 들텐데. 소피 한 사람에게 아테네에 관해 알려 주기 위해서 그 엄청난 비용을 들였겠는가!

베레모를 쓴 철학 선생님이 다시 모습을 드러냈다.

"소피야, 저 뒤 기둥 사이로 난 통로에 두 남자가 보이니?"

소피는 약간 해어진 겉옷을 걸친 노인을 발견했다. 그는 전혀 손질이 안 된 긴 수염과 납작한 코, 움푹 들어간 파란 눈을 하고 있고, 양 볼엔 광대뼈가 툭 불거져 있었다. 그 옆에는 아주 멋진 청년이 서 있었다.

"소크라테스와 그의 젊은 제자 플라톤이란다. 누군지 알겠니, 소피야? 이제 직접 이야기를 나눠보렴!"

그러고 나서 철학 선생님은 높은 천장 밑에 서 있는 두 남자에게 다가가 베레모를 벗고, 소피가 알아들을 수 없는 말을 몇 마디 건넸다. 그리스 말임이 분명하다. 잠시 후 그는 다시 카메라를 보고 말했다.

"내가 저분들에게 한 노르웨이 소녀가 소크라테스 선생님과 그 제자분을 만나보고 싶어 한다고 말했어. 이제 플라톤이 직접 네가 생각해봐야 할 몇 가지 질문을 할 거야. 하지만 경비병들에게 들키지 않도록 서둘러야 해."

그 젊은이가 앞으로 나와 카메라를 바라보자, 소피는 관자놀이가 죄는 듯이 긴장되었다.

"소피 양, 아테네에 온 것을 환영합니다."

목소리가 아주 부드럽다. 그는 엉터리 노르웨이 말로 떠듬떠듬 말을 이었다.

"내 이름은 플라톤입니다. 소피 양에게 네 가지 과제를 제시하죠. 제일 먼저, 빵 굽는 사람이 혼자서 빵 50개를 어떻게 똑같이 구울 수 있는지 생각해보세요. 그다음은, 어떻게 모든 말[馬]들이 똑같이 생겼는지 생각해보세요. 그리고 인간에겐 불멸의 영혼이 있다고 믿는지 생각해보세요. 끝으로 여자와 남자가 똑같이 이성적 인간인지 생각해보세요. 행운을 빕니다!"

바로 화면이 꺼졌다. 비디오테이프를 앞으로 되감거나 또 뒤로 감아보아도, 지금까지 본 것이 전부였다.

소피는 생각을 가다듬었다. 그런데 질문에 대한 생각이 끝나기도 전에 다른 질문이 떠올랐다.

소피는 처음부터 철학 선생님이 아주 별난 분이란 걸 알고 있었지만, 익숙한 모든 자연법칙을 무시한 수업 방식을 택한 점은 좀 지나치다고 생각했다.

실제의 소크라테스와 플라톤을 본 걸까? 그럴 리가 없다. 그건 불가능한 일이다. 그러나 그 비디오는 만화영화가 아니다!

소피는 비디오테이프를 꺼내 제 방으로 뛰어갔다. 벽장 맨 위 칸, 레고 조각들 옆에다 비디오테이프를 밀어 넣고 나서, 아주 기진맥진해 자리에 누워 잠이 들었다.

몇 시간 후 엄마가 들어와 소피를 흔들어 깨우며 말했다.

"소피야? 어딜 다녀온 거니."

"음……."

"옷을 입은 채 침대에 누워 있잖아!"

소피는 졸음에 겨워 "아테네에 갔었어요."라고 웅얼거리다가 더 이상 말없이 몸을 돌려 눕고는 다시 잠들어버렸다.

플라톤

…… 영혼의 고향을 향한 동경 ……

다음 날 아침, 소피는 눈을 번쩍 떴다. 새벽 5시가 막 지났을까……. 또렷한 정신으로 침대에서 일어났다.

왜 옷을 입고 잤지? 이제야 모든 일이 떠올랐다. 소피는 의자 위에 올라서서 벽장 맨 위 칸을 살펴보았다. 비디오테이프가 거기에 있다. 꿈을 꾼 것은 아니다. 적어도 모든 것이 꿈은 아니다.

그러면 소피가 비디오에서 본 사람이 정말 플라톤과 소크라테스일까? 아, 차라리 그 일에 대해서는 더 이상 생각하고 싶지 않다. 엄마 말씀이 옳은지도 모른다. 요즘 소피는 정말 소피답지 않다.

다시 잠이 오지 않는다. 혹시 그사이 헤르메스가 새 편지를 갖다놓았는지 동굴을 한번 살펴볼까?

소피는 살금살금 2층에서 내려와 운동화를 신고 밖으로 나갔다.

정원은 맑고 조용했다. 새들이 힘 있게 지저귀는 바람에 소피는 웃지 않을 수 없었다. 아침 이슬은 작은 수정처럼 풀잎에 맺혀 아롱거린다. 소피에겐 이 세계가 믿을 수 없을 만큼 놀랍게 느껴졌다.

덤불숲도 약간 축축하게 젖어 있다. 철학 선생님의 새 편지는 없었다. 소피는 큰 나무 밑동의 물기를 잘 닦고 그 위에 주저앉았다.

비디오에서 본 철학자 플라톤이 내준 과제들이 떠올랐다. 첫째 과제는 빵 굽는 사람이 어떻게 과자 50개를 똑같이 구울 수 있는가 하는 질문이었다. 소피는 곰곰이 생각해보았다. 이 질문이 소피에겐 너무 풀기 힘든 숙제라는 생각이 들었다. 소피 엄마는 이따금 건포도를 넣은 크링글(페이스트리 종류의 덴마크 빵)을 구웠는데, 늘 똑같은 빵 두 개를 만들어내진 못했다. 엄마가 전문 제빵사도 아니니 빵들이 아주 다를 수밖에. 하지만 빵 가게에서 사는 케이크도 아주 똑같은 것은 없었다. 각각의 케이크들은 제빵사의 손에서 모두 새롭게 만들어진다.

소피 얼굴 위로 갑자기 묘한 웃음이 번졌다. 엄마가 크리스마스 과자를 굽는 동안, 아빠랑 시내에 간 기억이 떠올랐기 때문이다. 아빠와 소피가 집에 돌아왔을 때, 부엌 식탁이 온통 사람 모양의 작은 과자들로 뒤덮여 있었다. 물론 과자들이 전부 다 똑같지는 않았지만, 형체는 비슷했다. 어떻게 그럴 수 있었을까? 물론 그 이유는 엄마가 이 과자들을 한 가지 틀을 이용해 찍어냈기 때문이다.

소피는 이 과자의 기억을 떠올려 첫 번째 과제를 해결해서 무척 흡족했다. 즉 빵 굽는 사람이 똑같은 과자 50개를 만들려면 하나의 틀을 사용하면 된다! 그래, 그거야!

비디오 속에 있는 플라톤은 카메라를 보며 그다음 질문으로, 왜 말들이 모두 똑같은지 물었다. 하지만 이 질문은 잘못된 질문이다. 소피는 정반대로 같은 말은 없다고 말하고 싶었다. 이는 사람도 똑같은 사람은 없나는 것과 같다.

소피는 이 과제를 거의 포기할 뻔했다. 그런데 크리스마스 과자가 또 생각났다. 그 많은 과자 가운데 똑같은 것은 하나도 없었다. 다른 과자보다 두꺼운 것이 있고 부스러진 것도 있었다. 그런데 분명한 것은 그 과자들은 어떤 점에서는 '똑같다'는 사실이다.

아마 플라톤은 왜 말이 항상 말일 수 있는지, 예를 들면 왜 말과 돼지의 잡종이 아닌지 묻고 싶었을지도 모른다. 왜냐하면 어떤 말은 곰처럼 갈색을 띠고, 또 어떤 말은 양처럼 희지만, 모든 말에는 공통점이 하나 있다. 지금껏 소피는 발이 여섯 개거나 여덟 개인 말을 본 적이 없다. 그렇지만 플라톤도, 말이 똑같은 틀에서 만들어져 전부 똑같다고 생각하는 것은 아닐 텐데?

세 번째로 그는 한층 더 어려운 문제를 냈다. 인간에겐 불멸의 영혼이 있을까? 소피는 자신이 이런 질문에 대답할 수 없다고 느꼈다. 소피는 사람이 죽으면 사람의 육체는 화장되거나 매장되며, 그 이상의 미래는 없다고 알고 있다. 만약 사람에게 불멸의 영혼이 있다면, 사람은 서로 다른 두 부분으로 이루어져 있음이 틀림없다. 즉 수십 년 살다 죽고 마는 육체와, 육체에서 일어나는 여러 과정으로부터 어느 정도 독립적으로 활동하는 영혼이란 두 부분으로 말이다. 한번은 소피 할머니가 마음은 늘 어린 소녀 같은데 몸만 늙어간다고 한 적이 있다.

'어린 소녀'라고 하시던 할머니 말씀을 마지막 질문과 연결지어 생각해보았다. 여자와 남자는 똑같이 이성적일까? 이 질문은 소피에게 잘 와 닿지 않았다. 플라톤이 말하는 '이성적'이라는 게 무엇을 의미하는지 알아야 할 문제다.

이때 철학 선생님이 소크라테스에 관해 한 말이 갑자기 떠올랐다. 소크라테스는 모든 인간은 자신의 이성만을 이용할 때 철학적 진리를 통찰할 수 있다고 설명했다. 게다가 노예도 귀족처럼 똑같은 이성으로 철학 문제를 풀 수 있다고 믿었다. 그렇다면 소크라테스는 여자와 남자가 똑같이 이성적이라고 말했을 것이라는 확신이 들었다.

소피가 이런 생각에 빠져 있을 때, 갑자기 덤불숲에서 부스럭거리는 소리가 들렸다. 마치 증기기관차처럼 씩씩거리는 소리였다. 그 순간 누런 개 한 마리가 동굴 안으로 들어왔다. 입에 큰 봉투를 물고 있었다.

"헤르메스구나! 고마워."

헤르메스는 봉투를 소피 앞에 떨어뜨렸다. 소피는 손을 내밀어 개의 목 언저리를 쓰다듬으며 말했다.

"헤르메스, 넌 아주 착한 개구나!"

납작 엎드리는 걸 보니 소피가 쓰다듬어주는 게 무척 좋은가 보다. 하지만 몇 분 뒤 헤르메스는 다시 일어나, 덤불을 통과해서 왔던 길로 되돌아갔다.

소피는 봉투를 꼭 쥐고 헤르메스를 쫓기 시작했다. 기어서 좁은 울타리를 지나자 곧 정원 밖으로 나오게 되었다.

헤르메스는 숲 가장자리로 뛰어갔고 소피는 몇 미터 뒤처져서 따라갔다. 헤르메스는 두어 번 몸을 돌려 으르렁거렸지만 소피는 전혀 놀라지 않았다. 지금 그녀는 아테네까지라도 달려가서 철학 선생님을 꼭 찾아내고 싶었다.

헤르메스는 더욱 빨리 내달려 곧 숲 속 작은 오솔길에 다다랐다.

소피는 질세라 더욱 속력을 냈지만 잠시 후 헤르메스가 몸을 획 돌려 소피를 향해 경비견처럼 마구 짖어댔다. 소피는 멍하니 있지 않고 그 틈에 헤르메스에게 더욱 다가섰다.

헤르메스는 계속 소피를 위협했다. 결국 소피는 따라잡기를 포기하고 오랫동안 멍하니 제자리에 서서 헤르메스가 사라지는 것을 지켜봤다. 사방이 조용해졌다.

숲 속의 작은 빈터에 이르러 소피는 그루터기에 걸터앉았다. 소피의 손에는 큰 갈색 봉투가 들려 있었다. 봉투를 뜯고, 글씨가 꽉꽉 채워진 편지 여러 장을 꺼내 읽기 시작했다.

플라톤의 아카데미아

소피야, 반가웠어! 물론 아테네에서 말이야. 드디어 나를 소개했구나! 이미 네게 플라톤도 소개했으니, 곧바로 이야기를 시작할게.

소크라테스가 독배를 마실 때, 플라톤(기원전 427년~기원전 347년)은 스물아홉 살이었어. 소크라테스의 오랜 제자 플라톤은 스승 소크라테스가 심문을 받는 과정을 하나도 빼놓지 않고 지켜보았어. 아테네가 이 도시의 가장 고결한 현인에게 내린 사형 선고는 플라톤에게 지울 수 없는 강한 인상을 남겼을 뿐만 아니라, 그의 철학적 탐구 방향 전체를 규정하는 계기가 되었단다.

소크라테스의 죽음은 플라톤에게 사회 속의 현실적 관계와 진리나 이상 사이에 어떤 모순이 있는지 플라톤에게 보여주었지.

철학자인 플라톤이 제일 먼저 한 일은 스승 소크라테스의 법정 진술을 기록해서 『변론』이라는 책을 만드는 것이었어. 이 책에는 소크라테스가 대법정에서 연설한 내용이 실려 있지.

소피 너도 알다시피 소크라테스는 글을 단 한 줄도 남기지 않았어. 그리고 소크라테스 이전의 많은 철학자들의 저서는 대부분 후세까지 전해지지 않았지. 반면 플라톤의 주요 저서는 고스란히 잘 보전되고 있어. (플라톤은 『(소크라테스의) 변론』 외에도 편지 모음, 그리고 35편 이상의 철학 대화편을 썼단다.) 그 저서들이 보전될 수 있었던 이유는, 무엇보다 플라톤이 아테네에서 직접 철학 학교를 설립했기 때문이야. 이른바 그리스의 전설적 영웅 아카데모스의 이름을 딴 숲 속에서였지. 그래서 플라톤이 세운 철학 학교를 '아카데미(Akademie)'라고 불렀단다. (플라톤의 아카데미 이후 전 세계적으로 수천 개의 아카데미가 생겨났어. 오늘날에도 대학 학과들을 '아카데믹 서브젝트(academic subjects)'라고 부르지.)

플라톤의 아카데미에서는 철학, 수학, 체육을 가르쳤단다. 이 '가르치다'라는 표현이 아마 적확한 단어는 아닐 것 같아. 이곳에서는 아주 활발하게 대화를 나누는 것이 제일 중요했거든. 따라서 플라톤이 그의 철학론을 기술하면서 '대화' 형식을 취한 것도 전혀 우연이 아니지.

영원한 진리, 영원한 아름다움, 영원한 선

이 철학 수업을 처음 시작할 때 각 철학자의 철학 구상이 무엇이었는지를 먼저 물을 필요가 있다고 말했지. 그래서 나는 이렇게 묻고 싶어.

"플라톤은 무엇을 연구하려 했을까?"

간단히 말하자면 플라톤의 관심은 영원하고 변치 않는 것과, 흘러가는 것 사이의 관계를 규명하는 데 있었단다. (이건 소크라테스 이전의 철학자들도 마찬가지였지!)

앞에서 얘기한 것처럼 소피스트들과 소크라테스는 자연철학이 제기한 철학 문제에 등을 돌리고, 인간과 사회에 관심을 쏟았어. 분명히 맞는 말이지. 그런데 소피스트들과 소크라테스도 그들 나름대로 한편으론 영원하고 변치 않는 것과 다른 한편으로는 '흘러가는' 것들 사이의 관계를 밝히려고 했단다. 인간의 도덕과 사회적 이상이나 미덕에 관해 고민할 내 영원한 것과 변화하는 것의 관계를 물었던 거야. 쉽게 말하면 소피스트들은 옳고 그름을 판단하는 문제는 각 도시국가마다 다르고 또 세대에 따라 변한다고 생각했단다. 따라서 옳고 그름의 문제는 '변하는' 것이라고 보았지. 그러나 소크라테스는 이런 소피스트들의 견해를 받아들이지 않았어. 소크라테스는 사람의 행동에 대한 영원한 규칙이나 규범이 있다고 믿었거든. 그리고 소크라테스의 생각에 따르면, 인간 이성은 영원히 불변하기 때문에 우리의 이성으로 변치 않는 규범을 모두 인식할 수 있다는 것이지.

소피야! 아직 내 이야기를 읽고 있겠지? 그럼 이제 플라톤에 관해 이야기할게. 플라톤은 자연 속에서 영원불변하는 것뿐만 아니라, 도덕과 사회 속에서 영원불변하는 것이 무엇인지에도 관심을 기울였단다. 물론 플라톤에게 이것은 하나이고 같은 것이었지. 플라톤은 영원히 변치 않는 고유한 '현실성'을 파악하려고 노력했단다. 솔직히 말해서 그것을 위해 철학자들이 있는 거지. 따라서 철학자에겐 올해의 최고 미녀나, 연장

영업을 하는 목요일에 가장 값싼 토마토를 고르는 건 중요한 문제가 아니란다. (그래서 철학자가 그다지 사람들에게 사랑을 받지 못하지만 말이야!) 철학자들은 그런 세속적인 일들은 제쳐놓은 채 '영원히 참되고', '영원히 아름다우며', '영원히 선한 것'을 제시하려고 노력한단다.

이제 적어도 플라톤 철학의 구상 범위를 약간 짐작할 수 있겠지. 자, 그럼 지금부터 그것을 하나하나 살펴보도록 하자. 그럼 훗날 유럽 철학에 큰 발자취를 남긴 플라톤의 특이한 사유 과정을 이해하려고 노력하게 될 거야!

이데아의 세계

엠페도클레스와 데모크리토스는 모든 자연현상이 변하기는 하지만 결코 변하지 않는 '무언가'가 네 가지 있다고 말했어. ('네 개의 근원' 또는 '원자'가 그것이지.) 플라톤도 이 문제를 탐구했는데 그 방식은 전혀 달랐어.

플라톤은 우리가 자연에서 만지고 느낄 수 있는 만물은 다 '변한다'고 생각했기 때문에 그에게 결코 분해할 수 없는 원소 따위는 없었어. '감각 세계'에 속하는 만물은 시간이 흐르면 소멸하는 '물질'로 이루어져 있지. 그러나 동시에 만물은 영원하고 변치 않는 초시간적 형상으로 이루어져 있단다.

이해되니? 글쎄, 이해가 안 되면…….

소피야, 왜 말(馬)은 모두 똑같을까? 넌 말이 다 똑같다고 생각하지 않을 수도 있어. 하지만 모든 말은 공통점이 있어. 바로 그 공통점이 우리가 말을 인식할 때 전혀 문제없이 말을 알아보도록 하지. 각각의 말들은 물론 '변해'. 시간이 지나면서 늙고 병들고 나중에는 죽게 돼. 그러나 고유한 '말의 형상'만은 영원히 변하지 않아.

플라톤에 따르면 영원하고 변치 않는 것은 어떤 물리적 '원질'이 아니야. 도리어 그것에 따라 모든 현상이 형성되는 정신적이고도 추상적인 밑그림인 것이지.

정확하게 표현하면, 소크라테스 이전의 철학자들은 어떤 것이 실제로 변화한다는 것을 인정하지 않으면서도 자연의 '변화'를 훌륭하게 설명했어. 그들은 자연 순환 속에서 해체되지 않고, 영원불멸하는 가장 작은 소립자가 있다고 생각했단다. 글쎄, 소피야! 내가 글쎄라고 말한 이유는, 이들이 '어떻게' 이 작은 소립자들이 한때는 말을 구성하는 원소였다가 400년이나 500년 후에 갑자기 완전히 새로운 말을, 혹은 코끼리나 악어를 만들어낼 수 있는지에 대해 이해할 근거를 대지 못했기 때문이야! 플라톤이 말하려는 것은 데모크리토스의 원자가 절대 코끼리와 악어를 합친 '악어코끼리' 또는 '코끼리악어'가 될 수는 없다는 것이지. 그리고 바로 이것이 플라톤의 철학적 사유의 단초가 되었어.

이제 이 단락을 이해했으면, 다음 단락으로 넘어가자. 좀 더 확실하게 요점만 얘기할게. 네가 상자에 가득 든, 레고 조각들을 꺼내 말을 조립한다고 가정하자. 나중에 네가 만든 말을 해체해서 그 레고 조각들을 다시 상자 안에 넣고 아무리 흔들어도 이 레고 조각들은 말이 되지 않아. 레고 조각이 어떻게 저절로 말이 될 수 있겠니? 절대 그럴 수는 없지! 네가 이 레고 조각들을 다시 조립해야 말이 만들어질 거야! 또 네가 새로운 말을 조립할 수 있는 것은 이미 네 머릿속에 네가 본 말의 모습이 자리 잡고 있기 때문이야. 따라서 레고로 만든 말은 모든 말이 가진, 불변하는 밑그림에 따라 생겨난 것이지.

똑같은 50개의 과자에 대한 해답을 찾았니? 우리 한번 이렇게 상상해보자. 소피 너는 갑자기 우주에서 지구로 툭 떨어져서 빵 가게를 처음 본거야. 그래서 멋진 빵 가게를 보고 더듬더듬 들어가 쟁반 위에 있는 사람 모양 과자 50개를 보게 됐어. 내 생각에는, 넌 머리를 긁적이며 어떻게 이 과자들이 모두 똑같이 생겼는지 스스로에게 묻겠지. 또 이 사람 모양 과자들 중 어떤 것에는 팔이나 목이 없거나 배가 불룩 튀어나와 있는 것도 있을 거야. 그러나 네가 잘 생각해보면 이 과자들은 하나의 공통점이 있음을 알 수 있어. 이 과자들은 모두 온전하진 않지만, 모두 '공동의 기원'이 있단다. 이 과자들은 모두 한 틀에서 구워졌다는 것이지.

그뿐이 아니야! 이제 너는 이 틀을 보고 싶어질 거야. 이 형상은 이 틀로 만들어낸 부스러지기 쉬운 어떤 모조품보다 더할 나위 없이 완전하고 어떤 의미에서는 한층 더 아름답겠지.

소피야, 네가 이 문제를 스스로 해결했다면 너는 플라톤과 같은 방식으로 철학 문제를 풀어낸 것이란다. 대부분의 철학자들처럼 플라톤도 '우주에서 지구로 툭 떨어진' 격이지. (그는 토끼 가죽의 맨 위에서 가는 털을 잡고 내려앉은 셈이야.) 플라톤은 어떻게 모든 자연현상들이 비슷할 수 있는지 경이롭게 여겼어. 그래서 우리 주변에서 눈에 보이는 만물 '위에' 혹은 '뒤에' 한정된 수의 형상들이 있다고 결론지었단다. 플라톤은 이 형상들을 '이데아'라고 불렀어. '말의 이데아', '돼지의 이데아' 그리고 '인간의 이데아'가 있다고 본 것이지. (그래서 빵 가게에는 사람 모양의 과자 뿐만 아니라, 돼지 모양, 혹은 말 모양의 과자가 있을 수 있단 말이지. 왜냐하면 괜찮은 빵 가게에는 하나 이상의 틀이 있기 때문이야. 하지만 사람 모양 과자라는 종류는 단 한 가지의 틀만으로 충분하지.)

자, 이제 결론을 내려 보자. 플라톤은 '감각 세계'의 뒤편에 참된 현실이 있다고 믿었단다. 그는 이 현실성을 이데아의 세계라고 불렀어. 여기서 우리는 영원불변의 '밑그림'을, 곧 각양각색의 자연현상들 배후에 있는 원형을 발견할 수 있지. 이 특이한 플라톤의 생각을 우린 이데아론이라 한단다.

확실한 지식

사랑하는 소피야, 지금까지 내 이야기를 잘 읽었지? 하지만 혹시 플라톤이 정말로 진지하게 그 문제를 생각했는지 궁금할 수도 있어. "플라톤은 정말 그런 현상들이 아주 다른 현실 속에도 실제로 있다고 생각했을까?"

플라톤은 이데아를 그의 평생에 걸쳐 글자 그대로 똑같은 방식으로 생각하지는 않았지만, 그의 몇몇 대화편에 따르면 이데아란 어느 정도는 그렇게 이해될 수밖에 없단다. 그럼 플라톤의 논증 과정을 한번 따라가 보자.

철학자는 영원불변하는 것이 무엇인지 파악해내려 한다고 했지. 특정 비눗방울의 존재에 관해 철학 논문을 쓰는 것은 그다지 큰 의미가 없을 거야. 첫 번째로 그 비눗방울이 갑자기 사라지기 전에 제대로 연구할 수 없었을 테니까 말이야. 두 번째로 아무도 보지 못했고 몇 초 동안만 실재하는 그런 사물에 관한 철학 논문은 실질적으로 팔기가 어렵지.

플라톤은 우리 주위의 자연에서 볼 수 있는 만물, 즉 우리가 잡고 만져볼 수 있는 모든 것은 비눗방울에나 비유할 수 있는 것이라고 생각했어. 감각 세계에 실재하는 사물은 무엇이든 간에 시간이라는 시련을 겪어야 하기 때문이야. 너도 알다시피 다소 시간의 차이는 있지만 사람과 동물은 결국 분해되고 죽게 되니까. 심지어 대리석 덩어리도 아주 천천히 닳아서 결국은 완전히 부스러져 버리지. (지금 폐허가 된 그 아크로폴리스를 생각해봐. 물어볼 필요도 없지. 바로 그런 거야.) 우리는 변하는 사물에 대해 확실한 지식을 얻을 수 없다는 것이, 플라톤의 철학 문제였단다. 우리가 건드리고 만질 수 있는 감각 세계의 사물에 관해선 그저 불확실한 의견만을 가질 뿐이지. 우리는 오직 이성으로 인식하는 것에 관해서만 확실한 지식을 가질 수 있어.

그래, 소피야. 내가 좀 더 정확하게 설명해볼게! 사람 모양을 한 과자가 각각 반죽하는 도중 혹은 발효 과정이나 굽는 과정에서 잘못되는 바람에 아무도 그 과자가 무슨 모양인지 형체를 분간할 수 없게 됐다고 하자. 그러나 내가 20~30개에 달하는 비교적 형상이 온전한 과자를 본다면, 나는 과자의 모양을 어느 정도 확신할 수 있을 거야. 직접 그 형상을 보지 못했더라도 그 형상으로 추론할 수 있지. 따라서 꼭 눈으로 그 형상을 보는 게 더 낫다고 단정할 수 없어. 왜냐하면 늘 우리의 감각에만 모든 것을 의존할 수는 없기 때문이야. 시력은 사람마다 다르지만 이성은 누구에게나 동일하기 때문에 그것이 우리에게 들려주는 말은 믿을 수 있지.

네가 반 친구 30명과 함께 있을 때, 선생님이 무지개 색 중 제일 예쁜

색이 무엇이냐고 물으면 대답은 제각각 다를 거야. 그러나 선생님이 3 곱하기 8은 얼마냐고 물으면 모두 똑같이 대답하겠지. 이 순간 판단한 것이 바로 이성인데, 이것은 한 가지 점에서 의견이나 느낌과는 정반대야. 이성이 영원하고 보편적이라고 말할 수 있는 것은 이성이 영원하고 보편적인 사실에 관해서만 이야기하기 때문이야.

플라톤은 수학에도 큰 관심을 가졌는데 수학적 사실은 절대 변하지 않기 때문이란다. 수학적 사실에 관한 한 우리는 확실한 지식을 얻어낼 수 있지. 한 가지 예를 들어볼까? 소피야, 잘 생각해봐! 네가 숲에서 둥근 솔방울 하나를 발견했다고 하자. 너는 그것을 둥근 공 같다고 하는데, 네 친구 요룬은 그 솔방울의 한쪽이 약간 찌그러져서 공 같지 않다고 주장해. (그래서 너희는 싸우게 되지!) 너희는 눈으로 본 것에 관해 확실한 지식을 얻지 못한 거야. 반대로 너희는 원의 전체 각도의 합은 360도라고 완벽히 확신하지. 그런 경우에 너희는 비록 자연 속에 존재하지는 않지만 너희 마음의 눈을 통해 선명하게 볼 수 있는 '이상적인' 원에 대해 말할 수 있는 거야. (이제 너희는 감추어진 과자의 형상에 대해 이야기하게 된단다. 우연히 식탁에 놓인 과자가 아니라!)

지금까지 한 이야기를 요약하면, 우리의 감각이 인지하고 느끼는 것에 대해서 우리는 불확실한 의견밖에 가질 수 없어. 그러나 우리가 이성을 통해 인식한 것에 대해서는 확실한 지식을 얻을 수 있단다. 삼각형의 세 각의 합은 영원히 180도지. 또 감각 세계에서 볼 수 있는 말이 언젠가 모두 절름발이가 된다 해도, 말은 네 개의 다리로 서 있다는 '이데아'는 계속 보편타당할 거야.

불멸의 영혼

플라톤이 현실을 둘로 나누어 분류한 내용을 살펴보았지.

그 하나가 바로 감각 세계의 현실이야. 즉 우리가 대략적이고 불확실한 오감을 통해 인식하는 이 '감각 세계'에 대해 우리는 단지 대략적이거나 불완전한 지식만을 얻을 수 있어. 우선 이 감각 세계에서 '모든 것은 흐르기' 때문에 변하지 않는 것은 아무것도 없지. 감각 세계에는 영속하는 것은 없고 그저 생겼다 사라지는 사물들이 있을 뿐이야.

다른 하나는 '이데아 세계'의 현실이야. 즉 이데아의 세계에서 우리는 이성을 사용하여 확실한 지식을 얻을 수 있지. 이 이데아의 세계는 감각을 통해서 인식할 수 없어. 이데아들(혹은 형상들)은 영원하고 변하지 않는단다.

플라톤에 따르면, 인간 존재 역시 둘로 나뉜다고 해. 인간은 '변화'하는 육체를 갖고 있어. 우리는 감각 세계와 떼려야 뗄 수 없는 관계를 맺고 있으며 이 세계의 다른 만물과 같은 운명을 겪지. (예를 들면 비눗방울처럼.) 그리고 우리의 감각은 육체와 밀접하게 결합해 있기 때문에 믿을 수 없어. 그러나 우리에겐 불멸의 영혼이 있단다. 영혼이 자리 잡은 곳은 바로 이성이야. 영혼은 물질적인 것이 아니기 때문에 이데아의 세계를 향해 눈길을 돌릴 수 있지.

소피야, 이제 거의 다 얘기한 것 같구나. **하지만 아직 더 가야 해!**

플라톤은 영혼이 우리 육체 안에 자리 잡기 전에 이미 이데아의 세계에 있었다고 생각했어. (영혼은 과자 틀과 함께 벽장 맨 위에 놓여 있었지.) 그러나 영혼이 육체 안에서 깨어나는 동시에 모든 이데아를 잊어버리게 돼. 이때부터 아주 놀라운 과정이 시작되었단다. 즉 인간은 자연 속에서 여러 형상들을 체험해감에 따라 점점 영혼 속에 깃든 희미한 기억들이 되살아나기 시작한 거야. 우리가 눈으로 보는 말은 말 모양의 과자처럼 불완전한 말이지. 영혼이 한때 이데아의 세계에서 본 온전한 말의 형상을 희미하게나마 기억나게 하기 위해서는 그것으로도 충분하지. 또 이 회상을 통해 영혼이 자리 잡고 있던 고향을 향한 동경이 싹트게 돼. 플라톤은 이러한 갈망을, 사랑을 의미하는 에로스라고 불렀단다. 영혼은 생겨난 곳을 향한 '사랑의 동경'을 감지하게 되지. 그리고 이제부터 영혼은 육체와 감각적인 것을 모두 불완전하고 비본질적인 것으로 경험하게 되지. 사랑의 날개를 단 영혼은 이제 이데아의 세계에 있는 '고향'으로 날아가. 그리고 감옥과도 같은 육체에서 벗어나려 해.

이러한 생각에 관하여 특히 강조할 점은 플라톤이 이상적인 삶의 과정을 기술하고 있다는 거야. 모든 사람이 다 영혼을 이데아의 세계로 되돌아갈 수 있도록 자유롭게 놓아주는 것이 아니란다. 대개의 사람들은 도리어 감각 세계에서 볼 수 있는 이데아의 '그림자'에 집착하지. 눈으로 말을 보는 사람은 그저 말을 볼 뿐 이 말이 모두 엉성한 모조품이란 사실을 보지 못해. (바로 이들은 말 모양 과자가 어떻게 생겨났는지 의문도 갖지 않은 채 부엌에서 그 과자를 굽는 사람과 같아.) 플라톤이 묘사한 것은 '철학자의 길'이란다. 우리는 그의 철학을 철학자의 활동에 대한 서술이라고 이해할 수 있지.

소피야, 넌 그림자를 볼 때 분명 어떤 사물이 이 그림자를 드리운다고 생각하겠지. 그런데 어떤 동물의 그림자를 보았다고 하자. 아마 그것이 말의 그림자 같다는 생각이 들었어도 너는 확신할 수 없을 거야. 그래서 너는 고개를 돌려, 실제 동물을 확인할 거야. 물론 두 눈으로 본 동물은 불확실한 말의 그림자보다 윤곽이 훨씬 선명하고 아름답지. 그래서 플라톤은 모든 자연현상을 영원한 형상의 그림자, 혹은 이데아의 그림자에 불과하다고 생각했단다. 그러나 사람들 대부분은 살면서 이 그림자에 만족해. 그들은 무엇이 이 그림자를 드리우는지 전혀 생각도 못하지. 그들은 그림자가 존재의 전체라고 생각하기 때문에 그림자를 그림자로 생각하지도 않아. 그래서 이들은 자신들의 영혼의 불멸성도 잊고 있지.

암흑의 동굴에서 나오는 길

플라톤은 지금까지 그의 생각을 명백히 밝혀주는 한 비유를 들었는데, 우린 이것을 '동굴의 비유'라고 한단다. 이 비유를 내 방식대로 한번 설명해볼게.

사람들이 지하 동굴에서 산다고 상상해보자! 사람들은 출입구 쪽으로 등을 돌린 채 있고 목과 발목이 다 묶여 있어. 따라서 그들은 동굴 벽만 볼 수 있지. 등 뒤에는 큰 장벽이 있고 그 뒤엔 사람과 비슷한 모습들이 지나다녀. 그 뒤에서 불이 타올라 동굴의 안쪽 벽에 어른거리는 그림자를 드리우지. 동굴 안의 사람들이 볼 수 있는 유일한 것은 이 '그림자의 연극'이야. 그런데 사람은 태어날 때부터 그곳에 앉아서 그림자만 보았기 때문에, 이 그림자가 유일한 실재라고 생각하지.

그런데 이제 동굴 안에 있던 사람들 가운데 하나가 묶인 상태로부터 자유로워졌다고 상상해봐. 처음에 그는 벽의 그림자가 어디서 온 것일까 자문해보겠지. 마침내 자유를 얻고 장벽 위에 놓인 여러 물체들로 고개를 돌렸을 때 어떤 일이 일어났을 것 같니? 당연히 처음에는 강렬한 빛 때문에 눈이 부시겠지. 물체의 또렷한 윤곽 역시 그의 눈을 부시게 할 거야. 그는 지금까지 그림자만 보고 살았으니까. 그가 장벽 위로 올라가 불을 지나 동굴 밖의 넓은 곳으로 올라가면 더욱 눈이 부실 거야. 그러나 두 눈을 비빈 뒤에 그는 모든 것이 얼마나 아름다운지 보게 되겠지. 그는 처음으로 색깔과 또렷한 윤곽을 보게 돼. 그리고 진짜 동물들과 꽃들을 볼 테고. 동굴 안의 물체들이란 그것들의 모조품에 지나지 않았던 거야. 이제 그는 이 동물들과 꽃들이 어디서 왔는지 묻지. 그는 하늘의 태양을 보고 그것이 자연의 동물과 꽃에게 생명을 준다는 것을 이해하게 되겠지. 동굴 안의 불꽃이 그림자를 볼 수 있게 했던 것처럼.

이제야 이 행복한 동굴 거주자는 자연으로 뛰어나가 갓 얻어낸 자유를 만끽해. 그러나 그는 아직 저 아래 지하 동굴에 갇혀 있는 다른 사람들을 생각하고 다시 돌아가지. 동굴에 도착한 그는 다른 동굴 안에 있는 다른 사람들에게 동굴 벽에 어른거리는 그림자는 단지 실재의 모형일 뿐임을 알려주려고 애쓰지만 아무도 그의 말을 믿지 않아. 동굴 안에 있는 많은 사람들은 동굴 벽을 가리키며 그들이 거기서 보는 것이 존재하는 모든 것이라고 말해. 결국 사람들이 그를 죽도록 때릴거야.

플라톤이 동굴의 비유를 통해 묘사한 것은 철학자가 불명료한 상상에서 출발하여 자연현상의 배후에 있는 실재 이데아에 이르는 철학 과정이야. 또 이 동굴 안에 묶여 있던 사람들이 죽인 소크라테스를 생각했을 수도 있지. 소크라테스는 이 동굴 사람들에게 익숙한 생각들이 잘못

됐다고 꼬집고, 그들에게 진정한 통찰에 이르는 길을 열어 보이려고 했으니까 말이야. 이런 식으로 동굴의 비유는 철학자의 용기와 교육적 책임을 상징한단다.

여기서 플라톤이 말하려 했던 것은 바로 암흑의 동굴과 바깥의 자연 사이의 관계가, 자연 형상과 이데아 세계 사이의 관계와 같다는 거야. 플라톤은 자연이 어둡고 슬프다고 생각하진 않았지만, 이데아의 명확성과 비교하면 자연은 어둡고 슬프다고 생각했단다. 예쁜 소녀의 그림은 절대 어둡고 음울하지 않고 오히려 정반대겠지! 하지만 소녀의 모습 역시 하나의 상일 뿐이란다.

철학자가 다스리는 나라

우리는 동굴의 비유를 플라톤의 『국가』에서 찾아볼 수 있어. 여기서 플라톤은 우리가 '유토피아'라고 표현하는 이상 국가를 소개했지. 쉽게 말하면 철학자가 국가를 다스려야 한다는 것이 플라톤의 생각이야. 이 것을 정당화하기 위해 그는 먼저 사람의 신체를 분석했어.

플라톤에 따르면 육체는 '머리', '가슴', '배', 세 부분으로 되어 있단다. 각 부분은 나름대로 특성이 있지. 머리는 이성, 가슴은 의지, 배는 욕구 또는 욕망으로 보았어. 그 외에도 각 신체의 능력은 이상 혹은 덕을 가져. 즉 이성은 지혜를 추구하고, 의지는 용기를 구하며, 욕망은 중용을 위해 절제되어야 하지. 우선 이 세 부분이 하나가 될 때, 우리는 조화롭고 올바른 인간이 될 수 있단다. 그래서 아이들은 학교에서 제일 먼저 자신의 욕망을 누르는 법을 배우고, 그다음으로 용기를 키우고, 끝으로 이성과 지혜를 얻으려고 노력해야 해.

플라톤은 국가도 사람과 똑같은 방식으로 구성되었다고 생각했어. 육체가 머리, 가슴, 배로 이루어진 것처럼, 국가도 '통치자', '수호자'(혹은 군인), 그리고 '상인계급'(이 계급엔 원래 상인 외에 수공업자와 농부도 속해.)으로 되어 있지. 여기서 플라톤이 그리스 의학을 모범으로 내세우고 있음을 분명히 알 수 있단다. 건강하고 조화로운 인간이 균형과 절제를 나타내듯, 올바른 국가는 각 개인이 국가에서 자신의 자리를 바르게 인식하고 역할을 수행함으로써 존립한다는 것이지.

플라톤의 철학 세계에서는 국가 철학도 합리주의 특성을 띤단다. 좋은 국가를 결정하는 것은 국가를 이성으로 다스리느냐에 달려 있어. 머리가 육체를 조종하듯 철학자가 사회를 다스려야 한다는 것이지.

이제 각각 세 부분으로 분류할 수 있는 인간과 국가 사이의 관계를 간단한 도식으로 표현해보자.

육체	영혼	미덕	국가
머리	이성	지혜	통치자
가슴	의지	용기	수호자
배	욕망	절제	상인계급

플라톤의 이상 국가는 고대 인도의 카스트제도를 생각나게 해. 거기서 각 개인은 전체의 이익을 위해 각기 특수한 역할을 맡았단다. 플라톤 시대 혹은 그 이전부터 인도의 계급제도는 지배계급(혹은 성직자 계급),

군인 계급, 상인계급의 세 부분으로 나뉘어 있었어.

오늘날 우리는 플라톤이 생각한 국가를 관점에 따라서는 전체주의 국가라고 부를 수도 있겠지. 그래서 플라톤의 국가 철학을 신랄하게 비판하는 철학자들도 있어. 그러나 우리가 생각해야 할 사실은, 플라톤은 우리와는 다른 시대 인물이란 점이야. 그리고 플라톤은 남성만큼 여성도 국가를 잘 다스릴 수 있다고 생각했어. 통치자가 이성으로 국가를 다스려야 한다고 생각했기 때문이야. 플라톤은 여성도 남성과 같은 교육을 받고, 육아와 가사 노동에서 벗어나면 남성과 똑같은 이성을 발휘한다고 믿었지. 그리고 플라톤은 통치자와 수호자에게는 가족과 사유재산이 없어야 된다고 생각했단다. 어린이 교육은 각 개인에게 맡기기엔 너무 큰 중대사라서 국가가 책임져야 한다고 주장했지. (플라톤은 이처럼 공공 유치원과 전일제 수업을 주창한 첫 철학자란다.)

현실 정치에 크게 실망한 후, 플라톤은 『법률』이란 대화편을 썼어. 여기서 그는 '법치국가'를 이상 국가 다음으로 좋은 국가 형태로 기술하고, 사유재산 및 가족의 유대 관계를 다시 포함했지. 그렇게 해서 여성의 자유는 제한되었단다. 그러나 플라톤은 여성을 교육하지 않는 국가는 마치 오른팔만 단련하는 사람과 같다고 덧붙였어.

근본적으로 플라톤의 여성관은 당시 플라톤이 살던 고대 아테네 시대에 비추어 보면 긍정적이었다고 말할 수 있지. 플라톤의 『향연』의 한 대화에 등장하는 디오티마라는 여성은 소크라테스가 철학적 통찰력을 갖도록 도와주기도 했어.

이것이 바로 플라톤의 철학이란다. 플라톤 이후 약 2,000여 년이 흐르는 동안, 많은 사람들이 플라톤의 특이한 이데아론에 관해 토론하고 이를 비판했지. 그 첫 번째 사람이 바로 플라톤의 아카데미에서 교육받은 플라톤의 제자 아리스토텔레스란다. 그는 아테네의 세 번째 위대한 철학자지. 오늘은 여기서 마치도록 하자!

소피가 그루터기에 걸터앉아 편지를 읽는 사이, 어느새 동쪽의 나무가 우거진 동산 위로 아침 해가 높이 떠올라 있었다. 소크라테스 이야기를 다 읽고 동굴 밖으로 나온 소피의 얼굴을 아침 해가 눈부시게 비춰주었다.

소피는 작은 동굴에서 나오면서 뭔가 다른 감정을 느꼈다. 플라톤의 글을 읽은 소피는 이제 자연을 아주 새로운 방식으로 보게 되었다. 예전의 자신은 색맹이었던 것처럼 느껴졌다. 그동안 순수한 이데아가 아닌 그림자만 보아왔던 것이다.

소피는 물론 영원한 표본을 주장한 플라톤의 말이 옳은지는 확신할 수 없었다. 그러나 살아 있는 만물이 이데아의 세계에 깃든 영원한 형상의 불완전한 복제품이라는 생각은 꽤 설득력 있게 여겨졌다. 그리고 모든 꽃과 나무, 사람과 동물이 '불완전'하단 말은 옳다고 생각했다.

이제 소피 주위의 모든 것들은 너무 아름답고 생생해서 두 눈을 비빌 수밖에 없었다. 그러나 지금 소피가 보는 것들 가운데 변하지 않는 것은 아무것도 없다. 그렇지만 수백 년 뒤에도 이곳에 같은 꽃과 동물이 있을 것이다. 또 각각의 동물과 꽃이 사라지고 잊혀도, 사람들은 그 모든 것의 형상이 어떻게 생겼었는지 '기억'하게 되리라.

이때 갑자기 웬 다람쥐 한 마리가 소나무 줄기로 깡충 뛰어올라 두어 번 뱅그르르 나무줄기를 돌더니, 이내 나뭇가지 사이로 모습을 감췄다.

소피는 속으로 '너를 한 번 본 적이 있어.' 하고 생각했다. 물론 예전에 한 번 본 그 다람쥐와 같은지 확신할 수 없지만 말하자면 예전에 본 다람쥐와 같은 '형상'을 본 것이다. 소피는 플라톤의 생각이 맞을 수도 있다고 생각했다. 아마 자신의 영혼이 육체에 자리 잡기 전 이데아의 세계에서 영원한 '다람쥐'를 소피가 보았을지도 모른다.

소피가 이미 한 번 산 적이 있다는 생각이 맞을까? 지금의 육체를 얻기 이전에 정말 소피의 영혼이 실재했을까? 시간이 지나도 소멸하지 않는 작은 금괴, 바로 소피의 육체가 늙어 죽어도 계속 살아 있는 보석과도 같은 영혼이 소피의 내면에 깃들어 있는 걸까?

소령의 오두막

…… 거울 속의 소녀가 두 눈을 깜빡였다 ……

이제 7시 15분이다. 소피가 집으로 뛰어갈 필요는 없다. 엄마는 아직 두어 시간 더 주무실 테니까! 일요일엔 늘 늦장을 부리셨다.

좀 더 숲으로 들어가 알베르토 크녹스 철학 선생님을 찾아볼까? 그런데 왜 헤르메스가 소피를 보며 으르렁거렸을까?

소피는 그루터기에서 일어나 헤르메스가 달아난 오솔길을 걸었다. 플라톤에 관한 장문의 편지가 담긴 갈색 봉투를 손에 꼭 쥐고서. 두 번의 갈림길에서 그때마다 소피는 더 큰 길을 택했다.

새들이 여기저기서 지저귀고 있다. 나뭇가지 사이와 높은 하늘, 숲과 덤불 속에서 아침 단장에 여념이 없다. 새들의 생활은 평일이나 주말이나 차이가 없다. 누가 새들에게 그 모든 것을 가르쳤을까? 새의 몸속에 할 일을 말해주는 '프로그램'이 장착된 컴퓨터가 들어 있는 걸까?

이 오솔길은 작은 바위 언덕 위로 나 있는데, 높다란 소나무 숲 사이에 가파르게 아래로 이어져 있었다. 여기서부터 숲은 아주 빼곡해져서 나무 사이로 몇 미터 앞을 채 내다볼 수 없었다.

소피는 촘촘한 소나무 가지 사이로 언뜻 파란 것을 발견했다. 호수가 분명했다. 이곳에서 오솔길은 다른 쪽으로 휘어졌다. 그러나 소피는 나무 사이로 계속 걸었다. 그러는 이유를 알 수 없었지만 발길 닿는 대로 걸었다.

호수는 축구장 정도의 크기였다. 소피 맞은편 다른 둑 위에는 흰 자작나무 숲으로 둘러싸인 작은 공터 안에 빨갛게 칠한 오두막도 보였다. 굴뚝에서 옅은 연기가 모락모락 피어오르고 있었다.

소피는 물가로 걸어갔다. 근처 바닥은 사방이 아주 축축했다. 곧 작은 배 한 척이 눈에 띄었다. 배는 반쯤 육지로 올라와 있고, 배 안에는 노도 한 쌍 있었다.

사방을 둘러보았다. 발을 적시지 않고 호수를 돌아서 오두막까지 가는 건 불가능해 보였다. 소피는 배를 호수로 밀어 넣고 뱃전으로 올라가 노를 저어 앞으로 나아갔다. 배는 곧 호수 맞은편 둑에 닿았다. 소피는 육지로 올라가 조각배를 끌어당겼다. 이쪽의 둑은 건너편보다 훨씬 가팔랐다.

소피는 뒤를 한번 살피고서 호수 위 오두막으로 다가갔다.

그러면서 소피는 지금 자신의 모습에 스스로 놀랐다. 내가 지금 뭐하는 거지? 소피는 알 수 없었다. '무엇'인가 소피를 이끄는 것 같았다.

소피는 다가가 문을 두드렸다. 잠시 기다렸지만 아무도 문을 열어주지 않았다. 조심스럽게 문고리를 잡고 밀자 문이 열렸다.

"안녕하세요! 아무도 안 계세요?"

소피는 거실로 걸어 들어갔다. 뒤에 있는 문을 닫을 엄두도 내지 못했다. 오래된 난로에서 장작이 탁탁 소리를 내며 타는 소리가 들렸다.

커다란 책상 위엔 낡은 타자기 한 대, 책 몇 권과 볼펜 두 자루, 그리고 종이 뭉치가 놓여 있었다. 호수가 한눈에 들어오는 창 앞에 책상과 의자 두 개가 있었다. 그 외에 가구는 많지 않았다. 단지 책이 그득한 책장이 벽을 가리고 있었다. 흰색 서랍장 위에는 크고 둥근 거울이 하나 있는데, 틀은 묵직한 청동으로 되어 있었다. 아주 오래된 거울이었다.

그림 두 점이 벽에 걸려 있는데, 하나는 하얀 집을 그린 유화였다. 그림 속의 집은 빨간 나룻배 창고가 있는 작은 호수 가까운 곳에 있다. 집과 나룻배 보관소 사이엔 사과나무 한 그루, 덤불, 갈라진 바윗돌이 있고, 비스듬하게 경사진 정원이 자리 잡고 있다. 자작나무들은 화환처럼 정원을 에워싸고 있다. 그림 제목은 〈비에르켈리 ─ 자작나무에 둘러싸여〉였다.

이 그림 옆에 오래되어 보이는 남자 초상화가 걸려 있었다. 책을 품에 안고 창가 안락의자에 앉아 있는 모습이다. 수백 년은 된 것 같았다. 그리고 〈버클리〉란 제목이 붙어 있다. 화가는 스마이버트(John Smibert)였다.

비에르켈리와 버클리? 좀 이상하지 않아?

소피는 다시 오두막을 살펴보았다. 거실에 나 있는 문은 작은 부엌으로 통한다. 누가 부엌에서 방금 설거지를 한 것 같았다. 마른 행주 위에 유리잔과 받침 접시들이 가지런히 쌓여 있는데, 받침 접시 몇 개는 아직 설거지한 흔적이 남아 있었다. 바닥에는 남은 음식이 든 그릇이 있다. 아마도 고양이나 개 같은 동물이 살고 있는 듯했다.

소피는 다시 거실로 가 문을 열고 침실로 들어갔다. 침대 앞에는 구겨진 두 장의 담요가 있었다. 소피는 담요에 붙은 노란 털 몇 가닥을 발견했다. 결정적인 증거다. 소피는 알베르토 크녹스 선생님과 헤르메스가 이 오두막에 살고 있음을 확신하게 되었다.

소피는 거실로 다시 나와 서랍장 위의 거울 앞으로 다가섰다. 유리가 뿌옇고 표면이 고르지 않아서 거울에 비친 소피의 모습이 선명하지 않았다. 소피는 얼굴을 찡그려보았다. 얼마 전 자신의 집 욕실에서 해보았던 것처럼. 거울 속에 비친 얼굴도 소피가 하는 대로 따라 했지만 기대했던 뭔가 다른 일은 일어나지 않았다.

바로 그때 놀라운 일이 일어났다. 갑자기 아주 잠깐 동안 거울 속의 소녀가 두 눈을 깜박였다. 소피는 분명히 보았다. 소피는 소스라치게 놀라 움찔 물러섰다. 소피는 두 눈을 깜빡인 것일까? 어떻게 거울 속의 소녀가 두 눈을 깜빡인 것일까? 그리고 다시 거울 속의 소녀는 소피에게 눈을 깜빡여 보였다. 두 눈을 깜빡여 뭔가를 말하려는 것 같았다.

'소피야, 나는 너를 볼 수 있어. 나는 여기 반대편에 있어.'

가슴이 울렁거렸다. 그때 멀리서 개 짖는 소리가 들렸다. 헤르메스다! 이제는 돌아가야 한다.

그때 서랍장 위, 청동 거울 아래 놓여 있는 초록색 작은 지갑이 눈에 띄었다. 소피는 조심스럽게 지갑을 열어보았다. 100크로네와 50크로네 지폐 한 장씩과 학생증이 들어 있다. 학생증엔 금발 소녀의 사진이 붙어 있다. 사진 아래에 이름이 씌어 있다. '릴레산 학교, 힐데 묄레르 크나그.'

소피는 스스로 안색이 창백해지는 것을 느꼈다. 다시 개 짖는 소리가 들렸다. 당장 여기서 빠져나가야 한다.

서둘러 책상 옆을 지나칠 때, 소피는 많은 책들과 문서들 사이에서 흰 편지봉투를 발견했다. 겉봉에 '소피'라고 적혀 있었다.

소피는 깊게 생각하지 않고 편지를 집어 플라톤에 관한 편지가 들어 있는 봉투 안에 넣었다. 그러고 나서 그걸 들고 밖으로 뛰쳐나와 문을 쾅 닫았다.

개 짖는 소리가 한층 더 크게 들렸다. 그리고 소피는 보트가 사라진 것을 알았다. 순식간에 소피가 타고 온 조각배는 호수 한가운데에 떠 있었고 그 옆에 노 하나도 둥둥 헤엄치고 있었다.

소피는 배를 뭍으로 끌어올리지 못했던 것이다. 연거푸 개 짖는 소리가 들려왔다. 게다가 호수 맞은편 나무 사이에서 무엇인가 움직이는 소리가 들렸다.

더 깊게 생각하고 말고 할 여유가 없었다. 소피는 큰 봉투를 손에 꼭 쥐고 오두막 뒤 덤불 사이로 냅다 뛰었다. 늪지를 가로지르는 바람에 여러 번 장딴지까지 물에 잠겼다. 하지만 소피는 계속 걸었다. 집으로 돌아가야 했다.

잠시 뒤 소피는 오솔길을 비틀거리며 걸었다. 아까 지나온 그 길일까? 소피는 발걸음을 멈추고 원피스의 물기를 꾹꾹 눌러 짜냈다. 그제야 눈물이 났다.

어쩌면 이렇게 바보 같을 수 있지? 제일 어처구니없는 것은 무엇보다도 조각배다. 바로 눈앞에서 자꾸만 호수 가운데로 떠내려가던 조각배와 노가 생각났다. 정말 창피하기 짝이 없다, 부끄럽다……

지금쯤 철학 선생님이 호수로 돌아왔을 것이다. 집에 가려면 조각배가 필요하실 텐데. 정말 이렇게 당황스러운 일이 생기다니! 하지만 소피가 일부러 그런 것은 아니었다.

아 참, 편지봉투! 아마 이 일은 더 나쁜 짓이었을지도 모른다. 왜 이 봉투를 가져왔지? 물론 그녀의 이름이 적혀 있었기 때문에 소피의 편지가 맞지만 그럼에도 소피는 꼭 도둑질을 한 느낌이다. 게다가 소피가 오두막에 있었다는 증거를 남겨놓은 셈이다.

소피는 편지봉투에서 쪽지를 꺼냈다. 이런 글귀가 적혀 있었다.

닭이 먼저일까, 닭의 '이데아'가 먼저일까?

인간이 타고나는 이데아란 것이 있을까?

인간이 동식물과 다른 점은 무엇일까?

비는 왜 올까?

인간이 잘 살기 위해선 무엇이 필요할까?

지금은 이 질문들을 곰곰이 생각해볼 여유가 없었다. 그렇지만 이 질문들은 다음 차례의 철학자와 관련이 있는 것 같다. 아리스토텔레스라는 철학자였던가?

얼마쯤인가 숲을 지나 끝없이 달려서 덤불 울타리를 발견했을 때, 소피는 마치 육지로 간신히 헤엄쳐 나온 조난자가 된 기분이었다. 다른 방향에서 그 덤불 울타리를 보니 기분이 참 이상했다. 비밀 장소인 동굴로 기어 들어가며 시계를 보니 10시 반이다. 다른 편지들이 들어 있는 과자통에 가지고 온 큰 봉투를 집어 넣고, 새 질문들이 적힌 쪽지를 팬티스타킹 안에 끼워 넣었다.

소피가 거실에 들어서자 엄마는 수화기를 내려놓으며 물었다.

"소피야, 도대체 어디 갔었니?"

"저어, 산책을 좀 했어요…… 숲에서……."

소피는 더듬거리며 대답했다.

"그래, 네 꼬락서니를 보니 알겠구나."

소피는 아무 말도 못했다. 옷에서 물방울이 뚝뚝 떨어지는 것을 보고 있었다.

"요룬에게 전화했었어……."

"요룬요?"

엄마는 갈아입을 마른 옷을 가져다주었다. 소피는 간신히 철학 선생님의 쪽지를 얼른 다른 곳에 숨길 수 있었다. 소피는 부엌에 앉았고 엄마는 따뜻한 코코아를 만들어주었다.

엄마가 물었다.

"그 친구랑 같이 있었니?"

"그 친구요?"

소피는 언뜻 철학 선생님을 떠올렸다.

"그래, 그 남자친구. 너의 '흰 토끼'!"

소피는 고개를 가로저었다.

"너희들은 같이 있을 때 대체 뭘 하는 거니? 옷은 또 왜 그렇게 젖었어?"

소피는 심각한 얼굴로 부엌에 앉아 식탁만 내려다보았다. 하지만 마음속 비밀스러운 곳에선 무엇인가가 빙그레 웃음 짓고 있었다. 불쌍한 엄마, 그런 걱정까지 하시다니!

소피는 다시 고개를 내저었다. 엄마의 질문 공세가 계속 이어졌다.

"이제 모두 사실대로 들어야겠어. 간밤에 어디 갔었니? 내가 자러 갔을 때 너 몰래 숨어들어 왔지! 소피야, 이제 넌 열다섯 살이야! 난 네가 누구와 있었는지 지금 들어야겠어."

소피는 울기 시작했다. 그리고 그간 일을 다 털어놓았다. 그녀는 항상
두려움을 갖고 있었고 두려워하는 사람은 일반적으로 진실을 말하게
된다.

소피는 일찍 일어나서 숲을 산책한 것을 설명했다. 오두막집과 조각
배 이야기, 그리고 이상한 거울에 대해서도 말했다. 하지만 비밀 편지에
관해선 한마디도 언급하지 않았다. 물론 초록색 지갑에 대한 얘기도 뺐
다. 소피 자신도 왜 그랬는지 모르겠지만, 힐데의 일은 혼자만의 비밀로
간직했다.

엄마는 소피를 품에 안았다. 엄마가 소피를 믿고 있음을 느낄 수 있
었다.

"전 남자 친구 없어요."

코를 훌쩍이며 소피는 말했다.

"엄마가 흰 토끼 때문에 걱정하실까 봐 그냥 그렇게 말씀드렸을 뿐이
에요."

"넌 소령의 오두막에 갔던 거구나……."

엄마가 깊은 생각에 잠긴 듯 말했다.

"소령의 오두막요?"

소피가 눈을 크게 떴다.

"네가 숲 속에서 찾아낸 작은 오두막을 소령의 오두막이라고 불러. 꽤
오래전에 그 집에 나이 많은 소령이 살았는데, 조금 괴팍하고 고집이 셌
지. 하지만 지금은 그 집에 대해 이야기 하지 않아. 그 후로 계속 오두막
은 비어 있었거든."

"그랬군요. 하지만 지금은 철학자가 살고 있어요!"
"아니야! 너 또 무슨 공상을 시작하려는 거구나!"

소피는 자기 방에 앉아 그동안 겪은 일들을 곰곰 되새겨보았다. 소피의 머릿속은 육중한 코끼리와 익살맞은 광대, 대담한 곡예사와 조련된 원숭이가 서로 돌고 도는 시끄러운 서커스 같았다. 그러나 계속 어떤 이미지가 머릿속에 떠올랐다. 호숫가 깊은 숲 속에 둥둥 떠다니는 작은 배와 노 그리고 집으로 돌아오려면 배가 필요한 그 사람……

소피는 철학 선생님이 소피의 행동을 나쁘게 생각하지 않을 거라고 확신했다. 소피가 오두막을 다녀간 사실을 알면 아마 용서해주실 거라고 생각했다. 그러나 소피는 약속을 어겼다. 지금까지 철학을 가르쳐준 선생님에게 고작 그런 식으로 보답을 하다니. 어떻게 잘못을 바로잡을 수 있을까!

소피는 분홍색 편지지를 꺼내, 편지를 썼다.

존경하는 철학 선생님! 일요일 아침에 오두막에 갔었어요. 몇 가지 철학 문제에 관해 더 정확히 토론하기 위해 선생님을 뵙고 싶어요. 지금 저는 플라톤의 팬이에요. 그러나 이데아 혹은 형상이 다른 종류의 현실 속에서 실재한다는 플라톤의 생각이 옳은지, 확신할 수가 없어요. 물론 이데아나 이상의 개념이 우리의 영혼 속에 있지만 지금 제 생각으로는 전혀 다른 문제 같기도 해요. 그리고 저도 안타깝지만 우리 영혼은 불멸한다는 사실에 대해서도 역시 그다지 확신이 가지 않아요. 저도 예전의 제 인생은 전혀 생각이 안 나거든요. 돌아가신 할머니의 영혼이 이데아의 세계에서 잘 지내고 계시다는 사실로 제가 확신할 수 있도록 해주신다면 정말 고마울 것 같아요.

원래는 분홍 편지봉투에다 각설탕을 한 조각 넣어야 할 이 편지를, 철학 이야 기를 하기 위해 쓰기 시작한 것은 아니에요. 제가 선생님 말씀을 잘 듣지 않은 것에 대해 용서를 빌고 싶었어요. 저는 그 조각배를 뭍으로 끌어올려 놓으려 고 했지만 충분히 끌어올리지 못했어요. 세찬 물결에 조각배가 그만 미끄러 져 들어가 버렸어요.

선생님께서 발을 적시지 않고 댁으로 잘 돌아가셨기를 바랍니다. 만일 그러 지 못하셨어도, 물에 흠뻑 젖어 독감에 걸릴 것 같은 저보다는 나으실 거예요. 하지만 그것 역시 제 탓이죠.

그리고 오두막에서 아무것에도 손대지 않으려 했지만, 제 이름이 적힌 편지 봉투를 보자 그만 유혹에 빠지고 말았어요. 훔치려는 생각은 아니었는데 편 지에 제 이름이 적혀 있길래 순간 제 것이라고 생각했어요. 정중하게 용서를 구하며, 다시는 절대 선생님을 실망시키지 않을 것을 약속드립니다.

추신 1 : 질문들은 곧 제대로 생각해볼게요.
추신 2 : 흰 서랍장 위에 걸린 청동 거울은 그냥 평범한 거울인가요? 아니면 마법의 거울인가요? 거울에 비친 제 모습이 두 눈을 깜빡거렸는데, 그런 일은 처음이라 여쭤보는 거예요.

그럼 선생님, 안녕히 계세요.

— 진심으로 관심을 갖고 있는 제자 소피

소피는 편지를 봉투에 넣기 전에 두 번 더 읽었다. 어찌됐든 먼젓번 편지보다는 덜 심각했다. 부엌으로 가서 각설탕 하나를 슬쩍하기 전, 소피는 과제가 적힌 그 쪽지를 다시 집어 들었다.

'닭이 먼저일까? 닭의 이데아가 먼저일까?'

이 질문은 닭이 먼저냐 달걀이 먼저냐 하는 오래된 수수께끼처럼 어려운 질문이다. 달걀이 없으면 닭이 있을 수 없고, 닭이 없는데 달걀이 생길 리 만무하다. 닭과 닭의 '이데아' 가운데 무엇이 먼저였는지 알아내는 것은 정말 어렵지 않은가? 플라톤은 무엇이라 말했을지는 뻔했다. 플라톤이라면 감각 세계에서 닭이 존재하기 훨씬 전에 이데아의 세계에서 '닭의 이데아'가 실재했다고 말했을 것이다. 플라톤에 따르면, 영혼은 육체 안에 자리 잡기 전에 그 닭의 '이데아'를 보았다. 그런데 소피는 바로 이 부분에서 플라톤이 오류를 범하고 있다고 생각했다. 살아 있는 닭이나 닭의 모습을 본 적이 없는 사람에게는 닭에 대한 '이데아' 역시 있을 수 없다. 이러한 생각과 함께 소피는 다음 질문으로 넘어갔다.

'인간이 타고나는 이데아란 것이 있을까?'

소피는 아주 의심스러웠다. 갓 태어난 아기가 수많은 관념들을 마음대로 사용할 수 있으리라곤 상상할 수도 없으니까. 그러나 그것만으로는 확신이 서질 않는다. 왜냐하면 아기가 전혀 말할 줄 모른다고 해도 이 사실이 아기 머릿속에 아무런 관념도 없음을 뜻하지는 않기 때문이다. 그러나 우리가 세계의 사물에 관해 무엇인가 알기 위해서는 먼저 이 사물을 보아야만 할까?

'인간이 동식물과 다른 점은 무엇일까?'

소피는 분명한 차이가 있다는 것을 금방 알아챘다. 예를 들면 식물은 복잡한 정신 활동을 한다고는 생각되지 않는다. 초롱꽃이 상사병에 걸렸다는 말을 들어본 적은 없으니까. 식물은 자라며 양분을 섭취하고, 번식을 위해 작은 씨앗을 만들어낸다. 식물의 본질에 관해 말하자면 이 정도가 전부다. 소피는 식물의 본질에 관한 내용이 역시 동물과 사람에게도 적합한지 곰곰이 생각해보았지만 동물에겐 그 밖에 또 다른 특성들이 있다. 예를 들면 동물은 움직일 수 있다. (장미가 마라톤 경주에 참가해본 적이 있을까?) 사람과 동물의 차이를 밝히는 것은 더 어려운 일이다. 사람은 생각할 수 있지만 동물도 생각할 수 있을까? 소피는 고양이 셰레칸이 생각할 수 있다고 확신했다. 셰레칸은 꽤 계산적으로 행동한다. 하지만 셰레칸이 철학 문제를 깊이 생각할 수 있을까? 고양이가 식물과 동물, 그리고 사람의 차이를 고민할 수 있을까? 아마 못할 것이다! 고양이는 분명 기뻐하거나 슬퍼할 수 있겠지만 신이 존재하는지, 불멸의 영혼이 있는지 궁금해할까? 소피는 대단히 의심스러웠다. 아기와 타고나는 이데아의 관계는 고양이에게도 그대로 적용된다. 갓 태어난 아기의 경우처럼, 고양이도 역시 이런 이데아에 대해 말한다는 것은 어려운 일이다.

'비는 왜 올까?'

소피는 어깨를 으쓱했다. 비가 오는 것은 분명 바닷물이 증발해서 구름이 되고, 구름이 빗방울로 응결되기 때문이지! 이미 3학년 때 배운 사실이 아닌가? 또 동물과 식물들이 자랄 수 있도록 비가 온다고 당연한 듯이 말할 수도 있다. 하지만 이 말이 맞을까? 그럼 소나기에는 어떤 의도가 숨겨져 있는 걸까?

마지막 과제는 분명히 의도적이다.

'인간이 잘 살기 위해선 무엇이 필요할까?'

이 질문과 관계된 것을 철학 선생님은 이미 철학 강의 맨 앞에 적어놓았었다. 모든 사람에게는 음식과 온기, 사랑과 보호가 필요하다고. 이는 삶을 영위하는 데 필요한 기본 조건들이다. 그 밖에도 철학 선생님은 몇 몇 철학 문제의 해답이 필요하다고 지적했다. 스스로 적응할 수 있는 직업을 갖는 것도 사람한테는 꽤 중요하다. 예를 들면 돌아다니기를 싫어하는 사람이 택시 운전사가 된다면 별로 행복하지 않을 것이다. 또 숙제를 좋아하지 않는 사람이 선생님이 된다면, 이것도 분명 바람직한 직업 선택은 아닐 것이다. 소피는 동물을 좋아하기 때문에 장래에 수의사가 되고 싶었다. 그렇지만 잘 살기 위해서 복권 당첨으로 백만장자가 되는 것이 꼭 필요하지는 않다고 생각했다. 오히려 그 반대일지도 모른다! 돈이 삶을 좌우하는 것은 아니다. 그래서 "게으름은 악의 근원이다."라는 속담도 있지 않은가!

엄마가 밥 먹으라고 부를 때까지 소피는 방에 앉아 있었다. 엄마는 포크커틀릿을 만들고 감자를 오븐에 구워냈다. 맛있겠다! 엄마는 촛불도 켰다. 게다가 후식으로 나무딸기 크림까지.

소피는 엄마랑 이런저런 이야기를 나누었다. 엄마는 소피가 열다섯 번째 맞는 생일 파티를 어떻게 준비하고 싶은지를 물었다. 생일까지는 이제 몇 주밖에 남지 않았다.

소피는 어깨를 으쓱했다.

"누구를 초대하고 싶니? 아니면 파티를 열고 싶지 않니?"

"저어……."

"마르테와 안네 마리…… 그리고 헤게와 요룬도 초대해야 하잖아. 또 외르겐도……. 하지만 모든 것은 네가 직접 결정해야지. 내가 열다섯 살이 됐을 때 어땠는지 지금도 생생하게 기억나. 이미 그때 다 컸다고 느꼈지. 소피야, 참 이상하지 않니? 그 이후로 내가 거의 변하지 않은 것 같은 생각이 드니 말이다."

"엄마는 변하지 않으셨어요. 아무것도 변하지 않아요. 단지 성장했을 뿐이죠. 나이를 더 먹었고요……."

"흠……. 그래, 그 말은 어른처럼 들리네. 시간이 무서울 정도로 너무 빨리 흐르는 것 같구나."

아리스토텔레스

...... 지나치리만큼 정확한 질서를 추구한 남자가
인간 개념들을 정리하려 했다 ......

소피는 엄마가 낮잠을 주무시는 사이 동굴로 갔다. 그리고 연분홍빛 편지봉투에 각설탕을 한 조각 넣고, 그 위에 '알베르토 선생님께'라고 써 넣었다.

새로 온 편지는 없었지만 몇 분 뒤, 헤르메스가 동굴로 다가오는 소리가 들렸다.

"헤르메스!"

곧 헤르메스가 큰 갈색 봉투를 입에 물고 동굴로 들어왔다.

"착하기도 하지!"

소피는 헤르메스를 감싸 안았다. 헤르메스는 숨을 가쁘게 몰아쉬며 헐떡였다. 소피는 각설탕이 든 분홍 편지봉투를 집어 헤르메스의 입에 물려주었다. 그러자 헤르메스는 동굴 밖으로 기어 나가더니, 다시 숲 속으로 사라졌다.

편지봉투를 뜯는 소피는 약간 긴장했다. 오두막집과 조각배에 관해서는 뭐라고 씌어 있을까?

봉투 안엔 클립으로 묶인 편지지 여러 장이 들어 있었다. 따로 들어 있는 쪽지 한 장에는 다음과 같은 말이 적혀 있었다.

꼬마 탐정에게! 아니 사랑스러운 침입자라고 해야 좀 더 정확할까? 그 사건은 이미 신고했어…….

농담이야. 별로 화나지 않았단다. 네가 그렇게 궁금하면, 철학적 수수께끼에, 해답을 구하는 것이 네게 그렇게 중요하다면, 그건 좋은 조짐이지. 지금 이사를 해야 하는 내가 멍청한 사람이지. 그래, 이 모든 것이 다 내 탓이야. 네가 사건의 원인을 알려 하는 학생임을 알았어야 했는데. 잘 있거라!

— 알베르토

화나지 않았다는 선생님 말씀에 소피는 마음 가볍게 숨을 푹 들이쉬었다. 그런데 왜 선생님은 굳이 이사를 해야 할까?

소피는 큰 봉투와 편지지를 들고 방으로 뛰어갔다. 엄마가 깨어날 때쯤에는 집에 있는 편이 좋았다. 소피는 침대에 편안하게 앉았다. 그리고 이제 아리스토텔레스에 관해 읽어볼 참이었다.

철학자 겸 과학자

소피야! 너는 분명 플라톤의 이데아론을 이상하게 생각했을 거야. 너만 그런 생각을 했던 건 아니야. 네가 모든 이론을 있는 그대로 받아들였는지, 아니면 몇 가지 비판적인 이의를 제기했는지는 잘 모르겠구나. 하지만 플라톤 이론에 비판적인 반론을 제기했다면, 그와 똑같은 반론을 아리스토텔레스(기원전 384년~기원전 322년)도 제기했음을 알 수 있어. 아리스토텔레스는 약 20년 동안 플라톤의 아카데미를 다닌 플라톤의 제자였지.

그는 아테네 사람이 아니라 마케도니아 출신이야. 플라톤이 예순한 살일 때 열여덟 살이던 아리스토텔레스가 아카데미에 입학했단다. 아리스토텔레스의 아버지는 명망 있는 의사, 다시 말해 자연과학자였단다. 이러한 가정 환경 역시 아리스토텔레스의 철학 구상에 대해 시사하는 바가 있었지. 아리스토텔레스의 가장 큰 관심사는 바로 생동하는 자연이었어. 그는 위대한 그리스 철학자 가운데 최후의 인물이자, 유럽 최초의 생물학자였단다.

플라톤은 영원한 형상 혹은 '이데아'에 깊이 빠져 연구했고 자연 변화에 대해서는 거의 관심을 기울이지 않은 반면에, 아리스토텔레스는 오늘날 우리가 자연 진행 과정이라고 표현하는 바로 그 자연 변화에 관심을 쏟았어.

플라톤은 감각 세계엔 완전히 등을 돌렸고 우리 주위에서 볼 수 있는 것들을 등한시했어. (그는 동굴 밖으로 빠져나와 영원한 이데아의 세계를 보고 싶었던 거야!) 그렇지만 아리스토텔레스는 정반대로 자유로운 자연 속에서 물고기와 개구리, 아네모네와 양귀비꽃을 연구했지.

그러니까 플라톤은 오직 이성에 의지했고 아리스토텔레스는 반대로 감관에 의지했다고 말할 수 있지.

특히 두 철학자의 저술 방식에서 분명한 차이를 발견할 수 있어. 플라톤이 시인이자 신화 작가였던 반면, 아리스토텔레스가 쓴 책들은 마치 사전처럼 상세하면서 무미건조했지. 그 대신 가장 참신한 자연 탐구가 저술의 바탕이 되었단다.

아리스토텔레스가 썼다고 하는 약 170여 가지 저서 가운데 47가지가 지금까지 보전되었는데, 이 저서들은 모두 완성된 책이 아니야. 대부분이 강의 초록인데 그 시대의 철학은 입에서 입으로 전하는 학문이었기 때문이야.

아리스토텔레스가 유럽 문화에서 갖는 의미는, 우선 오늘날까지도 사용되는 여러 학술어를 만들어냈다는 데 있어. 그는 여러 학문을 기초하고 계통을 세운 위대한 체계 조직자였지.

아리스토텔레스가 학문 전반에 걸쳐 남긴 글의 분량이 방대하니까, 우리는 여기서 아주 중요한 몇 가지 분야를 다루는 것에 만족하기로 하자.

플라톤에 관한 설명이 좀 길었지? 자, 그럼 이제 플라톤의 이데아론에 대해 아리스토텔레스가 제기한 반론을 들어보고, 아리스토텔레스가 어떻게 독자적인 자연철학을 형성했는지 살펴보자. 그다음에 아리스토텔레스가 그 전의 자연철학자들의 생각을 어떻게 집대성했는지 알아보고, 그가 어떻게 개념들을 정리해서 논리학의 체계를 세웠는지 설명할게. 그리고 끝으로 아리스토텔레스의 인간관과 사회관에 관해 얘기할 거야.

네가 이 조건들을 수락한다면, 이제부터 팔소매를 걷어붙이고 작업에 들어가야지!

인간이 타고나는 이데아는 없다

플라톤도 이전의 철학자들처럼 만물의 변화 가운데 영원하고 불변하는 것을 찾아내려고 했단다. 그래서 감각 세계를 뛰어넘는 완전한 이데아를 발견했지. 게다가 플라톤은 이 이데아들이 자연현상보다 더 실제적이라고 생각했지. '말[馬]'의 이데아가 제일 먼저 생겨났고, 그다음에 농굴 벽에 어른거리는 그림자 같은 감각 세계의 모든 말들이 생겨난 것이지. 따라서 플라톤은 '닭'의 이데아가 개별적인 닭이나 달걀보다 먼저라고 생각했어.

아리스토텔레스는 플라톤이 모든 것의 질서를 거꾸로 뒤집어놓았다고 여겼어. 아리스토텔레스는 각각의 말이 '변화'하고 그 어떤 말도 영원히 살 수 없다는 스승 플라톤의 말에 동의했지. 또 말의 형상은 그 자체가 영원불변하다는 것도 맞는 말이라고 생각했어. 그러나 아리스토텔레스는 말의 '이데아'를 우리가 몇 마리의 말을 직접 눈으로 본 뒤에, 우리가 만들어낸 개념일 뿐이라고 여겼단다. 따라서 말의 '이데아' 혹은 '형상'은 말을 경험하기 전에는 존재하지 않는다고 생각했어. 말의 '형상'은 말의 특징들로 이루어진 것인데 이게 바로 우리가 말하는 '종개념(種槪念)'이야.

정확히 표현하면, 아리스토텔레스는 말의 '형상'을 모든 말이 공유하는 것이라고 생각했지. 바로 이 점에서 사람 모양의 과자를 만드는 틀이 보여준 비유는 더 이상 맞지 않게 되었단다. 왜냐하면 그 과자를 만드는 틀은 개별 과자로부터 독립적이기 때문이지. 아리스토텔레스는 이런 형상이 이른바 자연 속에 실재한다는 것을 믿지 않았어. 그의 생각에 이러한 '형상'은 사물의 고유한 특성으로 사물 자체에 내재하는 것이었지.

또 그는 닭의 '이데아'가 닭보다 먼저라는 플라톤의 생각에 동의하지 않았어. 닭의 '형상'이란 각각의 닭 속에 내재하는 닭의 고유한 특징에 뿌리박고 있다고 생각했지. 예를 들면 닭이 달걀을 낳는다는 그런 특성 말이야. 따라서 닭의 '형상'과 닭은 영혼과 육체의 관계처럼 나눌 수 없는 것이지.

이것으로 우리는 아리스토텔레스가 플라톤의 이데아론을 비판한 견해를 대강 살펴보았어. 하지만 넌 지금 우리가 철학적 사색의 극적인 전환에 대해 말하고 있다는 것을 꼭 기억해둬야 해. 플라톤이 현실의 최고 단계를 우리가 이성으로 생각하는 것에 둔 반면, 아리스토텔레스는 현실의 최고 단계를 우리가 감관으로 인지하고 지각하는 것에 두었단다. 플라톤은 우리 주변의 자연에서 볼 수 있는 것은 단지 이데아 세계 및 사람의 영혼 속에 실재하는 무언가의 반영이라고 간주했는데 아리스토텔레스는 이와 정반대로 사람의 영혼 속에 있는 것은 단지 자연적 대상의 반영일 뿐이라 생각했어. 아리스토텔레스에 따르면 플라톤은 인간의 상상과 실제 세계를 혼동하는 신화적 세계상에 사로잡혀 있었던 거야.

아리스토텔레스는 일단 감관 속에 실재하지 않는 것은 의식 속에도 실재하지 않는다고 주장했단다. 하지만 플라톤은 이데아 세계에 먼저 실재하지 않는 것은 자연에 존재하지 않는다고 말했을 거야. 아리스토텔레스는 이런 식으로 플라톤이 사물의 수를 쓸데없이 두 배로 늘렸다고 생각했어. 플라톤은 말을 말의 '이데아'에 대한 증거를 통해 설명했어. 그러나 이것으로 그 설명이 충분할까? 내 말은, 그렇다면 말의 '이데아'는 어떻게 생겨났느냐는 것이지! 혹시 제3의 말이 있어서 말의 '이데아'는 또다시 제3의 말의 모사일 뿐인 것은 아닐까?

아리스토텔레스는 우리 마음속에 생각과 관념의 형태로 있는 모든 것은 우리가 보고 들음으로써 우리의 의식 속에 들어오게 되는 것이라고 생각했어. 그러나 우리에겐 선천적 이성이 있지. 즉 우리는 모든 감각적 표현을 서로 다른 무리와 등급으로 정리할 수 있는 천부적 능력을 타고난 것인데, 그 능력을 통해 '돌'과 '식물', '동물'과 '사람', '말'과 '가재', 그리고 '카나리아 새'에 대한 개념들이 생겨난 거야.

아리스토텔레스는 사람이 선천적 이성을 지니고 있다는 점을 부정하지 않아. 아리스토텔레스에 따르면 이성이란 사람이 갖는 가장 중요한 특색이지. 그러나 우리가 아무것도 지각하지 않으면 우리 이성은 완전히 '빈' 상태이기 때문에 우리에겐 어떠한 선천적인 '이데아'도 없는 것이지.

형상은 사물의 특성이다

아리스토텔레스는 플라톤의 이데아론과 자신의 철학 사이의 관계를 밝힌 후, 현실은 형상과 질료의 통일이라 표현할 수 있는 서로 다른 낱낱의 사물들로 이루어져 있다고 했어. '질료'는 사물을 이루는 재료이고,

'형상'은 사물의 특성을 나타내는 거야.

소피야, 네 눈앞에서 닭이 푸드득 날갯짓하고 있어! 그 날갯짓과 울음소리와 알을 낳는 것이 닭의 '형상'이지. 닭의 형상이란 닭의 특성이며 또한 닭의 행동이기도 해. 닭이 죽어 울음이 그치면 닭의 '형상'도 없어지고 닭의 '질료'만 남는단다. (슬픈 일이지, 소피야!) 그러나 그것은 더 이상 닭 그 자체는 아니지.

아리스토텔레스는 자연 변화에 특별한 관심이 있었다고 했지? 질료는 특정한 형상을 이룰 가능성이 있지. 우리는 질료가 자신 속의 가능성을 실현하기 위해 애를 쓴다고도 말할 수 있을 거야. 아리스토텔레스에 따르면 자연에서 생기는 모든 변화는 질료가 가능성의 상태에서 현실성의 상태로 변형되어가는 과정이란다.

그럼 이제 이것을 설명해보자. 소피야! 재밌는 이야기를 들려줄게. 옛날에 한 조각가가 큰 화강암 덩어리를 다듬으려고 했단다. 날마다 이 모양새 없는 화강암 주위를 맴돌며 돌을 쪼았단다. 그러던 어느 날, 웬 소년이 그 조각가를 찾아와서 "뭘 찾으세요?" 하고 묻자, 그저 "기다려!"라고만 했지. 며칠 후에 소년이 또 찾아왔는데, 그때 조각가는 이 화강암으로 멋진 말 한 필을 조각해냈어. 그러자 소년은 묵묵히 말을 바라보고는 이윽고 조각가에게 물었단다. "그 속에 말이 들어 있는 것을 어떻게 아셨어요?" 하고.

물론 조각가는 그 화강암 덩어리에서 어떻게든 말의 형상을 본 거야. 그래, 그 조각가는 어떻게 알았을까? 그건 이 화강암 덩어리 속에 말이 될 수 있는 가능성이 있었기 때문이야. 아리스토텔레스는 자연 만물은 특정한 형상을 실현할 가능성을 지니고 있다고 생각했단다.

자, 이제 닭과 달걀 얘기로 돌아가보자. 달걀은 닭이 될 가능성을 가지고 있지. 물론 모든 달걀이 다 닭이 되는 것은 아니야. 그 가운데 대부분은 달걀 안에 내재하는 형상을 실현하지 못한 채, 반숙이나 오믈렛 또는 달걀 프라이가 되어 아침 식탁에 오르지. 하지만 달걀이 거위가 될 리는 없어. 그럴 가능성이 달걀 안엔 없는 거야. 사물의 형상은 사물의 가능성과 아울러 사물의 한계도 표현해준다.

아리스토텔레스가 '형상'과 '질료'에 관해 언급할 때 그는 살아 있는 유기체만을 생각한 것이 아니야. 닭의 '형상'은 울음소리, 날갯짓, 알을 낳는 것이지만, 돌의 '형상'은 아래로 떨어지는 것이지. 닭이 울지 않을 수 없듯이 돌은 아래로 떨어지지 않을 수 없어. 물론, 네가 돌 한 덩어리를 집어 올려 높이 공중으로 던질 수도 있지만 돌의 속성은 아래로 떨어지는 것이니까 그 돌을 달나라까지 던질 수는 없지. (이 실험을 하려면 좀 조심해야 해. 돌이 쉽게 보복을 할 수 있을 테니까. 던진 돌은 가능한 한 빨리 땅으로 되돌아온단다. 돌이 떨어지는 자리에 서 있는 사람에게 행운이 있기를!)

네 가지 원인

살아 있는 것이든 죽은 것이든 모든 사물은 제각기 자신의 가능성을 표현하는 형상을 지니고 있다는 이야기에서 다른 주제로 넘어가기 전에 덧붙일 말이 있어. 아리스토텔레스는 자연에 내재하는 여러 인과관계에 관해 아주 주목할 만한 견해를 가지고 있었어.

우리가 일상의 삶에서 이러저러한 '원인'에 대해 말하는 것은 어떤 일이 어떻게 일어날 수 있었느냐는 거야. 창문이 깨진 것은 페터가 돌을 던졌기 때문이며, 구두 한 짝이 생기려면 구두장이가 여러 장의 가죽을 꿰매야 하지. 그러나 아리스토텔레스는 자연 안에 여러 가지 유형의 원인이 있다고 생각했단다. 그 가운데서도 특히 아리스토텔레스가 목적 원인(目的原因)이라고 부른 것을 정확히 이해하는 게 중요해.

깨진 창문을 보면 '왜' 창문이 깨졌는지, 그리고 누가 돌을 던졌는지 하는 것뿐만 아니라 왜 페터가 돌을 던졌는지 묻는 것이 당연할 거야. 다시 말해 우리는 페터가 무슨 의도로, 어떤 목적을 위해 그런 짓을 했는지 묻게 되는 것이지. 구두를 만드는 데도 어떤 의도나 목적이 중요한 역할을 한다는 것은 전혀 의심할 필요가 없어. 그런데 아리스토텔레스는 자연에서 볼 수 있는 물리적 현상에 대해서도 목적 원인을 적용했단다. 자, 한 예를 들어볼게.

소피야! 비는 왜 올까? 물론 학교에서 수증기가 냉각되어 물방울로 맺혀 무거워져서 결국 땅으로 떨어지는 거라고 배웠겠지. 네가 그렇게 말하면 아리스토텔레스도 인정하며 고개를 끄덕였을지도 몰라. 하지만 네가 열거한 세 가지 원인에 아리스토텔레스가 덧붙여 얘기할 수도 있어. 비의 재료라는 원인 혹은 질료 원인(質料原因)은 대기가 차가워졌을 때 바로 거기에 수증기(구름)라는 질료가 있었다는 사실을 말해. 작용하는 원인, 즉 작용 원인(作用原因)은 수증기를 냉각시키는 일을 뜻해. 그리고 형상적 원인, 형상 원인(形相原因)은 바로 땅에 떨어지는 것이 물의 본성 혹은 물의 형상이라는 사실이야. 여기서 네가 설명을 그치면 아리스토텔레스는 이렇게 덧붙일 거야. 비가 내리는 것은 식물과 동물이 자라는 데 필요하기 때문이라고 말이야. 그러니까 이것이 비의 목적 원인인 셈이지. 보다시피 아리스토텔레스는 물방울 하나에도 일종의 삶의 과제와 '의도'를 부여했단다.

이 모든 사실을 거꾸로 말할 수도 있어. 식물이 자라는 것은 습기가 있기 때문이라고. 그 차이를 알겠니? 아리스토텔레스는 자연의 모든 것에는 합목적성이 깃들어 있다고 믿었단다. 식물이 자라기 위해 비가 내리고 오렌지와 포도가 여무는 것은 사람이 그것을 먹을 수 있게 하기 위해서라고 그는 생각했지.

오늘날 현대 과학은 더 이상 그렇게 여기지 않아. 우리는 양분과 습기는 사람과 동물이 살 수 있는 필요조건이라고 말하지. 이러한 조건을 충족하지 못하면 우리는 생존할 수 없지만 그렇다고 우리를 먹여 살리는 것이 오렌지나 물이 갖는 의도는 아니야.

네 가지 원인설로 볼 때 우리는 아리스토텔레스가 오류를 범했다고 말할 수 있지만 너무 성급한 판단을 내리지는 말자. 많은 사람들은 사람과 동물이 살 수 있도록 신이 이 세계를 창조했다고 믿고 있어. 이런 관점에서라면 사람과 동물이 살기 위해선 물이 필요하기 때문에 강에 물이 흐른다고 주장할 수도 있을 거야. 그러나 그런 경우 우리는 신의 목적과 의도에 대해서 말하는 것이지, 빗방울이나 강물이 우리에게 호의를 가졌다고 말할 수는 없단다.

논리학

'질료'와 '형상'을 구분하는 것은 아리스토텔레스가 세계의 만물에 대한 인간의 인식 방법을 설명하는 데에도 중요한 구실을 해.

어떤 것을 인식할 때 우리는 사물들을 서로 다른 그룹과 범주로 정리하지. 내가 말 한마리를 보고 다른 말을 보고, 또 다른 말을 봤어. 이 말들은 완전히 똑같지는 않지만 공통된 어떤 것이 있는데, 그것이 바로 말의 '형상'이야. 그에 반해 말에 따라 서로 다르고 개별적인 것은 말의 '질료'에 속하지.

우리는 세상에서 마주치는 여러 존재들을 각각 다른 서랍 속에 분류해 넣지. 소는 외양간에, 말은 마구간에, 돼지는 돼지우리에, 그리고 닭은 닭장에 넣지. 소피 아문센이 자기 방을 정돈할 때도 이런 일을 할 거야. 책들을 책장에 꽂고, 교과서는 책가방에 넣으며, 신문은 서랍 안에 넣어두지. 옷가지는 착착 잘 접어서 내의는 장롱 한 칸에, 스웨터는 다음 칸에 가지런히 넣고, 양말은 장롱 서랍에 집어넣지. 똑같은 일이 우리 머릿속에서도 일어난단다. 우리는 돌로 만든 물건과 양털 제품 그리고 고무로 된 것들을 구분해. 또 대상물을 구분할 때 산 것과 죽은 것으로 나누며, '식물', '동물', '사람'으로 나누어 생각한단다.

소피야, 이해할 수 있겠지? 아리스토텔레스는 한 소녀의 방처럼 자연을 철저하게 정돈하려고 했어. 자연 만물이 다양한 그룹과 그 하위 그룹에 속한다는 걸 증명하려고 했지. (예를 들면 헤르메스는 살아 있는 생물이야. 더 정확하게 말하면 동물이지. 동물 중에서도 척추동물이고, 포유동물이야. 더 구체적으로 말하면 개이고, 개의 종류 중에서 래브라도레트리버종이며, 더 구체적으로 말하면 래브라도레트리버종 수컷이지.)

소피야, 이제 네 방으로 올라가보렴! 그리고 아무거나 하나 바닥에서 집어. 무엇을 집든지 상관없어. 네가 집은 것이 그 부류 중에서 꽤 높은 등급에 속한다는 사실을 곧 깨닫게 될 거야. 네가 분류해낼 수 없는 무엇을 네가 직접 보게 되면 아마도 커다란 충격을 받겠지. 예를 들어 네가 식물계에 속하는지 동물계에 속하는지 광물계에 속하는지 단정 지을 수 없는 물체를 발견하면, 너는 손도 대지 못할 것 같구나.

내가 식물계, 동물계, 광물계에 관해 얘기했지. 마침 아이들 놀이 하나가 생각나는구나. 술래가 된 불쌍한 개구쟁이를 문밖으로 내쫓고, 그동안 술래가 알아맞혀야 할 것을 다른 아이들이 생각해내는 거야. 아이들은 지금 옆집 정원에 웅크리고 앉아 있을 몬스라는 고양이로 하자고 정했어. 이제 불쌍한 개구쟁이가 다시 방으로 들어오고, 놀이를 시작하지. 술래의 질문에 아이들은 오로지 '네' 아니면 '아니요'로 대답해야 해. 이 불쌍한 개구쟁이가 아리스토텔레스라면 놀이는 아마 이렇게 전개되겠지.

형체가 있는 것입니까? 네! 광물입니까? 아니요! 살아 있습니까? 네! 식물입니까? 아니요! 동물입니까? 네! 새입니까? 아니요! 포유동물입니까? 네! 살아 있는 동물입니까? 네! 암고양이입니까? 네! 몬스입니까? 네! 깔깔깔······.

이 놀이를 창안한 사람이 바로 아리스토텔레스란다. 반면에 '숨바꼭질'을 처음 생각한 사람은 플라톤이라고 할 수 있지. 또 데모크리토스는 레고 발명가라고 할 수 있겠네.

지나치리만큼 정확한 질서를 추구해서 우리가 쓰는 개념도 체계적으로 정리정돈하려 했던 아리스토텔레스는 이런 식으로 논리학의 학문적 토대를 마련했어. 즉 어떤 해답이나 증명이 논리적인지를 가늠하는 몇 가지 엄격한 규칙들을 세웠단 말이지. 한 가지 예만 살펴봐도 충분히 알 수 있어. 우리가 먼저 '모든 생물은 죽는다.'라고 확정하고(제1가정), '헤르메스는 생물이다.'라는 사실을 확증한다면(제2가정), 이를 통해 '헤르메스는 죽는다.'라는 멋진 결론을 얻을 수 있지.

이 예가 보여주는 것은, 아리스토텔레스의 논리학에선 개념 사이의 관계, 바로 이 경우 '생물'과 '죽는다' 사이의 관계가 중요하다는 점이야. 네가 아리스토텔레스의 추론이 100퍼센트 확실하다는 것을 인정한다면 우리가 받아들여야 할 것은 아리스토텔레스가 그 추론을 통해 어떤 새로운 것을 말해주는 것은 아니라는 사실이야. 헤르메스가 '죽는 존재'라는 건 우리가 이미 알고 있거든. (헤르메스는 개라는 동물이고, 또 모든 개는 '생물'이며 따라서 산에 있는 바위와는 달리 '죽는 존재'지.) 그래, 우리는 이미 그 사실을 알고 있어. 그러나 그룹이나 사물들 사이의 상호 관계가 언제나 개와 죽음 사이의 관계처럼 그렇게 분명한 것은 아니란다. 그래서 때때로 우리의 개념들을 정리하는 일이 필요한 거야.

하나의 예를 들어볼게. 아주 작은 생쥐가 양과 돼지와 마찬가지로 정말 엄마 쥐 품 안에서 젖을 빨 수 있을까? 분명 우리 귀엔 아주 낯설게 들리는 말이지만 좀 생각이 필요한 문제야. 일단 쥐는 알을 낳지 않아. (쥐알을 본 적이 있니?) 쥐는 돼지나 양과 똑같이 새끼를 낳아. 이렇게 새끼를 낳는 동물을 우리는 포유동물이라 부르지. 그리고 포유동물은 어릴 때 어미젖을 먹고 자라. 이렇게 우리는 목표에 도달했어. 이미 우리는 머릿속에 대답을 갖고 있었지만 곰곰이 생각해서 비로소 확신을 갖게 된 것이지. 실제로 쥐가 어미젖을 먹고 자란다는 사실을 우리가 잠시 잊었었지. 쥐가 새끼에게 먹이를 줄 때 사람의 눈을 피하기 때문에 지금껏 한 번도 어미젖을 먹고 있는 생쥐의 모습을 보지 못해서 그런 것 같아.

자연의 사다리

존재하는 모든 것에 질서를 부여하려 한 아리스토텔레스는 우선 자연의 모든 현상을 두 가지 주요 그룹으로 분류했어. 자연의 한쪽에는 돌멩이와 물방울과 흙 부스러기 따위의 영혼 없는 사물들이 있어. 영혼을 갖지 못한 이런 것에는 스스로 변화할 수 있는 능력이 없지. 오직 외적인 작용에 의해서만 변화할 수 있는 거야. 다른 쪽에는 스스로 변화할 수 있는 능력을 가진 것들이 있는데 그것이 바로 생명체야.

아리스토텔레스는 자연이 영혼 없는 사물에서 점차 생물체로 나아간다고 생각했어. 영혼이 없는 사물계 다음으로 식물계가 생겨났어. 이 식물계는 '영혼이 없는 사물계와 비교하면 영혼이 있는 듯이 보이지만 동물과 비교하면 거의 영혼이 없는 것처럼' 보이지. 끝으로 그는 생물체를 두 가지의 종속 그룹으로 나누었는데, 그것이 사람과 동물이야.

식물에 관해서는 다소 불분명한 점도 있지만, 이 분류는 분명하고 일목요연해. 생물체와 비생물체 사이엔 근본적으로 차이가 있어. 마찬가지로 식물과 동물 간에도 본질적인 차이가 존재하지. 장미꽃과 말이 다른 것처럼 말이야. 그리고 내가 보기엔 말과 사람 사이에도 어떤 본질적인 차이가 있는 것 같아. 그런데 이러한 차이는 정확히 어디에 있는 것일까? 넌 대답할 수 있겠니?

안타깝게도 네가 적은 편지와 각설탕 한 개를 담은 분홍색 편지봉투를 기다릴 시간이 없구나. 그래서 지금 내가 직접 대답할게. 아리스토텔레스가 자연현상들을 여러 다른 그룹으로 구분했을 때 그가 기준으로 삼았던 것은 사물들의 특성, 정확히 말하자면 각 사물이 할 수 있는 일과 작용이었어.

식물과 동물 그리고 사람을 통틀어 모든 생명체는 양분을 섭취하고, 성장하며, 번식하는 능력을 가져. 그 외에도 사람과 동물에게는 주위 세계를 느끼고 자연 속에서 스스로 움직일 수 있는 능력이 있지. 또 모든 사람은 사고력 또는 감각적 인상을 여러 다른 그룹과 등급으로 분류할 수 있는 능력이 있어.

물론 자연 자체에 이런 식의 분명한 경계선이 그어져 있는 것은 아니야. 우리는 단순한 식물에서 복합 식물로, 단세포 동물에서 복잡하게 진화한 동물에 이르기까지 연속적인 구간을 볼 수 있어. 아리스토텔레스가 생각하기에 이 '자연의 사다리'의 가장 꼭대기에 있는 사람은 자연의 온전한 삶을 사는 존재야. 인간은 식물처럼 양분을 섭취하고 성장하며, 동물처럼 감정이 있고 움직일 수 있을 뿐 아니라 아주 고유하고 특별한 성질을 하나 더 가지고 있는데, 그것은 바로 이성적으로 생각할 수 있는 능력이야.

그래서 사람은 신성한 이성의 불꽃을 지녔다고 했어. 그러니까 이성은 '신적인' 어떤 것이지. 아리스토텔레스는 그의 저서 여러 대목에서 모든 자연 활동을 주관하는 신이 있을 것이라고 설명했어. 그래서 자연의 사다리, 그 위에는 신이 있는 거야.

아리스토텔레스는 별과 행성들이 이곳 지구의 모든 운동을 주도한다고 상상했어. 또 무언가가 천체를 움직이고 있으리라고 생각했지. 이 무언가를 아리스토텔레스는 처음 움직인 사람, 혹은 신이라고 불렀어. 이 처음 움직인 사람 자신은 운동을 하지 않지만, 천체가 움직이게 된 첫 원인이고 자연의 모든 운동의 원인이라는 거지.

윤리학

소피야, 이제 인간의 문제로 되돌아가 보자. 아리스토텔레스의 생각에 따르면 인간의 '형상'은 '식물의 영혼'뿐만 아니라 '동물의 영혼', '이성의 영혼'까지 모두 지니고 있어. 그래서 아리스토텔레스는 '인간은 어떻게 살아야 하나?', '인간이 선하게 사는데 필요한 건 무엇인가?' 하고 묻지.

간단하게 말하면, 인간은 자기의 모든 능력과 가능성을 발휘하고 이용할 수 있을 때 행복한 거야.

아리스토텔레스는 행복에 세 가지 형태가 있다고 믿었어. 첫 번째 형태는 쾌락과 만족을 누리는 삶이야. 두 번째는 자유를 누리는 책임감 있는 시민의 삶이고, 세 번째는 탐험가와 철학자의 삶이지.

아리스토텔레스는 사람이 행복한 삶을 누리기 위해서는 이 세 가지가 모두 같이 있어야 함을 강조했어. 말하자면 그는 우리의 삶이 한 방향으로 치우치려는 경향을 단호히 거부했어. 만일 그가 오늘날 살아 있다면 몸 관리에만 열중하는 사람이나 머리만 쓰며 사는 사람은 둘 다 반쪽 인생을 사는 거라고 말했을 거야. 극단적인 두 경우 모두 잘못된 생활 방식이야.

아리스토텔레스는 덕에 관해서도 '중용의 도'를 지키라고 했어. 우리는 비겁하거나 만용을 부려서는 안 되고 용감해야 해.(용기가 아주 없는 것은 비겁이고, 지나친 용기는 만용이야.) 또 인색해서도 안 되고 사치를 부려서도 안 되며 대범해야 해. (돈에 관해 대범하지 못하면 인색한 것이고, 지나치게 대범하면 사치지.)

먹는 것도 마찬가지야. 지나치게 적게 먹는 것은 위험하며, 너무 많이 먹는 것도 위험해. 플라톤과 아리스토텔레스의 이런 윤리학은 "균형과 절제를 통해서만 행복하고 '조화로운' 한 인간이 될 수 있다."라고 하는 그리스의 의학을 떠올리게 한단다.

정치학

인간이 살아가는 동안 무엇이든 정도를 지나쳐서는 안 된다는 생각은 아리스토텔레스의 사회관에서도 나타나. 아리스토텔레스는 우리에게 사회가 없다면 우리는 결코 올바른 인간일 수 없다고 생각했기 때문에 인간을 '정치적 존재'라고 규정했어. 아리스토텔레스는 가정과 마을은 비교적 낮은 수준의 생활에 필요한 것, 즉 양식과 온기, 그리고 부부생활과 자녀 양육을 충족해줄 수 있을 뿐이므로 인간 공동체의 최고 형태는 오직 국가라고 했어.

여기서 국가를 어떻게 조직해야 할지 의문이 생기지. (넌 분명 플라톤이 생각한 철학자가 다스리는 나라를 떠올리겠지?) 하지만 아리스토텔레스는 여러 가지 훌륭한 국가의 형태들을 예로 들었어. 그중 하나가 단 한 명의 국가 원수를 수반으로 하는 군주제야. 군주국가가 훌륭하게 실현되려면, 한 사람의 '지배자'가 자기 이익을 위해 국가를 주무르는 독재정치로 전락해서는 안 돼. 그다음으로 든 국가 형태는 귀족제야. 귀족제에는 크고 작은 무리의 통치자들이 존재해. 이러한 국가 형태에서는 오늘날 군사 혁명 위원회 같은 것에서 보듯 몇몇 소수 인물이 통치권을 장악하는 것을 경계해야 해. 세 번째는 민주제야. 그러나 이 민주정치도 나름대로 결점이 있는데 바로 쉽게 중우(衆愚)정치가 될 가능성이 있다는 거야. (독재자 히틀러가 독일의 국가 원수가 되지 않았다 하더라도 수많은 나치들이 이 끔찍한 '중우정치'를 펼칠 수도 있지.)

여성관

마지막으로 아리스토텔레스의 여성관에 대해 말해볼게. 그의 여성관은 플라톤의 여성관만큼이나 실망스러워서 유감이야. 원래 아리스토텔레스는 여성이란 뭔가 부족한 존재라고 생각했어. 여성을 '불완전한 남성'이라고 생각했거든. 여성은 생식 기능이 수동적이고 남성은 능동적이라는 거야. 그래서 아이는 남성의 특성만을 물려받는다고 믿었어. 아이의 모든 특성은 이미 남성의 정자 속에서 완성된다고 말이야. 여성이 단지 씨앗을 받아서 생산하는 토양이라면, 남성은 씨를 뿌리는 사람이라는 거야. 정말 아리스토텔레스답게 말하자면, 남성은 '형상'을 제공하고 여성은 '질료'를 제공하지.

다른 문제에서는 그토록 명석했던 아리스토텔레스가 그렇게 그릇된 여성관을 가졌던 건 놀랍고 심지어 슬프기까지 해. 하지만 이건 두 가지 사실을 시사하고 있어. 첫째, 아리스토텔레스는 여자나 아이들의 삶에 대한 경험이 많지 않았어. 둘째, 이것은 남성이 철학과 학문 분야를 독점하면 모든 일이 어떻게 왜곡될 수 있는지 보여주고 있어.

아리스토텔레스의 그릇된 여성관은 중세에 이르러 지배적인 여성관으로 자리 잡아, 교회마저 아무런 성서적 근거가 없는 그런 여성관을 이어받게 되었어. 예수는 여성을 싫어하지 않았는데 말이야!

여기서 이만 말을 마칠게! 곧 다시 보게 될 거야.

소피는 아리스토텔레스 장(章)을 두 번 읽고 나서 그 편지를 갈색 편지봉투에 다시 넣고 자기 방을 둘러보았다. 몹시 어수선하다. 바닥에 놓여 있는 책과 파일, 옷장 밖에 널려 있는 양말과 블라우스, 그리고 스타킹과 청바지, 책상 앞 의자에 제멋대로 뒤엉켜 있는 여러 벌의 더러운 옷들.

소피는 방을 꼭 '정돈'해야겠다는 억누를 수 없는 충동을 느꼈다. 맨 먼저 옷장 칸에 있는 옷들을 꺼내 바닥에 내려놓았다. 옷장 정리는 맨 처음이 중요하다. 소피는 옷가지를 모두 잘 접어서 각 칸에 넣는 수고스러운 일을 시작했다. 옷장은 일곱 칸이다. 첫 칸에 내의, 다음 칸에 양말과 팬티스타킹, 세 번째 칸에 긴 바지를 넣었다. 그렇게 차례차례 옷장 안의 모든 칸을 채워나갔다. 어떤 옷가지를 어디에 둘지 조금도 망설이지 않고 빨아야 할 것은 맨 아래 서랍에 있던 비닐봉지에 넣었다.

그런데 흰색 양말이 문제였다. 그 양말은 한 짝이 없을 뿐 아니라 소피의 것도 아니었다.

소피는 그 흰 양말을 잠시 찬찬히 훑어보았다. 이름이 적혀 있는 것도 아니었지만 소피는 그게 누구의 것인지 알 것 같다는 강한 확신이 들었다. 그 양말을 레고 봉지, 비디오테이프, 빨간 실크 스카프와 함께 맨 위 칸에 던져 넣었다.

이제는 방바닥을 치울 차례다. 소피는 책과 파일, 잡지와 포스터를 분류했다. 철학 선생님이 아리스토텔레스 장에서 쓴 것처럼 체계를 세우고 정리정돈하듯 바닥 정리를 끝낸 후, 침대를 치우고 나서 책상을 정돈했다.

마지막으로 아리스토텔레스에 관한 편지를 잘 정리해서 차곡차곡 쌓아둔 편지 위에 올려놓았다. 빈 파일과 펀치를 찾아 편지를 잘 정리해서 끼워 넣고 옷장 위 흰 스타킹이 있는 쪽에 놓았다. 소피는 오후 늦게 동굴에서 과자 통을 가져오려고 했다.

이제부터는 모든 일에 질서를 세울 차례다. 물론 방 안의 물건만 생각한 것은 아니다. 소피는 아리스토텔레스에 관해 읽은 후 여러 개념과 관념도 질서를 지키는 것이 똑같이 중요하다는 것을 알게 되었다. 그리고 소피는 그에 관한 물음을 위해 장롱 위에 있는 칸 하나를 통째로 비워두었다. 그곳은 방 안에서 소피가 아직도 완벽하게 요약할 수 없는 유일한 장소다.

두 시간 전부터 소피 엄마는 영 기척이 없다. 소피는 1층으로 내려갔다. 엄마를 깨우기 전에 동물들에게 먹이를 주어야 했다.

부엌의 어항 위로 몸을 숙였다. 금붕어 하나는 검은색이고 또 하나는 오렌지색, 다른 하나는 흰색과 빨간색이 섞인 것이다. 그래서 소피는 금붕어들을 검은 페터, 황금고수머리, 빨간 모자라고 불렀다. 소피는 금붕어 먹이를 어항에 뿌려주면서 말했다.

"너희는 살아 있는 자연의 일부야. 그러니까 너희는 양분을 섭취할 수 있고, 자랄 수 있고, 번식할 수 있어. 더 정확히 말하자면 너희는 동물계에 속하지. 그래서 움직일 수 있고 방 안을 쳐다볼 수도 있는 거야. 더 자세히 말하면 너희는 물고기야. 그러니까 아가미로 숨을 쉴 수도 있고, 생명의 물속을 이리저리 헤엄쳐 다닐 수 있지."

소피는 금붕어 먹이 상자의 뚜껑을 돌려 닫았다. 자연의 질서 속에 금붕어의 위치는 무척 만족스럽다. 그리고 무엇보다도 '생명의 물'이라는 표현이 마음에 들었다. 이제 잉꼬 차례다. 소피는 새 모이를 사료 통에 부어주고 말했다.

"사랑스러운 톰, 사랑스러운 제리야! 너희는 작고 귀여운 잉꼬 알에서 부화했기 때문에 귀엽고 작은 잉꼬가 되었어. 그리고 잉꼬가 되는 것이 이 알의 '형상'이었기 때문에 너희는 운 좋게도 수다스러운 앵무새가 되지 않은 거란다."

소피는 큰 욕실로 들어갔다. 거기엔 커다란 상자 안에 느림보 거북이가 있다. 소피 엄마가 샤워를 할 때, 세 번 중 한 번은 이 짐승을 언젠가 꼭 내다 버릴 거라고 고래고래 소리를 질렀다. 그러나 아직까진 빈말뿐이었다. 소피는 큼지막한 병에서 샐러드 한 조각을 꺼내 상자에 넣어주었다.

"사랑스러운 고빈다야, 넌 비록 가장 빠른 동물은 아니지만 이 넓은 세상에서 아주 작은 부분을 체험할 수 있는 동물이야. 껍질을 벗어날 수 없는 동물이 너 혼자만은 아니라는 사실에 위로를 받을 수 있잖니."

셰레칸은 분명 바깥에서 쥐 사냥을 하고 있을 것이다. 결국 그게 고양이의 본능이니까. 소피는 거실을 지나 엄마의 침실로 갔다. 소파 탁자 위엔 수선화가 가득한 꽃병이 놓여 있다. 소피가 지나갈 때 노란 수선화들이 경건한 마음으로 인사하는 듯했다. 소피는 잠시 멈춰 서서 두 손가락으로 수선화의 부드러운 머리를 어루만지며 말했다.

"너희 역시 살아 있는 자연의 일부이고, 너희를 담고 있는 병에 비해서 너희는 분명 특권을 가지고 있는 거야. 하지만 가엽게도 그걸 자각할 능력이 없구나."

소피는 엄마의 침실로 살그머니 들어가 깊이 잠든 엄마의 머리 위에 한 손을 올려 놓고 속삭였다.

"엄만 가장 행복한 생물이에요. 들에 핀 백합 같은 식물이 아니고 셰레칸이나 고빈다 같은 동물도 아니고요. 엄마는 사람이니까 생각할 수 있는 드문 능력이 있어요."

"지금 무슨 말을 하는 거니, 소피야?"

엄마는 평상시보다 더 빨리 일어났다.

"그냥, 엄마는 느림보 거북이 같다고요. 더 하려던 얘기는 방을 치워 봤냐는 거예요. 칠흑의 칠지힘을 본받아 작업했죠."

엄마는 잠자리에서 반쯤 일어나며 말했다.

"곧 나갈 테니 커피를 좀 끓여주겠니?"

그쯤이야 소피도 할 수 있었다. 모녀는 곧 부엌에 앉아 커피와 주스, 코코아를 마셨다. 잠시 후 소피가 물었다.

"엄만 우리가 왜 사는지 생각해본 적 있어요?"

"넌 정말 대충 넘어가는 게 없구나."

"물론이죠, 저는 그 답을 알고 있어요. 이 지구에 사는 누구든지 모든 사물에 이름을 붙여주려 하고 있거든요."

"그래? 난 한 번도 생각해본 적이 없구나."

"그럼 엄만 심각한 문제를 갖고 계신 거예요. 왜냐하면 사람은 생각하는 존재니까요. 생각하지 않으면 엄만 결국 사람이 아니게 되어버려요."

"소피야!"

"이곳에 식물과 동물만 살고 있다고 상상해보세요. 그럼 아무도 '고양이'와 '개', '백합'과 '장미'를 구분할 수 없을 거예요. 식물과 동물도 살고 있지만 오로지 우리 인간만이 자연을 종류와 그룹으로 분류할 수 있으니까요."

이제 엄마가 말했다.

"넌 정말 특이한 딸이구나."

"그렇다면 더더욱 멋질 텐데요."

소피가 입을 열었다.

"사람은 모두 나름대로 어느 정도는 특이하니까 저도 다소 특이하겠죠. 엄마에겐 딸이 저 하나밖에 없으니까 제가 가장 특이한 딸일 거예요."

"난 말이야, 네가 이런…… 얘기로 나를 놀라게 하려는 것 같은 생각이 들어."

"엄마가 너무 쉽게 놀라시는 거예요."

오후 늦게 소피는 다시 동굴로 갔다. 엄마에게 들키지 않고 과자 통을 가지고 방으로 올 수 있었다.

소피는 먼저 편지를 순서대로 정리해서 펀치로 구멍을 뚫고 파일의 아리스토텔레스 장 앞에 끼워 넣었다. 맨 마지막으로 각 편지마다 오른쪽 위에 쪽수를 적어 넣었다. 벌써 50쪽이 넘었다. 소피는 자기만의 철학 책을 만들 참이다. 직접 쓴 것은 아니지만 소피를 위해 특별히 쓰인 책을.

아직 소피는 월요일에 제출할 숙제에 대해서는 생각도 못 하고 있었다. 종교 과목의 연습 문제였던 것 같은데…….

선생님은 언제나 개개인의 적극적인 참여와 각자의 생각이 중요하다

고 말했다. 소피는 이 두 가지를 위한 확실한 기초가 서서히 세워지고 있
다는 느낌을 갖게 되었다.

헬레니즘

······ 한 줄기 불꽃 ······

이제 철학 선생님은 편지를 직접 덤불숲으로 보냈지만, 월요일 아침에 소피는 오랜 습관대로 우편함을 들여다보았다.

텅 비어 있다. 소피는 아무것도 기대하지 않고 클뢰베르베이엔을 지나는 길로 들어섰다.

그런데 갑자기 길바닥에 떨어져 있는 사진 한 장을 발견했다. 파란 깃발을 단 하얀 지프 사진이다. 깃발에는 'UN'이라는 글자가 적혀 있었다. 유엔기인가?

사진을 뒤집어 보았다. 우편 엽서다. '힐데 묄레르 크나그에게, 소피 아문센 댁······'이라고 쓰인 엽서엔 노르웨이 우표가 붙어 있고 1990년 6월 15일 금요일 자, 유엔 평화 유지군 소인이 찍혀 있다.

6월 15일! 이날은 소피의 생일이다!

엽서에는 이렇게 적혀 있었다.

사랑하는 힐데야! 열다섯 번째 네 생일을 아직도 축하하고 있겠지. 아니면 벌써 생일이 지난 다음일까? 여하튼 그 선물이 얼마나 오래갈지는 별로 중요하지 않아. 어떤 면에서 너는 평생 그 선물의 덕을 볼 테니까. 하지만 지금은 다시 한 번 네 생일을 축하해. 내가 이 엽서를 소피에게 보내는 이유를 이제는 아마 이해하겠지. 소피가 이 엽서를 너에게 전해주리라 믿어.

추신 : 네가 지갑을 잃어버렸다는 말을 엄마가 해주더구나. 내가 150크로네를 보태줄게. 새 학생증은 분명히 여름방학 전에 학교에서 받게 될 거야.

— 사랑을 보내며, 아빠가

소피는 두 발이 땅에 붙어버린 듯 꼼짝 않고 서 있었다. 마지막 엽서에 며칠자 소인이 찍혀 있었지? 6월까진 아직 한 달이 꼬박 남았는데도 소피의 의식 깊은 곳에서 무엇인가가 그 해수욕장 그림엽서에도 6월 소인이 찍혔다고 말해주고 있다. 소피는 자세히 살펴보지 않았었다······.

시계를 보고 집으로 다시 뛰어 올라갔다. 오늘 소피는 분명 지각할 것이다.

문을 열고 자기 방으로 뛰어 올라갔다. 소피는 힐데에게 온 첫 엽서를 방 안의 빨간 실크 스카프 아래에서 찾아냈다. 그런데 그 엽서에도 6월 15일자 소인이 찍혀 있었다. 소피의 생일이자 여름방학이 시작되기 전날이다.

소피는 요룬과 만나기로 한 슈퍼마켓으로 뛰어가면서 골똘히 생각해 보았다.

힐데가 누굴까? 힐데의 아빠는 어떻게 소피가 당연히 힐데를 찾아낼 수 있으리라 생각했을까? 어떤 경우라도 엽서들을 자기 딸에게 직접 보내지 않고 소피에게 보낸 건 이해가 되지 않는다. 아빠가 딸의 주소를 모른다는 것은 기본적으로 있을 수 없는 일이기 때문이다. 그러면 이 모든 일이 장난인 걸까? 낯선 소녀를 우편집배원으로 이용해 딸의 생일날, 자기 딸을 놀래주려는 걸까? 그래서 소피가 한 달 먼저 이 엽서를 받은 것일까? 힐데 아빠가 딸에게 새 친구를 생일 선물로 주려고 소피를 연결 고리로 삼은 것인가? 그것이 딸이 '평생 간직하게 될' 선물일까?

이렇게 특이한 사람이 정말 레바논에 있다면, 도대체 소피의 주소는 어떻게 찾아냈을까? 이상한 일은 그것뿐이 아니다. 소피와 힐데는 적어도 두 가지 공통점이 있다. 힐데의 생일이 6월 15일이라면 둘은 같은 날에 태어났다. 그리고 둘 다 아버지가 세상을 두루 여행한다는 점이다.

소피는 마법의 세계로 끌려 들어간 것 같았다. 어쩌면 운명을 믿는 것도 그렇게 어리석은 일은 아닐지도 모른다. 그래, 너무 성급하게 결론을 내릴 문제가 아니다. 이 모든 일이 자연스럽게 밝혀질 수도 있으니까. 그런데 어떻게 알베르토 크녹스 철학 선생님이 릴레산에 사는 힐데의 지갑을 발견했을까? 여기서 100킬로미터도 더 떨어진 그곳에서 말이다. 또 어떻게 소피가 그 우편엽서를 길에서 발견하게 됐을까? 우편집배원이 소피네 우편함에 도착하기 전, 엽서가 그의 가방에서 떨어진 걸까? 하지만 왜 하필이면 이 엽서를 잃어버렸을까?

"너 완전 미쳤구나!"

슈퍼마켓 근처에서 소피를 발견한 요룬이 소리쳤다.

"미안해."

요룬이 소피를 학교 선생님처럼 무섭게 쳐다보았다.

"왜 그랬는지 설명해봐!"

"그건 유엔과 관계된 일이야. 난 레바논에서 적군 민병대에게 억류당했었어."

"참나, 넌 그냥 사랑에 빠졌을 뿐이야."

소피와 요룬은 학교를 향해 힘껏 달렸다.

소피가 공부해 오지 않은 종교 과목 시험이 셋째 시간에 시작되었다. 시험지에는 다음과 같이 적혀 있었다.

인생관과 관용

1. 인간이 알 수 있는 것의 목록을 작성하시오. 그리고 우리가 믿을 수밖에 없는 것의 목록을 작성하시오.

2. 한 인간의 인생관을 규정하는 몇 가지 요인을 적으시오.

3. 양심이란 무슨 뜻인가? 모든 인간이 동일한 양심을 지니고 있다고 생각하는가?

4. 가치 우위란 무슨 뜻인가?

답안지를 작성하기에 앞서 소피는 오랫동안 곰곰이 생각해보았다. 여기서 알베르토 크녹스 선생님에게 배운 것을 써먹을 수 있지 않을까? 하기야 그럴 수밖에 없다. 소피는 며칠 전부터 종교 책은 한 번도 들여다보지 않았으니까. 소피가 답안을 쓰기 시작하자 머릿속에서 문장들이 술술 흘러나왔다. 소피는 이렇게 썼다.

"우리는 달이 커다란 치즈가 아니고, 뒷면에 분화구가 있으며, 소크라테스뿐만 아니라 예수도 사형을 언도받았고, 일찍이든 나중이든 인간은 죽을 수밖에 없으며, 아크로폴리스의 커다란 신전은 기원전 400년경 페르시아전쟁 후에 지어졌고, 가장 중요한 그리스의 신탁은 델포이의 신탁이었음을 알 수 있다."

민음의 문제에 대해서 소피는 다음과 같은 것들을 예로 들었다.

"다른 행성에는 생명체가 있는가 없는가, 유일신이 존재하는가 존재하지 않는가, 죽은 후의 삶이 있는가 없는가, 예수는 신의 아들인가 단지 현명한 인간이었을 뿐인가. 어쨌든 우리는 이 세상이 어디에서 왔는지 알 수 없다. 우주는 커다란 마술사의 모자에서 끄집어낸 거대한 토끼와 비교할 수 있다. 철학자들은 위대한 마술사를 보기 위해 토끼 가죽의 가느다란 털 하나를 붙잡고 위로 기어오르려고 한다. 그들의 성공 여부는 알 수 없는 문제다. 그러나 한 철학자가 다른 철학자의 등에 올라탄다면, 하얀 토끼 가죽에서 점점 더 높이 올라갈 것이다. 그럴 경우 내 개인적 생각으론 언젠가 분명히 그 일을 해낼 수 있다."

이렇게 결론을 내리고, 다음 내용을 추가했다.

"추신 : 우리는 성서 속에서 토끼 가죽의 가느다란 털 중 하나에 관해 읽을 수 있다. 이 털은 바벨탑이라고 불렸고, 곧 무너져 내렸다. 왜냐하면 마술사는 자기가 창조한 흰 토끼에서 인간들이 기어오르는 것을 언짢게 생각했기 때문이다."

이제 다음 질문에 답할 차례다.

'한 인간의 인생관을 규정하는 몇 가지 요인을 적으시오.'

"이것에 관해서라면 물론 교육과 환경이 중요한 요인이다. 플라톤 시대에 살던 사람들은 지금과 다른 시대와 환경 속에서 살았기 때문에 오늘날 사람들과는 인생관이 달랐다. 그 밖에도 사람이 어떤 경험을 얻었는지가 중요하다. 하지만 인간의 이성도 인생관을 결정하는 데 중요한 역할을 한다. 그리고 이성은 환경에 의해 규정되지 않는다. 그것은 모든 사람에게 공통된 것이기 때문이다. 아마 세상 사람들은 환경이나 사회적 관계를 플라톤의 동굴 속의 지배적 상황들과 비교할 수 있었을 것이다. 이성을 통하여 개인은 동굴의 어둠에서 벗어나 위로 올라갈 수 있다. 그러나 그렇게 옮겨 가기 위해서는 상당한 용기가 필요하다. 소크라테스는 이성의 도움으로 그 시대의 지배적인 견해에서 벗어난 좋은 예다."

끝으로 소피는 다음과 같이 적었다.

"오늘날 서로 다른 나라와 문화권에 속하는 사람들이 더욱더 밀접한 관계를 맺고 있다. 그 때문에 같은 아파트 건물에 기독교도, 이슬림교도, 불교도가 함께 살 수도 있다. 그리고 그럴 경우에는 왜 모든 사람이 같은 신앙을 가질 수 없는지 묻기보다는 다른 사람의 신앙에 대해 관용을 베푸는 것이 더 중요하다."

소피는 자기가 철학 선생님에게 배운 것보다 스스로 한 걸음 더 나아갔음을 느낄 수 있었다. 그러니까 소피는 한 사람 몫의 타고난 이성에다, 다른 맥락에서 듣고 읽은 것까지도 덧붙일 수 있었다.

세 번째 문제를 읽어 내렸다.

'양심이란 무슨 뜻인가? 모든 인간이 동일한 양심을 지니고 있다고 생각하는가?'

이 문제에 관해서는 반 친구들과 많이 얘기했었다. 소피는 답을 써 내려갔다.

"양심이란 옳고 그름에 반응하는 인간의 능력이다. 인간은 모두 이런 능력이 있다. 다시 말해 양심은 타고나는 것이다. 소크라테스도 같은 말을 했다. 그러나 구체적으로 양심이 하는 말은 사람에 따라 크게 다를 수 있다. 이 점에 대해서는 소피스트들이 사태의 본질을 바르게 꿰뚫어 본 것일 수도 있다. 소피스트들은 각 개인이 자라온 환경이, 그가 옳다고 여기는 것과 그르다고 여기는 것을 결정한다고 믿었다. 그에 반해 소크라테스는 모든 인간의 양심은 같다고 생각했다. 둘 다 옳을지도 모른다. 사람들이 벌거벗고 돌아다닌다고 해서 모든 사람들이 양심의 가책을 느끼는 것은 아니지만, 그래도 사람들은 다른 사람을 학대할 때 대부분 양심의 가책을 느낀다. 뿐만 아니라 양심이 있다는 것과 양심에 따라 행동하는 것은 별개의 일임을 강조하고 싶다. 내 생각엔 특정 상황에서 인간이 아주 비양심적으로 행동하는 듯 보일 수 있지만, 그런 인간들에게도 잘 보이진 않지만 일종의 양심이 있다. 마찬가지로 전혀 이성이라곤 없는 것처럼 보이는 인간들이 많지만 그것은 그들이 이성을 사용하지 않는 데 원인이 있다.

추신 : 이성과 양심은 근육과 비교할 수 있다. 근육을 이용하지 않으면 서서히 약해져 이완되고 만다.”

이제 한 문제만 남았다.

‘가치 우위란 무슨 뜻인가?’

이 문제에 대해서도 요즘에 많이 이야기했다. 예를 들어 어떤 장소에서 다른 장소로 빨리 가기 위해 차를 타는 것은 그 자체로 가치 있는 일일 수 있다. 그러나 자동차 이용이 숲을 죽게 만들고 자연에 나쁜 영향을 끼친다면, 우리는 ‘가치를 선택’하는 문제에 맞닥뜨리게 된다. 골똘한 생각 끝에 소피는 확신을 얻었다. 즉 건강한 숲과 깨끗한 자연이 빨리 출근하는 일보다 더 중요하다고 말이다. 소피는 다른 예시들을 몇 가지 더 제시했다. 그리고 결론을 써 내려갔다.

"내 생각에는 철학이 영어 문법보다 더 중요하다. 따라서 철학 과목을 시간표에 포함시키고 영어 시간을 줄인다면, 합리적인 가치 우위일 것이다."

마지막 쉬는 시간에 선생님은 소피를 따로 불렀다.

"네 종교 시험 답안지 읽었어. 거의 맨 위쪽에 있었거든."

"제 답안지가 선생님 마음에 들었으면 좋겠어요."

"그것에 관해 너와 좀 더 얘기를 하고 싶어. 여러 가지 면에서 넌 아주 어른스러운 답을 썼어. 놀랄 만큼 어른스러웠어. 게다가 아주 독창적이야. 그런데 숙제는 했니?"

소피는 주저주저했다.

"선생님은 개인의 생각이 중요하다고 하시지 않았어요?"

"물론 그랬지, 하지만 거기엔 한계가 있어."

이제야 소피는 선생님의 눈을 제대로 쳐다보았다. 지난 며칠 동안 체험한 모든 일들을 인정받을 수 있으리라 생각했다.

"전 철학을 공부하기 시작했어요. 철학 공부가 주체적 생각을 갖는 데에 좋은 기초가 되어주고 있어요."

소피가 말했다.

"네 답안에 점수를 매기기가 쉽지 않을 것 같아. 엄밀히 말하자면 난 A 아니면 F를 줄 수밖에 없단다."

"제가 완전히 옳거나 완전히 틀린 대답을 했기 때문인가요? 그렇게 생각하세요?"

선생님이 말했다.

"우리 A로 하자. 하지만 다음엔 숙제를 꼭 해야 해."

소피는 이날 오후 수업이 끝나고 집에 오자마자 책가방을 층계에 던져두고 곧장 동굴로 향했다.

동굴 속 굵은 그루터기 위에 갈색 편지봉투가 놓여 있었다. 가장자리는 완전히 말라 있었다. 헤르메스가 벌써 한참 전에 왔다 간 것이 틀림없다.

소피는 편지봉투를 가지고 집으로 돌아왔다. 먼저 동물들에게 먹이를 주고 나서 자기 방으로 올라갔다. 침대에 누워 알베르토 선생님의 편지를 읽기 시작했다.

헬레니즘

다시 만나서 반가워! 너는 이미 자연철학자들, 소크라테스, 플라톤, 아리스토텔레스에 대해 들었지. 그것으로 넌 유럽 철학의 기초를 알게된 거야. 지금까지는 흰 편지봉투로 예비 지적 훈련을 받은 거야. 숙제와 시험은 학교에서 충분할 수 있을 것 같구나.

이제 네게 기원전 4세기 말의 아리스토텔레스부터 서기 400년경의 중세 초기까지의 긴 기간에 대해 이야기하려고 해. 우리가 '기원전'과 '서기'를 쓰고 있다는 건 알고 있지? 이 시기의 가장 중요하고 특이한 것 중 하나는 바로 기독교야.

아리스토텔레스는 기원전 322년에 죽었고, 그사이 아테네는 주도적역할을 상실하고 있었어. 그것은 무엇보다도 알렉산드로스 대왕(기원전

356년~기원전 323년)의 정복 결과로 생긴 거대한 정치적 변혁과 연관이 있어.

알렉산드로스 대왕은 마케도니아의 왕이었어. 아리스토텔레스 역시 마케도니아 출신이며, 얼마 동안 어린 알렉산드로스의 선생님이었지. 알렉산드로스는 페르시아와 싸워 최후의 결정적인 승리를 거두었어. 그리고 한 가지 덧붙이자면, 수많은 출정을 통해 이집트와 인도에 이르는 오리엔트 전체를 그리스 문명과 연결시켰어.

이렇게 인류사에 완전히 새로운 시대가 시작됐어. 즉 그리스 문화와 그리스어가 지배적인 역할을 하는 국제적인 공동체가 생겨난 거야. 대략 300년간 지속된 이 시기를 종종 헬레니즘 시대라고 부르지. 헬레니즘이란 당시 세 개의 큰 지역인 마케도니아, 시리아, 이집트에서 융성했던 그리스 문화를 뜻해.

대략 기원전 50년경부터 로마가 정치적·군사적 패권을 넘겨받았어. 이 새로운 강대국이 헬레니즘 제국들을 차례로 모두 정복하고 나자, 그때부터 로마 문화와 라틴어가 서쪽의 스페인에서부터 아시아까지 깊숙이 파고들며 지배적 문화와 언어가 되었지. 이와 더불어 로마 시대가 시작되었어. 고대 후기라고 말하기도 한단다. 그러나 한 가지 주의해야 할 것이 있어. 로마인들이 헬레니즘 세계를 정복하기 전에 로마 자체는 그리스의 문화적 식민지가 되어 있었기 때문에 그리스가 정치적 힘을 상실한 뒤에도 그리스 문화와 그리스 철학은 여전히 중요한 역할을 할 수 있었지.

종교와 철학과 과학

　헬레니즘은 여러 나라와 문화의 경계가 사라짐으로써 형성되었어. 이전에는 그리스인, 로마인, 이집트인, 바빌로니아인, 시리아인, 페르시아인들이 각기 고유한 종교적 틀에서 자기들의 신을 숭배했지만 이제 여러 문화들이 종교적·철학적·과학적 관념으로 이루어진 단 하나뿐인 마녀의 큰 가마솥에서 뒤섞이게 된 거야.

　도시의 장터가 세계적 규모의 광장으로 대치되었다고나 할까. 예전의 시장에서도 갖가지 물건 혹은 서로 다른 생각과 이념들을 파는 목소리들이 뒤엉킬 때가 있었는데, 이제 그 시장이 새롭게 전 세계의 물건과 이념으로 가득 찬 거야. 그래서 목소리도 갖가지 언어로 뒤엉켰지.

　그리스의 관념들은 고대 그리스 지역을 훨씬 벗어나 멀리까지 영향을 주었는데 이제는 지중해 전역에서 거꾸로 동방의 신들을 숭배했어. 신과 종교적 관념들을 옛 문화권에서 빌려온 새로운 종교가 몇 가지 생겨났어. 우리는 이걸 싱크리티즘(Syncretism)이라고 한단다.

　예전 사람들은 자기가 민족과 국가에 결속되어 있다고 믿었어. 그러나 민족과 국가 사이의 경계가 점점 사라지면서 많은 사람들이 인생관에 의구심과 불안을 느끼게 되었어. 고대 후기는 어디서나 종교적 의구심, 문화적 해체, 비관주의가 문화를 지배했지. 사람들은 "세계는 낡았다."라고 말했어.

　이 시기에 생겨난 새로운 종교는 공통적으로 죽지 않고 살 수 있는 방법을 가르쳤어. 이러한 가르침의 대부분은 비밀스러웠지. 비밀결사의 회원이 되어 특정 종교의식에 참여하는 사람은 영혼이 죽지 않고 영생

할 수 있다는 희망을 가졌어. 이때 영혼을 구원하기 위해서는 우주의 진정한 본질을 확실히 이해하는 것이 종교의식만큼 중요했어.

일반적으로 헬레니즘 철학은 딱히 독창적이진 않았어. 새로운 플라톤이나 아리스토텔레스가 나타나지도 않았지. 대신 앞으로 짤막하게 소개하겠지만, 위대한 아테네의 세 철학자가 이제 여러 철학의 흐름에 중요한 영감을 주는 원천이 되었어.

헬레니즘의 과학 역시 여러 문화적 경험의 혼합으로 특징지을 수 있어. 이 부문에서는 이집트의 도시 알렉산드리아가 동방과 서방의 교차 지점에서 중요한 역할을 해냈지. 플라톤과 아리스토텔레스가 남긴 철학 학교들로 아테네가 철학의 수도 역할을 하는 동안, 알렉산드리아는 과학의 중심지가 되었단다. 거대한 도서관과 더불어 이 도시는 수학, 천문학, 생물학, 의학의 중심이 되었지.

헬레니즘 문화는 오늘날의 우리 세계와 비슷해. 20세기 역시 점점 더 개방된 국제 공동체가 특징을 이루고 있잖니. 우리가 사는 시대에도 종교와 인생관이 크게 변했고. 서기가 시작될 무렵 그리스인, 이집트인, 그리고 오리엔트인이 가졌던 신에 대한 관념을 로마에서 모두 접할 수 있었듯이, 20세기 말을 사는 우리는 유럽의 각 도시에서, 모든 대륙에서 발달한 종교적 관념들을 만날 수 있어.

종교와 철학과 과학, 이 세 분야에서 옛것과 새것의 혼합이 '세계관의 장터'에서 선보일 새로운 상품의 기초를 어떻게 형성할 수 있었는지는 지금 시대에도 볼 수 있어.

이처럼 '새로운 지식' 거의 대부분은 실제로 헬레니즘까지 거슬러 가야 그 뿌리를 확인할 수 있는 오랜 사상의 핵심에서 유래된 거야.

앞에서도 말했듯이 헬레니즘 철학은 소크라테스, 플라톤, 아리스토텔레스가 제기한 문제들을 더 자세히 다루었어. 그들 철학의 공통점은 '인간이 어떻게 하면 최선을 다해 살다 죽을 수 있는지', 그 질문에 해답을 찾고자 했다는 거야. 이렇게 해서 윤리학이 하나의 안건이 되었어. 윤리학은 새로운 국제 공동체의 가장 중요한 철학적 구상이 되었지. 문제는 어디에 진정한 행복이 있고, 어떻게 진정한 행복에 도달할 수 있느냐는 거야.

이런 철학의 흐름들 가운데서 네 가지만 살펴보자.

키니코스학파

언젠가 소크라테스가 시장에서 많은 물건들을 진열한 가게 앞에 서 있었어. 그가 갑자기 버럭 소리를 지르며 이렇게 말했어.

"아테네 사람들이 살면서 얼마나 많은 물건이 필요한지 좀 보시오!"

물론 소크라테스 자신은 거기 있는 물건들이 필요 없다는 말이었지.

기원전 400년경 아테네에서 안티스테네스가 창시한 키니코스(Cynicos) 철학은 소크라테스의 이런 태도에서 출발했어. 안티스테네스는 소크라테스의 제자였고.

키니코스학파 철학자들은 진정한 행복이 물질적 사치, 정치적 권력, 건강과 같은 외적인 것에 있지 않다고 강조하고, 도리어 그렇게 우연하고도 쉽게 사라지는 것에 의존하지 않는 것 자체가 참된 행복이라고 했어. 행복이 그런 것들에 달려 있는 것이 아니기 때문에 누구나 행복을 얻

을 수 있는 거야. 그래서 한번 진정한 행복을 이루면 다시는 잃어버릴 수
없지.

가장 잘 알려진 키니코스학파 철학자는 안티스테네스의 제자인 디오
게네스야. 그는 평생 거리의 통 안에서 살면서 옷 한 벌, 지팡이 하나, 빵
주머니 하나 외에 아무것도 가지려 하지 않았다고 해. (그러니 그에게서 행
복을 빼앗기란 좀처럼 쉬운 일이 아니었지!) 언젠가 그가 알렉산드로스 대왕
이 방문했을 때 바로 통 앞, 양지바른 곳에서 햇볕을 쬐고 있었어. 알렉
산드로스 대왕이 이 현자 앞으로 다가가 무엇을 원하는지 묻고, 당장 그
소원을 이루어주겠다고 했더니 디오게네스는 알렉산드로스 대왕이 자
기 앞에 비치는 태양빛을 가리지 않기를 바란다고 대답해 자기가 위대
한 최고 통치자보다 더 부유하고 더 행복하다는 것을 보여주었단다. 디
오게네스는 원하는 것을 모두 가지고 있었으니까.

키니코스학파 철학자들은 인간이 건강 때문에 근심할 필요가 없다고
생각했어. 고통과 죽음조차 인간을 슬프게 하지 않는다는 말이지. 게다
가 다른 사람의 고통에 대한 근심으로 자신을 괴롭히지 말라고 했어. 오
늘날 우리가 '냉소적인(cynical)', '냉소주의(cynicism)'라는 낱말은 키니코
스학파의 이런 측면, 즉 '타인의 고통에 대한 무감각'에서 유래한 거야.

스토아 학파

키니코스학파 철학자들은 기원전 300년경 아테네에서 발생한 스토
아 철학에 큰 영향을 주었어. 스토아 철학의 창시자는 원래 키프로스 출

신으로, 난파를 당한 후 아테네의 스토아 학파에 가담하게 된 제논이야. 그는 주랑(柱廊) 앞에서 청중을 모았어. 그래서 스토아 학파라는 명칭도 '기둥'을 뜻하는 '스토아'라는 그리스어에서 유래한 거야. 스토아주의는 훗날 로마 문화에 중요한 의미를 갖게 되지.

헤라클레이토스처럼 스토아 학자들은 모든 인간이 동일한 세계 이성 또는 동일한 '로고스'에 참여하고 있다고 생각했단다. 그들은 개인을 세계의 축소판, 즉 '대우주'에 대응하는 '소우주'로 간주했어.

이러한 생각은 보편타당한 권리, 이른바 자연권 사상에까지 미치게 되었어. 자연권은 시공을 초월한 인간과 우주의 이성에 근거하기 때문에 때와 장소가 바뀌어도 변하지 않는단다. 이런 점에서 스토아 학자들은 소피스트에 반대하고 소크라테스 편에 선 거야.

이 자연권은 모든 인간에게, 즉 노예에게도 적용돼. 그리고 여러 국가의 법률은 스토아주의자들에겐 자연에서 생겨난 법의 불완전한 모방으로 여겨졌지.

스토아 학자들은 개인과 우주의 차이를 없애듯이 '정신'과 '질료'의 대립도 부인했어. 오로지 하나의 자연만 존재한다고 생각했는데, 그런 견해를 일원론이라고 해. (이는 현실을 양분한 플라톤의 이원론과는 상반되는 것이지.)

스토아 학자들은 시대의 진정한 총아이며 탁월한 '세계 시민'이었으므로 동시대의 문화에 대해서는 '통 철학자들'이라 불리던 키니코스 학자들보다 더 개방적이었어. 그들은 인간의 공동체적 삶을 중요시하고 정치에 관심을 보였어. 그들 가운데 몇몇은 적극적인 정치가였는데, 예를 들면 로마 황제 마르쿠스 아우렐리우스(121년~180년)가 그중 한 사람이야. 로마에서 그리스 문화와 철학을 전파하는 데 크게 기여한 사람으로 특히 연설가이자 철학자이며 정치가였던 키케로(기원전 106년~기원전 43년)를 꼽을 수 있어. 그는 개인을 중심에 두는 '인문주의'라는 세계관을 세웠어. 그 뒤를 이어 스토아 학자인 세네카(기원전 4년~65년)는 "인간은 인간으로서 신성하다."라고 썼지. 이 말은 후세 사람들에게 일종의 인문주의 표어가 되었어.

그 밖에도 스토아 학자들은 질병이나 죽음과 같은 모든 자연 진행 과정이 변치 않는 자연법칙을 따른다고 힘주어 말했지. 그래서 인간은 자기의 운명과 화해할 줄 알아야만 한다고 여겼어. 이들은 우연히 일어나는 일은 아무것도 없다고 생각했어. 모든 일은 필연적으로 발생하는 것이니만큼, 운명이 문을 두드릴 때 자기의 곤경을 한탄해봤자 별 도움이 되지 않으며, 인생의 행복한 상황들도 아주 태연하게 받아들여야 한다고 보았지. 이것은 외적인 것을 모두 도외시한 키니코스 학자들과 유사해. 지금까지도 인간이 사사로운 감정에 휩싸이지 않을 때 동요하지 않는다는 뜻으로 '스토아적 태연함'이란 표현을 쓰고 있단다.

에피쿠로스학파

앞서 살펴본 것처럼 소크라테스는 어떻게 인간이 유덕하게 살 수 있는지, 그 해답을 찾으려 노력했어. 키니코스 학자와 스토아 학자들은 인간이 물질적인 사치에서 벗어나야 한다는 정도로 소크라테스의 사상을 풀이했어. 그러나 소크라테스의 제자 아리스티포스는 가능한 한 많은 감각적인 향락을 누리는 것을 인생의 목표로 간주했단다. 최고선은 쾌락이고, 최대 악은 고통이라고 말했지. 그래서 그는 고통을 피할 수 있는 여러 가지 처세술을 개발하려 했지. (키니코스 학자와 스토아 학자들의 목표는 고통의 모든 형태들을 참고 견디어내는 것이었던 것과 달리 아리스티포스의 목표는 고통을 피하기 위해 노력하는 것이었어.)

기원전 300년경 에피쿠로스(기원전 341년~기원전 270년)는 아테네에서 에피쿠로스학파를 창시했어. 그는 아리스티포스의 쾌락의 윤리학을 계속 발전시켜 데모크리토스의 원자론과 결합시켰지.

에피쿠로스학파 철학자들은 한 정원에서 만났기 때문에 그들을 '정원 철학자들'이라고 불렀단다. 그 정원문 위에는 "이방인이여, 여기서 너는 행복해질 것이다. 이곳에선 쾌락이 최고선이다." 라고 적혀 있었다고 해.

에피쿠로스는 쾌락을 얻으려고 한 행위의 결과를, 경우에 따라서 일어날지도 모르는 부작용과 늘 비교해야 한다는 점을 분명히 해두었어. 만일 네가 초콜릿을 너무 많이 먹은 적이 있다면 내 말 뜻을 이해하겠지. 그런 경험이 없다면 다음과 같은 숙제를 내주겠어. 저금통을 가지고 가서 100크로네어치(현재 물가로 약 10만 원-옮긴이)의 초콜릿을 사. (네가 초콜릿을 즐겨 먹는다고 가정해서 말이야). 이 숙제에서는 네가 그 초콜릿을 한꺼번에 먹어치우는 것이 중요해. 그 비싼 초콜릿을 다 먹어치운 후 30분 정도 지나면 에피쿠로스가 말한 '부작용'을 이해하게 될 거야.

또 에피쿠로스는 단기간에 얻은 쾌락의 결과를, 장기적 안목으로 좀 더 지속적이거나 집중적인, 더 큰 쾌락과 비교해보려고 했단다. (예컨대 네가 새 자전거를 사거나 외국 여행을 가려고 용돈을 모두 저축하느라고 1년간 초콜릿을 먹지 않기로 결심한다고 생각해볼 수 있겠지.) 이렇게 인간은 동물과 달리 자기 인생을 계획할 수 있고 '쾌락을 계산'할 능력이 있어. 맛있는 초콜릿을 먹는 것도 가치가 있지만 자전거를 사거나 외국 여행을 하는 것도 물론 의미 있는 일이지.

또한 에피쿠로스는 '쾌락'이 감각적인 향락과 무조건 같지는 않다고 강조했어. 우정을 돈독히 하고 예술 작품을 감상하는 것 역시 초콜릿처럼 우리에게 쾌락을 줄 수 있어. 그런데 인생을 즐기기 위해서는 먼저 절제와 중용 그리고 마음의 평정 같은 오랜 그리스적 이상이 조건으로 갖추어져 있어야만 해. 왜냐하면 욕망은 통제되어야 하기 때문이지. 이런 식으로 우리에게도 마음의 평정은 고통을 견디는 데 도움이 될 거야.

에피쿠로스의 정원을 찾는 사람들 중에는 종종 종교적 불안에 휩싸인 사람들도 있었어. 이런 점에서 볼 때 데모크리토스의 원자론은 종교와 미신에 대응하는 유용한 수단이었지. 선한 삶을 영위하기 위해서는 죽음에 대한 불안을 극복하는 것이 특히 중요하단다. 이 문제에서 에피쿠로스는 데모크리토스의 '영혼 원자' 이론에 의존했어. 소피야, 우리가 죽으면 '영혼 원자'가 사방으로 흩어지기 때문에 데모크리토스는 죽음 뒤의 삶을 믿지 않았다는 것 아직 기억하지?

"우리가 왜 죽음을 두려워해야 하나?"

에피쿠로스가 말했어.

"우리가 존재하는 한 죽음은 현존하지 않으며, 죽음이 현존할 경우, 우리는 더 이상 존재하지 않는데."

(그렇게 보면 죽는 것은 본래 누구에게도 고통을 준 적이 없다고 할 수 있지.)

에피쿠로스는 직접 자기의 해방 철학을 네 가지 치유법으로 요약했어.

우리는 신들을 두려워할 필요가 없다.

죽음에 대해서 전혀 근심할 필요도 없다.

선은 쉽게 얻을 수 있다.

두려움은 견뎌내기 쉽다.

철학자의 사명과 의사의 사명을 비교하는 것은 그리스에선 전혀 새로운 일이 아니었단다. 그런 비교에 따르면 인간은 위에서 말한 네 가지 중요한 약을 갖춘 '철학 여행용 구급 상자'를 준비해야 해.

스토아 철학자들과 달리 에피쿠로스 철학자들은 정치와 사회문제에 별로 관심을 보이지 않았단다. "숨어서 살아라!" 하는 것이 에피쿠로스의 조언이었지. 그들의 정원을 오늘날의 생활공동체와 비교할 수 있을 거야. 우리 시대에도 많은 사람들이 이 거대한 사회에서 안전한 섬이나 '피난 항구'를 찾고 있지.

에피쿠로스를 계승한 에피쿠로스학파 학자들은 일방적 향락을 추구하는 방향으로 나가게 되었단다. 그들의 모토는 "지금을 만끽하라!"였지. 오늘날, '에피쿠로스주의자'라는 말은 곧잘 나쁜 의미에서 '향락지상주의자'를 가리키는 말로 쓰이고 있어.

신플라톤주의

키니코스학파, 스토아학파, 에피쿠로스학파가 소크라테스의 이론에 토대를 두었다는 걸 살펴보았어. 그 밖에도 소크라테스 이전 철학자인

데모크리토스와 헤라클레이토스 이론으로까지 거슬러 올라갔지. 반면에 고대 후기에 접어들어 가상 주목할 만한 철학의 흐름은 무엇보다도 플라톤의 이데아론에서 영감을 받은 신플라톤주의야.

신플라톤주의자 가운데 제일 중요한 철학자는 플로티노스(205년경~270년경)야. 그는 알렉산드리아에서 철학을 공부하고 나중에 로마로 갔단다. 그가 이미 몇 세기 전에 그리스 철학과 오리엔트 신비주의의 거대한 교차 지점이었던 도시 알렉산드리아 출신이라는 것에 주목할 필요가 있어. 플로티노스는 자기 나름의 구원론을 로마로 들여왔는데, 그의 구원론은 당시 차츰 세력을 얻어가던 기독교와 쌍벽을 이루는 중요한 성생 상내가 되있다고 해. 하지만 신플리톤주의는 역시 기독교익 신학에도 막대한 영향을 미쳤지.

플라톤의 이데아론 기억나지, 소피야? 그가 이데아 세계와 감각 세계를 구분했다는 것도 말이야. 그렇게 플라톤은 인간의 영혼과 육체도 엄격히 구분했기 때문에 인간은 이중적 존재로 인식되었지. 플라톤에 따르면 우리의 육체는 감각 세계의 다른 만물이 그렇듯이 흙과 먼지로 이루어져 있지만, 우리는 불멸하는 영혼도 지니고 있어. 물론 이러한 관념은 이미 플라톤 이전에 오랫동안 그리스에 널리 퍼져 있었어. 플로티노스는 그 밖에 이와 유사한 아시아의 관념들을 잘 알고 있었지.

플로티노스는 세계가 양극 사이에 고정되어 있다고 생각했어. 한끝에는 플로티노스가 하나[一者]라고 이름 붙인 신의 빛이 있는데, 그는 때때로 그 빛을 신이라고도 했어. 다른 끝에는 '하나'의 빛이 닿지 못하는 절대적 어둠이 지배하고 있다고 보았지. 그러나 플로티노스에겐 이 어둠이 근본적으로 절대 존재하지 않는다는 사실이 중요했어. 그의 생각에 따르면, 어둠은 단지 빛이 없는 상태일 뿐이야. 물론 어둠은 존재하지 않아. 존재하는 유일한 것은 '신' 또는 '하나'지. 그러나 빛의 원천이 어둠 속에서 점차 사그라지듯, 어느 지점에서는 신의 빛들이 미치는 범위 역시 한계에 도달하게 돼.

플로티노스에 따르면 질료는 본래 존재가 없는 어둠인 반면에, '하나'의 빛은 영혼을 비추고 있으며 자연 속의 형상들도 이 '하나'를 약하게나마 반영하고 있어.

소피야! 한밤중에 이글이글 타오르는 큰불을 상상해봐. 사방으로 튀고 있는 불꽃을. 불은 불을 에워싼 넓은 주변을 훤히 밝히겠지. 또 몇 킬로미터 떨어진 곳에서도 그 불빛을 볼 수 있어. 좀 더 멀리 가보더라도 여전히 한밤중의 흐릿한 가로등처럼 깜빡이는 아주 작은 빛을 볼 수 있어. 이제 그 불에서 더 멀어지면 전혀 빛을 볼 수 없게 돼. 어느 지점에선가 밤을 밝히던 그 불빛이 사라져버리고, 너무 어두워지면 우리는 아무 것도 보지 못하게 돼. 그러면 그림자도 없고 윤곽도 없어지지.

이제 현실을 그런 불꽃에 빗대어 상상해보자. 타오르는 불은 신이고 외부의 어둠은 인간과 동물로 이루어진 차가운 질료란다. 신 이외에도 모든 창조물의 원형인 영원한 이데아들이 있어. 특히 인간의 영혼은 '불꽃의 불씨'야. 하지만 자연 어디에나 신성한 빛의 일부가 비치고 있어. 우리는 모든 살아 있는 존재에게서 그것을 볼 수 있지. 그래서 한 송이 장미나 초롱꽃도 신적인 광휘(光輝)를 지니고 있단다. 그에 비해 흙과 물과 돌은 살아 있는 신으로부터 가장 멀리 떨어져 있지.

내 말은 우리가 두 눈으로 볼 수 있는 만물 속에 성스러운 신비가 깃들어 있다는 거야. 한 송이 해바라기나 양귀비꽃에게서 신성한 빛이 번쩍이고 나뭇가지에 앉았다 날아가는 한 마리 나비에게서 아니면 어항에서 헤엄쳐 다니는 금붕어에게서도 헤아리기 어려운 신비를 더 느낄 수 있어. 그러나 우리는 우리의 영혼 속에서 신에게 가장 가까이 다가갈 수 있어. 우리는 오로지 영혼 속에서 거대한 인생의 비밀과 하나가 될 수 있지. 바로 그거야. 우리는 매우 드문 순간에 우리 자신을 이렇게 성스럽고 신비로운 것으로 체험할 수 있단다.

플로티노스가 영혼을 한 줄기 불꽃에 비유한 것은 플라톤의 '동굴의 비유'를 떠오르게 해. 동굴 입구에 가까이 갈수록 모든 존재의 근원에 더 가까워지게 되지. 그러나 플라톤이 명확히 현실을 양분한 것과는 달리, 플로티노스가 보여준 세계의 과정은 전체성 체험이 특징이야. 모든 것은 하나야. 왜냐하면 모든 것이 신이기 때문이지. 플라톤의 동굴 안에서 어른거리는 그림자도 플로티노스에게는 신적인 '하나'의 흐릿한 반영인 셈이지.

플로티노스가 자기의 영혼이 신과 융합된 것을 체험한 것은 일생 동안 몇 번밖에 되지 않았어. 이걸 신비주의 체험이라고 해. 플로티노스만이 이를 체험한 것은 아니었어. 어느 시대와 문화를 막론하고 많은 사람들이 신의 체험을 이야기해왔어. 자신들이 겪은 체험을 각기 다르게 기술하고 있긴 해도 중요한 공통점이 많아. 그 공통점 가운데 몇 가지를 살펴보자.

신비주의

신비주의 체험은 사람이 신이나 '세계 영혼'과 하나가 되는 경험을 뜻해. 많은 종교는 신과 인간 사이에 심연이 있어서 양자를 갈라놓고 있다고 주장해. 반면에 신비주의자는 이러한 심연을 체험하지 않고 남자든 여자든 '신에 동화'되는 경험을 직접 겪게 되지.

일반적으로 우리가 '나'라고 부르는 것은 우리 본래의 자아가 아니라는 게 문제야. 우리는 어떤 순간에 우리 자신이 더 큰 자아가 되는 체험을 할 수 있어. 많은 신비주의자가 이를 신이라고 했고, 다른 사람들은 '세계 영혼', '전체 자연', '대우주'라고도 했어. 신비주의자는 마치 바다로 섞이면서 물방울이 흩어지듯이 '자기를 잃고' 신의 내부로 사라지거나 없어지는 합일을 경험하게 돼. 이를 가리켜 인도의 한 신비주의자는 "내가 존재했을 때는 신이 존재하지 않았다. 이제 신이 존재하고, 더 이상 나는 존재하지 않는다." 라고 표현했어. 기독교의 신비주의자인 안젤루스 실레시우스(1624년~1677년)는 "물방울이 바다로 흘러들면 바다가 된다. 영혼이 신의 영접을 받으면 신이 된다." 라고 말했어.

지금 '자기를 잃는다'는 말이 너에게 별로 특별하지 않을지도 몰라. 물론, 네 생각도 충분히 이해해. 그러나 이 점을 깨달아야 해! 소피 네가 여기서 얻는 것에 비하면 네가 잃는 것은 한없이 작은 것에 지나지 않아. 지금 이 순간에 네가 지니고 있는 모습을 잃어버린다 해도 너는 실제로는 무한히 더 큰 어떤 것이 되는 거야. 이제 너는 전체 우주야. 네가 세계 영혼이며 신인 거야. 만일 네가 소피 아문센이라는 자기를 꼭 잃어야 한다면, 어차피 언젠가는 이 '일상의 자아'를 떠나야 한다는 사실이 네게 위로가 될 수도 있을 거야. 너의 참된 자아는 오직 네가 스스로를 벗어날 수 있을 때만 체험할 수 있는 것인데, 신비주의자들은 그것은 영원히 타오르는 놀라운 불꽃으로 여겼지.

하지만 그런 신비한 경험이 언제나 저절로 일어나지는 않아. 신비주의자는 신을 만나기 위해 종종 '정화와 순화의 길'을 걸어야 해. 이 길은 간소하게 생활하면서 명상하는 사람에게 주어지지. 신비주의자는 이 길을 가다 어느 순간 뜻을 이루고 이제 "나는 신이다!" 혹은 "나는 너다!" 하고 탄성을 지르게 돼.

모든 위대한 세계 종교에서 신비주의적 경향을 발견할 수 있어. 그리고 신비주의자가 자기의 신비주의 체험을 기술해놓은 글들에는 모든 문화적 차이에도 불구하고 비슷한 점이 많아. 신비주의자가 자기의 신비주의 체험을 종교나 철학적으로 해석하려 할 때, 비로소 문화적인 배경이 두드러지게 되지.

서양의 신비주의, 즉 유대교, 그리스도교, 이슬람교에서는 개인적인 신과 만나는 체험을 중요시해. 신이 자연과 인간의 영혼 속에 존재하지만, 또한 이 세계를 초월해 있기도 하지. 동양의 신비주의, 즉 힌두교, 불교, 중국의 종교에서는 신이나 '세계 영혼'과 하나가 되는 경지를 체험하는 것을 숭상한단다. 이를 경험한 신비주의자는 "나는 세계의 영혼이다." 혹은 "나는 신이다." 라고 말할 수 있어. 신은 이 세계에만 존재하지 않는 것이 아니라 그 밖에 어디에도 존재하지 않기 때문이야.

특히 인도에서는 플라톤이 등장하기 훨씬 오래전부터 강한 신비주의적 흐름이 있었어. 힌두교 사상을 서양에 전한 스와미 비베카난다는 "어떤 종교에서는 자기만 믿고 신을 믿지 않는 사람들을 무신론자라고 부르듯이, 우리는 자기 자신을 믿지 않는 사람을 무신론자라고 말한다. 자기 영혼의 숭고함을 믿지 않는 것을 우리는 무신론이라고 말한다."라고 표현했어.

신비주의 체험은 윤리학에서도 중요한 의미를 가져. 인도 대통령을 지낸 라다크리슈난이 "네 이웃을 네 몸같이 사랑해야 한다. 네가 바로 네 이웃이기 때문이다. 네 이웃이 너 자신과 다른 사람이라고 믿는 것은 착각이다."라고 말한 것처럼 말이야.

아무런 종교도 믿지 않는 현대인도 신비적 체험에 관해 이야기 할 수 있어. 갑자기 그들은 '이상한 의식'이나 '바다와 같은 느낌'이라고 할 만한 무엇을 체험해. 그들은 시간에서 풀려나는 것을 느끼고 '영원한 시간의 세계'를 체험하게 되지.

소피는 침대에서 일어나 앉았다. 여전히 몸이 그대로인지 느껴보려고 했다. 플로티노스와 신비주의자에 관해 읽는 동안, 자기 방을 지나 창문으로 나가 도시의 상공을 떠다니는 듯한 기분을 느꼈다. 소피는 광장의 모든 사람들을 내려다본 다음, 계속해서 북해와 유럽을 지나 아프리카의 사하라 사막과 드넓은 초원에 이르기까지 자기가 살고 있는 지구 위를 떠다녔다.

거대한 지구가 유일하게 살아 있는 한 사람이 되었고, 이 사람이 소피 자신인 것 같았다. '나는 세계다.' 하고 생각했다. 여태까지 두렵고 헤아리기 어렵던 우주가 바로 소피 자신이었다. 소피는 이제 이 거대하고 장엄한 우주만큼 커졌다.

소피는 환상에서 깨어나서도 이 감동을 오래 간직하겠다고 다짐했다. 그 순간 소피의 안에 있던 무언가가 이마에서 쏟아져 나와 다른 모든 것과 섞이는 것 같았다. 마치 한 방울의 색소가 물 한 컵을 온통 물들이듯이.

현실로 돌아온 소피는 불가사의한 꿈에서 깨어난 듯한 두통을 느꼈다. 너무 오래 누워서 알베르토 크녹스 선생님의 편지를 읽었기 때문에 등이 아팠다. 하지만 결코 잊지 못할 체험을 했다.

침대에서 일어난 소피는 맨 처음 편지에 구멍을 뚫어 파일의 다른 분류에 끼워 넣었다. 그러고 나서 뜰로 나갔다.

세계가 새로 창조된 듯 뜰에선 새들이 지저귀었다. 낡은 토끼장 뒤쪽의 자작나무들은 조물주가 아직 색 배합을 채 마치지 않은 듯, 선명한 연초록색을 띠고 있다.

정말 소피는 만물이 신적인 자아라고 생각했을까? 소피가 '한 줄기 불꽃' 같은 영혼을 지녔다고 생각했을까? 만일 그렇게 생각했다면 소피는 이미 신적인 존재이다.

우편엽서

…… 나는 나 자신에게 엄격한 검열을 받고 있다 ……

소피가 철학 선생님에게 소식을 듣지 못한 채 며칠이 지나갔다. 5월 17일은 목요일로 노르웨이의 국경일이었다. 소피는 18일도 쉬는 날이었다.

수요일, 학교에서 돌아오던 중 요룬이 갑자기 물었다.

"우리 캠핑 갈래?"

소피는 너무 오래 집을 떠나 있을 순 없다는 생각이 들었지만 생각을 가다듬고 그러자고 했다.

두 시간 뒤 요룬은 커다란 배낭을 메고 소피네 집에 왔다. 소피도 배낭과 텐트를 꾸려놓았다. 그 밖에 침낭과 따뜻한 옷, 고무 매트, 손전등, 차를 끓여 담은 큰 보온병 그리고 먹을 것을 많이 챙겼다.

두 사람은 5시쯤에 돌아오신 소피 엄마에게 해야 할 일과 해선 안 될 일에 관해 많은 주의사항을 들었다. 엄마는 그들이 어디에 텐트를 칠 생각인지도 알고 싶어 했다.

소피와 요룬은 티우르토펜으로 가려고 한다고 말씀드렸다. 어쩌면 내일 아침 그곳에서 들꿩의 울음소리를 들을 수 있을지도 모른다.

소피가 그 야영장을 선택한 것에는 한 가지 속셈이 있었다. 소피가 틀리지 않았다면, 티우르토펜에서 소령의 오두막까지는 그리 멀지 않았다. 무언가가 소피를 다시 그리로 이끌고 있었지만, 도무지 혼자 갈 자신이 없었다.

그들은 소피네 정원 문 앞 작은 갈림길에서 숲길로 들어섰다. 요룬과 소피는 오순도순 이야기했다. 철학과 관련된 모든 문제를 잠시 잊고 쉬게 돼서 흘가분했다.

8시쯤 그들은 티우르토펜 근처의 넓은 고원에 텐트를 쳤다. 바닥을 고르고 고무 매트를 깐 다음 침낭을 폈다. 저녁으로 샌드위치를 먹고 나서 소피가 물었다.

"너 소령의 오두막에 관해 들은 적 있니?"

"소령의 오두막?"

"이 숲 속 어딘가에 오두막이 있어……. 작은 호숫가에 말이야. 이상한 소령이 거기서 산 적이 있대. 그래서 소령의 오두막이라고 부르는 거야."

"지금도 누가 살고 있어?"

"우리 한번 둘러보고 올까?"

"근데 그게 어디 있는데?"

소피는 나무들 사이를 가리켰다.

요룬은 별로 내키지 않았지만 결국 따라나섰다. 태양이 중천에 떠 있었다.

키 큰 소나무 숲 사이를 지나서 덤불과 작은 숲을 힘겹게 지나 오솔길로 나왔다. 소피가 일요일 아침에 걷던 그 길인가?

그랬다. 소피는 곧 길 오른쪽 옆 나무들 사이로 뭔가 반짝이는 것을 가리켰다.

"저기 있다."

잠시 후 그들은 작은 호숫가에 섰다. 소피는 저 너머 오두막을 바라보았다. 창의 덧문들이 닫혀 있었다. 자그마한 빨간 집은 너무 황량해서 눈에 쉽게 들어왔다.

요룬은 두리번거리며 사방을 훑어보다가 물었다.

"호수를 걸어서 건너가야 하니?"

"아니, 노를 저어서."

소피는 갈대 위쪽을 가리켰다. 거기에는 이전처럼 노로 젓는 조각배가 있다.

"너 여기 와본 적 있어?"

소피는 머리를 가로 저었다. 요룬에게 지난번에 왔을 때의 일을 낱낱이 털어놓으면 너무 복잡해질 것 같았다. 어떻게 하면 알베르토 크녹스 선생님과 철학 강의에 대해 한마디도 발설하지 않을 수 있을까?

소피와 요룬은 이런저런 농담으로 하하호호 웃으며 노를 저어 호수를 건너갔다. 소피는 호수 건너편에 닿자 그 조각배를 육지로 끌어올려놓는 데 세심한 주의를 기울였다. 문 앞에 이르러 손잡이를 돌려보니 잠겨 있었다. 오두막 안에 아무도 없는 것이 분명했다.

"잠겨 있어. 혹시 다른 걸 기대한 것은 아니지?"

"열쇠를 찾아낼 수 있을 거야."

소피는 이렇게 말하고, 담벼락의 벽돌 사이를 살폈다.

"아, 이게 뭐야. 우리 텐트로 돌아가자."

몇 분 뒤 요룬이 말했다.

그때 소피가 외쳤다.

"열쇠를 찾았어, 열쇠를 찾았다고!"

의기양양하게 소피는 열쇠를 높이 쳐들어 보였다. 열쇠를 자물쇠에 꽂고 돌리자 문이 열렸다!

두 친구는 도둑처럼 살금살금 집 안으로 들어갔다. 안은 춥고 어두웠다.

"아무 깃도 안 보여."

요룬이 말했다.

소피 역시 그랬다. 소피는 가방에서 성냥갑을 꺼내 성냥을 그었다. 성냥불이 꺼지기 전에 오두막이 비어 있다는 것만 확인할 수 있었다. 소피는 새로 성냥불을 켰다. 이번에는 벽난로 위에서 철 촛대에 꽂힌 작은 초를 발견했다. 소피가 세 번째 성냥으로 초에 불을 붙이자, 이내 작은 방을 둘러볼 수 있을 만큼 밝아졌다.

"작은 초 하나가 이렇게 어두운 곳을 밝힐 수 있다니 신기하지 않니?"

요룬이 고개를 끄덕이자, 소피는 다시 말을 이었다.

"하지만 어딘가에서 이 빛은 어둠 속으로 사라질 거야. 원래 어둠 그 자체는 존재하지 않아. 어둠은 빛이 없는 것뿐이야."

"너 무슨 이상한 얘길 하는 거니! 우리 이제 나가자……."

"우선 이 거울을 봐봐."

소피는 전과 똑같이 서랍장 위에 걸려 있는 청동 거울을 가리켰다.

"참 아름답지……."

"하지만 그건 요술 거울이야."

"거울아, 거울아, 벽의 거울아, 이 나라에서 누가 제일 아름답지?"

"요룬아, 농담하는 게 아냐. 난 사람들이 이 거울을 통해서 반대편에 있는 것을 볼 수 있다고 생각해."

"너 여기 와본 적 없다고 하지 않았어? 나를 그렇게 놀리고 싶어?"

그 말에 소피는 아무 대답도 할 수 없었다.

"미안해."

그때 요룬이 방바닥 구석에 놓여 있던 무언가를 발견했다. 작은 상자였다. 요룬은 그것을 높이 들어올렸다.

"우편 엽서가 들어 있어."

소피의 숨이 가빠졌다.

"손 대지마! 건드리면 안 돼!"

요룬은 주춤하다가 마치 뜨거운 것에 덴 듯 들고 있던 상자를 떨어뜨렸다. 엽서가 바닥에 우르르 흩어지고 요룬의 웃음이 터져 나왔다.

"그냥 보통 우편 엽서잖아!"

요룬은 바닥에 앉아서 엽서를 주섬주섬 주웠다. 소피도 앉았다.

"레바논…… 레바논…… 레바논……. 모두 레바논에서 부친 거야."

요룬이 확인했다.

"알고 있어."

소피는 거의 울먹였다.

"그럼 전에 여기 와봤구나."

"그래."

소피는 여기를 다녀간 적이 있다고 순순히 털어놓으면 모든 일이 훨씬 가벼워지리라고 생각했다. 친한 친구에게 최근 며칠 동안의 비밀스러운 많은 사건들을 조금 알려줘도 그다지 문제가 되지 않을 것 같았다.

"여기서 처음 밝히고 싶었어."

요룬은 엽서를 읽기 시작했다.

"전부 웬 힐데 묄레르 크나그란 사람한테 보낸 거야."

소피는 여전히 엽서를 한 장도 건드리지 않은 채 말했다.

"그 주소가 전부야?"

요룬이 소리 내어 읽었다.

"힐데 묄레르 크나그, 알베르토 크녹스 댁, 릴레사, 노르웨이."

휴우, 소피는 안도의 한숨을 내쉬었다. 엽서에 소피 아문센 댁이라고 적혀 있을까 봐 불안했다. 그제야 소피는 엽서들을 더 찬찬히 뜯어보았다.

"4월 28일…… 5월 4일…… 5월 6일…… 5월 9일……. 이 엽서들은 바로 며칠 전에 소인이 찍힌 거구나."

"하지만 그게 다가 아니야. 모든 소인이 노르웨이어로 돼 있어. 여기 봐, 유엔 평화 유지군! 우표도 노르웨이 거야……."

"내가 알기론 언제나 그랬어. 유엔 평화 유지군은 중립이래. 그래서 그 안에는 노르웨이 우체국도 있어."

"하지만 어떻게 이 우편물이 집으로 배달될까?"

"군용 비행기로 배달할 거야."

소피는 초를 바닥에 놓았다. 그리고 이제 두 사람은 엽서에 뭐라고 쓰여 있는지 읽기 시작했다. 요룬이 엽서를 날짜별로 정리하고 첫 번째 엽서를 소리 내서 읽었다.

사랑하는 힐데야! 내가 릴레산의 집으로 가기를 얼마나 고대하고 있었는지 알고 있지? 6월 23일 저녁 일찍 셰비크에 도착할 것 같아. 네 열다섯 번째 생일에 맞춰 갈 수 있으면 얼마나 좋겠냐만, 군의 명령을 따라야 해. 대신 생일날 네가 받게 될 커다란 선물에 온 신경을 다 쏟겠다고 약속할게.

— 늘 사랑하는 딸의 미래를 생각하는 아빠가!

추신 : 난 우리 둘 다 아는 한 사람에게 이 엽서의 사본을 보낼 거야. 이미 무슨 뜻인지 알고 있겠지? 지금 내겐 비밀이 많아. 너도 분명 알고 있을 거야.

소피가 다음 엽서를 집어들었다.

사랑하는 힐데야! 언젠가 우리는 이곳에서 다른 곳으로 옮겨 가야 해. 내가 언젠가 레바논에서 지낸 이 5월을 회상하면, 많은 기다림의 시간들을 기억하게 될 거야. 하지만 나는 너의 열다섯 번째 생일날 가능한 한 멋진 선물을 주려고 모든 노력을 기울이고 있어. 지금은 더 이상 이야기해줄 수 없구나. 나는 나 자신에게 엄격한 검열을 받고 있어.

— 사랑하는 아빠가

긴장한 두 친구는 숨을 죽이고 앉아 있었다. 둘 다 한마디도 하지 않은 채, 오로지 엽서에 적힌 것만 읽어 내려갔다.

사랑하는 내 딸! 한 마리 흰 비둘기에 내 고백을 실어 보낼 수 있다면 얼마나 좋을까. 하지만 레바논에선 흰 비둘기를 구할 수가 없구나. 전쟁으로 폐허가 된 이 나라에 정말 필요한 것이 있다면 그건 흰 비둘기일 거야. 유엔이 언젠가는 이 세상에 평화를 가져오면 좋을 텐데.

추신 : 혹시 네 생일 선물을 다른 사람과 나누어 가질 수 있겠니? 내가 집에 가면 보게 되겠지. 하지만 넌 아직 이게 무슨 뜻인지 전혀 모를 거야.
　　　　　　　　　　　　　　　— 오랫동안, 우리 둘을 생각하는 사람이

소피와 요룬이 엽서 여섯 장을 읽고 나자, 남은 엽서는 단 한 장뿐이었다.

사랑하는 힐데야! 난 네 생일과 관계된 이 모든 비밀 때문에 정말 가슴이 터질 것 같아. 그래서 애써 마음을 가다듬고 있어. 하루에도 여러 번 전화를 걸어 모든 것을 털어놓고 싶은 마음을 말이야. 그런데 점점 심해지는구나. 너도 알다시피 무엇이든 점점 커지는 것은 혼자만 간직하기가 더욱 어려워지잖니.
　　　　　　　　　　　　　　　　　　　　　— 사랑하는 아빠가

추신 : 넌 소피라는 소녀를 만나게 될 거야. 너희들이 만나기 전에 서로 조금 알 수 있도록 네게 보내는 모든 엽서의 사본을 소피에게 보냈어. 소피가 금세 모든 연결 고리를 눈치채게 될까, 힐데야? 지금까지 네가 알고 있는 만큼 소피도 알고 있단다. 소피에겐 요룬이라는 친구가 있어. 혹 그 친구가 도와줄 수 있을까?

요룬과 소피는 마지막 엽서를 읽고 나자마자 눈이 둥그래져 서로 쳐다보았다. 요룬이 소피의 손목을 붙잡고 말했다.

"나 무서워."

"나도."

"마지막 엽서는 언제 소인이 찍혔니?"

소피는 엽서를 다시 한 번 살펴보았다.

"5월 16일, 그러니까 오늘이야."

"말도 안 돼!"

요룬이 반박했다. 거의 화가 나 있었다.

둘은 소인을 자세히 살펴보았다. 틀림없었다. '90. 05. 16'이란 소인이 찍혀 있다.

"이건 정말 있을 수 없는 일이야."

요룬이 우겼다.

"그리고 난 누가 이 엽서를 썼는지 이해가 안 돼. 하지만 틀림없이 우리를 아는 사람일 거야. 근데 어떻게 오늘 우리가 여기 올 줄 알았을까?"

요룬은 너무 무서웠다. 하지만 힐데와 힐데 아빠가 관련된 이 일이 소피에게 전혀 새로운 일이 아니었다.

"이 일이 저 청동 거울과 어떤 식으로든 관계가 있다고 생각해."

요룬이 다시 움찔했다.

"레바논에서 소인이 찍히는 그 순간, 이 엽서들이 저 거울 속에서 떨어졌단 말은 아니겠지?"

"더 나은 생각 있어?"

"아니."

"하지만 그게 이곳의 유일한 수수께끼는 아니야."

소피는 일어나서 촛불로 벽에 걸린 두 그림을 비추었다. 요룬이 그림 쪽으로 몸을 숙였다.

"버클리와 비에르켈리. 이게 무슨 뜻이지?"

"나도 몰라."

이제 양초가 거의 다 타들어가고 있었다.

"이제 가자! 얼른 와!"

요룬이 말했다.

"이 거울을 가져가야겠어."

그러면서 소피는 몸을 일으켜 흰 서랍장 위에 걸린 커다란 청동 거울을 벽에서 떼내었다. 요룬이 막으려고 했지만, 소피는 멈추지 않았다.

그들이 바깥으로 나왔을 땐 여느 5월의 밤처럼 어두웠다. 아직까지는 덤불과 나무의 윤곽을 구별할 수 있었다. 작은 호수는 하늘을 비추고 있는 거울 같았다. 두 사람은 천천히 호수 건너편을 향해 노를 저었다.

텐트로 돌아가는 길에 두 사람 중 누구도 별달리 말을 많이 하지는 않았지만, 둘 다 상대방이 분명 그들이 본 것에 대해 골똘히 생각하고 있다고 여겼다. 때때로 놀란 새들이 포르르 날아올랐다. 부엉이 소리를 두 번이나 들었다.

소피와 요룬은 텐트가 있는 곳으로 돌아와서는 바로 침낭으로 기어들어갔다. 요룬이 거울을 텐트 안에 두지 말자고 했다. 그들은 잠들기 전에 거울이 입구 바깥에 있는데도 어쩐지 벌써 기분이 섬뜩하다고 서로 숨김없이 말했다. 소피는 소령의 오두막에서 엽서도 가져왔다. 소피는 그것을 배낭 옆주머니에 넣어두었다.

다음 날 아침 둘은 일찍 잠에서 깼다. 소피가 먼저 침낭에서 기어 나와 장화를 신었다. 바깥 풀밭에 놓아두었던 커다란 청동 거울엔 이슬이 잔뜩 맺혀 있었다. 소피는 스웨터로 이슬을 닦아내고 거울에 비친 자기 모습을 바라보았다. 다행히 레바논에서 그날 새로 날아든 엽서는 없다.

텐트 뒤편의 고원 위로 아침 안개가 자그마한 솜뭉치처럼 드문드문 끼어 있었다. 작은 새들이 발랄하게 지저귄다. 큰 새들은 보이지 않고 좀처럼 소리도 들리지 않았다.

두 사람은 스웨터를 더 껴입고 텐트 앞에서 아침을 먹으면서 소령의 오두막과 비밀에 싸인 엽서에 관해 이야기를 나누었다.

소피와 요룬은 아침 식사 후 텐트를 꾸려, 집으로 걸음을 재촉했다. 소피는 내내 그 청동 거울을 팔에 끼고 있었다. 거울이 무거워서 잠깐씩 쉬어야 했다. 요룬이 한사코 거울에 손대기를 꺼려했기 때문이었다.

마을의 첫 번째 집을 향해 다가가고 있을 때 여기저기서 폭음이 들렸다. 소피는 힐데의 아빠가 전쟁으로 폐허가 된 레바논에 관하여 쓴 글이 생각났다. 평화로운 나라에 사는 것이 얼마나 행복한지 비로소 깨달았다. 그 폭음은 국경일을 축하하는 불꽃놀이의 폭죽 소리였다.

소피는 요룬에게 함께 집에 들어가서 코코아를 마시자고 했다. 소피 엄마는 그 큰 거울을 어디서 가져왔는지 꼬치꼬치 물었다. 소피는 소령의 오두막에서 거울을 발견했다고 대답했다. 엄마는 그 오두막엔 아주 오래전부터 아무도 살지 않는다고 거듭 말했다.

요룬이 집으로 돌아가자 소피는 빨간 원피스를 꺼내 입었다. 국경일의 남은 시간은 아주 평범하게 흘러갔다. 저녁 뉴스에서는 레바논에 주둔하고 있는 노르웨이 유엔 평화 유지군이 벌이는 국경일 축하행사를 보도했다. 소피는 화면을 바라보았다. 화면 속에 보이는 군인 가운데 한 사람이 힐데의 아빠일 수도 있었다.

5월 17일, 이날의 마지막 일과로 소피는 자기 방에 그 큰 청동 거울을 걸었다. 이튿날 오전, 소피는 동굴에서 새로 온 갈색 편지봉투를 발견했다. 소피는 봉투를 뜯고 곧바로 읽기 시작했다.

두 문화권

…… 그래야만 너는 허공을 둥둥 떠다니지 않게 될 거야 ……

소피야, 이제 우리는 머지않아 곧 다시 만나게 될 거야. 나는 네가 소령의 오두막으로 다시 올 거라고 생각했어. 그래서 거기에 힐데 아빠가 보낸 엽서를 전부 놓아둔 거야. 그럼 힐데에게도 엽서들을 전할 수 있으니까.

그러니까 넌 힐데의 엽서에 대해 골치 아파 하지 않아도 돼. 6월 15일 까지는 아직 시간 여유가 있단다.

우리는 헬레니즘 철학자들이 고대 그리스 철학을 어떻게 반복했는지, 한술 더 떠 고대 그리스 철학자들을 교주로 치켜세우는 모습을 살펴보았어. 아마 플로티노스는 플라톤을 거의 인류의 구원자로 섬겼던 게지.

그러나 우리가 알기로는 여기서 이야기하는 헬레니즘 시기에 다른 구원자가 탄생했어. 그것도 그리스·로마 문화권 밖에서 말이야. 바로 나사렛의 예수였지. 이 장에서 우리는 어떻게 기독교가 서서히 그리스·로마 세계로 스며들었는지 살펴볼 거야. 마치 힐데의 세계가 우리 세계로 서서히 파고든 것과 비슷하지.

예수는 유대인이었고 유대인은 셈족 문화권에 속해. 그리스인과 로마인은 인도 게르만 문화권에 속하지. 그러니까 우리는 유럽 문명에 두 뿌리가 있음을 알 수 있어. 어떻게 기독교가 그리스·로마 문화와 서서히 섞이게 되었는지를 상세히 알아보기 전에, 우리는 먼저 이 두 문화권의 뿌리에 대해 더욱 정확하게 살펴보아야 해.

인도·게르만인

인도·게르만어를 사용하는 모든 나라와 문화를 '인도·게르만어족'이라고 불러. 핀란드-헝가리어족(셈족 언어, 핀란드어, 에스토니아어, 헝가리어)과 바스크족 언어를 제외한 모든 유럽 언어가 바로 인도·게르만어에 속하고 대부분의 인도어와 이란어도 인도·게르만어족에 속하지.

지금부터 약 4,000년 전에 인도·게르만 원주민이 흑해와 카스피 해 지역에 살았다고 해. 이 인도·게르만 종족들은 커다란 유랑의 물살에 휩싸이게 되지. 남동쪽으로는 이란과 인도로, 남서쪽으로는 그리스, 이탈리아, 스페인을 향해, 서쪽으로는 중부 유럽을 거쳐 영국과 프랑스를 향해, 북서쪽으로는 스칸디나비아를 향해 그리고 동유럽과 러시아를 향해 북쪽으로 뿔뿔이 흩어지게 되었단다. 이들 인도·게르만인들은 곳곳에서 인도·게르만 문화 이전의 문화와 융합했지만, 동시에 인도·게르만 종교와 언어 역시 중요한 역할을 했어.

따라서 고대 인도의 베다 성전과 그리스 철학, 그리고 심지어 스노리 (북유럽 신화를 바탕으로 『에다』를 쓴 시인이자 역사가─옮긴이)의 신화도 모두 친족 언어로 쓰인 거야. 하지만 언어만 유사한 것이 아니야. 대체로 비슷한 사고방식은 언어의 유사성에서 유래하잖아? 그러니까 이제 인도·게르만 문화권에 대해 이야기해보자.

인도·게르만 문화의 특징은 무엇보다도 수많은 신들을 믿는다는 거야. 이를 다신교라고 해. 여러 신들의 이름과 중요하고 많은 종교 용어와 표현들을 인도·게르만 전 지역에서 찾아볼 수 있어. 몇 가지 예를 들어볼게.

고대 인도인은 하늘의 신 디아우스(Dyaus)를 숭배했어. 이 신은 그리스어로 제우스(Zeus)를 말하고, 라틴어로는 유피테르(Jupiter), 고대 북구어로는 티르(Tyr)라고 불러. 그러므로 디아우스, 제우스, 롭(Lov), 티르는 똑같은 단어의 다양한 변형이야.

북유럽의 바이킹족이 아제(Ase)라고 부르는 신을 숭배한 것은 너도 알 거야. '제신(諸神)'이란 단어도 인도 게르만 전역에서 찾아볼 수 있지. 고대 인도어인 산스크리트어로 제신은 아수라(Asura)이고 이란어로는 아후라(Ahura)야. 신을 의미하는 그 밖의 단어는 산스크리트어로는 데바(Deva), 이란어로는 대바(Daeva), 라틴어로는 데우스(Deus), 고대 북구어로는 티부르(Tivurr)란다.

북유럽에서는 그 외에도 다산(多産)의 신을 의미하는 독특한 여러 단어가 있어. [예를 들어 뇨르(Njord), 프레이(Frøy), 프레이야(Frøya) 등이지.] 이러한 신들을 바넨(Wanen)이라고 표기했어. 이 단어는 라틴어에서 다산의 여신인 베누스(Venus)라는 이름과 유사해. 산스크리트어에는 이와 유사한 단어인 바니(Vani)란 말이 있는데, '쾌락' 또는 '욕구'를 의미해.

또 인도·게르만 전역의 여러 신화들 역시 친족 유사성이 분명하게 나타나. 스노리의 고대 북구 신들에 관한 이야기에서는 많은 신화들이 2,000~3,000년 전부터 내려오는 인도 신화를 떠올리게 해. 물론 스노리의 신화는 북구의 자연환경을 토대로 이루어졌고, 인도 신화에는 인도 자연환경의 특징이 나타나지. 그러나 신화 가운데 대부분이 같은 기원을 암시해. 이것은 무엇보다도 불로주(不老酒)와 혼돈 세계의 괴물에 대항하는 신들의 전쟁 신화에서 분명히 드러난단다.

사고방식에서도 여러 인도·게르만 문화 사이에 명백한 관련성이 있어 인도·게르만인은 세계를 선한 힘과 악한 힘이 서로 화합하지 못하고 싸움을 벌이는 이야기로 생각했어. 이것은 인도·게르만 문화에서 공통적으로 볼 수 있는 전형적 세계관이야. 그래서 인도·게르만인은 세상에서 무슨 일이 벌어지게 되는지를 '예언'하려고도 했단다.

그리스 철학이 인도·게르만 지역에서 생겨난 점은 우연이라고 할 수 없어. 인도, 그리스, 북구의 신화는 철학적 또는 '회의적' 관찰 방식의 싹을 이미 내포하고 있는 거야.

인도·게르만인은 세상 이치를 꿰뚫어 보는 '통찰력'을 얻으려 했어. 그래서 우리는 인도·게르만 전역에서 각 문화에 따라 '통찰' 또는 '지혜'를 의미하는 특정한 단어를 찾아낼 수 있단다. 산스크리트어에서 이 단어는 비드야(vidya)고 이 단어는 그리스어 이데(idé)와 같은 뜻이야. 그 단어는 너도 알다시피 플라톤 철학에서 중요한 의미가 있지. 라틴어로는 비데오(video)인데, 로마어로는 단순히 '본다'는 뜻이야. (오늘날 쓰는 '비디오'라는 말의 원형인 셈이지.) 영어에서 지혜를 뜻하는 와이즈(wise)와 위즈

덤(wisdom) 같은 단어를 독일어로는 바이제(weise) 그리고 비센(Wissen)이라고 하지. 노르웨이어로 그 단어는 비텐(viten)이고 인도어 '비디아'와 그리스어 '이데'와 라틴어 '비데오'는 동일한 어근에서 비롯되었어.

일반적으로 본다는 것이 인도·게르만인에게는 매우 중요한 의미가 있었던 것 같지? 인도인과 그리스인, 이란인과 게르만인의 문학은 거대한 우주관(vision)이 특징이야. (단어 '비전'은 라틴어 '비데오'에서 유래됐지.) 그리고 신과 신화에 나오는 사건에 대한 형상과 조각물을 만드는 일은 인도 게르만 문화에서는 흔히 있는 일이었단다.

마지막으로 인도·게르만인은 순환론적 역사관을 가졌어. 즉 이들에게는 역사는 원을 그리듯 돌고 도는 것이며, 구체적으로 말해서 여름과 겨울 사이를 오가는 계절처럼 '주기'를 따라 운동한다는 거야. 그래서 역사에는 원래 시작도 종말도 존재하지 않는 거야. 죽음과 탄생을 반복하는 영원한 변화 속에서 생성하고 소멸하는 다양한 세계의 이야기가 존재할 뿐이지.

동양의 2대 종교(힌두교와 불교)는 인도·게르만 문화에 근원을 두고 있어. 이건 그리스 철학도 마찬가지란다. 우리는 한편으론 힌두교와 불교 사이에서, 다른 한편으론 그리스 철학 사이에서 분명한 유사성을 발견하게 됐지. 오늘날에도 힌두교와 불교는 철학적인 성찰에 중점을 둔다는 명백한 특징을 지니고 있어.

힌두교와 불교에서는 만물에 신성이 존재하고(범신론), 종교적인 통찰을 통해 인간이 신과 하나가 될 수 있음을 강조했어. (플로티노스를 기억하지?) 그러기 위해서는 대체로 엄격한 자기 성찰과 명상이 필요했기 때문에 소극적 태도와 은둔이 종교적 이상으로 여겨질 수 있었지. 그리스

세계에서도 많은 사람들이 영혼의 구원을 위해 금욕적 또는 종교적인 은둔 생활을 해야 한다고 생각했고. 중세 수도원 생활의 몇 가지 근본 원리는 이런 그리스·로마 세계의 관념에 근거를 두고 있단다.

그 밖에도 다양한 인도·게르만 문화에서는 영혼의 윤회에 대한 믿음에 큰 의미를 두었고, 힌두교에서는 언젠가 윤회를 면하는 것이 모든 신자의 목표였어. 플라톤이 윤회를 믿었다는 것은 우리도 알고 있는 애기지.

셈족

소피야, 이제 셈족에 대해 이야기해보자. 지금부터는 아주 다른 언어를 사용하는, 완전히 다른 문화권에 대한 이야기야. 원래 셈족은 아라비아 반도에서 유래했지만 셈 문화권은 세계적으로 널리 확대됐어. 2,000여 년 전부터 유대인은 선조들의 땅에서 멀리 떨어져 살게 되었어. 그 때문에 셈족의 역사와 기독교를 포함한 셈족의 종교는 그들의 지리적인 뿌리에서 가장 멀리 전파될 수 있었지. 게다가 셈족 문화는 이슬람의 확장을 통해 전 세계로 퍼지게 되었단다.

세 가지의 서양 종교, 즉 유대교, 기독교, 이슬람교는 셈족 문화를 배경으로 해. 이슬람교의 성전인 코란과 유대·기독교의 구약 성서는 서로 비슷한 셈족 언어로 쓰였어. 그러므로 '신'을 의미하는 구약 성서 단어 중 하나는 이슬람교의 알라(Allah)와 같은 어근을 갖고 있지. ('알라'라는 단어는 '신'을 의미해.)

이러한 연관성은 기독교가 등장한 뒤에 다소 복잡해졌어. 물론 기독교도 셈족 문화를 배경으로 하지만 신약성서는 그리스어로 쓰였고, 기독교의 신학이나 교리가 형성되었을 때 신학과 교리는 그리스어와 라틴어, 즉 헬레니즘 철학으로 표현됐지.

인도·게르만인이 다양한 신을 믿었다고 얘기했지. 일찍이 하나의 신을 믿어온 셈족에게는 아연실색할 일이었을 거야. 우리는 그걸 유일신교라고 불러. 유대교, 기독교, 이슬람교에서는 하나의 신만이 존재한다는 기본적인 사고가 자리 잡고 있었어.

그 밖에 셈족은 공통적으로 직선적 역사관을 갖고 있었어. 여기서는 역사가 '처음과 끝을 갖는' 선으로 이해되지. 일찍이 하느님이 세상을 창조했고 역사가 시작되었어. 그러나 언젠가 역사는 끝이 나는데, 그것도 하느님이 산 자와 죽은 자를 심판할 '최후의 심판'으로써 끝나게 된다는 거야.

서양의 이 3대 종교가 보여주는 중요한 종교적 특징은 바로 역사의 역할이야. 즉 역사에 신이 등장한다는 것, 즉 신이 자신의 뜻을 펼치기 위해 역사가 존재하는 거지. 유일신인 하느님이 일찍이 아브라함을 '약속의 땅'으로 인도한 것처럼, 하느님은 인간의 삶을 '최후의 심판'에 이를 때까지 역사를 통해 인도한다는 거야. 그러고 나서 세계의 모든 악이 파괴된다는 거지.

셈족은 역사 속에 나타나는 신의 행위를 중요시했기 때문에 수천 년 전부터 역사 서술에 몰두했어. 그래서 역사적 뿌리를 추구하는 것이 그들의 종교 경전의 중심을 이루었지.

오늘날 예루살렘은 유대인, 기독교인, 이슬람교인 모두에게 중요한 성지야. 이것 역시 세 종교가 모두 공통된 역사적 배경을 갖고 있음을 시사해. 예루살렘에는 중요한 (유대교의) 회당과 (기독교의) 교회와 (이슬람교의) 사원이 있어. 그래서 예루살렘이 분쟁의 씨앗이 된 것은 더욱 비극적인 일이야. 사람들은 '영원한 도성'의 지배권을 다른 종교를 믿는 사람에게 넘겨주지 않기 위해 서로 수천 명을 죽이는 살육전을 계속하고 있어. 언젠가 유엔에서 예루살렘이 세 종교 모두의 집합지가 되도록 문제를 해결할 수 있다면! (그러나 철학 강의의 실제적인 부분에 관해선 더 이상 이야기하지 말고 그 부분은 힐데 아빠에게 맡겨두자. 유엔 평화 유지군 감시단원이 레바논에 있다는 것을 알고 있지? 더 자세하게 말하자면 그가 육군 소령이라는 것을 밝혀두마. 네가 조금씩 그 관련성을 예감하고 있다면, 그게 맞을 거야. 그렇다고 다른 경우에도 사건의 경과를 미리 예측해서는 안 되겠지만.)

인도 · 게르만인에게 가장 중요한 감각이 바로 시각이라고 했는데 셈족 문화권에서는 청각이 대단히 중요한 역할을 했어. 유대교의 신앙 고백이 "들어라, 이스라엘이여!"라고 시작하는 것은 우연이 아니야. 구약 성서에서 우리는 인간이 어떻게 하느님의 말씀을 '듣는가'를 읽었고, 유대의 예언자는 "그러므로 야훼(신)가 말씀하셨다."라는 말로 예언을 시작했어. 또 기독교에서는 하느님의 말씀을 '듣는 것'에 비중을 두었어. 특히 유대교, 기독교, 이슬람교가 보여주는 예배의 특징은 성경을 낭독하는 거야.

인도 · 게르만인이 그들 신의 형상과 조각품을 만들었다고 말했지. 셈족에겐 원래 일종의 조형물 금지 규정이 있었는데 이는 그들이 신 또는 신성한 모든 것의 조형물이나 조각품을 만들지 못하게 한 거야. 구약 성서에도 인간은 신의 모형을 만들어서는 안 된다고 적혀 있고. 이 종교적 규율은 오늘날에도 이슬람교와 유대교에 적용된단다. 이슬람교에서는 전반적으로 사진과 조형예술에 대한 거부감이 있어. 인간은 무엇을 '창조할' 때 신과 경쟁해서는 안 된다는 것이지.

하지만 너는 교회에 하느님과 예수에 관한 조형물이 셀 수 없이 많다고 생각했을 거야. 맞아, 그것이 기독교가 그리스·로마 세계에서 대단히 큰 영향을 받았다는 걸 보여주는 사례야. (그리스 정교와 러시아 정교에서는 여전히 조각한 형상, 즉 성서에 기록된 역사의 장면을 새긴 조각물과 십자가상을 금지한단다.)

동양의 종교와는 반대로 서양 종교들은 신과 신의 창조물 사이에 넘을 수 없는 심연이 있음을 강조해. 구원이란 윤회에서 벗어나는 것이 아니라 죄에서 벗어나는 거야. 그 밖에도 종교 생활은 자기 성찰과 명상보다는 기도와 설교, 교리에 중점을 두고 있어.

이스라엘

소피야, 지금 내가 네 종교 선생님과 경쟁을 하려는 것은 아니지만 잠시 기독교의 유대교적인 배경을 살펴볼게.

하느님이 세계를 창조함으로써 만물이 생겨났어. 그 창조 과정을 성경 첫머리에서 찾아볼 수 있지. 그런데 인간은 곧 하느님을 배반했어. 그래서 아담과 하와가 에덴동산에서 쫓겨나고 이 세상에 죽음이 찾아온 거야.

하느님에게 복종하지 않는 한결같은 인간의 태도는 성서 도처에서 나타나. 「모세 5경」 중 제1권 '창세기'에서 책장을 계속 넘기면, 우리는 대홍수와 노아의 방주에 관한 얘기를 읽을 수 있어. 그리고 신이 아브라함과 그의 족속에게 하신 약속을 읽을 수 있지. 이 약속은 아브라함과 그의 족속에게 하느님의 계명을 지킬 것을 요구한 것인데, 후에 모세가 시나이 산 위에서 계명판(모세의 십계명)을 얻었을 때 갱신되었단다. 기원전 약 1200년경의 일이야. 그 당시에 이스라엘 사람들은 오랫동안 이집트에서 노예로 살다가 '하느님의 도우심'으로 그곳을 벗어나게 되었어.

기원전 1000년경에, 그러니까 아직 그리스 철학이 생기기 훨씬 전에 이스라엘에 사울, 다윗, 솔로몬 세 왕이 등장해 이스라엘 민족의 통일 왕국을 이룩했는데 특히 다윗 왕 때는 정치·군사·문화적 전성기를 누렸어.

왕을 정하면 백성이 성유를 발라 축성을 했어. 그래서 그들은 '기름 부은 자'라는 뜻의 메시아라는 칭호를 지니게 되었어. 종교적으로 볼 때 왕은 하느님과 백성 사이의 중개자야. 그래서 왕은 '하느님의 아들'이고, 나라는 '하느님의 나라'였지.

그러나 이스라엘은 곧 약해져서 북부 왕국(북이스라엘)과 남부 왕국(남유대)으로 나뉘었어. 기원전 722년에 북부 왕국은 아시리아에 짓밟혀 모든 정치적·종교적인 세력을 상실했고 남부 왕국도 상황은 썩 좋지 않았어. 기원전 586년에 바빌로니아에게 정복당했거든. 이제 예루살렘에서 성전은 다 파괴되고 백성의 대부분은 노예 신세가 되어 바빌론으로 끌려갔지. 이 사건을 바빌론 유수(幽囚: 잡아 가둠)라고 하는데 이스라엘 백성은 기원전 539년에야 풀려나 예루살렘으로 돌아가 성전을 다시 세웠어. 유대인은 이때부터 금세기 초까지 이방인의 지배를 받게 된 거야.

그런 상황에서 유대인들은 물음을 던졌어. '왜' 다윗 왕국이 멸망하고 유대인이 오랫동안 불행을 겪게 되었을까? 분명히 하느님은 이스라엘을 보호하겠다고 약속했고 이스라엘 백성도 하느님의 명령을 지키겠노라 서약했는데 말이야. 그래서 결국 사람들이 순종하지 않았기 때문에 하느님이 그들에게 벌을 내린 것이라는 견해가 널리 퍼지게 되었어.

기원전 750년경에 그 백성이 하느님의 계명을 지키지 않아서 하느님이 벌하리라는 것을 예언하는 자들이 등장했어. 이들은 언젠가 하느님이 이스라엘을 심판하리라고 소리 높여 외쳤지. 그 예언을 '파멸의 예언'이라고 해.

그 후에는 하느님이 곧 남은 백성들을 구원하고 다윗의 자손을 '평화의 왕'으로 삼으리라고 예언하는 자들도 등장했어. 곧 이 평화의 왕이 다윗 왕국을 재건하고 이스라엘 백성에게 행복한 미래를 보장하리라고!

예언자 이사야는 "어둠 속에서 방황하는 백성은 커다란 빛을 볼 것이며 어둠의 땅에서 살고 있는 그들 위로 그 빛이 밝게 빛날 것이다."라고 말했어. 우리는 그 예언을 '구속(救贖: 예수가 대신 속죄하여 인류를 구원함)의 예언'이라고 해.

정리하자면 이스라엘 백성은 다윗 왕 치하에서 행복하게 살았어. 이스라엘 백성이 고통스러운 상황에 처했을 때, 예언자들은 다윗의 족속에서 새로운 왕이 출현할 것을 예언했지. 즉 '메시아' 또는 '하느님의 아들'이 그 백성을 '구원'하고, 이스라엘은 다시 위대한 힘으로 '하느님의 나라'를 세울 것이라고 말이야.

예수

소피야, 내 얘기 따라올 만하니? '메시아', '하느님의 아들', '구원', '하느님의 나라'가 표제어야. 처음에는 이 모든 단어가 정치적 의미를 가졌어. 예수가 살던 시대에도 많은 사람들은 새로운 메시아를 다윗 왕과 동일한 정치적·군사적·종교적인 지도자로 생각했어. 그래서 구원자는 로마의 지배를 받던 유대인의 고통을 끝내줄 민족의 해방자로 여겨졌던 거야.

그러나 다른 목소리들도 분명히 있었어. 예언자들은 예수 그리스도가 탄생하기 이미 200년 전부터 메시아가 전 세계를 구원하리라는 것을 예언했어. 그 메시아는 유대인을 이방인의 구속에서 풀어줄 뿐만 아니라 모든 인간을 죄와 허물에서 구원할 것이며, 결국 우리 모두를 죽음에서 구원할 거라는 거지. 그리고 이런 의미의 구원에 대한 희망은 헬레니즘 문화 전반에 퍼져나갔어.

그리고 드디어 예수가 등장했단다. 약속된 메시아를 자처한 사람들은 그 외에도 많았고, 예수는 다른 예언자들처럼 '하느님의 아들', '하느님의 왕국', '메시아', '구원'이라는 말들을 썼어. 이렇게 예수는 오랜 예언과 결부되어 있었어. 그는 말을 타고 예루살렘에 들어와서, 백성에게 민족의 구원자로 섬김을 받았어. 그는 이렇게 전형적인 '즉위 의식'을 통해 왕위에 오른 고대의 왕들과 같았어. 예수는 백성들이 자기에게 성유를 바르자, "시간이 되었다. 하느님의 나라가 가까이 왔다." 라고 말했어.

이 모든 이야기들을 알아두는 것이 중요해. 하지만 더 중요한 것은 지금부터야. 예수는 자신이 군사·정치 지도자도 아니라는 것을 분명히 했다는 점에서 스스로 메시아라고 내세운 다른 모든 사람들과 구별돼. 예수의 사명은 훨씬 더 큰 것으로, 모든 인간을 구원하고 그들에게 하느님의 죄 사함을 알리는 것이었어. 예수는 사람들 사이를 다니면서 "하느님이 너의 죄를 용서하셨다."라고 말했어. 그건 사람들이 일찍이 들어보지 못한 말이었지. 그래서 오래지 않아 율법학자들 사이에 예수에 대한 반감이 싹텄고 결국 그들은 예수를 처형하기 위한 음모를 꾸미기 시작했어.

요컨대 많은 사람들은 예수 시대에 북과 나팔을 들고 (즉 불과 칼로) 하느님의 왕국을 재건할 메시아를 기다렸어. '하느님의 나라'라는 말은 예수의 설교에서도 일관된 중심 개념을 이루지만 그 말의 의미는 이제 비할 바 없이 확장되었어. 예수는 하느님의 나라를 이웃 사랑과 약한 사람 돕기, 그리고 모든 죄인에 대한 용서라고 가르쳤어.

여기서 우리는 옛날의 반(牛)군사적인 메시아의 의미가 극적으로 변한 것을 알 수 있어. 사람들은 하느님의 나라를 재건할 최고 통치자를 기다렸어. 그때 예수가 나타나 하느님의 나라에 대해 설명했어.

"네 이웃을 너 자신과 같이 사랑하라."

여기서 끝이 아니란다, 소피야. 게다가 그는 우리가 우리의 적도 사랑해야 한다고 말했어. 그들이 우리의 한쪽 뺨을 때리면 우리는 똑같이 응대하는 것이 아니라 다른 쪽 뺨도 내주어야 한다고. 그리고 우리는 일곱 번뿐만 아니라 일곱 번씩 일흔 번이라도 용서해야 한다고.

예수는 평생에 걸쳐 창녀, 부패한 세무 관리, 민족의 배신자들과도 거리낌 없이 이야기했어. 그뿐만이 아니야. 자기 전 재산을 다 써버린 유랑인, 타락한 세무 관리, 돈을 횡령한 사람도 하느님에게 용서를 빌면

의로운 사람이 된다고 말했어. 그만큼 하느님의 은혜는 한없이 크다는 거였지.

그리고 너도 알다시피 예수는 더 많은 것을 보여주었어. 이제 너도 그 점을 확신할 수 있겠지. 예수는 '죄인'도 하느님 앞에서 의로워진다고 했어. 능력이 뛰어나다고 해서 거만하고 약삭빠르게 행동하는 바리새인보다는 스스로 죄인이라 생각하는 사람들이 마땅히 죄를 용서받을 것이라고 말이지.

예수는 어떤 인간도 하느님의 은혜를 거저 얻을 수 없음을 강조했어. 우리는 스스로를 구원할 수 없어. (수많은 그리스인들이 그렇게 믿었지!) 예수가 산상 설교에서 언급한 윤리적 요구를 네게 있을 때, 하느님의 뜻만을 나타내려고 한 것은 아니야. 그는 어떤 인간도 하느님 앞에서는 의롭지 못함을 보여주려고 했지. 하느님의 은혜는 무한하지만 우리는 기도로써 속죄를 구해야 한다는 말이지.

예수의 인격과 그의 가르침에 대한 더 상세한 이야기는 네 종교 선생님에게 맡겨둘게. 그건 상당히 중요한 과제야. 선생님이 어떤 의미에서 예수가 보통 사람이 아니었는지 밝혀주시기를 바라. 예수는 비범한 방식으로 그 시대의 언어를 사용해서 낡은 상투어에 대단히 새롭고 큰 뜻을 붙였어. 그가 십자가에서 죽을 수밖에 없었던 것은 조금도 놀라운 일이 아니야. 그의 급진적인 구원의 가르침은 많은 권력자들의 이익을 위협했으며, 결국 그들의 손에 죽임을 당할 수밖에 없었지.

소크라테스의 경우에서 우리는 인간의 이성에 호소하는 것이 얼마나 위험한 일인지를 알게 되었고, 예수의 경우에서는 이웃을 무조건 사랑하고 무조건 용서하라고 요구하는 것이 얼마나 위험한 것인지를 알 수 있어. 지금도 평화와 사랑, 가난한 이들 구호, 국사범 사면 요구에 힘 있는 나라들은 그럴 듯한 핑계를 늘어놓으며 죽는 소리를 하고 있지.

아테네의 가장 의로운 사람이 죄인으로 몰려 죽은 사실에 플라톤은 크게 분노했어. 기독교에 따르면 예수는 지금까지 가장 의로운 사람이 었어. 그러나 그는 사형 판결을 받았지. 기독교의 가르침에 따르면 그는 인간을 위해 죽었어. 그것이 '예수가 대신한 고난'이야. 예수는 우리를 하느님과 화해시키고 벌을 면하게 하기 위해 인간의 모든 죄를 떠맡은 '고난 받는' 종이었어.

사도 바울

예수가 십자가에 못 박히고 땅에 묻힌 지 며칠 후에 부활했다는 소문이 돌자 그는 단순한 인간이 아니고 '하느님의 아들'이라고 알려졌어.

기독교회는 이 부활을 토대로 뿌리를 내렸어. 사도 바울은 '그리스도가 부활하지 않았다면 우리의 설교는 소용없고 우리의 믿음은 헛된 것'이라고 외쳤어.

이렇게 해서 이제 모든 사람들은 '육체의 부활'을 바랄 수 있게 됐어. 예수는 우리를 구원하기 위해 십자가에 매달렸지. 그런데 여기 유대적 토양에서는 '영혼의 불멸성'이나 '영혼의 윤회' 따위는 애당초 문제가 되지 않았다는 사실에 주목할 필요가 있어. 그것은 그리스적이고 인도·게르만적인 관념이야. 그러나 기독교의 가르침에 따르면 인간에게는 그 자체로서 불멸하는 것은 아무것도 없어. '영혼'도 마찬가지야. 교회는 육체의 부활과 영원한 삶을 믿어. 하지만 우리가 죽음으로부터 구원받는 것은 하느님의 기적을 통해 가능한 것이지 절대 우리의 공적이거나 영혼의 타고난 본성 때문이 아니야.

초기의 기독교도들은 예수를 믿음으로써 구원을 받는다는 '복음'을 널리 전파했어. 예수의 속죄를 통해서 하느님의 나라가 가까워졌다고 하니 이제 전 세계가 예수 그리스도의 복음에 관심을 기울이게 되었지. ('그리스도'라는 단어는 유대어 '메시아'를 뜻하는 그리스어고 '기름 부은 자'를 의미해.)

예수가 죽은 지 몇 년 뒤 바리새인 바울이 기독교에 귀의해서 그리스와 로마 세계 전역을 돌며 전도해 기독교를 세계 종교로 만들었어. 「사도행전」이 그런 행적을 전하고 있지. 바울이 건히는 하느님의 믿음과 사르침은 그가 여러 초대 교회에 보낸 수많은 편지를 통해서 널리 퍼졌어.

바울은 아테네로 가서 그 철학의 수도 광장을 거닐면서 '그 도시가 극심하게 우상을 숭배하고 있음'을 보고 격분했다고 해. 그는 아테네에 있는 유대교의 회당을 방문해서 에피쿠로스학파와 스토아학파 철학자들과도 대화했어. 그 사람들은 바울을 아레이오스 파고스 법정으로 데려갔어. 그 사람들은 다음과 같이 말했지.

"그대가 가르치고 있는 새로운 교리를 우리가 체험할 수 있겠소? 그대는 우리가 듣기에 전혀 새로운 것을 말하고 있소. 그러나 우리는 그게 무엇인지 기꺼이 듣고 싶소."

이런 일을 상상할 수 있겠니? 여기 한 유대인이 아테네의 광장에 나타나서, 십자가에 못 박혀 죽은 뒤 부활한 구원자의 이야기를 했던 거야. 이미 바울이 아테네를 방문했을 때부터 그리스 철학과 기독교의 구원론 사이에 충돌이 예고되었지. 그러나 바울은 아테네 사람들을 대화로 이끌 수 있었어. 그는 아레이오스 파고스 언덕 위, 그러니까 아크로폴리스의 자랑스런 신전들 사이에 서서 이런 연설을 했어.

"아테네 시민 여러분. 제가 보기에 여러분은 여러모로 강한 신앙심을 가지고 있습니다. 제가 아테네를 돌아다니며 여러분이 예배하는 곳을 살펴보니 '알지 못하는 신에게'라고 새겨진 제단까지 있었습니다. 여러분이 미처 알지 못한 채 예배해온 그 분을 이제 여러분에게 알려드리겠습니다.

그분은 이 세상과 그 안에 있는 모든 것을 만드신 하느님이십니다. 그분은 하늘과 땅의 주인이시므로 인간의 손으로 만든 신전에서는 살지 않으십니다.

또 하느님에게는 사람 손으로 채워드려야 할 만큼 부족한 것은 하나도 없으십니다. 하느님은 오히려 구원이 필요한 모든 사람들에게 생명과 호흡과 모든 것을 주시는 분입니다.

하느님께서는 한 조상에게서 모든 인류를 내시어 온 땅 위에서 살게 하셨고 또 그들이 살아갈 시대와 영토를 미리 정해주셨습니다.

이리하여 사람들이 하느님을 더듬어 찾기만 하면 만날 수 있게 해주셨습니다. 사실 하느님께서는 누구에게나 가까이 계십니다.

'우리는 그분 안에서 숨 쉬고 살아간다'는 말도 있지 않습니까? 또 한 시인도 '우리는 그의 자녀'라고 말하지 않았습니까?

우리는 하느님의 자녀이기 때문에 하느님을 인간의 기술로 금이나 은, 돌로 만들어낸 우상처럼 여겨서는 안 됩니다.

하느님은 사람들이 무지했던 때에는 눈감아주셨지만 이제는 어떤 인간도 다 회개할 것을 명령하십니다.

　과연 하느님께서는 당신이 택한 사람을 시켜 온 세상을 올바르게 심판하실 날을 정하셨고 또 그를 죽은 자들 가운데서 다시 살림으로써 모든 사람들에게 그 증거를 보이셨습니다.”(「사도행전」17장 22절~31절)

　아테네에서 사도 바울이 한 말이야. 우리는 기독교가 서서히 그리스·로마 세계로 스며든 내력을 이야기했지. 에피쿠로스학파나 스토아 철학 또는 신플라톤 철학과는 아주 달랐어. 그럼에도 바울은 그리스 문화 속에서 확고한 발판을 찾아냈어. 그는 모든 사람의 마음이 신을 추구하고 있다는 것을 알아차렸어. 그것이 그리스인들에게는 새로운 일이 아니었지. 바울이 말한 새로움이란 하느님이 인간에게 나타나고 실제로 그들과 만났다는 사실이야. 그러므로 하느님은 인간이 인식으로 추구할 수 있는 단순한 ‘철학적인 하느님’이 아니야. ‘금이나 은, 돌’로 만든 어떤 형상도 닮지 않았어. 그런 것들은 실제로 아크로폴리스와 거대한 시장에서 많이 찾아볼 수 있지. 그러나 하느님은 ‘사람의 손으로 만들어져 신전에서 사는’ 것이 아니야. 하느님은 역사를 주관하고 인간을 위해 십자가에 못 박힌 인격적인 하느님인 거야.

　사도행전에 따르면, 바울이 아레이오스 파고스 법정에서 그리스도가 죽음에서 부활했다고 말했을 때 몇몇 사람들의 비웃음을 받았으나 어떤 사람은 “우리는 계속 얘기를 듣고 싶소.”라고 했고 결국 기독교도가 되었어. 그중 한 사람이 다마리스 부인인데, 그 당시에 기독교로 개종한 사람들 가운데에는 여자들이 많았어.

　바울은 그렇게 전도 임무를 수행했어. 그리스도가 십자가에 못 박힌 뒤 불과 몇십 년 만에 이미 그리스와 로마의 주요 도시인 아테네, 로마, 알렉산드리아, 에페소스, 코린토스 등지에 기독교 교회가 생겼어. 그리고 300~400년이 흐르는 동안에 전체 그리스·로마 지역이 기독교 국가가 된 거야.

신앙고백

사도 바울은 기독교 전도자로서만 의미가 있는 것은 아니야. 기독교 공동체 내에서도 그의 역할은 결정적이었어. 당시에 기독교에 필요했던 것은 정신적인 지도였으니까.

한 가지 예를 들면 예수가 십자가 못 박힌 뒤 얼마 지나지 않아 유대인이 아닌 사람은 유대교를 거쳐서 기독교에 입문해야만 하는지에 대한 문제가 중요한 논란이 되었어. 예컨대 그리스인이 모세의 율법을 지켜야 하느냐는 것이었지. 바울은 그것을 필수적인 것으로 생각하지 않았어. 기독교는 유대교의 종파 이상이야. 기독교는 보편적인 구원의 복음을 모든 사람에게 전하는 것이지. 하느님과 이스라엘 사이의 '구약'은 하느님과 인간 사이에서 예수가 맺은 '신약'으로 바뀌었어.

그러나 기독교가 그 시대에 유일하게 새로운 종교는 아니었어. 헬레니즘 시대에는 강하게 종교 혼합 성향을 띠었거든. 그래서 교회는 기독교의 교리를 명백히 알려야 했지. 밖으로는 다른 종교와의 경계를 분명히 하고 교회 안의 불화를 막는 것이 중요했어. 이렇게 최초의 신앙고백이 생기게 됐지. 신앙고백은 기독교의 중요한 '교리'를 잘 드러내.

이 중요한 교리 가운데 하나는 예수가 신인 동시에 인간이라는 거야. 예수는 '하느님의 아들'일 뿐 아니라 하느님 그 자신이었어. 그러나 그는 인간의 삶을 살았고 실제로 십자가에서 고통을 당한 '진정한 인간'이야.

그건 모순처럼 보일 수도 있지만 교회의 복음은 바로 신이 인간이 되었다는 것을 알리는 거야. 예수는 '반신(半神)'이 아니야. (그러므로 인간과 신의 중간이 아니지.) 그러한 반신에 대한 믿음은 그리스와 헬레니즘 종교에서 아주 보편적이었어. 교회는 예수가 '완벽한 신이요, 완벽한 인간'이라고 가르쳤지.

추신

나는 모든 것이 어떻게 서로 얽혀 있는지를 설명하고 싶었어. 그리스·로마 세계에 기독교가 흘러들어온 것은 두 문화권이 극적으로 만났음을 뜻하고 아울러 문화가 역사적으로 크게 변천했음을 의미해.

이제 고대를 벗어나기로 하자. 초기 그리스 철학 이후 1,000년이 흘렀어. 이제 우리 앞엔 중세 기독교 시대가 놓여 있어. 이 시대 역시 1,000년가량 지속됐지.

독일 시인 요한 볼프강 괴테는 이러한 시를 썼단다.

지난 3,000년을
설명할 수 없는 이는
하루하루를 어둠 속에서

아무것도 모르는 채 살아가게 되리라.

하지만 너는 이런 종류의 인간이 되지 않길 바라. 네가 역사의 뿌리를 이해할 수 있도록 내가 노력할게. 그럼 그때 너는 인간이 될 거야. 그래야 벌거벗은 원숭이 이상의 존재가 될 수 있어. 또 그래야만 너는 허공을 둥둥 떠다니지 않게 될 거야.

'그럼 그때 너는 인간이 될 거야. 그래야 벌거벗은 원숭이 이상의 존재가 될 수 있어……'
소피는 작은 구멍을 통해서 정원의 울타리 안을 한동안 뚫어지게 바라보았다. 이제 역사의 뿌리를 아는 것이 소피에게 얼마나 중요한지 분명해졌다. 그것은 이스라엘 민족에게도 중요한 문제였다.
소피 자신은 그저 우연히 여기 존재하는 사람일 뿐이다. 그러나 소피가 자기 역사의 뿌리를 알 때, 소피는 뭔가 덜 우연적인 사람이 될 것이다. 소피는 이 지구에서 잠시 살다 가는 인간일 뿐이다. 그러나 인류의 역사가 소피 자신의 역사이기도 하다면, 소피는 어떤 면에서는 수천 살을 먹은 셈이다.
소피는 편지를 챙겨서 동굴 밖으로 기어 나왔다. 그리고 벌떡 일어나서 정원을 지나 자기 방으로 달려갔다.

2부

중세

…… 길을 어느 정도 되돌아간다는 것은 방황하는 것과는 다르다 ……

소피는 알베르토 크녹스 선생님에게서 소식을 듣지 못한 채 일주일을 보냈다. 레바논에서도 더 이상 엽서가 오지 않았지만, 소피와 요룬은 계속 소령의 오두막에서 발견한 엽서에 관해 이야기했다. 요룬은 처음엔 무서워서 어쩔 줄 몰라 했지만 더 이상 아무 일도 일어나지 않자 곧 두려움은 사라졌고, 관심사를 숙제와 배드민턴으로 옮겼다.

소피는 힐데에 관해 설명할 수 있을 만한 힌트를 찾기 위해 크녹스 선생님의 편지를 여러 번 읽었다. 덕분에 소피는 고대 철학에 상당히 빠져들게 되었다. 이제 데모크리토스와 소크라테스, 플라톤과 아리스토텔레스를 구분하는 일이 더 이상 어렵지 않았다.

5월 25일 금요일, 소피는 엄마가 돌아오기 전에 가스레인지 앞에서 저녁을 준비했다. 그건 엄마와의 일상적인 약속이었다. 소피는 완자와 당근을 넣은 생선 수프를 만들었다. 아주 간단했다.

밖에는 바람이 불고 있다. 소피는 냄비를 저으면서 몸을 돌려 창밖을 내다보았다. 자작나무가 벼 이삭처럼 흔들렸다.

갑자기 무언가가 유리창에 부딪쳤다. 소피는 이리저리 살피다가 창문에 끼어 있는 종이 한 장을 발견했다.

창문으로 다가가 자세히 보니 엽서였다. 창유리를 통해 '소피 아문센 댁의 힐데 묄레르 크나그에게……'라는 글자가 보였다.

소피는 한참 생각하다가 창문을 열고 엽서를 가져왔다. 설마 이 엽서가 레바논에서 그 먼 길을 날아온 건 아니겠지?

이 엽서에도 '6월 15일 금요일'이라는 날짜가 적혀 있었다.

소피는 가스레인지에서 냄비를 내리고 식탁에 앉아 엽서를 읽었다.

사랑하는 힐데야! 네가 이 엽서를 생일 전에 받을 수 있을지 모르겠구나. 그랬으면 좋겠지만, 아니더라도 너무 늦지는 않았으면 좋겠어. 소피가 흘려보내는 1~2주는 우리와 똑같은 시간이 아니야. 나는 6월 23일에 집에 도착할 거야. 그때 우리는 그네에 앉아서 함께 호수를 바라볼 수 있겠지. 우리는 서로할 얘기가 무척 많을 거야. 가끔 유대교·기독교·이슬람교도들이 수천 년동안 서로 싸운 일을 생각하며 우울해지곤 해. 나는 그 세 종교의 뿌리가 모두아브라함에 있다는 사실을 늘 다시 떠올리곤 한단다. 그럼 그들 모두 같은 하느님께 기도를 드리는 게 아닐까? 그런데도 여기서는 사람들이 카인과 아벨처럼 서로 죽고 죽이는 싸움이 그치지 않고 있단다.

추신 : 소피에게 안부를 전해주겠니? 가엾은 소피는 모든 일이 어떻게 얽혀 있는지 아직도 모르고 있어. 하지만 너는 알고 있겠지?

소피는 기운이 쭉 빠져서 탁자에 엎드렸다. 어쨌든 소피가 모든 일이 어떻게 얽혀 있는지 잘 모르는 것은 분명하다. 그런데 힐데는 알고 있다니?

힐데의 아빠가 힐데를 통해 소피에게 안부를 전하도록 부탁한 것은 소피가 힐데에 대해 아는 것보다 힐데가 소피에 대해 더 많이 알고 있기 때문일 것이다. 생각하면 할수록 복잡해져서 소피는 그냥 다시 수프 냄비 쪽으로 몸을 돌려버렸다.

저절로 날아와 부엌 창문을 때린 엽서는 말 그대로 항공 우편이었다.

소피가 냄비를 다시 가스레인지에 올리자마자 전화벨이 울렸다.

아빠일까? 아빠가 집에 돌아오면 지난주에 겪은 일을 하나도 빠짐없이 이야기할 참이다. 그런데 아마도 요룬이나 엄마겠지……. 소피는 전화기 쪽으로 달려갔다.

"소피 아문센입니다."

"나야."

수화기 저편에서 목소리가 들렸다.

소피는 세 가지를 확신했다. 아빠가 아닌 어떤 남자의 목소리였다. 그리고 분명히 언젠가 들어본 적이 있는 목소리였다.

"누구세요?"

소피가 물었다.

"크녹스 선생님이야."

"아……."

소피는 뭐라고 대답해야 할지 망설였다. 아테네에서 온 비디오테이프에서 들은 적 있는 목소리였다.

"잘 지내고 있니?"

"네, 잘 있어요……."

"그런데 아마 지금부터 편지를 받지 못할 거야."

"하지만 개구리를 한 번도 못 잡아봤는데요!"

"이제는 만나서 얘기하자. 서둘러야 해, 알겠지?"

"도대체 왜요?"

"우린 지금 힐데의 아빠에게 포위당하고 있어."

"포위당하다니, 어떻게요?"

"사방에서. 우리는 지금 힘을 모아야 해."

"어떻게요……?"

"안타깝지만 중세 이야기를 한 뒤에야 네가 나를 도울 수 있어. 그리고 르네상스와 17세기 이야기도 해야 해. 그리고 버클리도 중요한 역할을 할 거야."

"소령의 오두막 안에 버클리 그림이 걸려 있지 않았나요?"

"맞아. 아마도 싸움에 버클리 철학을 끌어들이려는 것 같아."

"꼭 전쟁 이야기처럼 들리는데요?"

"정신적 투쟁이라고 부르는 편이 더 좋겠구나. 우리는 힐데의 주의를 끌어서 그 애 아버지가 릴레산으로 돌아오기 전에, 힐데를 우리 편으로 만들어야 해."

"무슨 말인지 모르겠어요."

"철학자들이 네 눈을 뜨게 해줄 거야. 내일 새벽 4시에 성모 마리아 교회에서 만나자. 혼자 와야 해. 알겠지?"

"한밤중에 오라고요?"

'······ 뚝.'

"여보세요?"

이럴 수가! 벌써 선생님이 전화를 끊어버렸다. 소피는 다시 가스레인지로 달려갔다. 수프는 끓어 넘치기 직전이었다. 소피는 생선 완자와 당근을 국자로 저으며 가스 불을 낮추었다.

성모 마리아 교회에서? 중세 때 돌로 지어진 그 오래된 교회? 음악회나 아주 특별한 기도 모임이 열릴 때만 쓰인다고 생각했는데. 여름철엔 종종 관광객을 위해 개방하기도 했다. 그런데 한밤중이라면 문이 잠겨 있지 않을까?

엄마가 집으로 돌아왔을 때, 소피는 레바논에서 온 엽서를 선생님과 힐데의 다른 엽서들과 함께 옷장 속에 넣었다. 소피는 저녁을 먹고 요룬에게 갔다.

"너랑 특별한 약속을 하나 해야겠어."

요룬이 방문을 열자마자 괴짜 소피가 말했다. 그러고는 요룬이 방문을 닫을 때까지 아무 말도 하지 않았다.

"아주 쉬운 일은 아니야······."

소피가 덧붙였다.

"어서 말해봐."

"우리 엄마한테 오늘 너희 집에서 잘 거라고 말씀드릴 거야."

"좋지!"

"근데 그렇게 얘기하고 난 다른 곳에 갈 거야."

"이런! 남자 친구랑 있으려고?"

"그게 아니라, 힐데랑 관계있는 일이야."

요룬이 나지막이 휘파람을 불었다.

하지만 소피는 눈도 깜박하지 않았다.

"오늘 저녁에 여기로 올게. 근데 3시쯤엔 몰래 빠져나갈 거야. 다시 돌아올 때까지 좀 숨겨줘."

"어딜 가려고? 뭘 하려는 건데?"

"미안해. 그래도 절대 얘기해선 안 돼."

요룬의 집에서 자고 오는 것은 아무 문제가 없었다. 반대로 소피는 가끔 엄마가 집에 혼자 있고 싶어 한다는 느낌을 받을 때도 있었다.

"내일 아침 먹을 때까지는 돌아와야 해."

소피가 집을 떠날 때 엄마가 한 유일한 말이었다.

"제가 오지 않아도 어디 있는지 아시잖아요."

왜 그런 대꾸를 했을까? 하지만 이 말이 약점이 될 줄이야!

외박이 대개 그렇듯이, 둘은 밤늦게까지 비밀스러운 얘기를 나누었다. 평소와 다른 점이라면, 이번엔 소피가 새벽 1시쯤 잠자리에 들면서 자명종을 3시 15분에 맞춰놓았다는 것뿐이었다.

두 시간 뒤 소피가 자명종을 껐을 때 요룬도 살짝 잠에서 깼다.

"조심해."

요룬이 당부했다.

소피는 집을 나섰다. 성모 마리아 교회는 요룬의 집에서 몇 킬로미터 떨어진 옛 시가지 외곽에 있었다. 두 시간밖에 못 잤는데도 정신은 말짱했다. 동쪽 언덕에서 빛나는 붉은 기운을 바라보며 부지런히 걸었다.

오래된 옛 석조 건물 앞에 이르렀을 때는 거의 4시쯤이었다. 소피는 거대한 문을 밀어보았다. 문은 열려 있었다!

교회는 오랫동안 늘 그랬듯이 텅 비어 고요했다. 스테인드글라스 창문을 통해 푸르스름한 빛이 새어 들어와, 그 빛줄기를 타고 공기 속의 수없이 많은 먼지를 또렷이 볼 수 있었다. 먼지가 교회 본당을 떠받치고 있는 두꺼운 대들보에 모여드는 것처럼 보였다. 소피는 중앙에 있는 의자에 앉아서 제단에 있는 낡고 색 바랜 십자가상을 뚫어지게 쳐다보았다.

몇 분이 흘렀을까? 갑자기 오르간 소리가 들렸다. 소피는 돌아볼 엄두가 나지 않았다. 아주 오래된 합창곡 같았다. 틀림없이 중세 때 지어진 찬송가일 것이다.

곧 사방이 다시 조용해지더니 등 뒤에서 가까이 다가오는 발자국 소리가 들렸다. 소피는 뒤를 돌아볼까 하다가 십자가 위의 예수를 계속 뚫어지게 바라보았다.

발자국 소리는 점점 더 가까워지더니 소피 곁을 지나갔다. 소피는 한 사람이 교회를 가로질러 걸어가는 것을 보았다. 그 사람은 갈색 수도복을 입고 있었다. 소피는 자기가 지금 중세의 수도사를 보고 있는 듯한 느낌을 받았다.

소피는 두려웠지만 공포로 질릴 정도는 아니었다. 그 수도사는 제단 앞에서 잠시 고개를 숙인 다음 단상으로 올라갔다. 그리고 난간 위로 허리를 굽혀 소피를 내려다보며 라틴어로 말했다.

"Gloria patri et filio et spirito sancto. Sicut erat in principio et nunc et semper in saecula saeculorum."

(영광이 성부와 성자와 성신과 함께. 처음과 같이 이제 항상 영원히. 아멘.)

"우리말로 하세요, 아저씨!"

소피의 목소리가 낡은 석조 교회 안을 울렸다.

소피는 그 수도사가 알베르토 크녹스 선생님이 분명하다고 생각했다. 오래된 교회 안에서 무례하게 말한 것이 후회되기는 했지만 소피는 사실 두려웠고 가끔 사람들은 두려움을 느낄 때 금기를 깨뜨림으로써 위안을 얻기도 한다.

"쉿!"

알베르토 크녹스 선생님은 마치 사제가 성도들에게 앉기를 청할 때처럼 손을 들더니 소피에게 물었다.

"몇 시니, 소피야?"

"4시 5분 전이에요."

이제 두려움이 가신 소피가 대답했다.

"그럼 때가 됐어. 이제 중세가 시작될 거야."

"중세가 4시에 시작되나요?"

소피가 어리둥절해서 물었다.

"그래, 4시쯤이야. 그리고 5시, 6시, 7시가 되었어. 하지만 마치 시간이 멈춘 것 같았지. 다시 8시, 9시가 되고 10시가 되었어. 이때도 여전히 중세였어. 이해할 수 있겠니? 너는 아마 이제 잠에서 깨어날 때라고 생각하겠지. 맞아, 나도 네 생각을 이해해. 하지만 이때는 주말이었어. 단한 번뿐인 긴 주말. 이제 시간은 11시, 낮 12시, 1시가 되었고, 이때가 중세의 전성기였어. 이제 대성당들이 유럽에 세워졌지. 낮 2시가 다 되어서야 처음으로 여기저기서 닭이 울었어. 그제야 비로소 그 오랜 중세가 끝나게 되었지."

"그럼 중세가 10시간이나 걸렸군요."

소피가 말했다.

알베르토 크녹스 선생님은 고개를 젖히고 갈색 수도사 모자 사이로 이 순간의 유일한 학생인 열네 살 소녀를 바라보았다.

"1시간을 100년으로 보면 그렇지. 자정 무렵에 예수가 태어났다고 생각해보자. 사도 바울은 밤 12시 30분 직전에 전도 여행을 시작했고 15분 후에 로마에서 숨을 거두었어. 3시까지 기독교는 탄압을 당했는데, 313년에 비로소 로마 제국 내에서 종교로 인정받았지. 콘스탄티누스 황제 때의 일이야. 이 독실한 황제는 수년 후에야 세례를 받게 되었어. 그리고 380년에 기독교가 전 로마 제국의 국교가 되었지."

"하지만 로마 제국은 망했잖아요."

"맞아. 로마 제국은 이미 퇴락해가고 있었어. 우리는 역사에서 가장 중요한 문화적 전환기 앞에 서 있단다. 4세기에 로마는 한편으로는 북쪽에서 밀어닥치는 이민족들의 위협과 다른 한편으로는 내부적인 붕괴의 위협에 직면했어. 333년에 콘스탄티누스 황제는 로마 제국의 수도를 자신이 흑해 입구에 새로이 건설한 콘스탄티노플로 옮겼지. 이 도시는 이때부터 '제2의 로마'라고 불렸어. 395년에 로마 제국은 동서로 분열되었어. 서로마 제국의 수도는 로마였고, 동로마 제국의 수도는 새로 건설된 콘스탄티노플이었지. 410년에 로마는 이민족들의 습격을 받아 약탈당하고 황폐해졌으며, 476년에는 끝내 서로마 제국 전체가 멸망하고 말았지. 동로마 제국은 1453년 콘스탄티노플이 터키인들의 손에 함락될 때까지 유지됐고."

"그러면 그때 콘스탄티노플의 이름이 이스탄불로 바뀐 건가요?"

"응. 우리가 꼭 알아야 할 또 다른 연대는 529년이야. 플라톤이 아테네에 세웠던 아카데미가 이해에 문을 닫았지. 그리고 같은 해에 베네딕트 수도회가 창설되었어. 베네딕트 수도회는 최초의 대규모 수도회야. 529년은 어떻게 기독교가 그리스 철학 위를 뒤덮기 시작했는지를 상징하는 해지. 이때부터 수도원은 교습과 명상을 독점하게 되었어. 시계 바늘이 벌써 5시 30분을 지나고 있구나……."

소피는 크녹스 선생님이 말한 시간들이 무슨 뜻인지 이미 알고 있었다. 자정은 서기 원년을 말하고 1시는 서기 100년을, 그리고 6시는 서기 600년이고, 14시는 서기 1400년이다…….

알베르토 크녹스 선생님은 계속 말을 이었다.

"'중세'란 원래 서로 다른 두 시대 사이의 시기를 뜻해. 이 표현은 르네상스 시대에 생겨났어. 르네상스 시대 사람들은 중세를 고대 문화와 르네상스 사이에서 유럽을 뒤덮었던 '천 년의 암흑기'로 여겼지. 지금도 우리는 권위적이고 경직된 것을 가리켜 '중세적'이라고 하지만 중세를 '천 년의 성장기'로 간주하는 사람도 많아. 예를 들면, 중세에 이르러 학교의 기준이 세워졌단다. 그때 이미 첫 번째 수도원 부속학교가 있었어. 12세기에 대성당이 주관하는 학교가 생겨났고, 1200년경에 최초로 대학이 창설되었지. 지금까지도 학문은 중세 때처럼 다양한 학부나 '학과'로 나뉘어 있어."

"그렇지만 천 년은 아주 길잖아요."

"그래도 기독교가 민중들에게 깊이 파고들기까지는 많은 시간이 필요했어. 게다가 중세에는 도시와 성을 세우고 대중음악과 대중문학을 만들어 즐기는 많은 민족국가가 생겨났어. 전래 동화와 민요를 얘기할 때 중세를 빼놓고 생각할 수 있을까? 중세 없는 유럽이 어땠을 거 같니?

로마 제국의 영토였을까? 그렇지만 우리가 중세라고 부르는, 이 끝이 보이지 않는 시간 동안 노르웨이, 영국, 독일과 같은 나라들의 민족적 동질성의 토대가 서서히 세워졌어. 그 심연에서 우리 눈에 쉽게 띄진 않지만 많은 살진 물고기들이 헤엄치고 있었어. 스노리도, 성자 올라프도 모두 중세 사람이었지. 카를 대제(샤를마뉴)도 마찬가지였고. 로미오와 줄리엣, 니벨룽겐, 백설공주나 노르웨이 숲의 트롤들은 말할 필요도 없고 훌륭한 영주들과 정숙한 왕비들, 용맹한 기사와 아름다운 아가씨, 이름 없는 유리 화공과 천재 오르간 제작자에 대한 이야기도 있었어. 수도사와 십자군 기사, 현명한 여인들도 빼놓을 수 없지."

"신부님 이야기도 아직 안 하셨어요."

"그랬구나. 10세기 말에 기독교가 노르웨이에 퍼졌지만, 노르웨이가 스티클레스타드 전투 이후에 기독교 국가가 되었다는 주장은 과장이야. 표면상으로는 기독교 국가였지만, 오랜 이교적 관념이 살아 있었고 기독교가 들어오기 이전의 문화적 요소들이 기독교적 관습과 섞이게 되었지. 예를 들어 노르웨이 성탄 축제에도 기독교와 고대 북유럽의 관습이 한데 어우러져 있어. 부부가 나이를 먹으면서 서로 닮아가는 것처럼. 그래도 중요한 건 기독교가 결국 유일한 지배적 세계관이 되었다는 사실이야. 이제 '기독교 통합 문화'에 대해서도 이야기해보자."

"그러니까 중세가 어둡고 슬프지만은 않았군요?"

"서기 400년 이후 100년 동안은 실제로 문화적인 하향세를 겪었어. 로마 시대에 공공 하수도와 공중목욕탕, 그리고 공공 도서관을 갖춘 대도시들로 '문화의 전성기'를 맞았지. 특히 건축 분야가 탁월했어. 그러다가 중세 초기에 문화가 전반적으로 쇠락하기 시작해. 경제와 무역도

쇠퇴해서 사람들은 화폐경제에서 물물교환과 현물경제로 되돌아갔지. 이른바 봉건제도가 경제의 이런 현상을 두드러지게 했어. 봉건제도란 장원의 영주가 토지를 소유하고, 농노가 생계유지를 위해 영주의 토지를 경작하는 걸 의미해. 이 중세 초기에 인구가 급격히 줄어들게 되지. 인구가 10만 명 단위였던 로마가 700년경에는 불과 인구 4만 명 정도의 소도시로 전락했어. 얼마 안 남은 주민들은 전성기의 빛을 잃고 이제는 흔적만 남은 옛 건물 사이를 떠돌았어. 집을 지을 건축자재가 필요하면 옛 건물들의 폐허에서 얼마든지 가져다 쓸 수가 있었어. 지금 고고학자들은 중세 사람들이 오래된 기념비적 건물들의 잔해를 그냥 내버려두었어야 했다고 화를 내지만 말이야."

"그 이후로 사람들은 점점 더 똑똑해졌으니까요."

"로마의 정치적 위세는 4세기 말에 끝났어. 그러나 곧 로마의 주교가 전체 로마 가톨릭 교회의 수장, 즉 교황이 되었어. 교황은 모든 기독교인들의 '아버지'이자 땅 위에서 예수를 대변하는 사람으로 여겨졌지. 이렇게 해서 로마는 중세 대부분 동안 교회의 수도가 되었어. '로마 교회에 반대하는 사람'은 그리 많지 않았어. 하지만 새로운 민족 국가의 왕과 영주들이 점차 강력해지면서 교회의 권력에 과감히 대항하기도 했단다."

소피는 이 똑똑한 수도사를 바라보았다.

"선생님은 교회가 아테네에 있던 플라톤의 아카데미를 폐쇄했다고 말씀하셨는데 이후로 그리스의 철학자들은 모두 잊었나요?"

"부분적으로는 그랬지. 어떤 곳에서는 아리스토텔레스와 플라톤의 저서들이 알려져 있기도 했거든. 그러나 고대 로마 제국은 차차 서로 다른 세 문화권으로 나뉘었어. 서유럽에 라틴어를 쓰는 기독교 문화권이

로마를 수도로 해 생겨나고, 동유럽에선 그리스어를 사용하며 콘스탄티노플을 수도로 하는 그리스 정교 문화권이 자리 잡았지. 그래서 우리가 '로마 가톨릭의 중세'와 구별해서 '비잔틴의 중세'란 말을 쓰는 거야. 반면에 로마 제국에 속했던 북아프리카와 중동 지역은 중세에 아랍어를 쓰는 이슬람교 문화권으로 발전했어. 632년 마호메트가 죽은 뒤에는 중동 지방과 북아프리카 지역은 이슬람화되었단다. 곧이어 스페인도 이슬람교 문화권에 들어갔지. 이슬람교는 메카, 예루살렘, 메디나, 바그다드를 성지로 삼았어. 문화사적 관점에서 아랍인들이 고대 헬레니즘의 도시인 알렉산드리아를 점령했다는 점이 중요해. 이로 인해 그들은 그리스 학문의 대부분을 물려받았어. 중세 전반에 걸쳐 아랍인들은 수학, 화학, 천문학, 의학과 같은 학문을 이끌어나가는 주도적인 역할을 담당했지. 그래서 우리는 지금도 '아라비아 숫자'를 사용하고 있지. 몇몇 분야에서는 아랍 문화가 기독교 문화를 훨씬 능가했어."

"저는 그리스 철학이 어떻게 되었는지 알고 싶었어요."

"강 하나가 세 개의 다른 지류로 나뉘었다가, 다시 큰 물줄기로 합쳐지는 것을 상상해봐."

"네, 머릿속에 그려져요."

"그럼 그리스·로마 문화가 부분적으로는 서쪽의 로마 가톨릭 문화와 동로마 문화 그리고 남쪽으로는 아랍 문화를 통해 각기 달리 전승된 것도 이해할 수 있을 거야. 우리가 지나치게 단순화하는 경향은 있지만, 신플라톤주의는 서유럽에서, 플라톤은 동유럽에서, 그리고 아리스토텔레스는 남쪽의 아랍인들을 통해 전승되었다고 말할 수 있어. 중요한 건 중세 말엽에 북이탈리아에서 이 세 지류가 거대한 하나의 물줄기로 합류하게 되었다는 거야. 아랍인들은 스페인에 아랍 문화가 유입되는 데에 이바지했고 그리스와 비잔틴 제국은 그리스 문화의 영향 아래 있었지. 그리고 르네상스 시대가 막을 열었어. 이제 고대 문화가 '재탄생'한 거야. 그러니까 어떤 의미로는 고대 문화가 그 긴 중세 시대에 줄곧 살아남아 있었던 거지."

"그렇군요."

"하지만 이야기의 진행 과정을 미리 짐작해서는 안 돼. 우선 중세의 철학에 관해 조금씩 얘기해보도록 하자. 이제부턴 설교단 위에서 이야기하지 않고 내가 아래로 내려갈게."

간밤에 몇 시간밖에 못 잔 소피는 두 눈이 감기려 했다. 이 이상한 수도사가 성모 마리아 교회의 설교단 위에서 아래로 내려오는 모습을 보고 있자니 그 모습이 마치 꿈 같았다.

그는 제단 난간으로 발길을 옮겨 먼저 오래된 십자가상이 있는 제단을 올려다보았다. 그러고는 소피 쪽으로 몸을 돌려 천천히 다가와서 소피의 옆자리에 앉았다.

수도사가 이렇게 자신과 가까이 앉아 있는 게 이상했다. 소피는 수도복에 달린 모자 아래에서 갈색의 두 눈동자를 보았다. 뾰족하게 수염을 기른 중년 남자였다.

'당신은 누구신데 불쑥 내 삶에 나타난 거죠?'

소피의 생각을 읽기라도 한 것처럼 수도사는 말했다.

"앞으로 우리는 서로를 더 잘 알게 될 거야."

형형색색의 스테인드글라스를 뚫고 교회 안으로 스며들어 온 빛은 시간이 흐를수록 점차 또렷해졌다. 이윽고 알베르토 크녹스 선생님은 중세 철학 이야기를 꺼냈다.

"중세 철학자들은 기독교가 진리라는 사실을 거의 기정사실로 받아들였단다. 문제는 기독교의 계시를 '무조건' 믿어야 하는지, 아니면 이성적 사유도 기독교적 진리에 접근하는 데 도움이 될 것인지였어. 또 그리스 철학과 성서의 관계는 어떨까? 성서와 이성 사이에 모순은 없을까? 믿음과 인식은 서로 일치할까? 중세 철학의 거의 대부분은 이런 문제를 맴돌고 있었단다."

소피는 고개를 끄덕였다. 믿음과 인식에 관한 문제는 종교 시험 시간에 이미 답했던 것이다.

"이런 문제를 중세의 가장 중요한 두 철학자가 어떻게 생각했는지 살펴보자. 자, 그럼 354년에서 430년까지 산 철학자 아우구스티누스 얘기부터 시작할게. 우리는 이 철학자의 삶을 통해 후기 고대에서 초기 중세로 변해가는 과정을 살펴볼 수 있어. 아우구스티누스는 북아프리카에 있는 작은 도시 타가스테에서 태어나 열여섯 살 때 카르타고로 가서 공부했어. 그 뒤 로마와 밀라노를 방문했고 카르타고에서 서쪽으로 약 30~40킬로미터 떨어진 히포라는 곳에서 주교로 재직하며 말년을 보냈지. 그러나 아우구스티누스가 처음부터 기독교인이었던 것은 아니야. 그래서 기독교인이 되기 전에 여러 가지 종교와 철학을 경험했어."

"예를 들어주세요!"

"아우구스티누스는 한동안 마니교도였는데, 마니교는 고대 후기의 아주 전형적인 종파야. 그들은 종교와 철학이 반씩 섞인 구원의 교의를 퍼뜨렸어. 그들은 세계를 선과 악, 빛과 어둠, 정신과 물질이라는 대립된 원리로 나누었어. 인간은 정신의 힘을 통해 물질세계로부터 끌어올려질 수 있고 이를 통해 영혼을 구원하기 위한 바탕을 마련할 수 있어. 그러나 아우구스티누스는 선과 악의 날카로운 구분을 받아들이지 못했어. 청년 아우구스티누스는 악은 도대체 어디서 오느냐는 문제에 강렬하게 사로 잡혀 있었으니까. 그는 한동안 스토아 철학의 영향을 받기도 했는데, 스토아 학자들은 선과 악을 분명하게 구분하는 것에 반대했거든. 그러나 아우구스티누스는 무엇보다도 후기 고대 문화에서 두 번째로 중요한 철학적 흐름인 신플라톤학파의 영향을 가장 강하게 받았어. 여기서 그는 '모든 존재는 신적인 본성을 갖고 있다'는 생각을 접하게 되었지."

"그리고 그는 신플라톤학파의 주교가 되었나요?"

"그래, 그렇게 표현할 수도 있겠구나. 먼저 기독교도가 되긴 했지만, 아우구스티누스의 기독교 사상은 플라톤 철학에서 많은 영향을 받았어. 그러니까 우리가 중세의 기독교에 발을 들여놓는다고 해서 그리스의 철학과 극단적으로 단절하게 되는 건 아니란다! 그리스 철학에서 비롯된 많은 것들을 아우구스티누스와 같은 교부가 새로이 중세 시대로 가져왔기 때문이지."

"아우구스티누스가 50퍼센트는 기독교도고, 50퍼센트는 신플라톤주의자란 말씀이신가요?"

"그 자신은 순전히 100퍼센트 기독교도라고 말했겠지. 그러나 그는 기독교와 플라톤 철학 사이에 아무런 모순도 없다고 생각했어. 그에게는 플라톤 철학과 기독교 교리 사이의 일치점이 너무도 분명해서, 혹시 플라톤이 구약 성서의 일부라도 알고 있었던 것은 아닌가 했을 정도였지. 그것은 굉장히 의심스러운 일이야. 오히려 우리는 아우구스티누스가 플라톤을 '기독교도화했다'고 볼 수 있어."

"어쨌든 그는 기독교도가 되고 난 뒤에도 철학과 관계된 것을 모두 팽개친 것은 아니었군요!"

"그렇지만 그는 이성이 종교 문제에 미칠 수 있는 한계가 존재한다는 것을 지적했단다. 기독교는 우리가 믿음을 통해서만 가까이 다가갈 수 있는 신성한 신비이기도 해. 그렇지만 우리가 믿음을 가질 때, 하느님은 우리 영혼을 '밝히고', 우린 하느님에 대한 일종의 초자연적 인식을 얻게 되지. 아우구스티누스는 철학이 삶의 모든 문제에 완벽한 대답을 줄 수 없다는 것을 직접 체험했어. 그는 기독교도가 되고 나서야 영혼의 안식을 찾았지. 그리고 그는 '주님 안에서 평안을 찾기까지 우리의 영혼은 불안하다'고 말했어."

"플라톤의 이데아론이 기독교와 어떻게 하나가 될 수 있는지 전혀 모르겠어요. 영원한 이데아는 어떻게 되는 거죠?"

"아우구스티누스는 하느님이 무에서 세계를 창조했다고 설명했고, 그건 성서에 나와 있는 생각이야. 반면에 그리스인들은 세계가 이미 언제나 존재해왔다는 생각에 더 기울었지. 그렇지만 아우구스티누스는 하느님이 세계를 창조했고, '이데아'란 하느님의 생각 안에 존재하는 것이라고 생각했단다. 그는 영원한 이데아를 하느님에게 귀속시켰고, 이를 통해 영원한 이데아라는 플라톤적 관념을 구해낸 거야."

"정말 똑똑하군요!"

"그것은 아우구스티누스와 다른 교부들이 그리스와 유대의 사상을 일치시키려고 얼마나 열심히 노력했는지도 나타내고 있어. 어떤 관점에서 그들은 다른 두 문화의 시민이었어. 악을 바라보는 아우구스티누스의 관점도 역시 신플라톤주의를 기반으로 한단다. 그는 플로티노스와 마찬가지로 악을 신의 '부재(不在)'에 기인하는 것이라 생각했어. 악은 어떠한 자립적 존재가 아닌, 존재하지 않는 어떤 것이야. 왜냐하면 하느님의 창조물은 모두 선하기 때문이야. 그는 악은 인간이 순종하지 않는 데서 생긴다고 했어. 또 '선한 의지'는 '신의 역사(役事)'이며, '악한 의지'는 '신의 역사에서 이탈하는 것'이라고 말한 적도 있지."

"아우구스티누스도 인간이 불멸의 영혼을 지녔다고 믿었나요?"

"글쎄. 아우구스티누스는 신과 세계 사이에 건널 수 없는 심연이 있다고 했어. 이건 성서의 말씀에 확고히 기반을 두면서, 만물은 하나라는 플로티노스의 학설을 부인하는 것이지. 그러나 아우구스티누스도 인간이 정신적 존재라는 점을 강조했단다. 인간은 좀과 녹이 먹어치워 버리는 물리적 세계에 속한 몸을 지녔지만, 신을 인식할 수 있는 영혼도 있다는 거야."

"우리가 죽으면 영혼은 어떻게 되나요?"

"아우구스티누스에 따르면 모든 인류는 원죄 이후 신의 저주를 받았어. 그렇지만 하느님은 몇몇 인간을 영원한 저주에서 구원하려고 결심하셨단다."

"아무도 저주받지 않도록 결심할 수도 있었을 텐데요."

"바로 그 점에 대해 아우구스티누스는 인간에게는 하느님을 비판할 수 있는 권리가 없다고 주장했어. 이때 사도 바울이 로마 사람들에게 보낸 편지를 인용했단다. '사람이 무엇이기에 감히 하느님께 따지고 드는 것입니까? 만들어진 물건이 물건을 만든 사람에게 왜 나를 이렇게 만들었느냐 말할 수 있겠습니까? 옹기장이가 같은 진흙덩이를 가지고 하나는 귀하게 쓸 그릇을 만들고 하나는 천하게 쓸 그릇을 만들어낼 권리가 없겠습니까?'(로마서 9장 20~21절)"

"그러면 하느님은 하늘에 앉아 인간을 가지고 노시는 건가요? 하느님이 친히 지으신 것 중에서 마음에 들지 않는 것은 당장 던져버리시고요?"

"아우구스티누스에 따르면, 중요한 것은 어떤 인간도 하느님의 구원을 받을 만한 가치가 있는 것은 아니란 사실이야. 그런데도 하느님은 저주에서 구원받을 몇 사람을 선택하셨지. 그에겐 누가 구원받고 누가 저주받았는지는 비밀이 아니야. 그것은 미리 결정되어 있어. 그러니까 우리는 하느님의 손에 쥐어진 찰흙이니 전적으로 그분의 은총에 매여 있지."

"그럼 아우구스티누스는 옛사람들처럼 운명을 믿었군요."

"네 말이 맞는지도 몰라. 하지만 그렇다고 아우구스티누스는 우리 자신의 삶에 대해 각자 짊어져야 할 책임을 면제해주지도 않았어. 그는 살면서 자신이 선택받은 사람에 속한다는 것을 자연스럽게 확인할 수 있을 만큼 선한 삶을 살아야 한다고 충고했지. 그래서 그는 인간의 자유의지를 부인하지 않았어. 하지만 우리가 어떻게 살 것인지는 오직 하느님만이 미리 '볼' 수 있는 거야."

"그건 좀 불공평하지 않아요? 소크라테스는 모든 인간이 똑같이 이성을 갖고 있으니까 똑같은 가능성을 갖는다고 했는데, 아우구스티누스는 구원받을 인간이 미리 정해져 있다고 하잖아요."

"그래, 아우구스티누스의 신학은 아테네의 인본주의와는 다르지만 인간을 두 범주로 나눈 것은 아우구스티누스가 아니고 저주와 구원에 대한 성서의 얘기를 따른 거야. 그의 저서『하느님의 나라(신국론)』를 보면 더 정확히 알 수 있지."

"이야기해주세요!"

"'하느님의 나라'와 '하느님의 왕국'이라는 표현은 성서와 예수의 말씀에서 비롯되었단다. 아우구스티누스는 역사를 '하느님의 나라'와 '현세의 국가' 또는 '세계의 국가'가 싸우는 과정으로 이해했어. 두 나라는 정확하게 분리된 정치적 국가는 아니야. 그들은 각 개인 속에서 권력을 놓고 다투지. 하지만 대체적으로 교회에서 하느님의 나라는 다소 분명한 형태로 존재하고 현세 국가는 정치적인 국가의 설립으로 존재하는데, 아우구스티누스가 살아 있을 때 붕괴되기 시작한 로마 제국을 예로 들 수 있지. 이런 역사관은 중세 전체에 걸쳐 교회와 국가가 권력을 놓고 싸우는 과정에서 점점 더 분명해졌어. 그리고 이제 '교회 밖에는 어떤 구원도 없다'는 말이 생겨났지. 급기야 아우구스티누스의 하느님의 나라가 조직적으로 교회와 동일시되기에 이르렀어. 16세기 종교개혁을 통해서야 하느님의 은총을 받기 위해서는 반드시 교회에 가야 한다는 주장에 대해 사람들이 처음으로 저항하기 시작했어."

"때가 왔군요."

"우린 아우구스티누스가 역사를 철학의 영역에 끌어들인 최초의 철학자라는 점도 기억해야 해. 선과 악의 투쟁을 가정한 것 자체는 새로운 일이 아니지만 아우구스티누스 철학의 새로운 점은 이러한 투쟁이 역사 속에서 전개된다고 본 거야. 이런 점에서는 아우구스티누스의 사유에 플라톤주의가 그리 많이 눈에 띄지는 않아. 대신에 그는 구약 성서에서 볼 수 있는 직선적 역사관에 굳건한 바탕을 두고 있지. 아우구스티누스는 하느님이 '하느님의 나라'를 세우는 과정을 총체적인 역사라고 했어. 곧 역사는 인간을 교육하고 악을 파괴하는 과정이라는 거야. 아우구스티누스는 사람이 태어나서 성장하고 늙어 죽는 과정을 밟듯이 하느님의 섭리는 창세기에서 우주의 종말에 이르는 역사를 주관한다고 말했어."

소피는 시계를 보았다.

"벌써 8시예요. 가야겠어요."

"하지만 이제 중세에서 두 번째로 위대한 철학자 이야기를 할 거야. 밖으로 나가서 시작할까?"

알베르토 크녹스 선생님은 자리에서 일어나 두 손을 모으고 중앙 통로를 걸어 나갔다. 그는 기도하는 것처럼 보이기도 하고 종교적 진리에 대해 깊이 생각하는 것처럼 보이기도 했다. 소피는 그를 따라갔다 다른 선택의 여지가 없었다.

밖에는 엷은 안개가 땅을 뒤덮고 있었다. 이미 몇 시간 전에 해가 뜨긴 했지만 아침 안개를 다 걷어내지는 못했다. 크녹스 선생님이 교회 앞 벤치에 앉았다. 성모 마리아 교회는 옛 시가지의 가장자리에 있었다. 소피는 만약 지금 누군가가 이 앞을 지나간다면 어떻게 될까 잠시 생각해보았다. 아침 8시에 야외 벤치에 앉아 있는 것부터가 아주 이상한 일인데, 중세에서 온 수도사와 같이 있다고 해서 더 나은 것은 분명 아니었다.

"8시구나. 아우구스티누스 이후로 약 400년이 흘렀어. 이제부터 기나긴 수업이 시작되지. 10시까지 수도원 학교들이 교육을 독점했어. 10시에서 11시 사이에 처음으로 성당 부속 학교가 세워졌고, 12시쯤에 최초로 대학이 창립되었지. 게다가 이때부터 거대한 성당들이 많이 건축되기 시작했어. 여기 이 성모 마리아 교회도 12시쯤, 그러니까 중세의 전성기 때 지어진 거야. 이 도시 사람들은 그보다 더 큰 교회를 지을 수 있는 능력이 없었단다."

"지을 필요도 없었겠죠. 텅 빈 교회는 끔찍하니까요."

"많은 사람이 한꺼번에 모여 예배를 드리기 위해서만 큰 성당이 세워진 것은 아니야. 성당들은 하느님의 영광을 위해 세워졌기 때문에, 성당을 건축한 것 자체가 일종의 예배 의식이었지. 이 중세 전성기에 우리 같은 철학자의 관심을 끌 만한 일이 하나 생겼지."

"이야기해주세요!"

"당시 스페인에는 아랍인들의 영향력이 컸어. 아랍인은 중세 전반에 걸쳐 아리스토텔레스적 전통을 보존했어. 그런데 1200년경 아랍의 학자들이 영주들의 초청을 받아 북이탈리아에 오게 되었어. 이렇게 해서 아리스토텔레스의 많은 책들도 같이 알려지게 되었고, 후에는 그리스어와 아랍어를 라틴어로 번역하기에 이르렀지. 그리고 이건 자연과학적 문제들에 대한 새로운 관심을 불러일으키는 계기가 되었어. 더불어 기독교의 계시와 그리스 철학 사이의 관계에 대한 물음도 새롭게 제기되었고. 자연과학적 문제들에 관해서는 더 이상 아리스토텔레스를 무시할 수 없게 되었지. 하지만 언제 우리는 그 '철학자'의 말에 귀 기울여야 하고 어떤 경우에 성서를 신봉해야 할까? 듣고 있지?"

소피는 짧게 고개를 끄덕였고, 수도사는 이야기를 계속했다.

"중세 전성기의 가장 위대하고 중요한 철학자는 토마스 아퀴나스야. 그는 1225년에서 1274년까지 살았던 사람이야. 로마와 나폴리 사이에 있는 작은 도시 아퀴노에서 태어났고, 파리에서 대학 강사로 일했지. 그를 내가 '철학자'라고 불렀지만 신학자이기도 해. 당시에는 철학과 신학

사이에 구분이 없었거든. 간단히 말하면 아퀴나스는 중세 초기 아우구스티누스가 플라톤을 '기독교도화'했듯이, 아리스토텔레스를 '기독교도화'했다고 할 수 있지."

"예수보다 훨씬 전에 살았던 철학자가 기독교도가 된다는 것은 조금 우스꽝스럽지 않을까요?"

"맞는 말이지만 두 사람이 위대한 그리스 철학자를 '기독교도화'시켰다는 건 더 이상 기독교에 위협이 되지 않는 방식으로 그 두 철학자를 이해하고 해석했다는 것을 뜻해. 그런 면에서 사람들은 아퀴나스가 '황소의 두 뿔을 꽉 잡았다'고들 표현하지."

"철학과 투우가 무슨 관계인지 모르겠는데요."

"아퀴나스는 아리스토텔레스의 철학을 기독교와 결합시키려고 한 철학자 중 하나야. 그가 믿음과 인식 사이에 훌륭한 합일을 이루어냈다고 말할 수 있지. 아퀴나스가 아리스토텔레스의 철학과 그의 개념들을 받아들였기 때문에 이뤄낼 수 있었지."

"두 뿔은요? 지난밤에 잠을 거의 못 자서요. 죄송하지만 좀 더 자세히 말씀해주세요."

"아퀴나스는 철학이나 이성이 우리에게 말하는 것과 기독교의 계시나 믿음이 말해주는 것 사이에 피할 수 없는 모순은 없다고 믿었어. 기독교와 철학은 자주 똑같은 것을 이야기해. 그래서 우리는 이성의 도움을 빌려서 성서적 진리들을 탐구할 수 있지."

"어떻게 그게 가능하죠? 이성이 우리에게 하느님이 엿새 만에 세계를 창조하셨음을 설명할 수 있나요? 또 예수가 하느님의 아들이었다는 것도요?"

"그런 순수한 '신앙적 진리'에는 믿음과 기독교의 계시를 통해서만 다가갈 수 있어. 하지만 아퀴나스는 일종의 '자연 신학적 진리'도 있다고 생각했어. 그것을 기독교의 계시뿐만 아니라 우리가 타고난 '자연적' 이성을 통해서도 얻을 수 있는 진리라고 했지. 예를 들어 하느님이 존재한다는 것이 그런 진리란다. 그래서 그는 신에게 이르는 길이 두 가지라고 믿었어. 하나는 믿음과 계시를 통한 길이고, 또 하나는 이성과 감각을 통한 길이야. 두 길 중에서 믿음과 계시를 통한 길이 더 안전한데, 그 이유는 인간이 단지 이성에만 의지하면 쉽게 혼돈에 빠질 수 있기 때문이야. 그러나 아퀴나스는 기독교의 교리와 아리스토텔레스 철학 사이에 전혀 모순이 없음을 강조했어."

"그럼 우리는 아리스토텔레스 철학을 성서처럼 믿을 수 있나요?"

"아니! 아리스토텔레스는 기독교의 교리를 몰랐기 때문에, 앞으로 조금 더 나아간 것뿐이야. 하지만 한 걸음이라도 앞으로 나아가는 것은 방황하는 것과는 다르지. 예를 들어 아테네가 유럽에 있다는 말이 틀린 말은 아니지만 아주 정확한 말도 아니야. 네가 어떤 책에서 아테네가 유럽의 도시라는 것만 알게 되었다면, 너는 다시 지도를 살펴봐야겠지. 그래야 완전한 진리를 경험하게 돼. 아테네는 남동 유럽의 작은 나라인 그리스의 수도야. 운이 좋다면 소크라테스와 플라톤, 아리스토텔레스는 물론이고 아마 아크로폴리스에 대해서도 알 수 있겠지."

"하지만 아테네가 유럽의 도시라는 맨 처음의 정보도 맞는 말이긴 하잖아요?"

"바로 그거야! 아퀴나스는 진리는 하나뿐이라는 것을 밝히려고 했어. 이성의 힘으로 올바른 인식에 도달할 수 있다는 아리스토텔레스의 주장이 기독교의 교리와 어긋나는 것은 아니야. 그 진리의 한 부분은 이성과 관찰로 얻을 수 있지. 예를 들어 아리스토텔레스가 식물계와 동물계에 대해 말하는 것이 그런 종류의 진리야. 진리의 또 다른 부분은 성서가 밝혀주지만, 이 둘은 여러 가지 중요한 점에서 서로 겹쳐 있어서 성서와 이성이 똑같이 대답해줄 수 있는 문제도 있지."

"신이 존재한다는 것 말인가요?"

"그렇지. 아리스토텔레스의 철학은 신의 존재 혹은 모든 자연의 변화 과정을 진행하는 최초의 원인이 있어야만 한다는 사실을 전제로 하고 있어. 하지만 신에 대해 더 이상 자세하게 설명하지는 않아. 그래서 우리는 성서와 예수의 말에 의지할 수밖에 없지."

"그래도 하느님이 존재한다는 건 확실한가요?"

"물론 논쟁의 여지가 있지만 지금도 대부분의 사람들이 신이 없다는 사실을 이성으로 증명하기는 어려울 거야. 아퀴나스는 계속 생각을 발전시켜 아리스토텔레스 철학의 이성을 토대로 하느님의 실재를 증명할 수 있다고 믿었지."

"나쁘지 않네요."

"그는 만물이 '최초의 원인'을 가져야만 한다는 사실을 이성을 통해서도 인식할 수 있다고 생각했어. 그러니까 하느님은 성서와 이성을 통해 자신을 계시한 거지. 따라서 신학에도 '계시 신학'과 '자연 신학'이 있는 거야. 이건 도덕의 경우에도 마찬가지야. 우리가 하느님의 뜻에 따라 살아야 한다는 것은 성서를 통해 알 수 있어. 그러나 하느님은 '자연적인' 판단 기준에 따라 옳고 그른 것을 분별할 수 있는 양심을 우리에게 심어주셨지. 따라서 도덕적인 삶에도 '두 가지 길'이 있어. 우리는 성서를 읽지 않아도 다른 사람에게 고통을 주는 것은 나쁘며, 다른 사람에게 대접받고 싶은 대로 다른 사람을 대접해야 한다는 것을 알 수 있어. 하지만 성서의 명령이야말로 궁극적인 '가장 확실한' 판단 기준이야."

"알았어요. 우리가 번개와 천둥소리로 비가 온다는 것을 정확히 알 수 있는 것과 같은 경우군요."

소피가 입을 열었다.

"그래. 우리가 눈이 멀었다고 해도 천둥소리는 들을 수 있지. 또 청각 장애인이어도 비가 내리는 것은 볼 수 있어. 당연히 볼 수도 있고 들을 수도 있으면 가장 좋은 경우겠지. 어쨌든 우리가 보는 것과 듣는 것 사이에 서로 모순이 있는 것은 아니야. 오히려 두 감각이 서로 도와서 인상을 더욱 뚜렷하게 해주지."

"알겠어요."

"다른 비유를 하나 더 들지. 크누트 함순의 『빅토리아』라는 소설을 읽어보면……."

"그 책 읽었는데……."

"크누트 함순이 쓴 소설을 읽었다고 해서, 그 작가에 대해 알게 되는 건 아니지?"

"어쨌든 그 작가가 있다는 건 알 수 있어요."

"더 많이 알 수도 있을까?"

"사랑에 대해 아주 낭만적인 관점을 갖고 있어요."

"네가 함순의 소설, 즉 그의 창조물을 읽으면 함순에 대해서 약간 알게 되지만 작가 개인에 대한 정보는 기대할 수 없어. 작가가 작품을 쓸 당시 몇 살이었고, 어디에 살았으며, 아이를 몇이나 두었는지 알 수 있겠니?"

"물론 모르죠."

"하지만 크누트 함순의 전기는 그런 정보를 주겠지. 그런 전기나 자서전을 읽어야만 작가 개인에 관해 상세히 알 수 있단다."

"네, 맞아요."

"대개 하느님의 창조와 성서 사이의 관계도 그렇단다. 우리가 자연을 두루 살펴보면, 하느님이 계시다는 걸 알 수 있지. 그리고 하느님이 꽃과 동물을 좋아한다는 걸 알 수 있을 거야. 그렇지 않다면 하느님은 그것들을 만들지 않으셨을 테니까. 그러나 하느님에 대한 지식은 하느님의 자서전이라고 할 수 있는 성서를 읽어야 알 수 있어."

"완벽한 예시예요."

"으음……."

처음으로 크녹스 선생님은 깊은 생각에 잠겨 아무 말도 하지 않았다.

"힐데랑 어떤 관계죠?"

소피가 불쑥 말을 꺼냈다.

"나는 힐데라는 아이가 있는지조차도 잘 몰라."

"하지만 우리는 여기저기에서 힐데의 자취를 봤잖아요. 엽서와 실크 스카프, 초록색 작은 지갑, 스타킹 한 짝……."

크녹스 선생님은 고개를 끄덕였다.

"얼마나 많은 흔적을 늘어놓을지는 힐데의 아빠에게 달려 있는 것 같구나. 지금까지 알게 된 건 고작 누군가 엽서를 쓴 사람이 있다는 사실이지. 내 생각엔 힐데 아빠도 자신에 관해 무엇인가 쓰려고 한 것 같아. 그 얘기는 차차 다시 하게 될 거야."

"이제 12시예요. 어쨌든 저는 중세가 끝나기 전에 집에 가야겠어요."

"아퀴나스가 교리에 저촉되지 않는 모든 영역에서 아리스토텔레스의 철학을 어떻게 받아들였는지 몇 마디 언급하고 얘기를 끝내기로 하자. 그건 그의 논리학과 인식론 그리고 무엇보다도 자연철학에 모두 해당돼. 한 예로 아리스토텔레스가 식물과 동물 그리고 인간에 이르는 생명의 단계를 어떻게 나누었는지 알고 있지?"

소피는 고개를 끄덕였다.

"이미 아리스토텔레스는 이러한 존재의 위계가 최고의 존재인 신을 암시한다고 생각했어. 이런 사상은 쉽게 기독교 신학에 적용되었지. 아퀴나스는 식물과 동물에서 인간, 인간에서 천사, 천사에서 하느님으로 올라가는 실존의 등급이 있다고 믿었어. 인간에겐 짐승과 마찬가지로 감각기관을 갖춘 육체가 있지만 '깊이 생각하는' 이성도 있어. 천사는 육체도 감각기관도 없지만, 그 대신 직접적이며 직관적 지성을 지녔지. 따라서 천사는 인간처럼 '깊이 생각'하거나 추론을 해야 할 필요도 없어. 천사는 인간이 알 수 있는 모든 것을 알고 있지만, 그 모든 것을 알기 위해 우리 인간처럼 단계적으로 앞을 더듬어나갈 필요가 없는 거야. 천사에겐 육체가 없기 때문에 절대로 죽지도 않아. 하지만 천사도 일찍이 하느님이 만든 것이기 때문에 하느님처럼 영원하지는 않지."

"정말 신기하군요."

"그렇지만 천사 위에는 하느님이 있단다. 하느님은 유일하고 총체적인 통찰을 통해 모든 것을 꿰뚫어 보고 모든 일을 알고 있지."

"그럼 지금도 우릴 보고 계시겠군요."

"아마 보고 계시겠지. 그렇지만 '지금'은 아니란다. 하느님의 시간은 우리 시간과 달라. 우리의 '지금'은 하느님의 '지금'이 아니야. 우리의 일주일이 하느님에게도 일주일은 아니지."

"섬뜩하군요."

불쑥 이런 말이 소피 입에서 터져 나왔다. 소피는 손으로 입을 막았다. 선생님이 소피를 바라보자 소피가 설명을 덧붙였다.

"힐데의 아빠에게 또 엽서를 받았는데 힐데 아빠는 제가 흘려보내는 일주일의 시간이, 힐데에게는 똑같은 시간이 아닐 수 있다고 했어요. 선생님도 하느님에 대해 거의 똑같은 말씀을 하시는군요!"

소피는 순간 갈색 수도복을 입은 선생님의 얼굴이 갑자기 일그러지는 것을 볼 수 있었다.

"그 사람, 부끄러운 줄 알아야 해!"

소피는 크녹스 선생님의 말을 이해하지 못했다. 어쩌면 그것은 그냥 해본 말일 수도 있었다. 선생님은 이야기를 계속했다.

"아퀴나스는 유감스럽게 아리스토텔레스의 여성상을 그대로 전수받았어. 아리스토텔레스가 여성을 일종의 불완전한 남자로 여겼다는 말 기억하지? 그는 아이가 아버지의 특성만을 물려받는다고 믿었어. 여성은 소극적으로 형상을 부여하는 존재이기 때문이라는 거야. 아퀴나스는 그 생각이 여성을 남성의 갈비뼈로 만들었다고 한 성서의 내용과 일치한다고 생각했어."

"바보군요!"

"여성의 난세포가 1827년에야 확인되었다는 걸 덧붙이는 게 중요할 것 같구나. 그러니까 자식에게 형상과 생명을 주는 사람이 남성이라고 생각한 것은 전혀 놀라운 일이 아니야. 그 밖에도 아퀴나스가 자연적 존재로서의 여성을 존재의 위계질서에서 남성보다 아래에 놓고 생각했다는 점도 기억해두어야 해. 하지만 그는 여성의 영혼은 남성의 영혼과 똑같은 가치가 있는 것으로 보았어. 하늘나라에는 육체적인 성별의 차이가 없으니 남녀가 평등하다는 거야."

"그게 다예요? 중세에 여성 철학자는 없었나요?"

"중세의 교회는 남자들이 독점하고 있었어. 그렇다고 여성 사상가가 없었다는 말은 아니야. 여성 사상가 가운데 한 사람이 힐데가르트 폰 빙겐(빙겐의 힐데가르트)이야."

소피의 두 눈이 동그래졌다.

"힐데와는 어떤 관계가 있나요?"

"네가 물어볼 줄 알았지! 힐데가르트 폰 빙겐은 수녀였는데 1098년부터 1179년까지 독일의 라인란트에서 살았단다. 여자임에도 전도사, 작가, 의사, 식물학자, 과학자로 일했어. 중세에 때때로 여성이 남성보다 더 실제적이며 과학적이라는 사실을 보여주는 좋은 예라고 할 수 있지."

"전 힐데와 무슨 관계가 있느냐고 물었는데요!"

"기독교와 유대교에는 하느님이 단지 남성적인 성격뿐만 아니라 여성적인 면이나 '모성'도 지녔다는 오래된 관념이 있었지. 왜냐하면 여자도 하느님의 형상에 따라 창조되었으니까. 하느님의 여성적 면모를 가리켜 그리스어로 소피아(Sophia)라고 불러. '소피아' 또는 '소피(Sofie)'는 '지혜'를 뜻하지."

소피는 당황해서 머리를 흔들었다. 왜 아무도 지금껏 그 얘기를 해주지 않았을까? 왜 자기는 그 이름에 대해 묻지 않았을까?

크녹스 선생님은 얘기를 계속했다.

"하느님의 모성적 면모를 가리키는 '소피아' 여신이 중세 시대 내내 유대인들과 그리스 정교회에서는 특정한 역할을 했지만, 서유럽에선 잊히고 말았어. 그때 힐데가르트 폰 빙겐이 등장했지. 힐데가르트 폰 빙겐은 환상 속에서 여신 소피아의 환영이 자기에게 나타났다고 이야기했어. 그때의 여신 소피아는 귀중한 보석으로 장식된 옷을 입고 있었는데……."

갑자기 소피가 벤치에서 벌떡 일어났다. 소피아가 힐데가르트 폰 빙겐의 환상 속에 나타났다고…….

"그러면 아마 제가 힐데에게 나타날지도 몰라요."

소피는 다시 앉았다. 크녹스 선생님은 소피의 어깨 위에 손을 살며시 얹었다.

"그걸 우리가 알아내야 해. 이제 거의 1시가 되었어. 이제 집에 가서 점심을 먹어야지. 새 시대가 준비되어 있어. 르네상스를 공부할 시간에 다시 만나자. 헤르메스가 정원으로 너를 데리러 갈 거야."

이 말을 끝으로 이상한 수도사는 자리에서 일어나 성모 마리아 교회를 향해 걸어갔다. 소피는 앉아서 소피아와 힐데가르트 폰 빙겐에 대해, 또 소피와 힐데에 관해 생각했다. 갑자기 소피는 벌떡 일어나 수도사로 변장한 철학 선생님 뒤에서 큰 소리로 외쳤다.

"중세에도 알베르토가 있었나요?"

크녹스 선생님은 걸음을 약간 늦추고 고개를 돌려 대답했다.

"토마스 아퀴나스에게는 유명한 철학 선생님이 한 분 계셨지. 이름이 알베르투스 마그누스였어!"

그러고 나서 수도사는 성모 마리아 교회 입구에서 고개를 숙이더니 이내 사라졌다.

소피는 그 말만으로는 만족할 수 없어서 교회로 쫓아 들어갔다. 그러나 교회는 텅 비어 있었다. 알베르토 크녹스 선생님이 땅속으로 꺼진 걸까?

소피가 막 교회를 나가려 할 때, 성모 마리아상이 눈에 들어왔다. 소피는 성모 마리아상에 바싹 다가가서 한참 동안 바라보았다. 갑자기 성모상의 눈 아래에 맺힌 작은 물방울이 보였다. 눈물일까?

소피는 교회에서 달려 나와 요룬네로 뛰어갔다.

르네상스

…… 오, 인간의 모습을 한 신의 족속이여 ……

1시 반쯤 됐을까, 소피가 헐레벌떡 정원 문 앞에 다다랐을 때, 요룬은 이미 노란 집 앞에 서 있었다.

"넌 11시간 동안 사라져 있었어."

요룬이 외쳤다.

소피는 고개를 내저었다.

"1,000년이 넘게 사라져 있었지."

"도대체 어디 숨어 있었니?"

"중세에서 온 수도사랑 데이트를 했지. 재밌는 사람이었어."

"미쳤구나. 너희 엄마가 30분 전에 전화하셨어."

"뭐라고 했어?"

"가게에 갔다고 했지."

"그랬더니 뭐라고 하셨니?"

"돌아오면 전화해달라고. 근데 우리 엄마 아빠가 10시쯤 코코아와 롤빵을 가지고 오시는 바람에 난처해졌어. 그때 침대가 비어 있었으니까."

"그래서?"

"엄청 당황했지. 나랑 싸워서 집에 갔다고 했어."

"그럼 우린 빨리 다시 화해를 해야겠네. 그리고 너희 엄마 아빠와 우리 엄마가 며칠은 이야기를 못 나누시도록 해야 돼! 그럴 수 있을까?"

요룬은 어깨를 으쓱거렸다. 그때 작업복을 입은 요룬의 아버지가 손수레를 끌고 정원에 나타났다. 작년에 떨어진 낙엽을 아직도 치우고 있는 것 같았다.

"이제 화해했나 보네. 이제 지하실 창 앞은 깨끗해졌어."

소피가 대꾸했다.

"잘됐네요. 침대 위 대신 그곳에서 코코아를 마시면 좋을 것 같아요."

아버지가 껄껄 웃어서 요룬은 좀 놀란 듯 몸을 움츠렸다. 소피네 집에서는 이 시(市) 회계 담당자 잉에브릭스텐 부부처럼 품위 있는 말을 쓰는 편이 아니었다.

"미안해, 요룬. 하지만 그 이야기에 나도 관련이 있는 것 같았어."

"무슨 이야기인지 나한테도 이야기해줘."

"집에 데려다주면. 하지만 그 이야기는 시 회계 담당자나 나이 먹은 바비 인형과는 아무 상관 없어."

"적당히 해. 그러면 남편이 바다로만 나도는 불안한 너희 엄마의 결혼 생활이 더 낫다는 거야?"

"그건 아니야. 근데 말이야, 어제 잠이 안 와서 생각해보니까 힐데는 우리가 한 일을 모두 지켜보고 있는 게 아닌가 싶어."

둘은 천천히 클뢰베르베이엔 쪽으로 걸었다.

"그 애가 천리안이라는 거야?"

"그럴 수도, 아닐 수도 있고."

요룬은 이런 비밀스러운 일들을 별로 마음에 들지 않아 했다.

"하지만 그걸로 힐데의 아빠가 왜 그 바보 같은 엽서들을 숲 속의 버려진 오두막으로 보냈는지는 알 수 없어."

"그건 그렇지."

"너 어디에 있었는지는 얘기 안 해줄 거야?"

소피는 간밤의 일과 자기가 비밀스러운 철학 수업을 받고 있다는 것도 이야기했다. 대신 모든 일을 둘만의 비밀로 하기로 단단히 약속했디.

눌은 말없이 한참 걸었다.

"마음에 안 들어."

클뢰베르베이엔 3번지에 가까워졌을 때 요룬이 말했다. 요룬은 소피네 정원 문 앞에서 잠시 멈추었다가 바로 돌아가려고 했다.

"물론 누구도 너한테 철학을 좋아하라고 강요하진 않아. 하지만 철학은 중요해. 철학은 우리가 누구인지 그리고 어디서 왔는지를 다루니까. 그런 건 학교에서 배우지 않잖아?"

"어차피 그런 질문에는 아무도 대답할 수 없어."

"어쨌든 우리가 그런 질문을 하는 법도 배운 적이 없잖아."

소피가 부엌에 들어갔을 때는 벌써 점심이 차려져 있었다. 엄마는 소피가 요룬네에서 집으로 전화하지 않은 것에 대해서는 아무 말도 하지 않았다.

점심을 먹고 나니 소피는 잠이 왔다. 엄마에게 간밤에 요룬네에서 거의 한숨도 못 잤다는 걸 털어놓았다. 하지만 그런 일은 친구 집에서 외박할 때 흔히 있는 일이었다.

잠자리에 들기 전, 소피는 자기가 벽에 걸어두었던 청동 거울 앞에 섰다. 처음에는 피곤하고 창백한 자신의 얼굴이 선명하게 보였다. 그러나 곧 소피의 얼굴 뒤에서 갑자기 다른 얼굴의 희미한 윤곽이 나타났다.

소피는 두 번 숨을 깊게 쉬었다. 이번에는 정말 헛것을 봐서는 안 된다. 소피는 길게 늘어뜨렸을 때 가장 잘 어울리는 자신의 까만 머리카락과 함께 창백한 자기 얼굴의 또렷한 윤곽을 보았다. 그런데 소피 얼굴 아래인가 뒤쪽에서 또 다른 얼굴이 유령처럼 어른거리기 시작했다.

거울 속의 이 낯선 소녀는 두 눈을 깜빡였다. 마치 거울 저편에 자기가 있다는 신호를 주려는 것처럼 보였다. 단지 몇 초 사이에 일어난 일이었다. 그러고는 곧 사라져버렸다.

소피는 침대 위에 앉아, 지금 자기가 거울 속에서 본 것이 힐데의 얼굴이라고 생각했다. 소피는 소령의 오두막에서 힐데의 학생증 사진을 언뜻 본 적이 있다. 방금 거울 속에 나타난 소녀는 힐데가 틀림없다.

소피가 쓰러질 만큼 피곤할 때만 이런 일이 일어나다니, 그래서 소피는 헛것을 본 것은 아닌지 의심스럽기도 했다.

소피는 옷을 의자 위에 놓고 이불 속으로 들어갔다. 금방 잠이 든 소피는 이제 이상하고 강렬하면서 선명한 꿈속으로 빠져들었다.

소피는 커다란 정원 안에 서 있었다. 뒤쪽에 빨간 조각배 창고가 있고 그 옆 선창에 금발머리 소녀가 앉아 호수를 바라보고 있다. 소피가 다가가 곁에 앉았으나 알아차리지 못하는 것 같았다.

"나는 소피라고 해."

소피가 자기를 소개했다. 그런데 낯선 소녀는 소피를 보지도, 소피의 목소리를 듣지도 못했다.

"넌 귀도 안 들리고 눈도 안 보이나 보네."

낯선 소녀에겐 소피의 말이 정말로 들리지 않는 모양이었다. 그때 갑자기 어떤 목소리가 들렸다.

"힐데!"

그러자 그 소녀는 벌떡 일어나 집으로 달려갔다. 그 앤 귀가 멀지도 눈이 멀지도 않았다. 집에서 중년 남자가 걸어 나왔다. 군복을 입고 파란 베레모를 쓰고 있었다. 소녀는 그 남자의 목을 껴안았고 그 남자는 소녀를 안고 두 바퀴를 돌았다. 그때 소피는 소녀가 앉았던 선창가에서 작은 금 십자가가 달린 목걸이를 발견했다. 소피는 그것을 손에 주워 든 순간 꿈에서 깼다.

소피가 시계를 보니 두 시간이 흘러 있었다. 소피는 침대에 일어나 앉아 이 이상한 꿈에 대해 골똘히 생각했다. 그 꿈은 정말 일어난 일처럼 생생하고 선명했다. 소피는 꿈에서 본 집과 선창이 어디엔가 실제로 있는 것이 틀림없다고 생각했다. 소령의 오두막과 비슷하지 않나? 어쨌든 꿈에서 본 소녀가 힐데 묄레르 크나그이고 남자는 레바논에서 돌아온 힐데의 아빠라는 것만은 분명했다. 그런데 그 남자는 알베르토 크녹스 선생님과도 조금 비슷했던 것 같은데……

일어나서 침대를 정리하는데 베개 밑에서 십자가가 달린 금 목걸이를 발견했다. 십자가 뒷면에는 세 글자가 새겨져 있었다.

'HMK'

물론 소피가 꿈속에서 보물을 주운 것이 처음은 아니었다. 그러나 지금껏 보물을 꿈에서 가지고 나온 적은 한 번도 없었다.

"젠장!"

소피는 크게 소리쳤다.

소피는 화가 치밀어 옷장 문을 열어젖히고 실크 스카프와 흰 스타킹, 레바논에서 온 엽서들이 있는 곳에 그 예쁜 목걸이를 집어던졌다.

일요일 아침, 엄마는 따뜻한 롤빵과 사과 주스, 달걀, 이탈리안 샐러드로 아침 식사를 차려놓고 소피를 깨웠다. 엄마가 일요일에 소피보다 먼저 일어나는 일은 드물었지만 일찍 일어나면 소피를 깨우기 전에 반드시 아침을 준비했다.

아침을 먹으며 엄마가 말했다.

"정원에 못 보던 개가 오전 내내 울타리 주변을 돌고 있더구나. 어디서 온 개인지 아니?"

"네, 알아요."

하고 대답하면서 소피는 입술을 지그시 깨물었다.

"자주 왔었니?"

소피는 일어서서 거실 창 쪽으로 갔다. 헤르메스가 맞다! 개는 동굴로 가는 비밀 통로 앞에 앉아 있었다.

엄마한테는 뭐라고 말씀드리지? 대답이 선뜻 떠오르지 않아 소피가 머리를 쥐어짜고 있는데 어느새 엄마가 옆에 서서 다시 물었다.

"그 개가 여기 자주 온다고?"

"여기에 뼈다귀를 묻어두었나 봐요. 그래서 지금은 그 보물을 찾으려는 거겠죠. 개한테도 기억력이 있거든요⋯⋯."

"그럴 수도 있겠지. 네가 더 뛰어난 동물 전문가니까."

소피는 머리를 썼다.

"제가 저 개를 집에 데려다줄게요."

"개가 어디 사는지 아니?"

소피는 어깨를 으쓱거렸다.

"개 목걸이에 주소가 있겠죠."

2분 뒤, 소피는 이미 정원을 가로지르고 있었다. 소피를 본 헤르메스는 달려와서 꼬리를 흔들며, 소피에게 껑충껑충 뛰어올랐다.

"착하기도 하지, 헤르메스."

소피는 엄마가 창가에 서 있다는 것을 알고 있었다. 헤르메스가 동굴로 달려가면 안 되는데! 다행스럽게도 헤르메스는 집 앞 자갈길로 안마당을 지나 정원 문 쪽으로 달려갔다.

소피가 문을 닫았을 때 헤르메스는 소피보다 2미터쯤 앞서 달렸다. 이제부터 이 동네의 거리를 쭉 통과하는 긴 산책 길이 이어졌다. 하지만 특별히 소피와 헤르메스만 산책 중인 것은 아니었다. 온 가족이 함께 걷고 있는 모습에 소피는 질투심을 느꼈다.

헤르메스는 자꾸 지나가는 다른 개와 울타리에 달려가 킁킁대며 냄새를 맡았지만, 소피가 "이리 와!" 하고 명령하면 금방 옆으로 돌아왔다.

오래된 유원지와 커다란 운동장과 놀이터를 지났다. 이제 둘은 번화가에 도착했다. 여기서부터 전차 선로가 놓여 있고, 자갈을 깐 넓은 길이 시내 방향으로 쭉 뻗어 있다.

시내에 이르자, 헤르메스는 광장을 지나 교회 거리로 소피를 이끌었다. 둘은 19세기 말쯤에 지은, 거대한 임대 연립주택이 즐비한 옛 시가지에 다다랐다. 시계는 거의 1시 반을 가리키고 있었다.

이제 둘은 이 도시의 한쪽 끝에 와 있다. 어렸을 때 이 근처에 사시는 큰 고모를 찾아간 기억이 있을 뿐 자주 와본 곳은 아니었다.

곧 오래된 임대주택 사이에 있는 작은 광장에 도착했다. 광장의 이름은 '새 광장'이란 뜻의 '뉘토르게'였지만 사실은 옛 시가지만큼이나 아주 오래된 곳이었다. 이 시가지는 중세 언젠가에 세워졌다.

헤르메스는 14번지의 집 입구에서 멈추더니 소피가 문을 열기를 기다렸다. 소피의 가슴이 더 세게 뛰기 시작했다.

문을 열고 들어가니 계단 입구 벽에 초록색 우편함이 나란히 걸려 있었다. 소피는 맨 윗줄의 우편함에 꽂혀 있는 엽서 한 장을 발견했다. 수취인 불명 도장이 찍혀 있었고 수신인은 '뉘토르게 14번지, 힐데 묄레르크나그……' 엽서에는 6월 15일자 날짜 도장이 찍혀 있다. 그때까지는 아직 2주나 남아 있었지만 집배원은 그런 것에는 신경 쓰지 않았을 것이다.

소피는 엽서를 우편함에서 꺼내 읽어 내려갔다.

사랑하는 힐데야! 이제 소피가 철학 선생님 댁에 발을 들여놓았단다. 그 애는 곧 열다섯 살이 되겠지만 너의 생일은 어제였을 거야. 혹시 오늘인가? 생일이 오늘이라면 이 엽서가 최소한 너무 늦지는 않으면 좋겠구나. 우리의 시간이 항상 같은 속도로 흐르는 건 아니지만 말이야. 한 세대가 늙는 동안 다음 세대가 자라지. 그동안에도 역사는 흐를 거야. 유럽의 역사를 인생과 비교해서 생각해보았니? 고대가 유럽의 유년기라면, 긴 중세는 유럽의 학창 시절이야. 그러고 나서 르네상스가 시작되면서 긴 학창 시절이 끝나고 청년 유럽이 세상으로 나가게 되었어. 르네상스를 유럽의 열다섯 번째 생일이라고 할 수 있겠지. 이제 6월 중순이구나. '신이 주신 이 세계! 아, 인생은 얼마나 아름다운가!'

추신 : 십자가 금 목걸이를 잃어버려서 어쩌니. 물건을 잘 챙기도록 해. 곧 만나자. 안녕!

— 사랑하는 아빠가

헤르메스는 벌써 계단을 오르고 있었다. 소피는 엽서를 가지고 헤르메스를 뒤쫓았다. 헤르메스와 보조를 맞추려면 뛰어야 했다. 헤르메스는 꼬리를 심하게 흔들었다. 그렇게 1층, 2층, 3층, 4층을 지났다. 위로는 좁은 계단이 계속 이어져 있었다. 설마 지붕 위로 가는 건 아니겠지? 헤르메스는 계속 달려가다가 좁다란 문 앞에 서서 앞발로 그 문을 긁었다.

소피는 곧 안에서 문 앞으로 다가오는 발소리를 들었다. 곧 문이 열렸고 알베르토 크녹스 선생님이 나타났다. 오늘도 다른 옷을 입고 변장을 했다. 흰 양말을 신고 폭이 넓은 빨간 바지에 두꺼운 어깨 패드가 들어간 노란 외투를 입고 있었다. 크녹스 선생님 모습에서 소피는 조커를 떠올렸다. 잘못 생각한 것이 아니라면 그 옷은 전형적인 르네상스식 의상이다.

"선생님 피에로 같아요!"

소피는 소리치면서 크녹스 선생님을 밀고 집 안으로 들어갔다. 소피는 현관 앞에서 발견한 엽서 때문에 아직도 흥분해 있었다.

"진정해."

크녹스 선생님이 소피를 달래며 문을 닫았다.

"여기 엽서요."

선생님 책임이라는 듯이, 선생님에게 엽서를 건넸다.

크녹스 선생님은 서서 엽서를 읽고는 고개를 내저었다.

"이 사람이 정말 더 파렴치해졌구나. 자기 딸 생일을 위해 우리를 놀 잇감으로 이용하고 있어."

그러고는 엽서를 갈기갈기 찢어 휴지통에 버렸다.

"엽서에는 힐데가 십자가 금 목걸이를 잃어버렸대요."

소피가 말했다.

"나도 읽었어."

"근데 바로 이 십자가 목걸이를 오늘 제 침대에서 발견했어요. 어떻게 그게 거기 있게 됐을까요?"

선생님은 소피의 눈을 깊이 들여다보았다.

"꽤 그럴듯해 보이지만, 그건 조금의 노력도 필요 없을 가벼운 속임수일 뿐이야. 우주라는 검은 마술사의 모자에서 꺼낸 커다란 토끼에나 생각을 집중해보자."

두 사람은 거실로 발길을 옮겼다. 소피가 한 번도 본 적 없는 이상한 거실이었다.

선생님은 비스듬하게 경사진 지붕 밑의 큰 다락방에 살고 있었다. 이 지붕엔 창이 하나 나 있어서 눈부신 햇살이 곧장 쏟아져 들어오고 있었다. 방에 있는 창문은 시가지 방향으로 나 있었는데, 그 창문을 통해 소피는 오래된 임대주택의 지붕들을 볼 수 있었다.

그러나 소피를 가장 놀라게 한 것은 이 큰 거실의 인테리어였다. 방 전체가 여러 시대의 가구와 물건으로 가득 차 있었다. 어떤 소파는 1930년대에 만들어진 것 같았고, 19세기 말의 것으로 보이는 낡은 책상, 그리고 의자들 가운데 하나는 수백 년은 묵은 것임이 분명했다. 하지만 모두 고급이었다. 책장과 각 선반에는 인형, 낡은 시계와 항아리, 나침반과 증류기, 나이프, 소형 나이프와 책 받침대, 팔분의와 육분의, 나침반과 기압계가 어지럽게 놓여 있었다. 한쪽 벽 전체가 책으로 덮여 있었지만 서점에서 찾을 수 있을 만한 책은 없었다. 장서들은 여러 시대에 걸쳐 출판된 책들을 한눈에 볼 수 있는 단면도와 같았다. 벽에는 스케치와 유화가 걸려 있었다. 수십 년 전에 그려진 그림도 몇 점 있었지만, 대부분 아주 오래된 것들이었다. 그 밖에도 벽에는 오래된 지도가 여러 장 걸려 있었다. 그중 한 지도엔 송네 피오르가 트뢰넬라그, 트론헤임 피오르가 멀리 북쪽에 잘못 그려져 있었다.

소피는 몇 분 동안 묵묵히 서 있었다가, 몸을 돌려 긴장을 늦추지 않고 방 안 구석구석을 살펴보았다.

"고물들을 많이도 모으셨네요."

소피가 입을 열었다.

"글쎄, 수백 년의 역사를 이 방 안에 고스란히 담고 있다고 생각해봐. 나라면 그걸 고물이라고 부르지는 않을 거야."

"골동품 가게 같은 것을 갖고 계세요?"

이제 크녹스 선생님은 거의 슬프기까지 한 표정을 지었다.

"모든 것이 역사라는 강줄기에 실려 떠내려올 수는 없단다. 더러는 사람들이 지키고 서서 강가에 쌓인 것을 잘 보관해야 해."

"이상한 표현이네요!"

"하지만 그게 진실이야. 우리는 지금 우리가 속한 시대에만 살고 있는 게 아니란다. 우리 안에는 우리의 역사가 담겨 있어. 네가 지금 보고 있는 이 모든 것들이 처음엔 아주 새로운 것이었다는 사실을 잊지 마. 16세기에 만들어진 이 작은 목각 인형은 아마 어떤 소녀의 다섯 번째 생일 선물이었을 거야. 그 아이의 할아버지가 만든 것일지도 모르지……. 그리고 그 아이는 10대 소녀로 자라고, 어른이 되어서 결혼을 했겠지. 이 인형을 물려줄 딸도 낳았을 거야. 그렇게 나이를 먹다가 어느 날 더 이상 이 세상에 존재하지 않는 사람이 되었지. 오래오래 살았더라도 지금은 결코 돌아오지 않는 사람이 되었단다. 근본적으로 그녀는 이 세상에 잠시 다녀간 것뿐이야. 그래도 소녀의 인형, 바로 저 인형은 아직 서가 위에 앉아 있지."

"그렇게 말씀하시니 모든 게 너무 슬프고 숙연해져요."

"삶은 슬프고 숙연한 거야. 우리는 이 아름다운 세상에 태어나 서로 알게 되고 인사를 나누고 잠시 함께 걷는 거란다. 그러곤 다시 헤어져서 우리가 이곳에 왔을 때처럼 갑자기 이유도 없이 사라져버리지."

"질문 하나 해도 돼요?"

"그럼. 우린 더 이상 숨바꼭질을 하는 게 아니니까."

"왜 소령의 오두막에 계셨어요?"

"우리가 편지를 주고받기 편하기 때문이야. 그 낡은 오두막이 빈집이란 걸 알고 있었거든."

"거기로 아예 이사하신 거예요?"

"그랬지."

"그러면 선생님이 거기 사신다는 걸 힐데의 아빠는 어떻게 알았던 걸까요?"

"내가 잘못 생각한 게 아니라면, 그 사람은 거의 모든 걸 알고 있는 것 같아."

"근데 정말 이해가 안 돼요. 어떻게 엽서를 그 깊은 숲 속까지 배달하도록 집배원을 설득했을까요?"

크녹스 선생님의 얼굴엔 묘한 웃음이 번졌다.

"그런 것쯤이야 힐데의 아빠에겐 쉬운 일일 거야. 손쉬운 눈속임, 멍청한 바보짓이지. 우린 세상에서 가장 심한 감시를 받고 있을지도 몰라."

소피는 점점 화가 치밀었다.

"그 사람이 내 앞에 나타나기만 하면 얼굴을 할퀴어줄 거예요."

크녹스 선생님은 소파로 가서 앉았고 소피도 선생님을 따라 안락의자 깊숙이 몸을 기댔다.

"철학이 우리를 힐데 아빠에게 더 가까이 데려다줄 거야."

크녹스 선생님이 말했다.

"오늘은 르네상스 이야기를 들려줄게."

"네, 시작하세요!"

"토마스 아퀴나스가 죽고 불과 몇 년 뒤에 통일된 기독교 문화에 틈이 벌어지기 시작했어. 철학과 과학은 교회 신학에서 점점 더 멀어졌고, 그에 따라 종교 역시 이성과 좀 더 독립적인 관계를 맺게 되었어. 이제 사상가들은 우리의 사유로는 절대 신을 파악할 수 없기 때문에 이성으로써 신에게 다가갈 수 없음을 더욱 강조했어. 요컨대 인간이 기독교의 신비를 이해하는 것이 중요한 게 아니라, 신의 의지에 복종하는 것이 중요하단 말이지."

"이해했어요."

"이렇게 종교와 과학이 서로 더욱 독립적인 관계를 맺게 되면서 새로운 과학적 방법과 종교적 내면성이 생겨났어. 이렇게 해서 15세기와 16세기에 걸친 중대 변혁인 르네상스와 종교개혁의 토대가 마련된 거야."

"다른 변혁에 대해서도 하나씩 살펴보기로 해요."

"르네상스는 14세기 말엽에 시작된 포괄적인 문화적 번영기를 뜻해. 북이탈리아에서 시작해서 빠르게 북쪽으로 확산되었지."

"'르네상스'는 '재탄생'을 의미한다고 하시지 않았어요?"

"맞아. 다시 태어났다는 건 고대 예술과 문화를 두고 하는 말이야. 그래서 종종 르네상스 인문주의라는 표현을 쓰기도 하지. 삶의 조건을 신중심으로 해석했던 기나긴 중세가 지난 뒤, 이제 사람들은 다시 인간을 중심에 놓았어. 르네상스의 모토는 '기원으로 돌아가라!'였는데, 가장 중요한 기원은 고대 문화의 인문주의였으니까. 고대의 오래된 조각물과 필사본을 발굴해내는 것이 무슨 국민 스포츠처럼 유행했어. 그리스어 배우기도 유행했고, 결과적으로 그리스 문화에 대한 새로운 연구가 시작되었어. 그리스 인문주의 연구에는 무엇보다 교육적 목표가 있었어. 인문 분야 연구는 인간을 보다 고양된 존재로 끌어올리는 '고전적 교육'을 제공했어. 그 당시의 말로 표현하면 '말은 태어나는 것이지만 인간은 태어나는 것이 아니라 만들어지는 것'이지."

"그러니까 인간이 되기 위해서는 교육을 받아야 한다는 거군요."

"그래, 당시 사람들의 생각은 그랬지. 르네상스 인문주의를 좀 더 자세히 살펴보기 전에 르네상스의 정치·문화적 배경에 대해 얘기해보자."

크녹스 선생님은 일어서서 방 안을 서성거렸다. 잠시 발을 멈춰 서 있다가, 서가에 있는 아주 오래된 기구 하나를 가리키며 물었다.

"이게 뭘까?"

"오래된 나침반 같은데요."

"맞아."

이제 그는 소파 위 벽에 걸려 있는 오래된 엽총을 가리켰다.

"이것은?"

"아주 오래된 엽총요."

크눅스 선생님은 서가에서 커다란 책을 꺼냈다.

"그건 오래된 책이에요."

"더 정확하게 말하자면 '인쿠나불라'라다."

"인쿠나불라요?"

"원래는 '요람'을 의미해. 서기 1500년 이전에 인쇄술이 아직 초기 단계일 때 인쇄된 초기 간행본을 그렇게 부른단다."

"정말 그렇게 오래됐어요?"

"그럼, 오래됐지. 우리가 지금 본 세 가지 발명품, 그러니까 나침반, 화약, 인쇄술은 우리가 르네상스라고 부르는 새 시대를 여는 데 가장 중요한 전제 조건이 되었단다."

"더 자세히 설명해주세요."

"나침반은 항해를 쉽게 해주었어. 다시 말하면 먼 거리를 탐험할 때 없어서는 안 될 중요한 것이 바로 나침반이었지. 그 밖에 화약도 중요한 것으로 꼽는데, 이 새로운 무기는 유럽이 아시아와 아메리카 문화를 넘어서게 해줬어. 그리고 인쇄술은 르네상스 인문주의의 새로운 사상을 보급하는 데 긴요한 역할을 했을 뿐만 아니라, 무엇보다도 오랫동안 교회에 빼앗긴 학문을 전달하는 역할을 되찾아올 수 있게 했어. 그 뒤에도 새로운 도구와 기구들이 잇따라 발명되었지. 한 예로 망원경은 천문학 발달에 획기적인 역할을 했고."

"그래서 드디어 로켓과 달 착륙선이 등장한 거죠?"

"약간 앞서갔구나. 물론 르네상스 시대에 처음으로 인간이 달에 닿으려는 노력이 시작되었어. 히로시마와 체르노빌 사고에도 가까워졌고. 그러나 먼저 문화와 경제 영역에서 변화가 일어났어. 현물경제에서 화폐경제로의 변화가 중요한 토대가 되었지. 중세 말에는 수공업이 번창했고 부지런한 상인과 화폐경제와 은행 제도를 갖춘 도시들이 생겨났어. 이렇게 해서 자연적 생활 조건으로부터 어느 정도 독립성을 가진 시민 계급이 생겨났지. 생계에 필요한 것은 이제 돈을 주고 살 수 있게 되었어. 이런 발전은 개인의 근면과 상상력 그리고 독창성을 필요로 했지. 개인은 아주 새로운 상황에 직면하게 된 거야."

"그때보다 약 2,000년 전, 그리스의 도시가 생겨나던 때가 떠오르는데요?"

"그럴 수도 있지. 그리스 철학자들이 농경문화에 따른 신화적 세계상에서 어떻게 벗어났는지 설명했지? 같은 방식으로 르네상스 시대의 시민들은 봉건 군주와 교회의 권력에서 벗어나기 시작했어. 동시에 스페인의 이슬람 문화, 동방의 비잔틴 문화와 밀접하게 교류하면서 그리스 문화를 재발견하게 되었지."

"고대 문화에서 나온 세 개의 강줄기가 하나로 합쳐진 것이군요."

"아주 똑똑한 학생이구나. 르네상스의 배경에 대한 설명은 이것으로 충분해. 자, 이제 새로운 사유에 관해 이야기해보자."

"지금 바로요! 전 저녁 시간 전에는 집에 돌아가야 해요."

크녹스 선생님은 다시 소파에 자리를 잡았다.

"르네상스는 무엇보다도 새로운 인간상을 만들었단다. 르네상스 시대의 인문주의자들은 죄를 저지르기 쉬운 인간의 본성만을 일방적으로 강조한 중세와는 반대로 인간과 인간의 가치에 대한 완전히 새로운 믿음을 발전시켜나갔지. 이 시대에 인간은 한없이 위대하고 가치 있는 존재였어. 르네상스의 핵심 인물 가운데 하나인 마르실리오 피치노는 '너 자신을 인식하라. 오, 인간의 모습을 한 신의 족속이여!' 하고 외쳤어. 또 조반니 피코 델라 미란돌라는 「인간의 존엄에 대하여」라는 찬양의 글을 썼지. 이러한 생각은 중세에는 상상조차 할 수 없었어. 중세에는 모든 사고의 중심이 신에게 있었으니까. 르네상스의 인문주의자들은 사고의 출발점을 인간 자신에 두었지."

"하지만 그리스 철학자들도 그렇지 않았나요?"

"그래서 르네상스를 가리켜 사람들이 고대 인문주의의 '재탄생'이라고 말하는 거야. 그러나 르네상스 시대의 인문주의는 고대 인문주의보다 더욱 강하게 개인주의 경향을 띠었어. 우리는 인간인 동시에 유일무이한 개인이야. 이런 생각은 거의 맹목적인 천재 숭배로 이어졌어. 그 이상향을 르네상스 인간이라고 하는데 그것은 삶과 예술과 학문의 모든 분야에 정통한 사람을 가리키는 거야. 새로운 인간상은 인간 육체의 해부학에 대한 관심에서도 잘 나타나. 고대에 그랬듯이 사람들은 신체 구조를 알아내기 위해 시체를 해부했는데 이는 의학뿐만 아니라 예술에서도 중요한 역할을 해냈어. 미술에서는 인간의 나체를 묘사하는 것이 다시 일상적인 일이 되었어. 그러기까지 1,000년 동안은 수치심을 겪어야 했지. 인간은 다시 자기 자신으로서 존재하려 했어. 그리고 더 이상 인간은 자기 스스로를 부끄럽게 여기지 않아도 되었지."

"감동적이네요."

소피는 이렇게 말하면서 자신과 철학 선생님 사이에 있는 작은 탁자 위로 엎드렸다.

"맞아. 새로운 인간상은 완전히 새로운 인생관을 낳았어. 인간은 신을 위해서만 존재하지 않아. 신은 인간을 위해서 인간을 창조했지. 그래서 인간은 지금의 삶에 대해 기뻐할 수 있는 거야. 그리고 인간이 자신을 자유롭게 한다면, 인간의 가능성은 무한해. 모든 한계를 초월하는 것이 이제 인간의 목표가 되었어. 그 점이 고대의 인문주의와 르네상스의 차이란다. 고대 인문주의자들은 인간이 마음의 평안과 중용 그리고 자제력을 보여줘야 한다고 강조했지."

"그럼 르네상스의 인문주의자들은 자제력을 잃어버렸다는 건가요?"

"적어도 그들은 특별히 중용을 지키지는 않았어. 그들은 전 세계가 이제 막 새롭게 눈뜨기 시작했다고 느꼈단다. 그렇게 해서 시대를 구분하는 의식도 생겨났지. '중세'라는 말이 고대와 르네상스 시대 사이의 모든 시간을 표현하는 말로 쓰이기 시작했어. 그리고 모든 분야에서 유일무이한 전성기가 시작되었지. 미술과 건축, 문학과 음악, 그리고 철학과 과학 모두에서 말이야. 구체적인 예를 들어볼까? 우리는 고대 로마를 '도시 중의 도시'라거나 '세계의 중심'이라고 부르곤 하지. 그러나 이 도시는 중세부터 점점 쇠락하기 시작해서 100만을 넘던 인구가 1417년에는 1만 7,000명으로 줄어들었어."

"릴레산보다도 훨씬 적네요."

"르네상스 인문주의 시대에 문화 정책의 목표는 로마를 부활시키는 것이었어. 그래서 제일 먼저 성베드로 대성당이 사도 베드로의 무덤 위에 세워졌지. 거기선 이제 실제로 중용이나 자제력과 같은 말은 어울리지 않았어. 르네상스 시대에 이름을 날린 여러 위인들이 세계적으로 가장 거대한 이 건축 계획에 참여했어. 이 작업은 1506년에 시작되어서, 꼬박 120년이 걸렸어. 그러고 나서도 약 50년 후에야 성베드로 광장이 완성되었단다."

"엄청나게 큰 성당이겠군요."

"길이 200미터에 높이 130미터의 대성당이었지. 르네상스인들의 대담함을 잘 보여주고 있지. 또 한 가지 주목할 만한 것은 르네상스 시대에 새로이 등장한 자연관이야. 인간이 지금의 삶을 고향처럼 느낀다는 것, 그리고 땅 위의 삶을 더 이상 하늘에서의 삶을 위한 준비로 여기지 않게 되었다는 것은 물리적 세계에 대한 전혀 새로운 시각을 함축하는 것이기도 해. 사람들은 이제 자연을 긍정적으로 바라보기 시작했어. 많은 사람들이 신은 창조물 속에 있다고 생각했고, 신은 무한하기 때문에 자연 어디에나 존재한다는 거였지. 이런 견해를 범신론이라고 해. 중세의 철학자들은 늘 신과 피조물 사이에 건널 수 없는 심연이 있다고 했지. 그런데 이제 자연은 신적인 것으로 표현되고, 급기야는 '신의 자아실현'으로까지 간주되었어. 이 새로운 사유를 교회가 언제나 호의적으로 받아들였던 것은 아니야. 그 극단적인 예가 조르다노 브루노의 운명이지. 그는 신이 자연 안에 있다고 주장했을 뿐만 아니라 우주가 무한하다고 주장하다가 가혹한 벌을 받았어."

"어떻게요?"

"1600년 로마의 캄포 데이 피오리(꽃의 광장)에서 화형 당했단다……."

"잔인하고 멍청하네요! 그걸 인문주의라고 할 수 있나요?"

"아니. 브루노가 인문주의자였지, 사형 집행인이 인문주의자였단 말이 아니야. 하지만 르네상스 시대에는 우리가 '반인문주의'라고 부를 수 있는 것도 번성했어. 그러니까 권위적인 교회와 국가 권력 말이야. 르네상스 시대에는 마녀 재판과 화형, 마법과 미신, 피비린내 나는 종교 전쟁이 있었고, 무엇보다 무자비하게 아메리카 대륙을 정복한 시대였어. 인류의 역사에서 좋은 시대 또는 나쁜 시대라고 단정 지어 얘기할 수 있는 시대는 없단다. 선과 악은 두 가닥의 붉은 실처럼 전체 인류의 역사에 드리워져 종종 서로 얽히기도 했지. 이건 우리가 다음에 다룰 주제어에 해당하기도 해. 어떻게 르네상스가 과학의 새로운 방법을 발전시켰는지 들려주지."

"최초의 공장들이 세워졌나요?"

"아직은 아니야. 하지만 르네상스 시대 이후의 모든 기술 발달에 결정적 전제가 된 것이 과학의 새로운 방법이었지. 이건 과학의 본질에 대한 새로운 태도를 의미해. 기술적 결실은 그 뒤에 하나둘씩 뒤따라온 것이고."

"이 새로운 방법은 어떤 건가요?"

"이 방법은 자연을 인간 고유의 감관으로 탐구하는 것을 중요시했어. 이미 14세기 초에 낡은 권위주의에 대한 맹신을 경계하는 목소리가 점점 더 커졌단다. 그런 권위주의에는 교회의 교리와 아리스토텔레스의 자연철학도 들어갔지. 게다가 단순히 형식논리적 추론과 사고를 통해서 문제를 해결할 수 있다는 확신도 경계하게 되었지. 이성의 능력에 대한 과장된 신뢰가 중세 전체를 지배했어. 그러나 이제 사람들은 자연을 근본적으로 관찰하고 경험과 실험을 바탕으로 탐구해야 한다고 생각했어. 이를 경험적 방법론이라고 해.”

“그게 무슨 뜻이죠?”

“먼지로 뒤덮인 두루마리나 몽상을 통해서가 아니라 실제 경험을 통해서 사물에 대한 지식을 얻는다는 뜻이지. 물론 고대에도 경험적 학문이 있었고, 그래서 아리스토텔레스가 자연에 대해 여러 가지 중요한 것들을 관찰했었지. 그러나 체계적인 실험은 아주 새로운 일이었어.”

“그래도 요즘 같은 기계들은 없었겠죠?”

“계산기는커녕 진자시계도 없었지. 그러나 그들에게는 수학과 저울이 있었어. 특히 강조된 것은 과학적인 관찰을 정확한 수학적 언어로 표현하는 것이었어. 17세기의 가장 중요한 과학자 가운데 한 사람인 갈릴레오 갈릴레이는 ‘양을 잴 수 있는 것은 양을 재야 하며, 양을 잴 수 없는 것은 잴 수 있도록 만들어야 한다’고 했지. 그는 자연에 관한 책은 수학적 문자로 쓰인다고 말하기도 했어.”

“많은 실험과 계량을 통해 새로운 발명의 길이 열린 건가요?”

“첫 단계는 과학의 새로운 방법이었어. 기술의 발달은 그 이후의 모든 새로운 발명을 가능하게 했지. 인간이 자연 상태에서 벗어나기 시작했다고 말할 수 있겠지. 인간은 더 이상 자연의 한부분에 불과한 존재가 아니었어. 자연은 인간이 사용하고 이용할 수 있는 어떤 것이었지. 영국의 철학자 프랜시스 베이컨은 ‘아는 것이 힘’이라고 말했어. 이것은 앎의 실제적인 효용을 강조한 말인데, 이것 역시 이 시대에 나타난 새로운 사고였지. 이제 인간은 자연에 손을 대고 지배하게 되었어.”

"하지만 그런 일이 바람직한 것만은 아니었지요?"

"그렇지. 여기서도 우리는 인간이 하는 모든 일에 얽혀 있는 좋은 끈과 나쁜 끈을 동시에 붙잡고 있는 셈이었어. 르네상스 시대에 일어난 기술 혁신은 방적 기계를 만든 대신 실업자가 생겨났고, 의약품을 만든 동시에 새로운 질병을 퍼뜨렸지. 또한 농업 생산성의 증대를 가져왔지만 자연을 파괴하는 결과를 낳았어. 그리고 세탁기, 냉장고와 같은 실용적인 도구가 생겨났지만 환경이 오염되고 쓰레기가 산더미처럼 쌓이게 됐지. 오늘날 우리가 마주한 환경 파괴 앞에서 많은 사람들은 기술 발달을, 자연이 우리에게 준 삶의 조건으로부터의 위험한 일탈이라고 생각했어. 우리가 더 이상 통제할 수 없는 과정에 휘말려들었다고 생각했지. 그러나 낙관적인 사람들은 지금의 기술 수준이 아직 초기 단계에 지나지 않는다고 믿었어. 기술 문명은 열병을 앓기는 하겠지만 인간은 끝내 자연을 위험하지 않게 지배하는 방법을 배우게 될 거라는 거야.

"선생님 의견은 어떠세요?"

"두 주장 모두 일리가 있지. 비관론에 의하면 인간은 더 이상 자연에 개입해서는 안 된다는 것이고, 낙관론은 계속해도 좋다는 것인데 한 가지 분명한 것은 어느 쪽이나 중세로 돌아가자는 것은 아니라는 점이야. 르네상스 이후로 인간은 더 이상 단순히 신의 피조물의 한 부분이 아니라 스스로 자연에 개입해 자신의 생각대로 자연을 만들어내는 존재가 되었어. 그건 신의 피조물 가운데에서도 인간이 얼마나 대단한 존재인지 말해주는 것이지."

"우리는 벌써 달에도 갔다 왔잖아요. 중세엔 달나라에 갈 수 있다는 생각도 못 했겠지요?"

"그래, 그건 확실해. 그 문제와 함께 이제 새로운 세계상에 대해 이야기해보자. 하늘 아래 살면서 중세 내내 인간은 해와 달, 별과 행성을 바라보며 지구가 우주의 중심이라고 확신했지. 지구는 한곳에 정지해 있고 '천체'가 지구 주위를 돈다고 믿었어. 이런 관념을 우리는 지구 중심 세계관이라고 해. 하느님이 모든 천체 위에 군림한다는 기독교적인 관념이 이 세계관을 떠받쳐주었지."

"좀 더 쉽게 말씀해주세요."

"1543년에 『천체의 회전에 관하여』라는 책이 나왔어. 이 책은 폴란드의 천문학자 니콜라우스 코페르니쿠스가 쓴 것인데 그는 이 획기적인 저서가 출판된 날 숨을 거두었지. 코페르니쿠스는 태양이 지구 주위를 도는 것이 아니라 지구가 태양 둘레를 돈다고 주장했어. 그는 천체의 운행에 대해 그때까지 밝혀진 관찰 자료를 바탕으로 그런 주장을 펼친 거야. 태양이 지구 주위를 돈다고 생각하는 건 지구가 지축을 중심으로 자전하고 있기 때문이야. 코페르니쿠스는 지구와 다른 행성들이 태양 주위를 원형의 궤도를 따라 돈다고 가정하면 천체에 대한 관찰 자료들을 훨씬 쉽게 이해하고 설명할 수 있다고 주장했어. 이런 생각을 모든 별들이 태양 주위를 돈다는 태양 중심의 세계관이라고 해."

"이 세계관이 옳은가요?"

"다 옳지는 않지. 코페르니쿠스가 주장한 지동설의 요지는 물론 맞는 이야기지만 그는 태양을 우주의 중심점으로 생각했어. 그러나 오늘날 우리가 알기로는 태양 역시 수많은 별들 중의 하나고, 우리가 볼 수 있는 모든 별들도 수십억 개 은하들 중의 하나일 뿐이야. 코페르니쿠스는 지구와 다른 행성들도 원 모양의 궤도로 태양 둘레를 움직인다고 믿었어."

"맞지 않아요?"

"아니란다. 그는 원 모양의 궤도에 대해 아무런 증거를 대지 못했고 단지 천체가 '천계'의 것이기 때문에 공 모양을 하고 있으며 원형의 궤도를 그린다는 낡은 세계관에 의지했을 뿐이었어. 사람들은 플라톤 시대부터 공과 원을 가장 완벽한 기하학적 형상으로 간주했거든. 하지만 17세기 초 독일의 천문학자 요하네스 케플러가 행성은 태양을 중심으로 타원 궤도를 운행한다는 사실을 증명하는 포괄적인 관찰 결과를 발표했어. 그 밖에 행성이 태양에 가장 가까이 있을 때 가장 빨리 움직이며, 멀리 떨어져 있을수록 더 천천히 움직인다는 사실도 입증했지. 케플러를 통해서 비로소 지구가 모든 다른 행성과 똑같은 행성이라는 사실이 밝혀졌어. 그 외에 우주 어느 곳에서나 똑같은 물리 법칙이 적용된다는 점도 강조했지."

"어떻게 그렇게 확신할 수 있었을까요?"

"그건 케플러가 고대인들이 한 말을 맹신하지 않고 자신의 감관으로 행성들의 움직임을 연구했기 때문이야. 케플러와 거의 같은 시기에 이탈리아의 유명한 과학자 갈릴레오 갈릴레이가 살았어. 망원경으로 천체를 관찰했지. 달 표면의 분화구를 연구하고, 그곳에도 지구처럼 산과 계곡이 있다는 사실을 확인했단다. 갈릴레이는 그 밖에도 목성의 네 위성을 발견했어. 그러니까 지구에만 달이라는 위성이 있는 건 아니었던 거지. 중요한 것은 갈릴레이가 관성의 법칙을 발견했다는 점이야."

"그 법칙이 무엇이죠?"

"모든 물체는 외부의 힘이 작용하지 않는 한 정지 상태에 있거나 직진 궤도에서 같은 상태로 움직인다는 이론이야. 물론 갈릴레이는 이렇게 정리를 끝마치지 못했고 나중에 아이작 뉴턴이 공식화했지."

"그렇군요."

"고대부터 지구가 지축을 중심으로 자전한다는 주장에 대한 가장 강력한 반대 논거는, 지구가 아주 빠르게 움직이기 때문에 공중을 향해 수직으로 던져 올린 돌맹이는 원래 자리에서 몇 미터 뒤의 지점에 떨어져야 한다는 것이었어."

"그렇지 않은가요?"

"네가 기차에 앉아 사과를 떨어뜨리면, 기차가 움직인다 해도 사과가 네 뒤쪽으로 떨어지지는 않아. 사과는 바로 네 옆에 떨어지겠지. 이것은 관성의 법칙 때문이야. 네가 사과를 떨어뜨리기 전에 가지고 있던 속력을 그대로 유지하는 것이지."

"알 것 같아요."

"갈릴레이 시대에는 기차가 없었단다. 하지만 네가 방바닥에서 공을 굴린다면 어떻게 될까?"

"계속 구르겠지요."

"네가 공을 굴리기 시작한 뒤에도 공의 속도가 계속 유지되기 때문이지."

"그래도 결국 공은 멈추게 될 거예요."

"다른 힘들이 공의 속도를 줄이기 때문이야. 우선 방바닥, 특히 거친 나무 바닥의 마찰력이 공의 속도를 줄이겠지. 중력도 공을 멈추게 할 거야. 잠시 보여줄 게 있어."

이제 알베르토 크녹스 선생님은 일어나 오래된 책상으로 가더니 서랍에서 무언가를 꺼내 탁자 위에 올려놓았다. 그것은 아주 단순한 나무

판자였는데, 한쪽 끝은 아주 얇고 다른 쪽 끝은 그보다 몇 밀리미터 더 두꺼웠다. 선생님은 거의 탁자를 다 뒤덮은 나무판자 옆에 구슬을 하나 놓았다.

"이건 '빗면'이라고 해. 이 높은 쪽 끝에 구슬을 놓으면 어떻게 되겠니?"

소피는 한숨을 쉬며 말했다.

"굴러 내려 바닥에 떨어지겠죠, 10크로네 걸게요."

"어디 볼까?"

크녹스 선생님이 구슬을 놓자, 소피가 말한 대로 구슬은 빗면을 굴러 내려가다가 탁 하는 소리와 함께 바닥에 떨어져 문지방에 부딪쳤다.

"역시!"

소피가 말했다.

"정말 그렇구나. 갈릴레이도 이런 실험을 했단다."

"갈릴레이라는 사람이 그렇게 바보였나요?"

"서두르지 마. 갈릴레이는 모든 것을 자신의 감관을 통해서 연구하려고 한 거야. 먼저 구슬이 왜 빗면을 굴러 내려왔는지를 설명할 수 있겠니?"

"구슬이 무겁기 때문에 구르기 시작한 거지요."

"맞아. 그런데 무겁다는 건 뭘까, 소피야?"

"바보 같은 질문을 하시네요."

"네가 대답할 수 없다면 어리석은 질문이 아니야. 구슬이 왜 빗면을 굴렀지?"

"중력 때문이에요."

"잘 아는구나. 이것을 만유인력이라고도 해. 그러니까 무게는 중력과 관계가 있는 것이란다. 이 힘이 구슬을 움직인 거야."

크녹스 선생님은 구슬을 집어 들고 빗면 위로 허리를 구부렸다.

"이제 구슬을 빗면에서 대각선으로 가로지르도록 굴릴 테니까 어떻게 움직이는지 직접 확인해보렴."

구슬을 빗면에 가로질러 굴리자 아래쪽을 향해 빗금을 그으면서 굴러떨어졌다.

"어떻게 됐지?"

"구슬이 비스듬히 기울면서 떨어졌어요. 비스듬한 판자니까요."

"이제 구슬에 사인펜으로 색칠을 해서 굴려보자. 그러면 '비스듬하다'는 말이 무슨 뜻인지 눈으로 확인할 수 있을 거야."

크녹스 선생님은 사인펜으로 새까맣게 칠한 구슬을 다시 빗면에 굴렸다. 구슬이 검게 흔적을 남겼기 때문에 빗면 위에 그려진 구슬의 궤도를 정확히 알 수 있었다.

"구슬이 어떻게 움직였니?"

"곡선으로요……. 원의 한 부분처럼 보여요."

"정확히 맞혔어!"

크녹스 선생님은 소피를 바라보며 눈썹을 추켜올렸다.

"하지만 정확하게는 원이 아니고 포물선이야."

"그랬군요."

"그런데 왜 구슬이 그런 모양으로 움직였을까?"

소피는 곰곰 생각하더니 입을 열었다.

"나무판자의 바닥이 기울어서 구슬이 중력에 의해 당겨졌기 때문이지요."

"아, 감동적이기까지 한데? 다락방에 날 찾아온 소녀가 간단한 실험 한 번에 갈릴레이와 똑같이 인식했으니 말이야."

손뼉을 치며 기뻐하는 크녹스 선생님을 보자 소피는 선생님 정신이 이상해진 것은 아닐까 싶어 겁이 났다. 선생님은 말을 이었다.

"두 힘이 하나의 대상에 동시에 작용하면 어떤 일이 벌어지는지 봤지? 갈릴레이는 예를 들어 대포알에도 같은 사실이 적용된다는 것을 알아냈어. 대포알은 공중으로 쏘아 올려져 날아가다가 결국은 땅으로 떨어지는데 그 모양이 빗면 위의 구슬처럼 포물선을 그리지. 이러한 사실은 갈릴레이 시대에 굉장히 새로운 발견이었지. 아리스토텔레스는 공중에 던져진 투사체가 처음에는 약간 둥글게 휘어지다가 수직으로 바닥에 떨어진다고 생각했거든. 그 생각은 틀렸지만 갈릴레이가 실제로 증명하고 나서야 아리스토텔레스가 틀렸음이 알려졌지."

"그게 그렇게 중요한가요?"

"그게 중요하냐니! 우스운 질문이구나. 이건 인류의 역사의 모든 과학적 발견 중에서도 가장 중요한 거야."

"그럼 그 이유를 빨리 알려주세요."

"이후에 영국의 물리학자 아이작 뉴턴이 등장하게 되는데, 그는 1642년에서 1727년까지 살았던 사람이야. 우리가 근본적으로 태양계와 그 안의 행성들의 운동을 기술할 수 있게 된 것은 뉴턴 덕분이야. 뉴턴은 행성들이 태양 주위를 어떻게 돌고 있는지 설명했을 뿐만 아니라, 더 나아가 왜 그렇게 돌아야 하는지도 설명했어. 이것은 뉴턴이 갈릴레이의 관성의 법칙에 기초해 최종적으로 완성했단다."

"그럼 빗면 위의 구슬이 행성인 건가요?"

"그렇게 말할 수 있지. 하지만 조금만 더 기다려볼래?"

"네! 저야 할 일도 없으니까요."

"이미 케플러는 행성 사이에 서로 잡아당기는 힘이 작용하리라는 것을 증명했어. 예를 들어 태양에서 나온 힘이 행성들을 정해진 궤도에 붙잡아둔다는 거야. 그 외에도 서로 잡아당기는 힘은 행성들이 왜 태양에서 멀리 있을 때보다 가까이 있을 때 더 빠른 속도로 공전하는지도 설명해줄 수 있지. 케플러는 바닷물의 수위가 높아졌다가 낮아지는 밀물과 썰물 현상이 달의 힘과 관계가 있다고도 생각했어."

"그건 맞는 말이에요."

"응, 맞아. 하지만 갈릴레이는 그런 주장을 받아들이지 않았어. 그는 '달이 물을 지배한다'는 케플러의 주장을 고정관념이라며 비웃었지. 갈릴레이는 어떤 힘이 멀리 떨어진 곳에 작용할 수 있다는 것, 그러니까 행성 사이에 어떤 힘이 작용할 수 있다는 가정을 도저히 받아들이지 못했어."

"그건 갈릴레이가 틀렸네요."

"맞아. 바로 그 점이 갈릴레이의 오류였지. 갈릴레이가 평소 지구의 중력과 물체의 낙하운동 연구에 몰두했다는 사실을 생각하면 우습기까지 한 일이야. 게다가 그는 여러 힘들이 한 물체의 운동을 어떻게 조종하는지를 보여준 사람이기도 하거든."

"그건 뉴턴 아닌가요?"

"그래, 그러고 나서 뉴턴이 만유인력을 공식화했지. 이 법칙은 모든 물체는 끌어당기는 힘을 가지는데 그 힘은 물체가 클수록 세고, 서로 떨어진 거리가 멀수록 약해진다는 것이란다."

"아, 알 것 같아요. 예를 들어 코끼리 두 마리 사이에는 쥐 두 마리 사이에서보다 더 큰 인력이 작용하겠군요. 그리고 인도에 있는 코끼리와 아프리카에 있는 코끼리 사이의 인력보다, 같은 동물원에 있는 두 코끼리 사이의 인력이 세겠고요."

"잘 이해했구나. 하지만 가장 중요한 것이 아직 남아 있어. 뉴턴은 이러한 인력(중력)이 보편적이라는 점을 강조했어. 다시 말해 어디에서나, 천체들 사이에서도 인력이 작용한다는 거야. 뉴턴은 어느 날 사과나무 아래에 앉아 있다가 이런 생각을 떠올렸다고 해. 그는 나무에서 사과가 떨어지는 것을 보면서 어쩌면 달도 사과를 당기는 힘과 똑같은 힘에 의해 지구로 끌어당겨지며 영원히 지구 둘레를 도는 것이 아닐까 하고 생각했지."

"똑똑했지만 아주 영리하지는 못했군요."

"왜, 소피야?"

"만약에 달이 사과를 떨어뜨리는 힘과 똑같은 중력에 의해 지구로 끌어당겨지고 있다면, 달은 고양이처럼 지구 주위를 뱅뱅 도는 대신 결국 지구와 부딪쳐버리겠죠."

"이제 서서히 뉴턴의 행성 운행 법칙에 가까이 가고 있구나. 지구의 인력이 어떻게 달을 끌어당기는가에 대한 네 이야기는 반은 맞고 반은 틀렸어. 소피야, 왜 달이 지구와 부딪치지 않을까? 지구의 중력은 사실 달에 엄청난 힘으로 작용해. 밀물 때 바닷물을 1~2미터 끌어 올리기 위해 얼마나 많은 힘이 필요하겠는지 생각해보렴."

"잘 모르겠어요."

"갈릴레이의 빗면을 생각해봐. 내가 구슬을 빗면에서 굴렸을 때 어떻게 됐지?"

"그렇다면 두 개의 서로 다른 힘이 달에 영향을 미친다는 말씀인가요?"

"맞아. 태양계가 형성될 때 달은 강한 힘으로 인해 궤도에서 벗어나 지구 앞까지 팽개쳐졌어. 그리고 그 힘은 달에 영원히 작용하게 될 거야. 왜냐하면 달은 아무런 저항 없이 진공 상태에서 움직이니까."

"하지만 동시에 달은 중력 때문에 지구로 당겨지는 것 아닌가요?"

"그렇지. 두 힘은 지속적이고 동시에 작용해. 그래서 달이 계속 지구 주위를 돌 수 있는 거지."

"정말 그렇게 간단한 일이에요?"

"맞아. 그 정도로 간단한 일이야. 그리고 뉴턴에겐 '단순함'이 제일 중요했단다. 그는 관성의 법칙과 같은 몇 가지 물리 법칙이 전 우주에 자용한다는 것도 증명했어. 행성의 운동에 관해서는 갈릴레이가 제시한 두 가지 자연법칙을 응용했단다. 관성의 법칙과, 갈릴레이의 구슬이 빗면 위에서 구를 때처럼 서로 다른 두 힘을 동시에 받는 물체는 타원 궤도로 움직인다는 법칙이지."

"뉴턴은 그것으로 왜 모든 행성이 태양의 주위를 도는지 설명했군요."

"맞아. 모든 행성이 태양 주위를 타원 궤도로 움직이는 것은 행성이 동시에 두 가지 다른 힘에 따라 움직이기 때문이야. 하나는 태양계가 생길 때 태양에서 떨어져 나오려는 힘(원심력)에 의해 지배되는 직선운동이고, 또 하나는 중력에 의한 운동, 즉 태양을 향해 가까이 가려는 힘(구심력)에 의한 운동이지."

"정말 똑똑했네요."

"물론 그랬지. 뉴턴은 이런 법칙이 우주 어느 곳에서나 모두 적용된다는 사실을 증명해서, 하늘 위에서는 땅 위에서와 다른 법칙이 적용된다는 중세의 관념을 걷어냈어. 태양 중심의 세계관은 뉴턴의 생각을 통해 근본적으로 설명되고 연구되었지."

크녹스 선생님은 일어서서 경사진 나무판자를 서랍에 도로 넣었다. 그러고는 허리를 굽혀 마룻바닥에서 구슬을 집어 소피와 선생님 사이의 탁자 위에 놓았다. 이 나무판자와 구슬로 그렇게 많은 것을 배운 것이 아주 신기했다. 아직도 여기저기 검은 먹물이 묻어 있는 초록색 구슬을 보고 있던 소피는 지구를 떠올리며 물었다.

"그러니까 사람들은 거대한 우주 속의 지구라는 행성 위에서 살아가고 있다는 것에 만족해야 하는 건가요?"

"맞아, 새로운 세계상은 여러 가지 의미에서 큰 짐이었어. 아마 다윈이 인간은 짐승에서 진화했다는 것을 증명했을 때의 상황과 비교해볼 수 있겠구나. 두 경우 모두 인간은 창조의 질서 속에서 차지하고 있던 자신의 특별한 지위를 상실했지. 그리고 두 경우 모두 교회의 거센 반발을 받았어."

"잘 알겠어요. 왜냐하면 두 경우 모두 신의 위치와 의미가 불분명해졌기 때문이죠? 지구가 우주의 중심에 있고 하느님이 하늘 위 꼭대기 층에 있다고 하면 모든 일이 더 간단해질 테니까요."

"문제는 그것뿐만이 아니었어. 우주 전체에 동일한 물리적 법칙이 적용된다는 것을 뉴턴이 증명했을 때, 사람들은 뉴턴이 신의 전능함에 대한 믿음을 상실했다고 생각했어. 물론 뉴턴의 신앙은 그것 때문에 흔들리지는 않았지. 도리어 그는 보편적 자연법칙을 위대하고 전능한 신의 존재에 대한 적극적 증거라고 생각했지. 보다 심각한 문제는 인간의 자기 이해에 대한 것이었어."

"그게 무슨 말씀이세요?"

"르네상스 이후로 인간은 자신이 거대한 우주에서 우연히 지구라는 행성에 산다는 사실에 익숙해져야 했어. 그 사실에 우리는 얼마나 익숙해졌는지 모르겠지만. 아무튼 르네상스 시대에 몇몇 사람들은 인간이 이전보다 더 존재의 중심에 놓여야 한다고 주장했어."

"무슨 말씀인지 잘 모르겠어요."

"그때까지는 지구를 세계의 중심이라고 믿어왔어. 그러나 천문학자들이 우주에 절대적인 중심은 없다고 설명하자 이번엔 사람 수만큼이나 수없이 많은 중심이 생겨난 거야."

"그렇군요."

"르네상스 시대에는 새로운 신관(神觀)도 탄생했어. 철학과 과학이 신학에서 떨어져 나오자 새로운 기독교적 경건함이 생겨났어. 이것은 르네상스의 새로운 인간관과도 밀접한 관계가 있었지. 새로운 인간관은 종교 의식(儀式)에도 큰 영향을 미쳤어. 즉 교회 조직과 개인의 관계보다 신과 개인의 개별 관계가 더 중요해진 거야."

"예를 들면 혼자 하는 저녁 기도 같은 거요?"

"그래, 그것도 포함되지. 중세의 가톨릭 교회에서는 라틴어 기도문과 제의적 기도가 본질적인 예배의 중추 역할을 했어. 사제와 수도사만이 성서를 읽었는데 그건 오직 라틴어 성서만 사용되고 있었기 때문이었지. 하지만 르네상스 시대에는 아랍어와 그리스어로 된 성서가 각국의 언어로 번역되었어. 이것이 훗날 종교개혁에 결정적인 역할을 하게 된단다."

"마르틴 루터의……."

"그래, 루터도 중요한 인물이지만 종교 개혁가가 루터만 있었던 것은 아니란다. 로마 가톨릭 교회 안에서 개혁의 바람을 일으키려 한 교회 내의 종교 개혁가들도 있었지. 그 가운데 한 사람이 바로 에라스무스야."

"루터는 면죄부를 사지 않아서 가톨릭 교회와 갈라섰나요?"

"그렇기도 하지만 훨씬 더 중요한 문제가 있었어. 루터는 인간이 하느님의 용서를 받기 위해 꼭 교회나 성직자를 거칠 필요가 없다고 생각했지. 더군다나 하느님의 용서는 교회에 바치는 면죄부 값에 달려 있는 게 아니라는 거야. 그래서 16세기 중엽에는 가톨릭 교회에서도 면죄부 판매를 금지했단다."

"분명 하느님도 기뻐하셨을 거예요."

"루터는 중세 교회가 발전시킨 많은 종교적 관습이나 교리를 멀리하고, 신약 성서에 있는 본래의 기독교 정신으로 돌아가려고 했단다. 그는 '오직 성서를 통하여'라는 구호와 함께 기독교의 '기원'으로 돌아가려 했는데, 이건 르네상스 시대의 인문주의자들이 고대 그리스의 예술과 문화의 기원으로 거슬러 올라가려고 한 것과 같아. 루터는 성서를 독일어로 번역했는데, 이를 통해서 표준 독일어의 토대도 다지게 되었지. 또 누구든지 다 성서를 읽어서 어느 정도까지는 스스로 사제 역할을 수행할 수 있어야 한다고 생각했어."

"모든 사람이요? 조금 지나친 거 아닌가요?"

"루터는 성직자가 하느님과 특별한 관계를 맺고 있다고 생각하지 않았어. 물론 루터파 교회도 예배를 진행하고 일상적인 교회 업무를 수행하기 위해 성직자를 임명하지만 루터는 인간이 교회 의식을 통해서만 하느님의 구원과 용서를 받는다고 믿지는 않았어. 그는 구원이란 오직 믿음을 통해서만 인간에게 주어지는 대가 없는 '은혜'라고 보았지. 성서에 대한 연구가 루터를 이런 결론으로 이끌었던 거야."

"루터는 전형적인 르네상스 인간이군요?"

"그렇다고 할 수도 있고 아니라고 할 수도 있어. 하느님과 개인의 관계를 존중한 것은 전형적인 르네상스적 특징이라고 할 만하지. 그는 서른다섯 살에 그리스어를 배워 성서를 독일어로 번역하는 힘든 작업을 해냈어. 이처럼 모국어가 라틴어를 대신하게 되었다는 것도 르네상스 시대의 특징이지. 하지만 루터는 피치노나 레오나르도 다빈치 같은 인문주의자는 아니었어. 에라스무스 같은 몇몇 인문주의자들은 루터의 인간관이 지나치게 부정적이라고 비판했어. 루터는 인간이 원죄를 통하여 멸망 속에 빠지게 되었다는 것을 강조했거든. 오직 하느님의 은혜를 통해서만 인간은 '정당'해진다는 거야. 왜냐하면 죄의 값은 죽음이라고 성서에서 말하고 있으니까."

"듣기만 해도 우울하네요."

크녹스 선생님이 일어서서 탁자 위에 있던 구슬을 가슴에 달린 주머니에 넣었다.

"벌써 4시가 지났어요!"

소피가 외쳤다.

"인류의 역사에서, 다음에 올 중요한 시대는 바로크 시대란다. 그 얘기는 다른 날 하자꾸나, 힐데야."

"방금 뭐라고 말씀하셨어요?"

소피가 벌떡 일어났다.

"저한테 힐데라고 하셨어요!"

"말이 헛나왔구나."

"하지만 아무 이유 없이 말이 헛나올 수 있나요?"

"네 말이 맞아. 지금 힐데의 아빠가 내 입을 통해 얘기하는 것 같아. 우리가 지쳐 있는 상황을 이용하는 거겠지. 그러면 우리는 쉽게 저항할 수 없으니까."

"선생님은 힐데의 아빠가 아니라고 하셨어요. 그건 사실이라고 약속해주세요."

크녹스 선생님은 고개를 끄덕였다.

"그럼 제가 힐데인가요?"

"지금은 피곤하구나. 이해해주렴. 두 시간을 넘게 거의 나 혼자 이야기하지 않았니. 이제 너도 집으로 식사하러 가야지?"

소피는 이제 크녹스 선생님이 자기를 돌려보내고 싶어 한다고 생각했다. 문으로 가면서 선생님이 왜 자신의 이름을 잘못 불렀는지 곰곰이 생각하는데 크녹스 선생님이 소피의 뒤로 따라왔다.

거의 무대의상인 듯한 이상한 옷들이 걸린 작은 옷걸이 아래에서 헤르메스가 자고 있었다. 선생님이 헤르메스를 향해 턱짓을 하며 말했다.

"헤르메스가 널 데려다줄 거야."

"오늘 수업 고맙습니다."

소피는 발뒤꿈치를 들어 크녹스 선생님을 껴안았다.

"제가 여태까지 만났던 사람 중에서 가장 유능하고 친절한 철학 선생님이세요."

그러고는 소피가 문을 열었다.

문이 채 닫히기 전 크녹스 선생님이 말했다.

"곧 다시 만나자, 힐데야."

이 말과 함께 소피는 혼자 남겨졌다.

이름을 또 잘못 부르시다니. 다시 문을 두드리고 싶었지만 무언가가 소피를 말렸다.

거리로 나왔을 때 소피는 주머니에 돈이 하나도 없는 것을 알았다. 집까지 그 먼 길을 뛰어가야 한다. 젠장! 6시까지 집에 못 가면 엄마가 걱정하고 화를 내실 텐데.

몇 미터나 걸었을까, 소피는 길 위에 떨어진 10크로네를 발견했다. 교통비는 정확히 10크로네였다.

소피는 버스 정류장으로 가서 광장으로 가는 버스를 기다렸다. 거기서는 집까지 금방 갈 수 있다.

광장에 도착해서야 소피는 절박하게 필요한 순간에 10크로네를 발견한 행운에 대해 곰곰 생각해보았다.

힐데의 아빠가 그곳에 놓아두었을까? 그는 물건들을 정말 터무니없는 곳에 옮겨놓으니까 말이다.

근데 레바논에 있는 사람이 어떻게 그럴 수 있지?

또 크녹스 선생님은 왜 이름을 잘못 부른 거지? 한 번도 아니고 두 번씩이나.

소피는 등줄기가 오싹해지는 것을 느꼈다.

바로크

…… 꿈과 같은 질료로 만들어진 ……

며칠 동안 소피는 크녹스 선생님의 소식을 전혀 듣지 못했지만, 하루에
도 몇 번씩이나 정원에 나가 헤르메스를 기다렸다. 소피는 엄마에게 헤
르메스가 지난번에 스스로 집을 찾아갔으며, 헤르메스의 주인인 나이
많은 물리 선생님에게 차 한잔 마시러 오라는 초대를 받았다고 말했다.
선생님이 태양계와 16세기에 생겨난 새로운 과학에 대해 설명해주었다
고도 말했다.

요룬에게는 더 자세한 얘기를 해주었다. 크녹스 선생님의 집을 방문
한 일, 계단에 놓여 있던 우편엽서, 집에 돌아오는 길에 10크로네짜리를
주운 일에 대해서도. 그러나 꿈에서 본 힐데와 금 십자가 목걸이는 비밀
로 간직했다.

5월 29일 화요일, 소피는 부엌에서 그릇의 물기를 닦아내고 있었고
엄마는 거실에서 뉴스를 보고 있었다. 그때 노르웨이 유엔 평화 유지군

소속 한 소령이 수류탄에 맞아 사망했다는 보도가 들려왔다.

소피는 마른행주를 싱크대에 던지고 거실로 뛰어나왔다. 몇 초 동안 그 유엔 장교의 얼굴이 화면에 비치더니, 곧 다음 뉴스로 넘어갔다.

"안 돼!"

소피가 소리쳤다.

엄마가 소피에게 고개를 돌렸다.

"그래, 전쟁은 끔찍한 거란다⋯⋯."

소피는 울음을 터뜨렸다.

"하지만 상황이 나쁘지 않을지도 몰라."

"방송에서 이름을 말했나요?"

"응⋯⋯. 그런데 생각이 안 나네. 그림스타 출신이었는데."

"그게 릴레산과 같은 거 아닌가요?"

"아니야. 너 지금 농담하는 거니."

"하지만 그림스타 출신이라면 릴레산에서 학교를 다녔을 수도 있잖아요."

소피는 울음을 그쳤다. 엄마가 소피의 말에 대꾸하며 자리에서 일어나 텔레비전을 껐다.

"무슨 일이니, 소피야?"

"아, 아무것도⋯⋯."

"아냐, 뭔가 있어! 너 남자친구가 생긴 거지? 게다가 너보다 훨씬 나이가 많은가 본데, 어서 대답 좀 해봐. 레바논에 있는 남자를 알고 있니?"

"아니에요. 그건 정말 아닌데⋯⋯."

"그럼 레바논에 있는 어떤 사람의 아들을 알고 있니?"

"아니에요. 들어보세요. 전 정말 그 사람 딸을 전혀 몰라요!"

"누구 얘기 하는 거니?"

"엄마와 상관없는 일이에요."

"아하, 나와 상관없다고?"

"오히려 제가 묻고 싶은 게 있어요. 어째서 아빠 늘 집에 안 계시죠? 혹시 두 분이 이혼하기가 두려워서 그냥 멀리 떨어져 계신 건가요? 엄마한테 혹시 아빠와 제가 모르는 남자 친구가 있는 건 아니죠? 또 다른 것들도 물어봐야겠어요! 우린 둘 다 서로에게 궁금한 게 많아요."

"우리 서로 얘기를 하긴 해야 할 것 같구나."

"진작 그랬어야 했죠. 하지만 지금은 너무 피곤해요. 자러 가는 게 좋겠어요. 게다가 그날이기도 하고요."

소피는 방에서 뛰쳐나왔다. 또다시 눈물이 솟구쳐 나올 것만 같았다.

욕실에서 나와 이불 속으로 들어가자마자 방으로 엄마가 들어왔다.

소피는 엄마가 속지 않을 것을 알았지만 자는 체했다. 그런 소피의 마음을 엄마도 알 것이다. 그런데도 엄마는 소피가 잠든 것처럼 행동했다. 엄마는 침대 모서리에 앉아 소피의 목덜미를 쓰다듬었다.

소피는 이중생활이 얼마나 어려운 일인지 생각해보았다. 점점 소피는 철학 수업이 어서 끝나기를 기다리게 되었다. 아마 생일 전에는, 아니면 힐데의 아빠가 돌아오는 성 세례 요한 축일까지는 끝나겠지…….

"제 생일에 파티를 하고 싶어요."

소피가 말했다.

"좋지. 그런데 누구를 초대하고 싶니?"

"많이요……. 그래도 돼요?"

"그럼. 우리 정원은 넓잖아. 그리고 아마 그때는 날씨가 좋을 거야."

"그런데 전 파티를 미루었다가 성 세례 요한 축일 전날 밤에 하고 싶어요."

"그래, 그럼 그렇게 하자."

"그날은 중요한 날이에요."

소피는 이렇게 말하면서 자신의 생일은 떠올리지 않았다.

"아……"

"전 최근에 어른이 된 것 같아요."

"그렇구나. 그런데 그게 별로 좋지 않니?"

"모르겠어요."

소피는 엄마와 이야기하는 동안 내내 베개에 머리를 묻고 있었다. 그때 엄마가 소피에게 말했다.

"하지만 소피야, 왜……. 요즘 왜 그렇게 예민한지 얘기해줄래?"

"엄만 열다섯 살 때 그러지 않으셨어요?"

"나도 물론 그랬지. 하지만 지금 내가 무엇에 대해 물어보는지 너도 알잖니?"

소피는 엄마에게 몸을 돌리면서 말했다.

"그 개 이름은 헤르메스예요."

소피가 말했다.

"그래?"

"알베르토란 사람이 그 개 주인이에요."

"아하."

"옛 시가지 아래에 살아요."

"개를 따라서 그렇게 멀리 갔었니?"

"하지만 위험할 정도로 멀진 않아요."

"그 개가 여기 자주 왔다고 했지."

"아, 그랬던가요?"

이제 소피는 곰곰이 생각해보아야 했다. 소피는 가능한 한 많이 털어놓고 싶었지만, 그래도 모든 것을 얘기할 수는 없었다.

"엄만 집에 거의 안 계시잖아요."

"그래, 할 일이 너무 많으니까."

"알베르토 크녹스 씨와 헤르메스는 벌써 이곳에 여러 번 왔었어요."

"왜? 집 안에도 들어왔었니?"

"엄마, 한 가지씩만 물어봐 주세요. 집에 들어온 적은 없어요. 크녹스 씨는 개와 함께 숲을 자주 산책해요. 근데 그게 큰 문제인가요?"

"아니, 문제될 건 없지."

"다른 사람들처럼 크녹스 씨도 산책하면서 우리 대문 앞을 지나가거든요. 한번은 제가 학교에서 돌아왔을 때, 헤르메스가 이 근처에서 냄새를 맡으며 돌아다니고 있었어요. 그래서 알베르토 크녹스 씨를 알게 된 거예요."

"흰 토끼와 다른 일들은 어떻게 된 거니?"

"그건 크녹스 씨가 얘기해준 거예요. 말하자면 크녹스 씨는 진짜 철학자예요. 저한테 철학에 관해 설명해주었어요."

"그래서 정원 울타리를 넘어 다니니?"

"아니에요, 우린 자연스럽게 거기 걸터앉았던 것 뿐이에요. 크녹스 씨는 저한테 편지도 썼어요. 그것도 아주 많이. 우편으로 보내기도 하고 크녹스 씨가 산책길에 우리 우편함에 넣기도 해요."

"그러니까 그게 저번에 말한 '연애편지'로구나!"

"연애편지는 한 통도 없었어요."

"그럼 그 사람이 철학자들에 관해서만 썼니?"

"네! 크녹스 씨에게서 제가 학교에서 8년 동안 배운 것보다 더 많은 걸 배웠어요. 예를 들어 1600년에 화형당한 조르다노 브루노에 대해 들어본 적 있으세요? 아니면 뉴턴의 만유인력의 법칙은요?"

"아니, 난 모르는 게 많구나……."

"왜 태양이 지구 주위를 돌지 않고, 지구가 태양 주위를 도는지도 전혀 모르실 거예요."

"크녹스란 사람은 대충 나이가 얼마나 됐니?"

"잘은 모르겠는 데요, 분명 쉰 살쯤 됐을 거예요."

"근데 그 사람이 레바논과 무슨 관계가 있니?"

그건 더 대답하기 곤란한 질문이었다. 순간 여러 생각들이 소피 머릿속에서 떠올랐다. 그중 유일하게 써먹을 수 있는 한 가지를 선택했다.

"알베르토 크녹스 선생님의 동생이 릴레산 출신인데 유엔 평화 유지군의 소령이에요. 틀림없이 그 무렵 소령의 오두막에 살았을 거예요."

"알베르토라는 이름은 좀 드물지 않니?"

"그럴 수도 있죠."

"이탈리아 이름 같구나."

"알아요. 거의 모든 의미는 그리스나 이탈리아에서 유래하죠."

"하지만 그는 노르웨이 사람이지?"

"순수한 노르웨이 사람이에요."

"알베르토 크녹스 씨를 우리 집에 한번 초대했으면 하는데……. 지금까지 진짜 철학자를 만나본 적이 없거든."

"봐서요."

"네 생일 파티에 초대할 수도 있겠구나. 여러 세대가 함께 어울리는 것도 재미있을 텐데. 그럼 그 자리에서 나도 함께하고 음식 시중도 들어줄 수 있고, 좋은 생각 아니니?"

"크녹스 선생님이 원한다면요. 아무튼 우리 반 남자애들보다는 알베르토 크녹스 씨와 얘기하는 편이 훨씬 더 흥미로울 거예요. 하지만……. 그러면 모두들 크녹스 씨를 엄마 남자 친구로 생각할 것 같아요."

"아니라고 말하려무나."

"봐서요."

"그래, 천천히 생각해보자. 그리고 소피야, 아빠와 엄마 사이가 그리 간단하지 않다는 건 맞는 말이야. 그러나 나는 한 번도 다른 남자를 사귀어본 적이 없어……."

"이제 그만 자야겠어요. 배가 너무 아파서요."

"아스피린 줄까?"

"네."

엄마가 약과 물 한 잔을 가지고 올라왔을 때, 소피는 이미 잠들어 있었다.

5월 31일 목요일. 소피는 마지막 수업 시간을 지루하게 보내고 있었다. 철학 강의를 시작한 뒤 몇 과목 성적은 더 좋아졌다. 그 이전에도 소피는 대부분의 과목에서 A 아니면 B를 받았다. 특히 지난 몇 달 동안 사회 과목 필기시험과 작문 숙제에서 줄곧 A를 받았다. 물론 수학은 그렇게 희망적이지 않았지만……

마지막 시간에 소피는 제출했던 작문 숙제를 되돌려 받았다. 소피는 '인간과 기술'이라는 주제로 르네상스와 새로운 과학의 출현, 새로운 자연관, "아는 것이 힘"이라고 한 프랜시스 베이컨의 말과 과학의 새로운 방법에 관해 썼다. 소피는 경험적 방법이 기술적 발명보다 더 먼저라는 점을 자세히 설명했다. 그리고 기계문명의 단점에 관해 떠오르는 대로 적었다. 그리고 끝으로 인간이 하는 모든 일은 선과 악 모두에 이용될 수 있는데, 선과 악은 늘 서로 꼬여 있어서 가끔은 풀 수 없을 정도로 촘촘하게 얽힌 검정 실과 흰 실과도 같다고 적었다.

작문 공책을 나누어주던 선생님은 소피 쪽을 힐끗 쳐다보며 예리한 눈빛으로 고개를 가볍게 끄덕였다.

소피의 작문은 제일 좋은 점수인 A+를 받았다. 선생님은 그런 건 다 어떻게 알았냐고 물었다.

소피는 사인펜을 집어 커다란 글씨로 공책에 적었다.

'철학을 공부하고 있어요.'

소피가 공책을 덮으려는데 갑자기 공책 사이에서 뭔가 툭 떨어졌다. 레바논에서 온 그림엽서였다.

소피는 고개를 숙이고 엽서를 읽어 내려갔다.

사랑하는 힐데야! 네가 이 엽서를 읽을 때는 이 아래쪽에서 일어난 비극적인 사망 사건에 대해 이미 전화로 이야기한 뒤겠지. 나는 가끔 사람들이 조금만 더 현명하게 생각한다면 전쟁과 폭력을 충분히 피할 수 있지 않을까 스스로 묻곤 한단다. 어쩌면 전쟁과 폭력에 저항하는 가장 좋은 방법이 이 작은 철학 강의일지도 몰라. 새로 태어나는 모든 세계시민이 모국어로 '유엔 철학 소책자'를 받아본다면 어떨까? 이 일을 유엔 사무총장에게 건의해보려고 해.

지난번 전화로 너는 네 물건들을 더 조심스럽게 간수하고 있다고 했지. 넌 정말 내가 아는 사람 중에 제일 심한 덜렁이였는데 좋은 현상이구나. 지난번에 통화한 뒤로는 딱 한 번 10크로네를 잃어버렸다고 했지. 그걸 찾을 수 있도록 내가 애써보마. 비록 난 멀리 떨어져 있지만 옛 고향에 그 일을 도와줄 사람이 한둘은 있단다. (그 10크로네를 찾으면 네 생일 선물에 동봉하마.) 그럼 안녕!

— 마음은 벌써 집으로 가는 긴 여정을 시작한 아빠가

수업이 끝날 때쯤 소피는 엽서를 다 읽었다. 머릿속에서 생각들이 다시 소용돌이쳤다.

여느 때처럼 운동장에서 요룬이 소피를 기다리고 있었다. 집으로 돌아가는 길에 책가방을 열어 요룬에게 그림엽서를 보여주었다.

"소인에 찍힌 날짜가 며칠이었어?"

요룬이 물었다.

"분명히 6월 15일일 거야……."

"아니, 잠깐만……. 여기 '1990. 5. 30'이라고 찍혀 있어."

"그럼 어젠데……. 낮에 레바논에서 사고가 일어난 다음이야."

"레바논에서 노르웨이까지 엽서가 하루 만에 오다니. 믿을 수가 없어."

"어쨌든 이 주소로는 불가능해. '힐데 묄레르 크나그에게, 소피 아문센, 푸룰리아 학교.'"

"넌 이 엽서가 우편으로 왔다고 생각해? 그리고 우편으로 온 것을 선생님이 네 공책에 끼워 넣으셨다고?"

"모르겠어. 선생님께 직접 여쭤봐야 하는지도 모르겠고."

둘은 더 이상 엽서에 관해 얘기하지 않았다.

"난 성 세례 요한 축일 전날 밤에 크게 가든파티를 열 거야."

소피가 말했다.

"남자애들도 같이?"

소피는 어깨를 들썩였다.

"그 바보 멍청이들은 초대할 필요없지."

"그래도 외르겐은 초대할 거지?"

"네가 원하면. 가든파티에 다람쥐 한 마리쯤 더 있어도 뭐 나쁘지 않 겠지. 알베르토 크녹스 선생님을 초대할지도 몰라."

"완전히 미쳤구나!"

"나도 알아."

둘은 슈퍼마켓 근처에서 헤어졌다.

소피는 집에 돌아오면 제일 먼저 정원에서 헤르메스를 기다렸다. 그런 데 오늘은 헤르메스가 벌써 와서 사과나무 사이를 어슬렁거리고 있었다.

"헤르메스!"

헤르메스는 잠시 그대로 서 있었다. 소피는 이 순간 무슨 일이 일어나 고 있는지 정확히 알고 있었다. 헤르메스는 자기를 부르는 목소리를 듣 고 소피임을 알아차렸다. 그리고 소리가 나는 곳을 둘러보고는 소피를 발견하고 이쪽을 향해 뛰어왔다. 헤르메스의 네 다리가 북채처럼 교대 로 움직였다.

이 모든 것이 순식간에 일어났다.

헤르메스는 소피에게 달려와 꼬리를 살랑살랑 흔들며 무릎으로 뛰어올랐다.

"착하지, 헤르메스! 그래, 그래. 아니, 핥지 마, 앉아, 그래, 그렇지!"

소피는 현관문을 열었다. 그 순간 셰레칸도 수풀 속에서 나왔다. 이 낯선 개가 고양이에겐 무서웠던 모양이다. 소피는 고양이에게 먹이를 주고, 새 모이를 모이통에다 넣고, 거북이에게는 샐러드 한 잎을 놓아주었다. 그리고 엄마에게 쪽지를 썼다.

헤르메스를 집에 데려다주려고 하는데, 7시 전에 집에 돌아올 수 없으면 전화를 드리겠다는 내용이었다.

그러고 나서 소피는 헤르메스와 시내를 걸었다. 이번엔 돈도 가져왔다. 헤르메스와 버스를 탈까 싶었지만 크녹스 선생님이 어떻게 생각할지 의문이었다.

소피는 헤르메스의 뒤를 따라가면서 동물이란 무엇인지 골똘히 생각해보았다. 개와 인간의 차이점은 무엇인가? 아리스토텔레스가 그 문제에 관해 어떻게 말했는지는 알고 있었다. 인간과 동물은 중요한 공통점이 많은 자연의 생명체이다. 하지만 인간과 동물 사이에는 본질적인 차이가 하나 있는데, 그것이 바로 이성이다.

그런데 아리스토텔레스는 어떻게 그 차이를 확신할 수 있었을까?

그에 반해 데모크리토스는 인간과 동물 사이의 본질적인 차이를 인정하지 않았다. 왜냐하면 둘 다 원자로 이루어져 있기 때문이다. 또한 그는 사람이나 동물에게 불멸의 영혼이 있다고도 생각하지 않았다. 영혼은 사람이 죽을 때 사방으로 흩어지는 작은 원자로 구성되어 있다고 믿었다. 그래서 인간의 영혼이 그에게는 뇌와 분리될 수 없이 연결되어 있는 것이었다.

하지만 영혼이 어떻게 원자들로 이루어질 수 있을까? 영혼은 다른 신체 부위처럼 만질 수도 없다. 그건 그야말로 '정신적인' 어떤 것이다.

소피와 헤르메스가 시장을 가로지르자 곧 옛 시가지에 가까워졌다. 소피가 10크로네를 발견한 장소에 도착했을 때 소피는 본능적으로 땅바닥을 살폈다. 그런데 전에 10크로네를 주운 바로 그곳에 그림엽서 한 장이 그림이 보이보록 놓여 있었다. 야자수와 감귤 나무가 어우러진 정원 그림이었다.

소피는 엽서를 집어 들었나. 동시에 헤르메스가 으르렁거렸다. 소피가 엽서를 만지는 게 마음에 들지 않는 것 같았다.

엽서에는 이렇게 적혀 있었다.

사랑하는 힐데야! 삶이란 우연들로 이어진 긴 사슬이야. 네가 잃어버린 10크로네가 바로 이곳에 떨어져 있는 것도 절대 불가능한 일은 아니지. 어쩌면 그것이 릴레산 광장에서 크리스티안산행 버스를 기다리던 어떤 노부인 눈에 띄었는지도 몰라. 그 노부인이 손주들을 보기 위해 크리스티안산에서 기차를 타고 한참 가다가 몇 시간 후 이곳에서 그 10크로네 동전 한 닢을 잃어버렸을 수도 있지. 그날 늦은 오후에 바로 그 동전을, 집에 가려면 꼭 10크로네가 필요한 소녀가 주웠을 수도 있어. 아무도 알 수 없는 일이지. 하지만 정말 그런 일이 일어났다면, 신의 계시가 이 모든 일 뒤에 숨어 있는 것은 아닌지 궁금해지는구나.

— 마음은 벌써 릴레산의 오솔길에 앉아 있는 아빠로부터

추신 : 내가 분명 10크로네를 찾을 수 있게 도와주겠다고 했지.

엽서에 주소가 이렇게 적혀 있었다. '우연히 길을 지나던 분 댁의, 힐데 밀레르 크나그에게……' 그리고 엽서엔 6월 15일 자 소인이 찍혀 있었다.

소피는 헤르메스를 따라 계단을 한참 올라갔다. 크녹스 선생님이 문을 열자마자 소피가 말했다.

"아저씨, 비켜주시죠. 우편물입니다!"

소피는 이 순간 스스로 약간 기분이 나쁠 만한 충분한 이유가 있다고 생각했다.

크녹스 선생님은 소피를 집 안으로 들어오게 했고 헤르메스는 지난번처럼 옷걸이 아래에 엎드렸다.

"소령이 새 명함을 남겼나 보구나, 얘야?"

소피는 선생님을 올려다보았다. 그제야 크녹스 선생님이 새로운 옷을 입고 있다는 것을 알아챘다.

맨 먼저 눈에 띈 것은 길고 곱슬곱슬한 가발이었다. 많은 레이스로 장식한 넓고 헐렁한 양복을 입고 있었다. 목에는 멋을 낸 실크 스카프를 두르고, 양복 위에다 빨간 망토를 걸쳤다. 다리에는 하얀 스타킹에 리본이 달린 멋진 에나멜 가죽 구두를 신었다. 전체적으로 소피에게는 루이 14세 시대의 그림들을 연상시켰다.

"바보 같네요."

소피는 크녹스 선생님에게 엽서를 건넸다.

"음……. 정말 10크로네를 오늘 이 엽서가 놓여 있던 그 자리에서 발견했니?"

"정확히 그곳이었어요."

"그자가 점점 더 뻔뻔해지는구나. 어쩌면 그게 나을지도 모를지."

"왜요?"

"그럼 그의 정체를 폭로하기가 더 쉬워질 거야. 그렇지만 이렇게 치밀한 계획은 정말 비열하다 못해 싸구려 향수 냄새처럼 역겹구나."

"향수요?"

"고상한 수법 같지만 모두 더러운 수작일 뿐이지. 자신의 하찮은 감시 방법을 신의 섭리에 비유하고 있는 거야."

선생님은 엽서를 가리키더니, 지난번처럼 갈기갈기 찢어버렸다. 소피는 선생님의 마음을 더 언짢게 하지 않기 위해 학교에서 작문 공책 사이에 끼워져 있던 엽서에 대해선 입을 다물었다.

"거실로 갈까, 사랑하는 제자야. 지금이 몇 시지?"

"4시예요."

"오늘은 17세기에 대해 이야기하자."

크녹스 선생님과 소피는 천장이 비스듬하고 채광창이 달린 방으로 들어갔다. 소피는 지난번에 다녀간 뒤로 선생님이 몇 가지 물건을 바꾸었다는 걸 알아차렸다.

책상 위에는 많지는 않지만 각양각색의 안경 렌즈를 골고루 수집해 놓은 오래된 상자가 있었다. 그리고 그 옆에는 책이 펼쳐져 있었다. 아주 오래된 책이었다.

"이게 뭐죠?" 소피가 물었다.

"르네 데카르트의 유명한 책 『방법서설』의 초판이야. 1637년에 인쇄된 책인데 내 애장품 가운데 하나란다."

"이 상자는……?"

"렌즈나 안경알을 수집해놓은 거지. 17세기 중반에 네덜란드의 철학자 스피노자가 세공한 것인데 꽤 많은 돈을 들여 샀어. 그것 역시 내가 가진 것들 중에 꽤 귀중품에 속한단다."

"제가 데카르트와 스피노자에 대해 아는 게 있다면 이 책과 렌즈의 가치를 더 잘 이해할 수 있을 거예요."

"물론 그렇지. 우선 그들이 살다간 시대를 알아볼 거야. 자, 앉자."

지난번처럼 소피는 깊숙한 안락의자에, 선생님은 소파에 앉았다. 둘 사이엔 책과 상자가 놓인 탁자가 있었다. 크녹스 선생님은 가발을 벗어 책상 위에 놓았다.

"지금부터 17세기에 관해 이야기할 텐데 이 시대를 흔히 바로크라고 해."

"바로크요? 낯선 이름이네요."

"'바로크'라는 명칭은 원래 '불규칙한 형태의 진주'를 뜻하는 'barroco'라는 말에서 유래했다고 해. 바로크 예술은 비교적 단순하고 조화로운 르네상스 시대의 예술과 달리 화려하고 대비가 풍부한 형식을 갖추었어. 17세기의 일반적 특징은 절충할 수 없는 모순들 사이의 팽팽한 긴장을 표현했다는 거야. 한편에는 삶을 긍정하는 르네상스의 세계관이 남아 있었지만, 다른 한편에는 세계를 부정하고 종교적 은둔 생활을 고집하는 정반대의 극단적 경향이 싹텄단다. 예술에서나 실제 생활에서 화려한 삶의 전개 양상을 볼 수 있는가 하면 동시에 속세를 멀리하는 수도원 운동이 일어났지."

"멋진 성과 숨겨진 수도원들을 말씀하시는 거군요."

"그렇게 말할 수도 있겠지. 바로크 시대의 구호로 '카르페 디엠(carpe diem)'이란 라틴어 속담이 있는데, 이 말은 '오늘을 즐기라'는 뜻이야. 그 밖에 많이 인용되는 라틴어 속담으로 '메멘토 모리(memento mori)'라는 말도 있는데 '죽음을 기억하라'는 뜻이었지. 미술에서도 한 그림에서 향락적인 생활을 보여주면서 동시에 아래쪽 구석에는 해골을 그려 넣기도 했어. 여러 가지 의미에서 바로크는 허영과 어리석음의 시대였어. 그러나 많은 사람들이 동전의 뒷면에도 관심을 가졌지. 그 때문에 우리 주변의 아름다운 것은 언젠가 모두 죽거나 소멸한다는 만물의 무상함도 이들에게 중요했단다."

"맞아요. 영원한 게 아무것도 없다는 건 서글픈 일이에요."

"그럼 너도 대다수의 17세기 사람들처럼 생각하는 거야. 정치적으로 볼 때도 바로크 시대는 엄청난 대립의 시대였어. 하나만 예를 들자면 유럽은 당시 전쟁 때문에 폐허가 되었지. 그중에서 가장 처참했던 것이 1618년부터 1648년까지 전 유럽을 휩쓸었던 30년 전쟁이야. 그 전쟁은 많은 소규모 전쟁들로 이루어져 있었는데, 그 누구보다도 가장 큰 피해를 본 나라는 독일이었어. 그래서 30년 전쟁의 결과로 프랑스가 점차 유럽의 지배적인 강대국으로 발전하게 되었지.

"도대체 왜 싸운 거죠?"

"개신교와 가톨릭 사이의 싸움이었지. 하지만 정치권력도 문제가 되었어."

"레바논에서처럼요?"

"그 밖에도 17세기는 사회 계급의 격차가 매우 심했어. 프랑스 귀족과 베르사유 궁전에 대해 알고 있겠지. 민중이 겪은 빈곤에 대해서도 얼마나 배웠는지 모르겠구나. 화려한 치장은 모두 권력 과시에서 비롯된단다. 바로크의 정치 상황은 동시대의 예술, 건축양식과 비교해볼 수 있어. 바로크의 건축물의 네 귀퉁이가 소용돌이무늬로 장식된 것이 많듯, 정치도 암살, 음모, 책략의 소용돌이였지."

"그때 스웨덴의 왕 중 누군가가 극장에서 저격을 당하지 않았나요?"

"구스타브 3세를 말하는 거구나. 그럼 내가 생각한 예를 알고 있다는 얘기네. 구스타브 3세 암살 사건은 1792년에 일어났지만 아주 바로크적인 상황에서였지. 그는 성대한 가면무도회장에서 암살당했단다."

"전 극장인 줄 알았어요."

"그 가면무도회가 오페라 극장에서 열렸지. 스웨덴의 바로크 시대는 근본적으로 구스타브 3세의 죽음과 함께 끝나고 말았어. 구스타브 3세 국왕의 정치는 100년 전 루이 14세 때의 프랑스와 같은 계몽 전제군주제였어. 구스타브 3세는 그 밖에도 프랑스식 의식과 미사여구를 좋아했고 허영심이 강했어. 그리고 그가 연극을 좋아했다는 점을 기억해두렴……."

"그것이 그의 운명을 결정지었군요."

"연극은 바로크 시대에 단순한 예술 형식 이상이었어. 그 시대의 첫 번째 상징이었지."

"무엇을 상징했는데요?"

"인생이지. 17세기에 '인생은 연극이다.'라는 말이 얼마나 자주 쓰였는지는 알 수 없지만 어쨌든 그 말이 아주 유행했어. 그리고 바로크 시대에 모든 종류의 무대와 기계장치를 갖춘 근대적 극장도 생겨났어. 극장에서는 인간이 만든 환상이 무대 위에 올려졌어. 그것은 무대 위의 장면

이 단순한 환상에 불과하다는 것을 드러내기 위해서였지. 이런 방식으로 연극은 인간의 삶을 상징했어. 연극으로 교란한 권세는 오래가지 못한다는 것을 보여줄 수 있었지. 삶의 비참함을 냉정하게 그려낼 수도 있었고."

"윌리엄 셰익스피어도 바로크 시대에 살았나요?"

"맞아, 그의 위대한 희곡들은 1600년경에 나왔단다. 그래서 셰익스피어는 르네상스와 바로크 시대 양쪽에 다리를 걸치고 있는 셈이지. 그런데 셰익스피어의 작품에는 이미 '인생은 연극'이라는 대사가 자주 등장했어. 예를 몇 가지 들려줄까?"

"좋아요."

"「뜻대로 하세요」라는 작품에서 셰익스피어는 이런 말을 했어.

온 세상은 무대이고 모든 여자와 남자는 단지 배우일 뿐이다. 그들은 등장했다가 다시 퇴장한다. 어떤 이는 일생동안 7막에 걸쳐 여러 역을 연기한다.

「맥베스」에선 이렇게 말했지.

인생은 걸어다니는 그림자일 뿐
짧은 순간 무대 위에 있다 사라지는
이를 악 물고 두 다리를 벌린, 가엾은 희극 배우.
들려오는 소리는,
웬 바보가 분노에 찬 큰 목소리로 이야기하는 동화다.
아무런 의미도 없다……."

"염세적이군요."

"셰익스피어는 인생은 짧다는 생각에 몰두했어. 잘 알려진 셰익스피어의 대사를 너도 들어본 적이 있지?"

"사느냐, 죽느냐, 그것이 문제로다."

"그래, 햄릿의 대사야. 어느 날 땅 위를 걷던 우리가 다음 날엔 사라져버리는 거지."

"무슨 말인지 알겠어요. 고마워요!"

"바로크 시대의 시인들은 인생을 연극 아니면 꿈에 비유했단다. 셰익스피어는 이렇게 말했어. '우리는 꿈과 같은 질료로 만들어져 있다. 그래서 이 짧은 인생은 한순간의 잠과 같다.'"

"정말 시적이군요."

"1600년경에 태어난 스페인 작가 칼데론이 쓴 「인생은 꿈」이라는 희곡에는 이런 말이 있어.

'인생이란 무엇인가? 미친 짓! 인생이란 무엇인가? 텅 빈 물거품! 시는 한낱 그림자일까! 행복이란 드물게 주어진다. 하나의 꿈이 일생이며, 그 꿈들도 하나의 꿈이기에……'"

"어쩌면 칼데론 말이 옳을지도 몰라요. 학교에서 희곡 한 편을 읽은 적이 있어요. 「산(山)사람 예페」라는 작품이요."

"루드비그 홀베르그의 작품 말이구나. 그래, 바로크와 계몽주의에 걸쳐 있는 북유럽의 위대한 작가지."

"예페란 사람이 도랑 옆에서 잠이 들었는데…… 남작의 침대에서 눈을 떴죠. 그래서 자기가 가난한 농부였던 꿈을 꾸었다고 믿게 됐지요. 다시 남작의 침대에서 잠이 들었는데 사람들이 도랑 옆으로 옮겨놓았어요. 다시 잠에서 깨어난 예페는 자기가 남작의 침대에 누워 있던 것이 꿈이었다고 생각하게 돼요."

"홀베르그는 그런 모티프를 칼데론에게서 빌려 왔단다. 칼데론은 그것을 「아라비안 나이트」라는 아라비아 설화에서 따온 거고. 하지만 인생을 꿈에 비유하는 것은 훨씬 더 멀리, 특히 인도나 중국으로 거슬러 올라갈 수 있는 모티프란다. 옛날 중국의 현인 장자(莊子)는 언젠가 자기가 나비가 된 꿈을 꾸고서, '내가 나비 꿈을 꾼 사람인가, 아니면 지금의 꿈을 꾸고 있는 나비인가'라며 자문했어."

"어느 쪽이 맞는지 증명하기는 불가능하겠는데요."

"1647년에 나서 1707년에 죽은 노르웨이의 페테르 다스는 순수한 바로크 시인이었어. 그는 한편으로 현세의 삶을 묘사하면서, 다른 한편으로는 신만이 영원하다고 강조했지."

"신은 신이다, 모든 게 덧없더라도. 신은 신이다, 모두가 다 죽는다 해도……."

"그런데 다스는 네가 읊은 그 노래에서 북노르웨이의 문화도 묘사하고 있어. 즉 미꾸라지와 연어와 대구에 대해서도 쓰고 있는데, 이 점이 바로크 시대의 전형적인 모습이야. 한 텍스트 안에서 현실과 천상, 즉 이승과 저승을 그리고 있단다. 이 모두가 플라톤이 구체적인 감각 세계와 불변하는 이데아의 세계를 나누었던 것을 연상하게 하지."

"바로크 시대의 철학은 어땠죠?"

"역시 상반되는 사고방식들이 서로 격렬하게 맞부딪쳤다고 할 수 있지. 이미 들어서 알고 있듯이, 수많은 철학자들은 존재를 근본적으로 정신적이거나 영혼의 본질을 갖는 것으로 간주했어. 이런 입장을 관념론이라고 해. 이와 반대되는 학설을 유물론이라고 하는데, 그것은 존재의 모든 현상을 구체적인 물질로 환원시키려는 철학을 뜻하지. 유물론을 지지하는 사람들은 17세기에도 많았어. 그중에서 가장 영향력 있는 인물은 아마 영국 철학자 토머스 홉스였을 거야. 홉스는 모든 현상, 인간은 물론 동물도 오로지 물질 입자로 되어 있다고 생각했어. 인간의 의식 또는 인간의 영혼조차 뇌 안에 있는 미세한 입자의 움직임에서 생기는 거라고 생각했지."

"자신보다 2,000년 전에 살았던 데모크리토스와 같은 생각이었군요."

"관념론과 유물론은 전체 철학사에서 변함없이 맞서왔지만 두 견해가 바로크 시대처럼 같은 시대에 그토록 극명하게 대립한 경우는 매우 드물지. 유물론은 새로운 자연과학에 의해 지속적으로 새롭게 보강되었단다. 뉴턴은 전 우주 어디에서나 동일한 운동의 법칙이 적용된다는 걸 증명했지. 또 자연, 즉 지상은 물론 우주에서 일어나는 모든 변화는 바로 중력의 법칙과 물체의 운동 법칙 때문이라고 설명했어. 그러므로 모든 것은 변하지 않는 동일한 법칙성이나 동일한 역학에 의해 조종돼. 따라서 원칙적으로 우리는 자연에서 일어나는 모든 변화를 수학적으로 정확하게 계산할 수 있어. 이렇게 뉴턴은 이른바 기계론적 세계관의 마지막 초석을 세웠던 것이지."

"뉴턴은 세계를 거대한 기계로 생각했나요?"

"그렇단다. '기계적'이란 말은 기계를 의미하는 그리스어 '메카네 (méchané)'에서 유래했어. 하지만 우리가 깨달아야 하는 건 홉스도 뉴턴도 기계론적 세계상과 신에 대한 믿음 사이의 모순을 인식하지 못했다는 거야. 이 사실은 18세기와 19세기의 모든 유물론자들에게 해당하는 말은 아니지. 프랑스의 의사이자 철학자인 라메트리는 18세기 중반『인간기계론』이라는 제목의 책을 발표했어. '인간은 완벽한 기계'라는 뜻이지. 그는 걷는 데 필요한 다리 근육이 있듯이, 뇌에도 사유를 위한 '근육'이 있다고 했어. 이후 프랑스의 수학자 라플라스는 더 극단적인 기계론적 견해를 털어놓았어. 즉 '지성이 일정한 시점에 있는 모든 물질 입자의 위치를 알면, 불확실한 것은 없고, 과거와 마찬가지로 미래가 눈앞에 환히 열려 손 안의 카드 패와 같을 것이다', 이러한 사유를 결정론적 세계관이라고 해."

"그럼 인간에겐 자유의지가 전혀 없겠네요."

"맞아. 모든 것을 기계적 진행 과정의 산물로 보는 것이지. 우리의 생각과 꿈도 말이야. 19세기 독일의 유물론자들은 생각과 뇌의 관계는 소변과 신장의 관계나 담즙과 간의 관계와 같다고 주장했지."

"하지만 소변과 담즙은 물질이고, 생각은 그렇지 않잖아요."

"핵심을 잘 지적했구나. 그런 생각을 표현한 이야기를 하나 해주지. 한번은 러시아에서 우주 비행사와 뇌 전문가가 종교에 관한 토론을 벌였어. 뇌 전문가는 기독교인이었고, 우주 비행사는 아니었지.

'전 바깥 우주 세계에 자주 가봤어요. 하지만 신은커녕 천사도 보지 못했죠'

우주비행사가 뽐내며 말했어.

그러자 '전 지능이 높은 뇌를 여러 번 수술해봤지만, 어디에서도 단 하나의 생각도 찾아내지 못했죠.' 하고 뇌 연구가가 대답했다고 해."

"생각이 존재하지 않는다는 뜻은 아니겠죠."

"그래. 다만 사유는 절단하거나 점점 더 작은 부분으로 나눌 수 있는 물질이 아니라는 말이지. 예를 들어 환각 증세를 수술로 제거하기란 쉬운 일이 아니란다. 그러기엔 그 증상이 너무 깊은 곳에 자리하고 있거든. 그래서 17세기의 중요한 철학자인 라이프니츠는 물질과 영혼의 가장 큰 차이는 모든 물질적인 것은 점점 더 작은 입자로 쪼갤 수 있는 반면, 영혼은 쪼갤 수 없는 데 있다고 했지."

"맞아요. 영혼은 자를 수 없지요. 어떤 칼이 영혼을 자를 수 있겠어요?"

크녹스 선생님은 그저 머리를 가로저었다. 그러고 나서 둘 사이에 놓인 책상 위를 가리키며 말했다.

"17세기의 가장 중요한 두 명의 철학자는 데카르트와 스피노자야. 그들도 영혼과 육체의 관계에 대한 문제를 다루었어. 이제 이 두 철학자를 좀 더 자세히 살펴보자."

"네, 계속하세요. 그런데 7시까지 얘기가 끝나지 않으면 엄마께 전화를 드려야 해요."

데카르트

…… 그는 건축 현장의 낡은 재료들을 모두 없애고 싶었다 ……

크녹스 선생님이 자리에서 일어나 어깨에 걸쳤던 빨간 망토를 벗었다. 그것을 의자 위에 걸고 다시 소파에 편한 자세로 앉았다.

"르네 데카르트는 1596년 태어나 평생 유럽 전역을 여행했지. 그는 젊은 나이에 인간과 우주의 본질에 대한 통찰을 얻으려는 강렬한 열망에 사로잡혔어. 하지만 그는 철학을 배우고 난 뒤 다른 무엇보다 자기 자신의 무지를 깨닫게 되었단다."

"소크라테스와 비슷하네요?"

"대충 그렇다고 할 수 있지. 그리고 데카르트는 소크라테스처럼 이성만이 우리에게 분명한 인식을 줄 수 있다고 확신했어. 우리는 옛날 책에 적힌 것을 무조건 믿을 수는 없어. 우리의 감각이 알려주는 것도 신뢰할 수 없지."

"플라톤도 그런 말을 했잖아요. 이성만이 우리에게 확실한 지식을 가져다줄 수 있다고요."

"맞아. 소크라테스와 플라톤에서 시작하여 아우구스티누스를 거쳐 데카르트까지 하나의 선으로 이어져 있지. 이들은 모두 명백한 합리주의자들이며, 이성을 단 하나뿐인 확실한 인식의 근원으로 간주했어. 데카르트는 폭넓은 연구 끝에 중세부터 전수된 지식을 무조건 수용할 수는 없다는 걸 깨닫게 되었어. 아테네에 널리 퍼져 있던 일반적인 견해를 믿지 않은 소크라테스와 비교할 수 있겠지. 그럴 경우에 사람들은 어떻게 할까? 어떻게 생각하니?"

"자기만의 철학을 시작하겠지요."

"정확한 대답이야. 그래서 데카르트는 유럽 여행을 결심했단다. 소크라테스가 아테네 사람들과 대화하면서 평생을 보낸 것처럼 말이야. 데카르트 자신의 말을 빌리면, 이때부터 그는 오직 내면세계에서 혹은 '세계라는 거대한 책 속에서' 지식을 구하려고 했어. 군에 입대한 데카르트는 중부 유럽의 여러 곳을 거쳐 파리에서 몇 년을 보내고, 1629년 5월에 네덜란드를 여행했지. 그곳에서 철학에 관해 저술하면서 거의 20년을 보냈단다. 1649년에는 스웨덴의 크리스티나 여왕이 그를 초청했지만 스웨덴에 머무는 동안 폐렴에 걸려 1650년 겨울에 세상을 떠나고 말았어."

"그때가 겨우 쉰네 살이었군요!"

"하지만 데카르트는 죽은 뒤에도 철학에 막대한 영향을 끼쳤어. 데카르트를 근대 철학의 창시자라고 부른다 해도 과장이 아니야. 자연과 인간에 관한 새로운 발견에 도취된 르네상스 시대 이후, 또다시 동시대의 사유를 서로 연관된 하나의 철학 체계로 통합하려는 욕구가 생겨났지. 데카르트가 처음으로 체계를 세웠고, 그 뒤를 이어 스피노자와 라이프니츠, 로크와 버클리, 그리고 흄과 칸트가 등장해."

"'철학 체계'가 무슨 뜻이에요?"

"근본적으로 모든 중요한 철학적 문제들에 대한 대답을 얻으려는 철학적 이해라고 할 수 있지. 고대에 플라톤과 아리스토텔레스 같은 체계 설립자가 있었다면, 중세에는 아리스토텔레스의 철학과 기독교 신학 사이에 다리를 놓으려 한 토마스 아퀴나스가 있었어. 이어서 자연과 과학, 신과 인간에 대한 낡은 생각과 새로운 생각이 뒤엉킨 르네상스 시대가 열린 거야. 17세기에 들어서 비로소 다시 새로운 생각들을 하나의 철학 체계로 묶으려는 시도가 있었지. 그리고 이에 성공한 최초의 인물이 바로 데카르트야. 그는 '무엇이 다음 세대에 가장 중요한 철학적 과제인가'라는 문제에서 출발했어. 데카르트는 우리가 무엇을 알 수 있는지, 곧 우리 인식의 확실성에 관한 문제를 연구했어. 그가 마음에 두고 있던 두 번째 중요한 문제는 육체와 영혼의 관계야. 이 두 가지 문제가 이후 150년 동안 철학 토론을 지배했지."

"그는 시대를 앞서간 사람이었군요."

"물론 그런 문제들은 그 시대에도 제기되고 있었어. 인간이 어떻게 확실한 지식을 얻을 수 있느냐는 문제의 경우, 많은 사람들이 전적으로 철학적 회의론을 표방했지. 그들은 단순히 인간들이 아무것도 아는 게 없다는 사실에 만족해야 한다고 생각했어. 하지만 데카르트는 아니었지. 그가 그럭저럭 만족했다면 진정한 철학자가 아니었을 거야. 소크라테스와 비슷한 일이지만 데카르트 역시 소피스트들의 회의론에 불만이 있었어. 데카르트가 살아 있을 때 새로운 자연과학은 자연의 진행 과정을 아주 확실하고 정확하게 기술할 수 있는 방법을 발전시켰어. 나아가 데카르트는 철학적 성찰에 대한 확실하고 정확한 방법에 대해서도 틀림 없이 생각해봤을 거야."

"알 것 같아요."

"그런데 그건 여러 문제 중 하나였고 그 밖에도 새로운 물리학은 물 질의 본성에 대한, 곧 '자연에서 일어나는 물리적 과정을 결정짓는 것이 무엇인가' 하는 의문을 제기했어. 차츰 더 많은 사람들이 유물론적인 자 연관에 동조했지. 하지만 물리적 세계를 점점 더 기계적으로 파악할수 록 육체와 영혼의 관계에 대한 정의가 더욱 절실해졌어. 17세기 이전 철 학자들은 영혼을 거의 모든 생물체에 흐르고 있는 일종의 '생명의 정신' 으로 인식했어. '영혼'과 '정신'의 본래 의미는 '생명의 입김'이나 '숨'인 데, 이 단어들은 거의 모두 인도 · 게르만어족 언어에서도 볼 수 있어. 아 리스토텔레스는 영혼을 전체 유기체 안에 깃든 '생명의 원리'로 봤기 때 문에 육체와 분리해서 생각할 수 없다고 여겼어. 그래서 그는 '식물의 영혼'과 '동물의 영혼'에 관해서도 얘기할 수 있었단다. 17세기에 들어 처음으로 철학자들은 영혼과 육체를 철저히 분리하기 시작했어. 그래 서 동물이나 인간의 육체도 포함한 모든 물리적 대상을 기계적 과정으 로 설명했지. 하지만 인간의 영혼을 '기계적 육체'의 일부라고 할 수는 없잖아? 그럼 영혼은 대체 뭘까? 더구나 '정신적인' 것이 어떻게 기계적 과정을 움직일 수 있는지도 설명해야겠지."

"아주 이상한 생각이군요."

"어째서?"

"제가 팔을 올리려고 마음먹으면 팔이 올라가죠. 제가 버스를 향해 뛰 려고 하면, 바로 제 두 다리가 달리고 있어요. 때로는 슬픈 일을 생각하면 저도 모르게 눈물이 주르륵 흐르기도 해요. 그러니까 육체와 정신 사이에는 어떤 신비한 결합이 있는 것 같아요."

"데카르트는 바로 그런 문제에 관해 깊이 고민했어. 플라톤처럼 데카르트도 정신과 물질 사이에 명확한 경계가 있다고 확신했지만 플라톤은 '정신이 육체에 어떻게 영향을 미치는가?' 또는 '영혼이 육체에 영향을 주는가'라는 질문에는 답하지 못했어."

"저도 그래요. 그래서 데카르트가 무엇을 알아냈는지 너무 궁금해요."

"데카르트의 말을 들어보자!"

선생님은 탁자 위의 책을 가리키며 계속 말을 이어나갔다.

"데카르트는 이 소책자 『방법서설』에서 '철학자가 철학 문제를 어떠한 철학적 방법으로 풀어야 하는가?' 하는 문제를 제기했어. 이미 자연 과학은 나름대로 새로운 방법을 발전시켜나갔지만……."

"그 말씀은 벌써 하셨어요."

"우선 데카르트는, 우리가 어떤 것이 참인지를 명확하고 분명하게 인식할 수 없다면, 어떤 것도 참으로 간주해선 안 된다고 설명했어. 그런데 진리를 깨닫기 위해서는 복잡한 문제를 가능한 한 많은 부분으로 나누어야만 한다고 생각했지. 그러면 우리는 가장 단순한 사유에서 출발할 수 있게 돼. 어쩌면 네가 생각 하나하나의 '무게를 달고 치수를 잰다'고 말할 수도 있겠지. 갈릴레이가 모든 것을 재야 하고 잴 수 없는 것도 잴 수 있게 만들어야 한다고 했던 것처럼 말이야. 이런 식으로 데카르트는 철학자란 단순한 것에서 출발하여 복잡한 문제로 사유를 전개해서 새로운 것을 알아낼 수 있어야 한다고 생각했지. 이 과정에서 끝까지 지속적인 검토와 교정을 통해 빠뜨린 것이 없는지 고쳐나가야 하는 거고. 그는 그런 과정을 통해서만 철학적 결론에 도달할 수 있다고 생각했어."

"계산 문제 같아요."

"그래, 데카르트는 이 '수학적 방법'을 철학적 성찰에도 적용하려고 했단다. 철학적 진리를 어느 정도 수학 명제와 같은 방법으로 증명하려고 한 거야. 우리가 숫자로 계산할 때 이용하는 도구를 철학에도 적용하려고 했는데, 그게 바로 이성이란다. 이성만이 우리에게 확실한 인식을 줄 수 있기 때문이지. 감각에 의존하는 것은 확실하지가 않으니까. 데카르트와 플라톤은 서로 닮은 점이 있다고 했었지? 플라톤도 수학과 비율이 우리의 감각이 말해주는 것보다 확실한 인식을 전달한다고 말했단다."

"하지만 그런 방법으로 철학적 문제에 답할 수 있을까요?"

"데카르트가 내린 결론으로 되돌아가면, 그의 철학 목표는 존재의 본질에 대한 확실한 지식을 얻는 것이었어. 그리고 그는 모든 것을 의심해야 한다고 밝힌 최초의 철학자였지. 그는 자기의 철학 체계를 모래 위에 세우고 싶지 않았던 거야."

"기초가 약하면 집이 무너질 수 있으니까요."

"그렇고말고. 데카르트는 모든 것을 의심하는 것이 바람직하다고 생각하지는 않았지만, 우리는 원칙적으로 모든 것을 의심해볼 필요는 있어. 플라톤과 아리스토텔레스를 읽는 것이 우리의 철학적 탐구에 큰 보탬이 될지는 확실하지 않아. 역사적 지식을 쌓을 수는 있겠지만, 세계에 대한 경험을 넓히지는 못할 거야. 따라서 그는 자신의 철학 연구를 시작하기 전에 그 이전의 사유를 모두 물속으로 던져버렸지."

"새 집을 짓기 전에 건축 현장의 낡은 재료들을 모두 없애고 싶었던 거군요?"

"그렇지. 새로운 생각을 수용할 건물을 튼튼하게 짓기 위해 새롭고 견고한 건축 재료만을 사용하려고 했던 거야. 데카르트의 의심은 더 깊숙한 곳까지 파고들었어. 즉 우리의 감각이 전달하는 것도 믿을 수 없다고 생각했지. 감각이 우리를 속일 수도 있으니까."

"그럴 수도 있나요?"

"우리는 꿈을 꾸면서 실제로 체험한다고 느끼기도 해. 그런데 깨어 있을 때의 감각과 꿈속에서의 감각을 구분할 수 있을까? 데카르트는 '그 일을 깊이 생각해봤지만 깨어 있는 상태와 잠든 상태를 확실히 구분할 만한 특징을 찾아내지 못했'고 말했어. 그리고 '그 두 상태는 굉장히 비슷해서, 당황한 나머지 순간 내가 꿈을 꾸고 있는지 깨어 있는지 알 수 없었다'고 했지."

"산 사람 예페도 남작의 침대에 누워 있었던 일을 꿈이라고 생각했죠."

"남작의 침대에 누워 있을 때는 가난한 농부로 산 자기 인생을 꿈이라고 생각했지. 데카르트는 그렇게 모든 것을 의심했어. 그런데 데카르트 이전의 많은 철학자들은 이 지점에서 그들의 철학적 고찰을 끝내버렸지."

"그들에겐 특별한 진전이 없었겠네요."

"반면 데카르트는 바로 그 아무것도 없는 지점에서 한 걸음 더 나아갔어. 그는 자기가 모든 것을 의심하고 있으며 이것이 자기가 확신할 수 있는 유일한 것이라는 인식에 도달하게 됐지. 이것이 그가 신뢰할 수 있는 단 하나의 사실이야. 그가 의심하고 있다는 것. 그리고 그가 의심한다는 건 그가 생각한다는 사실도 확실해지지. 데카르트 자신의 말을 빌리자면 '코기토 에르고 숨(cogito ergo sum)'이라고 할 수 있어."

"무슨 뜻이죠?"

"'나는 생각한다, 고로 나는 존재한다'라는 말이야."

"데카르트의 그런 결론은 별로 특별한 것 같지 않은데요."

"그렇겠지. 하지만 데카르트가 얼마나 직관적인 확실성을 가지고 갑자기 자신을 생각하는 자아로 파악하게 됐는지 알아둬야 해. 알고 있겠지만 플라톤은 이성으로 파악한 것이 감각으로 이해한 것보다 더 확실하다고 생각했어. 데카르트도 마찬가지였단다. 그는 자신을 생각하는 자아로 여겼을 뿐만 아니라, 동시에 이 생각하는 자아는 우리가 감각으로 인지하는 물리적 세계보다 더 현실적이라고 이해했지. 그는 이런 관점에서 철학적 사유를 계속 발전시켜나갔어. 그의 철학 연구는 여기서 끝나지 않았어."

"계속 말씀해주세요."

"이제 데카르트는 자기가 인간적 존재라는 사실 외에도 직관적 확실성을 가지고 더 많은 것을 인식하고 있는지 곰곰이 생각해봤어. 그리고 자신이 완전한 존재에 대한 분명한 관념도 가지고 있다고 인식했지. 이건 데카르트가 항상 지녔던 관념인데, 이 관념이 자신에게서 나오지 않는다는 것은 분명한 사실이었어. 그는 완전한 존재의 관념이 불완전한 존재에서 유래할 수는 없다고 주장했어. 즉 완전한 존재의 관념은 완전한 존재 자체에서 나와야 한다는 거지. 즉 신에게서 나온다는 말이야. 그래서 생각하는 사람은 생각하는 자아여야 하듯이 신이 존재한다는 사실도 그 자체로 분명하다는 거야."

"그런데 결론이 약간 성급하다는 생각이 들어요. 처음엔 정말 신중했는데!"

"그래, 많은 사람들이 그 짐을 데카르트 철학의 취약점으로 꼽아. 네가 결론이란 말을 꺼내서 하는 이야기지만, 여기선 원래 무엇을 증명하는 게 중요한 게 아니란다. 데카르트는 다만 우리 모두 완전한 존재의 관념을 가지며, 이러한 관념에는 완전한 존재가 있어야 한다는 사실이 내포되어 있다는 것을 말하고자 한 거야. 완전한 존재가 없다면 그건 더 이상 완전한 존재가 아니기 때문이지. 게다가 완전한 존재가 없다면 우리는 완전한 존재에 대한 관념을 우리가 만들어낼 수도 없고. 신의 생각은 '예술가가 자기 작품에 새겨 넣는 표시'라는 데카르트의 말처럼, 태어날 때부터 우리 마음속에 심어져 있는 본유(本有) 관념이야."

"하지만 제가 악어코끼리를 상상한다고 해도 그게 악어코끼리가 존재한다는 걸 의미하지는 않잖아요."

"데카르트라면 악어코끼리가 존재하는지 여부는 악어코끼리라는 개념에 들어 있지 않지만 '완전한 존재'라는 개념에는 이런 존재가 있다는 사실을 내포한다고 하겠지. 이건 원의 관념 속에, 원주 위의 모든 점들이 원의 중심에서 같은 거리를 두고 떨어져 있다는 사실이 포함되어 있는 것과 마찬가지야. 이 조건을 만족시키지 못하면 원이라고 할 수 없지. 마찬가지로 모든 성질들 가운데 가장 중요한 것, 즉 실존이 빠지면 완전한 존재라고 할 수 없어."

"사유의 전개 과정이 정말 특별하군요."

"명백한 '합리주의적' 사고 과정이지. 데카르트는 소크라테스와 플라톤처럼 사유와 존재 사이는 연관되어 있다고 생각했어. 어떤 것을 자세하게 생각할수록 그 존재도 더 확실해지는 거야."

"그러니까 지금까지 데카르트는 자신이 생각하는 존재라는 것과 하나의 완전한 존재라는 걸 인식한 거군요."

"이 생각에서 출발해 그는 계속 논의를 발전시켜나갔어. 외부의 현실, 예를 들어 태양과 달에 대한 모든 관념은 그저 환영일지 모르지만, 외부의 현실도 이성으로 인식할 수 있는 몇 가지 특성이 있어. 길이, 넓이 그리고 높이처럼 측정할 수 있는 수학적 관계를 예로 들 수 있지. 이성에게 이 양적인 특성들은 내가 생각하는 존재라는 사실만큼이나 분명해. 반면에 색, 냄새, 맛과 같은 질적인 특성들은 우리의 감각 기관과 얽혀 있어서 외부의 현실을 그대로 반영하지 못해."

"그럼 자연은 꿈이 아닌 거죠?"

"그렇지. 이 문제에 관해 데카르트는 다시 완전한 존재에 대한 관념에 의존했어. 이성은 외부 현실의 수학적 관계처럼 어떤 것은 아주 분명하게 인식하기도 해. 전지전능한 신이 우리를 바보 취급해서 속이지는 않을 테니까. '신에 대한 확신'에는 진정성도 포함돼. 그래서 데카르트는 이성으로 인식한 것이 현실과 일치한다는 것을 완벽하고 선한 신이 '보증'한다고 생각한 거야."

"그렇군요. 이제 데카르트는 자기가 생각하는 존재라는 것과 신이 존재한다는 사실, 그리고 외부 현실이 존재한다는 것도 알아냈군요."

"하지만 외부의 현실과 사고의 현실은 본질적으로 차이가 있어. 데카르트는 서로 다른 두 종류의 현실, 다시 말해 두 가지 실체가 존재한다고 생각했어. 하나는 생각 또는 영혼이고, 또 하나는 연장(延長) 또는 물질이야. 영혼은 의식하는 능력일 뿐, 공간을 차지하지 않아. 그래서 더 작은 부분으로 쪼개지지도 않지. 그에 비해 물질은 부피를 가지고 공간을 차지하며, 한없이 쪼개질 수 있지만 의식이 없어. 데카르트는 두 가지 실체 모두 신으로부터 생겨난 기라고 했어. 오직 신만이 자기가 아닌 다른 것으로부터 독립해서 존재할 수 있으니까. 하지만 생각과 연장이 모두 신에게서 주어진 거라면, 두 실체는 서로 전적으로 독립적이라고 할 수 있지. 생각은 물체와의 관계에서 자유롭고, 반대로 물질적 과정 역시 생각과는 별개로 작용하는 거야."

"그렇게 그는 신의 피조물을 둘로 나누었군요."

"맞아. 데카르트는 이원론자라고 불리는데 이건 그가 정신적 존재와 공간적 존재 사이에 날카로운 경계선을 그었다는 뜻이야. 예를 들어 영혼은 인간만이 가지고 있지만 반대로 동물은 전적으로 공간적 존재야. 동물의 생명과 운동은 전적으로 기계적이지. 데카르트는 동물을 일종의 복잡한 자동 기계로 간주했어. 그는 공간적 존재에 관해서는 유물론자처럼 철저하게 기계론적인 입장이었지."

"하지만 헤르메스를 기계나 자동 장치로 보는 것은 너무 이상해요. 데카르트는 분명 동물을 전혀 사랑하지 않았을 거예요. 그럼 우리도 자동 기계인가요?"

"글쎄. 데카르트는 인간은 생각하는 존재이기도 하고 공간을 차지하기도 하는 이중적 존재라는 결론을 내렸어. 그에 따르면 인간은 영혼과 공간적인 육체를 모두 갖고 있지. 아우구스티누스와 토마스 아퀴나스도 비슷한 말을 한 적이 있어. 그들은 인간이 동물처럼 육체를 갖고 있지만 천사처럼 정신도 갖고 있다고 생각했지. 데카르트는 인간의 육체를 하나의 정밀기계로 생각했어. 그러나 인간은 육체와는 무관하게 작용하는 영혼도 갖고 있지. 육체의 진행 과정에 영혼 같은 자유는 없지만 대신 자기 고유의 법칙을 따르게 돼. 그러나 이성적인 생각은 육체 안에서 일어나는 것이 아니라 공간적 존재와는 독립적인 영혼에서 일어나지. 한 가지 덧붙이자면 데카르트도 동물도 생각하는 능력이 있을 수 있다는 가능성을 배제하지는 않았어. 그러나 동물이 정말 생각할 수 있다면, 동물도 생각과 연장이라는 두 가지 특성의 결합으로 이루어져 있겠지."

"그건 아까 이야기했어요. 제가 버스를 타기 위해 뛰려고 마음을 먹으면, 제 몸이 '자동적으로' 움직이겠죠. 그래도 버스를 놓치면 눈물이 날 거예요."

"데카르트는 영혼과 육체 사이에 그런 상호 작용이 일어난다는 것을 한 번도 부정하지 않았어. 영혼이 육체 안에 자리 잡고 있는 한, 특수한 뇌의 기관 가운데 한 분비선을 통해 육체와 결합하며, 이 과정에서 물질과 정신 사이에 지속적인 상호 작용이 일어난다고 생각했지. 데카르트에 따르면 영혼은 그런 상호 작용 때문에 육체적 결핍에서 생기는 느낌과 감각으로 혼란을 겪게 돼. 하지만 데카르트의 목표는 영혼이 삶의 방향을 갖게 하는 거야. 왜냐하면 내 복통이 아무리 심해도 삼각형의 내각의 합은 언제나 180도이기 때문이지. 이런 의미에서 생각은 육체적 결핍에서 끌어 올려진 다음 '이성적으로' 등장하는 거야. 그래서 영혼은 육체로부터 완전히 독립하게 됐지. 우리의 다리는 약해지고, 등은 굽으며, 이는 빠질 수 있어. 하지만 2 더하기 2는 이성이 존재하는 한 4일 거야. 이성은 늙지도 약해지지도 않으니까. 반대로 우리의 육체는 나이를 먹지. 데카르트에게는 이성이 곧 영혼이었어. 욕구나 증오 같은 저급한 감정이나 기분은 육체적 기능과 밀접하게 결합되어 있으며, 따라서 공간적 현실과도 깊은 관련이 있다고 볼 수 있지."

"전 육체를 기계나 자동 장치와 비교한 게 이해가 안 돼요."

"그 시대에는 사람들이 스스로 작동하는 기계나 시계에 푹 빠져 있었기 때문이야. '자동 기계'라는 말도 자기 스스로 움직이는 것을 뜻하지. 그런데 스스로의 힘으로 움직인다는 것은 단지 환상일 뿐이야. 예를 들어 시계는 사람이 조립하고 태엽을 감은 것이지. 데카르트는 그런 인공 장치들이 적은 부품들로 아주 단순하게 조립되어 있음을 강조하면서, 이를 사람과 동물의 육체를 구성하는 뼈, 근육, 신경, 혈관, 정맥들과 비교했어. 그럼 신은 왜 동물이나 사람의 육체를 기계적 법칙에 따라 만들지 않았을까?"

"요즘 사람들도 '인공 지능'에 관해 얘기하죠."

"오늘날의 우리 자동 기계지. 우리는 가끔 정말 지능이 있다고 할 수 있는 기계를 만들어내기도 했어. 그런 기계들은 데카르트를 당황시켰 겠지. 그는 인간의 이성이 자기가 생각했던 것만큼 자유롭고 독립적인가를 다시 의심해보게 되었을 거야. 영혼의 활동이 육체의 진행 과정만큼 별로 자유롭지 못하다고 생각하는 철학자도 있었으니까. 물론 인간의 영혼은 그 어떤 컴퓨터 프로그램보다 무한하고 훨씬 더 복잡하지만, 많은 사람들은 근본적으로 우리 영혼이 컴퓨터 프로그램과 마찬가지로 자유롭지 못하다고 생각했단다. 소피야, 네게 보여줄 게 있어."

크녹스 선생님은 방의 맞은편 끝에 있는 커다란 책상 위를 가리켰다. 거기엔 작은 컴퓨터 모니터가 있었다. 선생님이 스위치를 켜자 금방 화면 한 쪽에 'C:' 표시가 나타났다.

선생님은 'Laila'라는 글자를 입력했다.

"이건 채팅 프로그램이야."

곧 화면에 문장이 나타났다.

'안녕, 난 라일라라고 해. 편하게 앉아 있니?'

아직 채 앉지도 못했지만, 소피는 '응'이라고 입력했다. 크녹스 선생님이 의자 하나를 소피에게 밀어주었다.

이제 화면에 '넌 이름이 뭐니?'란 문장이 나타났다

'소피 아문센'이라고 입력하자 컴퓨터가 대답했다.

'클뢰베르베이엔 3번지. 만나게 돼서 반가워, 소피야. 열다섯 번째 생일을 맞게 돼서 기쁘지?'

소피는 깜짝 놀랐다. 크녹스 선생님이 소피의 어깨에 손을 얹고 말했다.

"내가 라일라에게 네 이름, 주소, 생일을 알려줬어. 새로운 사람을 소개하듯이 말이야. 보통 처음에는 다른 사람에 대한 정보를 미리 알고 싶어 하니까."

소피가 '나쁘진 않아.'라고 썼다.

'소피야, 나쁘진 않다니? 완전한 문장으로 적어야지.'

'고마워, 난 잘 지내고 있어. 몇 가지 물어봐도 되니?'

'잘 지낸다니 다행이야. 궁금한 게 뭐야?'

'넌 몇 살이니?'

'난 1988년 8월 8일, 애틀랜타에서 프로그래밍되었고 1990년 3월 28일에 노르웨이 공과대학에서 노르웨이어로 번역됐어.'

'어머!'

'완전한 문장으로 말해야 한다니까.'

'어머, 라고 한 거잖아'

'난 속어는 못 알아들어. 단어 10만 개를 알고 있는데 '어머'라는 단어는 모르겠어. 혹시 '어머니'를 말하는 거야?'

'모르겠어.'

'뭔가를 모른다는 건 일반적으로 새로운 인식에 이르는 제일 첫 단계지.'

'소크라테스가 같은 말을 했을 거야. 아니면 데카르트일 수도 있고.'

'소크라테스는 기원전 470년에서 기원전 399년까지 산 그리스의 철학자야. 더 알고 싶으면 F7을 눌러. 데카르트는 1596년부터 1650년까지 산 프랑스의 철학자고. 더 알고 싶으면 F8을 누르면 돼.'

'고마워, 충분해. 다른 걸 물어봐도 돼?'

'물론이지.'

크녹스 선생님은 활짝 웃었다.

'힐데 묄레르 크나그가 누구야?'

'힐데 묄레르 크나그는 릴레산에 살고 소피 아문센과 동갑이야.'

'넌 어떻게 알았어?'

'모르겠어. 내 하드디스크에서 발견한 거야.'

소피는 어깨 위에 올려진 선생님의 팔이 느껴졌다.

"내가 힐데에 관해 알고 있는 몇 가지를 라일라에게 입력해주었단다."

'힐데에 관해 더 아는 게 있니?'

'힐데의 아빠는 레바논에 있는 유엔 평화 유지군이야. 소령이고 자기 딸에게 우편엽서를 보내지.'

'그를 찾아줘.'

'그건 못 해. 어떤 기억 장치에도 그는 없어. 난 다른 기기에는 연결되

어 있지 않아.'

'내가 명령하겠는데, 그를 찾아!!!!!!!!'

'화났니, 소피야? 그렇게 많은 느낌표는 어쨌든 격한 감정이라는 증거야.'

'난 힐데의 아빠와 말하고 싶다고!'

'넌 의지를 조절하는 데 문제가 있구나. 너의 어린 시절에 관해 얘기하고 싶으면 F9을 눌러.'

다시 선생님이 소피의 어깨에 손을 올렸다.

"라일라가 옳아. 이건 수정 구슬이 아니란다. 라일라는 컴퓨터 프로그램일 뿐이야."

'입 닥쳐!'라고 소피가 썼다.

'네가 원한다면. 우리 만남은 겨우 13분 52초였구나. 난 우리의 모든 대화를 기억할 거야. 이제 프로그램을 끝낼게.'

다시 'C:' 표시가 화면에 나타났다.

"이제 우린 다시 공부를 시작하자."

선생님이 말했다.

그런데 벌써 소피는 새롭게 '크나그'란 철자를 누르고 있었다.

바로 다음과 같은 글이 화면에 나타났다.

'여기예요!'

이번에는 크녹스 선생님이 소스라치게 놀랐다.

'넌 누구야?' 소피가 썼다.

'알베르트 크나그 소령입니다. 복무 중인 레바논에서 바로 접속했습니다. 무슨 명령이십니까?'

"이런 끔찍한 일은 처음이야."

크녹스 선생님은 신음하듯 말했다.

"지금 이 못된 녀석이 하드디스크에 들어온 모양이야."

선생님이 소피를 의자에서 밀어내고 키보드 앞에 앉았다.

'어떻게 내 컴퓨터에 들어왔지?'

'쉬운 일입니다. 절 찾는 곳엔 꼭 함께하지요."

'이 비열한 컴퓨터 바이러스!'

'지금 전 생일 바이러스로 나타난 겁니다. 아주 특별한 인사를 전해도 될까요?'

'고맙지만, 이미 충분히 지겹소.'

'금방 끝내겠습니다.

이 모든 일이 너를 축하하기 위한 것이란다. 사랑하는 힐데야, 진심으로 열다섯 번째 생일을 축하해. 내 사정을 이해해주겠지. 네가 어디서든 행복하길 바란다. 너를 꼭 안아주고 싶은 아빠가.'

선생님이 뭐라고 쓰기도 전에 화면에는 다시 'C:'란 표시가 나타났다.

크녹스 선생님이 "dir. knag*,*"을 입력했고, 다음 정보를 얻었다.

Knag.lib   147.643   900615   PM2:57

Knag.lil   326.439   900623   PM10:34

선생님은 "del knag*,*"을 쓰고 나서 컴퓨터를 껐다.

"그래, 지금 내가 그를 없애버렸어. 하지만 그가 어디서 다시 나타날지는 알 수 없어."

그는 화면을 쳐다보고는 덧붙여 말했다.

"가장 나쁜 건 그 이름이야. 알베르트 크나그……"

이제서야 소피는 서로 이름이 비슷하다는 걸 깨달았다. 알베르트 크나그와 알베르토 크녹스. 그러나 크녹스 선생님은 소피가 입을 뗄 수 없을 정도로 굉장히 화가 나 있었다. 두 사람은 다시 탁자로 돌아와 자리에 앉았다.

스피노자

선생님과 소피는 오랫동안 묵묵히 앉아 있었다. 결국 소피가 선생님의 주의를 돌리려고 입을 열었다.

"데카르트는 특이한 사람이었군요. 그는 유명했나요?"

크녹스 선생님은 두 번 무겁게 숨을 내쉬고는 대답했다.

"그는 점점 큰 영향을 주기 시작했어. 그중에서도 어떤 위대한 철학자 한 사람에게 끼친 영향이 가장 중요해. 그 철학자는 바로 1632년부터 1677년까지 산 네덜란드의 바뤼흐 스피노자야."

"그 사람에 대해서도 설명해주실 건가요?"

"그래, 그러려고. 웬 군인 때문에 시간을 허비할 순 없지."

"열심히 귀 기울이고 있어요."

"스피노자는 암스테르담에 있는 유대인 공동체에 속해 있었는데, 곧 이단이라는 이유로 파문을 당했어. 그 외에도 근대의 몇몇 철학자들이

사상 때문에 조롱받고 박해를 당했지. 심지어 그를 살해하려는 계획이
실행되기도 했어. 기성 종교를 비판했다는 이유만으로 말이야. 그는 경
직된 교의와 의미 없는 의식만이 기독교와 유대교의 생명을 연장시키
고 있다고 생각했어. 또한 '역사-비판적' 연구 방법을 성서에 처음으로
적용했단다."

"무슨 뜻인가요?"

"스피노자는 성서의 철자 하나하나가 하느님의 영감을 받아 쓰였다
는 점을 부인했어. 그리고 성서를 읽을 때는 그것이 쓰인 시대를 염두에
두어야 한다고 말했지. 이렇게 '비판적' 글읽기를 통해서 우리는 복음서
와 다른 책 사이의 모순을 인식할 수 있는 거야. 신약 텍스트를 세심하게
살펴보면 하느님의 대변자라고 할 수 있는 예수를 만나게 돼. 예수의 말
이 사람들을 경직된 유대교에서 해방시켜주기 때문이지. 예수는 사랑을
최고의 선으로 생각한 '이성의 종교'를 전했어. 스피노자는 여기서 하느
님에 대한 사랑은 물론, 우리 인간에 대한 사랑도 언급했지. 하지만 기독
교 역시 딱딱한 교의와 의미 없는 의식으로 급격히 굳어졌어."

"기독교회와 유대 교회는 그런 생각을 납득하기 어려웠을 거예요."

"상황이 점점 나빠지자 가족들도 스피노자를 돌보지 않았어. 가족들
은 이단이란 이유로 그의 상속권까지 박탈했지. 하지만 역설적으로 사
상의 자유와 종교적 관용을 부르짖는 몇몇 사람들이 스피노자보다 더
열심히 그를 변호했어. 많은 저항 때문에 그는 결국 완전히 철학에 전념
해서 조용한 삶을 살았지. 그는 안경 렌즈를 세공하는 일로 생활비를 벌
었단다. 전에 말한 것처럼 내가 그중 몇 개를 갖고 있지."

"인상적이군요."

"그가 렌즈 세공으로 생계를 유지했다는 사실은 아주 상징적이야. 철학자는 존재를 새로운 관점에서 볼 수 있어야 해. 그런데 스피노자 철학은 근본적으로 사물을 '영원의 관점'에서 관찰하려 했단다."

"영원의 관점이요?"

"그래, 소피야. 넌 네 삶을 우주와의 관계에서 바라볼 수 있니? 그러려면 너는 지금의 너와 네 삶을 실눈을 뜨고 봐야 할 거야."

"음…… 그건 쉽지 않을 것 같아요."

"네가 자연의 모든 생물 가운데 극히 작은 일부라는 걸 생각해봐. 넌 엄청나게 큰 관계에 속해 있는 거야."

"무슨 말씀이신지 이해할 것 같아요."

"너도 그걸 체험할 수 있을까? 전체 자연, 전 우주를 한눈에 파악할 수 있겠니?"

"경우에 따라서는요. 안경이 필요할지도 몰라요."

"무한한 우주뿐만 아니라 영원한 시간도 생각해볼 수 있어. 3만 년 전에 어린 소년이 독일의 라인란트 주에 살았어. 그 소년은 전 우주의 극히 작은 일부였고, 끝없이 광대한 바다 위의 작은 물결이었지. 소피, 너도 그렇게 자연의 작은 일부란다. 너와 그 어린 소년 사이에는 아무런 차이가 없지."

"어쨌든 전 지금 살아 있어요."

"그래, 그래서 넌 눈을 가늘게 뜨고 스스로를 관찰해야 하는 거란다. 3만 년 전에 넌 누구였을까?"

"이런 생각은 이단이었나요?"

"뭐……. 스피노자는 존재하는 모든 것이 자연이라고 말하면서 신과 자연을 같다고 생각했어. 그는 존재하는 만물에서 신을 보았고, 신에게서 만물의 존재를 보았지."

"그는 범신론자였군요."

"맞아. 신은 세계를 창조하거나 세계를 만들어내고 그 옆에 서 있는 것이 아니라 바로 세계 그 자체라고 생각했어. 가끔은 표현을 바꿔서 세계가 신 안에 있다고 하기도 했어. 이 말은 아레이오스 파고스 법정에서 '우리가 신 안에서 살고, 움직이며, 그 안에 있기 때문이다.'라고 한 사도 바울의 말을 인용한 거야. 이제 스피노자의 사유 과정을 그의 가장 중요한 저서 『기하학적 방법에 근거한 윤리학(에티카)』을 통해 더듬어보자."

"윤리학과…… 기하학적 방법이라고요?"

"우리 귀에는 좀 이상하게 들릴 수도 있어. 철학자들은 윤리학을 인간이 선하게 살기 위해서 어떻게 해야 하는지 다루는 학문이라고 이해했지. 이런 의미에서 소크라테스나 아리스토텔레스의 윤리학을 예로 들기도 해. 현대에 와서는 윤리학이 다른 사람에게 해를 끼치지 않기 위해 지켜야 할 몇 가지 규칙으로 바뀌어버렸지만."

"자신의 행복을 생각하는 것이 이기주의로 여겨지기 때문인가요?"

"대충 그렇단다. 스피노자의 윤리학은 삶의 지혜나 도덕 같은 의미로 이해할 수 있어."

"그런데…… '기하학적 방법에 근거한 삶의 지혜'라니요?"

"기하학적 방법은 언어나 표현 형식과 관계가 있어. 너도 알겠지만 데카르트는 수학적 방법을 철학적 성찰에도 적용하려고 했어. 그건 엄밀한 추론을 통한 철학적 반성을 뜻해. 합리주의자인 스피노자는 자신의 윤리학에서 자연법칙이 인간 생활을 조종하는 원리를 보여주면서 인간

은 감정과 지각에서 벗어나야 마음의 평정을 얻고 행복해질 수 있다고
했지."

"그렇지만 자연법칙만 우리를 조종하는 건 아니잖아요?"

"그건 그렇지. 스피노자를 이해하기란 정말 어렵단다, 소피야. 아까
데카르트는 현실 세계에 생각과 연장이라는 상반되는 두 실체가 있다
고 했지?"

"기억하고 있어요."

"'실체'라는 말은 대충 이렇게 이해할 수 있어. 어떤 것의 존재 근거,
즉 바탕에 놓여 있는 것 또는 존재의 모태인 거야. 하지만 데카르트는 모
든 것이 생각이거나 연장이라고 생각했지."

"아까 얘기하신 거네요."

"그러나 스피노자는 이렇게 둘로 나누는 것을 받아들이지 않고 유일
한 실체가 있어서 존재하는 모든 것이 거기에 속한다고 생각했어. 그
'하나'를 간단히 실체라고 하고 때로는 '신'이나 '자연'이라고 불렀단다.
스피노자가 데카르트의 이원론적 존재를 부정했기 때문에 그는 일원론
자라고 해. 그것은 스피노자가 전체 자연과 모든 생물의 관계를 하나의
동일한 실체로 환원시키고 있다는 의미란다."

"그들은 서로 의견을 일치시키기 힘들었겠군요."

"데카르트와 스피노자의 견해 차이는 사람들이 말하는 것만큼 크지
는 않았어. 데카르트도 오직 신만이 스스로 존재한다고 주장했지. 다만
스피노자가 신과 자연 혹은 신과 피조물을 동일시했기 때문에 데카르
트의 생각과 아주 동떨어지고 유대교나 기독교의 교리와도 멀어진 거
란다."

"자연이 곧 신이라고 생각한 거죠."

"그러나 스피노자가 '자연'이라는 말을 사용할 때 공간적 자연만을 생각했던건 아니야. 실체, 신 또는 자연이란 존재하는 모든 것들, 그러니까 정신적인 존재도 포함하는 거야."

"그러니까 생각과 연장을 모두 포함해서요."

"그래, 정확해. 스피노자에 따르면 우리 인간은 신의 두 가지 성질 또는 발현 양식을 알고 있어. 스피노자는 이런 특성들을 신의 속성이라고 했는데 그 둘이 바로 데카르트가 말한 생각과 연장이란다. 이때 신은 생각과 연장 외에 무한히 많은 다른 속성을 지닐 수 있지만, 우리 인간은 고작 이 두 특성을 알고 있을 뿐이지."

"좋아요. 그런데 그는 정말 복잡하게 표현했네요."

"그래, 스피노자의 언어를 뚫고 이해하려면 망치와 끌이 필요할 정도야. 우리가 결국 다이아몬드처럼 명료한 사유를 찾아내리라고 위안을 삼을 수밖에."

"기다리기가 초조하네요."

"자연에 존재하는 모든 것은 생각이거나 연장이야. 예를 들어 꽃이나 헨리크 베르겔란의 시처럼, 우리가 일상생활에서 접하는 각각의 현상들은 사유와 연장이라는 속성의 서로 다른 양상이야. 양상이란 실체나 신 또는 자연이 자기를 나타내는 특정한 방식을 뜻해. 꽃은 연장이라는 속성의 한 양상이고, 이 꽃을 노래한 시는 사유라는 속성의 한 양상이지. 그러나 근본적으로 꽃과 시는 실체, 자연 또는 신이라고 하는 하나의 동일한 것에 대한 다른 표현일 뿐이지."

"와, 정말 복잡하군요!"

"스피노자는 말만 복잡할 뿐이야. 그의 단단한 언어적 표현을 뚫고 들어가면 놀라울 정도로 단순한 인식이 숨어 있는데, 그건 아주 단순하기 때문에 오히려 일상 언어를 통해서는 포착하기가 힘들지."

"그래도 전 일상어가 좋아요."

"그래. 그럼 네가 생각하기에 네가 배가 아프다면 누가 통증을 느끼는 걸까?"

"선생님이 말씀하셨다시피 저예요."

"맞아. 그럼 네가 나중에 언젠가 배가 아팠다는 사실을 기억하면, 누가 생각하는 거지?"

"그것도 저예요."

"이렇게 너는 오늘 배가 아플 수도 있고, 내일은 다른 어떤 기분에 영향을 받을 수도 있는 하나의 인격을 갖고 있어. 이런 방식으로 스피노자는 우리 주위에 있거나 우리 주위에서 작용하는 모든 물리적 사물이 신이나 자연을 나타낸다고 했어. 이건 모든 사유에 해당되기 때문에 모든 사유는 신이나 자연의 사유인 거야. 모든 것이 하나이기 때문이지. 신도 하나, 자연도 하나, 실체도 하나니까."

"하지만 제가 뭔가를 생각한다면, 그건 '제'가 생각하는 거 아니에요? 제가 움직일 때도 '제'가 움직이는 거고요. 그런데 왜 신을 끌어들이는 거죠?"

"네 반론이 마음에 드는구나. 하지만 넌 누구지? 넌 소피 아문센이야. 하지만 너는 무한하게 큰 어떤 것의 표현이기도 하단다. 넌 네가 생각하거나 네가 움직인다고 말할지 모르겠지만 너의 사유는 자연이 생각하는 것이고, 자연이 네 안에서 움직인다고 주장할 수도 있지 않을까? 문제는 어떤 렌즈를 통해 관찰하느냐에 달려 있지."

"제 스스로는 결정을 내릴 수 없다는 말씀이신가요?"

"음, 어쩌면 엄지손가락을 네 마음대로 움직일 수 있는 자유는 있을지도 몰라. 하지만 엄지손가락은 오직 그 본성에 따라서만 움직일 수 있어. 엄지손가락이 네 손에서 뛰어올라 온 방 안을 만지고 다닐 수는 없어. 너도 역시 전체 속에서 네 자리가 있는 거란다. 너는 소피지만, 신의 몸에 달린 손가락이기도 하지."

"그러니까 신이 제가 하는 모든 일을 결정한다는 건가요?"

"혹은 자연이, 아니면 자연법칙이 그렇게 한다는 거야. 스피노자는 신 혹은 자연법칙을 모든 일의 내면적 원인으로 간주했어. 신은 오로지 자연법칙을 통해서 드러나기 때문에 외부적 원인은 아니야."

"그 차이가 뭔지 잘 모르겠어요."

"신은 꼭두각시 끈을 잡아당겨 일을 결정하는 조종자가 아니야. '인형술사'는 꼭두각시를 바깥에서 조종하니까 '외부 원인'이야. 하지만 신은 세계를 그렇게 조종하지 않아. 신은 세계를 자연법칙에 따라 다루지. 이처럼 신이나 자연은 일어나는 모든 일의 내부 원인이란다. 즉 자연의 모든 일은 필연적으로 일어나는 거야. 스피노자는 이렇게 결정론적인 자연관을 갖고 있었어."

"비슷한 말씀을 하신 적이 있는 것 같아요."

"아마 스토아 학자들이 떠올랐나 보구나. 그들도 모든 일이 필연적으로 일어난다고 했지. 그래서 그들에겐 모든 사건을 '동요하지 않고' 대하는 것이 정말 중요했단다. 인간은 자기 감정에 휩쓸려서는 안 돼. 간단히 이해하자면 그것이 스피노자의 윤리학이 말하고 있는 점이야."

"그 말씀은 이해하겠어요. 하지만 제 일을 제가 결정하지 못한다는 건 마음에 들지 않아요."

"3만 년 전, 석기시대에 살았던 소년 얘기로 돌아가보자. 그 소년이 자라면 동물에게 창을 던지고, 자식을 낳아줄 여자를 사랑하겠지. 그 밖에도 그가 자기 종족의 신들을 숭배했을 거라고 확신할 수 있을 거야. 근데 너는 소년이 모든 일을 혼자 결정한다고 생각하니?"

"모르겠어요."

"아니면 아프리카에 사는 사자를 생각해 봐. 그 사자가 스스로 육식동물로 살기로 결정했다고 할 수 있을까? 그래서 약한 영양을 덮치는 걸까? 사자가 채식주의자로 사는 게 더 좋다고 결정했더라면 어땠을까?"

"아니에요. 사자는 본성에 따라 살아요."

"또는 자연법칙에 따라 살지. 너도 그렇단다, 소피야. 너도 자연이기 때문이야. 지금 너는 물론 데카르트의 이론에 따라 사자는 동물이고 자유로운 정신력을 지닌 인간이 아니라고 할 수 있겠지. 그러나 갓난아기를 생각해봐. 아기는 소리를 지르고 움직일 수 있어. 그리고 젖을 주지 않으면 바로 손가락을 빨지. 이런 젖먹이도 자유의지가 있을까?"

"아뇨."

"그럼 이 작은 아기가 언제 자유의지를 갖게 될까? 두 살배기 여자아이는 사방을 헤집고 다니며, 눈에 띄는 모든 것을 가리킬 거야. 세 살이되면 칭얼거리며 쏘다니고, 네 살이 되면 갑자기 어두움을 무서워하기 시작해. 어디에 자유의지가 있는 걸까?"

"모르겠어요."

"열다섯 살이 되면 거울 앞에 서서 화장을 해보겠지. 이때쯤에는 혼자 결정하고 자기가 원하는 것을 알게 될까?"

"무슨 말씀이신지 알겠어요."

"그 아이가 바로 소피 아문센이고, 그건 확실해. 하지만 그 소녀는 자연의 법칙에 따라 살고 있지. 중요한 건 소녀가 하는 모든 행동 뒤에 엄청나게 복잡하고 많은 원인이 있기 때문에 스스로는 그것을 인식하지 못한다는 거야."

"이제 그만 듣고 싶어요."

"그래도 이 마지막 문제에 대답을 해야 해. 소피야, 나이가 똑같은 나무 두 그루가 커다란 정원에서 자라고 있어. 한 나무는 양지바르고 물기와 양분이 많은 땅에 있고, 다른 나무는 좋지 않은 땅의 응달에 서 있어. 둘 중 어떤 나무가 많은 열매를 맺겠니?"

"물론 성장 조건이 좋은 나무겠죠."

"스피노자 생각에 따르면 그 나무들은 자유로워. 자기의 가능성을 마음껏 실현할 수 있는 자유를 가지고 있지. 그러나 그게 사과나무라면, 그 나무는 사과나 자두 가운데 원하는 열매를 아무거나 맺을 수는 없지. 우리 인간도 마찬가지야. 예를 들어 정치적인 상황이 우리의 성장과 인격적인 발달을 저해할 수 있어. 어떤 외적인 강요가 우리를 억압할 수도 있지. 오직 우리가 우리 안의 가능성을 자유롭게 발전시킬 수 있을 때 우리는 자유로운 인간으로 살게 되는 거야. 그러나 우리도 내부의 자산과 외부 조건의 영향을 받는다는 점에서 라인란트의 석기 시대 소년이나 아프리카의 사자, 정원의 사과나무와 다르지 않아."

"이제 더 이상은 어려울 것 같아요."

"스피노자는 오직 하나의 존재만이 철저히 '자기 스스로의 원인'으로

서 완전한 자유 속에서 행동할 수 있다고 강조했어. 신이나 자연만이 이렇게 자유롭고 '필연적인' 모습을 보여주지. 사람은 외부의 강제 없이 살 수 있는 자유를 추구하지만 그것은 결코 '자유의지'를 통해 얻어지는 것이 아니야. 우리는 우리 육체에 일어나는 모든 일을 스스로 결정하지 못해. 우리의 육체는 연장(물체)이라는 속성의 한 양상이기 때문이야. 그리고 우리는 우리의 생각을 '선택'하지 못해. 그러므로 인간은 자유로운 영혼이 없는 존재야. 영혼은 기계적인 육체 안에 갇혀 있지."

"그 점이 좀 이해하기 어려워요."

"스피노자는 명예욕과 탐욕 같은 인간의 열정이 진정한 행복과 조화를 방해한다고 생각했어. 그러나 모든 것이 필연이라는 것을 인식하면, 자연 전체에 대한 직관적인 인식을 얻을 수 있어. 모든 것이 서로 관계를 맺고 있으며, 따라서 모든 것이 하나라는 사실을 분명하게 체험할 수 있지. 우리의 목표는 존재하는 모든 것을 전체적 관점에서 파악하는 거야. 이것을 스피노자는 'sub specie aeternitatis'라고 표현했어."

"그게 무슨 뜻이죠?"

"모든 것을 영원의 관점에서 본다는 거야. 우리가 그 얘기로 시작했지."

"그 얘기로 끝을 맺어야겠군요. 이제 정말 집에 가야겠어요."

크녹스 선생님은 일어나서 서가에서 커다란 과일 접시를 가져와 책상 위에 놓았다.

"가기 전에 뭐 좀 먹을래?"

소피는 바나나 하나를 집었다. 선생님은 파란 사과를 골랐다.

소피는 바나나 끝을 따서 껍질을 벗겼다.

"여기 뭔가 쓰여 있어요." 소피가 갑자기 말했다.

"어디?"

"여기, 바나나 껍질 안에요. 사인펜으로 쓴 것 같아요."

소피는 선생님에게 바나나를 보여주었다. 그가 큰 소리로 읽었다.

"내가 돌아왔어, 힐데야. 난 어느 곳에든 있단다. 생일을 진심으로 축하해!"

"정말 이상해요." 소피가 말했다.

"점점 더 기교를 부리는구나."

"그렇지만 이건…… 정말 불가능한 일이에요. 레바논에서 바나나를 재배하나요?"

선생님은 고개를 저었다.

"어쨌든 이건 먹지 않을래요."

"그냥 놔둬. 껍질을 벗기지 않은 바나나 안에 딸에게 보내는 생일 축하 인사를 써넣은 사람은 분명 정신이 이상하거나 아주 교활한 사람일 거야."

"둘 다일 거예요."

"힐데의 아빠를 교활하다고 할 순 있지만 도저히 어리석다고 할 수는 없어."

"제 생각도 그래요. 지난번에 헤어질 때도 그 사람은 선생님이 저를 갑자기 힐데라고 부르게 했어요. 그가 하려는 말을 모두 우리 입으로 하게 했어요."

"아무것도 빼놓지 말고, 모든 것을 의심해봐야지."

"모든 존재가 꿈일 수도 있으니까요."

"하지만 너무 서두르지 말자꾸나. 결국 서두르지 않는 게 모든 일을 더 간단하게 해결할 수 있지."

"이제 무슨 일이 있어도 집에 가야겠어요. 엄마가 기다리세요."

크녹스 선생님은 소피를 문까지 배웅했다. 소피가 문을 나서자 그가 말했다.

"다음에 보자, 사랑하는 힐데야!"

그리고 소피의 등 뒤에서 문이 닫혔다.

로크

8시 반, 소피는 집에 도착했다. 약속한 시간보다 약 1시간 반이나 늦었다. 원래 약속은 아니었지만. 소피는 그저 식사를 거르고, 쪽지에다가 늦어도 7시까지는 돌아올 거라고 적어두었을 뿐이다.

"소피야, 앞으로 또 그런 일이 있으면 안 돼. 안내에 전화를 걸어 옛 시가지에 사는 알베르토라는 사람의 번호를 물어보기까지 했어. 놀림만 당했지만 말이야."

"제때 돌아오기가 쉽지 않았어요. 중요한 비밀이 밝혀지기 직전이었거든요."

"허튼소리."

"아니, 정말이에요."

"선생님을 가든파티에 초대했니?"

"아, 아뇨. 그걸 잊어버렸어요."

"이젠 내가 그 사람을 꼭 만나봐야겠어. 내일이라도 말이야. 그렇게 자주 나이 많은 남자와 만나는 건 어린 소녀에게 좋지 않아."

"알베르토 크녹스 선생님 때문에 전혀 불안해하실 필요 없어요. 아마 힐데의 아빠가 더 위험인물일 거예요."

"힐데는 또 누구니?"

"레바논에 있는 사람의 딸이에요. 지독한 악당 같아요. 어쩌면 그가 어떤 방법으로든 전 세계를 지배할지도 몰라요."

"당장 알베르토 크녹스 선생을 소개해주지 않으면, 앞으로는 못 만나게 할 거야. 적어도 어떤 사람인지 알 때까지는 마음이 편하지 않을 테니까."

문득 소피에겐 좋은 생각이 떠올랐다. 그리고 자기 방으로 뛰어 올라갔다.

"무슨 일이니?"

엄마가 뒤에서 소리쳤다.

소피는 금세 다시 거실로 돌아왔다.

"크녹스 선생님 얼굴을 당장 보여드릴게요. 이제 안심하실 수 있을 거예요."

소피는 비디오테이프를 흔들어 보이고 비디오 플레이어에 넣었다.

"그가 비디오테이프를 선물했니?"

"아테네에서……."

곧 크녹스 선생님의 모습이 화면에 어른거렸다. 크녹스 선생님이 화면에 나와 소피에게 직접 말을 걸자, 엄마는 놀라서 말문이 막힌 표정을 지었다.

그 순간 소피는 처음 비디오를 볼 때 알아챘던 것을 다시 발견했지만, 곧 잊어버렸다. 아크로폴리스에 모여 있는 한 무리의 여행객들 사이에 작은 플래카드가 높이 걸려 있었고 거기에는 '힐데'라고 적혀 있었다.

알베르토 크녹스 선생님은 아크로폴리스를 가로질러 발걸음을 옮겼다. 그는 곧 사도 바울이 아테네 사람들에게 연설하던 아레이오스 파고스 법정 앞에 모습을 드러냈다. 그리고 옛날 장터였던 자리에서 소피를 향해 몸을 돌렸다.

소피의 엄마는 자리에 앉은 채, 비디오에 관해 말문을 닫지 못했다.

"세상에, 믿을 수 없어…… 저 사람이 알베르토 크녹스니? 저기 또 흰 토끼가 있구나…… 그런데…… 그래, 정말 저 사람이 소피 네게 말을 거는구나. 난 사도 바울이 아테네에 갔었다는 건 전혀 몰랐는데……."

비디오가 갑자기 폐허에서 솟아오르는 옛 아테네를 보여주기 직전에 소피는 재빨리 비디오를 껐다. 이제 엄마에게 알베르토 크녹스 선생님을 보여드린 셈이고, 플라톤까지 소개할 필요는 없었으니까. 방 안은 조용해졌다.

"선생님, 미남이지 않아요?" 소피가 놀리듯 말했다.

"그런데 참 특이한 사람 같구나. 잘 알지도 못하는 소녀에게 비디오를 보내주려고 아테네에서 녹화를 하다니 말이야. 도대체 그가 거기 갔던 게 언제니?"

"몰라요."

"그런데 뭔가 좀……."

"네?"

"예전에 숲 속 작은 오두막에 살던 소령과 비슷한 것 같아."

"그럴지도 몰라요, 엄마."

"하지만 15년이 넘도록 아무도 그를 본 사람이 없는데."

"아마 여러 번 이사를 했을지도 모르죠, 예를 들면 아테네로요."

엄마는 고개를 저었다.

"내가 그를 봤을 때가 1970년대쯤인데, 지금 이 비디오의 알베르토 크녹스와 거의 나이가 같아 보였단다. 외국 이름이었는데……."

"크녹스요?"

"글쎄. 크녹스였던가?"

"아니면 혹시 크나그였나요?"

"아니, 솔직히 기억이 안 나는구나…… 크녹스와 크니그라니? 내제 누구를 말하는 거니?"

"한 사람은 알베르토 크녹스고요, 크나그라는 사람은 힐데의 아빠예요."

"머리가 어지럽구나."

"먹을 거 좀 있어요?"

"고기 완자를 데워 먹으렴."

그런 일이 있은 뒤, 소피가 크녹스 선생님의 소식을 듣지 못한 채 꼭 2주가 지났다. 힐데에게 온 생일 축하 엽서를 또 받았지만, 소피의 생일이 다가오는데도 소피에겐 한 장의 축하 엽서도 없었다.

어느 날 오후 소피는 옛 시가지에 가서 크녹스 선생님 댁의 문을 두드렸다. 선생님은 없었고, 대문에 작은 쪽지가 붙어 있었다.

힐데야! 생일을 진심으로 축하해. 이제 중요한 전환점이 눈앞에 있단다. 진실의 순간이야. 그 일을 생각하면 늘 배꼽을 쥐고 실컷 웃는단다. 물론 그 일은 버클리와 관계가 있어. 정신을 바짝 차려야 해!

소피는 그 집을 나서면서 쪽지를 떼어 크녹스 선생님의 우편함에 넣었다.

아휴, 속상해! 선생님이 다시 아테네로 가신 건 아닐까? 어떻게 나 혼자 이 모든 어려운 질문을 풀게 하실 수 있지?

6월 14일 목요일, 소피가 학교에서 돌아왔을 때 헤르메스가 정원을 어슬렁거리고 있었다. 소피가 달려가자 헤르메스는 반가워서 껑충껑충 뛰어왔다. 소피는 헤르메스가 모든 수수께끼를 풀어줄 것처럼 팔로 감싸 안았다.

소피는 또 엄마에게 쪽지를 썼다. 이번에는 알베르토 크녹스 선생님의 주소도 적었다.

소피는 헤르메스와 시내를 지나가면서 내일 일을 생각했다. 소피는 자기의 생일에 대해서는 그다지 생각하지 않았다. 자기 생일 파티는 어차피 성 세례 요한 축일 전날 저녁까지 미루기로 했으니까. 내일은 힐데의 생일이다. 소피는 이날 분명 아주 이상한 일이 일어날 거라고 확신했다. 어쨌든 그때가 되면 레바논에서 오는 수많은 축하 인사도 끝이 날 것이다.

소피와 헤르메스는 광장을 가로질러 옛 시가지에 가까워졌다. 놀이터가 있는 공원을 지나갔다. 그때 헤르메스가 한 벤치 앞에서 발을 멈췄다. 소피더러 거기 앉으라는 눈치였다.

소피는 앉아서 누렁이 헤르메스의 눈을 바라보며 목덜미를 쓰다듬었다. 갑자기 헤르메스가 심하게 몸을 떨기 시작했다. 금방이라도 짖을 것 같았다.

헤르메스의 턱이 떨리기 시작했지만 으르렁거리지도 짖지도 않았다. 헤르메스가 입을 벌리고 사람의 목소리로 말했다.

"진심으로 생일 축하해, 힐데야!"

소피는 돌처럼 굳어 그 자리에 앉아 있었다. 개가 정말 소피에게 말한 것인가?

아니, 그럴 리 없다. 내내 힐데 생각을 했더니, 소피가 환청을 들은 것일 테지. 그런데 소피는 내심 헤르메스가 말을 했다고 생각했다. 더군다나 그 목소리는 울림이 풍부한 저음의 목소리였다.

그 이상한 순간은 금세 지나갔다. 마치 방금 사람의 목소리로 말한 것을 얼버무리려는 듯, 헤르메스는 시위하는 것처럼 두 번 짖더니 크녹스 선생님 댁으로 어슬렁어슬렁 걸어갔다. 집에 들어가기 전, 소피는 하늘을 올려다보았다. 하루 종일 날씨가 좋았지만 지금은 멀리서 짙은 구름이 몰려오고 있었다.

크녹스 선생님이 문을 열자마자 소피가 말했다.

"의례적인 인사는 하지 않으셔도 돼요. 선생님은 참 바보예요. 그건 선생님도 아실 거예요."

"도대체 무슨 일이니, 소피야?"

"그 소령이 헤르메스에게 말하는 걸 가르쳤어요."

"맙소사! 일이 벌써 그렇게까지 되었니?"

"네, 한번 상상해보세요."

"그런데 무슨 말을 했니?"

"세 번 안에 맞혀보세요."

"아마 '진심으로 생일 축하해'라는 말이었겠지."

"맞아요."

선생님은 소피를 집 안으로 들였다. 그는 오늘도 분장을 하고 있었다. 지난번과 크게 다르지 않았지만 오늘 의상엔 리본과 레이스 따위의 장식이 많지 않았다.

"근데 그게 다가 아니에요."

이제 소피가 입을 열었다.

"무슨 얘기니?"

"우편함에서 쪽지 보셨어요?"

"아, 그 쪽지는 내가 바로 없애버렸지."

"버클리를 생각하면 웃음을 참을 수 없다고 했어요. 도대체 이 철학자가 그렇게 매력적인 이유가 뭘까요?"

"차차 알게 되겠지."

"오늘 그 사람에 관해 말씀하실 거죠?"

"그래, 오늘이야."

선생님은 자세를 편하게 고치더니 말을 이었다.

"지난번 여기서 만났을 때 데카르트와 스피노자에 대해 얘기했지. 그들에겐 중요한 공통점이 있었어. 둘 다 분명한 합리주의자들이었거든."

"합리주의자란 이성이 중요하다고 믿는 사람이죠."

"그래, 합리주의자는 이성을 지식의 원천이라고 믿고 있지. 종종 인간의 선천적 관념을, 즉 어느 경험과도 무관하게 인간에게 내재되어 있는 본유 관념을 믿는 거야. 그런 관념과 표상이 명확해질수록 현실적 사실과 일치한다는 것도 확실해지지. 데카르트는 '완전한 존재'에 대해 분명한 관념을 가지고 있었어. 이런 관념에서 그는 신이 실제로 존재한다는 것을 추론해냈고."

"기억나요."

"이런 합리주의적 사유는 17세기 철학의 전형이었지만 중세에도 널리 퍼져 있었고, 플라톤과 소크라테스에게서도 발견할 수 있어. 그런데 이 사상은 18세기에 들어 점점 더 심한 비판을 받게 되었지. 상당수의 철학자들이 우리가 감각으로 경험하지 못한다면, 아무런 의식 내용도 갖지 못한다고 주장했기 때문이야. 그런 생각을 경험주의라고 한단다."

"오늘 얘기는 경험주의자들에 관한 것인가요?"

"그래. 가장 중요한 경험주의자 혹은 경험철학자는 로크와 버클리, 흄이야. 모두 영국인이지. 17세기의 주도적인 합리주의자들은 프랑스의 데카르트, 네덜란드의 스피노자, 독일의 라이프니츠였어. 그래서 흔히 영국의 경험주의, 대륙의 합리주의로 구분한단다."

"제가 알아듣기엔 너무 장황해요. '경험주의'가 무슨 뜻인지 다시 설명해주세요."

"경험주의자는 세계에 대한 모든 지식의 근거를, 감각이 우리에게 전달해주는 것에서 찾는단다. 경험주의적 태도를 고전적으로 형식화한 사람은 아리스토텔레스야. 그에 따르면 '먼저 감각 속에 있지 않았던 것은 의식에도 존재하지 않는다'고 했어. 이 말은 인간이 이데아의 세계로부터 선천적 관념, 즉 영원한 이데아를 타고난다는 플라톤과는 정반대야. 로크는 그 말을 인용해서 데카르트를 반대하는 데 사용했지."

"감각 속에 존재하지 않으면 의식에도 존재하지 않는다고요?"

"우리는 세계에 대해 선천적인 관념이나 표상을 가지고 있지 않아. 우리가 태어난 세계를 지각하기 전에는 세계에 대해 아무것도 알지 못하지. 그러므로 경험한 사실과 관계없는 관념이나 표상은 거짓된 표상이야. 예를 들어 우리가 '신'이나 '영원', '실체' 같은 단어를 사용할 때, 우리의 이성은 머릿속에서 헛돌고 있는 거야. 아무도 신이나 영원, 혹은 철학자들이 '실체'라고 부르는 것을 경험한 적이 없기 때문이지. 여기서 근본적으로 새로운 인식을 주지 못하는 학술 논문이 나오지. 그런 철학적 글들은 주도면밀한 내용에 논리 정연해서 깊은 인상을 줄 수는 있겠지만 사실 망상에 불과해. 17~18세기의 철학자들은 그런 학술 논문들을 많이 물려받았고 세심하게 연구해서 의미 없는 사상은 없애버렸어. 금 세광과 비교할 수 있지. 대부분 모래와 찰흙이지만 그 사이에서 때때로 금싸라기가 반짝이는 것처럼 말이야."

"그런 금싸라기들이 참된 경험인가요?"

"적어도 인간의 경험과 관계 있는 생각들이지. 영국의 경험주의자들은 인간의 모든 관념이 참된 경험으로 증명될 수 있는지 연구하는 것을 중요한 과제로 삼았어. 그런 철학자를 한 사람씩 차례차례 다루어볼 거야."

"어서 말씀하세요."

"먼저 영국인 존 로크는 1632년에 태어나 1704년까지 살았고 1690년에 발간한 중요한 저서 『인간 오성론』에서 두 가지 문제를 밝히려고 했어. 하나는 '인간은 자기의 생각과 관념을 어디에서 얻는가' 하는 것이고, 다른 하나는 '우리의 감각이 전달해주는 것을 신뢰할 수 있는가' 하는 문제였지."

"훌륭한 철학 구상이 될 금싸라기로군요."

"그래. 이제 한 문제씩 다루어보자. 로크는 우리의 모든 생각과 표상은 우리가 얻은 감각 인상에 대한 반영일 뿐이라고 확신했어. 우리가 어떤 것을 지각하기 전의 우리의 의식은 '타불라 라사(tabula rasa)', 즉 '아무 것도 쓰지 않은 칠판'과 같다는 거야."

"똑똑한 생각이군요."

"그래서 우리가 어떤 것을 감각하기 전에 우리의 의식은 선생님이 교실에 들어오기 전의 칠판처럼 비어 있다는 얘기지. 로크는 또 의식을 가구를 들여놓지 않은 방에도 비교했어. 그 방 안은 이제 우리의 감각들로 들어차기 시작해. 우리는 주변의 세계를 보고, 냄새를 맡으며, 맛을 보고, 느끼고, 듣지. 특히 어린아이는 이런 지각 작용에 아주 집중하곤 해. 그리고 이런 지각 작용을 통해 최초의 단순한 감각적 관념이 생겨나. 그러나 의식은 이런 외부의 인상들을 수동적으로 받아들이기만 하는 게 아니야. 의식 속에서도 어떤 일이 일어나고 있어. 단순한 감각적 관념들은 의식 속에서 심사숙고나 고찰 혹은 믿음이나 의심을 통하게 되지. 이런 과정에서 로크가 반영 관념이라고 부른 것이 생겨나. 그래서 로크는 '감각'과 '반영'을 구분했어. 말하자면 의식은 피동적인 수신자 역할만은 하는 게 아니라 자기가 받아들인 감각 인상을 정리하고 가공하는데, 이 과정이 반영이야. 우리는 이 부분에서 조심해야 해."

"조심하다니요?"

"로크는 우리가 오직 감각만으로 단순한 인상을 받아들인다는 것을 강조했어. 예를 들어 내가 사과를 먹을 때, 나는 그 사과 전체를 하나의 단순한 인상으로 감지해. 그러나 사실 거기서 일련의 다른 단순 인상들을 포착하는 거야. 즉 어떤 것이 초록색이고, 냄새가 신선하고, 즙이 많고, 새콤하다는 인상을 말이야. 여러 번 사과를 먹어보고 나서야 스스로 '하나의 사과'를 먹고 있다고 생각할 거야. 이렇게 해서 나는 로크식으로 말하자면, 이제 사과에 대한 복합적인 표상을 형성한 거야. 우리가 처음 사과를 먹었을 때는 그런 복합 관념이 없었어. 그러나 우리는 초록색의 무언가를 봤고, 싱싱한 과즙을 맛보았으며 냄새를 맡고 약간 신맛도 느껴봤지. 우리는 점차 여러 감각들을 묶어서 '사과', '배', '귤'이라는 개념들을 형성해낸 거야. 그러니까 이 세계에 대한 지식을 제공해주는 모든 자료는 결국 감각 기관에 의존하고 있는 셈이지. 그래서 단순한 감각 인상에 소급될 수 없는 지식은 틀린 지식이고, 따라서 비난을 받아 마땅하다는 거지."

"하지만 우리가 보고 듣고 냄새 맡고 맛보는 것이 우리가 감각하는 대상 자체와 같다는것을 확신할 수 있나요?"

"그렇기도 하고 아니기도 해. 이 문제는 로크가 대답을 구한 두 번째 질문이야. 로크는 우선 우리의 관념과 표상을 어디에서 얻게 되는지 설명했어. 그는 우리가 감각하는 그대로 세계가 실재하는지 물은 거지. 소피야, 이건 확실한 게 아니야. 서두르면 안 돼. 서두르는 건 참된 철학자들에게 유일한 금기 사항이야."

"물고기처럼 가만히 있을게요."

"로크는 여러 가지 감각을 속성에 따라서 '제1성질'과 '제2성질'로 구분했어. 이 부분에서 그는 이전의 철학자들에게, 예를 들면 데카르트에게 손을 내민 셈이지."

"설명해주세요!"

"제1성질이란 사물의 연장, 무게, 형태, 운동, 수를 말해. 그런 성질의 경우 감각이 사물의 실제 속성을 나타낸다고 확신할 수 있지. 그러나 우리는 사물의 다른 특성들도 느껴. 우리는 무엇이 달거나 시다, 파랗거나 빨갛다, 따뜻하거나 차갑다고 말해. 그런 것을 로크는 제2성질이라고 불렀어. 그러한 색, 냄새, 맛, 소리 같은 감각 인상들은 사물 자체에 내재해 있는 실제의 특성들을 나타내는 것이 아니고 단지 외부 사물의 어떤 성질이 우리 감각에 미치는 영향을 표현하는 것이란다."

"사람마다 맛에 대한 견해는 다르니까요."

"맞아. 크기와 무게 같은 1차적 성질에 관해서는 모두 의견이 일치하겠지. 그것들은 사물 자체에 내재해 있기 때문이야. 그러나 색과 맛 같은 2차적 성질은 동물에 따라, 사람에 따라 변할 수 있어. 그건 각 개인의 감각 기관이 어떻게 지각하느냐에 달려 있지."

"요룬은 귤을 먹으면서 레몬을 먹는 것 같은 표정을 지어요. 보통 '너무 시다'고 하면서 귤 한 조각 이상은 못 먹고요. 그런데 똑같은 귤을 전 아주 달고 맛있다고 느끼죠."

"서로 다른 미각을 지닌 두 사람이 같은 귤에서 얻은 감각을 묘사한 것이니까 두 사람의 말이 다 맞지도, 다 틀리지도 않아. 색에 대한 감각도 마찬가지야. 네가 싫어하는 빨간 원피스를 요룬이 좋아할 수도 있지."

"하지만 귤 모양은 누구나 둥글다고 하죠."

"그래, 귤의 맛은 사람마다 다르게 느낄 수 있지만 둥근 귤을 주사위 모양으로 느낄 수는 없지. 그 귤이 달거나 시다고 느낄 수 있지만, 무게가 200그램밖에 안 되는 귤을 8킬로그램이라고 '확인'할 수는 없는 거란다. 어쩌면 귤의 무게가 3~4킬로그램이라고 '생각'할 수 있지만, 그 경우 네 생각은 여지없이 틀린 거야. 여러 사람이 대상 하나를 놓고 무게를 추측할 때, 언제나 어떤 사람의 추측이 다른 사람의 추측에 비해 참에 더 가깝게 마련이야. 이건 사물의 숫자에도 적용돼. 예를 들면 병 안에 986알의 콩이 들어 있든지 아니든지 둘 중에 하나니까. 운동의 경우도 마찬가지야. 자동차가 움직이든지 정지해 있든지 둘 중에 하나야. 이런 것에 대해서는 맛처럼 다양한 의견이 허용되는 건 아니지."

"알겠어요."

"그러니까 '연장된 존재'에 관해서 로크는 데카르트와 마찬가지로 그것이 인간의 지성을 통해 파악할 수 있는 성질을 나타낸다고 생각했어."

"저도 동의해요."

"로크는 다른 영역에서도 '직관적' 혹은 '논증적' 지식을 인정했어. 한 예로 윤리적 원칙은 모든 사람이 갖고 있다고 주장했지. 더불어 로크는 이른바 자연권 사상을 표방했어. 자연권 사상엔 합리주의적 특징이 있어. 로크가 신이 존재한다는 인식이 인간의 이성에 내재해 있다고 믿은 것 역시 분명한 합리주의적 사고의 특징이야."

"어쩌면 그가 옳을 거예요."

"뭐가?"

"신이 존재한다는 사실 말이에요."

"물론 그렇게 생각할 수 있겠지만 그는 신의 문제를 단순히 신앙의 문제로 보지 않았어. 신에 대한 인식이 인간의 이성에서 발생한다고 생각한 거야. 그런 생각은 합리주의적 특징이야. 또 한 가지 덧붙이자면, 로크는 사상의 자유와 관용을 옹호했어. 남녀평등권을 역설하기도 했지. 여성의 종속적인 사회적 지위는 인간이 만들어낸 모순이기 때문에 인간의 힘으로 그런 불평등을 고쳐야 한다는 거야."

"전적으로 동감이에요."

"로크는 근대 철학사에서 최초로 남녀의 성 역할 문제를 다루었어. 이 문제는 나중에 존 스튜어트 밀에게 큰 영향을 미치게 돼. 밀도 남녀의 평등한 권리를 옹호한 사람이지. 로크는 아주 일찍 많은 자유주의 사상을 표명했고, 그의 사상은 18세기 프랑스 계몽주의 시대에 이르러서야 비로소 충분한 영향력을 발휘하게 되었어. 한 예로 로크는 처음으로 삼권 분립의 원칙을 주장했단다."

"국가의 권력을 여러 기관이 고르게 나눠 가져야 한다는 뜻이죠."

"어떤 기관인지도 알고 있니?"

"입법을 하는 '의회', 사법을 맡은 '법원', 행정을 담당하는 '정부' 셋이에요."

"그런 삼분법은 원래 프랑스 계몽주의 철학자인 몽테스키외에게서 유래한 거야. 특히 로크가 강조한 것은 전제 정치를 방지하기 위해 입법부와 행정부가 서로 분리되어야 한다는 점이지. 로크는 모든 권력을 한 손에 쥐고 통치한 루이 14세와 같은 시대 사람이야. 루이 14세는 '짐이 곧 국가다'라고 말했어. 우리는 그를 절대 군주라고 부르지. '그의' 국가는 무법천지였어. 그런 현실 앞에서 로크는 법이 지배하는 국가가 되려면 국민의 대표가 법률을 제정하고 왕과 정부가 그 법률을 집행해야 한다고 주장했지."

흄

...... 그 책을 불속에 던져버려라 ......

알베르토 크녹스 선생님은 둘 사이에 놓인 탁자를 바라보았다. 그러고
는 고개를 돌려 창밖을 응시했다.

"날이 흐리죠?" 소피가 말했다.

"그래, 후텁지근하구나."

"이제 버클리 얘기를 해주실 건가요?"

"버클리는 영국의 3대 경험론자 가운데 두 번째 인물이지만 여러 가
지 면에서 따로 다룰 만하기 때문에, 우선 1711년부터 1776년까지 산
데이비드 흄을 먼저 생각해보는 게 좋겠어. 오늘날 흄의 철학을 가장 중
요한 경험철학으로 간주한단다. 또 위대한 철학자 임마누엘 칸트에게
철학적 영감을 주었다는 점에서 아주 중요한 인물이지."

"그런데 제가 버클리의 철학에 대해 더 큰 관심을 갖고 있다는 것은
별로 중요하지 않나요?"

"응, 그건 중요하지 않아. 흄은 스코틀랜드의 에든버러 근처에서 자랐고, 그의 부모는 그가 법률가가 되길 원했지. 그러나 흄 자신은 '철학과 보편적인 학문' 외의 다른 것엔 억제할 수 없는 혐오감을 느꼈어. 그래서 그는 프랑스의 위대한 사상가, 볼테르와 루소처럼 계몽주의 시대를 살면서 유럽을 두루 여행하고, 다시 에든버러에 정착했어. 스물여덟 살에 가장 중요한 저서인『인간 본성에 관한 논고(인간 오성론)』를 출간했지. 흄은 이 책을 열다섯 살에 구상했다고 해."

"저도 서둘러야겠네요."

"이미 너도 구상하고 있지 않니?"

"제가 저만의 철학을 구상해낸다면, 이제끼지 들어온 철학과는 아주 다른 모습일 거예요."

"어떤 점에서?"

"우선 지금까지 선생님이 말씀하신 철학자들은 모두 남자예요. 남자들은 그들만의 세계에 살고 있는 것 같아요. 하지만 제 관심은 실제 세계에 있어요. 태어나서 자라는 꽃과 동물과 아이들의 세계 말이에요. 선생님이 말씀하신 철학자들은 끊임없이 인간에 관해 언급하고, 계속 인간 본성에 관한 논문을 썼지요. 그런데 그들이 언급한 인간은 모두 중년 남자의 모습을 하고 있어요. 삶은 임신과 출산으로 시작되는데, 지금까지 그들의 철학 세계 속에는 기저귀와 아기 울음소리가 없었어요. 어쩌면 사랑과 우정이 적었던 것인지도 몰라요."

"네 말이 맞아. 그러나 어쩌면 흄이야말로 너처럼 뭔가 다른 것을 생각하려 한 철학자였을 수도 있어. 다른 누구보다도 흄은 일상적인 세계를 철학의 출발점으로 삼았어. 새로운 세계 시민인 어린이가 세계를 어떻게 체험하는지에 대해서도 큰 관심이 있었지."

"정신을 바짝 차리고 들을게요."

"흄은 경험론자로, 네 말처럼 그때까지의 남자 철학자들이 고안한 불명확한 개념과 사고 구조를 모조리 없애는 것이 자기의 과제라고 생각했지. 그 당시 중세와 17세기의 합리주의 철학에서 유래한 낡은 사상의 찌꺼기 더미가 남아 있었어. 흄은 세계에 대한 인간의 근원적 경험으로 되돌아가려 했지. 어떤 철학도 우리를 일상의 경험과 배치되는 곳으로 데려갈 수 없으며, 또한 우리가 일상의 삶에 대한 반성을 통해 얻은 것과 다른 행위 규범들을 제시할 수도 없다고 생각했지."

"지금까지 듣기에는 꽤 매력적이군요. 몇 가지 예를 들어주세요?"

"흄이 살던 당시에는 천사가 있다는 생각이 널리 퍼져 있었어. 천사라고 하면 보통 날개 달린 남자의 모습을 떠올리게 되지. 너는 지금까지 그런 모습의 천사를 본 적이 있니?"

"아뇨."

"하지만 남자의 형체는 본 적이 있지?"

"그건 바보 같은 질문이에요."

"날개도 본 적 있지?"

"물론이죠, 하지만 날개 달린 인간은 한 번도 본 적이 없어요."

"흄에 따르면, '천사'라는 것은 하나의 복합 관념이야. 그 표상은 남자와 날개라는 서로 다른 경험 표상으로부터 생긴 거야. 이 둘은 실제로는 서로 연관된 것이 아니고, 다만 인간의 환상 속에서 처음 결합된 것이지. 다른 말로 표현하면, 이 관념은 잘못되었고 불 속에 던져버려야 해. 이런 식으로 우리는 우리의 모든 사상과 관념들을 정리해야 한다는 거야. 그 이유에 대해 흄은 이렇게 말했어.

'우리는 예컨대 신학 책이나 학교에서 가르치는 형이상학 책을 하나 꺼내서 이렇게 물어봐야 할 것이다. 이 책엔 크기와 수량에 관한 추상적 사유가 있는가? 아니다. 사실과 존재에 관한, 경험에 입각한 사고 과정이 책 속에 들어 있는가? 그것도 아니다. 자, 그렇다면 책을 불 속에 던져버려라! 그 책엔 현혹과 속임수 외에 다른 것은 없으니까.'"

"아주 대담하군요."

"하지만 세계는 여전히 남아 있지. 전에 비해 세계의 윤곽은 보다 새롭고 또렷해졌어. 흄은 아직 의식 속에 사유와 반성이 자리 잡지 않은 어린애가 세계를 어떻게 체험하는지 다시 생각해봤어. 너는 지금까지 많은 철학자들이 자기만의 세계에 살았지만, 너 자신은 현실 세계에 더 관심이 많다고 했지?"

"대충 그래요."

"흄이 정확하게 그 말을 했을 수도 있어. 하지만 흄의 사유를 좀 더 정확하게 살펴보도록 하자."

"잘 들을게요."

"흄은 제일 먼저 인간이 한편으로는 인상을, 또 다른 한편으로는 관념을 가지고 있다고 했어. 인상이란 외부 현실에 대한 직접적인 감각이고, 그러한 인상에 대한 기억이 바로 관념이라고 했지."

"예를 들면요?"

"네가 뜨거운 난롯불에 화상을 입으면 직접적인 인상을 받게 되지. 그런데 너는 화상을 입었다는 사실을 훗날 기억할 수 있을 거야. 그것을 흄은 관념이라고 불렀단다. 인상과 관념의 차이는 인상이 그 인상에 대한 나중의 기억보다 더 강하고 생생하다는 데 있지. 감각적인 인상을 책의 원본이라고 한다면 관념은 빛 바랜 복사본이라고 할 수 있어. 왜냐하면 인상은 의식 속에 남아 있는 관념의 직접적인 원인이기 때문이지.”

“여기까지는 알아듣겠어요.”

“흄은 계속해서 인상과 관념 둘 다 단순한 것일 수도 있고 복합적인 것일 수도 있다고 강조했어. 우리가 로크 얘기를 하면서 사과에 대해 말했던 거 생각나지? 사과에 대한 직접적인 경험은 하나의 복합적인 인상이야. 따라서 이 인상으로부터 생긴 의식의 관념도 복합적이지.”

“이야기 도중에 죄송하지만 그게 그렇게 중요한가요?”

“중요하냐고? 철학자들이 비록 일련의 사이비 문제들과 씨름하기는 했지만, 너까지 철학적 성찰을 꺼려서는 안 돼. 흄은 하나의 사고 과정을 근본부터 구축해나가는 것이 중요하다는 데카르트의 말에 동의했어.”

“제가 졌어요.”

“흄은 현실 속에는 그에 대응하는 복합적 사물이 존재하지 않음에도 불구하고 우리가 어떤 관념들을 합성할 수 있다는 사실에 주목했어. 이를 통해 자연에는 존재하지 않는 거짓된 사물의 관념이 생겨나게 되는 거지. 방금 얘기한 천사처럼 말이야. 그 전에는 악어코끼리에 대해서도 말했지. 다른 예로는 페가수스, 즉 날개 달린 말이 있어. 이 모든 경우, 우리의 의식은 관념을 마음대로 조립한 거야. 의식은 하나의 인상으로부터 날개를 가져오고, 다른 인상에서 말을 가져왔어. 모든 구성 요소는 이미 감각된 것이기 때문에 참된 인상으로서 의식의 무대에 올려지지. 의식 자신은 근본적으로 아무것도 발명하지 않아. 의식은 다만 가위와 풀을 들고 위에서 말한 방식으로 거짓된 관념들을 구성해낼 뿐이야.”

"이제 그게 중요하다는 걸 알겠어요."

"좋아. 그래서 흄은 개별 관념을 하나하나 조사하려고 했어. 실제로 존재하지 않는 것들이 관념 속에서 서로 결합되어 있지 않은지 밝혀내기 위해서 말이야. 그는 '이 관념은 어떤 인상에서 유래하는가?' 하고 질문했어. 여기서 특히 중요한 건 어떠한 단순 관념에서 하나의 개념이 합성되었는지 밝히는 거야. 이렇게 해서 흄은 인간의 관념을 분석하는 비판적인 방법을 만들었고, 이 방법을 통해 우리의 생각과 관념들을 정리하려고 했어."

"한두 가지 예를 들어주세요."

"흄이 살던 시대의 사람들은 대부분 천국에 관한 확실한 관념이 있었어. 확실하고 명백한 관념은 그 자체가 그 관념에 대응하는 실제 존재에 대한 증명일 수도 있다는 데카르트의 말, 생각나지?"

"말씀드린 대로 저는 그렇게 기억력이 나쁘지 않아요."

"언뜻 떠오른 '천국'을 예로 들면, 이건 엄청나게 큰 복합 관념이야. 그 몇 가지 요소만 얘기해볼게. '천국'에는 '진주로 된 문'이 있고, '황금으로 덮인 길'이 나 있으며, '천사의 무리'들이 살고 있지. 그 밖의 다른 요소들도 많겠지만 우리는 아직 천국을 구성하고 있는 개별 요소를 모두 분석한 것은 아니야. 왜냐하면 '진주로 된 문', '황금으로 덮인 길' 또는 '천사의 무리' 같은 것도 복합 관념이거든. 천국에 관한 우리의 복합 관념이 '진주'나 '문', '길', '황금', '흰옷을 입은 사람', '날개' 같은 단순한 관념으로 이루어져 있다는 사실을 확인하고 난 후에, 비로소 우리는 단순 관념에 각각 대응하는 '단순 인상'을 우리가 경험한 적이 있는지 물어볼 수 있어."

"그런 경험은 있지만 모든 단순한 인상을 이어 붙여 하나의 환상을 만들어버리고 말았죠."

"그래, 정확한 말이야. 흄은 인간이 꿈을 꿀 때, 우리의 환상을 이루는 모든 재료들이 한 번쯤은 단순한 인상으로 우리의 의식 속에 비집고 들어왔던 거라고 했어. 한 번도 황금을 본 적이 없는 사람은 황금으로 덮인 길을 전혀 상상할 수 없지."

"흄은 정말 명석했군요. 그런데 데카르트와 신에 대한 명확한 관념은 뭐였죠?"

"그 문제에 관해서도 흄은 답을 알고 있었지. 우리가 신을 무한한 지성을 가진 지혜롭고 선한 존재로 생각한다고 하자. 그러면 우리는 무한한 지혜와 무한한 지성과 무한한 선으로 이루어진 하나의 복합적인 관념을 가지고 있는 거야. 우리가 지성이나 현명함이나 선을 한 번도 체험해보지 않았다면 절대로 신에 대한 그런 개념을 떠올릴 수 없겠지. 또 우리가 신을 강하고 의로운 아버지라고 인식한다면 '강한', '의로운' 그리고 '아버지'라는 각각의 관념이 이미 우리 의식 속에 있기 때문이야. 이런 흄의 생각에 따라 많은 종교 비평가가 다음 사실을 지적했어. 신의 개념은 우리가 어린아이일 때 아버지를 어떻게 체험했는가 하는 문제와 관련이 있다는 거야. 말하자면 아버지에 대한 관념에서 천국의 아버지, 곧 신에 대한 관념이 생겨난다는 거지."

"그것도 옳은 말이네요. 하지만 신이 무조건 남자여야 한다는 생각은 받아들일 수 없어요. 그래서 공평하게 하기 위해 종종 엄마는 '여신님, 감사합니다.'라고 말씀하시죠."

"흄은 대응하는 감각 인상으로 환원될 수 없는 모든 생각과 관념을 비판했어. 그는 오랫동안 형이상학적 사고를 지배하고 불신을 심은 무의미한 헛소리를 추방해야 한다고 했어. 그런데 우리는 일상생활 속에서 이런 개념이 참인지 거짓인지 생각해보지도 않고 아무렇게나 쓰고 있지. 예를 들어 자아의 관념 또는 인격적 실체 관념이 그런 거야. 이 관념은 데카르트 철학의 기초를 이루었고, 그의 전체 철학의 토대를 이루는 확실하고 명백한 관념이야."

"그렇다고 흄이 '나는 나'라는 사실을 부인하진 않았겠죠. 그랬다면 흄은 그냥 떠버리에 지나지 않을 거예요."

"소피야! 나는 네가 이 철학 강의에서 한 가지는 분명히 배우게 되길 바라. 그건 너무 성급한 결론을 내려선 안 된다는 거야."

"네, 말씀 계속하세요."

"아니 그럴 게 아니라, 네가 자신의 '자아'에 대해 어떻게 지각하는지 흄의 방법으로 분석해보렴."

"그럼 먼저 그 '나'의 관념이 단순 관념인지 아니면 복합 관념인지부터 알아봐야겠군요."

"그래, 어떤 결론이 나왔니?"

"제 느낌은 상당히 복합적이에요. 예를 들면 전 아주 변덕스러워요. 또 무언가를 잘 결정하지 못하고 게다가 저는 한 사람을 좋아하면서 동시에 싫어하기도 해요."

"그러니까 너의 자아 관념은 복합 관념이구나."

"네. 이제 제가 그런 자아에 일치하는 복합 인상을 지니고 있는지 제 자신에게 물어봐야겠어요. 제가 정말 복합 인상을 가지고 있을까요?"

"불확실하니?"

"저는 항상 변해요. 오늘의 저는 4년 전의 제가 아니에요. 제 기분과 스스로에 대한 관념 자체도 수시로 바뀌어요. 제가 갑자기 전혀 새로운 사람이 됐다고 느끼는 순간도 있고요."

"그러니 변함없는 인격적 실체가 있다는 건 잘못된 관념이야. 우리의 자아 관념은 실제로는 네가 절대 동시에 체험할 수 없는 각각의 인상들이 긴 사슬을 이루고 있어. 흄은 이걸 가리켜 '끊임없는 흐름과 운동 속에 있으며 엄청난 속도로 계속 이어지는 수많은 의식 내용의 다발'이라고 표현했지. 우리의 의식은 '일종의 극장'과도 같아. 무대 위에서는 수많은 의식 내용들이 뒤따라 등장하며, 왔다가 사라지고, 무수히 다양한 배열과 배치 방식에 따라 서로 뒤섞이지. 흄에 따르면, 오고 가는 생각과 느낌들의 배후나 근저에 숨어 있는 인격적 실체 따위는 없어. 의식이란 스크린 위를 지나가는 영상이야. 스크린 위의 영상은 너무 빨리 바뀌기 때문에 우리는 영화가 화면들로 이루어졌다는 것을 보지 못해. 그러나 원래 이 그림들은 서로 연관되어 있는 게 아니야. 즉, 실제로 영화는 순간들의 총합인 셈이지."

"제가 졌어요."

"그 말은 네가 변함없는 인격적 실체를 가지고 있다는 생각을 포기한다는 뜻이니?"

"네, 그런 뜻이에요."

"조금 전까지만 해도 정반대 의견이었는데! 한 가지 덧붙여야 할 것은 흄처럼 인간의 의식을 분석하고 불변하는 인격적 실체를 부정했던 사람이 이미 2,500년 전에 지구 반대편에 살고 있었다는 거야."

"그게 누구예요?"

"부처야. 표현 방법이 어찌나 비슷한지 섬뜩할 정도란다. 부처는 인간의 삶을 정신과 육체가 끊임없이 변해가는 과정의 연속이며, 이 과정에서 인간은 매 순간 새로워진다고 했지. 부처에 따르면 젖먹이는 어른과 같지 않고 오늘의 나는 어제의 내가 아니야. 어떤 것에 대해서도 나는 '그것이 나의 것'이라고 말할 수 없고, 또 어떤 것에 대해서도 '이것이 나'라고 말할 수 없어. 따라서 자아나 변치 않는 인격적 실체 따위는 없는 거지."

"놀라울 정도로 비슷하네요."

"많은 합리주의자들이 변함없는 자아에 대한 관념을 계속 발전시켜서 인간이 불멸의 영혼을 가지고 있다는 생각을 당연하게 받아들였지."

"하지만 그것 역시 잘못된 관념이겠군요."

"최소한 흄과 부처는 잘못됐다고 말했어. 부처가 죽기 직전에 자기 제자들에게 뭐라고 말했는지 아니?"

"아뇨, 제가 그걸 어떻게 알겠어요?"

"'생성된 모든 존재는 소멸하게 마련이다' 흄도 아마 똑같이 말했을 거야. 또 데모크리토스도 같은 생각을 한 것 같아. 어쨌든 우리가 알기로 흄은 영혼 불멸이나 신의 존재를 증명하려는 모든 철학적 시도를 거부했어. 이 말은 흄이 이 두 가지를 불가능한 것으로 생각했다는 게 아니라, 종교적 신앙을 인간의 이성으로 증명할 수 있으리라는 신념이 합리주의로 위장한 거짓이라는 거야. 흄은 기독교도가 아니었지만, 철저한 무신론자도 아니었어. 그는 우리가 불가지론자(不可知論者)라고 부르는 그런 사람이었지."

"그건 무슨 뜻이죠?"

"불가지론자란 신이 존재하는지 하지 않는지 모르는 사람이야. 한 친구가 임종을 맞게 된 흄을 찾아와서 죽음 뒤의 삶을 믿느냐고 물었어. 그러자 흄은 불 속에 던진 석탄이 타지 않을 수도 있다고 대답했단다."

"아……."

"조건 없이 선입견에서 벗어나려는 흄의 태도를 잘 보여주는 대답이지. 흄은 확실히 감각적으로 경험한 진리만을 받아들이고, 다른 모든 가능성을 열린 채로 놔두었어. 그는 예수에 대한 믿음이나 기적에 대한 믿음을 반박하지 않았어. 그러나 이 두 가지 경우에는 이성이 아니라 믿음이 문제일 뿐이라고 생각했어. 너는 흄의 철학이 믿음과 지식의 마지막 연결 고리를 끊었다고 말하고 싶겠지."

"그가 기적을 단정적으로 부인하지는 않았다고 말씀하셨잖아요."

"하지만 그건 그가 기적을 믿었다는 뜻도 아니야. 오늘날 인간에게는 '초자연적인 사건'이라고 하는 것을 믿으려는 강한 욕구가 있다는 사실을 강조했지. 기적이란 보통 까마득한 옛날 아니면 오래전에 일어난 일이라고들 이야기하지. 흄은 다만 자신이 체험하지 못했다는 이유 때문에 기적을 부인했어. 그러나 기적이 일어날 수 없다는 사실도 체험하지 못했지."

"좀 더 자세히 설명해주세요."

"흄은 기적을 자연법칙의 파괴라고 했어. 그러나 우리는 자연법칙을 경험했다고 주장할 수도 없어. 우리 손에 쥔 돌멩이를 놓으면 바닥에 떨어지는 걸 경험하지. 그러나 손에서 놨는데도 돌이 떨어지지 않으면, 그땐 그 사실도 경험하게 되는 거야."

"저 같으면 그것을 기적 또는 초자연적 현상이라고 부르겠어요."

"그러니까 너는 자연과 초자연, 두 가지의 자연을 믿는 거야. 합리주의자들의 궤변에 다시 말려든 것 아니니?"

"글쎄요. 하지만 저는 손에 쥐고 있던 돌을 놓으면 돌이 바닥에 떨어진다는 사실을 믿고 있어요."

"왜?"

"선생님, 이제 그런 말은 딱 질색이에요."

"나에게 질색할 게 아니야. 질문하는 건 철학자에게 절대로 잘못된 일이 아니야. 여기서 흄 철학의 요점에 관해서 이야기해야겠구나. 왜 너는 돌이 늘 바닥에 떨어진다는 사실을 그렇게 굳게 믿고 있지? 대답해보렴."

"돌이 땅으로 떨어지는 것을 자주 봤기 때문이에요."

"흄이라면 돌이 바닥에 떨어지는 것을 자주 경험했기 때문이라고 말하겠지. 하지만 너는 돌이 앞으로도 '항상 떨어지리라는 것'을 경험하지는 못했어. 일반적으로 돌은 중력 때문에 바닥으로 떨어진다고들 하지. 그렇지만 우리는 그런 법칙 자체를 경험하지는 못했어. 우리는 단지 사물들이 바닥에 떨어지는 것만 경험했을 뿐이지."

"똑같은 거 아닌가요?"

"똑같지 않아. 너는 돌이 바닥에 떨어지는 것을 자주 보았기 때문에 그것을 믿는다고 했지만 흄은 바로 그 점을 문제 삼은 거야. 너는 하나의 일이 다른 일에 뒤따르는 것을 자주 보고 그것에 익숙해져서, 급기야는 네가 돌을 떨어뜨릴 때마다 같은 일이 일어나리라고 예상한 거지. 이런 방식으로 우리가 '변함없는 자연법칙'이라고 부르는 것에 대한 관념이 생기는 거야."

"흄이 정말 돌멩이가 바닥에 떨어지지 않을 수도 있다고 말했나요?"

"그는 너와 똑같이 돌은 손에서 놓을 때마다 바닥에 떨어진다는 사실을 확신했어. 하지만 그는 돌이 왜 떨어지는지에 대해서는 경험하지 못했다는 것도 증명하려 한 거야."

"선생님, 그런데 우리 지금 아이들과 꽃에 대한 얘기에서 너무 벗어난 거 아니에요?"

"아니. 얼마든지 아이들을 흄의 주장에 대한 증인으로 끌어들일 수 있어. 만일 돌멩이 하나가 한두 시간 동안 허공에 떠서 움직이면 너랑 한 살배기 아기 중에서 누가 더 놀랄 것 같니?"

"제가 더 놀라겠지요."

"왜?"

"아마, 그게 얼마나 자연법칙에 어긋나는 일인지를 그 아기보다 제가 더 잘 이해하기 때문이겠죠."

"그러면 아기는 왜 그것을 이해하지 못할까?"

"자연이 무엇인지 아직 배우지 않았기 때문이죠."

"다른 말로, 그 아기는 아직 자연에 익숙해지지 않아서지."

"알겠어요. 그러니까 흄은 사람들이 현상을 한층 더 예리하게 인식하기를 바랐군요."

"이제 숙제를 내줄게. 만약 어느 마술사가 무언가를 공중에 뜨게 하는 마술을 하는데 너와 어린아이가 그걸 같이 본다면, 둘 중에 누가 더 즐거워할까?"

"저겠죠."

"왜?"

"그 마술이 얼마나 신기한지 아니까요."

"아기는 자연법칙을 거스르는 것에 대해 기쁨을 느끼지 못해. 왜냐하면 아직 자연법칙에 대해 배우지 못했으니까."

"그렇게도 말할 수 있군요."

"그럼 계속 흄의 경험철학의 핵심을 파악해보자. 흄은 그 아기가 아직 자기 기대에 사로잡힌 노예가 되지 않았다고 말하겠지. 따라서 어린아이는 소피 너보다 선입견을 덜 가지고 있는 거야. 우리는 아기가 가장 위대한 철학자가 아닐까 하는 생각을 해볼 수도 있어. 아기에게는 아무런 선입견이 없으니까. 소피야, 바로 이게 철학의 첫째 덕목이란다. 아기는 세계를 있는 그대로 느껴. 자기가 경험하는 것 이상의 사물에 얽매이는 일 없이 말이야."

"제가 선입견에 사로잡혀 있다니 유감이에요."

"흄은 습관의 힘을 연구할 때 특히 인과 법칙을 집중적으로 다뤘어. 인과 법칙이란 일어나는 모든 일에는 꼭 원인이 있음을 뜻해. 흄은 당구공 두 개를 가지고 설명했어. 네가 검은 공을 정지해 있는 흰 공 쪽으로 굴리면, 흰 공은 어떻게 될까?"

"움직이겠죠."

"왜 움직이지?"

"검은 공이 흰 공을 맞혔으니까요."

"이때 우리는 검은 공의 타격을 가리켜 흰 공을 움직이게 한 원인이라고 해. 하지만 우리가 명심해야 할 점은 우리가 경험한 것을 언제나 확실하게 표현해야 한다는 거야."

"저도 이미 여러 번 경험했어요. 요룬의 집 지하실에 당구대가 있거든요."

"그런데 흄의 말은, 너는 단지 검은 공이 흰 공을 맞혔다는 사실과 흰 공이 당구대 위에서 구른다는 사실만을 경험했다는 거야. 즉, 흰 공을 구르게 한 원인 자체는 경험하지 못한 거지. 너는 시간적으로 하나의 사건이 다른 사건에 뒤이어 일어난다는 것을 경험했지만, 두 번째 사건이 첫 번째 사건에 근거해서 일어났다는 것을 경험한 건 아니야."

"그건 좀 억지 아닌가요?"

"아니, 아주 중요한 말이야. 흄은 한 사건이 다른 사건에 이어서 일어날 거라는 기대는 사물 자체에 있는 것이 아니라, 우리 의식 속에 있다는 점을 강조했어. 한 당구공이 다른 당구공을 맞혔는데도 둘 다 가만히 멈춰 설 경우, 아기라면 그 상황을 보고 눈을 크게 뜨지는 않겠지. 우리가 '자연법칙'이나 '원인과 결과'에 대해 말할 때, 사실은 인간적 습관에 대해 말하는 것이지 논리적으로 필연적인 것에 대해 말하는 게 아니야. 자연법칙이란 이성적인 것도 아니고 비이성적인 것도 아니야. 자연법칙이란 그냥 있는 거야. 검은 공이 흰 공을 맞히면 흰 공이 움직일 거라는 기대는 선천적으로 타고난 것이 아니야. 우리는 세계가 어떻고, 세상의 사물이 어떻게 움직이는지에 관해 아무런 관심도 기대도 갖지 않고 태어난단다. 세계는 늘 있는 그대로일 뿐이고 우리는 그것을 차례차례 경험해나가는 거야."

"그것도 그렇게 중요한 문제는 아닌 것 같은데요."

"우리의 기대가 우리에게 성급한 결론을 내리게 하려는 경우에는 중요할 수도 있지. 흄은 변함없는 자연법칙이 있다는 사실을 부인하지는 않았지만, 우리가 자연법칙 자체를 경험할 수 없기 때문에 잘못된 결론을 내릴 수도 있다고 생각했어."

"예를 들면요?"

"내가 검은 말 한 무리를 봤다는 사실이 모든 말이 검다는 의미는 아니지?"

"물론이죠."

"심지어 내가 평생 까만 까마귀들만 봤다고 해도, 그게 하얀 까마귀가 없다는 뜻은 아니야. 그래서 철학자나 과학자에게는 하얀 까마귀의 존재 가능성을 배제하지 않는 것이 중요해. 어쩌면 하얀 까마귀 추적이 과학의 가장 중요한 과제라고 말할 수도 있단다."

"알겠어요."

"다시 원인과 결과의 관계에 대해 알아보자. 많은 사람들은 번개가 천둥의 원인이라고 생각해. 왜냐하면 늘 번개가 진 다음에 천둥소리가 늘리니까. 이것은 당구공의 예와 크게 다르지 않아. 그런데 과연 번개가 천둥의 원인일까?"

"아뇨, 그렇지 않아요. 번개와 천둥은 정확히 동시에 일어나요."

"번개와 천둥은 단일한 방전 작용이기 때문이지. 언제나 번개가 친 다음에 천둥을 체험한다고 해도, 그것이 번개가 천둥의 원인이라는 것을 뜻하지는 않아. 실제로는 제3의 요인이 이 둘을 유발하지."

"맞아요."

"20세기의 경험주의자 버트런드 러셀은 좀 더 섬뜩한 예를 들었어. 닭 주인이 뜰을 지나가면 모이가 생긴다는 사실을 날마다 체험한 병아리가 마침내 닭 주인이 뜰을 지나가는 것과 그릇에 든 모이 사이에는 인과관계가 있다는 결론을 내리게 된 거야."

"그러다가 어느 날 모이를 못 얻어먹게 되나요?"

"어느 날 닭 주인이 뜰을 지나와서 닭의 목을 비틀었지."

"끔찍해라!"

"그러니까 시간적으로 뒤따라 생기는 사건들 사이에 꼭 필연적인 인과관계가 있는 것은 아니야. 철학의 가장 중요한 과제는 사람들이 너무 성급하게 결론을 내리지 않도록 경고하는 일이야. 특히 성급한 결론은 여러 가지 미신을 유발하지."

"어떻게요?"

"검은 고양이 한 마리가 거리를 달려가는 걸 보고 나서, 잠시 후 발을 헛디디는 바람에 팔이 부러졌다고 하자. 그렇다고 이 두 사건 사이에 인과관계가 있다고 할 수는 없지. 특히 학문에서 인과관계를 연구할 때는 성급한 결론을 내리지 않는 게 중요해. 많은 사람들이 어떤 약을 먹고 건강해졌다고 해서 그 약이 사람들을 건강하게 만들었다고 할 수는 없어. 사람들에게 그 약이라고 하면서 사실은 밀가루와 물로 모양만 똑같게 만든 약을 먹게 하는 실험을 해볼 수 있어. 이 사람들은 자기도 똑같은 약을 먹는다고 생각했어. 그리고 이 사람들도 건강해진다면 그들을 건강하게 만든 제3의 요인이 있다고 할 수 있지. 예를 들어 이 약의 효과에 대한 믿음 말이야."

"이제 경험주의가 뭔지 조금씩 알 것 같아요."

"흄은 윤리와 도덕에 관해서도 합리주의적 사고에 반대했어. 합리주의자는 정의와 불의를 구별하는 능력이 인간의 이성에 내재한다고 생각했어. 이른바 자연법 사상이라고 하는 이런 생각은 이미 소크라테스에서 로크에 이르기까지 많은 철학자에게서 찾아볼 수 있지. 하지만 흄은 이성이 우리의 말과 행동을 규정한다고 생각하지 않았어."

"그럼 뭐죠?"

"감정이지. 도움이 필요한 사람을 돕도록 자극하는 것은 너의 감정이지 이성이 아니야."

"제가 전혀 도울 기분이 아니라면요?"

"모든 것이 다 네 감정에 달려 있어. 도움이 필요한 사람을 돕지 않는 것은 이성적인 것도 아니고 비이성적인 것도 아니지만 몰인정한 일일 수 있어."

"하지만 그 경계가 어딘가에 꼭 있을 거예요. 다른 사람을 죽이는 것이 옳지 않다는 사실은 모두 알고 있죠."

"흄은 모든 인간이 다른 사람의 쾌락과 고통을 느낄 수 있는 능력이 있다고 생각했어. 그러니까 우리는 공감하는 능력이 있는 거야. 그렇지만 그건 이성과는 아무 상관이 없지."

"제가 확실하게 이해했는지 모르겠어요."

"자신에게 방해되는 인물을 없애는 일이 늘 비이성적인 것만은 아니야. 어떤 목적을 이루려고 할 때 그런 일은 큰 도움이 될 때도 있어."

"세상에! 전 반대예요!"

"그러면 왜 방해되는 인물을 죽이지 말아야 하는지 설명해보렴."

"다른 사람도 저처럼 삶을 사랑하니까요. 그러니까 죽이면 안 되죠."

"그게 논리적인 증명이라고 생각하니?"

"모르겠어요."

"너는 '다른 사람도 삶을 사랑한다.'라는 서술적 명제로부터 '그러므로 그 사람을 죽여서는 안 된다.'라는 규범적 명제를 결론으로 이끌어냈어. 순수하게 논리적으로 판단할 때 그건 잘못된 추론이야. 똑같은 방식으로 많은 사람들이 탈세를 저지른다는 사실에서 나도 탈세해도 된다는 결론을 이끌어낼 수도 있겠지. 그러나 이런 건 모두 부당한 추론이야. 흄은 우리가 어떤 경우에도 사실 판단으로부터 윤리적 판단을 이끌어 낼 수는 없다는 것을 분명히 했어. 그럼에도 불구하고 그런 일이 비일비 재하게 일어나지. 특히 신문 기사나 정당의 강령 그리고 국회 연설에서 말이야. 몇 가지 예를 들어볼까?"

"네, 좋아요."

"'점점 더 많은 사람들이 비행기로 여행하고 싶어 하기 때문에 비행장 을 더 많이 만들어야 한다.'라고 하면 이 결론이 설득력 있을까?"

"아뇨, 그건 어리석은 생각이에요. 우리는 환경도 생각해야 해요. 제 생각엔 오히려 철도를 더 만들어야 할 것 같아요."

"그럼 이건 어때? '유전 건설이 주민의 생활 수준을 10퍼센트 향상시킬 것이다. 따라서 우리는 가능한 한 빨리 새로운 유전을 개발해야 한다.'"

"그것도 바보 같은 생각이에요. 이 경우에도 우리는 환경을 생각해야 해요. 그리고 우리의 생활 수준은 이미 충분히 높아졌어요."

"종종 이런 소리도 들리지. '이 법안은 국회에서 의결한 것이므로 모 든 국민이 지켜야 한다.' 하지만 법을 지키려는 엄격한 준법 정신에 위배 되는 일들이 드물지 않게 일어나고 있어."

"알겠어요."

"그래서 우리는 우리가 어떻게 행동해야 할 것인지 이성을 통해 논증 할 수 없음을 분명히 알 수 있어. 책임 있는 행동은 이성을 예민하게 갈 고닦는 것이 아니라 오히려 타인의 고통과 행복을 같이 느낄 수 있도록 감정을 예민하게 갈고닦아야 가능해지는 거야. '논리적으로만 따진다 면 전 세계의 멸망보다 내 손가락의 작은 상처를 더 염려하는 것이 비이성적이어야 할 까닭이 없다.'라고 흄은 주장했지."

"그 무슨 혐오스러운 주장이에요?"

"그보다 더 혐오스러운 일도 있단다. 나치는 유대인들을 수백만 명이나 학살했어. 네 생각에 이 사람들의 이성과 감정 중에서 어느 쪽이 잘못된 것 같니?"

"감정이 제일 잘못됐던 것 같아요."

"나치 중 많은 사람이 기가 막히도록 정신이 멀쩡했어. 학살 계획 배후에는 냉정한 계산이 숨어 있었지. 전쟁이 끝난 뒤에 많은 나치가 처벌을 받았지만 그 이유는 그들의 행동이 비이성적이었기 때문이 아니라 잔인했기 때문이야. 반면 정신 상태가 비정상적인 사람들은 범죄를 저지르고도 무죄 판결을 받는 경우가 있는데, 그건 그들이 '그 순간에 판단 능력이 없었고', '앞으로도 영원히 판단 능력을 갖지 못할' 거라고 생각했기 때문이야. 반대로 어떤 범죄자도 감정이 메말랐다는 이유로 무죄 판결을 받지는 않아."

"다행이네요."

"이렇게 끔찍한 예를 더 들려줄 필요는 없겠지. 홍수가 나고 전염병이 만연해서 많은 이재민이 생겼을 때, 그 사람들을 도와줄지 말지는 우리의 감정이 정하는 거야. 그 결정을 무정하게도 '냉정한 이성'에 맡겨버리면, 모르는 척하고 넘어가는 게 인구 급증으로 생기는 많은 문제를 해결하는 데 도움이 된다고 생각할 수도 있지."

"누군가 그렇게 생각하면 정말 화가 날 것 같아요."

"그리고 그때 화를 내는 것은 너의 이성이 아니란다."

"알겠어요, 선생님."

버클리

...... 불타는 태양 주위를 도는 행성처럼 ......

크녹스 선생님은 창가로 걸어갔고, 소피도 그 옆에 나란히 섰다. 잠시 후에 그들은 작은 경비행기 하나가 지붕들 위로 떠오르는 것을 보았다. 경비행기에서 긴 깃발이 나부꼈다.

소피는 큰 연주회를 알리는 플래카드일 거라고 생각했다. 그러나 경비행기가 가까이 접근해 왔을 때 전혀 뜻밖의 글이 보였다.

'열다섯 번째 생일을 진심으로 축하해, 힐데야!'

"뻔뻔하군."

크녹스 선생님의 유일한 반응이었다.

남쪽의 구릉 지대에서 도시 쪽으로 먹구름이 몰려왔다. 경비행기는 그 먹구름 속으로 사라져버렸다.

"날씨가 사나워질 것 같구나."

선생님이 말했다.

"그러면 저는 집에 버스를 타고 가야겠군요."

"그 소령이란 자가 이 사나운 날씨의 주범이 아니기를."

"그는 전능하지 않나요?"

선생님은 잠자코 탁자로 돌아와 다시 의자에 앉았다.

"버클리에 관해서 좀 더 얘기할게."

선생님이 입을 열었다.

소피는 이미 자리에 앉아서 자기도 모르게 손톱을 물어뜯고 있었다.

"조지 버클리는 1685년부터 1753년까지 살았던 아일랜드의 주교야."

이렇게 이야기를 시작한 선생님은 오랫동안 말이 없었다.

"버클리는 아일랜드의 주교였군요……."

소피가 되풀이했다.

"철학자이기도 했지……."

"그래요?"

"그는 동시대의 철학과 과학이 기독교적 세계관을 위협한다고 생각했어. 무엇보다도 더욱 철저해진 유물론이 하느님이 만물을 창조하고 삶을 지켜 준다는 기독교적 교리를 위협한다고 생각했지……."

"그래요?"

"버클리는 동시에 가장 철저한 경험주의자였어."

"그는 우리가 세계에 대해 감각하는 것 이상은 알지 못한다고 생각했나요?"

"그뿐이 아니야. 버클리는 세계의 사물들은 우리가 감각하는 그대로 존재하지만 그건 사실 '사물'이 아니라고 말했지."

"좀 더 자세히 설명해주세요."

"로크는 사물의 '제2성질'에 관해 아무것도 말할 수 없다고 했어. 우리는 사과가 녹색이고 신맛이라고 주장할 수 없어. 그건 단지 우리가 사과를 그렇게 감각하는 것일 뿐이니까. 그러나 로크는 밀도나 무게, 질량 따위의 사물의 '제1성질'은 우리 주위의 외적 존재에 실제로 속한다고 했어. 그러니까 이 외적 존재는 물리적 '실체'인 셈이야."

"기억나요. 로크에겐 중요한 구분이었죠."

"그게 그렇게 단순한 건 아니야."

"계속 말씀해주세요."

"로크는 데카르트와 스피노자처럼 물질세계를 하나의 현실적 대상으로 생각했어."

"그래요?"

"버클리는 바로 그 점을 의심했던 거야. 문제의 답을 얻기 위해 경험주의에 손을 뻗었지. 그에게 존재하는 것은 오직 우리가 감각하는 것뿐이었어. 하지만 우리는 '물질' 또는 '실체'를 감각하는 게 아니란다. 우리는 사물을 손에 잡을 수 있는 '사물'로 감각하는 게 아니야. 우리가 만약 감각하는 것의 이면에 어떤 '실체'가 있다고 전제하는 건 너무 성급한 결론이야. 우리는 그런 주장에 대해 경험에 근거한 증거를 내세울 수가 없어."

"엉터리! 이것 보세요!"

소피는 주먹으로 탁자를 쾅 내리쳤다.

"아야!"

소피는 탁자를 너무 세게 쳤기 때문에 비명을 질렀다.

"이것이 바로 이 탁자가 진짜 탁자이고 물질 또는 실체라는 분명한 증거가 아닌가요?"

"너는 뭘 느꼈니?"

"딱딱하다는 거요."

"너는 딱딱하다는 걸 감각적으로 확실히 느꼈지만 탁자의 실체를 감각하지는 못했어. 마찬가지로 너는 뭔가 딱딱한 것에 부딪치는 꿈을 꿀 수도 있지만 네 꿈속에는 딱딱한 게 아무것도 없잖아?"

"물론 꿈속에는 없죠."

"그 밖에도 한 인간에게 가능한 모든 것을 '감각한다'고 믿게 만들 수도 있어. 인간은 최면술에 걸렸을 때 더위와 추위를 느낄 수 있고, 부드러운 포옹과 센 수벽실노 느낄 수 있이."

"하지만 그 딱딱한 게 탁자 자체가 아니라면 뭐가 절 그렇게 느끼게 한 건가요?"

"버클리는 그것을 의지 또는 정신이라고 생각했어. 또한 그는 우리의 모든 관념의 원인이 우리의 의식 밖에 있는 것이기는 하지만 이 원인은 물질적인 것이 아니라 어떤 정신적인 거라고 생각했지."

소피는 다시 손톱을 물어뜯었다. 선생님은 계속 말을 이었다.

"버클리에 따르면 내 영혼이 내 관념의 원인일 수도 있어. 내가 꿈을 꿀 때처럼 말이야. 하지만 어떤 다른 의지와 정신만이 우리 물질세계를 이루는 관념의 원인이 될 수 있지. 모든 것은 정신에서 유래해. 곧 '정신은 만물 속에서 모든 것에 작용하고, 모든 것은 정신을 통해 존재한다'고 생각했지."

"그럼 정신이란 무엇인가요?"

"버클리는 신을 염두에 두고 말했어. 심지어 우리가 신의 존재를 인간의 존재보다도 더 확실하게 느낄 수 있다고까지 했지."

"우리 존재도 확실하지 않은 건가요?"

"글쎄……. 버클리에 따르면 우리가 보고 느끼는 모든 것이 신의 작용이야. 신은 우리의 의식 속에 있으면서 우리가 경험하고 의식하는 모든 관념과 감각을 의식 속에 불러일으키지. 우리 주위의 전체 자연과 우리의 존재는 신에 의존하는 거야. 신이야말로 존재하는 만물의 유일한 원인이지."

"당황스럽네요."

"그러니까 문제는 '존재하느냐 아니냐'가 아니라 '우리가 무엇이냐'는 거야. 살과 피로 된 육체가 인간의 실체일까? 우리 세계는 실제의 사물로 이루어져 있을까? 아니면 우리는 단지 의식에 둘러싸여 있는 걸까?"

소피는 또 손톱을 물어뜯기 시작했다. 선생님은 말을 이었다.

"버클리는 물질적 현실에만 의심을 품은 게 아니라 시간과 공간이 절대적이고 독립적인 존재라는 말도 의심했어. 시간과 공간에 대한 우리의 체험 역시 우리 의식 속에서 일어나는 것일 수도 있으니까. 우리가 체험하는 1~2주가 신에게는 그 정도의 시간이 아닐 수도 있어."

"버클리가 말하는 만물의 근거인 정신이란 기독교의 신이라고 말씀하셨죠."

"그래. 하지만 우리에게는……."

"네?"

"우리에게는 모든 것을 실행하는 이 의지나 정신이 힐데의 아빠일 수도 있지."

입을 다문 소피의 얼굴에 커다란 물음표가 떠올랐다. 순간 소피에게 어떤 생각이 스쳤다.

"그렇게 생각하세요?"

"다른 가능성이 보이지 않는구나. 그게 아마 우리가 지금까지 체험한 모든 것을 설명해줄 유일한 방법인 것 같아. 온갖 장소에 뿌려진 여러 장의 엽서와 쪽지를 생각해봐도 그렇고. 또 헤르메스가 갑자기 말을 하고, 내 의지와는 상관없이 내가 헛소리를 하고……."

"저는……."

"내가 너를 소피라고 불렀다고 생각해봐, 힐데야. 나는 네 이름이 소피가 아니라는 걸 알고 있었어."

"무슨 말씀을 하시는 거예요? 정신 나간 사람 같아요!"

"그래. 모든 것은 돌고 돌지. 불타는 태양 주위를 도는 행성처럼 말이야."

"그 태양이 힐데의 아빠인가요?"

"그렇게 말할 수도 있지."

"그가 우리에게는 일종의 신이라는 말씀이세요?"

"그래, 흥분하지 마. 하지만 그는 부끄러운 줄 알아야 해!"

"힐데는 누구죠?"

"그 아이는 천사야."

"천사요?"

"힐데는 그 '정신'이 지향하는 천사야."

"알베르트 크나그라는 사람이 힐데에게 우리 얘기를 했다고 생각하세요?"

"아니면 그 사람이 우리 얘기를 글로 썼을지도 모르지. 왜냐하면 우리는 우리의 존재를 이루는 질료를 감각하지는 못하니까. 우리는 줄곧 그렇게 배워왔어. 우리의 외적 현실이 음파로 이루어졌는지, 아니면 종이와 글씨로 이루어졌는지도 모르고 있어. 버클리에 따르면, 우리는 단지 우리가 정신으로 이루어졌다는 것만 알고 있지."

"그리고 힐데는 천사고요……."

"암, 천사지. 오늘은 여기까지 하자. 진심으로 생일 축하해, 힐데야!"

갑자기 푸르스름한 빛이 방 안을 가득 채웠다. 몇 초 후에 그들은 무서운 천둥소리를 들었고, 집이 크게 흔들렸다.

크녹스 선생님은 얼빠진 눈빛으로 마냥 앉아 있었다.

"집에 가야겠어요."

소피는 이렇게 말하면서 벌떡 일어나 현관으로 달려갔다. 문을 열자 옷장 뒤에 잠들어 있던 헤르메스가 깨어났다. 소피가 밖으로 나가자 이렇게 말하는 것 같았다.

"잘 가, 힐데야!"

소피는 계단을 부랴부랴 내려가서 거리로 달려 나갔다. 사람이라곤 아무도 없고, 장대 같은 비가 쏟아지고 있었다.

자동차 두 대가 물을 튀기며 아스팔트 위를 달리고 있었다. 버스는 한 대도 안 보였다. 소피는 광장을 거치고 시내를 지나 계속 달렸다. 뛰는 동안에 소피의 머릿속에는 오직 한 가지 생각이 맴돌았다.

내일이 내 생일인데 열다섯 번째 생일 전날에 삶이 꿈에 지나지 않는다는 사실을 알게 되는 건 너무 비참한 일이 아닌가? 100만 크로네를 벌어서 좋아하다가 꿈에서 깨어나면 얼마나 허무할까?

소피는 젖은 운동장을 가로질러 뛰어갔다. 맞은편에서 뛰어오는 사람이 보였다. 엄마다. 성난 번개가 하늘을 찢고 있었다.

엄마는 소피를 껴안았다.

"이게 무슨 일이니, 얘야?"

"저도 모르겠어요."

소피는 울음을 터뜨렸다.

"악몽 같아요."

비에르켈리

...... 증조할머니가 집시 여인에게서 산 요술 거울 ......

힐데 묄레르 크나그는 릴레산에 있는 오래된 '선장의 별장' 다락방에서 잠이 깼다. 시계가 6시를 가리켰지만 벌써 주위가 환하다. 넉넉한 아침 햇살이 온 방을 가득 채웠다.

힐데는 창가로 걸어가면서 책상 위에서 탁상 일력 한 장을 찢었다. 1990년 6월 14일 목요일. 힐데는 뜯어낸 일력을 구겨서 쓰레기통에 던졌다.

'1990년 6월 15일 금요일.' 이제 일력에는 이렇게 적혀 있다. 힐데에게 그 숫자가 빛을 내며 다가왔다. 이미 1월부터 힐데는 일력의 이 날짜에 '열다섯 살'이라고 적어놓았다. 그리고 15일에 열다섯 번째 생일을 맞는 것은 아주 특별한 인상을 줄 거라고 생각했다. 이런 체험은 평생 다시는 없을 것이다.

열다섯 살! 힐데가 '어른'으로서 맞는 첫날이 아닌가? 힐데는 다시 잠들기가 어려웠다. 게다가 오늘은 방학 전 마지막 수업이 있는 날이다. 오늘은 1시에 교회만 가면 된다. 하지만 그게 전부가 아니다. 1주일 뒤에 드디어 레바논에서 아빠가 돌아온다. 아빠는 성 세례 요한 축일에 오겠다고 약속했다.

힐데는 창가로 가서 정원과 작은 선창, 배 창고를 바라보았다. 여름철 돛단배는 아직 안 보이지만 낡은 노 젓는 조각배가 선창에 묶여 있다. 비가 많이 오고 나면 힐데는 조각배에 고인 물을 퍼내야 한다.

작은 책을 자세히 읽는 동안, 힐데는 문득 예닐곱살 때 조각배 속에 기어 들어가 혼자서 노를 젓다가 물에 빠져 겨우 뭍으로 기어오른 일이 떠올랐다. 빽빽한 숲 사이를 기어서 앞뜰에 다다르자 엄마가 허겁지겁 달려 나왔다. 엄마는 배와 노가 저 멀리 피오르 위로 떠가는 것을 보았던 것이다. 지금도 힐데는 가끔 혼자 저편으로 떠내려가는 버려진 조각배 꿈을 꾼다. 그건 기억조차 하기 싫은 끔찍한 경험이었다.

정원은 특별히 울창하지도, 잘 손질되어 있지도 않았다. 하지만 정원은 컸고, 힐데의 것이었다. 바람에 시달리는 사과나무 한 그루와 더 이상 열매를 맺지 않는 까치밥나무 몇 그루는 간신히 겨울의 모진 폭풍을 이겨냈다.

바위와 덤불 사이 작은 잔디밭에는 낡은 그네가 있다. 그네는 눈부신 아침 햇살을 받아 몹시 외로워 보인다. 방석이 벗겨져 있어서 더 초라해 보인다. 아마 비바람을 피해 어제 저녁 힐데 엄마가 집 안에 들여놓은 모양이다.

정원 전체는 자작나무로 둘러싸여 있다. 자작나무 덕분에 아주 심한 폭풍에서 조금이나마 보호를 받았다. 이 나무들 때문에 이 땅은 100여 년 전에 비에르켈리라는 이름을 얻었다. 힐데의 증조할아버지는 19세기가 끝날 무렵에 이 집을 지었다. 증조할아버지가 큰 범선의 선장이었기 때문에 아직까지도 많은 사람들이 이 집을 '선장의 별장'이라고 부른다.

정원은 비가 심하게 내린 간밤의 흔적이 남아 있다. 힐데는 천둥 소리 때문에 여러 번 잠을 깼다. 이제 하늘에는 구름 한 점 보이지 않는다. 지난 여름에는 너무 덥고 건조해서 자작나무 잎에 보기 싫은 노란 얼룩이 생겼다. 그러나 지금은 세상이 방금 씻은 것처럼 생생하다. 게다가 오늘 아침은 힐데의 어린 시절 전부가 천둥과 함께 사라져버린 것 같기도 하다.

'그렇다, 꽃봉오리가 피어나니 마음은 괴롭구나……'

스웨덴의 한 시인이 이렇게 노래하지 않았던가. 아니, 핀란드 사람이었나?

힐데는 증조할머니 때부터 서랍장 위에 걸려 있는 커다란 청동 거울 앞으로 다가갔다.

힐데는 예쁜가? 그래도 못생긴 편은 아니겠지? 대충 둘 사이 중간쯤인 것 같다…….

힐데의 머리카락은 긴 금발이다. 힐데는 자신의 머리가 더 밝거나 더 어두운 색이기를 바랐다. 지금 머리는 너무 평범해 보였다. 물론 힐데는 자신의 부드러운 곱슬머리가 좋았다. 친구들은 머리를 구불거리게 만들려고 온갖 애를 썼지만 힐데는 그럴 필요가 없었다. 또 자신의 녹색 눈도 긍정적으로 생각했다. 힐데의 고모와 삼촌들은 "네 눈이 진짜 녹색이니?" 하며 허리를 굽혀 힐데의 눈을 들여다보곤 했다.

유심히 거울을 바라보던 힐데는 거울에 비친 얼굴이 소녀의 모습인지 젊은 여자의 모습인지 생각해보았다. 그리고 둘 중 어느 쪽도 아니라는 결론을 내렸다. 몸은 이미 어른과 비슷했지만 얼굴은 아직 풋사과 같다.

이 오래된 거울에는 언제나 아빠를 생각나게 하는 것이 있다. 예전에 이 거울은 아래층에 있는 '아틀리에'에 걸려 있었다. 그 아틀리에는 배를 넣어 두는 창고 위에 있는데 아버지는 그곳을 서재, 밀실, 집필실로 쓰고 있었다. 알베르트는(힐데는 집에 있을 때 아빠를 알베르트라고 불렀다.) 늘 대작을 쓰려는 꿈을 갖고 있었다. 한번은 장편소설을 쓰려고 시도했지만 아직 미완성인 채로 남아 있다. 섬 생활에 대한 시와 단편들은 주기적으로 꽤 자주 지방 신문에 실렸다. 힐데는 알베르트 크나그(ALBERT KNAG)라고 인쇄된 아빠의 이름을 볼 때마다 자랑스러웠다. 릴레산에서 이 이름은 어떻든 특별한 의미가 있다. 증조할아버지의 이름도 알베르트였고.

아, 거울. 오래전에 아빠는 이런 농담을 했다. 원래 거울 속에 비친 자신에게 윙크는 할 수 있지만 두 눈을 동시에 깜빡이는 건 거울로 볼 수 없다. 하지만 이 청동 거울은 예외인데, 그건 이 거울이 증조할머니가 결혼식 직후에 한 집시 여인에게서 산 오래된 요술 거울이기 때문이라는 것이다.

힐데는 몇 년 동안이나 계속 이 거울 앞에 서서 눈을 깜빡거려봤지만, 동시에 두 눈으로 윙크하는 일은 자기 그림자에서 빠져나오는 일만큼이나 어려웠다. 결국 힐데는 이 오래된 가보를 선물로 받았다. 그리고 어린 시절 내내 이 불가능한 일을 계속 시도했다.

힐데가 오늘따라 자꾸 깊은 생각에 잠기는 것은 이상한 일이 아니다. 자기 자신만을 생각하는 것도 이상한 일이 아니다. 열다섯 살…….

이제 힐데는 자신의 침실용 탁자로 시선을 돌렸다. 큰 소포 꾸러미가 하나 놓여 있다. 소포는 예쁜 하늘색 종이와 빨간 비단 끈으로 포장되어 있다. 생일 선물이겠지!

바로 '그 선물'일까? 힐데의 아빠가 보낸, 많은 비밀이 담긴 선물. 아빠는 레바논에서 보낸 많은 엽서를 통해서 계속 묘한 암시를 보냈다. 그러나 아빠는 스스로를 '엄격하게 검열하고' 있었다.

아빠는 이 선물이 자라고 또 자라난다고 편지에 썼다. 그리고 힐데 아빠는 힐데가 곧 알게 될 한 소녀, 모든 엽서의 복사본을 보낸 소녀에 대해 넌지시 귀띔했다. 힐데는 엄마에게 아빠가 말한 편지의 의미를 알아내려고 했지만, 엄마도 아는 바가 없었다.

가장 이상한 건 그 선물을 다른 사람과 나눠 가질 수 있을 거라는 암시였다. 힐데 아빠는 유엔에서 큰 소신을 가지고 일했다. 그는 유엔이 전 세계에 대해 일종의 행정적인 책임이 있다고 생각했다.

'유엔이 언젠가 인류를 하나로 모을 수 있기를!'

그는 그렇게 엽서에 적기도 했다.

힐데는 엄마가 건포도를 넣은 빵과 레모네이드, 노르웨이 국기를 가지고 와 생일 축하 노래를 불러주기 전에 탁자 위에 있는 소포를 풀어도 될까? 물론이다. 그러니까 소포가 저기 놓여 있는 거지.

힐데는 방을 가로질러 가 탁자 위의 소포를 들었다. 무거웠다! 소포엔 카드가 한 장 꽂혀 있다.

'힐데에게, 열다섯 번째 생일을 축하한다. 아빠가'

힐데는 침대에 걸터앉아 조심스럽게 빨간 비단 끈을 풀고 포장지를 벗겼다.

그건 커다란 바인더 공책이었다.

이게 그 선물인가? 그 말 많던 열다섯 번째 생일 선물? 이게 자라고 또 자라서 다른 사람들과 나누어 가질 수 있다는 그 선물인가?

언뜻 보니 타이핑한 종이들이 가득하다. 힐데는 그것이 아빠가 레바논으로 가지고 간 타자기로 쓴 것임을 알아볼 수 있었다.

힐데 아빠가 딸을 위해 이 책을 전부 쓴 걸까?

첫 번째 쪽지에 손으로 크게 쓴 글자가 보인다.

소피의 세계

조금 사이를 두고 다음과 같이 타이핑한 글이 있다.

어두운 땅 위를 비추는 햇살은,

지상의 동족들을 위한 진정한 계몽이다.

— N. F. S. 그룬트비

다음 쪽으로 넘어가니, 그 쪽 맨 위에서 첫 장(章)이 시작되었다. 제목은 '에덴동산'이었다. 힐데는 침대에 편하게 앉아 무릎에 공책을 펼쳐놓고 읽기 시작했다.

소피 아문센은 학교에서 집으로 돌아오는 길에 친구 요룬과 로봇에 대해 이야기했다. 요룬은 사람의 두뇌가 복잡한 컴퓨터 같다고 했지만 소피는 내심 동의하지 않았다. 인간이 기계보다 나아야 하나?

힐데는 계속 읽으면서 곧 다른 모든 것을 잊어버렸다. 오늘이 자기 생일이라는 것조차 잊어버렸다. 하지만 그러면서도 가끔씩 어떤 생각이 머리를 스쳐 지나갔다.

아빠가 장편소설을 쓴 것일까? 쓰려고 했던 소설 원고를 레바논에서 완성한 걸까? 아빠는 그곳에서는 시간이 너무 느리게 간다고 종종 불평하곤 했다.

소피 역시 세계의 역사에 대한 여행을 하고 있다. 틀림없이 그 소녀가 힐데가 알게 될 거라던 바로 그 소녀일 것이다⋯⋯.

언젠가 이 세계에서 완전히 사라지리라는 느낌이 강하게 차오르자 삶이 얼마나 값지고 귀중한지 명료해지기 시작했다 ⋯⋯ 세계는 어디에서 생겨났을까? ⋯⋯ 어느 순간에는 그 무엇이 무(無)에서 생겨났을 것이다. 하지만 그게 가능했을까? 소피의 이런 상상은 이 세계가 태초부터 존재했다는 생각만큼이나 불가능하지 않을까?

힐데는 계속해서 읽어 내리다가 소피 아문센이 레바논에서 온 그림엽서 한 장을 받았다는 대목을 읽었을 때 너무 놀라 침대에서 벌떡 일어났다. '클뢰베르베이엔 3번지, 소피 아문센 댁의 힐데 묄레르 크나그에게'

사랑하는 힐데에게!

열다섯 번째 생일을 진심으로 축하해. 너를 성장하게 할 멋진 선물을 주고 싶은 아빠의 마음을 이해하지? 이 카드를 소피에게 보내는 걸 이해해주렴. 이게 가장 쉬운 방법이거든. 그럼 안녕.

— 아빠가

이 바보! 힐데는 아빠가 늘 장난이 심하다고 생각했지만, 오늘은 완전히 아빠에게 뒤통수를 얻어맞았다. 아빠는 엽서를 힐데에게 직접 보내는 대신에 선물인 공책 안에 적은 것이다.

불쌍한 소피! 얼마나 어리둥절했을까?

왜 힐데 아빠는 딸의 생일 축하 카드를 소피의 주소로 보냈을까? 세상에 어떤 아빠가 엽서를 잘못된 주소로 보내서 딸이 제때에 생일 축하 인사도 받지 못하게 한담! 왜 그게 가장 쉽다는 걸까? 무엇보다 힐데를 어떻게 찾아내지?

못 찾겠지! 이 불쌍한 소피가 어떻게 힐데를 찾아내겠는가? 힐데는 책장을 넘겨 제2장을 읽기 시작했다. 제목은 '마술사의 모자'. 곧 비밀스러운 인물이 소피에게 쓴 긴 편지가 나왔다. 힐데는 숨을 죽였다.

따라서 우리가 왜 사는지에 대한 관심은 우표 수집처럼 '가벼운' 것은 아니야. 삶에 관한 의문에 흥미를 지닌 사람은 우리가 이 지구라는 행성에서 어떻게 살아야 하느냐는, 이미 오랫동안 토론해온 질문들을 생각하게 되지.

'소피는 힘이 쭉 빠졌다.' 힐데도 마찬가지였다. 힐데의 아빠는 단지 딸의 열다섯 번째 생일을 축하하기 위해 이 책을 쓴 게 아니다. 그 이상으로 아주 이상하고 수수께끼 같은 책을 만들어낸 것이다.

이야기를 간략히 요약해볼게. 흰 토끼를 마술사의 텅 빈 모자에서 꺼내. 그것은 매우 큰 토끼니까 이 마술을 하는 데 수십억 년이 걸리지. 모든 인간 아기들은 그 가느다란 털끝에서 태어나. 그래서 아기들은 불가능해 보이는 이 마술에 감탄하지. 하지만 나이를 먹으면, 토끼 가죽 털의 깊숙한 곳으로 기어 들어가 그 안에 머물게 되지.

방금 부드러운 토끼털 속에서 편히 있을 자리를 찾으려 했다는 사실을 느낀 건 소피만이 아니다. 오늘로 힐데는 열다섯 살이 된다. 힐데도 이제 자신이 어느 방향으로 나아가야 할지를 정해야 할 때라고 느꼈다.

힐데는 그리스의 자연철학자들에 대해 읽었다. 힐데는 아빠가 철학에 관심이 있다는 것을 알고 있었다. 아빠는 한 신문에 철학을 교과목으로 지정해야 한다고 썼다. '왜 철학이 필수 과목이 되어야 하는가?' 이것이 그 글의 제목이었다. 아빠는 힐데의 반 학부모들이 모인 저녁 모임에서도 이 이야기를 꺼냈다. 힐데에게는 너무 민망한 일이었다.

시계를 보니 벌써 7시 반이었다. 그러나 다행히도 엄마는 몇 시간이 더 지나야 생일 아침 식사를 들고 힐데의 방으로 올라올 것이다. 왜냐하면 힐데는 지금 소피와 철학 문제로 머리가 꽉 차 있기 때문이다. 힐데는 데모크리토스에 관한 부분을 읽었다. 소피는 제일 먼저 '왜 레고 조각이 세상에서 가장 기발한 장난감일까?' 하는 질문에 대해 생각해보아야 했다. 그리고 나서 소피는 우편함에서 '큰 갈색 편지봉투'를 발견했다.

데모크리토스는 자연에서 관찰할 수 있는 변화란, 사물이 실제로 '변했음'을 뜻하지 않는다는 선배 철학자들의 생각에 동의했어. 따라서 만물은 각각 영원불변하는, 눈으로 보이지 않는 작은 입자로 구성되었을 것이라고 가정했지. 데모크리토스는 이 가장 작은 입자들을 원자라고 불렀단다.

힐데는 소피가 힐데의 빨간 실크 스카프를 침대 밑에서 발견했을 때 너무 놀랐다. 왜 그게 거기에 있었던 거지? 또 그게 어떻게 이렇게 쉽게 이 이야기에 얽혀 들어갈 수 있을까? 분명 어디 다른 곳에 있었을 텐데…….

소크라테스에 관한 부분은 소피가 신문에서 '레바논에 주둔한 노르웨이 유엔 평화 유지군에 관한 몇 줄의 기사'를 읽는 데서 시작되고 있었다. 이건 우리 아빠잖아! 힐데 아빠는 노르웨이 사람들이 유엔군의 평화 유지 활동에 너무 관심이 없다고 생각했다. 아무도 거기에 관심을 가지지 않으니 최소한 소피라도 신경을 써야 했다. 그럼 사람들에게 어느 정도 관심을 끌 수 있을 것이다.

힐데는 소피에게 보내는 철학 선생님의 편지에서 '추신 2'를 읽고 웃음을 터뜨렸다.

빨간 실크 스카프를 발견하거든 잘 보관해줘. 종종 물건이 서로 바뀔 때도 있거든. 특히 학교 같은 장소에서 말이야. 지금 이곳도 철학 학교라고 할 수 있지.

힐데는 계단을 올라오는 발소리를 들었다. 분명 생일 아침 식사를 들고 오는 엄마일 것이다. 엄마가 문을 노크하기 전에 힐데는 벌써 소피가 정원의 비밀 장소에서 알베르토 크녹스 선생님의 비디오를 발견하는 부분을 읽고 있었다.

"오늘은 힐데의 생일이라네, 랄랄라, 힐데의 생일을 축하해주자……."

엄마는 계단을 반쯤 올라와서부터 노래를 부르기 시작했다.

"랄랄라……."

"들어오세요!"

힐데는 이제 소피에게 직접 아크로폴리스에서 말을 거는 철학 선생님에 관한 부분을 읽어 내려갔다. '잘 다듬은 수염에 파란 베레모'를 쓴 모습이 힐데의 아빠와 거의 똑같았다.

"생일을 진심으로 축하해, 힐데야!"

"음……."

"왜 그러니?"

"거기 그냥 두세요."

"생일 축하를……."

"보시다시피 지금 좀 바빠서요."

"네가 벌써 열다섯 살이 됐구나!"

"아테네에 가본 적 있으세요, 엄마?"

"아니. 왜?"

"옛 신전들이 아직도 거기에 있다는 건 정말 이상한 일이에요. 2,500년이나 됐대요. 그중에 가장 큰 신전은 '동정녀의 집(파르테논)'이라고 부른대요."

"아빠 소포 뜯어봤니?"

"무슨 소포요?"

"나 좀 봐, 힐데야! 너 완전히 정신이 나갔구나!"

힐데는 그 큰 바인더 공책을 무릎에 내려놓았다.

엄마는 침대 위로 허리를 숙였다. 쟁반에는 양초와 빵, 그리고 레모네이드가 담겨 있었다. 하지만 엄마는 손이 두 개뿐이어서 노르웨이 국기는 겨드랑이에 끼고 있었다.

"정말 고마워요, 엄마. 정말 좋은 선물이에요. 하지만 아시죠, 전 정말 시간이 없어요."

"넌 그냥 1시에 교회만 오면 돼."

그제야 힐데는 자기가 어디에 있는지 깨달았다. 엄마는 쟁반을 탁자에 놓았다.

"죄송해요. 여기에 너무 빠져 있었어요."

힐데는 공책을 가리키며 덧붙여 말했다.

"아빠가 보내신 거예요……."

"도대체 뭐라고 써 있길래? 나도 너만큼이나 기대하고 있어. 지난 몇 달 동안 아빠가 제정신으로 하는 말을 들어본 적이 없을 정도야."

무슨 이유에서인지 힐데가 갑자기 머뭇거렸다.

"아, 그냥 역사책이에요."

"역사?"

"네, 역사요. 철학 책이기도 하고요. 그냥 그런 거예요."

"너 내 선물은 안 뜯어볼 거야?"

힐데는 어떤 선물도 차별하지 않기 위해 엄마가 준 선물도 뜯어보았다. 금팔찌였다.

"너무 예뻐요! 정말 고마워요!"

힐데는 벌떡 일어나서 엄마에게 키스했다.

모녀는 잠시 이야기를 나누었다.

"이제 혼자 있게 해주세요."

힐데는 말했다.

"그가 지금 저 아크로폴리스에 있으니까요. 아시겠죠?"

"누구 말이니?"

"글쎄요, 그건 저도 잘 몰라요. 그리고 소피도 모르죠. 그게 바로 문제 예요."

"뭐, 어쨌든 난 사무실에 가봐야 해. 밥 챙겨 먹으렴. 네 옷은 아래층에 있어."

드디어 엄마가 나갔다. 그리고 소피의 철학 선생님은 하던 일을 계속했다. 선생님은 아크로폴리스 앞 계단을 내려와 아레이오스 파고스 언덕을 올라갔다가, 잠시 후 아테네의 옛 광장에 나타났다. 힐데는 옛 건물들이 갑자기 폐허에서 솟아올랐다는 이야기를 읽고 놀라 움찔했다. 유엔에 가입한 모든 국가들이 아테네의 옛 광장의 모습을 본떠서 광장을 건설해야 한다는 것이 평소 아빠의 생각이었다. 사람들은 여기서 철학적인 문제와 군비 축소의 가능성을 논의할 수 있을 것이다. 그런 거대한 구상이 인류를 결합시킬 수 있을 거라고 말했다.

"우리는 해저 자원 탐사용 인공 섬과 달 착륙 기구도 만들었잖니?"

그다음 힐데는 플라톤에 대해 읽었다.

"사랑의 날개를 단 영혼은 이제 이데아의 세계에 있는 '고향'으로 날아가지. 그리고 감옥과도 같은 육체에서 벗어나려 해."

소피는 덤불 울타리를 넘어 헤르메스의 뒤를 쫓아갔지만 눈앞에서 놓쳐버렸다. 소피는 플라톤에 관해 읽은 뒤에 숲 속 깊이 들어가 작은 호숫가의 빨간 오두막에 도착했다. 그곳에는 비에르켈리 그림이 걸려 있었다. 그림 설명으로 봐서 힐데의 비에르켈리였다. 그리고 버클리라는 이름을 가진 남자의 그림도 걸려 있었다.

"버클리와 비에르켈리. 이상하지 않아?"

힐데는 공책을 침대에 놓고 책장으로 가서 열네 번째 생일 선물로 받은 세 권짜리 백과사전을 들춰보았다. 버클리…… 여기 있다!

버클리, 조지(Berkeley, George, 1685~1753), 영국의 철학자, 클로인(Cloyne)의 주
교. 인간 의식 외부의 물질세계의 존재를 부인. 우리의 감각은 신에게 나온다
고 했음. 버클리는 그 밖에도 추상적인 보편 관념에 대한 비판으로 유명함. 대
표작 『인간 인식의 원리에 관한 논고』(1710)

그런데 이상하다. 힐데는 잠시 멈춰 서서 생각에 잠겼다가 다시 침대
로 돌아와 공책을 펼쳤다.

이 두 그림을 건 사람은 어쨌든 힐데의 아빠일 것이다. 이름이 비슷하
다는 것 외에 어떤 유사점이 있을까?

그러니까 버클리는 인간 의식 외부의 물질세계를 부인한 철학자다.
사람들은 얼마든지 이상한 주장을 할 수 있지만, 그런 주장을 반박하는
것 역시 언제나 쉬운 일은 아니다. 이 말은 소피의 세계에 딱 들어맞는
다. 소피의 '감각'은 정말 힐데의 아빠가 만든 것이다.

계속 읽어나가면 힐데는 더 많은 것을 알게 될 것이다. 힐데는 공책을
보면서 소피가 거울 속에서 두 눈을 깜빡이는 소녀의 모습을 보았다는
이야기를 읽고 피식 웃었다.

돌연 아주 잠깐 동안 거울 속의 소녀가 두 눈을 깜박였다. …… 두 눈을 깜빡
여 뭔가를 말하려는 것 같았다.

'소피, 나는 너를 볼 수 있어. 나는 여기 반대편에 있어……'

그곳에서 소피는 작은 초록색 지갑도 발견했다. 돈과 학생증이 들어 있는 지갑을! 그게 어떻게 거기에 있는 것일까?

쓸데없는 소리! 몇 초 동안 힐데는 소피가 정말로 그 지갑을 발견했다고 생각했다. 하지만 그 후에 힐데는 책 속의 모든 일들을 소피의 눈으로 함께 체험해보기로 했다. 분명히 아주 신비롭고 깊이를 알 수 없는 일일 거야.

힐데는 처음으로 소피와 직접 만나서 이야기하고 싶은 열망을 느꼈다. 힐데는 기꺼이 소피와 함께 모든 것이 서로 어떤 관련이 있는지에 대해 이야기를 나누고 싶었다.

하지만 이제 소피는 현장에서 들키기 전에 오두막을 빠져나와야 한다. 호수에는 당연히 조각배가 떠 있다. 아빠는 조각배에 얽힌 그 오래된 이야기를 꼭 여기서 또 힐데에게 상기시켜야 했을까!

힐데는 레모네이드를 한 모금 마시고 게살 샐러드가 든 빵을 한 입 베어 먹으면서, 플라톤의 이데아론을 비판한 '정리 정돈의 사나이' 아리스토텔레스에 대해 읽었다.

아리스토텔레스는 일단 감관 속에 실재하지 않는 것은 의식 속에도 실재하지 않는다고 주장했단다. 하지만 플라톤은 다음과 같이 말했을 거야. 이데아 세계에 먼저 실재하지 않는 것은 자연에 존재하지 않는다고 말이야. 아리스토텔레스는 이런 식으로 플라톤이 사물의 수를 쓸데없이 두 배로 늘렸다고 생각했단다.

힐데는 아리스토텔레스가 '식물계, 동물계, 광물계'라는 놀이를 고안

해냈다는 사실을 처음 알았다.

아리스토텔레스는 한 소녀의 방과 같은 자연을 철저하게 정돈하려고 했단다. 자연 만물이 여러 가지 무리와 작은 무리에 속함을 증명해보려고 했지.

소피는 아리스토텔레스의 여성상에 관해 읽었을 때 놀라면서 당혹스러워했다. 그렇게 유능한 철학자가 그렇게 바보였다니!

소피는 아리스토텔레스의 영감을 받아 자신의 '소녀의 방'을 정리하다가 어질러진 방 안에서 한 달 전에 힐데의 옷장에서 없어진 흰색 양말을 발견했다. 소피는 크녹스 선생님이 보낸 모든 편지를 묶어서 바인더 공책에 넣었다.

"벌써 50쪽이 넘었어."

힐데는 지금 178쪽을 읽고 있지만, 알베르토 크녹스 선생님의 많은 철학 편지 외에 소피의 모든 이야기들을 읽어야 한다.

다음 장의 제목은 '헬레니즘'이다. 이 장에서는 우선 소피가 유엔군 지프차 그림이 있는 엽서 한 장을 발견했다. 6월 15일 자 유엔 평화 유지군의 날짜 도장이 찍혀 있다. 힐데의 아빠가 우편으로 보내는 대신 소피를 통해 힐데에게 보낸 또 하나의 '엽서'다.

사랑하는 힐데야! 열다섯 번째 네 생일을 아직도 축하하고 있겠지. 아니면 벌써 생일이 지난 다음일까? 여하튼 그 선물이 얼마나 오래갈지는 별로 중요하지 않아. 어떤 면에선 네가 평생 동안 그 선물의 덕을 볼 테니까. 하지만 지금은 다시 한 번 네 생일을 축하해. 내가 이 엽서를 소피에게 보내는 이유를 이제는 아마 이해하겠지. 소피가 이 엽서를 너에게 전해주리라 믿어.

추신 : 네가 지갑을 잃어버렸다는 말을 엄마가 해주더구나. 내가 150크로네를 보태줄게. 새 학생증은 분명히 여름방학 전에 학교에서 받게 될 거야.

— 사랑을 보내며, 아빠가

'나쁘지 않네' 힐데는 생각했다. 150크로네를 벌었으니까. 아빠는 분명 직접 만든 선물만으로는 충분하지 않다고 생각했나 보다.

소피의 생일도 6월 15일이다. 그러나 소피의 달력은 여전히 5월을 가리키고 있었다. 힐데의 아빠는 그때 이 장을 썼고 '생일 축하 엽서'도 실제보다 앞선 날짜에 썼던 것이다.

그러는 동안에 불쌍한 소피는 요룬이 기다리고 있는 슈퍼마켓으로 달려갔다.

힐데가 누굴까? 힐데의 아빠는 어떻게 소피가 당연히 힐데를 찾아낼 수 있으리라 생각했을까? 어떤 경우라도 엽서들을 자기 딸에게 직접 보내지 않고 소피에게 보낸 건 쉽게 이해가 되지 않는다.

힐데도 플로티노스에 관한 장을 읽고 있는 동안 허공을 떠다니는 것 같은 느낌이었다.

내 말은 우리가 두 눈으로 볼 수 있는 만물 속에 성스러운 신비가 깃들어 있다는 거야. 한 송이 해바라기나 양귀비꽃에게서 신성한 빛이 번쩍이고 나뭇가지에 앉았다 날아가는 한 마리 나비에게서 아니면 어항에서 헤엄쳐 다니는 금붕어에게서 이처럼 헤아리기 어려운 신비를 더욱 더 예감할 수 있어. 그러나 우리는 우리의 영혼 속에서 신에게 가장 가까이 다가갈 수 있어. 우리는 오로지 영혼 속에서 거대한 인생의 비밀과 하나가 될 수 있지. 바로 그거야. 우리는 좀처럼 만나기 어려운 순간에 우리 자신을 이처럼 성스럽고 신비로운 것으로 체험할 수 있단다.

여기까지 읽은 글은 힐데가 이제껏 읽어본 글 중에서 가장 어려운 내용이었다. 하지만 동시에 가장 단순하기도 했다. 모든 것은 하나이며, 이 '하나'는 모든 부분들을 포함하는 신적인 신비로움이다.

이건 사람들이 반드시 믿어야 하는 건 아니라고 생각했다. '그건 그냥 그런 것이다.' 모든 사람은 저마다 마음에 드는 것에 이 '신적'이라는 낱말을 붙일 수 있는 것이다.

힐데는 재빨리 다음 장으로 넘겼다. 소피와 요룬은 5월 17일 밤에 천막을 치고 야영을 하려 했다. 그리고 둘은 소령의 오두막으로 가게 되었다…….

이렇게 뻔뻔한 건 처음 봐! 힐데의 아빠는 여기 작은 오두막 안에서 두 소녀가 힐데가 받을 5월 초에 쓴 모든 우편엽서의 복사본을 찾아내게 했다. 그리고 그 복사본들은 모두 진짜였다. 힐데는 아빠가 보낸 엽서들을 몇 번이고 다시 읽었다. 그리고 한마디 한마디가 무슨 뜻인지 알아챘다.

사랑하는 힐데야! 난 정말 네 생일과 관계된 이 모든 비밀 때문에 가슴이 터질 것만 같아. 그래서 애써 마음을 가다듬고 있어. 하루에도 여러 번 전화를 걸어 모든 것을 털어놓고 싶어지거든. 그런데 점점 심해지는구나. 너도 알다시피 무엇이든 점점 커지는 것은 혼자만 간직하기가 더욱 어려워지잖니.

소피는 알베르토 크녹스 선생님에게 새로운 편지 두 통을 받았다. 그건 유대인과 그리스인, 그리고 이 두 민족의 거대한 문화권에 관한 것이었다. 힐데는 이 광범위한 역사의 조감도가 아주 재미있었다. 학교에서는 이런 것을 전혀 가르쳐주지 않으니까. 소피가 편지를 다 읽었을 때, 힐데의 아빠는 소피에게 예수와 기독교에 관한 전혀 새로운 관점을 제시했다. 괴테에게서 따온 인용구가 마음에 들었다.

지난 3,000년을
설명할 수 없는 이는
하루하루를 어둠 속에서
아무것도 모르는 채 살아가게 되리라.

다음 장은 소피네 부엌 창문에 끼어 있던 한 장의 종이에서 시작했다. 그건 힐데의 생일을 축하하는 인사였다.

사랑하는 힐데야! 네가 이 엽서를 생일 전에 받아 볼 수 있을지 모르겠구나. 그랬으면 좋겠지만, 아니더라도 너무 늦지는 않았으면 좋겠구나. 소피가 흘려보내는 1~2주는 우리와 똑같은 시간이 아니야. 나는 6월 23일에 집에 도착할 거야. 그때 우리 그네에 앉아서 함께 호수를 바라볼 수 있겠지. 우리는 서로 할 얘기가 무척 많을 거야.

그러고 나서 알베르토 크녹스 선생님은 소피에게 전화를 걸었고, 소피는 처음으로 그의 목소리를 들었다.

"꼭 전쟁 이야기처럼 들리는데요?"
"정신적 투쟁이라고 부르는 편이 더 좋겠구나. 우리는 힐데의 주의를 끌어서 그 애 아버지가 릴레산으로 돌아오기 전에, 힐데를 우리 편으로 만들어야 해."

그래서 소피는 중세의 수도사 차림을 한 알베르토 크녹스 선생님을 중세에 건축된 오래된 성모 마리아 교회에서 만나야 했다.
교회 안에서, 아 그렇지! 힐데는 시계를 보았다. 1시 15분. 힐데는 시간을 완전히 잊어버리고 있었다.
힐데가 자기 생일에 교회에 안 가도 그게 그렇게 나쁜 일은 아닐 것이다. 물론 그럼 많은 친구들의 축하 인사는 못 받게 되겠지만 뭐, 축하 인사쯤이야 나중에 받아도 되지.
다시 힐데는 책 속으로 빠져들어 긴 설교를 들어야만 했다. 크녹스 선생님은 별 어려움 없이 설교단에 섰다. 힐데는 힐데가르트가 자신의 환상 속에서 여신 소피아의 모습이 나타났다고 말한 부분에서 다시 백과사전을 집어 들었다. 그러나 이번에는 힐데가르트도 소피아도 찾을 수 없었다. 아주 흔한 일이다. 사전은 항상 여자나 여성적인 것에 대해서는 달의 분화구처럼 침묵할 뿐이다. 어떤 남성 단체가 사전을 검열하고 빼버린 건가?
힐데가르트 폰 빙겐은 전도사, 작가, 의사, 식물학자, 과학자였다. 그 밖에도 '중세에 때때로 여성이 남성보다 더 실제적이며, 과학적일 수 있다는 사실을 보여주는 좋은 예'다. 하지만 사전에는 힐데가르트에 관해 단 한마디도 나와 있지 않았다. 정말 부끄러운 일이다!

힐데는 아직 한 번도 신이 '여성적인 면'이나 '모성'을 갖고 있다는 말을 들어본 적이 없다. 그리고 바로 이런 여성적인 면이 소피아인데 이것 역시 사전 편찬자에게는 잉크 1그램의 가치도 없었나 보다.

힐데가 백과사전에서 찾아낸 것 중에서 가장 비슷한 것은 콘스탄티노플에 있는 하기아 소피아 사원이다. '하기아 소피아'는 '성스러운 지혜'라는 뜻이다. 불가리아의 수도와 수많은 왕비들의 이름을 이 '지혜'를 따서 지었지만, 사전에는 이 지혜가 여성적이라는 것에 대해 단 한마디도 나와 있지 않았다. 검열만 없었더라면…….

힐데는 계속 읽다가 소피가 실제로 '나타나리라'는 사실을 알게 되었다. 힐데는 검은 머리 소녀를 눈앞에서 볼 수 있는 시간이 오리라는 걸 믿게 되었다…….

소피는 성 마리아 교회에서 밤을 새우고 집에 돌아와서 숲 속의 오두막에서 가져온 청동 거울 앞으로 다가갔다.

소피는 길게 늘어뜨린 생머리가 가장 잘 어울리는 자신의 까만 머리카락과 함께 창백한 소피 얼굴의 또렷한 윤곽을 보았다. 그런데 소피 얼굴 아래인가 뒤쪽에서 또 다른 얼굴이 유령처럼 어른거리기 시작했다.

거울 속의 이 낯선 소녀는 두 눈을 깜빡였다. 마치 거울 저편에 자기가 있다는 신호를 주려는 것처럼 보였다. 단지 몇 초 사이에 일어난 일이었다. 그러고는 곧 사라져버렸다.

힐데는 자주 거울 앞에서 다른 소녀의 모습을 찾아보려고 했다. 하지만 아빠가 그걸 어떻게 알았을까? 그리고 힐데는 검은 머리 소녀가 나타나기를 기다리지 않았던가. 힐데의 증조할머니는 그 거울을 집시 여인에게서 샀다고 했지…….

힐데는 그 큰 공책을 움켜잡은 손이 떨리고 있음을 느꼈다. 힐데는 소피가 정말로 '저편' 어딘가에 있을 거라고 확신했다.

지금 소피는 힐데와 비에르켈리의 꿈을 꾸고 있다. 힐데는 소피를 볼 수도, 목소리를 들을 수도 없다. 그러다가 소피는 오솔길에서 힐데의 황금 십자가 목걸이를 발견하고 꿈에서 깨어보니 힐데의 이니셜이 새겨진 목걸이 그리고 그 밖의 여러 가지 물건이 침대에 놓여 있었다.

힐데는 곰곰이 생각해 보았다. 혹시 내가 정말로 황금 십자가 목걸이를 잃어버린 건 아닐까? 힐데는 서랍장으로 가서 보석 상자를 꺼냈다. 정말 할머니가 세례식 때 주신 황금 십자가 목걸이가 없다!

분명히 덜렁거리다가 잃어버렸을 것이다. 어쨌든 좋아! 그런데 힐데의 아빠는 힐데가 십자가 목걸이를 잃어버린 건 어떻게 알았을까? 힐데 자신도 모르고 있었던 일을?

그리고 하나 더, 소피는 힐데의 아빠가 레바논에서 돌아오는 꿈을 아주 생생하게 꿨지만 정작 그가 돌아올 날은 아직 일주일이나 남았다. 소피가 예지몽을 꾼 것일까? 아빠는 자기가 집에 돌아오면 어떤 식으로든 소피도 여기 있을 거라고 생각한 걸까? 아빠는 힐데가 새로운 친구를 만나게 될 거라고 적었는데………

유리처럼 맑은, 그러나 아주 짧은 환영 속에서 힐데는 소피가 단순히 종이와 잉크 그 이상의 무엇이라는 것을 깨달았다. 바로 소피의 존재를!

계몽주의

······ 바늘 만들기부터 대포 주조까지 ······

힐데는 르네상스에 관한 부분을 읽기 시작할 때 엄마가 집으로 들어오
는 소리를 들었다. 시계를 보니 4시였다.

엄마는 계단을 빠르게 올라와 문을 열었다.

"너 교회에 안 갔니?"

"아뇨, 당연히 갔죠."

"하지만…… 뭘 입고 갔니?"

"지금 이대로요."

"잠옷을 입고 갔다고?"

"음…… 성모 마리아 교회에 갔었어요."

"마리아 교회에?"

"중세에 지어진 낡은 석조 교회예요."

"힐데야!"

힐데는 공책을 무릎에 올려놓고 엄마를 올려다보았다.

"완전히 잊고 있었어요, 엄마. 죄송해요. 이해해주세요. 아주 흥미진진한 걸 읽고 있었거든요."

엄마는 웃을 수밖에 없었다.

"이 책은 사람을 끌어들이는 뭔가가 있어요."

힐데가 덧붙였다.

"그래, 그래. 다시 한 번 진심으로 생일을 축하해."

"아, 제가 아직도 축하 인사를 더 받을 수 있는지 몰랐네요."

"하지만 난 아직……. 난 잠깐 눈을 좀 붙이고 나서 파티 음식을 준비해야겠어. 딸기를 사 왔단다."

"전 계속 더 읽을게요."

엄마가 방에서 나가고 힐데는 계속 읽어나갔다. 소피는 헤르메스와 함께 시내를 지났다. 알베르토 크녹스 선생님 댁 계단에서 소피는 또 레바논에서 온 엽서를 발견했다. 그것 역시 6월 15일 자 도장이 찍혀 있었다.

이제야 비로소 힐데는 전체 날짜의 체계를 이해하기 시작했다. 6월 14일 이전 날짜가 찍힌 엽서들은 힐데가 이미 받은 엽서들의 복사본이고, 6월 15일 자로 되어 있는 엽서들은 지금 바인더 공책을 통해 받은 것이다.

사랑하는 힐데야! 이제 소피가 철학 선생님 댁에 발을 들여놓았단다. 그 애는 곧 열다섯 살이 되겠지만 너의 생일은 어제였을 거야. 혹시 오늘인가? 생일이 오늘이라면 이 엽서가 최소한 너무 늦지는 않았으면 좋겠구나. 우리의 시간이 항상 같은 속도로 흐르는 건 아니지만 말이야…….

힐데는 알베르토 크녹스 선생님이 소피에게 르네상스와 새로운 과학, 17세기의 합리주의와 영국의 경험론에 대해 설명하는 부분을 읽었다.

힐데는 아빠가 소설 속에 끼워 넣은 새로운 엽서들과 축하 인사가 도착할 때마다 여러 번 움찔했다. 그런 쪽지들이 작문 공책에서 떨어지고, 바나나 껍질 속에서 나타나고, 심지어는 컴퓨터 속에 들어 있기도 했다. 힐데 아빠는 조금도 힘들이지 않고 크녹스 선생님으로 하여금 소피를 힐데로 '잘못 부르도록' 조종했다. 하지만 헤르메스가 "힐데야, 진심으로 생일 축하해!"라고 말하게 한 것이 절정이었다.

힐데는 아빠가 자신을 신이자 하느님에 비유한 사실은 좀 지나치다는 크녹스 선생님의 생각에 동의했다. 하지만 이런 경우에 누구의 편을 들어야 하지? 크녹스 선생님이 아빠를 비난하게 한 사람이 바로 아빠 자신이었음을 알고 나니, 아빠가 자신을 신에 비유한 것도 그리 엉뚱한 일은 아니다. 소피의 세계에서 힐데의 아빠는 전능한 신인 것이다.

크녹스 선생님이 버클리 이야기를 하려고 할 때, 힐데는 소피만큼이나 긴장했다. 도대체 무슨 일이 일어날까? 인간 의식 외부의 물질세계의 존재를 부인한 이 철학자의 차례가 오면 뭔가 아주 특별한 일이 생길 거라는 사실이 이미 오래전부터 예정되어 있었다. 결국 힐데는 백과사전까지 들추어보았다.

얘기는 소피와 크녹스 선생님이 창가에 서서 힐데의 아빠가 보낸 긴 축하 깃발을 매단 경비행기가 날아오고 먹구름이 도시 쪽으로 몰려드는 것을 바라보는 장면에서 시작됐다.

"그러니까 문제는 '존재하느냐 아니냐'가 아니라 '우리가 무엇이냐'는 거야.

살과 피로 된 육체가 인간의 실체일까? 우리 세계는 실제의 사물로 이루어져 있을까? 아니면 우리는 단지 의식에 둘러싸여 있는 걸까?"

소피가 다시 손톱을 물어뜯기 시작한 것도 놀랄 일은 아니지. 힐데에게는 이런 버릇이 없지만, 지금 힐데도 발가락이 근질근질하다.

그러고 나서 어느 날, 크녹스 선생님은 모든 것을 행하는 의지나 정신이 선생님과 소피에게는 힐데의 아빠일 수도 있다고 말했다.

"그가 우리에게는 일종의 신이라는 말씀이세요?"

"그래, 흥분하지 마. 하지만 그는 부끄러운 줄 알아야 해!"

"힐데는 누구죠?"

"그 아이는 천사야."

"천사요?"

"힐데는 그 '정신'이 지향하는 천사야."

그러고 나서 소피는 빗속으로 뛰쳐나갔다. 비에르켈리에도 간밤에 평생에 다시 없을 폭풍우가 휩쓸고 지나갔다. 그럼 그게 소피가 시내로 달려간 지 몇 시간 후의 일이었던 건가?

내일이 내 생일인데 열다섯 번째 생일 전날에 삶이 꿈에 지나지 않는다는 사실을 알게 되는 건 너무 비참한 일이 아닌가? 백만 크로네를 벌어서 좋아하다가 꿈에서 깨어나면 얼마나 허무할까?

소피는 젖은 운동장을 가로질러 뛰어갔다. 맞은 편에서 뛰어오는 사람이 보였다. 엄마다. 성난 번개가 하늘을 찢고 있었다.

엄마는 소피를 껴안았다.

"이게 무슨 일이니, 애야?"

"저도 모르겠어요."

소피는 울음을 터뜨렸다.

"악몽 같아요."

힐데는 눈가가 촉촉하게 젖어드는 것을 느꼈다.

"죽느냐 사느냐, 그것이 문제로다."

힐데는 바인더 공책을 침대 위에 내던지고 벌떡 일어나서 방 안을 이리저리 서성였다. 그러다 마지막에는 청동 거울 앞에 멈추어 섰다. 힐데는 엄마가 밥 먹으라고 부를 때까지 거기 그대로 서 있었다. 문 두드리는 소리가 났을 때, 엄마가 얼마나 오래 문 앞에 서 있었는지 알 수 없었다. 그러나 힐데는 거울 속의 모습이 자신에게 동시에 두 눈을 깜빡였다는 건 확신할 수 있었다.

힐데는 식사를 하면서 생일 축하에 감사하는 표정을 지으려 했지만 사실 마음속으로는 내내 소피와 알베르토 크녹스 선생님을 생각하고 있었다.

힐데의 아빠가 모든 것을 조종한다는 걸 알게 된 지금, 그들은 어떻게 될까? 그들은 알고 있을까? 그들이 뭔가 알고 있다고 생각하는 건 무의미한 일이다. 힐데의 아빠는 마치 그들이 뭔가를 아는 것처럼 생각하게 만들었을 뿐이다. 만일 소피와 철학 선생님이 모든 것이 어떻게 연관되어 있는지를 진짜 '알게' 되면, 그때 그들은 어떤 의미로든 마지막을 맞게 될 것이다.

이런 문제가 자신의 세계에도 그대로 적용된다는 생각을 하자, 힐데는 큰 감자 조각이 목에 걸린 느낌이었다. 인간들은 아무 의심도 없이 자연법칙에 휘말린다. 하지만 철학과 과학 퍼즐의 마지막 조각을 찾아낸 뒤에도 인류의 역사는 계속될까? 아니면 그때 역사는 끝나는 걸까? 한편으로는 사고와 학문, 다른 한편으로는 원시 우림과 온실 효과 사이에 어떤 연관성이 있을까? 그럼 인간의 인식 욕구를 '인류의 원죄'라고 부르는 것도 그다지 어리석은 일이 아니지 않을까?

이 물음은 너무 강렬하고 충격적이어서 힐데는 잊어버리고 싶었다. 아빠의 생일 선물을 계속 읽으면 더 많은 것을 알게 되겠지.

"더 하고 싶은 거 없어?"

엄마가 딸기가 든 젤라토를 먹고 나서 말했다.

"이제 네가 제일 하고 싶은 걸 하자."

"이상하게 들리겠지만 전 그냥 아빠의 선물을 계속 읽고 싶어요."

"하지만 거기에 너무 정신 팔리면 안 돼."

"아니에요. 그런 일은 없을 거예요."

"같이 피자를 굽고, 추리극「데리크」도 보려고 했는데……."

"네……."

힐데는 갑자기 소피가 자기 엄마와 어떻게 이야기를 나누는지 생각해보았다. 힐데의 아빠는 힐데의 엄마를 모델로 소피의 엄마를 만들어냈다. 안전을 위해 힐데는 우주라는 마술사의 모자 속에서 끄집어낸 흰 토끼에 대해서는 아무 말도 하지 않기도 했다. 어쨌든 오늘만큼은 말하지 않기로…….

"아, 그런데……."

힐데가 일어나서 말했다.

"응?"

"황금 십자가 목걸이가 없어졌어요."

힐데의 엄마는 묘한 표정으로 딸을 바라보았다.

"몇 주 전에 오솔길에서 봤어. 분명 거기서 잃어버린 거야, 덜렁아!"

"아빠한테도 말했어요?"

"모르겠네. 아마 얘기했을걸……."

"지금은 어디 있어요?"

"잠깐만."

엄마가 자리에서 일어나 나가고 잠시 후에 힐데는 놀라 외치는 엄마의 목소리를 들었다. 엄마는 다시 거실에 나와 있었다.

"그게 또 없어졌어."

"그럴 줄 알았어요."

힐데는 엄마에게 입 맞추고 다시 다락방으로 올라갔다. 드디어 이제소피와 알베르토의 이야기를 계속 읽을 수 있게 되었다. 힐데는 침대에기대어 그 무거운 공책을 무릎 위에 올려놓았다.

소피는 아침에 엄마가 침실로 들어왔을 때 잠에서 깼다. 엄마는 선물을 가득 담은 쟁반을 들고 있었다. 그리고 빈 레모네이드 병에 깃발 하나가 꽂혀 있었다.

"소피야! 진심으로 생일을 축하해."

소피는 눈을 비비며 일어나 어제 있었던 일을 기억해내려고 했다. 하지만 모든 것이 흩어진 퍼즐 조각 같았다. 한 조각은 알베르토 크녹스 선생님, 또 한 조각은 힐데와 소령이다. 또 하나는 버클리, 그리고 또 하나는 비에르켈리다. 그리고 제일 어려운 것은 그 무서운 폭풍우였다. 소피는 거의 신경쇠약증에 걸릴 지경이었다. 엄마는 소피의 몸을 잘 닦아주고 꿀을 탄 뜨거운 우유를 한 잔 마시게 한 다음 침대에 눕혔다. 소피는 바로 잠에 빠졌다.

"제가 아직 살아 있군요."

잠에서 깬 소피가 더듬거리며 말했다.

"그럼. 오늘로 열다섯 살이야."

"진짜요?"

"당연하지. 엄마가 하나뿐인 딸이 언제 태어났는지도 모르겠니? 1975년 6월 15일, 정확하게 1시 반이었어. 내 인생에서 가장 행복한 순간이었지."

"엄마는 그 모든 게 꿈이 아니라는 걸 확신할 수 있어요?"

"꿈이더라도 그건 아름다운 꿈일 거야. 꿈속에서 네가 건포도 빵과 레모네이드를 먹고 생일 선물을 받을 만큼 자랐으니까 말이야."

엄마는 쟁반을 의자 위에 놓고 잠시 방에서 나갔다가 건포도 빵과 레모네이드가 담긴 쟁반을 들고 돌아왔다. 엄마는 그것을 소피의 발치에 내려놓았다.

이제 선물 포장을 뜯으며, 15년 전 출산의 고통을 회상하는 평범한 생일 아침이 시작되었다. 소피는 엄마에게 테니스 라켓을 선물 받았다. 소피는 아직 테니스를 쳐본 적이 없지만 클뢰베르베이엔에서 2분 거리에 테니스장이 있다. 아빠는 소형 텔레비전과 라디오를 선물로 주었다. 텔레비전 화면은 보통 사진 크기였다. 고모와 여러 친척들의 선물도 있었다.

엄마가 말씀하셨다.

"엄마 오늘 나가지 말고 집에 있을까?"

"아니요. 왜요?"

"어제는 네 상태가 정말 안 좋았어. 오늘도 네가 계속 아프면 정신과 의사에게 가봐야 할 것 같아."

"그러지 않으셔도 돼요."

"그냥 폭풍우 때문이었니, 아니면 크녹스 선생님 때문이었니?"

"엄마는 어떻게 생각하세요? 어제는 '이게 무슨 일이니?' 하고 물으셨 잖아요."

"나는 네가 시내에서 이상한 사람들을 만나고 다니는 줄 알았어. 내 책임인 것 같구나……"

"제가 틈틈이 철학 공부를 하는 건 누구의 '책임'도 아니에요. 출근하 셔도 돼요. 저는 10시까지 학교에 가야 해요. 오늘 성적표를 받고 나면 이제 좀 쉴 수 있어요."

"성적이 어떻게 나올 것 같니?"

"어쨌든 지난번보다는 'A'가 많아졌을 거예요."

엄마가 나가신 지 얼마 안 돼서 전화벨이 울렸다.

"소피 아문센입니다."

"알베르토 크녹스야."

"아……."

"어제 소령이란 자가 폭탄을 아끼지 않고 실컷 썼더구나."

"무슨 말씀인지 모르겠어요."

"폭풍우 말이야, 소피야."

"저는 뭘 믿어야 할지 모르겠어요."

"무지의 자각이야말로 참된 철학자의 첫째 덕목이지. 그렇게 짧은 시간 동안에 그걸 배웠다니 자랑스럽구나!"

"아무것도 실제로 존재하지 않는 것 같아서 두려워요."

"그건 실존적 불안이라고 하는 건데, 새로운 인식으로 넘어가는 과도기적 단계일 뿐이야."

"철학 수업을 좀 쉬어야 할 것 같아요."

"지금 집 뜰에 개구리가 많니?"

소피는 웃지 않을 수 없었다. 크녹스 선생님은 말을 계속했다.

"내 생각엔 계속하는 게 더 좋을 것 같아. 어쨌든 생일을 진심으로 축하해! 성 세례 요한 축일까지는 수업을 마칠 수 있을 거야. 그게 우리의 마지막 희망이지."

"무엇에 대한 희망인가요?"

"기억하지? 이건 그렇게 빨리 끝낼 수 있는 일이 아니야. 무슨 말인지 알겠니? 데카르트 생각나지?"

"나는 생각한다, 고로 나는 존재한다."

"우리 자신의 방법적 회의에 따르면, 우리는 지금 이 순간 그냥 빈손으로 서 있는 거야. 우리는 우리 자신이 생각을 하는지조차 모르고 있어. 어쩌면 우리가 '어떤 존재의 생각 속에서 만들어지고 존재하는' 관념에 지나지 않을 수도 있지. 그리고 우리가 단지 관념에 지나지 않는다는 사실은 우리가 스스로 생각하는 존재라는 것과는 전혀 달라. 그런데 지금 우리는 힐데의 아빠가 우리를 만들어냈다고 가정할 만한 충분한 근거를 가지고 있어. 우리는 힐데의 아버지가 릴레산에 있는 자기 딸의 생일을 위한 장난감일 뿐이야. 알겠니?"

"예……."

"하지만 그 안에는 어떤 모순이 숨어 있어. 우리가 고안된 존재들이라면 우리에게는 어떤 것도 생각할 권리도 없을 거야. 그럼 이 전화 통화도 순전히 상상일 뿐이지."

"그러면 우리에게 자유의지라곤 하나도 없고 소령이 우리의 모든 말과 행동을 계획하고 조종하는 거군요. 그래서 우리는 벌거벗겨진 채인 거고요."

"아니야, 너는 너무 단순해."

"설명해보세요!"

"너는 어떤 사람이 우리가 무엇을 꿈꾸는지까지 모두 계획한다고 생각하니? 우리가 하는 모든 일을 힐데의 아빠가 정확히 안다는 건 맞을 수도 있어. 모든 것을 알고 있는 그에게서 벗어나는 건 어쩌면 우리 자신의 그림자로부터 도망치는 것만큼이나 어려운 일일 수도 있지. 그러나 여기서 나는 계획을 하나 세우려 해. 앞으로 일어나게 될 일을 소령이 이미 결정했는지 아닌지 확실하지 않아. 아마 그는 일이 닥친 그 순간에야 결정하겠지. 그런데 바로 그 순간에 우리는 우리의 말과 행동을 우리 스스로가 결정하도록 시도해볼 수 있을 거야. 당연히 그런 시도는 소령의 엄청난 노력에 비교하면 아주 미약한 자극에 지나지 않아. 우리는 개가 말하고, 경비행기가 생일 축하 깃발을 날리고, 바나나에서 축하 메시지가 나오고, 폭풍우가 몰려오는 것 같은 일에 속수무책이기는 해. 하지만 그래도 우리에게 미약하게나마 저항할 힘이 있다는 걸 무시해서는 안 돼."

"어떻게 저항할 수 있죠?"

"소령은 우리의 작은 세계에 대해 모든 것을 알고 있지만, 그게 그가 전능하다는 뜻은 아니야. 어떤 경우든 우리는 그가 전능하지 않다고 생각하면서 우리의 삶을 살도록 노력해야 해."

"무슨 말씀인지 알겠어요."

"우리가 몰래 우리 자신의 힘으로 무언가를 이루어내면, 게다가 그 소령이 밝혀내지 못할 일을 해내면 그건 정말 멋진 마술이 될 거야."

"하지만 우리가 존재하지 않는다면 그게 어떻게 가능하죠?"

"우리가 존재하지 않는다고 누가 그래? 문제는 우리가 존재하느냐 않느냐가 아니라, 우리가 무엇이며 누구냐는 거야. 우리가 단지 소령의 분열된 의식 속의 자극, 그의 의식 속의 관념일 뿐이라는 사실이 밝혀진다 해도, 그것이 우리가 존재한다는 사실 자체를 어쩌지는 못할 거야."

"우리의 자유의지도요?"

"그럴 경우를 연구 중이란다."

"하지만 틀림없이 힐데의 아빠는 선생님이 '그럴 경우를 연구하고 있는' 것도 잘 알고 있을 거예요."

"맞아. 하지만 그는 내 계획은 알지 못해. 나는 아르키메데스의 점을 찾고 있지."

"아르키메데스의 점요?"

"아르키메데스는 헬레니즘 시대의 과학자야. '내게 고정된 점을 하나 다오. 그러면 지구를 움직여 보이마.' 하고 말했지. 우리는 소령의 마음속에 있는 이 우주에서 빠져나오기 위해 그런 점을 찾아야 해."

"그건 정말 좋은 과제군요."

"그럼. 하지만 우리는 철학 수업을 모두 마쳐야 빠져나올 수 있어. 그때까지 소령은 우리를 꽉 잡고 있을 거야. 그는 내가 너를 수 세기를 지나 지금 시대로 데려오도록 했을 거야. 우리에게는 며칠밖에 남지 않았고, 그럼 그는 중동 어느 지역에서 비행기를 타고 있겠지. 그가 비에르켈리에 도착하기 전에 우리가 그 환상에서 빠져나오지 못하면, 우리는 사라지고 말 거야."

"절 불안하게 하시네요……."

"우선 프랑스 계몽주의에 관해 필요한 부분을 설명할게. 그리고 낭만주의로 넘어가기 전에 칸트 철학의 중요한 특징도 알아야 해. 그리고 바로 헤겔이 우리에게 중요한 도움을 줄 거야. 헤겔을 다루고 나면 격렬하게 헤겔 철학과 결별을 선언한 키르케고르도 그냥 지나칠 수 없지. 우리는 마르크스와 다윈 그리고 프로이트에 관해서도 이야기할 거야. 그 후에 마지막으로 사르트르와 실존주의에 대해 언급하면 우리의 계획은 실행된 거야."

"한 주 안에 공부하기엔 너무 많은데요."

"그러니까 당장 시작해야 해. 지금 올 수 있니?"

"학교에 가야 해요. 조촐하게 파티를 하고 나서 성적표를 주거든요."

"파티는 잊어버려! 우리 자신이 순수한 관념에 지나지 않는다면 레모네이드와 군것질이 즐겁다는 생각도 그냥 상상일 뿐이야."

"하지만 성적표는……."

"소피야, 네가 놀라운 우주 속 수천억의 은하 가운데에서도 한 행성의 작은 깃털 위에 살지, 아니면 고작 의식 속 한 줌의 전자기적 자극으로 남을지는 중요한 문제야. 그런데 이 시점에서 지금 성적표 얘기를 하다니! 부끄러운 줄 알아!"

"죄송해요."

"하지만 내게 오기 전에 학교에 잠깐 들러도 돼. 네가 마지막 수업에 결석을 하면 힐데에게도 나쁜 영향을 줄 수 있겠지. 힐데는 자기 생일에도 학교에 갔을 거야. 어쨌든 그 애는 천사니까."

"그러면 당장 학교에 갈게요."

"소령의 오두막에서 만나자."

"소령의 오두막요?"

"뚝."

힐데는 바인더 공책을 무릎 위에 내려놓았다. 힐데의 아빠는 힐데로 하여금 양심의 가책을 좀 느끼게 했다. 왜냐하면 학기 마지막날 힐데는 학교를 빼먹었기 때문이다. 짓궂은 아빠!

힐데는 잠시 그대로 앉아서 알베르토 크녹스 선생님이 어떤 계획을 꾸미고 있을지 생각해보았다. 바인더 공책의 원고 마지막 쪽을 볼까? 아냐, 그건 일을 그르칠 뿐이야. 힐데는 얼른 남은 것을 순서대로 읽어보고 싶었다.

힐데는 크녹스 선생님이 한 가지 본질적인 면에서는 옳다고 인정했다. 아빠가 크녹스 선생님과 소피에게 일어나는 일을 알고 있다는 것은 사실이다. 하지만 아빠가 이 글을 쓰고 있는 동안에 앞으로 일어날 일을 다 알지는 못했으리라는 것도 분명하다. 아마 무엇인가 너무 빨리 쓰느라고 실수를 했는데, 다 쓰고 나서 한참 뒤에야 알아차렸을 것이다. 그리고 바로 이 '실수' 덕분에 소피와 크녹스 선생님이 약간의 자유를 얻게 된 것이다.

힐데는 다시 소피와 알베르토가 실제로 존재한다는 확실한 느낌을 받았다. 바다의 표면이 고요하다고 해서 깊은 곳에 아무 일도 일어나지 않는다고 말할 수는 없다.

그런데 힐데는 왜 그런 생각을 했지?

어쨌든 표면에서 움직이는 것은 생각이 아니다.

학교에서는 생일을 맞은 학생에게 늘 하듯이 노래를 불러 소피의 생일을 축하해주었다. 오늘따라 같은 반 친구들이 소피의 생일에 조금 더 관심을 갖는 것 같기도 했다. 성적표와 방학 그리고 소피가 가져온 레모네이드 같은 것들로 아이들이 평소보다 더 흥분해 있었으니까.

선생님이 방학을 잘 보내라는 인사를 끝으로 종례를 마치시자 소피는 집을 향해 달렸다. 요룬이 소피를 불렀지만 소피는 집에서 급하게 할 일이 있다고 소리쳤다.

소피는 우체통에서 레바논에서 온 엽서 두 장을 발견했다. 두 엽서에 모두 '열다섯 번째 생일을 축하합니다.'라는 문구가 적혀 있었다. 모두 쉽게 구할 수 있는 생일 축하 카드였다.

카드 하나는 '소피 아문센 양 댁, 힐데 묄레르 크나그' 앞으로 온 것이었고…… 다른 하나는 소피 앞으로 온 것이었다. 그리고 둘 다 유엔 평화 유지군, 6월 15일 날짜 도장이 찍혀 있었다.

소피는 먼저 첫 번째 카드를 읽었다.

친애하는 소피 아문센 양! 오늘 네게도 생일을 축하해주고 싶구나. 진심으로 축하한다, 소피야! 네가 여태까지 힐데를 위해 해준 일은 정말 고맙구나.

— 알베르트 크나그 소령 씀

소피는 힐데의 아빠가 마침내 자신에게까지 엽서를 보냈다는 사실을 어떻게 받아들여야 할지 알 수 없었다. 하지만 무언가 깊은 감동이 느껴졌다.

힐데에게 보낸 글은 이랬다.

사랑하는 힐데야!

릴레산이 지금 며칠 몇 시인지 모르겠지만 전에도 말했듯이 그건 그렇게 중요하지 않아. 내가 여기서 보내는 마지막 인사나 끝에서 두 번째 인사가 너무 늦은 건 아니야. 하지만 너도 너무 늦게 일어나지는 마! 알베르토 크녹스가 곧 네게 프랑스 계몽주의 이념에 관해 다음 일곱 관점에서 설명할 거야.

1. 권위에 대한 반발
2. 합리주의
3. 계몽 운동
4. 문화 낙관주의
5. 자연으로 돌아가라!
6. 인본주의적 기독교 사상
7. 인권

소령이 늘 알베르토 크녹스와 힐데를 주시하고 있음은 확실하다.

소피는 문을 열고 들어가 'A'가 꽤 많은 성적표를 부엌 탁자 위에 놓았다. 그러고 나서 울타리를 넘어 숲 속으로 달려갔다.

소피는 작은 호수로 나가 조각배를 타고 노를 저었다. 소피가 소령의 오두막에 도착했을 때, 알베르토 크녹스 선생님은 문턱에 앉아 있다가 자기 옆에 앉으라고 손짓했다.

날씨는 맑았지만 작은 호수에서 차갑고 날카로운 바람이 그들을 향해 불어오고 있었다. 호수는 전날의 폭풍에서 아직 채 벗어나지 못한 것처럼 보였다.

"바로 본론으로 들어가자."

크녹스 선생님이 말했다.

"흄 다음으로 독일의 칸트가 위대한 철학 체계를 구축했어. 하지만 프랑스도 18세기에 많은 중요한 사상가들을 배출했지. 18세기 초반에 유럽 철학의 중심지는 영국이었고, 중반에는 프랑스, 그리고 후반에는 독일이었지."

"서쪽에서 동쪽으로 옮겨 갔다고 해도 되겠군요."

"맞아. 아주 잠깐 동안 프랑스 계몽철학자들의 공통적인 몇 가지 사상을 예로 들게. 여기에는 몽테스키외나 볼테르, 그리고 루소 같은 중요한 이름과 다른 이름도 많이 등장하지. 이에 대해 일곱 가지 관점을 설정했어."

"괴롭게도 저는 그걸 이미 알고 있어요."

소피는 힐데의 아빠에게서 온 엽서를 내밀었다. 철학 선생님은 깊은 한숨을 내쉬었다.

"그렇게까지 하지 않아도 되는데……. 첫 번째 표어는 권위에 대한 반발이지. 프랑스 계몽철학자들 다수가 여러 가지 면에서 고향보다 자유사상이 발전한 영국을 찾아갔어. 영국의 자연과학자, 특히 뉴턴의 일반물리학이 그들을 매혹시켰지. 또 영국의 철학, 그중에서도 로크의 정치철학이 그들에게 큰 영감을 주었단다. 그 후 프랑스 본국에서 계몽주의자들은 점차 모든 권위에 대항하기 시작했지. 그들은 이제껏 전해 내려온 진리들을 의심해보는 것이 중요하다고 생각했어. 여기에는 데카르트의 전통이 큰 영향을 미쳤단다."

"데카르트는 모든 것을 근본부터 세워나갔죠."

"맞아. 권위에 대한 반발은 주로 교회, 왕, 귀족에 대한 것이었어. 18세기엔 영국보다 프랑스에서 이러한 권위가 더 막강한 힘을 행사하고 있었지."

"그러고 나서 혁명이 일어났죠."

"그래, 1789년에. 하지만 새로운 사상들은 그보다 먼저 나타났어. 다음 표어는 합리주의야."

"합리주의는 흄과 함께 끝났다고 생각했는데요."

"흄은 1776년에 죽었어. 그의 죽음은 몽테스키외보다 20년 뒤고, 볼테르와 루소가 죽기 불과 2년 전이었지. 두 사람 다 1778년에 죽었으니까. 로크는 철저한 경험주의자는 아니었어. 예를 들면 로크는 신과 어떤 도덕적 규범에 대한 믿음을 인간 이성의 본질적인 구성 요소라고 봤어. 그리고 그건 프랑스 계몽철학의 핵심이란다."

"선생님은 프랑스 사람이 영국 사람보다 늘 조금 더 합리주의적이라고 하셨죠."

"그 차이는 중세까지 거슬러 올라가게 돼. 영국 사람이 '상식'에 관해 이야기하면, 프랑스 사람들은 '명증성(明證性)'에 관해 이야기하지. 영국 사람의 상식은 '건전한 인간 이성'이라고 번역할 수 있고, 프랑스 사람들의 명증성은 '또렷하고 명료함'을 뜻해."

"알겠어요."

"고대 그리스의 소크라테스와 스토아 철학자 같은 인본주의자들처럼 대부분의 계몽철학자는 인간 이성에 관한 확고한 믿음이 있었어. 그게 아주 눈에 띄는 특징이기 때문에 많은 사람들이 프랑스 계몽주의 시대를 간단하게 '합리주의 시대'라고 부르기도 하지. 새로운 자연 과학은 자연이 합리적으로 조직되었다는 사실을 확인해줬어. 이제 계몽철학자에게는 인간의 변치 않는 이성과 일치하는 도덕과 윤리 그리고 종교의 기초를 세우는 과제가 남았지. 그리고 이게 본래적 의미의 계몽사상을 이끌어냈고."

"우리의 세 번째 관점이군요."

"가장 먼저 계몽주의자들은 민중이 '계몽'되어야 한다고 생각했어. 그것은 더 나은 사회의 절대적인 근본 조건이라는 거지. 하지만 민중 사이에는 무지와 미신이 팽배했어. 따라서 교육에 많은 관심이 쏟아졌지. 교육학이 계몽주의 시대에 학문으로 자리 잡은 것도 우연이 아니야."

"그러니까 학제는 중세에, 교육학은 계몽주의 시대에 생긴 거군요."

"그렇게 말할 수 있어. 계몽주의의 전형적인 위대한 산물로는 사전을 꼽을 수 있어. 1751년부터 1772년 사이에 모든 위대한 계몽 철학자들의 기고로 28권으로 간행된 『백과사전』 말이야. 거기에는 이렇게 적혀 있어. '여기에는 모든 것이 있다. 바늘 만들기부터 대포 주조까지.'"

"다음 주제는 문화 낙관주의죠."

"내가 말할 때는 그 엽서를 좀 치워주겠니?"

"죄송해요."

"계몽주의자들은 이성과 지식이 널리 보급되고 나면 인류가 커다란 진보를 이룰 거라고 믿었어. 그건 단지 시간문제고, 비합리성과 무지가 사라지고 계몽된 인간이 출현할 거라고 생각했지. 몇십 년 전까지만 해도 서유럽에서는 지배적인 생각이었어. 그러나 오늘날 우리는 아는 게 많아질수록 세상이 더 좋아지리라는 말을 더 이상 믿을 수 없게 되었어. 그런데 이런 '문명' 비판적인 생각도 프랑스 계몽주의자들에게서 생겨난 거야."

"우리가 그 사람들 말을 들었어야 했는데."

"'자연으로 돌아가라!'가 문명 비판의 구호였어. 하지만 계몽철학자들은 자연을 거의 이성과 같은 것으로 이해했어. 왜냐하면 이성은 교회나 문명과는 반대로 자연이 인간에게 준 것이니까. 또 '원시 종족'들은 문명이 없기 때문에 유럽인들보다 건강하고 행복하다는 사실이 강조되기도 했어. '자연으로 돌아가라!'는 표어는 장 자크 루소에서 비롯되었어. 그는 자연이 선하기 때문에 인간도 '자연 그대로의 상태'에서는 선하다고 했지. 모든 나쁜 요소는 인간을 자연과 멀어지게 만든 문명에 있다는 거야. 그래서 루소는 어린이를 가능한 한 오래도록 순진한 '자연적인' 상태로 놔두려고 했어. 유년기의 독자적인 가치를 인정한 건 계몽주의 시대부터라고 말할 수 있어. 그 전에는 유년기를 단지 어른이 되기 위한 준비 단계로만 여겨졌지. 하지만 우리는 인간이고, 어린이일 때부터 이미 지상의 삶을 살고 있지."

"저도 그렇게 말하고 싶어요."

"그리고 계몽사상가들은 마침내 '자연 종교'를 세웠단다."

"그건 무슨 뜻인가요?"

"많은 사람들이 종교 역시 인간의 '자연적 이성'과 일치해야 한다고 주장하면서 인본주의적 기독교를 위해 싸웠고, 이것이 목록의 여섯 번째 주제야. 물론 그 시대에도 신을 믿지 않고 무신론을 고수하는 철저한 유물론자들도 있었어. 그러나 대부분의 계몽사상가들은 신이 없는 세상을 상상하는 게 비합리적인 일이라고 생각했지. 그렇게 생각하기엔 세계가 너무 합리적으로 짜여 있다는 거야. 뉴턴도 같은 생각을 주장했단다. 마찬가지로 영혼 불멸에 관한 믿음 역시 이성적인 것이라 여겼어. 데카르트처럼 계몽사상가들에게도 인간이 정말 불멸의 영혼을 가지고 있는가 하는 문제는 믿음의 문제라기보다는 이성의 문제였어."

"그건 조금 놀랍네요. 저는 영혼 불멸의 문제가 믿을 수는 있어도 절대 인식할 수는 없는 문제의 전형적인 예라고 생각했거든요."

"너도 18세기 사람은 아니니까. 계몽사상가들은 많은 비합리적인 교의와 신조에서 기독교를 해방시키려 했어. 이 교의와 신조들은 교회 역사를 통해 예수의 소박한 가르침에 덧붙여진 것이지."

"그럼 이해가 가요."

"많은 사람들은 이른바 이신론(理神論)에 빠지기도 했어."

"그건 뭐죠?"

"'이신론'이란 신이 오래전에 세계를 창조했지만 창조한 후에는 이 세계에 나타나지 않았다는 견해야. 이런 식으로 신은 인간에게 오로지 자연법칙을 통해서만 인식할 수 있는 존재가 되었지. 초자연적인 방식으로는 인식할 수 없는 존재, 즉 '철학적 신'을 우리는 이미 아리스토텔레스에게서 만났어. 그에게는 신이 우주 최초의 원인이며, 최초로 우주를 움직인 자였지."

"이제 마지막 하나가 남았어요. 인권요."

"다른 관점과 비교해서 인권은 가장 중요한 문제야. 프랑스 계몽철학은 영국의 계몽철학보다 더 현실적이었다고 할 수 있지."

"프랑스 계몽철학자들은 그들의 철학에서 결론을 이끌어내고 거기에 맞춰 행동했나요?"

"그래, 프랑스의 계몽철학자들은 인간의 사회적 위치에 대한 이론에만 만족하지 않았어. 그들은 그들이 시민의 '자연권'이라고 표현한 것을 위해 싸웠지. 무엇보다 그들은 언론의 자유를 위해 사전 검열에 반대하며 투쟁했어. 종교와 도덕, 정치의 영역에서는 개인에게 자유롭게 생각하고 의견을 표현할 권리를 보장해야 한다고 주장했어. 그 밖에도 그들은 또 노예 해방을 위해 싸웠고, 법을 어긴 사람도 좀 더 인간적으로 대우하도록 노력했지."

"그 모든 생각에 찬성해요."

"1789년에 마침내 프랑스 입법 의회는 '인간과 시민의 권리 선언', 이른바 '인권 선언'을 선포했어. 이 인권 선언은 1814년에 제정된 노르웨이 헌법의 중요한 기초가 되었지."

"하지만 이 권리를 완전히 실현하려면 아직도 많은 사람들이 투쟁해야 할 것 같아요."

"유감스럽게도 그렇지. 계몽주의자들은 모든 인간이 인간으로 태어난 이상 예외 없이 갖는 권리들을 확정하려 했어. 그들은 그런 천부적 권리를 '자연권'으로 이해했어. 지금도 여전히 우리는 '자연법'에 대해 얘기해. 물론 한 나라의 법률은 자연법과 완벽히 일치하지 않을 수도 있지만. 그래서 오늘날에도 우리는 어떤 개인이나 소수 민족이 무법, 부자유, 억압으로부터 자신을 지키기 위해 '자연법'에 호소하는 것을 볼 수 있지."

"여자의 권리는 어땠나요?"

"1789년의 혁명은 모든 시민에게 해당되는 권리들을 선언했지만 정작 시민으로 간주되는 사람은 남자뿐이었어. 하지만 프랑스 혁명 중에 최초의 여성 운동의 예를 볼 수 있어."

"때가 왔던 거군요."

"이미 1787년에 계몽철학자인 콩도르세는 여성의 권리에 대한 글을 발표해 여자에게도 남자와 마찬가지로 자연권이 있음을 인정했어. 1789년 혁명이 시작되자 많은 여자들이 봉건 지배 체제에 대한 투쟁에 적극적으로 참여했지. 예를 들어 왕이 베르사유의 궁전을 떠나게 한 시위를 주도하기도 했어. 파리에는 여러 여성 운동 단체가 생겨났지. 이들은 남자와 동등한 정치적 권리 외에도 여성을 위한 새로운 결혼법을 제정하고, 생활 조건을 개선할 것을 요구했어.

"그래서 그런 권리를 얻었나요?"

"아니. 이후에도 그랬던 것과 마찬가지로 여성 권리의 문제는 혁명과 함께 제기되긴 했지만 새로운 제도가 자리를 잡기도 전에 예전과 같은 남성 지배가 다시 시작됐지."

"늘 그렇죠."

"프랑스 혁명 기간 중에 여성의 권리를 위해 아주 열렬히 투쟁한 여성 가운데 하나가 올랭프 드 구주야. 올랭프 드 구주는 1791년, 그러니까 혁명이 시작된 지 2년 뒤에 『여성 권리 선언』을 출간했어. 프랑스 인권 선언은 여성의 자연권에 대해서는 그리 많은 장을 할애하지 않았거든. 올랭프 드 구주는 여성에게 남성과 똑같은 권리를 줄 것을 요구했지."

"그래서 어떻게 됐어요?"

"1793년에 처형당했어. 그리고 여성은 모든 정치 활동을 금지당했고."

"하! 미쳤군요."

"19세기에야 비로소 여성 운동이 본격적으로 일어났어. 프랑스뿐 아니라 유럽 전체에서 말이야. 그리고 이 운동은 서서히 열매를 맺기 시작했어. 하지만 노르웨이에서는 1913년에 와서야 비로소 여성이 선거권을 얻었지. 그리고 아직도 많은 나라에서 여성은 동등한 권리를 얻기 위해 싸우고 있어."

"저도 함께 싸울 거예요."

알베르토 크녹스 선생님은 작은 호수를 바라보다가 말했다.

"내가 계몽철학에 대해 하려던 말은 다 한 것 같구나."

"'그런 것 같다'는 건 무슨 뜻이에요?"

"더 할 말이 없다는 느낌이 들어."

크녹스 선생님이 말을 이으시는 동안, 갑자기 호수 가운데에서 물 위로 거품이 부글부글 끓어오르더니 잠시 후 거대하고 무시무시한 것이 수면 위로 모습을 드러냈다.

"바다뱀이에요!"

소피가 소리쳤다.

그 어두운 형체는 몇 번 앞뒤로 몸을 움직이더니 다시 가라앉았고, 호수는 전처럼 고요해졌다.

크녹스 선생님은 몸을 돌리며 말했다.

"안으로 들어가자."

두 사람은 일어나서 오두막 안으로 들어갔다.

소피는 버클리와 비에르켈리 그림 앞으로 다가가서 비에르켈리의 그림을 가리키며 말했다.

"저는 힐데가 이 그림 속 어딘가에 살고 있다고 믿어요."

두 그림 사이에는 수를 놓은 천 하나가 걸려 있었다. 거기에는 '자유, 평등, 박애'라고 적혀 있었다.

소피는 선생님을 향해 몸을 돌렸다.

"선생님이 걸어놓으신 거예요?"

크녹스 선생님은 슬픈 표정을 지으며 고개를 저었다.

소피는 벽난로 위의 선반에서 편지봉투 하나를 발견했다. 거기에는 '힐데와 소피에게'라고 적혀 있었다. 소피는 곧 누가 보낸 편지인지 알아보았다. 소피는 봉투를 뜯고 큰 소리로 편지를 읽었다.

"사랑하는 힐데와 소피야! 소피의 철학 선생님은 유엔의 이념과 원칙의 기초를 이룬 프랑스의 계몽철학이 얼마나 중요한지 강조했을 거야. 200년 전에 '자유, 평등, 박애'라는 이 표어가 프랑스 국민들을 하나로 만들었지. 오늘날 이 말들은 또 전 세계를 하나로 묶어줄 거야. 전과는 달리 오늘날 인류는 하나의 대가족이 되었으니까. 우리의 후손들은 우리의 아이들이고 그 아이들의 아이들이지. 우리는 그들에게 어떤 세계를 물려줘야 할까?"

힐데의 엄마는 추리극 「데리크」가 시작되기 약 10분 전에 피자를 오 븐에 넣고 힐데를 불렀다. 힐데는 오랫동안 글을 읽느라고 녹초가 되었 다. 6시가 되어서야 자리에서 일어났다.

힐데는 남은 저녁 시간을 생일을 축하하는 의미에서 엄마와 보내기 로 했다. 그러나 그 전에 힐데는 백과사전을 찾아봐야 했다.

구주……. 없다. 드 구주? 역시 없다. 올랭프 드 구주? 없다! 사전에는 여성이 정치에 참여했다는 이유로 처형당한 그 여성에 관해서는 한 글 자도 쓰여 있지 않았다. 정말 괘씸한 일이다.

구주라는 여자가 단지 힐데의 아빠가 만들어낸 인물은 아닐 텐데?

힐데는 더 큰 백과사전을 가지러 아래층으로 내려갔다.

"잠깐 뭐 좀 찾아보려고요."

힐데는 어리둥절해하는 엄마에게 설명했다.

힐데는 알파벳 'FORV'에서 'GP'까지 수록된 백과사전을 찾아 자기 방으로 가지고 왔다.

구주, 아, 있다!

구주, 마리 올랭프(Gouges, Marie Olympe, 1748~1793), 프랑스의 여성 작가. 프랑 스 혁명 중에 특히 사회문제에 관한 수많은 책과 일련의 극작품들을 통해 매 우 적극적으로 혁명에 참여함. 몇 안 되는 여권 운동가의 한 사람으로 여성도 남성과 같은 권리를 행사해야 한다고 주장하며 1791년에 『여성 권리 선언』 을 발표했음. 루이 16세를 옹호하고 로베스피에르를 비판했다는 죄목으로 1793년에 처형당함. 〔라쿠르(L. Lacour), 『현대 여성 운동의 기원』(1900)에서〕

3부

칸트

...... 머리 위의 별빛 찬란한 밤하늘과 내 마음속의 도덕률 ......

자정 무렵 알베르트 크나그 소령은 딸 힐데의 생일을 축하해주기 위해 집에 전화를 걸었다.

힐데의 엄마가 받았다.

"힐데야, 네 전화야."

"여보세요?"

"아빠야."

"어! 아빠, 밤 12시가 다 됐는데 웬일이세요?"

"네 생일을 축하해주고 싶어서."

"이미 하루 종일 축하해주신걸요."

"실은 네 생일이 지나고 나서 전화를 하려고 했어."

"왜요?"

"너 선물 못 받았니?"

"아, 그거요! 정말, 정말 고마워요!"

"네 반응이 궁금해서 기다릴 수가 없었어. 그래, 선물은 어땠니?"

"환상적이에요. 하루 종일 거의 아무것도 못 먹었어요!"

"밥은 먹어야지."

"정말 흥미진진해요."

"어디까지 읽었어?"

"아빠가 바다뱀으로 놀라게 해서 소피와 크녹스 선생은 집 안으로 들어갔어요."

"계몽주의구나."

"그리고 올랭프 드 구주 이야기까지요."

"그렇다면 내가 많이 틀리진 않았구나."

"틀리다니요?"

"아직 축하 인사를 못 했잖아. 대신 멜로디까지 붙여서 한 번 더 해줄게."

"침대에서 잠들 때까지 읽을 생각이에요."

"무슨 내용인지 이해하겠니?"

"전 오늘 그 어느 때보다도 많은 걸 배웠어요. 소피가 집에 와서 첫 번째 편지를 발견한 지 채 하루도 지나지 않았다는 게 믿기지 않아요."

"한 번 읽은 것으로 충분했다니, 이상하구나……."

"하지만 그 애에게 좀 미안해요."

"누구?"

"소피 말이에요."

"아……."

"소피는 가엾게도 많이 당황하고 있어요."

"하지만 소피는 단지…… 내 말은……."

"소피는 소설 속의 인물일 뿐이라는 말씀이시겠지요."

"그래, 비슷해."

"하지만 전 소피와 알베르토 크녹스가 실제로 존재한다는 생각이 들어요."

"그 점에 관해선 내가 집으로 돌아가거든 이야기하자."

"그래요."

"그리고 즐거운 하루가 되길 바라."

"뭐라고요?"

"잘 자라고."

"안녕히 주무세요!"

약 30분 후 힐데가 잠자리에 들었을 때도, 밖은 정원과 호수 너머가 보일 정도로 여전히 밝았다. 이 계절엔 날이 어두워지지 않았다.

힐데는 잠시 숲 속 작은 오두막의 벽에 걸려 있는 그림 속에서 살면 어떨까 하는 생각을 했다. 그림 안에서 바깥을 내다볼 수 있을까?

힐데는 잠들기 전에 커다란 바인더 공책을 계속 읽어 내려갔다.

소피는 힐데 아빠의 편지를 벽난로 선반 위에 놓았다.

"유엔에서 하는 일은 중요할 수도 있어."

알베르토 크녹스 선생님이 말했다.

"하지만 그가 내 이야기에 끼어드는 건 마음에 들지 않아."

"심각하게 받아들이지 않는 게 좋겠어요."

"어쨌든 지금부턴 바다뱀이나 그런 이상한 현상들은 무시하겠어. 창가에 앉아서 칸트에 관해 이야기하자."

소피는 안락의자 사이에 있는 작은 탁자에서 안경 하나를 발견했는데 안경알이 둘 다 빨간색이었다. 짙은 선글라스인가?

"2시가 다 되었어요."

소피가 말했다.

"늦어도 5시엔 집에 가 있어야 해요. 분명 엄마가 제 생일을 위해 계획하신 게 있을 거예요."

"그럼 우리에겐 3시간이 남았구나."

"자, 시작하세요."

"이마누엘 칸트는 1724년 동프로이센의 도시인 쾨니히스베르크에서 마구(馬具) 장인의 아들로 태어났는데, 여든 살에 죽을 때까지 거의 평생을 그곳에서 보냈어. 독실한 기독교 집안 사람이었지. 그래서 기독교에 대한 확신은 그의 철학에 중요한 기초가 되었어. 버클리처럼 칸트도 역시 기독교 신앙의 토대를 지키려고 했어."

"버클리에 관해선 이제 충분히 알고 있어요. 고마워요."

"그리고 칸트는 우리가 다룬 철학자 중에서 최초의 대학 교수였어. 흔히 우리가 말하는 '전문 철학자'였지."

"전문 철학자요?"

"오늘날 '철학자'란 말은 쉽게 두 가지 의미로 구분해서 쓰여. 첫 번째로 무엇보다도 철학 문제에 대해 독자적인 대답을 구하려는 사람을 뜻해. 그러나 자기 고유의 철학을 갖고 있지는 않지만 철학의 역사에 대해서 전문적인 지식을 갖춘 사람도 철학자란다."

"칸트는 그런 철학자였나요?"

"둘 다였지. 그가 다른 철학자들의 사상에 대한 전문가로서 그냥 능력 있는 교수 정도였다면 철학사에서 그렇게 중요한 자리를 차지하지 못했을 거야. 칸트는 누구보다도 철학의 전통에 해박했어. 그 점 역시 매우 중요하지. 그는 로크, 버클리, 흄 같은 경험주의자는 물론 데카르트, 스피노자 같은 합리주의자에 대해서도 조예가 깊었어."

"버클리에 대한 얘기는 이제 그만하셔도 된다니까요."

"합리주의자는 모든 인식의 기초가 사람의 의식 안에 있다고 생각했어. 그리고 경험주의자는 세계에 관한 모든 지식을 감각 경험에서 이끌어내려고 했지. 흄은 그 외에도 우리 감각 인상만으로 어떤 결론을 내리는 데에는 분명히 한계가 있다고 강조했어."

"그러면 칸트는 도대체 누구와 같은 생각이었죠?"

"칸트는 둘 다 부분적으로는 옳지만, 틀린 부분도 있다고 생각했어. 어쨌든 그들은 모두 우리가 세계에 대해서 무엇을 알 수 있는가 하는 문제에 전념했어. 그것은 데카르트 이후 모든 철학자들의 공통적인 철학 과제였지. 그들은 두 가지 가능성을 놓고 토론을 벌였어. 세계는 우리가 지각하는 그대로인가, 아니면 우리 이성이 파악하는 대로 존재하는가?"

"칸트는 어떻게 생각했죠?"

"우리가 세계를 경험할 때 감각은 물론 이성도 중요한 역할을 한다고 생각했지. 다시 말해 합리주의자는 이성을 지나치게 중요시하고 경험주의자는 편파적으로 감각 경험에 의존한다는 견해를 갖고 있었어."

"얼른 적절한 예시를 들어주세요! 아니면 모두 그냥 잡담이 되어버릴 거예요."

"칸트는 우리가 가진 모든 지식이 감각적 경험 덕분이라는 흄과 경험주의자의 생각에 동의했어. 그러나 그는 우리가 세계를 어떻게 인식하는지 결정하는 중요한 전제 조건들이 우리의 이성에 내재한다고 생각했다는 점에서는 합리주의자의 손을 잡았지. 다시 말해 세계에 대한 우리의 생각을 규정하는 특정 조건들은 우리 내면에 있다는 거야."

"그게 한 가지 예인가요?"

"간단한 연습 문제를 풀어보는 게 더 좋겠구나. 탁자 위에 있는 안경을 좀 갖다 주겠니? 그래, 그거 말이야. 그걸 한번 써보렴."

소피는 안경을 코에 걸쳤다. 사방이 온통 빨간색이다. 밝은 쪽은 밝은 빨간색으로, 어두운 쪽은 어두운 빨간색으로 보였다.

"뭐가 보이니?"

"아까와 똑같지만 모든 게 빨간색이에요."

"그건 네가 현실을 바라보는 방식을 안경알이 결정하기 때문이야. 네가 보고 있는 모든 것은 네 외부 세계의 일부분이야. 그러나 네가 모든 것을 어떻게 바라보는지는 안경알과 관련이 있어. 따라서 지금 이 순간에는 세계가 빨갛게 보이더라도, 너는 세계 자체가 빨갛다고 주장할 수는 없는 거야."

"네, 물론 그렇지만……."

"만일 네가 지금 숲을 지나거나 선장의 꼬부랑길에 있는 집에 있다면, 항상 보던 것들을 보게 될 거야. 하지만 네가 무엇을 보더라도 그건 빨간색을 띠겠지."

"제가 안경을 벗지 않는 한 그렇겠죠."

"그 안경은 네가 세계를 보는 방식을 결정하는 전제 조건이야. 마찬가지로 칸트는 우리의 모든 경험을 형성하는 조건도 우리 이성에 있다고 생각했지."

"여기서 말하는 건 어떤 조건인가요?"

"우리는 무엇을 보더라도 대상을 가장 먼저 시간과 공간 속의 현상으로 파악해. 칸트는 시간과 공간을 사람이 지닌 '두 개의 직관의 형식'이라고 했어. 이 두 가지 형식은 모든 경험에 앞서서 우리의 의식 속에 주어져 있어. 우리가 무엇을 경험하기 전에 이미 대상이 시간과 공간에서 현상으로 파악되리란 사실을 알 수 있다는 뜻이야. 그래서 우리는 이성의 안경을 벗을 수 없다고 말할 수 있지."

"그러니까 칸트의 말은 사물을 시간과 공간 속에서 파악하는 게 사람의 타고난 본성이란 얘긴가요?"

"거의 비슷해. 우리가 인도에서 자라는지 그린란드에서 자라는지에 따라 우리가 보는 것은 달라져. 그러나 어디서든 우리는 세계를 시간과 공간 속에서 체험한다고 말할 수 있지."

"하지만 시간과 공간도 우리 외부에 존재하잖아요?"

"아니야. 그리고 어쨌든 그게 결정적인 것도 아니야. 칸트는 시간과 공간이 우리의 삶 자체에 속한다고 설명했어. 무엇보다 시간과 공간은 우리 의식의 특징이지 세계의 특징은 아니란다."

"그건 아주 새로운 관점이군요."

"그러니까 사람의 의식은 외부에서 받은 감각적 인상을 적는 수동적인 '칠판'이 아니라 창조적으로 형성하는 기관이야. 의식은 스스로 세계에 대한 우리 인식을 결정해. 물병에 물을 따를 때 발생하는 현상과 비교할 수 있겠지. 물병에 부은 물이 병과 똑같은 모양이 되는 것처럼 감각적

인상 역시 우리 '직관의 형식'을 따르게 되는 거야."

"무슨 말씀이신지 알겠어요."

"칸트는 의식이 사물에 따를 뿐 아니라, 사물도 의식에 따른다고 했어. 칸트는 이것을 인식 이론에서 '코페르니쿠스적 혁명'이라고 표현했지. 지구가 태양 주위를 도는 것이지 태양이 지구 주위를 도는 것이 아니라는 코페르니쿠스의 주장과 마찬가지로, 전통적인 사고방식과는 아주 다른 새로운 생각이기 때문이야."

"합리주의자는 물론 경험주의자의 주장도 부분적으론 옳다고 한 말이 무슨 뜻인지 이제 알겠어요. 합리주의자는 경험의 의미를 많이 잊어버렸고, 경험주의자는 우리의 이성이 세계에 대한 인식을 결정한다는 사실을 인정하려 하지 않았다는 거죠."

"흄이 감각을 통해 경험할 수 없다고 여겼던 인과율도 칸트에게는 단지 이성의 구성 요소일 뿐이야."

"설명해주세요!"

"흄이 주장한 바로 우리는 습관을 바탕으로 자연의 진행 과정에서 필연적인 인과 관계를 체험한다고 했어. 흰 당구공을 움직이게 하는 원인이 검은 당구공이라는 사실을 우리가 절대 감각할 수 없다고 생각했기 때문이야. 그래서 우리는 검은 공이 늘 흰 공을 움직이게 한다는 사실을 증명할 수도 없다는 거지."

"그건 알겠어요."

"하지만 칸트는 우리가 증명할 수 없을 거라고 생각했던 것도 이성의 특징이라고 생각했어. 인과율은 언제나 완벽하게 적용돼. 왜냐하면 사람의 이성은 모든 일을 원인과 결과의 관계로 고찰하기 때문이지."

"인과율은 우리 내면이 아니라 자연에 있다는 생각이 다시 드는데요."

"칸트는 인과율이 우리 내면에 있다고 말했어. 그는 세계 '그 자체'를 우리가 확실히 알 수 없다고 했다는 점에서 흄과 생각이 같아. 우리는 세계가 '나에게' 어떤 것인지, 그리고 모든 사람에게 어떤 것인지를 알 수 있을 뿐이야. 칸트가 철학에 기여한 가장 중요한 부분은 '사물 자체'와 '우리에게 보이는 사물'을 구분한 일이야. 사물 '자체'가 어떤지는 절대로 확실히 경험할 수 없지만 그 사물이 우리에게 어떻게 '보이는'지는 알 수 있지. 대신 우리는 경험하지 않고도 사람의 이성이 사물을 어떻게 파악하는지는 말할 수 있단다."

"그래요?"

"아침에 집을 나서기 전, 너는 그날 무엇을 보고 체험할지 알 수 없어. 그러나 어떤 경우든 네가 보고 체험하는 걸 시공간적 사건으로 파악하리라는 것과 네가 체험하는 모든 것이 인과율에 따라 일어나리라는 것은 확실히 알 수 있어. 왜냐하면 네가 인과율을 의식의 한 부분으로 지니고 있기 때문이지."

"하지만 우리가 다르게 창조되었을 수도 있잖아요?"

"그래, 물론 우린 다른 감각기관을 가질 수도 있겠지. 그럼 우리는 다른 시간을 느끼고 다른 공간을 체험할 수 있을 거야. 우리는 그 밖에 주변에서 일어나는 사건들의 원인을 찾지 않게 될 수도 있지."

"예를 들면요?"

"방바닥에 누워 있는 고양이를 상상해보렴. 공 하나가 방으로 굴러 들어오면, 고양이는 어떻게 할까?"

"제가 이미 자주 봤는걸요. 고양이는 공을 쫓아가요."

"그래. 그러면 이제 고양이 대신 네가 방에 앉아 있다고 상상해보렴. 갑자기 공이 굴러오는 것을 보면 너도 곧바로 그 뒤를 쫓아가겠니?"

"전 먼저 사방을 둘러본 다음에 공이 어디서 굴러왔는지 살펴볼 거예요."

"그래, 넌 사람이니까 무조건 사건의 원인을 찾을 거야. 그래서 인과율은 너를 구성하는 일부인 것이지."

"정말 그럴까요?"

"흄은 우리가 자연법칙을 지각할 수도, 증명할 수도 없다고 주장했는데 칸트는 그것을 인정하지 않았어. 그는 우리가 실제로는 사람의 인식의 법칙에 관해서 이야기한다는 것을 보여줌으로써 자연법칙의 절대적 타당성을 증명할 수 있다고 믿었어."

"어린아이도 누가 공을 찼는지 확인하려고 할까요?"

"아마 아닐 거야. 칸트의 말로는 아이의 이성은 아직 완전히 발달하지 못했기 때문에 어떤 지각 요소도 다룰 능력이 없다는 거야. 한편으로는 우리가 직접 느껴보지 않고는 알 수 없는 외적인 관계가 있어. 그것을 인식의 요소라고 부를 수 있지. 다른 한편으론 사람 안에 자리 잡은 내적 관계들이 있어. 예를 들면 우리는 모든 것을 시공간에서의 사건으로 관찰하고, 게다가 그것을 변하지 않는 인과율에 따른 과정으로 간주해. 그것을 우리는 인식의 형식이라고 말할 수 있지."

알베르토 크녹스 선생님과 소피는 잠시 앉아 있다가 창밖을 내다보았다. 그 순간 갑자기 호수 건너편의 나무들 사이로 한 어린 소녀가 눈에 띄었다.

"저기 좀 보세요! 누구죠?"

"모르겠는걸."

그 소녀는 잠깐 모습을 보였다가 곧 사라져버렸다. 소피는 그 소녀가 빨간 모자를 쓰고 있는 것을 보았다.

"어쨌든 화제를 딴 데로 돌리지 말자."

"네, 계속하세요."

"칸트는 일반적으로 사람이 인식할 수 있는 것엔 명확한 한계가 있다고 했어. 이성이라는 안경알이 한계를 긋는다고 말할 수 있지."

"그건 왜죠?"

"칸트 이전의 철학자들에게 그야말로 '중대한' 철학 문제가 뭐였는지 알고 있지? 사람은 불멸하는 영혼을 갖고 있는가? 유일한 신이 존재하는가? 자연은 더 쪼갤 수 없이 작은 미립자로 이루어졌는가? 그리고 우주는 유한한가, 무한한가? 하는 문제들 말이야."

"알아요."

"칸트는 사람이 이 문제들에 대해 절대 확실한 답을 얻을 수 없다고 생각했어. 그렇다고 그가 이러한 문제에 전혀 관심이 없었다는 건 아니야. 오히려 정반대였지. 이 문제를 그렇게 쉽게 회피했다면 그를 철학자라 부를 수 없을 거야."

"그럼 어떻게 했죠?"

"자, 이제 조금 인내심이 필요해. 칸트는 바로 이 중대한 철학 문제에 대해서는 이성이 우리 인식 능력의 한계를 넘어서 작용한다고 생각했어. 다른 한편으로 사람의 이성이나 본성에는 근본적으로 그런 문제를 제기하는 충동이 있어. 하지만 예를 들어 우주가 유한한지 무한한지 묻는 질문은 우리 스스로가 그 안에 아주 작은 부분으로 포함되어 있는 전체에 대한 문제 제기야. 그래서 우리가 전체를 모두 인식한다는 건 불가능한 거지."

"왜 그렇죠?"

"넌 빨간 안경을 쓰고 나서 칸트가 얘기한, 세계를 통해 우리의 지식에 기여하는 두 가지 요소를 알게 됐지?"

"바로 감각 경험과 이성이에요."

"그래. 우리는 인식을 위한 재료를 우리의 감각으로 받아들이지만, 이런 재료를 인식하는 일은 우리 이성의 특징에 따르게 되어 있어. 예를 들면 한 사건의 원인을 묻는 것은 이성의 본성에 따른 거야."

"공이 왜 바닥 위를 굴러가는지 궁금해하는 것처럼요?"

"내 생각에는 그래. 하지만 세계가 어디에서 생겨났을지 자문하고 가능한 대답을 찾으려 한다면 이성은 늘 헛수고를 하게 될 거야. 이 경우 이성은 어떤 감각 재료도 '다룰' 수 없기 때문이지. 이성은 자기가 의지할 수 있는 감각적 경험을 가지지는 못해. 우리 자신이 전체의 아주 작은 부분에 지나지 않기 때문에 우리는 절대 거대한 현실 전체를 경험할 수 없어."

"어떻게 보면 우리는 바닥을 굴러가는 공의 작은 일부인 거군요. 그래서 공이 어디서 온 것인지 알 수 없고요."

"하지만 늘 공이 어디서 왔는지 묻는 것이 인간 이성의 본성이야. 그래서 묻고 또 물어서 더 이상 물을 수 없을 때까지 그 중대한 질문에 대한 대답을 찾으려고 노력하지. 그러나 우리가 꽉 물고 있을 만한 확고한 질료는 없어. 이성이 헛수고를 하고 있기 때문에 우리는 절대 확실한 대답을 얻을 수 없지."

"정확히 어떤 느낌인지 알 것 같아요. 고맙습니다!"

"세계 전체에 대한 거대한 물음에는 항상 서로 모순되면서도 똑같이 정당하기도 하고 똑같이 부당하기도 한두 가지 대답이 있단다."

"예를 들면요?"

"세계가 시간상으로 시작을 가져야 한다는 말과 아무런 시작을 갖지 않는다는 말은 모두 일리가 있어. 이성으로는 이 두 가지 가능성 모두를 '포함하지' 않기 때문에 그중 하나를 선택할 수가 없어. 우리는 물론 세계가 항상 존재해왔다고 주장할 수 있지만 무엇이든 시작 없이 지금까지 늘 존재할 수 있을까? 그리고 반대 입장에서 세계가 어느 날 탄생된 게 분명하다고 말할 수도 있겠지. 그렇다면 세계는 아무것도 없는 무에서 생겨난 것이 틀림없어. 그렇지 않으면 어떤 상태에서 다른 상태로 전이한 것에 지나지 않을 테니까. 그런데 소피 너는 절대적 무의 상태에서 무언가가 생겨날 수 있다고 생각하니?"

"아뇨, 두 가지 모두 똑같이 불합리해요. 하나는 옳고 다른 건 틀릴 수밖에 없어요."

"너도 알다시피 데모크리토스와 유물론자는 자연이 만물의 구성 요소인 아주 작은 미립자로 이루어져 있다고 했어. 그에 반해 데카르트를 비롯한 몇몇 사람들은 방대한 현실이 점점 더 작은 부분으로 끝없이 쪼개질 수 있다고 믿었지. 그들 중 누가 옳았을까?"

"둘 다 맞는 것 같기도 하고, 둘 다 틀린 것 같기도 해요."

"많은 철학자들이 자유를 사람의 가장 중요한 특징이라고 말했지만 동시에 스토아 철학자들과 스피노자처럼 세계에서 일어나는 모든 일은 오로지 자연의 필연적인 법칙을 따른다고 말하는 철학자들도 있지. 그런데 이 점에 관해서도 칸트는 사람의 이성이 어떤 확실한 판단도 내릴 수 없다고 생각했어.”

“두 주장이 모두 이성적인 동시에 비이성적이군요.”

“결과적으로 우리는 이성으로 신의 실존을 증명할 수가 없어. 여기서 데카르트 같은 합리주의자들은 단순히 우리가 완전한 존재에 대한 관념을 가지고 있기 때문에 신이 존재한다는 것을 증명하려 했어. 그러나 아리스토텔레스와 토마스 아퀴나스를 비롯한 다른 철학자들은 모든 것에는 최초의 원인이 있기 때문에 신이 존재해야 한다고 생각했지.”

“칸트는요?”

“그는 신의 존재에 관한 두 증명을 모두 거부했어. 이성도 경험도 신의 존재를 증명할 확실한 토대가 될 수 없다고 생각했지. 이성으로 판단하면 신은 있을 수도 없을 수도 있거든.”

“하지만 처음에 말씀하시길 칸트는 기독교 신앙의 토대를 지키려고 했다면서요.”

“그래. 사실 칸트는 우리의 경험과 이성이 닿지 않는 곳에 종교를 위한 자리를 남겨 두었어. 종교적 믿음이 그 자리를 채웠지.”

“그래서 그는 기독교를 구했나요?”

“그렇다고 할 수 있어. 우리는 이때 칸트가 개신교도였다는 사실에 주목해야 해. 종교 개혁 이후 개신교의 특징은 믿음을 바탕으로 한다는 점이야. 오히려 가톨릭교회가 중세 초기부터 이성이 믿음의 발판일 수 있다는 확신을 가지고 있었지.”

“알겠어요.”

“그러나 칸트는 이런 중대한 문제를 단순히 사람의 믿음에 내맡기지 않았어. 그는 더 나아가서 사람이 불멸의 영혼을 지니며, 신이 존재하고, 사람에게 자유의지가 있다는 것을 도덕의 가능성을 위한 필수 불가결한 전제로 간주했지."

"데카르트와 거의 같군요. 처음에는 우리가 일반적으로 이해할 수 있는 것에 아주 비판적이었다가 나중에 가서는 신이나 그와 유사한 모든 것들을 뒷문으로 다시 슬쩍 들여놓는 것이군요."

"그러나 칸트는 데카르트와 반대로 이성이 아니라 믿음이 자기를 그런 생각으로 이끌었다고 분명하게 강조했어. 그는 불멸의 영혼에 대한 믿음과, 또 사람의 자유의지와 신에 대한 믿음을 '실천적 요청'이라고 표현했어."

"무슨 뜻이죠?"

"무언가를 요청한다는 건 증명할 수 없는 것을 주장한다는 말이야. 칸트에 의하면 실천적 요청이란 사람의 '실천', 즉 사람의 행동과 도덕을 위해 인정해야 하는 것을 뜻해. 이런 의미에서 신의 존재를 인정하는 것은 도덕적으로 필연적이라고 말했지."

그때 갑자기 누군가 문을 두드렸다. 소피는 자리에서 벌떡 일어섰다. 알베르토 크녹스 선생님이 미동 없이 그대로 앉아 있자 소피가 물었다.

"문 열지 말까요?"

선생님이 어깨를 움찔하면서 결국엔 자리에서 일어났다. 소피가 문을 열자 밖에는 흰 여름 원피스를 입고, 머리에 빨간 모자를 쓴 소녀가 서 있었다. 소피가 아까 본 호수 건너편의 그 소녀다. 지금은 먹을 것이 든 바구니를 들고 있었다.

"안녕, 넌 도대체 누구니?"

"빨간 모자예요. 이 모자가 안 보이세요?"

소피가 알베르토 크녹스 선생님을 올려다보자 선생님은 고개를 끄덕였다.

"얘가 뭐라고 하는지 들으셨죠?"

"전 할머니 집을 찾고 있어요. 나이가 많고 병든 할머니께 과자와 포도주를 가져다 드리려고 해요."

소녀가 말했다.

"잘못 찾아왔으니 다른 곳으로 가보렴."

선생님은 이렇게 말하면서 파리를 쫓듯이 손짓을 했다.

"하지만 전 편지도 전해야 해요."

하면서 소녀는 가방에서 작은 편지봉투를 꺼내 소피에게 건네주고 금방 다시 사라졌다.

"늑대를 조심해!"

소피가 뒤에다 대고 소리쳤다.

알베르토 크녹스 선생님은 안락의자로 다시 발길을 옮겼다. 소피도 따라가 아까처럼 마주 앉았다.

"빨간 모자가 정말 있었군요."

소피가 머리를 흔들면서 말했다.

"그런데 그 아이에게 경고하는 건 소용없는 일이야. 빨간 모자는 동화 내용처럼 할머니 집에 가서 늑대에게 잡아먹히게 될 거야. 그 아인 아무것도 알지 못하고, 그렇게 모든 일이 영원히 되풀이되겠지."

"하지만 전 빨간 모자가 할머니 집에 가다가 다른 오두막에 들른다는 말은 한 번도 들어본 적이 없어요."

"별일 아니야."

소피는 그제야 편지봉투를 살펴보았다. 위에는 '힐데에게'라고 적혀 있었다. 소피는 봉투를 뜯어 큰 소리로 읽었다.

힐데야! 만약 사람의 두뇌가 우리가 이해할 수 있을 만큼 간단하다면, 그걸 이해 못 하는 우리는 얼마나 멍청한 사람이겠니?

— 아빠가

크녹스 선생님이 고개를 끄덕였다.

"맞는 말이야. 칸트가 비슷한 말을 해줄 수 있을 것 같구나. 우리는 우리 자신이 무엇인지 이해할 수 없어. 우리는 꽃이나 곤충은 잘 이해할 수 있을지 모르지만 우리 자신에 대해서는 전혀 이해할 수 없지. 그러니 우리가 어떻게 전 우주를 이해할 수 있겠니?"

소피는 선생님이 계속 이야기하는 동안 이 특이한 문장을 여러 번 다시 읽었다.

"바다뱀이나 마법 주문 같은 것 때문에 우리의 이야기가 바뀌어서는 안 되지. 오늘 수업이 끝나기 전에 칸트의 윤리학도 설명할 거야."

"그럼 서둘러주세요. 집에 가야 하거든요."

"이성과 감각이 우리에게 실제로 무엇을 설명해줄 수 있느냐는 흄의 회의가 칸트로 하여금 삶의 가장 중요한 여러 문제를 한 번 더 철저하게 되새기게 했어. 특히 도덕의 영역에서 말이지."

"그렇지만 흄은 우리가 무엇이 윤리적으로 옳고 그른지 증명할 수는 없다고 말했어요. 왜냐하면 우리는 '존재 명제'에서 '당위 명제'를 추론해낼 수 없으니까요."

"흄은 옳고 그름을 결정하는 건 우리의 이성이나 경험이 아니라 아주 단순하게 우리의 감정이라고 생각했어. 칸트는 이러한 사유는 기초가 너무 빈약하다고 여겼고."

"그래요, 그건 저도 잘 알겠어요."

"칸트는 처음부터 옳고 그름의 차이는 단순한 감정 문제 이상이어야 한다는 생각을 강하게 하고 있었어. 그런 점에서 그는 옳고 그른 것을 구분하는 것은 사람의 이성에 달려 있다고 설명한 합리주의자들과 같은 의견이었지. 모든 사람은 무엇이 옳고 무엇이 그른지 알고 있어. 그건 배워서가 아니라, 그것이 우리의 이성에 내재되어 있기 때문이야. 칸트는 모든 사람에겐 도덕 영역에서 무엇이 옳고 무엇이 그른지 말해주는 '실천 이성'이 있다고 믿었어."

"그 이성은 선천적으로 타고나는 건가요?"

"옳고 그름을 판단하는 능력은 이성의 모든 다른 특징처럼 선천적이란다. 모든 사람은 세계에서 일어나는 사건을 인과적으로 파악하지. 그리고 마찬가지로 모든 사람은 동일한 보편적 도덕법칙(도덕률)으로 통하는 문을 알고 있어. 이런 도덕법칙은 물리적인 자연법칙과 마찬가지로 절대적 타당성을 지니고 있어. 모든 것에 원인이 있다거나 7 더하기 5는 12라든가 하는 것이 우리의 이성적 삶의 토대인 것처럼, 도덕법칙도 우리의 도덕적 삶의 기초가 되지."

"그러면 이 도덕법칙이 우리에게 무슨 말을 해주죠?"

"그건 모든 경험보다 앞서 주어진 것이기 때문에 '형식적'이야. 즉 그것은 도덕적 선택을 하게 되는 특수한 상황에 얽매이지 않아. 그건 모든 사회에, 모든 시대에 사는 모든 사람에게 적용되지. 그러니까 도덕법칙은 네가 이런 상황에선 이렇게, 저런 상황에선 저렇게 해야 한다고 말하지는 않아. 그것은 네가 모든 상황에서 어떻게 행동해야 할지를 알려주는 거야."

"하지만 우리가 어떤 특정한 상황에서 어떻게 행동해야 할지 말해주지 않는다면 도덕법칙이 무슨 의미가 있죠?"

"칸트는 자신의 도덕법칙을 '정언적 명령'이라고 표현했어. 그건 도덕 법칙이 '정언적'이라는 것, 즉 그것이 모든 상황에 적용된다는 뜻이지. 그 밖에 그것은 '강제적'인 동시에 '명령'이고 절대 거역할 수 없는 거야."

"음……."

"물론 칸트는 그의 정언적 명령을 여러 가지 방식으로 표현했어. 첫째로 우리는 언제나 우리가 따르는 규칙이 모든 사람에게 동시에 적용되는 보편적 법칙이기를 바랄 수 있도록 해야 한다는 거야. 칸트의 말을 그대로 옮기면 이런 거지.

'그 준칙이 보편적 법칙이기를 네가 동시에 바랄 수 있는 그런 준칙만을 따라 행위하라.'"

"그러니까 내가 무슨 일을 할 때, 나는 다른 사람도 모두 같은 상황에서 똑같이 행동하기를 바랄 수 있어야 한다는 거죠?"

"바로 그거야. 그래야 네가 갖고 있는 도덕적 법칙과 일치하게 행동하는 거지. 칸트는 정언적 명령을 이렇게 표현했어.

'우리는 다른 사람을 언제나 목적 자체로서 대해야 하고, 단지 다른 무엇을 위한 수단으로 대해서는 안 된다.'"

"자기의 이익을 위해 다른 사람을 '이용'해서는 안 된다는 말이군요."

"그렇지. 모든 사람은 목적 그 자체니까. 그러나 그것은 다른 사람에게뿐만 아니라 나 자신에게도 적용돼. 우리는 무엇을 성취하기 위해서 자기 자신 역시 수단으로 이용해서는 안 돼."

"'사람들이 어떤 일을 너에게 행하지 않기를 원한다면, 너도 다른 사람들에게 그 일을 행하지 말라'는 '황금률'이 떠오르네요."

"그래. 그것도 모든 윤리적 선택 가능성을 포괄하는 형식적인 원칙이야. 지금 네가 인용한 황금률은 칸트가 말한 도덕 법칙의 정신을 표현하고 있다고 할 수 있지."

"하지만 그것도 그냥 주장일 뿐이에요. 이성으로는 무엇이 윤리적으로 옳고 무엇이 그른지 증명할 수 없다고 한 흄이 맞을 수도 있어요."

"칸트는 도덕법칙을 인과율과 마찬가지로 절대적이고 보편타당하다고 생각했어. 이것도 이성으로 증명할 수는 없지만 절대적인 주장이지. 아무도 반론을 제기할 수 없을 거야."

"그런데 점점 우리가 양심에 관해 얘기하고 있다는 느낌이 드는데요. 모든 사람은 양심을 가지고 있으니까 말이에요."

"그래, 만약 칸트가 도덕법칙에 대해 서술한다면, 그건 사람의 양심에 대한 이야기일 거야. 우리는 양심이 무슨 말을 하는지는 적을 수 없지만 그 존재를 알고는 있지."

"저는 가끔 저에게 이익이 되는 일이라서 다른 사람에게 상냥하고 친절하게 대할 때가 있어요. 그렇게 인기를 얻기도 하죠."

"하지만 다른 사람과의 관계에서 그저 인기만 얻으려고 한다면 그건 네가 도덕법칙에 진심으로 동의한 게 아닌 거야. 도덕법칙을 존경하는 게 아니라, 그저 겉으로만 도덕법칙과 일치하게 행동할 뿐인 거지. 물론 그것도 도덕적인 행동이라고 표현할 수 있겠지만, 도덕적 행위는 자기 극복의 결과여야 해. 도덕법칙을 따르는 것을 의무라고 생각하면서 어떤 행동을 할 때에만 그걸 도덕적 행위라고 얘기할 수 있어. 그래서 칸트의 철학을 종종 '의무 윤리학'이라고 하지.

"적십자나 교회 자선 바자회를 위해 기금 모으는 일을 제 의무라고 생각할 수도 있는 것처럼요."

"그래, 그렇게 네가 옳다고 여기기 때문에 하는 일 말이야. 네가 모은 돈이 도중에 없어지거나 그 돈으로 먹여야 할 사람들을 아무도 먹이지 못했어도 너는 도덕법칙을 따른 거야. 너는 올바른 태도를 가지고 행동했고, 칸트에 따르면 이런 태도야말로 무엇을 도덕적으로 옳다고 할 수 있는지 결정하는 데 중요한 것이지. 행위의 결과가 중요한 게 아니야. 그래서 우리는 칸트의 윤리학을 '마음의 윤리학'이라고도 부른단다."

"우리가 도덕법칙을 존중한다는 게 왜 그렇게 중요하죠? 우리가 하는 일이 다른 사람에게 유용하다는 게 더 중요하지 않은가요?"

"물론 그렇지. 칸트도 지금 네 말을 반박하지 않을 거야. 그러나 우리가 도덕법칙을 존중하는 마음에서 행동한다는 걸 스스로 알고 있을 때에만 우리는 '자유롭게' 행동하고 있는 거야."

"우리가 어떤 법칙을 따르기 때문에 자유롭게 행동하는 거라고요? 그건 좀 이상하지 않아요?"

"칸트가 사람은 자유의지를 갖고 있다고 '주장'하고 '요청'했지? 칸트는 모든 것이 인과율을 따른다고도 생각했기 때문에 그것은 중요한 논점이야. 그럼 우리는 어떻게 자유 의지를 가질 수 있을까?"

"저한테 묻지 마세요."

"여기서 칸트는 인간성을 두 부분으로 나누었어. 이 점에서 사람이 육체와 이성을 가지고 있기 때문에 이중적 존재라고 주장한 데카르트가 생각나지. 칸트는 우리가 감각적 존재로서 전적으로 변하지 않는 인과율에 내맡겨 있다고 생각했어. 우리는 무엇을 감각할지 결정할 수 없어. 감각은 피할 수 없이 주어지고 지금 우리가 원하든 원하지 않든 우리를 규정하지. 하지만 사람은 감성적인 존재이면서 이성적인 존재이기도 해."

"계속 설명해주세요!"

"우리는 감성적인 존재로서 자연의 질서에 완전히 속해 있어. 그래서 우리는 인과율의 지배도 받는 거야. 그렇게 보면 우리에겐 자유의지가 없다고 볼 수 있지. 그러나 우리는 이성적 존재로서 세계 자체에, 즉 우리가 감각하는 것과는 무관한 세계의 일부야. 우리가 자신의 '실천 이성'만 따른다면, 그래서 우리가 도덕적 선택을 할 수 있으면 그때 우리는 자유의지를 갖게 될 거야. 왜냐하면 우리 스스로 도덕법칙에 복종하는 건 우리가 따를 법칙을 우리 스스로 만드는 것이기 때문이지."

"그렇군요. 어쨌든 맞는 이야기예요. 결국 제가, 아니면 제 내면이 다른 사람에게 그렇게 나쁘게 굴면 안 된다고 말하는 거군요."

"너에게 이익이 되지 않더라도 스스로 나쁘게 굴지 않겠다고 결심하면 너는 자유로워지는 거야."

"자기의 쾌락만 추구하는 건 특별히 자유롭거나 독립적인 게 아니군요."

"사람은 모든 것의 노예가 될 수 있어. 심지어 이기주의의 노예가 될 수도 있지. 스스로 쾌락과 악덕을 극복하기 위해서도 독립성과 자유가 필요해."

"동물은 어떤가요? 동물은 쾌락과 욕구만을 따르는데 동물에겐 도덕 법칙을 지키려는 자유가 없나요?"

"없지. 우리를 사람답게 하는 것이 바로 자유야."

"이제 알겠어요."

"결론적으로 철학이 합리주의자와 경험주의자 사이의 싸움에서 벗어날 길을 칸트가 제시했다고 말할 수 있어. 그래서 칸트와 함께 철학사도 한 시대가 끝이 났지. 칸트는 1804년, 낭만주의 시대가 시작되던 무렵에 죽었어. 쾨니히스베르크에 있는 칸트의 무덤에는 잘 알려진 그의 글 한 구절이 적혀 있어.

'내가 그것에 대해 자주 그리고 깊이 생각할수록 더욱 새롭고 더 큰 감탄과 경외심으로 내 마음을 가득 채우는 것이 두 가지 있다. 그것은 내 머리 위의 별빛 찬란한 하늘과 내 마음속의 도덕률이다.'

이것이 칸트와 그의 철학을 움직인 위대한 수수께끼야."

알베르토 크녹스 선생님은 안락의자에 등을 기대고 앉아서 말했다.

"이것이 칸트에 관해 알아야 할 제일 중요한 점들이야. 이게 전부란다."

"벌써 4시 15분이에요."

"잠깐, 할 얘기가 조금 더 남았단다!"

"선생님이 수업이 끝났다고 하시기 전에는 절대 가지 않아요."

"우리가 감성적 존재로만 살면 자유로울 수 없다는 칸트의 생각에 대해 말했지."

"네."

"하지만 우리가 보편적 이성을 따르면, 독립적이고 자유로운 사람이 되는 거야. 내가 그 얘기도 했던가?"

"네, 왜 자꾸 되풀이하시는 거죠?"

선생님은 소피 쪽으로 허리를 숙이고 소피의 두 눈을 바라보며 속삭였다.

"네가 보는 것에 속지 마, 소피야!"

"무슨 말씀이세요?"

"그냥 외면해."

"무슨 말씀인지 모르겠어요."

"우리는 '내 눈으로 직접 봐야 믿을 수 있다'고 자주 말하지. 하지만 넌 네가 본 것을 그대로 믿어서는 안 돼."

"비슷한 말씀을 전에도 하셨어요."

"그래, 파르메니데스에 관해서였지."

"하지만 그래도 아직 선생님이 무슨 말씀을 하시는 건지 모르겠어요."

"저런, 아까 우리가 문턱에 앉아서 얘기를 나눌 때 갑자기 바다뱀이 물속에서 요동치는 시끄러운 소리를 냈지."

"좀 이상하지 않았어요?"

"전혀. 그런 다음 빨간 모자를 쓴 소녀가 우리 집 문을 두드렸고, '할머니 댁을 찾고 있다'고 말했어. 소피야, 정말 황당하지 않니? 하지만 이 모든 게 전부 소령의 속임수야. 바나나 껍질 안에 써 넣은 편지나 엄청난 번개나 다 똑같은 거야."

"선생님 말씀은……."

"그렇지만 내게 계획이 있어. 우리가 이성을 따르는 한 소령은 우릴 속일 수 없어. 그렇다면 우리는 어쨌든 자유로운 거야. 결국 그는 우리에게 가능한 모든 것을 '감각하게' 하겠지. 하지만 그중 어떤 것으로도 날 놀라게 하진 못해. 소령이 날아다니는 코끼리로 하늘을 뒤덮어버려도 나는 그저 씩 웃고 말 거야. 하지만 '7 더하기 5는 12'란 사실은 이 모든 코미디보다 오래 지속되는 하나의 인식이란다. 철학은 마술 주문과는 정반대야."

소피는 어안이 벙벙해져서 크녹스 선생님을 쳐다보았다.

"이제 그만 가보렴."

그리고 또 선생님이 말했다.

"다음번 낭만주의 강의 때 만나자. 그땐 헤겔과 키르케고르에 관해 듣게 될 거야. 하지만 일주일 후면 그 소령이 노르웨이에 도착하지. 그때까지 우린 그의 유치한 환상에서 벗어나야 해. 더는 알려줄 수 없지만 내가 우리 둘을 위해 대단한 계획을 짜고 있다는 점은 알아 두렴."

"그럼 전 갈게요."

"잠깐만, 우리가 가장 중요한 걸 잊은 것 같구나."

"뭘요?"

"생일 축하 노래 말이야. 힐데가 오늘 열다섯 살이 되었잖니."

"저도 그래요."

"그래, 너도 그렇지. 자, 그럼 우리 노래하자."

둘은 일어나서 함께 노래를 불렀다.

"생일 축하합니다! 생일 축하합니다! 사랑하는 힐데의 생일 축하합니다!"

시계는 4시 반을 가리키고 있었다. 소피는 호숫가로 내려가서 맞은편으로 노를 저었다. 소피는 배를 갈대밭 안으로 끌어 올려놓고 숲을 지나 달렸다.

소피가 길로 접어들었을 때, 갑자기 나무줄기 사이에서 움직이는 무언가가 보였다. 소피는 언뜻 숲을 지나 할머니한테 간 빨간 모자를 떠올렸다. 하지만 나무 사이에 있는 형체는 훨씬 작았다.

소피는 가까이 다가갔다. 그것은 인형만 한 크기였다. 갈색인데 빨간 스웨터를 입고 있었다.

소피는 그것이 곰 인형이란 걸 알아차리자, 몸이 뻣뻣이 굳었다. 곰 인형을 숲 속에서 잃어버리는 것은 그리 이상한 일은 아니다. 하지만 이 곰 인형은 생생히 살아 움직이고 있는 데다 아주 바빠 보였다.

"안녕!"

소피가 말했다.

작은 곰 인형은 뒤로 돌며 말했다.

"난 '위니 더 푸'야. 근데 속상하게 숲에서 길을 잃어버렸어. 그것만 아니었으면 오늘은 아주 멋진 날일 텐데. 근데 넌 처음 보는 아이구나."

"나도 여기는 처음이야. 그럼 너는 아직도 100만 평짜리 숲 속 집에 살겠구나."

"아니, 계산 문제는 너무 어려워. 나는 이해할 수 있는 범위가 아주 작은 곰이란 사실을 알아줘."

"네 얘기를 들은 적이 있어."

"그럼 넌 분명 이상한 나라의 앨리스구나. 크리스토퍼 로빈이 언젠가 네 이야기를 한 적이 있지. 이런 식으로 우리가 알게 될 거라고 말이야. 너는 병에 든 것을 마시고 몸이 점점 작아졌어. 그런데 또 다른 병에 든 걸 마시고는 다시 커졌지. 사람들은 자기가 입에 대는 게 뭔지 잘 생각해야 해. 언젠가 나도 너무 많이 먹어서 토끼 굴에 낀 적이 있었지."

"난 앨리스가 아니야."

"우리가 누구인지가 무슨 의미가 있겠어. 가장 중요한 것은 우리가 존재한다는 거야. 아주 현명한 부엉이가 그렇게 말했지. 그런데 아주 평범하고 날씨가 맑은 어느 날, 그 부엉이가 7 더하기 4는 12라고 말하는 바람에 이요르와 나는 아주 당황했어. 숫자 계산은 정말 어려워. 날씨를 가늠하는 게 훨씬 쉽지."

"난 소피라고 해."

"널 만나서 정말 기뻐, 소피야. 넌 이곳이 처음인 것 같네. 이제 나는 새끼 돼지를 찾으러 그만 가봐야겠어. 우리는 벅스 버니네서 열리는 성대한 가든파티에 친구들과 함께 초대받았거든."

그는 앞발 하나를 흔들며 소피에게 인사했다. 그제야 소피는 그가 다른쪽 앞발에 쪽지를 가지고 있는 걸 알아차렸다.

"가지고 있는 게 뭐니?"

소피가 물었다.

곰돌이 푸는 쪽지를 들어 보이며 말했다.

"이것 때문에 내가 길을 잃은 거야."

"하지만 그건 그냥 쪽지인데?"

"아니야, 이건 절대 '평범한 쪽지'가 아니야. 이건 '거울 속의 힐데'에게 보내는 편지야."

"아, 그럼 내가 가져가면 될 것 같아."

"하지만 넌 그 거울 속의 소녀가 아닌 것 같은데?"

"그래, 그렇지만……."

"편지는 언제나 받는 사람한테 곧장 전해야 해. 그걸 어제 또 크리스토퍼 로빈이 나에게 설명해줬지."

"하지만 난 힐데를 알아."

"그건 상관없어. 네가 누군가를 잘 안다고 해도 절대 그 사람 편지를 네가 읽어서는 안 돼."

"내 말은 내가 그 편지를 힐데에게 전해줄 수 있다는 거야."

"그렇다면야 이야기가 다르지. 자, 여기. 내가 이 편지에서 벗어나야 새끼 돼지도 찾을 수 있을 거야. 거울 속의 힐데를 발견하려면 우선 네게 거울이 있어야 하는데, 이 근처에서는 찾기가 쉽지 않을 거야."

이제 곰돌이 푸는 앞발에 쥐고 있던 쪽지를 소피에게 주고, 그 작은 발을 움직여 뛰어갔다. 그가 시야에서 사라지자 소피는 쪽지를 펴서 읽었다.

사랑하는 힐데야! 칸트가 '국제 연맹'을 조직하는 데 찬성했다는 사실을 알베르토 크녹스 선생이 소피에게 이야기하지 않았다니 정말 창피하구나. 1795년 『영원한 평화를 위하여』라는 저서에서 칸트는 세계 각국이 여러 민족의 평화적인 공존을 위해 노력할 국제 연맹을 만들어 결속해야 한다고 썼어. 이 책이 나온 지 약 125년이 지나고 제1차 세계 대전 직후 이 국제 연맹이 실제로 설립되었어. 제2차 세계 대전 후에는 국제 연합(UN)으로 바뀌었지.

칸트가 유엔 이념의 모태라고도 할 수 있지. 그가 깊게 고민한 것은 사람의 '실천 이성'이 국가들에게 계속해서 새로운 전쟁을 일으키는 '자연 상태'를 벗어나 전쟁을 방지하는 국제적 법질서를 마련하도록 강요한다는 거야. 실제로 여러 민족들이 제 기능을 하는 연맹을 설립하기까지가 오래 걸리더라도 보편적이고 지속적인 평화 보장을 위해 힘쓰는 것이 우리의 의무란다. 칸트에게 그러한 연맹의 실현은 그저 멀고 먼 목표였지. 그것이 거의 철학의 궁극적인 목표라 말할 수 있어. 나는 아직 레바논에 있단다.

— 아빠가

소피는 쪽지를 주머니에 넣고 집을 향해 걸었다. 생각해보면 숲에서 곰을 만나기 전에 크녹스 선생님은 미리 경고했었다. 그러나 소피는 곰돌이 푸가 거울 속의 힐데를 찾아 헤매는 것을 그냥 보고 있을 수가 없었다.

낭만주의

…… 자기 내면으로 향하는 비밀 통로 ……

힐데는 커다란 바인더 공책을 무릎 위에 내려놓았다. 그리고 바닥으로 미끄러지는 공책을 그냥 내버려두었다.

벌써 방 안은 아까 힐데가 잠자리에 들었을 때보다 훨씬 밝아졌다. 힐데는 시계를 보았다. 3시가 다 되었다. 몸을 돌려 눈을 감았다. 아빠가 어째서 갑자기 빨간 모자와 아기 곰 푸를 등장시켰는지 생각하다가 잠이 들었다.

힐데는 다음 날 아침 11시까지 잠을 잤다. 밤새 계속 꿈을 꾸었던 것 같은데 무슨 꿈이었는지는 떠오르지 않았다.

힐데는 아래층으로 내려가서 아침을 차렸다. 엄마는 파란색 작업복을 입고 있었다. 엄마는 창고에서 배를 좀 손보겠다고 했다. 배를 물에 띄우지는 않아도 아빠가 레바논에서 돌아오면 항해를 견딜 수 있도록 정비를 해놔야 한다.

"도와줄래?"

"읽을 게 있어서요. 차와 아침 식사를 갖다 드릴까요?"

"아침 식사라고 했니?"

어이없다는 듯 엄마가 되물었다. 힐데는 식사를 마치고 방으로 올라가 이불을 덮고 다시 무릎 위에 편하게 바인더 공책을 펼쳤다.

소피가 울타리를 지나 안으로 들어가자 에덴동산 같은 큰 정원이 곧 나타났다.

어제 몰아친 폭풍우 때문에 나뭇가지와 잎들이 사방으로 떨어져 있는 게 보였다. 폭풍우와 떨어진 나뭇가지, 다른 한편으론 빨간 모자와 곰돌이 푸를 만난 일 사이에 어떤 연관성이 있어 보였다.

소피는 그네에 쌓여 있는 전나무 잎과 가지를 치웠다. 지금은 비가 오지 않아서 그네의 방석도 잘 정리되어 있었다. 소피는 집 안으로 들어갔다. 엄마도 방금 돌아오신 것 같았다. 엄마는 레모네이드 병을 냉장고 안에 넣었다. 식탁 위에는 계란 과자와 작은 바움쿠헨(원통처럼 생긴 케이크)이 있었다.

"집에 손님이 오세요?"

자기 생일을 잊고 있던 소피가 물었다.

"토요일에 가든파티를 할 거지만 오늘도 간단하게 파티를 하려고."

"왜요?"

"요룬과 그 애 부모님을 초대했어."

소피는 어깨를 움찔했다.

"그러세요."

7시 반쯤 손님들이 도착했다. 엄마는 요룬의 부모님과 왕래가 거의 없었기 때문에 분위기가 약간 어색했다.

소피와 요룬은 가든파티 초대장을 쓰려고 소피의 방으로 올라갔다. 알베르토 크녹스 선생님도 초대하려면 '철학 가든파티'를 여는 것이 좋겠다고 생각했다. 요룬도 반대하지 않았다. 어쨌든 소피의 생일 파티고, 요즘은 그런 '테마 파티'가 인기 있기 때문이다.

둘은 두 시간도 넘게 초대장 문안을 적으며 서로 깔깔거렸다.

친애하는 _____ 님께

귀하를 성 세례 요한 축일의 전날 밤인 6월 23일 토요일 19시 클뢰베르베이엔 3번지에서 열리는 철학 가든파티에 초대합니다. 저녁 내내 함께 얘기를 나누며 인생의 신비를 밝히기를 바랍니다. 따뜻한 외투와 철학적 수수께끼를 해결하는 데 도움이 될 총명한 생각을 지참해주세요. 숲은 화재 위험이 크기 때문에 불을 피울 수 없지만, 환상의 불꽃은 마음껏 태울 수 있습니다. 초대받은 손님 중에 진짜 철학자가 최소한 한 분 이상 계십니다. 그래서 이번 파티는 비공개 모임입니다. (취재 사절!)

사랑의 인사를 전하며

— 파티 위원 요룬 잉에브릭트센과 소피 아문센 드림

초대장을 쓰고 나서 소피와 요룬은 이제 어느 정도 편하게 담소를 나누게 된 부모님들에게 내려갔다. 소피는 엄마에게 만년필로 예쁘게 쓴 초대장을 내밀며 말했다.

"18장 복사해주세요."

소피는 그전에도 엄마의 사무실에서 복사를 해달라는 부탁을 자주 했었다.

엄마는 초대장을 훑어보고는 세무 공무원인 잉에브릭트센 씨에게 그 것을 건넸다.

"보세요. 소피는 완전히 이성을 잃었어요."

"그래도 분명히 재미는 있어 보여요."

요룬의 아빠가 초대장을 자기 아내에게 넘겨주면서 말했다.

"난 할 말이 없구나!"

요룬의 엄마가 말했다.

"우리가 와도 되겠니, 소피야?"

"그럼 복사를 20장 해주세요."

소피가 말했다.

"그렇게까지 할 필요는 없을 것 같은데."

요룬이 말했다.

소피는 그날 밤 잠자리에 들기 전에 오랫동안 창밖을 바라보았다. 언 젠가 어둠 속에서 알베르토 크녹스 선생님의 그림자를 보았을 때가 언 뜻 떠올랐다. 한 달이 훨씬 지난 일이다. 그때도 늦은 밤이었지만 지금은 달이 밝은 여름밤이다.

화요일 아침에야 알베르토 크녹스 선생님에게 연락이 왔다. 엄마가 출근하시자마자 전화가 왔다.

"소피 아문센입니다."

"알베르토 크녹스야."

"그럴 것 같았어요."

"늦어서 미안하구나. 하지만 계획을 세우느라 바빴어. 그 소령이 너에게 완전히 집중하고 있을 때에만 방해받지 않고 편히 일할 수 있어서."

"이상한 일이군요."

"알다시피 그래야 잘 숨을 수가 있거든. 세계 최고의 첩보 기관도 첩보 요원이 단 한 명밖에 없으면 한계가 있는 법이지……. 네 엽서 받았어."

"초대장 말씀이에요?"

"정말 자신 있니?"

"당연하죠."

"그런 파티에서는 무슨 일이 일어날지 알 수 없어."

"오실 거죠?"

"물론 가야지. 그런데 그날 다른 일도 있어. 같은 날 힐데의 아빠가 레바논에서 돌아온다는 거 알고 있었니?"

"아뇨, 전혀요."

"그가 비에르켈리로 돌아오는 바로 그날, 네가 철학 가든파티를 열게 된 것은 절대 우연이 아니야."

"정말 그 생각은 미처 못 했어요."

"하지만 그는 알았을 거야. 그래, 그건 나중에 다시 얘기하자. 오늘 오전에 소령의 오두막에 올 수 있니?"

"화단에서 잡초를 좀 뽑아야 해요."

"그러면 2시엔 올 수 있겠지?"

"네, 그때 봬요."

소피가 도착했을 때 이번에도 알베르토 크녹스 선생님은 문턱에 앉아 있었다.

"여기 앉아."

선생님이 말했다. 그리고 곧장 이야기의 본론으로 들어갔다.

"지금까지 우리는 르네상스, 바로크, 계몽주의에 관해 얘기했어. 오늘은 유럽의 마지막 위대한 문화적 시대라 할 수 있는 낭만주의에 대해 이야기할 거야. 길었던 이야기의 끝에 가까워지고 있어."

"낭만주의가 그렇게 오래 계속되었나요?"

"낭만주의는 18세기 말부터 19세기 중반까지 이어졌어. 1850년 이후에는 문학, 철학, 예술, 과학, 음악 전반을 통틀어 지칭할 수 있는 시대를 얘기한다는 것은 불가능한 일이 되어버렸지."

"낭만주의가 그렇게 포괄적인 시대였어요?"

"그래, 이미 말한 것처럼 유럽의 마지막 시대였어. 낭만주의는 독일에서 시작됐어. 더 자세히 말하면, 이성을 편파적으로 찬양하는 계몽주의에 대한 반발로 일어났지. 칸트와 그의 냉철한 이성 철학에 짓눌렸던 독일의 젊은이들이 그제야 안도의 한숨을 쉬었단다."

"그러면 이성의 자리는 무엇으로 대체되었나요?"

"새로 생긴 말들은 '감정', '환상', '체험', '동경' 등이었어. 몇몇 계몽주의 사상가들, 그 가운데 특히 루소가 감정의 중요성을 언급했고 일방적인 이성 중시를 비판했어. 그러나 이제 그런 저류(底流)가 독일 문화생활의 주류가 되었지."

"칸트의 인기는 오래가지 못했나요?"

"글쎄. 많은 낭만주의자들은 스스로 칸트의 후계자라고 생각했지. 물론 칸트는 우리가 알 수 있는 것에는 한계가 있다고 설명했어. 다른 한편으론 자아가 인식에 얼마나 중요하게 기여하는지 보여주었고. 그리고 이제 낭만주의에서는 개인이 존재에 관한 개별적인 해석을 위해, 말하자면 자율 통행권을 얻게 되었지. 낭만주의자들은 거리낌 없이 자아를 찬양했어. 그래서 낭만주의적 인격을 대표하는 이들이 바로 예술 분야의 천재였지."

"그 시대에는 천재들이 많았나요?"

"몇 명 있었지. 예를 들면 베토벤 같은. 그의 음악에서 우리는 자신의 고유 감정과 동경을 표현해낸 베토벤이란 개인을 만날 수 있어. 베토벤은 '자유로운 예술가'였어. 신의 영광을 위해 엄격한 규칙에 따라 작품들을 작곡한 바흐와 헨델 같은 바로크의 거장들과는 아주 달랐지."

"전 베토벤의 〈월광 소나타〉와 〈운명 교향곡〉밖에 몰라요."

"하지만 〈월광 소나타〉가 얼마나 낭만적인지, 〈운명 교향곡〉에서 베토벤이 자기의 마음을 얼마나 극적으로 표현하고 있는지 느꼈을 거야."

"르네상스의 인문주의자들도 개인주의자였다고 하셨죠."

"그래, 르네상스와 낭만주의는 유사한 점이 많아. 그중 하나는 인간의 의식에서 예술이 갖는 의미를 강조한 거야. 이 점에서도 칸트는 낭만주의의 기초를 닦은 셈이지. 그는 미학에서 우리가 아름다운 것에, 예를 들어 예술 작품에 사로잡히면 어떤 변화가 일어나는지를 연구했어. 우리가 사심 없이 어떤 예술 작품을 가능한 한 집중적으로 '체험'하려고 하면 우리는 '알 수 있는' 것의 한계, 즉 우리 이성의 한계를 초월하게 되지."

"예술가는 철학자가 표현할 수 없는 것을 전달할 수 있다는 건가요?"

"칸트와 낭만주의자들은 그렇게 생각했어. 칸트에 따르면 예술가는 자신의 인식 능력을 자유롭게 가지고 노는 사람이야. 독일의 작가 프리드리히 실러는 칸트의 사상을 계속 발전시켜서 예술가의 활동은 일종의 놀이이고, 놀이를 즐기는 사람만이 자유롭다고 했어. 왜냐하면 그 사람은 자기 스스로 법칙을 만들기 때문이야. 이제 낭만주의자들은 오로지 예술만이 우리를 '말로 표현할 수 없는 것'에 더욱 가까이 가게 해준다고 믿었어. 여기서 몇몇 낭만주의자는 최종적인 결론으로 예술가를 신과 비교했지."

"신이 세계를 창조한 것처럼 예술가는 자기 자신의 현실을 창조하니까요."

"예술가는 일종의 세계를 창조하는 상상력을 지니고 있어. 예술적 무아지경에서 꿈과 현실의 경계가 사라지는 것을 체험할 수 있는 거야. 낭만주의 시대의 젊은 천재 중에서 시인 노발리스는 '세계는 꿈이 되고 꿈은 세계가 된다'고 말했지. 그는 중세를 배경으로 「하인리히 폰 오프터딩겐」이라는 소설을 썼어. 1801년 노발리스가 죽을 때까지 이 소설을 완성하지 못했지만 낭만주의 소설로서 큰 의미가 있는 작품이야. 이 소설을 읽으면, 언젠가 꿈에서 본 '파란 꽃'을 찾아 나서는 젊은 하인리히를 만날 수 있어. 그와 똑같은 생각을 영국의 낭만주의자 콜리지는 이렇게 표현했지.

'당신이 잠을 자면 어떻게 될까? 그리고 자면서 꿈을 꾸면 어떻게 될까? 또 꿈속에서 천국에 올라가 신기하고 아름다운 꽃을 꺾으면 어떻게 될까? 그리고 잠에서 깨어날 때 손에 그 꽃을 쥐고 있으면 어떻게 될까? 아, 그러면 어떻게 될까?'"

"아름다워요."

"이렇게 멀고 도달할 수 없는 것에 대한 동경은 낭만주의자들의 전형이야. 그들은 이미 사라져버린 시대, 예를 들어 중세를 동경했어. 계몽주의 시대에는 암흑기로 여겨졌던 중세를 낭만주의자들은 활발히 재평가했지. 그리고 멀리 동떨어진 문화, 즉 신비한 종교가 있는 동양을 그리워했어. 또 밤, '여명', 오래된 폐허, 초자연적인 것에 애착을 느꼈지. 낭만주의자들은 어두움, 섬뜩함, 신비스러움처럼 우리가 인생에서 어두운 면이라고 부르는 것에 몰두했어."

"듣고 보니 아주 흥미로운 시대군요. 이런 낭만주의자들은 어떤 사람이었어요?"

"낭만주의는 무엇보다도 도시적인 현상이었어. 19세기 전반부에 유럽의 많은 지역, 특히 독일에서 도시 문화가 전성기를 맞았어. 전형적인 '낭만주의자'는 젊은 청년들, 종종 공부에는 별로 뜻이 없는 대학생들이었지. 그들은 눈에 띄게 반시민적인 성향을 띠었고, 평범한 일반인, 예를 들면 경찰이나 자기들의 셋방 주인을 '속물'이나 '적'이라고 불렀어."

"그럼 전 낭만주의자에겐 방을 세주지 않을 거예요."

"1800년경 낭만주의자 첫 세대는 아주 젊었어. 그렇게 보면 낭만주의 운동을 유럽 최초의 청년 혁명이라고 해도 될 거야. 낭만주의 운동은 심지어 150년 후의 히피 문화와도 아주 비슷하지."

"꽃과 장발, 그리고 서투른 기타 실력과 무위도식이요?"

"그래. 게으름은 천재의 이상이고, 나태함은 낭만주의의 첫째 덕목이었어. 인생을 체험하거나 꿈이나 공상에 잠기는 것이 낭만주의자의 의무였달까. 일상적인 일들은 고리타분한 속물들이 돌봐야 한다는 거였지."

"노르웨이에도 낭만주의자가 있었나요?"

"베르겔란과 벨하벤이 낭만주의자였어. 베르겔란은 계몽주의 시대의 여러 이상을 대표하는 사람이기도 했지만, 그의 일생은 낭만주의의 전형을 보여주었어. 그는 자유분방한 생활을 하고 사랑에 빠지기도 했지. 이 점도 낭만주의의 전형적인 특징이야. 베르겔란이 사랑의 시를 헌사한 스텔라는 노발리스의 '파란 꽃'처럼 그와는 너무 멀리 떨어져 있던, 이룰 수 없는 여인이었어. 참고로 노발리스 자신은 겨우 열네 살짜리 소녀와 약혼을 했는데 그 소녀는 열다섯 번째 생일이 지난 지 꼭 나흘 만에 세상을 떠났어. 하지만 노발리스는 그 소녀를 평생 사랑했단다."

"그 소녀가 정말 열다섯 번째 생일이 지난 뒤에 죽었나요?"

"그래……."

"오늘이 제가 열다섯 살이 된 지 나흘째 되는 날이에요."

"아, 그렇구나……."

"소녀의 이름이 뭐죠?"

"소피란다."

"지금 뭐라고 하셨어요?"

"음. 그러니까……."

"절 불안하게 하시는군요! 우연의 일치겠죠?"

"글쎄, 모르겠구나. 하지만 그 소녀의 이름은 소피였어."

"계속 말씀하세요."

"노발리스 자신은 겨우 스물아홉 살에 죽었지. 그는 '요절'한 시인들 중 하나였어. 많은 낭만주의자들이 결핵으로 생명을 잃었고, 또 몇몇 사람은 자살을 하기도 했지……."

"세상에!"

"이들은 대부분 나이가 들고 나서는 더 이상 낭만주의자가 아니었어.

서른 살 정도가 되면 낭만주의자 생활을 청산하는 게 일반적인 추세였지. 일부는 나중에 아예 보수적인 시민이 되기도 했단다."

"적의 진영으로 넘어갔군요."

"그래, 그런 셈이지. 아까 낭만적 연애에 관해 말했지? 이룰 수 없는 사랑 얘기를 담은 위대한 책은 1774년에 발간된 괴테의 편지 소설 『젊은 베르테르의 고뇌』야. 그 소설은 젊은 베르테르가 사랑하는 여자를 얻을 수 없어서 권총 자살하는 것으로 끝나지⋯⋯."

"그건 좀 지나치지 않은가요?"

"어쨌든 소설이 발간된 이후 일시적으로 곳곳에서 자살하는 사람들이 급격히 증가했어. 그래서 덴마크와 노르웨이에선 오랫동안 이 책의 출판을 금지하기도 했단다. 낭만주의자라는 사실이 아주 위험한 건 아니었어. 다만 지나치게 강한 감정이 문제였지."

"선생님이 '낭만주의자'라고 하실 때, 전 커다란 풍경화를 생각했어요. 신비로운 숲과 야생의 자연이 제 눈앞에 펼쳐지는 느낌이 드는⋯⋯. 흔히 안개가 끼어 있는 그런 풍경 말이에요."

"실제로 자연에 대한 동경과 철저한 자연 신비주의는 낭만주의의 가장 중요한 특징이야. 이미 말한 것처럼 낭만주의는 도시 현상이었어. 시골에서는 그런 현상이 생기지 않은 게 당연하지. 루소의 '자연으로 돌아가라'라는 말도 낭만주의 시대에 와서야 실질적인 영향력을 갖게 되었어. 특히 낭만주의는 계몽주의 시대의 기계적인 세계상에 대한 반동으로 생겨났기 때문에, 낭만주의를 가리켜 옛날 총체적 사유의 르네상스가 다시 도래했다고 주장하기도 해."

"그 부분을 설명해주세요."

"이건 특히 자연을 다시 총체적으로 관찰하게 되었다는 뜻이야. 이때 낭만주의자들은 스피노자 철학에 의존했고, 야코프 뵈메와 조르다노 브루노 같은 르네상스 철학자들과 플로티노스의 사상도 받아들였지. 그들은 모두 자연에서 신적 '자아'를 체험한 사람들이야."

"그들은 범신론자들이군요……."

"데카르트와 흄은 자아와 '연장된' 사물을 명확히 구분했어. 칸트 역시 인식하는 자아와 '자연 자체'를 명확히 분리했고. 그런데 낭만주의자들은 이제 자연을 유일한 큰 '자아'라고 부르게 되었지. 그들은 '세계영혼' 혹은 '세계정신' 같은 표현도 썼어."

"알겠어요."

"가장 중요한 낭만주의 철학자는 1775년부터 1854년까지 살았던 프리드리히 빌헬름 셸링이야. 그는 '정신'과 '물질'의 분리를 극복하려 했어. 그에 따르면 전체 자연, 즉 사람의 영혼은 물론 물리적 현실도 유일신이나 '세계정신'의 표현이야."

"그런 내용이라면 스피노자가 생각나는데요."

"셸링은 '자연은 볼 수 있는 정신이고, 정신은 볼 수 없는 자연'이라고 말했어. 우리는 곳곳에서 자연의 질서를 잡고 구조를 이루게 하는 정신을 감지하기 때문이라는 거지. 그는 물질을 일종의 정지 상태에 있는 지성으로 간주했으니까."

"더 자세히 설명해주세요."

"셸링은 자연 속에서 세계정신을 보았지만, 사람의 의식 속에서도 보았어. 그렇게 자연과 사람의 의식은 동일하다는 것을 표현한 거지."

"그렇군요."

"이 세계정신은 자연에서는 물론 자신의 마음에서도 찾을 수 있어. 그래서 노발리스는 우리 내면으로 향하는 '비밀 통로'가 있다고 했지. 그는 사람이 전 우주를 자기 안에 갖고 있기 때문에 자기 내면에서 세계의 비밀을 가장 잘 체험할 수 있다고 생각했어."

"아주 멋진 생각이에요."

"많은 낭만주의자들은 철학과 자연 연구 그리고 시문학이 보다 고차원적으로 통일되기를 지향했어. 자연이 죽은 기계가 아니고 살아 있는 세계정신이라면 연구실에 앉아 영감을 받아 시를 쓰든, 꽃의 생활과 암석의 합성을 연구하든, 정신과 물질은 단지 동전의 양면일 뿐이라는 거지."

"좀 더 설명해주시면, 당장 전 낭만주의자가 될 것 같아요."

"노르웨이의 자연과학자 헨리크 스테펜스는 거처를 독일로 옮겼기 때문에 베르겔란은 그를 가리켜 '바람에 날려간 노르웨이의 월계수 잎'이라고 불렀지. 1801년 독일 낭만주의에 관한 강연을 하기 위해 코펜하겐에 온 스테펜스는 낭만주의 운동의 특징을 이렇게 얘기했어.

'자연 상태로 있는 물질을 통과하려는 끊임없는 시도에 지친 우리는 다른 길을 선택했고, 무한한 존재를 만나기 위해 서둘렀다. 우리는 우리의 내면으로 들어가 새로운 세계를 창조했다.'"

"선생님은 어떻게 그걸 다 외우시죠?"

"별거 아니야, 소피야."

"계속 얘기해주세요."

"셸링은 돌에서 사람의 의식에 이르기까지 그 발전 과정을 자연에서 보았어. 또 생명이 없는 자연에서 복잡한 삶의 형태까지 점차적인 변화 과정을 얘기했고. 이런 낭만주의 자연관의 특징은 대체로 자연을 하나의 유기체로, 즉 시간이 흐름에 따라 그 안에 있는 가능성을 발전시키는 하나의 통일체로 본 거야. 자연은 잎을 내고 꽃을 피우는 한 송이 꽃과도 같아. 혹은 자기의 시를 쓰는 시인과도 같지."

"그 말은 약간 아리스토텔레스를 생각나게 하지 않나요?"

"맞아. 낭만주의 철학은 아리스토텔레스는 물론 신플라톤학파의 특징도 보이지. 아리스토텔레스는 기계론적 유물론자와는 달리 자연의 발달 과정에 대해 유기적 자연관을 갖고 있었거든."

"알겠어요."

"이때 새로운 역사관에서도 비슷한 생각을 찾아볼 수 있어. 요한 고트프리트 폰 헤르더(1744년~1803년)란 역사 철학자는 낭만주의자들에게 큰 영향을 미쳤어. 헤르더도 역사의 흐름을 정해진 목표에 따른 진행 과정의 결과로 보았어. 그래서 그의 역사관을 '동적'이라고 표현하지. 계몽주의 철학자는 흔히 '정적'인 역사관을 대표하고. 그들은 시대의 흐름에 따라 다소 일반적이거나 보편적인 이성만이 살아남았다고 생각했어. 계몽주의 철학자와는 반대로 헤르더는 각 시대가 완전히 고유한 가치를 지니며 각 민족은 아주 특별한 본래의 성향, 즉 고유한 '민족혼'을 가진다고 설명했어. 문제는 '우리가 다른 시대와 문화를 이해할 수 있는지, 만약 그럴 수 있다면 어떻게 이해할 수 있느냐' 하는 것이지."

"맞아요. 다른 사람을 이해하려면 그 사람의 처지에서 생각해봐야 하는 것처럼 다른 문화를 이해하기 위해서는 그 문화의 배경을 생각해야겠지요."

"오늘날은 그게 당연한 일이지만, 낭만주의 시대에는 새로운 인식이었어. 낭만주의는 각 민족이 갖고 있는 고유한 동질성을 강하게 했단다. 노르웨이에서 1814년에 민족 독립 전쟁이 일어난 것도 우연이 아니었지."

"그렇군요."

"낭만주의가 이렇게 많은 영역에서 새로운 방향을 설정했기 때문에 보통 낭만주의는 두 가지 양상으로 구분해. 하나는 낭만주의를 보편적 낭만주의로 이해하는 시각이야. 이 경우 우리는 자연, 세계영혼, 예술적 천재에 몰두한 낭만주의자를 떠올리게 되지. 낭만주의에서 이 보편적 낭만주의의 양상이 시기적으로 먼저 나타났고, 특히 독일의 예나에서 1800년을 전후해 전성기를 맞았어."

"그럼 낭만주의의 다른 양상은요?"

"그건 민족적 낭만주의라고 해. 약간 나중에 등장한 이 낭만주의의 중심지는 하이델베르크였어. 민족적 낭만주의자들은 특히 민족의 역사와 언어, 그리고 '민중' 문화 일반에 관심을 쏟았어. 민족을 자연이나 역사처럼 그 속에 있는 가능성을 발전시키는 하나의 유기체로 간주했기 때문이야.

낭만주의의 이 두 가지 모습을 하나로 묶는 연결 고리는 바로 '유기체'라는 표제어였어. 낭만주의자들은 식물은 물론 민족, 심지어 문학 작품까지도 살아 있는 유기체로 간주했어. 그래서 두 양상 사이엔 어떤 명확한 경계가 없었지. 세계정신은 자연과 예술이 존재하는 것처럼 민족과 민중 문화에도 내재한다고 생각했어."

"알겠어요."

"헤르더는 독일 여러 지역의 민요를 모아 민요집을 펴내면서 '노래 속에 담긴 민중의 목소리'라는 뜻깊은 제목을 붙였지. 그는 민중 문학을 '민중의 모국어'라고 표현하기도 했어. 다른 몇몇 작가들은 하이델베르크에서 민요와 민중 동화(전래 동화)를 수집하기 시작했어. 그림 형제의 동화에 대해 들어본 적이 있을 거야."

"물론이죠.「백설공주」,「빨간 모자」,「신데렐라」,「헨젤과 그레텔」같은 이야기들……."

"그 밖에도 아주 많아. 노르웨이에서는 아스비에른센과 모에가 '민중 시'를 수집하려고 온 나라를 여행했어. 그건 맛있고 몸에 좋다고 알려진 열매를 수확하는 일과 비슷했어. 그리고 이미 열매가 나무에서 떨어지고 있었기 때문에 다급한 일이었어. 란스타는 민요를, 그리고 이바르 오센은 노르웨이어를 수집했어. 고대의 신화와 신에 관한 시가들도 19세기 중반에 새로 발견됐어. 전 유럽의 작곡가들도 이제 민요를 모티프로 사용했지. 그들은 그런 식으로 창작 음악과 민속 음악을 잇는 다리를 놓으려 한 거야."

"창작 음악요?"

"창작 음악이란 개인이, 예를 들면 베토벤 같은 사람이 작곡한 음악을 말해. 민속 음악은 개인이 만든 것이 아니라 한 민족이 공동으로 만든 것이고. 그래서 우리는 민요가 언제 생겼는지 정확히 알 수 없지. 같은 방법으로 전래 동화와 창작 동화도 구분할 수 있어."

"창작 동화는 어떤 것이죠?"

"한스 크리스티안 안데르센 같은 작가가 상상해서 쓴 글을 말하지. '동화'라는 장르는 낭만주의자들의 대단한 열정 덕분에 발전했어. 독일의 대가들 중 한 사람으로 E.T.A. 호프만이 있지."

"『호프만의 이야기』를 들은 적이 있어요."

"바로크 시대의 예술 형태가 거의 연극과 비슷했던 것처럼, 동화는 낭만주의자들의 문학적 이상이었지. 특히 동화는 작가 자신의 창작력을 발휘할 수 있는 가능성을 주었어."

"작가는 허구의 세계 속에서 신의 역할을 할 수 있었죠."

"그래. 이제 내용을 좀 간추려봐야겠구나."

"어서 해주세요."

"낭만주의 철학자들은 '세계영혼'이라는 걸 다소 꿈같은 상황에서 이 세상의 사물을 창조하는 '자아'로 파악했어. 철학자 요한 고틀리프 피히테는 자연은 고차원적인 무의식의 상상력에서 유래한다고 설명했어. 셸링은 단도직입적으로 세계는 '신 안에' 있다고 말했고. 신은 세계의 어떤 부분을 의식하지만, 자연에는 신 안의 무의식적인 부분을 드러내는 면들도 있다고 생각했지. 신도 '어두운 면'을 가지고 있으니까."

"그런 생각은 놀라우면서도 흥미로워요. 버클리가 한 말이 생각나네요."

"작가와 작품 사이의 관계도 대충 비슷하게 파악할 수 있어. 동화는 작가에게 세계를 창조하는 상상력을 발휘할 기회를 주었어. 그리고 창조 행위는 늘 의식적으로 일어나는 것이 아니야. 작가는 자기가 쓰고 있는 이야기가 자기 안의 능력에서 나온다는 느낌을 받게 돼. 거의 최면 상태에서 글을 쓰는 거지."

"예?"

"하지만 작가는 갑자기 그 환상을 깨부술 수도 있어. 즉 작가가 독자를 위해 짤막한 반어적 코멘트를 적어 이야기에 끼어들 수 있지. 그러면 독자는 이건 역시 동화라는 사실을 금방 상기하게 되는 거야."

"그렇군요."

"작가는 이런 식으로 자기 자신의 존재도 동화적이라는 걸 독자에게 환기시킬 수 있어. 이렇게 환상을 깨는 형식을 낭만적 아이러니라고 해. 예를 들어 노르웨이의 작가 헨리크 입센은 그의 희곡 「페르 귄트」에서 등장인물 중 한 사람의 입을 통하여 '연극에서는 막이 내릴 무렵이 아니면 사람이 죽지 않는다'고 했지."

"이런 대사는 좀 웃겨요. 그건 모든 것이 그저 환상이라는 얘기니까요."

"이런 말은 너무 역설적이라서 그만 이 장을 마무리해야겠구나."

"장을 마무리한다니 무슨 말씀이시죠?"

"아, 아무것도 아니야. 아까 노발리스의 애인이 너처럼 소피라는 이름이었고, 열다섯 살 생일을 맞은 지 나흘 만에 죽었다고 했지."

"제가 그 얘기에 무서워하는 걸 선생님도 이해하실 거예요."

순간 크녹스 선생님의 표정이 굳어졌다.

"네가 노발리스의 애인과 같은 운명일지도 모른다고 두려워할 필요 없어."

"어째서요?"

"왜냐면 아직 이야기의 여러 장이 남아 있으니까."

"지금 무슨 말씀을 하시는 거예요?"

"소피와 알베르토의 이야기를 읽는 독자는 모두 이 이야기가 아직 여러 장 더 남아 있다는 걸 알고 있다는 거야. 우리 얘긴 이제 겨우 낭만주의까지밖에 안 왔잖니?"

"선생님 말씀 때문에 머리가 어지러워요."

"실제로 소령이 힐데의 머리를 어지럽게 하고 있지. 정말 비열한 짓 아니니? 자, 단락 끝!"

알베르토 크녹스 선생님은 한 소년이 숲에서 달려 나오는 바람에 말을 끝맺지 못했다. 그 소년은 아라비아풍의 옷을 입고 터번을 두르고 손에는 석유램프를 들고 있었다.

소피는 크녹스 선생님의 팔을 잡고 물었다.

"누구죠?"

그런데 소년이 직접 대답했다.

"전 알라딘이고 레바논에서 왔어요."

선생님은 소년을 자세히 살펴보았다.

"그런데 램프 안엔 뭐가 들었니?"

소년이 램프를 문지르자 짙은 연기가 솟아나왔다. 짙은 연기 속에서 웬 남자의 모습이 점점 크게 나타났다. 그는 알베르토 크녹스 선생님처럼 검은 수염에 파란 베레모를 쓰고 있었다. 남자는 램프 위의 허공에 둥둥 떠서 말했다.

"내 말 들리니, 힐데야? 새로운 축하 인사를 하기에는 너무 늦게 온 모양이구나. 이제 비에르켈리와 노르웨이 남부가 내겐 거의 한 편의 동화처럼 느껴져. 곧 우리는 그곳에서 만나게 될 거야."

그리고는 남자의 형상이 다시 연기 속으로 사라져버렸다. 모든 연기도 램프 안으로 빨려 들어갔다. 소년은 램프를 겨드랑이에 끼고 다시 숲으로 뛰어가더니 곧 모습을 감췄다.

"이건…… 이건 정말 믿을 수 없는 일이에요."

"별일 아니야."

"그 유령이 힐데의 아빠처럼 말했어요."

"분명 그의 유령이야……."

"하지만……."

"너와 나, 그리고 우리 주변에서 일어나는 일이 모두 소령의 의식 깊은 곳에서 진행되고 있어. 지금은 4월 28일 토요일 늦은 밤이야. 아직 깨어 있는 소령 주위의 모든 유엔 병사들은 잠들어 있을 거야. 소령에게도 졸음이 쏟아지기 시작하지만, 힐데의 열다섯 번째 생일에 선물할 책의 글을 다 써놔야 해서 소령은 일을 계속할 수밖에 없어. 이 불쌍한 남자는 쉬지도 못하는구나."

"전 포기할게요!"

"단락 끝!"

소피와 알베르토 크녹스 선생님은 말없이 작은 호수를 바라보았다. 크녹스 선생님은 화석처럼 자리에 앉아 있었다. 잠시 후 소피는 용기를 내어 선생님의 어깨를 건드려 보았다.

"선생님! 말하는 법을 잊어버리셨어요?"

"그래, 소령이 직접 끼어들었어. 마지막 단락들은 철자 하나까지도 그가 충동질한 거야. 정말 뻔뻔하군! 하지만 자기 비밀도 흘리고 말았지. 완전히 본색을 드러낸 거야. 이제 힐데의 아빠가 힐데에게 생일 선물로 보내는 책 속에 우리가 살고 있다는 걸 알게 되었어. 아까 내 얘기 들었지? 진짜 내가 말한 것은 아니지만."

"그런 거라면 저는 책 속에서 빠져나와 제 길을 가볼 거예요."

"그게 바로 나의 비밀 계획이야. 하지만 그 전에 우리는 힐데와 이야기를 나누어야 해. 힐데는 우리가 하는 말을 모두 읽을 거야. 그리고 우리가 일단 여기서 도망치면 힐데와 다시 접촉하기가 훨씬 어려워져."

"선생님! 도대체 우리가 무슨 얘기를 하고 있는 거죠?"

"소령이 이제 금방 타자기에 엎드려 잠이 들 것 같구나. 아직 열심히 타자를 치고 있긴 해도……."

"이상한 생각이군요."

"그는 지금 나중에 크게 후회할 글을 쓰고 있는 중이지. 그리고 소령에겐 수정액이 없거든. 그건 내 계획의 중요한 부분이야. 알베르트 크나그 소령에게 수정액을 가져다주는 사람에게 은총을!"

"저한테선 수정테이프 한 줄도 못 얻을 거예요!"

"난 이제 바로 소령의 이 가엾은 딸이 자기 아빠에게 반항하도록 부추길 거야. 힐데는 소령의 바보 같은 그림자 놀이를 창피하게 여기게 될 거야. 소령이 여기에 있다면 우리가 얼마나 화났는지 직접 느끼게 해줄 텐데."

"하지만 그는 여기에 없죠."

"소령의 정신과 영혼은 여기에 있어. 하지만 그의 몸은 분명 레바논에 있지. 어쨌든 우리 주변의 사건은 모두 소령의 '자아'란다."

"하지만 소령은 그 모든 것 이상이에요."

"우리가 단지 소령의 영혼 속에 있는 그림자이기 때문이야. 그리고 그림자가 자기 주인을 공격하기란 쉬운 일이 아니지. 그러기 위해선 용기와 주도면밀한 생각이 필요해. 그래도 우리에겐 힐데를 움직일 가능성이 있어. 천사만이 신에게 반기를 들 수 있지."

"소령이 집에 오자마자 힐데가 그를 화나게 하도록 할 수 있을 거예요. 아빠에게 뻔뻔한 사람이라고 말하거나 그의 배를 고장 나게 할 수도 있어요. 아니면 최소한 가로등이라도 깨뜨릴 거예요."

알베르토 크녹스 선생님은 고개를 끄덕이더니 말을 이었다.

"그리고 힐데가 아빠에게서 도망칠 수도 있지. 그건 우리보다 그 애에게 더 쉬울 수 있어. 힐데가 소령의 집을 떠나서 다시는 그곳에 모습을 나타내지 않을 수도 있고. 그런 일은 우리를 희생시켜서 세계 창조의 상상력을 발휘하고 있는 소령이 마땅히 받아야 할 벌이야."

"머릿속에 선명하게 그려져요. 소령은 온 세상을 여행하며 힐데를 찾겠죠. 하지만 저와 선생님을 우습게 만든 아빠와는 함께 살고 싶지 않아서 힐데는 흔적 없이 사라져 버릴 거예요."

"그래, 소령이 우스워지겠지. 그가 우리를 생일 기념 놀이로 이용하려 했으니 말이야. 이제 그는 조심해야 할 거야. 힐데도 그래야 하고."

"그건 무슨 말씀이시죠?"

"불편한 데는 없니?"

"램프의 요정이 또 나타나지만 않으면 괜찮아요."

"우리가 체험한 모든 일이 다른 사람의 의식 속에서 일어난다는 걸 상상해봐. 우리가 바로 그 다른 사람의 의식인 거야. 그러니까 우리에게는 본래 영혼이 없고, 우리의 영혼은 다른 사람의 영혼인 거지. 지금까지 우린 믿을 수 있는 철학 기반 위에 있었어. 아마 버클리와 셸링은 귀가 번쩍 트일 거야."

"예?"

"그러면 이 영혼이 바로 힐데 묄레르 크나그 아빠의 영혼이라고 상상할 수 있어. 그는 레바논에 있으면서 자기 딸의 열다섯 번째 생일을 위해 철학책을 쓰고 있지. 힐데가 6월 15일에 눈을 뜨면 침실 탁자 위에 놓인 책을 발견할 거야. 그리고 힐데와 다른 사람들이 우리에 관해 읽을 수 있게 되지. 이 '선물'이 다른 사람들과 공유되는 것은 예정된 일이야."

"저도 알고 있어요."

"그리고 지금 내가 말하는 것을 힐데의 아빠가 레바논에서 구상한 것처럼 힐데가 읽게 될 거야. 그가 레바논에 있으면서…… 내가 너에게 그가 레바논에 있다고…… 얘기하는 것을 상상하고 있다고 얘기했었지."

갑자기 소피는 머리가 핑 돌았다. 소피는 버클리와 낭만주의자들에 대해 들은 이야기를 떠올리려고 애썼다. 크녹스 선생님은 계속 말을 이었다.

"하지만 지나친 상상은 금물이야. 무엇보다도 웃으면 안 돼. 그런 웃음은 아주 빨리 그들의 목을 막히게 할 수 있기 때문이지."

"누구를 말씀하시는 거예요?"

"힐데와 힐데 아빠를 두고 하는 말이야. 지금 그 사람들 얘기를 하고 있지 않았니?"

"그런데 왜 그들이 지나친 상상을 하면 안 되죠?"

"그들도 단지 의식일 뿐이라는 것도 아주 불가능한 생각은 아니기 때문이지."

"그게 어떻게 가능하죠?"

"버클리와 낭만주의자들에게 가능했다면 그들에게도 가능한 일이야. 어쩌면 소령도 힐데와 소령 자신을 다루고 있는 책 속의 환영일지도 모르지. 물론 그들 삶의 작은 부분인 우리도 그런 책 속의 환영일 테고."

"그럼 상황이 더 나빠지잖아요. 그럼 우리는 환영의 환영인 거예요?"

"전혀 다른 작가가 어딘가에서 딸에게 줄 책을 쓰고 있는 유엔군 소령 알베르트 크나그에 관해 책을 쓰고 있다고 생각할 수도 있지. 그리고 소령이 쓰는 책은 클뢰베르베이엔 3번지에 사는 소피 아문센에게 갑자기 평범한 철학 강의를 하기 시작하는 알베르토 크녹스에 관한 이야기를 다루고 있다고 말이야."

"그렇게 생각하세요?"

"내 말은 그저 그것도 가능하다는 거야. 우리에게 이 작가는 숨겨진 신과 같아. 그가 우리의 신이기 때문에 우리가 하는 말과 행동이 모두 그에게서 비롯된 것이지만 우리는 절대 그에 관해 알 수는 없어. 우린 가장 안쪽 상자 속에 들어 있는 거야."

소피와 알베르토 크녹스 선생님은 오랫동안 말없이 앉아 있었다. 소피가 결국 침묵을 깼다.

"하지만 레바논에 있는 힐데 아빠의 이야기를, 힐데 아빠가 우리에 관해 적은 것과 똑같이 생각한 작가가 정말 있다면……."

"그러면?"

"그러면 그도 지나친 상상을 하면 안 된다고 생각할 수 있잖아요."

"무슨 얘기니?"

"그러니까 그 작가가 어딘가에 앉아서 머릿속으로 힐데와 저에 대해 깊이 생각하고 있다고 해도 그 작가 역시 더 높은 차원의 의식 속에 있다고 생각할 수도 있잖아요?"

크녹스 선생님이 고개를 끄덕였다.

"그렇고말고. 있을 수 있는 일이야. 그럼 그가 그런 가능성을 암시하기 위해서 우리가 이 철학 대화를 이끌도록 할 수 있겠지. 그렇게 그 자신도 어쩔 수 없는 환영이고, 힐데와 소피의 생활을 다루고 있는 이 책은 실제 철학 교과서라는 사실을 강조하는 거야."

"교과서라고요?"

"왜냐하면 우리가 나눈 모든 얘기들, 모든 대화는……."

"예?"

"실은 독백이란다."

"전 지금 모든 것이 의식과 정신 속에서 한데 녹아내리는 느낌이에요. 아직 철학자가 한두 명 남아 있어서 다행이에요. 탈레스와 엠페도클레스, 그리고 데모크리토스와 함께 시작한 철학을 여기서 그만둘 순 없잖아요?"

"물론 그럴 순 없지. 헤겔에 대해 이야기할게. 헤겔은 낭만주의가 모든 것을 정신 속에서 지워버린 이후, 철학을 구하려고 한 최초의 철학자야."

"기대돼요."

"또 유령이나 환영 때문에 이야기가 중단되지 않도록 안으로 들어가자."

"안 그래도 약간 추웠어요."

"단락 끝!"

헤겔

······ 이성적인 것은 현실적인 것이다 ······

바인더 공책이 바닥에 떨어지면서 탁 소리가 났다. 힐데는 침대에 누운 채로 천장을 바라보았다. 현기증이 나는 것 같았다. 힐데의 아빠는 뜻대로 힐데의 머리를 어지럽혔다. 악당 같으니라고! 도대체 어떻게 그럴 수가 있지!

소피는 힐데와 직접 얘기를 나누려 했다. 그렇게 힐데가 아빠에게 반기를 들도록 부추겼다. 그리고 실제로 힐데가 그런 생각을 품도록 하는 데 성공했다. 어떤 계획을 꾸미도록······.

소피와 알베르토 크녹스 선생은 힐데 아빠를 털끝만큼도 해치지 못한다. 그건 분명한 일이다. 그렇지만 힐데는 할 수 있다. 그리고 소피도 힐데를 움직일 수 있다.

아빠의 그림자 놀이가 지나쳤다는 점에선 힐데도 소피와 크녹스 선생님과 생각이 같았다. 아빠가 소피와 크녹스 선생님을 만들어내긴 했어도, 자기의 힘을 행사하는 데에는 그 한계가 있는 법이다.

불쌍한 소피, 불쌍한 알베르토 크녹스 선생님! 그들은 힐데 아빠의 환상에 저항할 능력이 없다. 영화 스크린이 영사 기사에게 저항할 능력이 없는 것처럼.

물론 힐데는 아빠가 집에 오시면 단단히 따질 것이다. 힐데는 교활한 장난의 스케치가 더욱 또렷해지는 걸 계속 지켜봐 왔다.

힐데는 창문으로 가서 만 쪽을 내다보았다. 시계는 거의 2시를 가리키고 있었다. 힐데는 창문을 열고 배를 넣어둔 창고를 향해 소리를 질렀다.

"엄마!"

곧 힐데의 엄마가 나왔다.

"한 시간 있다가 샌드위치 갖다드릴게요. 괜찮죠?"

"그러렴."

"헤겔에 관한 글을 빨리 읽어야 하거든요."

알베르토 크녹스 선생님과 소피는 작은 호수가 보이는 창문 앞 그네에 앉았다.

"게오르크 빌헬름 프리드리히 헤겔은 낭만주의가 낳은 진정한 철학자였어."

크녹스 선생님은 이렇게 이야기를 시작했다.

"헤겔은 독일 정신의 발전과 함께했다고 말할 수 있어. 그는 1770년 슈투트가르트에서 태어나 열여덟 살에 튀빙겐에서 신학 공부를 시작했어. 1799년부터는 낭만주의 운동의 폭발적인 전성기를 체험한 예나에서 셸링과 공동 연구를 진행했지. 거기서 대학 강사로 있다가, 독일 민족 낭만주의의 중심지였던 하이델베르크 대학교에 교수로 초빙되었어. 그러다가 1818년 베를린 대학교의 교수가 되었는데, 바로 이즈음 이 도시가 유럽의 정신적인 중심지로 부상하기 시작했단다. 그는 1831년 11월에 콜레라로 세상을 떠났지만 당시 독일의 거의 모든 대학에 '헤겔주의'의 추종자들이 있었단다."

"많은 것을 가진 사람이었군요."

"그래, 그건 그의 철학에도 적용되지. 헤겔은 낭만주의자들의 거의 모든 사상들을 자신의 철학에 접목해 발전시켰어. 셸링 철학을 날카롭게 비판한 것을 예로 들 수 있지."

"어떻게 비판했는데요?"

"셸링과 다른 낭만주의자들은 존재의 가장 깊은 근원을 세계정신이라고 생각했어. 헤겔도 '세계정신'이라는 개념을 사용했지만, 그는 새로운 의미를 부여했지. 헤겔이 세계정신이나 '세계이성'이라고 말한 것은 인간이 표현하는 모든 것을 뜻해. 왜냐하면 인간에게만 정신이 있기 때문이지. 이런 의미에서 헤겔은 역사를 관통하는 세계정신을 말할 수 있었어. 우리는 헤겔이 사람의 삶, 생각 그리고 문화에 대해 말하고 있다는 걸 기억해야 해."

"그러면 그 정신은 덜 유령 같을 거예요. 정신은 더 이상 돌과 나무 속에 잠들어 있는 지성이 아니군요."

"칸트가 언급한 '사물 자체'에 관해서도 알고 있지? 칸트는 사람이 가장 내밀한 자연의 비밀을 분명하게 인식할 수 있다는 사실에 반박하긴 했지만, 일종의 도달할 수 없는 진리가 있다고 강조했어. 그리고 이 진리는 철저하게 주관적이라고 생각했지. 사람의 이성을 초월하거나 그 외부에는 진리가 있을 수 없다고 했어. 모든 인식은 사람의 인식이라고 생각한 거야."

"헤겔은 철학을 어느 정도는 지상으로 되찾아온 건가요?"

"그래, 아마 그렇게 말할 수 있겠구나. 지금은 몇 가지 중요한 요점을 언급하는 것으로 만족해야겠지만 헤겔의 철학은 아주 다양하고 세밀하단다. 헤겔이 독창적인 철학을 발전시켰다고 말하기는 어렵지만 우리가 헤겔의 철학으로 묘사하려는 것은 무엇보다도 역사의 과정을 파악하는 방법이야. 그래서 역사의 과정을 언급하지 않고는 헤겔에 관해 거의 얘기할 수 없지. 헤겔의 철학은 원래 존재의 가장 내면적인 본성에 관해서는 아무것도 가르쳐주지 않지만 '효과적으로 생각하는 법'을 가르쳐준단다."

"그것은 아마 아주 중요한 일일 거예요."

"헤겔 이전의 모든 철학 체계는 인간이 세계에 대해 알고 있는 것에 관한 불변의 기준을 세우려고 했어. 그것은 데카르트와 스피노자, 흄과 칸트에게도 해당되지. 그들은 모두 인간 인식의 기초가 무엇인지 연구하려 했어. 그러나 그들은 인간이 세계를 알기 위해서 필요한, 시간을 초월한 전제들에 관해서만 얘기했지."

"그것이 철학자의 의무가 아닌가요?"

"헤겔은 그렇게 시간을 초월하는 전제는 발견할 수 없다고 여겼어. 그는 인간 인식의 기초는 세대에 따라 달라진다고 생각했지. 그래서 헤겔은 '영원한 진리'란 존재하지 않으며 시간을 초월하는 이성도 없다고 봤어. 철학적 사유의 유일하고 확고한 출발점은 역사 그 자체라는 거야."

"무슨 말인지 모르겠어요. 설명이 필요해요. 역사는 끊임없이 변하는

데 어떻게 그게 확고한 출발점이 될 수 있죠?"

"강도 끊임없이 변해. 그렇다고 그 강에 대해 전혀 말할 수 없는 건 아니잖니. 네가 계곡에서 강의 어느 부분이 '가장 진정한' 강이냐고 물어볼 수는 없지만."

"그럴 순 없지요. 강은 어디서나 똑같은 강이니까요."

"헤겔에겐 철학이 강의 흐름 같은 것이었어. 강의 특정한 지점에서 이는 가장 작은 물결도 강 상류에서 소용돌이가 일거나 물이 흘러내려 생기는 것이지. 그러나 또 중요한 사실은 네가 관찰하고 있는 강의 그 지점에 어떤 종류의 돌과 굴곡이 있느냐는 거야."

"알겠어요."

"사유나 이성의 역사도 강의 흐름과 같아. 그것은 네 이전 세대 사람들의 모든 생각과 네가 살고 있는 시대의 삶의 조건이나 너의 생각을 결정짓는 모든 사상을 포함하고 있어. 그러니까 너는 어떤 특정한 사상이 영원히 옳다고 주장해서는 안 돼. 하지만 어떤 사상이 네가 발 딛고 서 있는 그곳에선 옳을 수도 있지."

"물론 이 말이 모든 것이 다 틀리다거나 혹은 모두 옳다는 뜻은 아니지요?"

"그렇지. 무엇이든 역사적인 맥락에서 옳거나 틀릴 수 있어. 네가 1990년에 노예 제도에 찬성하는 논쟁을 벌인다면 기껏해야 조롱거리밖에 안 될 거야. 하지만 2,500년 전이었다면 전혀 웃을 일이 아니었겠지. 물론 그 당시에도 진보적인 사람들은 노예 제도를 폐지해야 한다고 목소리를 높이기도 했지만 말이야. 더 가까운 예를 들 수도 있어. 고작 100년 전까지만 해도 경작지를 만들기 위해 광대한 산림 지역을 태워버리는 것은 비정상적인 행동이 아니었어. 그러나 오늘날에는 엄청나게 비이성적인 행동이지. 우리는 지금 그런 가치들을 평가하는 데 이전과 는 아주 다르고 더 나은 전제 조건들이 있어."

"이제 이해하겠어요."

"헤겔은 이성도 동적인, 하나의 진행 과정이라고 말했어. 그리고 '진리'는 진행 과정과 전혀 다르지 않아. 즉 무엇이 가장 참되고 가장 이성 적인지 판단할 수 있는 기준은 역사적 과정뿐인 거야."

"예를 들면요?"

"고대나 중세, 르네상스나 계몽주의의 여러 가지 사상들 중에서 몇몇 을 골라 이것은 옳고 저것은 그르다고 말할 수 없을 거야. 그러니 플라톤 이 틀렸다거나 아리스토텔레스가 옳았다고 말할 수도 없지. 또 칸트나 셸링의 생각이 옳은 반면, 흄의 생각은 틀렸다고도 할 수 없어. 그것은 비(非)역사적인 사유 방식이야."

"듣기 좋은 말은 아니네요."

"헤겔은 어떤 철학이나 사상도 그 역사적 맥락에서 떼어서 생각할 수 없다고 했어. 하지만 지금 난 새로운 논점을 얘기하려고 해. 사람에겐 계 속해서 새로운 생각이 떠오르기 때문에 이성은 '진보적'이지. 이 말은 사람의 인식은 계속해서 진보하고, 이와 함께 인류도 '앞으로' 나아간다 는 거야."

"그렇게 보면 칸트의 철학이 플라톤의 철학보다 더 옳을지도 모르잖 아요?"

"그렇지. '세계정신'은 플라톤과 칸트 사이에도 계속 발전해왔으니 까. 다시 강물의 비유로 되돌아가서, 그사이 2,000여 년의 시간이 흐르면서 지금은 강물이 훨씬 불어났다고 할 수 있지. 칸트 역시 자신의 '진리'가 강가에 움직이지 않는 돌처럼 확고하게 자리 잡고 있으리라 생각하지 않았어. 그의 사상 역시 인류의 지혜가 낳은 마지막 결론은 아니고, 다음 세대 사람들이 그의 사상을 있는 힘을 다해 비판할 테니까 똑같은 일이 계속 되풀이되겠지."

"하지만 말씀하시는 그 강은……."

"응?"

"어디로 흘러가는 거죠?"

"헤겔은 세계정신이 점점 더 커지는 자신의 의식을 향해 움직인다고 설명했어. 바다에 가까워질수록 강의 너비가 점점 더 넓어지는 것처럼 말이야. 헤겔에 따르면 역사는 세계정신이 서서히 자기 자신에 대한 의식에 눈뜨는 내용이야. 세계는 언제나 존재해왔지만 세계정신은 인류 문화와 발전에 따라 그 본질을 점점 더 확실하게 의식하게 되었지."

"헤겔은 어떻게 그걸 확신할 수 있었죠?"

"그는 세계정신은 그냥 예언이 아니라 증명할 수 있는 사실이라고 생각했어. 역사를 연구하는 사람이라면 인류가 점점 커지는 자기 인식과 자기 발전을 향해 움직이고 있음을 똑똑히 알게 된다고 생각했지. 역사는 점점 더 나은 합리성과 자유를 향해 발전하고 있음을 분명히 보여주고 있어. 물론 가끔 종잡을 수 없는 방향으로 흐르긴 하지만, 전체적으로 봤을 때는 쉬지 않고 앞을 향해 나아가고 있다는 거야. 그래서 헤겔이 보는 역사에는 뚜렷한 목표가 있지."

"그러니까 우리는 계속해서 발전하고 있는 거군요. 멋진 생각이에요, 그럼 아직 희망이 있네요."

"헤겔에게 역사란 한 줄로 길게 이어진 사상의 사슬이란다. 물론 고리들이 아무렇게나 이어져 있는 것이 아니라 일정한 규칙에 따라 연결되어 있다고 했지. 역사를 깊이 연구해본 사람이라면 새로운 사상은 대부분 이전에 형성된 다른 사상을 토대로 생겨난다는 것을 알 수 있어. 하지만 새로운 사상이 대두되면, 또 필연적으로 새로운 사상이 다시 이에 대립하게 되지. 이런 식으로 상반되는 두 가지 사유 방식이 생겨나고, 그 사이에 긴장이 감돌아. 이러한 긴장은 앞의 두 사상에서 각각 최선의 것을 보존하려는 제3의 사상으로 지양(止揚)되는데, 헤겔은 그것을 변증법적 발전이라고 했어."

"어떤 예가 있나요?"

"너도 알다시피 소크라테스 이전의 철학자들은 원질과 변화의 문제를 놓고 토론했어."

"대체로 그랬어요."

"그리고 엘레아학파 철학자들은 변화는 불가능하다고 설명했어. 그래서 그들이 자신들의 감각을 받아들이면서도 모든 변화를 부인했지. 여기서 엘레아학파는 하나의 주장을 내세웠는데, 헤겔은 그런 주장을 정립(定立)이라고 불렀어."

"그래서요?"

"그러나 한 가지 주장이 나올 때마다 맞서는 주장이 등장하는데 헤겔은 그것을 부정이라고 했어. 엘레아학파 철학에 대한 부정은 '모든 것은 흐른다'고 설명한 헤라클레이토스의 철학이야. 이제 아주 상반되는 두 사유 방식 사이에 긴장이 생긴 거야. 그러나 이 긴장은 엠페도클레스가 두 가지 주장에서 옳고 그른 부분들을 가려내 강조함으로써 '해소'되었어."

"이제 차츰 이해가 돼요……."

"엘레아학파 철학자들의 주장에서 근본적으로 아무것도 변하지 않는다는 점은 옳지만, 우리가 감각을 신뢰할 수 없다고 한 말은 틀렸어. 헤라클레이토스가 우리의 감각을 신뢰할 수 있다고 한 생각은 맞지만 '모든 것이 흐른다'는 말은 옳지 않았고."

"원소는 한 가지만 있는 게 아니니까요. 원소들의 조합 방식은 변하더라도 원소 그 자체는 변하지 않죠."

"맞아. 상반되는 두 주장 사이에서 중재하는 엠페도클레스의 주장을 헤겔은 부정의 부정이라고 표현했지."

"맙소사!"

"그는 이 인식의 세 단계를 정립, 반정립, 종합이라고 했어. 데카르트의 합리주의를 정립이라고 할 경우, 흄의 경험주의를 반정립으로 내세울 수 있어. 이렇게 서로 다른 두 사유 방식 사이의 긴장이나 대립은 칸트의 종합으로 지양되었고, 칸트는 합리주의자들과 경험주의자들의 생각이 모두 부분적으로는 옳지만, 둘 다 중요한 문제에서 오류를 범하고 있음을 지적했어. 그렇지만 역사는 칸트에서 끝나지 않아. 칸트의 종합은 새로이 정, 반, 합으로 나뉘는 '3단계의 생각의 사슬'을 위한 출발점이 되었어. 종합은 또다시 정립이 되고, 반정립이 그 뒤를 따르기 때문이지."

"하지만 너무 이론적이에요."

"그래. 좀 이론적이긴 하지만 그는 역사를 결코 무리하게 어떤 도식에 꿰맞추려고 하지는 않았어. 그는 이런 변증법적 모범을 역사 자체에서 찾을 수 있다고 믿었어. 이성의 발전 법칙 혹은 역사를 관통하는 '세계정신'의 집행 법칙을 발견했다고 확신했지."

"알겠어요."

"그렇다고 헤겔의 변증법이 역사에만 적용되는 것은 아니란다. 토론이나 논쟁을 벌이는 자리에서도 우리는 변증법적으로 사고할 수 있어. 한 사유 방식에서 오류를 찾아내는 것을 헤겔은 '부정적 사유'라고 했어. 그러나 우리는 한 사유 방식의 오류를 인식하고 나서도 그 사유 방식의 좋은 점을 인정할 수 있지."

"예를 들어주세요!"

"사회주의자와 보수주의자가 어떤 사회 문제 해결을 위해 한 자리에 앉으면 금세 두 사유 방식의 대립으로 긴장이 감돌지만, 그것이 한쪽은 옳고 다른 쪽은 틀렸다는 뜻은 아니야. 둘 다 정도의 차이는 있지만 옳은 생각과 틀린 생각을 갖고 있지. 그들이 현명하다면, 토론을 진행하는 동안 그때그때 양쪽이 말하는 가장 좋은 논변을 놓치지 않을 거야."

"그랬으면 좋겠어요."

"우리가 한창 토론을 벌이는 중이라면 무엇이 가장 이성적인지 확정하기란 쉽지 않을 거야. 그래서 근본적으로 역사만이 무엇이 옳고 무엇이 그른지를 보여주지. 헤겔은 오직 이성적인 것만이 생명력을 갖는다고 생각했어."

"계속 살아남는 것이 옳다는 의미인가요?"

"거꾸로 표현하는 것도 가능해. 옳은 것은 살아남는다."

"더 구체적이고 간단한 예는 없나요?"

"150년 전, 많은 사람들이 여성의 평등권을 위해 싸웠단다. 그에 맞서 완강하게 반대 투쟁을 벌인 사람들도 많았지. 오늘날 이 양측의 논증을 살펴보면 어느 쪽이 더 이성적이었는지 파악하기란 어려운 일이 아니야. 시간이 지날수록 더 현명해진다는 것을 잊으면 안 돼. 결국 평등권에 찬성한 사람들이 옳았다고 밝혀졌지. 많은 사람들은 그들의 할아버지가 이 주제에 대해 어떤 의견을 냈는지 알게 된다면 틀림없이 부끄러워질 거야."

"그래요. 상상이 가요. 헤겔은 어떻게 생각했나요?"

"평등권에 대해서?"

"네. 아니면 얘기하지 않는 편이 더 나은가요?"

"한번 직접 들어보겠니?"

"네, 좋아요."

"헤겔은 '남성과 여성의 차이는 동물과 식물의 차이'라고 했어. 그는 '동물은 남성의 성격에 더 가깝고, 식물은 여성의 성격에 더 가깝다. 식물의 발전은 조용하며, 식물의 존재 원리는 모호한 감정적 단일성이기 때문이다. 여성이 정부의 우두머리일 경우 국가는 위험에 빠진다. 여성은 보편적인 요청에 따라 행동하지 않고 즉흥적인 성향과 생각에 따라 행동하기 때문이다. 여성 교육은 지식의 습득보다는 말하자면 관념적 분위기나 삶을 통해 이루어진다는 걸 사람들은 모르고 있다. 반면 남성적 성격은 심사숙고와 기술적인 노력을 통해 형성된다'고 했지."

"고마워요, 충분해요. 그런 인용문이라면 더 이상 안 들어도 알겠어요."

"하지만 이 인용문은 '이성적인' 것에 대한 우리의 관념이 계속 변하고 있다는 것을 보여주는 좋은 예시지. 이 예시가 헤겔 역시 그 시대 사람임을 보여주잖아? 바로 우리처럼 말이야. 우리가 지금 '당연하다'고 여기는 많은 것들 중에도 역사의 시험을 통과하지 못하는 것이 있을 거야."

"그런 예가 있나요?"

"아니, 없단다."

"왜요?"

"있다면 이미 변화가 진행 중인 것에 관해서만 얘기할 수 있을 테니까. 예를 들면 자동차를 타고 다니는 건 자연을 파괴하기 때문에 언젠가는 엄청나게 어리석은 짓으로 간주될 거라는 예를 들 수는 없겠지. 이미 많은 사람들이 그런 생각을 하고 있으니까 그것은 좋은 예가 아니야. 그러나 역사는 지금까지 우리가 모두 당연하다고 여기는 것 중 많은 것들이 시험을 통과하지 못할 거라는 사실을 보여줄 거야."

"알겠어요."

"그리고 또 주의해야 할 것이 있어. 헤겔 시대의 많은 남자들이 여성의 열등함에 대해 그런 터무니없는 발언을 했던 것은 오히려 여성운동을 더 북돋워주는 역할을 하게 됐어."

"어떻게요?"

"헤겔식으로 말하자면 남자들은 하나의 정립을 내놓았어. 여성이 열등하다고 주장해야 할 필요가 있었던 이유는 여성들이 이미 자기 권리를 인식하기 시작했기 때문이었어. 모두 같은 의견이라면 결론을 말할 필요가 없지. 그러나 여성이 점점 더 심하게 차별을 당할수록 반정립이나 부정도 점점 강해졌어."

"이해할 것 같아요."

"그러니까 활동적인 적은 어떤 이념이 생겨날 수 있게 하는 최고의 동지라고 말할 수 있어. 활동적일수록 더 좋은 거야. 그러면 부정의 부정이 더 강해질 테니까. '물레방아에 물 붓기' 식의 속담이 괜히 있는 게 아니란다."

"바로 지금 제 물레방아가 마구 돌아가는 느낌이 들었어요."

"흔히 두 개념 사이에 온전히 논리적이거나 철학적으로 변증법적인 긴장이 존재해."

"예를 들면요?"

"내가 '존재'라는 개념을 생각할 때는 어쩔 수 없이 상반된 개념인 '무 (無)'를 생각하게 돼. 현존하는 것이 영원히 존재할 수는 없다는 것을 생각하지 않고서는 존재하는 것에 관해 생각할 수가 없어. '존재'와 '무' 사이의 긴장은 '생성'이라는 개념으로 융합하지. 무엇이 생성된다는 것은 말하자면 그것이 존재하면서도 존재하지 않는 것을 뜻하기 때문이야."

"알겠어요."

"그래서 헤겔의 이성은 동적인 이성이야. 현실 자체가 대립으로 표현되기 때문에 현실 묘사도 모순적일 수밖에 없지. 예를 들어볼게. 덴마크의 핵물리학자 닐스 보어는 자기 집 대문 위에 편자를 걸어두었어."

"그러면 행운을 가져온대요."

"하지만 그건 미신일 뿐이고 닐스 보어는 실제로 미신과는 거리가 멀었어. 한번은 친구가 찾아와서 '넌 그런 걸 믿지 않잖아!' 하자, 닐스 보어는 '안 믿지. 하지만 그게 효과가 있다고 들었네' 하고 대답했지."

"좀 더 설명해주세요."

"그 대답은 상당히 변증법적인 것이야. 많은 사람들이 그것을 모순이라고까지 할 거야. 닐스 보어뿐 아니라 노르웨이의 시인 빈예도 변증법적 세계관으로 유명해. 그는 두 종류의 진리에 대해 말했는데 그중 피상적인 진리는 그 반대가 이론의 여지 없이 틀리지만, 심층의 진리는 그 반대가 진리 그 자체와 마찬가지로 옳다고 말했어."

"어떤 진리들이 그럴 수 있죠?"

"인생은 짧다는 말을 예로 들면……."

"그건 저도 같은 생각이에요."

"하지만 난 다른 경우에는 두 팔을 활짝 펴고 인생은 길다고 말할 수 있지."

"맞아요. 그것도 어쨌든 진리죠."

"끝으로 변증법적 긴장이 어떻게 갑작스런 변화를 초래하는 자연 발생적 행위를 일으킬 수 있는지에 대한 예를 하나 더 들어볼게."

"어서 말씀해주세요!"

"늘 '네, 엄마', '물론이죠, 엄마', '예, 당장 할게요, 엄마!'라는 말만 하는 소녀를 상상해보렴."

"등골이 오싹해지는데요."

"어느 날 소녀의 엄마는 자기 딸이 늘 그렇게 순종적인 것에 화가 나서 신경질적으로 소리쳤어. '제발 그렇게 고분고분하게 굴지 마!' 그러자 아이는 또 '네, 엄마!' 하고 대답했지."

"그럼 전 한 방 먹이고 말 거예요."

"그래, 그렇겠지? 하지만 소녀가 그 대신 '천만에요, 그래도 전 앞으로 말을 잘 들을 거예요' 하고 대답한다면 넌 어쩌겠니?"

"그렇게 대답하는 건 드문 일일 거예요. 그렇더라도 전 아마 한 방 먹이겠죠."

"다시 말해 이 상황은 더 이상 진전이 없어. 변증법적 긴장에 어떤 변화가 와야 할 정도로 날카로워진 거지."

"뺨 때리는 걸 말씀하시는 거예요?"

"마지막으로 헤겔 철학의 특징을 하나 더 얘기할게."

"듣고 있어요."

"너도 알다시피 우리는 낭만주의자들을 개인주의자라고 해."

"내면을 향하는 비밀 통로가 있었죠."

"바로 그런 개인주의는 헤겔의 철학에서 그 '부정'과 마주치게 돼. 말하자면 헤겔은 자기가 '객관적인 힘'이라고 부르는 것에 큰 중점을 두었어. 그것은 가족과 국가를 뜻하지. 어쩌면 헤겔이 개인주의를 완전히 도외시하지는 않았다고 말할 수 있을지도 모르겠구나. 그러나 그는 그것을 사회의 유기적인 일부분이라고만 생각했어. 헤겔에게는 이성이나 세계정신이 무엇보다도 인간들의 상호작용 속에서 분명해지는 것으로 보였거든."

"좀 더 확실히 설명해주세요!"

"이성은 특히 언어에서 나타나. 그리고 우리는 태어나면서 한 언어에 소속되지. 노르웨이어는 한센 씨가 없더라도 전혀 변하지 않지만 한센 씨는 노르웨이어가 없으면 생활할 수가 없어. 개개인이 언어를 만드는 것이 아니라 언어가 개개인을 만드는 거야."

"맞아. 그래서 이런 말씀을 하실 수 있고요."

"개인이 태어나면서 언어에 소속되듯이 역사적 주변세계에도 소속된단다. 어느 누구도 이 주변 세계에서 '자유로울' 수 없어. 그래서 국가에서 자기 자신을 찾지 못한 사람은 비역사적인 사람이야. 너도 알다시피 이런 생각은 아테네의 위대한 철학자들에게도 중요했어. 시민 없는 국가와 마찬가지로 국가 없는 시민도 상상할 수 없지."

"물론이죠."

"헤겔에게 국가는 개개의 시민 '이상'이야. 심지어 모든 시민을 모아 놓은 것 이상의 존재지. 헤겔은 사회를 떠나는 것은 불가능하다고 여겼어. 자기가 살고 있는 사회를 경멸하고 오히려 '혼자 존재하려는' 사람은 헤겔의 눈에 바보처럼 보였지."

"저는 잘 모르겠네요."

"헤겔에게 개인 자체는 없고 세계정신이 있었어."

"세계정신은 스스로 존재하나요?"

"헤겔은 세계정신이 세 단계를 거쳐 스스로에게 되돌아가는 것을 보여주려 했어. 세계정신이 세 단계를 거친다는 건 자기 자신을 의식하게 된다는 걸 뜻해."

"설명해주세요."

"우선 세계정신은 개인에게서 자기 자신을 의식하게 돼. 그걸 헤겔은 주관적 정신이라고 했어. 세계정신은 가족, 사회, 국가에서 더 높은 단계의 의식에 다다르는데, 이것을 헤겔은 객관적 정신이라 했지. 이건 인간들의 상호작용에서 나타나는 이성이기 때문이야. 그러나 아직 세 번째 단계가 남아 있어."

"궁금해요."

"세계정신은 절대정신에서 자기 인식의 최고 형태에 도달해. 그리고 이런 절대정신은 예술, 종교, 철학이야. 그중에서도 철학이 이성의 최고 형태란다. 세계정신은 철학을 통해서 역사 속에서 자신의 역할을 성찰할 수 있기 때문이지. 그러니까 세계정신은 철학 안에서 비로소 자기 자신과 만나는 거야. 그렇게 보면 철학을 세계정신의 거울이라고 할 수 있겠지."

"너무 신비로워서 찬찬히 이해해야겠어요. 마지막으로 하신 말씀이 특히 마음에 들어요."

"철학을 세계정신의 거울이라고 했지."

"멋져요. 그게 청동 거울과 무슨 관계가 있다고 생각하세요?"

"그래, 네가 이미 물어봤었지."

"무슨 말씀이세요?"

"힐데 아빠가 계속 그 청동 거울을 언급하는 것을 보면 특별한 의미가 있는 것 같아."

"그럼 선생님도 그 거울에 어떤 의미가 있다고 생각하세요?"

"아니, 아니야. 난 그저 그 거울이 힐데와 힐데 아빠에게 별로 특별한 의미가 없다면 그렇게 자주 언급되지는 않을 거라는 말을 한 거야. 그게 어떤 의미가 있는지는 힐데만이 알려줄 수 있어."

"지금 그게 낭만적 반어인가요?"

"가망 없는 질문이구나, 소피야."

"왜요?"

"우리는 반어적일 수 없단다. 우리는 그러한 반어로 저항할 수 없는 희생양일 뿐이야. 어떤 아이가 종이에 뭔가를 그리고 있는데 그 그림이 뭘 묘사하고 있는지 종이에게 물어볼 수는 없는 거지."

"추워졌어요."

키르케고르

힐데는 시계를 보았다. 벌써 4시가 지났다. 바인더 공책을 책상 위에 놓고 부엌으로 뛰어 내려갔다. 엄마가 기다리시기 전에 샌드위치를 창고로 갖다드려야 한다. 뛰어가다가 청동 거울을 힐끗 쳐다보았다.

서둘러 찻물을 올리고 샌드위치를 몇 개 만들었다.

힐데는 아빠를 골탕 먹일 생각이었다. 자신이 점점 더 소피, 크녹스 선생님과 공모자가 된 것처럼 여겨졌다. 아빠는 이미 코펜하겐을 출발했을 것이다······.

힐데는 쟁반을 가득 채워 들고 창고로 갔다.

"간식 드세요!"

엄마는 커다란 사포를 손에 들고 있었다. 사포질로 생긴 먼지를 뒤집어써 잿빛이 된 머리카락을 이마에서 쓸어 올렸다.

"이걸로 점심은 건너뛰자."

두 사람은 선창에 걸터앉아 간식을 먹었다.

"아빠는 언제 오세요?"

잠시 후 힐데가 물었다.

"토요일에 오신단다. 너도 알고 있잖니?"

"하지만 토요일 언제요? 코펜하겐에서 비행기를 갈아탄다고 하시지 않았어요?"

"그랬지……"

엄마는 고기 스프레드와 오이가 든 빵을 씹었다.

"……5시쯤 코펜하겐에 도착하실 거야. 거기서 크리스티안산행 비행기가 8시 15분에 있다니까, 내 생각엔 9시 반쯤에 도착하시겠구나."

"그럼 코펜하겐에 한두 시간 머무시겠군요."

"그렇겠지. 그런데 왜 그러니?"

"아…… 그냥 아빠의 일정을 알고 싶어서요."

잠시 생각하고 나서 힐데가 다시 물었다.

"최근에 안네와 올레 숙모 얘기 들으신 적 있어요?"

"응. 가끔 전화가 와. 7월에 여기로 휴가를 오실 거야."

"더 일찍은 아니고요?"

"응, 그렇진 않을 것 같아."

"그럼 이번 주엔 코펜하겐에 있겠군요……"

"힐데야, 대체 무슨 일이니?"

"아무 일도 아니에요. 무슨 얘기든 해야 할 것 같아서요."

"하지만 지금 넌 두 번이나 코펜하겐 얘기를 꺼냈잖아."

"그랬나요?"

"아빠가 거기서 내려 비행기를 갈아타신다는 얘기를 했는데……."

"그런데 그때 갑자기 안네와 올레 숙모 생각이 났어요."

식사를 마치고 힐데는 접시와 잔을 쟁반에 올려놓았다.

"전 계속 읽을 게 있어요, 엄마……."

"그래, 물론 그래야겠지……."

아주 미묘한 질책이 담긴 대답이다. 하지만 힐데와 엄마는 아빠가 돌아올 때까지 배 손질을 끝내야 한다는 얘기만 했다.

"아빠가 도착하시기 전에 책을 다 읽겠다고 약속했어요."

"그게 좋은 건지 모르겠네. 네 아빠가 자주 멀리 떠나 계신 게 문제야. 하지만 집에서 일어나는 일을 그 먼 곳에서 감독하려고 하는 건……."

"아빠가 아직도 모든 일을 감독하고 계신다는 걸 엄마도 아신다면 아빠가 그걸 얼마나 즐기시는지도 이해하실 거예요."

그러고 나서 힐데는 자기 방으로 올라가 바인더 공책을 계속 읽었다.

소피는 갑자기 누군가 문 두드리는 소리를 들었다. 크녹스 선생님이 소피를 엄하게 쳐다보았다.

"신경 쓰지 말자꾸나."

그런데 문을 두드리는 소리가 더 커졌다.

"헤겔의 철학에 아주 분노한 덴마크의 어느 철학자 얘기를 해줄게."

그러나 이제 문이 덜컹거릴 정도로 심하게 소리가 났다.

"분명 소령이 또 어떤 가상의 인물을 보내서 우리가 자기한테 속는지 보려는 걸 거야. 그건 돈 드는 일이 아니니까."

"하지만 누가 왔는지 문을 열어 보지 않으면, 소령이 아예 집을 다 부쉬버릴 수도 있잖아요."

"네 말이 맞을지도 모르겠다. 그럼 문을 열어보자."

그들은 문 쪽으로 갔다. 문을 두드리는 소리가 너무 컸기 때문에 소피는 거인을 예상했다. 그러나 바깥에는 꽃무늬 원피스를 입은 금발의 긴 머리 소녀가 서 있었다. 손에는 작은 병 두 개를 들고 있었는데 하나는 빨간색이었고, 다른 하나는 파란색이었다.

"안녕, 넌 누구니?"

소피가 말했다.

"전 앨리스예요."

하고는 무릎을 굽혀 인사했다.

"그런 것 같았어."

크녹스 선생님이 고개를 끄덕이며 말했다.

"이상한 나라의 앨리스구나."

"하지만 어떻게 여길 찾았을까요?"

앨리스가 직접 대답했다.

"이상한 나라에는 국경이 없어요. 그건 이상한 나라가 유엔처럼 어느 곳에나 있다는 뜻이에요. 그러니까 이상한 나라는 유엔의 명예회원국이 되어야 해요. 저흰 모든 위원회에 대표를 보낼 거예요."

"소령의 짓이군!"

하고 선생님이 이죽거렸다.

"그런데 무슨 일로 왔니?"

소피가 물었다.

"이 철학 병을 전해주라고 해서요."

소녀는 소피에게 작은 병 두 개를 건네주었다. 둘 다 광이 나는 유리로 만들어졌는데 하나에는 빨간색 액체가, 또 하나에는 파란색 액체가 담겨 있다. 빨간 병에는 '날 마셔!', 파란 병에는 '나도 마셔!'라고 적혀 있었다.

그때 하얀 토끼가 오두막을 지나 뛰어갔다. 토끼는 두 다리로 똑바로 서서 걸었으며 조끼와 재킷을 입고 있었다. 오두막 앞에서 토끼는 조끼 주머니에서 회중시계를 꺼내더니 말했다.

"아니, 아, 아니, 지금 내가 너무 늦게 왔구먼."

그러고 나서 토끼는 다시 뛰어갔다. 앨리스가 그 뒤를 따라가기 시작했다. 숲 속으로 뛰어들어 가기 전 앨리스는 또 한 번 무릎을 굽혀 인사를 하고 말했다.

"저는 이제 '원래 얘기'로 돌아갈게요."

"고양이 다이나와 여왕님께 인사 전해줘!"

소피가 뒤에 대고 소리쳤다.

앨리스는 곧 사라졌다. 선생님과 소피는 계단에 그대로 서서 병을 살펴보았다.

'날 마셔!'와 '나도 마셔!'

"제가 그럴 용기가 있는지 모르겠어요. 독약일지도 모르잖아요."

선생님은 어깨를 으쓱거렸다.

"이 병들은 소령이 보낸 거야. 그리고 소령이 보내는 것은 모두 의식일 뿐이지. 그건 생각의 주스 같은 걸 거야."

소피는 빨간 병의 마개를 빼고 병을 조심스럽게 입에 갖다 댔다. 달면서 이상한 맛이었다. 동시에 소피를 둘러싼 온 세상에 이상한 일이 일어났다. 먼저 호수, 숲, 오두막의 영상들이 하나로 겹쳐지는 것 같았다. 그러고 나서 소피는 다른 어떤 사람이 보였는데, 그 사람은 소피 자신이었다. 소피가 마지막으로 크녹스 선생님께 눈을 돌렸을 때 그가 소피 자신으로 변하는 것 같았다.

"이상해요. 갑자기 제가 보는 것 전부가 이어져 있는 것 같아요. 모든 것이 하나의 의식이라는 느낌이 들어요."

선생님이 고개를 끄덕였다. 그러나 소피 자신이 스스로 고개를 끄덕이는 느낌이 들었다.

"그건 범신론이나 합일 철학이란다. 낭만주의자들의 세계정신이지. 그들은 모든 것을 하나의 커다란 '자아'로 체험했어. 헤겔도 그랬고. 한편으론 각각의 개체를 완전히 무시하지 않으면서, 다른 한편으론 모든 것을 하나의 세계이성의 표현으로 파악했지."

"다른 병에 든 것도 마셔도 될까요?"

"여기 있구나."

소피는 파란 병의 마개를 뽑고 크게 한 모금 들이켰다. 이번 주스는 빨간 것보다 약간 더 신선하고 새콤한 맛이었다. 이번에도 소피 주변에 갑작스런 변화가 생겼다. 1초 만에 빨간 음료수의 효과가 사라졌다. 그리고 모든 것이 다시 제자리로 돌아왔다. 크녹스 선생님은 다시 크녹스 선생님이 되었고, 숲 속의 나무는 다시 숲 속의 나무가 되었고, 호수는 다시 작은 연못처럼 보였다. 하지만 그것도 잠시, 곧 소피가 보는 모든 것이 흩어져버렸다. 숲은 더 이상 숲이 아니었고, 가장 작은 나무조차 갑자기 세계 그 자체로 보였고, 가장 작은 나뭇가지도 동화에서 많이 등장할 만한 모험처럼 여겨졌다. 작은 호수는 끝이 없는 바다로 보였다. 그것이 그렇게 깊거나 커서가 아니라 수백만 개의 반짝거리는 세세한 부분들과 우아한 파도 때문이었다. 소피는 앞으로 평생 이 호수만 보게 되더라도 언제까지나 깊은 신비로 느껴질 것 같다는 생각이 들었다.

소피는 고개를 들어 나무 꼭대기를 보았다. 거기서 작은 참새 세 마리가 즐겁게 놀고 있었다. 참새들은 소피가 빨간 병에 든 액체를 마셨을 때도 나무에 앉아 있었지만 소피는 전혀 보지 못했다. 빨간 병은 모든 대립과 개별적 차이들을 없애버렸다.

이제 소피는 서 있던 계단에서 내려와 풀밭에 무릎을 꿇고 앉았다. 거기서도 소피는 새로운 세계를 발견했다. 마치 바닷속 깊이 잠수해서 바다 밑바닥에서 처음으로 눈을 뜬 것 같았다. 풀과 짚 덤불 사이에 생물체가 우글거렸다. 소피는 이끼 사이를 가볍고 활기차게 기어 다니는 거미, 풀줄기를 이리저리 휘젓고 다니는 진딧물, 공동 작업을 하고 있는 작은 개미 떼를 보았다. 그러나 개미들은 각기 자기 방식대로 다리를 쳐들었다.

소피가 다시 일어서서 여전히 문지방에 서 있는 선생님을 보았을 때 아주 이상한 일어났다. 갑자기 선생님이 아주 특이한 존재로 보였다. 그는 다른 행성에서 온 사람이나 소피가 방금 체험한 것과는 다른, 동화에 등장하는 인물처럼 보였다. 동시에 소피 자신도 완전히 새로운 방식으로 유일하고 특별한 사람인 것 같은 체험을 했다. 소피는 단순히 인간이나 열다섯 살짜리일 뿐 아니라 소피 아문센이고 유일한 특성을 지닌 사람이었다!

"어떻게 보이니?"

선생님이 물었다.

"선생님이 이상한 새로 보여요."

"정말?"

"전 다른 사람이 된다는 게 어떤 건지 전혀 모르겠어요. 세상에 완전히 같은 두 사람은 없잖아요."

"숲은?"

"이젠 상관없어요. 신기한 동화에나 나오는 완전한 우주 같아요."

"나도 그렇게 생각했어. 파란 병은 개인주의야. 낭만주의의 합일 철학에 대한 쇠렌 키르케고르의 반응이었지. 그리고 동화작가 안데르센이 키르케고르와 동시대 사람이었던 것은 우연이 아니야. 그는 자연의 무한함에 대해서도 예리한 시각을 지녔어. 라이프니츠는 이미 100년 전에 그러한 시각을 갖고 있었고, 스피노자의 합일 철학에 대해 그가 보인 반응은 헤겔에 대한 키르케고르의 반응과 똑같았지."

"알겠어요. 그런데 웃음을 참기 힘들 정도로 지금 선생님이 이상해 보여요."

"이해해. 그러면 빨간 병을 다시 조금만 마셔봐. 그리고 여기 계단에 앉자꾸나. 오늘 네가 집에 가기 전까지 키르케고르에 대해 얘기해야 할 게 있어."

두 사람은 자리에 앉았고 소피는 빨간 병에 든 것을 한 모금 마셨다. 이제 사물들이 다시 합쳐졌지만 너무 마셔서 소피는 다시 모든 것에 개별적인 차이가 없다는 느낌을 가졌다. 소피는 재빨리 파란 병의 목에 혀를 댔다. 그러자 세상이 어느 정도 앨리스가 병 두 개를 가져오기 전 상태로 돌아갔다. 그때 소피가 물었다.

"하지만 뭐가 진리죠? 어느 색 병이 실제 세상을 경험하게 해준 건가요?"

"둘 다란다, 소피야. 낭만주의자들이 틀렸다고 말할 수는 없어. 하지만 그들은 약간 편파적이었을 거야."

"파란 병은 어떤 거죠?"

"내 생각엔 키르케고르가 그 병을 아주 많이 마신 것 같아. 어쨌든 그는 개체의 의미에 대해 극히 날카로운 시각을 가지고 있었어. 하지만 우리는 '우리 시대의 사람'일 뿐만 아니라, 각자 단 한 번 살다 가는 유일무이한 개체지."

"그건 얼핏 보기에 헤겔이 관심을 가졌던 점 같은데요?"

"아니야. 그는 오히려 역사상의 굵직한 선들을 문제 삼았어. 그리고 바로 그런 점에 키르케고르는 분노했지. 키르케고르는 낭만주의자들의 합일 철학과 헤겔의 역사주의가 삶에 대한 책임을 빼앗았다고 생각했거든. 키르케고르에게 헤겔과 낭만주의자들은 똑같은 나무로 조각된 것이었지."

"왜 화를 냈는지 이해해요."

"쇠렌 키르케고르는 1813년 코펜하겐에서 태어났고 아버지에게 아주 엄격한 교육을 받았어. 그리고 종교적인 우울증도 물려받았지."

"좋은 이야기는 아니네요."

"그렇지. 그런 우울증 때문에 키르케고르는 어쩔 수 없이 약혼을 취소해야겠다는 생각을 했지만 코펜하겐의 시민 계급에겐 용납되지 않았지. 그래서 그는 배척당하고 조롱받는 사람이 되었어. 그리고 시간이 흐르면서 자기 자신도 사정없이 물어뜯는 사람이 되었단다. 그런 현상은 점점 심해져서 나중에 입센이 '민중의 적'이라고 부르기까지 했지."

"모두 파혼 때문이었나요?"

"아니, 그것 때문만은 아니었단다. 특히 말년에는 전 유럽 문화에 대해 점점 더 신랄한 비판자가 되어서, 전 유럽이 파산해가고 있다고 생각했어. 유럽인이 열정과 참여 없는 시대를 살고 있다고 생각했고, 교회의 미온적이고 해이한 태도를 꾸짖었어. 이른바 '일요일 기독교'에 대한 그의 비판은 무자비할 정도였지."

"오늘 우린 오히려 '견진성사 기독교'에 대해 얘기하잖아요. 대부분의 사람들은 그저 선물 때문에 견진성사를 받지요."

"그래, 네 말이 맞아. 키르케고르에겐 기독교가 양자택일을 강요할 정도로 압도적이고 이성에 반하는 것이었어. '약간'이나 '어느 정도' 기독교인이라고 하는 것은 불가능하다고 생각했는데 그건 신은 부활절 당일에 부활하셨거나 아니거나 둘 중 하나이기 때문이라는 거야. 기독교에서 얘기하는 대로 신이 정말 죽은 자 가운데서 부활했다면, 신이 정말 우리를 위하여 죽었다면, 그건 틀림없이 우리의 전 생애를 특징지을 정도로 엄청난 것이라고 생각했지."

"알겠어요."

"키르케고르는 그 시대의 교회와 대부분의 기독교인이 종교적인 문제에 대해 학교 선생님 같은 입장이었다고 이해했어. 키르케고르로서는 생각할 수 없는 것이었지. 그에게 종교와 이성은 불과 물 같은 것이었어. 키르케고르는 기독교를 '진리'로 간주하는 것만으로 충분하지 않다고 생각했어. 기독교 신앙은 예수의 발자국을 밟는 것을 의미하니까."

"그게 헤겔과는 무슨 관계가 있나요?"

"아, 우리가 순서를 거꾸로 시작한 모양이구나."

"그럼 되돌아가서 처음부터 다시 시작하는 게 좋겠어요."

"키르케고르는 열일곱 살에 신학 공부를 시작했어. 그 후로 철학에 점점 더 많은 관심을 가지게 되었지. 스물여덟 살에「소크라테스와의 관계에서 본 반어의 개념」이라는 논문으로 박사 학위를 받았어. 그 논문에서 그는 낭만주의자들의 책임감 없는 환상 유희와 낭만적 반어에 대한 도덕적 책임을 물었어. 그는 낭만적 반어와 '소크라테스식 반어'를 대조했어. 소크라테스도 반어라는 문체를 사용했지만 그건 단지 청중이 좀 더 진지한 삶을 추구하도록 교육하기 위해서였어. 키르케고르에게 소크라테스는 낭만주의자들과는 반대로 실존적인 사상가였어. 즉 자기의 실존 자체를 철학적 성찰에 포함시켰던 거야. 키르케고르는 유희를 즐기는 낭만주의자들은 그렇지 않다고 비판했지."

"아하."

"파혼 후 키르케고르는 1841년 베를린으로 가서 다른 사람들 중에서도 셸링의 강의를 들었어."

"거기서 헤겔과 만났나요?"

"아니. 헤겔은 이미 10년 전에 죽었어. 하지만 그의 정신은 베를린과 유럽의 광범위한 지역을 여전히 지배하고 있었고, 그의 '체계'는 그 당시 생각해볼 만한 모든 의문에 대한 일종의 총체적 해석으로 이용되었어. 키르케고르는 극단적인 반대 입장에서, 헤겔 철학이 전념한 '객관적 진리'가 개별 인간의 실존에는 전혀 중요하지 않다고 설명했어."

"그렇다면 대체 어떤 진리가 중요하다는 거죠?"

"키르케고르에게는 유일한 진리를 추구하는 것보다 더 중요한 것은 개인의 삶에 중요한 진리들을 추구하는 것이었어. '자신에 관한 진리'를 발견하는 일이 중요하다고 생각했지. 그래서 개체 혹은 개인을 '체계'와 대립시켰어. 키르케고르는 헤겔이 자신도 그저 인간일 뿐이라는 사실을 잊었다고 생각했어. 그는 공상의 나라에서 사는 헤겔 같은 교수 부류의 인간을 비꼬아서, 이 사람은 존재 자체를 설명하다가 정신이 없어져서 자기 이름이 무엇인지, 그리고 자기가 사람이라는 것조차 잊어버린다고 야유했지.”

“그러면 키르케고르는 인간을 어떻게 생각했나요?”

“그건 간단하게 대답할 수가 없어. 키르케고르는 인간의 본성이나 인간의 ‘본질’을 보편타당하게 서술하는 데는 전혀 관심이 없었어. 중요한 것은 개인의 실존이었지. 그리고 사람은 자기 자신의 실존을 책상에 앉아서 체험할 수 없어. 우리가 행동할 때, 그리고 특히 중요한 선택을 할 때 우리 자신의 실존으로 행동하는 거야. 부처에 관한 이야기가 키르케고르의 생각을 설명해줄 수 있을 거야.”

“부처요?”

“응. 부처의 철학도 인간의 실존을 출발점으로 삼고 있기 때문이지. 어떤 수도승은 부처가 중요한 질문들에 불명확한 대답을 한다고 생각했단다. 예를 들면 세계란 무엇인가 혹은 인간이란 무엇인가 하는 질문에 말이야. 부처는 독화살에 상처를 입은 사람을 예로 들어 대답했어. 그 사람은 한 번도 순수하게 이론적인 관심에서 화살의 재료가 무엇인지, 어떤 독을 바른 것인지, 어떤 각도에서 자기가 화살을 맞았는지 궁금해하지 않을 거야.”

“누군가 화살을 뽑고 상처를 치료해주길 바라겠지요.”

“맞아. 그게 그에겐 실존적으로 중요할 거야. 부처와 키르케고르 모두 그들이 짧은 시간 동안만 존재한다는 것을 강하게 인지했어. 이미 말했듯이, 그럴 때 책상 앞에 앉아 세계정신에 대해 사색하기만 할 수는 없지."

"알겠어요."

"또한 키르케고르는 진리가 '주관적'이라고 말했어. 그렇다고 우리가 무엇을 믿고 무슨 생각을 하든 상관없다는 것은 아니야. 다만 정말 중요한 진리는 개인적이라고 생각한 거야. 그런 진리만이 '나를 위한 진리'라는 것이지."

"그런 주관적인 진리에 대한 예를 들어주실 수 있나요?"

"예를 들어 기독교가 진리인가 하는 아주 중요한 문제가 있어. 키르케고르에 따르면 이것은 이론적이거나 학술적인 문제가 아니야. 자기의 실존을 자각하는 사람에게 그것은 삶과 죽음의 문제지. 그런 문제에 대해서는 단순히 사람들이 토론하기를 좋아해서 토론하는 것이 아니야. 우리가 가장 큰 열정을 갖고 접근하는 것이지."

"이해해요."

"네가 만약 물에 빠진다면, 네가 익사를 할지 안 할지에 대한 문제에는 아무런 이론적 관심을 갖지 않을 거야. 그럴 때 물속에 악어가 있는지 없는지는 흥미의 대상이 아니야. 사느냐 죽느냐가 문제지."

"예, 물론이죠!"

"그러니까 유일신이 존재하느냐 하는 철학 문제와 이런 문제에 대한 개인의 관계를 구분해야 해. 개인은 이런 문제와 전적으로 혼자서 마주하고 있어. 그 밖에 이런 문제들엔 오로지 신앙을 통해서만 가까이 갈 수 있단다. 우리의 이성으로 파악할 수 있는 사물들은 키르케고르에겐 중요하지 않았어."

"아뇨, 그건 설명을 들어야겠어요."

"8 더하기 4는 12지? 그건 누구나 확실히 알 수 있어. 이건 데카르트 이후 모든 철학자들이 이야기해온 이성적 진리에 대한 예란다. 하지만 우리가 그걸 저녁 기도에 포함시키겠니? 마지막 죽는 순간에 그 문제를 고민할까? 아니야. 그건 '객관적'이고 '보편적'인 진리인 거야. 그래서 그런 진리들은 개인의 실존에는 전혀 상관이 없지."

"신앙은 어떻죠?"

"네가 어떤 사람에게 잘못을 저질렀을 때 그 사람이 널 용서했는지 넌 알 수 없지만, 바로 그렇기 때문에 그것이 네게는 실존적으로 중요해. 그건 네가 활발히 관계를 맺고 있는 문제인 거야. 또 너는 어떤 사람이 너를 좋아하는지도 알 수 없어. 그저 믿거나 희망할 수 있을 뿐이지. 그럼에도 그것이 너에게는 삼각형의 내각의 합이 180도라는 논쟁할 여지가 없는 사실보다 더 중요해. 사람들이 첫 키스를 할 때 인과율이나 칸트의 직관의 형식을 생각하지 않는 것처럼 말이야."

"그렇죠. 그런 생각을 한다면 미친 걸 거예요."

"신앙은 특히 종교 문제를 다룰 때 중요해. 키르케고르는 이렇게 말했어. '내가 하느님을 객관적으로 파악할 수 있다면 나는 하느님을 믿지 않는다. 하지만 그럴 수 없기 때문에 나는 믿어야 한다. 그리고 내가 이 신앙을 지키려면 내가 객관적인 불확실성 속에서 '7만 길의 물' 위에 있다는 것을 잊지 않으면서도 믿음을 갖도록 늘 유의해야 한다.'"

"좀 어렵게 표현했네요."

"일찍이 많은 사람들이 신의 존재를 증명하려 하거나 또는 이성으로 파악하려고 시도했어. 그러나 그렇게 신을 증명하거나 이성의 논증을 찾아내면 신앙 자체를, 그리고 동시에 종교적인 간절함을 잃게 돼. 기독교가 진리인지가 중요한 게 아니라 그것이 나에게 진리인지가 중요하기 때문이지. 중세에는 이런 생각을 '크레도 퀴아 압수르둠(Credo quia absurdum)'이라는 관용어로 표현했어."

"아, 뭐라고요?"

"'불합리하기 때문에 나는 믿는다'라는 뜻이지. 기독교가 이성에 호소했더라면 그건 신앙의 문제가 아니었을 거야."

"이제 알겠어요."

"지금까지 키르케고르가 '실존', '주관적 진리', '신앙'을 어떻게 이해했는지 알아봤어. 그가 이 세 개념을 그렇게 이해하도록 한 것은 전통적인 철학, 특히 헤겔에 대한 비판이었어. 하지만 그 안엔 전체적인 문명 비판도 있지. 키르케고르는 현대의 도시 사회에서 인간은 '대중'이 되거나 '공공성'을 갖는다고 생각했고, 군중의 첫 번째 특징은 책임감 없이 말하는 수많은 무의미한 '수다'라고 생각했어. 오늘날에는 아마 '부화뇌동'이라는 말을 사용할 거야. 그건 누구든 열정적인 태도를 가지지 않고 모든 사람이 동일한 것을 '생각'하고 '대변'한다는 뜻이지."

"키르케고르가 요룬의 부모님과 몇 번이나 싸우게 될지 궁금하네요."

"어쨌든 그는 동시대인들에게는 그리 관대하지 않았어. 그의 필치는 신랄했고 감정을 상하게 할 정도로 반어적이었어. 예를 들면 그는 '다수는 진리가 아니다' 혹은 '진리는 언제나 소수에 있다'라고 썼어. 그는 인간의 대부분이 존재를 너무 가지고 놀듯이 대한다고 생각했어."

"바비 인형 모으는 일도 나쁘지만 스스로가 바비 인형인 것은 훨씬 더 나쁜 일이군요……."

"그것이 우리를 키르케고르의 인생 항로 3단계론으로 이끌어준단다."

"무슨 말씀이세요?"

"키르케고르는 서로 다른 세 가지의 상이한 실존 가능성이 있다고 생각했지. 스스로 '단계'라는 말은 사용하면서 이 가능성들을 '미적 단계', '윤리적 단계', '종교적 단계'라고 불렀어. 그가 '단계'라는 말을 선택한 것엔 사람들이 두 가지 하위 단계 중 한 단계에서 살다가 갑자기 더 높은 단계로 '비약'할 수 있다는 것을 보여주려는 뜻이 담겨 있어. 그러나 많은 사람들이 한 단계에서 평생을 보낸단다."

"지금 전 다음에 어떤 설명이 나올지 추측해보는 중이에요. 그리고 제가 어떤 단계에 있는지도 궁금해요."

"미적 단계에 살고 있는 사람은 그 순간을 살고 늘 향락을 추구하지. 좋은 것은 아름답고 멋지고 편한 것이야. 그렇게 볼 때 그런 사람은 완전히 감각의 세계에 사는 거지. 탐미주의자는 자기 자신의 쾌락과 기분의 노예야. 오늘날 사람들이 말하듯이 지루하거나 선정적이지 않은 모든 것은 부정적이라고 여겼어."

"그렇군요, 고마워요. 그런 태도를 알 것 같아요."

"전형적인 낭만주의자들 역시 탐미주의자란다. 감각적인 향락만이 문제가 되는 건 아니기 때문이야. 현실 또는 자기가 종사하는 예술이나 철학에 대해 유희적인 태도를 지닌 사람도 미적 단계에 살고 있는 거야. 우리는 근심과 괴로움에 대해서조차 미적으로 '관찰'하는 태도를 취하기도 해. 그럴 때 우리를 지배하는 것은 공허함이지. 입센은 「페르 귄트」에서 전형적인 탐미주의자의 모습을 그렸어."

"키르케고르의 생각을 이해하겠어요."

"누군가 떠오르는 사람이 있니?"

"그다지요. 그런데 소령 생각이 조금 나기도 해요."

"그래, 어쩌면 그것도 저급한 낭만적 반어의 한 예라고 할 수도 있지만 넌 입을 씻어내야 해!"

"뭐라고 하셨어요?"

"뭐, 그러니까 네 책임이 아니라고."

"계속 설명해주세요."

"미적 단계에 사는 사람은 불안과 공허한 감정에 빠지기 쉽지만 그가 그런 감정을 체험한다는 건 그래도 희망이 있는 거란다. 키르케고르에게 이 불안은 긍정적인 것이었어. 그것은 누군가가 '실존적 상황'에 있다는 표시란다. 탐미주의자는 그때 더 높은 단계로 비약해야 할지 스스로 결정할 수 있어. 그런 일은 일어날 수도 있고 일어나지 않을 수도 있지. 실제로 비약하지 못하고 거의 비약할 뻔한 것은 아무 소용이 없어. 양자택일이 있을 뿐이야. 아무도 너를 위해 비약해줄 수 없단다. 너 스스로 결정하고 스스로 비약해야 해."

"술이나 약을 끊으려고 하는 것과 비슷한 것 같아요."

"그래, 어쩌면. 키르케고르가 이러한 결정에 대해 말할 때는 어느 정도 소크라테스를 떠올린 거야. 소크라테스는 모든 참된 통찰이 내면에서 비롯된다고 설명했지. 한 인간이 미적 인생관에서 윤리적이거나 종교적 인생관으로 비약하려는 선택 역시 내면에서 우러나와야 하는 거야. 바로 그것을 입센은 「페르 귄트」에서 표현했지. 내면의 필요와 절망에서 생겨나는 실존적 선택을 탁월하게 묘사한 작품으로는 러시아의 작가 도스토옙스키의 소설이 있어. 제목은 『죄와 벌』인데, 우리가 철학에 대해 모두 다루고 나면, 넌 그 소설을 꼭 읽어야 해."

"봐서요. 그러니까 키르케고르는 진지한 사람은 지금까지와 다른 인생관을 선택한다고 생각했군요"

"아마 윤리적 단계를 선택하겠지. 이 단계는 진지함과 꾸준히 도덕적인 기준에 따라 결정하는 것이 특징이야. 우리에게 도덕의 법칙에 따라 살아야 한다고 요구한 칸트처럼 인간의 마음에 가장 주의를 기울였어. 사람들이 무엇을 옳거나 그르다고 여기는지는 본질적으로 중요하지 않아. 중요한 것은 옳거나 그른 것에 대한 스스로의 태도를 결정하는 일이야. 탐미주의자들은 무엇이 재미있고 무엇이 지루한지에만 관심이 있지."

"그렇게 살면 조금은 지나치게 진지해질 수도 있잖아요?"

"물론 그럴 거야. 하지만 키르케고르는 윤리적 단계로도 만족하지 못했어. 그는 의무를 행하는 인간도 언젠가 한 번은 항상 의무를 의식하고 질서를 지키는 것에 싫증이 날 거라고 생각했어. 이미 오래전에 어른이 된 많은 사람들이 그런 싫증과 권태의 단계를 체험하지. 그리고 이제 어쩌면 상당수의 사람들이 미적 단계의 놀이에 열중하는 삶으로 되돌아가게 될 거야. 하지만 어떤 사람들은 바로 다음 단계인 종교적 단계로 새로운 비약을 하지. 그들은 신앙의 '7만 길 물' 속으로 정말 대단한 비약을 감행하는 거야. 그들은 미적 향락과 이성의 명령보다 신앙을 선택했어. 그리고 키르케고르가 표현한 것처럼 '살아 계신 하느님의 손에 떨어지는 것'은 엄청난 일이지만, 인간은 그때 비로소 자기의 삶과 화해할 수 있다는 거야."

"그러니까 기독교를 통해서 말이죠?"

"그래. 키르케고르에게는 종교적 단계가 기독교를 의미한단다. 그럼에도 불구하고 그는 자신의 철학으로 많은 비기독교인 사상가들에게 영향을 미쳤어. 우리가 사는 세기에 이른바 '실존철학'이 생겼는데 그것은 키르케고르에게서 강한 영향을 받은 것이란다."

그때 소피가 시계를 보았다.

"7시가 다 되었어요. 이제 집에 가야 해요. 엄마가 걱정하실 거예요."

소피는 철학 선생님에게 인사하고 호수와 조각배가 있는 곳으로 달려 내려갔다.

마르크스

······ 하나의 유령이 유럽을 배회하고 있다 ······

힐데는 침대에서 일어나 호수 쪽을 향해 나 있는 창가로 걸어갔다. 힐데는 이번 토요일을 소피의 열다섯 번째 생일에 관해 읽는 것으로 시작했다. 그 전날은 힐데의 생일이었다. 힐데가 그때까진 소피의 생일에 대해 다 읽었으리라고 계산했다면 아빠는 힐데를 과대평가한 것이다. 힐데는 어제야 읽기 시작했으니까. 게다가 생일 축하 인사도 겨우 한 번 받았을 뿐이다. 바로 크녹스 선생과 소피가 생일 축하 노래를 불렀을 때 힐데는 그것이 오히려 더 슬펐다.

그리고 소피는 힐데의 아빠가 레바논에서 돌아오는 날 '철학 가든파티'를 열 것이다. 힐데는 그날 자신은 물론 아빠도 제대로 예측할 수 없는 일이 일어나리라 확신했다.

그러나 어쨌든 한 가지는 확실하다. 힐데의 아빠는 비에르켈리로 돌아오시기 전에 작은 벌을 받아야만 했다. 힐데는 그것이 소피와 크녹스 선생님을 위해 자신이 할 수 있는 최소한의 일이라고 생각했다. 그들이 힐데에게 도움을 청했기 때문에…….

힐데의 엄마는 아직 창고에 있었다. 힐데는 살금살금 1층으로 내려가 전화기로 다가갔다. 코펜하겐에 사는 안네 숙모의 전화번호를 찾아 전화를 걸었다.

"안네 크밤스달입니다."

"안녕하세요, 숙모. 힐데예요."

"아유, 반가워라! 릴레산에선 어떻게 지내니?"

"아주 잘 지내요, 여름방학이기도 하고요. 이제 한 주만 더 지나면 아빠가 레바논에서 돌아오세요."

"정말 좋겠구나. 그치, 힐데야?"

"물론 아주 기뻐요. 그런데 그래서 전화를 드린 건데요…….'

"그래?"

"제 생각엔 아빠가 23일 오후 5시쯤에 코펜하겐에 도착하실 거예요. 그때 댁에 계시나요?"

"그럴 거야."

"그럼 제 부탁을 좀 들어주세요."

"물론이지."

"그런데 그게 좀 이상한 부탁이라, 괜찮으실지 모르겠어요."

"궁금해지는구나."

힐데는 바인더 공책, 크녹스 선생, 소피, 그리고 다른 일에 대해 거의 모두 이야기했다. 안네 숙모가 자꾸 웃음을 터뜨리는 바람에 힐데는 얘기를 여러 번 다시 해야만 했다. 그들이 통화를 끝냈을 때 힐데의 계획은 이미 진행되기 시작했다.

힐데는 집에서도 준비할 일이 있었다. 별로 급한 일은 아니지만.

힐데는 오후와 저녁 시간을 엄마와 함께 보내고 저녁에는 크리스티안산으로 가서 제대로 축하하지 못한 생일 파티 대신 영화를 보았다. 비행장으로 가는 갈림길을 지날 때 힐데가 아침부터 계속 생각해온 커다란 퍼즐에 몇 개의 조각을 더 맞출 수 있었다.

그날 저녁 힐데는 늦게 잠자리에 들어서야 바인더 공책을 다시 펼칠 수 있었다.

8시가 다 되어서야 소피는 동굴에서 기어나왔다. 엄마는 입구 앞에 있는 화단을 정리하고 있었다.

"대체 어디서 나오는 거니?"

"울타리를 지나서요."

"울타리를 지나서?"

"반대쪽에 길이 있는 거 모르세요?"

"도대체 어디 숨어 있었니? 말도 없이 식사 때 오지도 않고."

"죄송해요. 날씨가 너무 좋아서 산책을 오래 했어요."

그제야 엄마가 일어나서 소피를 쳐다보았다.

"너 그새 또 철학 선생님을 만난 건 아니겠지?"

"만났어요, 벌써. 선생님은 산책하기를 좋아하신다니까요."

"가든파티에 오신다던?"

"네, 꼭 오신대요. 아주 좋아하셨어요."

"나도 그래. 매일 날짜를 세고 있지."

"요룬의 부모님도 초대해서 기뻐요. 그러지 않았으면 좀 마음 아팠을 거예요."

"그래…….어쨌든 그 선생님과 어른들끼리 얘기를 좀 나눠봐야겠어."

"제 방에서 하셔도 돼요. 크녹스 선생님이 엄마 마음에 꼭 들 거예요."

"그게 다가 아니란다. 너에게 오는 편지 말이야."

"아…….."

"소인에 '유엔 평화 유지군'이라고 되어 있잖니."

"그건 선생님의 동생한테서 오는 거예요."

"이제 사실대로 말해보렴."

빠르게 머리를 굴리자 곧 적당한 대답이 떠올랐다. 자비심이 많은 신이 소피에게 영감을 준 것 같았다.

"제가 희귀한 우편 소인을 모은다고 선생님에게 얘기했거든요. 선생님 동생이 얼마나 좋은 사람인지 아시겠죠?"

이 대답으로 소피는 엄마를 눈에 띄게 안심시켰다.

"냉장고 안에 먹을 게 있을 거야."

엄마가 금세 온화해진 목소리로 말씀하셨다.

"편지는 어디 있어요?"

"냉장고 위에."

소피는 부엌으로 달려갔다. 편지에는 1990년 6월 15일 자 소인이 찍혀 있었다. 소피가 봉투를 뜯자 손에 아주 작은 쪽지가 떨어졌다.

우리에게 영원한 창조란 도대체 무엇인가!

창조된 것이 다시 무로 되돌아가는 것일 뿐!

이 질문에 소피는 뭐라고 대답해야 할지 알 수 없었다. 식사 전에 소피는 쪽지를 지난 몇 주 동안 모은 주인 없는 물건들과 함께 옷장 안에 넣어두었다. 왜 내가 이런 질문을 받게 되었는지 곧 알게 되겠지.

다음 날 오전에 요룬이 찾아왔다. 소피와 요룬은 배드민턴을 치고 나서 다시 철학 가든파티 계획을 짰다. 분위기가 어색할 경우를 대비해 사람들을 놀라게 해줄 몇 가지도 필요했다.

소피의 엄마가 직장에서 돌아왔을 때에도 소피와 요룬은 가든파티 얘기를 하고 있었다 엄마는 계속해서 똑같은 말을 했다.

"어떤 것도 아끼지 않을 거야."

그것은 반어적인 의미가 아니었다.

엄마는 이번 철학 가든파티가 지난 몇 주 동안 철학 집중 과정을 밟은 소피가 현실로 되돌아오는 데 꼭 필요하다고 확신하는 듯했다.

마침내 소피와 요룬은 생일 케이크와 나무에 걸 조명에서부터 청소년용 철학책이 상품으로 걸린 철학 퀴즈까지 모든 것에 합의했다. 만약에 그런 책이 있다면 말이다. 소피는 그 점에 대해선 확신할 수 없었다.

성 세례 요한 축일 전야제 이틀 전인 6월 21일 목요일에 선생님이 다시 전화를 걸었다.

"소피입니다."

"알베르토 크녹스야."

"잘 지내세요?"

"아주 좋아. 출구를 발견한 것 같아."

"어디에서 벗어나는 길인가요?"

"너도 알잖니. 이미 우리가 너무 오랫동안 살아온 정신적인 감금 상태에서 벗어나는 거지."

"아, 그거요⋯⋯."

"하지만 모든 일을 시작할 때가 되어야 계획에 대해 얘기할 수 있을 거야."

"너무 늦지 않나요? 저와 관련된 일은 저도 알아야 하잖아요?"

"아니, 순진하긴. 언제 어디서든 우리 얘기가 새고 있다는 걸 알아야 해. 그러니까 가장 이성적인 행동은 입을 다물고 있는 거야⋯⋯."

"상황이 그렇게 나쁜가요?"

"물론이지. 우리가 서로 얘기를 나누지 않는 사이에 가장 중요한 일이 일어날 거야."

"아⋯⋯."

"우린 거짓된 현실 속, 긴 이야기의 뒤편에서 살고 있단다. 그 문장들의 철자 하나하나를 모두 소령이 싸구려 휴대용 타자기로 적는 거야. 그래서 써놓은 내용 중에 소령의 시야를 벗어날 수 있는 건 아무것도 없어."

"없지요, 그건 알아요. 그러면 우린 소령의 눈을 어떻게 피하죠?"

"쉿!"

"뭐라고요?"

"행간에서도 뭔가가 진행되고 있어. 그리고 바로 거기에서 내가 아는 모든 방법을 동원해 빠져나갈 거야."

"그렇군요."

"우린 오늘하고 내일도 만나야 돼. 그리고 나서 토요일에 계획을 시작할 거야. 지금 올 수 있겠니?"

"갈게요."

소피는 새와 물고기에게 먹이를 주고, 거북이 고빈다에게는 샐러드 잎을 준 다음 셰레칸을 위해서 고양이 사료 한 캔을 땄다. 소피는 나가면서 고양이 사료 그릇을 계단에 놓았다. 그리고 울타리를 빠져나가 반대편 길로 나왔다. 한 블록을 걷고 있을 때 갑자기 덤불 한가운데서 커다란 책상을 발견했다. 책상에는 나이 든 남자가 앉아 있었다. 무언가 계산하고 있는 것 같았다. 소피는 가서 이름을 물어보았다.

"스크루지다."

이렇게 대답하고 그는 다시 고개를 숙여 자기 서류를 보았다

"전 소피라고 해요. 혹시 상인이신가요?"

그는 고개를 끄덕였다.

"게다가 큰 부자지. 한 푼도 낭비해서는 안 돼. 그러니까 난 회계에 집중해야 해."

"예민하시군요!"

소피는 그에게 인사를 하고 다시 걸어가다가 큰 나무 아래에 혼자 앉아 있는 소녀를 발견했다. 소녀는 누더기를 걸치고 있었는데 창백하고 아파 보였다. 소피가 지나갈 때 소녀는 작은 가방에 손을 넣어 성냥갑 하나를 꺼내 높이 들었다.

"성냥을 사실래요?"

소녀가 물었다.

소피는 주머니를 뒤져 돈을 찾아보았다. 1크로네가 있었다.

"얼마예요?"

"1크로네요."

소피는 소녀에게 동전을 건네주고 곧 성냥 한 갑을 받아 들었다.

"당신은 100년이 넘는 시간 동안에 처음으로 내 물건을 사준 사람이에요. 나는 굶어 죽기도 하고 때로는 추위에 얼어 죽기도 했지요."

소피는 그 소녀가 숲 한가운데서 성냥을 하나도 팔지 못하는 건 전혀 이상한 일이 아닐 거라고 생각했다. 그러다 곧 좀 전의 부자 상인을 떠올렸다. 그는 그렇게 많은 돈을 가지고 있으니 성냥팔이 소녀가 굶어 죽지는 않을 것이다.

"날 따라와!"

소피는 소녀의 손을 잡고 부자에게 데려갔다.

"이 아이가 더 나은 삶을 살 수 있게 잘 돌봐주세요."

남자는 서류에서 눈을 떼고 설명했다.

"그러려면 돈이 들어. 그리고 이미 얘기했지만 돈은 한 푼도 낭비해서는 안 돼."

"하지만 당신은 그렇게 부자면서 이 소녀는 이렇게 가난하다는 건 불공평한 일이에요."

소피가 몰아세우듯 말했다.

"바보 같은 소리! 정의란 동등한 사람들 사이에서만 존재하는 거야."

"무슨 뜻이죠?"

"난 노력해서 출세한 사람이야. 노력에는 대가가 따르니까. 사람들은 그걸 진보라고 하지."

"그렇기도 하겠네요!"

"당신이 절 도와주지 않으면 전 죽을 거예요."

가엾은 소녀가 말했다.

상인은 서류에서 눈을 떼고 올려다보더니 펜을 책상에 내던졌다.

"넌 내 회계 장부에 낄 자리가 없어. 그러니까 극빈자 숙소에나 가봐!"

"절 도와주지 않으면 숲에 불을 지를 거예요."

가엾은 소녀가 선언했다.

그제야 책상에 앉아 있던 남자가 일어났지만, 소녀는 이미 성냥에 불을 붙였다. 바싹 마른 덤불에 성냥불을 대자 순식간에 타올랐다.

부자가 양팔을 마구 흔들었다.

"사람 살려! 불이야!"

소녀는 장난기 쉰인 미소를 지으며 그를 쳐다보았다.

"당신은 제가 공산주의자인 걸 몰랐을 거예요."

그 순간 소녀와 상인, 책상이 사라져버렸다. 메마른 풀이 점점 더 활활 타오르는 동안 소피는 혼자 거기 서 있었다. 소피는 겨우 불꽃을 피할 수 있었다.

다행이야! 소피는 검게 탄 덤불을 바라보았다. 손에는 성냥 한 갑이 들려 있었다.

그렇다면 소피 자신이 불을 지른 건 아닐까?

소피는 선생님을 오두막 앞에서 만나, 오면서 겪은 일을 이야기했다.

"스크루지는 찰스 디킨스의 『크리스마스 캐럴』에 나오는 탐욕스런 자본가야. 성냥팔이 소녀가 한스 크리스티안 안데르센의 동화에 나온 건 너도 알고 있겠지."

"하지만 하필이면 이 숲에서 그들을 만난 게 이상하지 않아요?"

"왜 아니겠니. 그 숲은 평범한 숲이 아니란다. 우린 이제 카를 마르크스에 관해 이야기를 나눌 거니까, 네가 지난 세기 중반의 거대한 계급적 대립의 한 예를 보게 된 건 잘된 일이야. 들어가자. 안에 있으면 소령의 방해를 조금이라도 덜 받을 거야."

다시 그들은 호수 쪽으로 나 있는 창문 앞 테이블에 앉았다. 소피는 파란 병에 든 음료를 마셨을 때 그 작은 호수가 어떻게 보였는지 아직도 생생하게 기억했다. 지금 그 빨간 병과 파란 병은 벽난로 선반 위에 있고 책상 위에는 어떤 그리스 신전을 본뜬 조그만 모형이 놓여 있었다.

"이게 뭐죠?"

"모든 일에는 순서가 있어, 애야."

그러고 나서 크녹스 선생님은 마르크스에 대해 얘기하기 시작했다.

"키르케고르가 1841년 베를린에 와서 셸링의 강의를 들었을 때 카를 마르크스 옆에 앉았을지도 몰라. 키르케고르는 소크라테스에 관해 석사 논문을 썼고, 같은 시기에 마르크스는 데모크리토스와 에피쿠로스에 관한, 즉 고대의 유물론에 관한 박사 논문을 썼어. 그러면서 둘 다 자신들의 철학 진로를 결정했지."

"키르케고르는 실존철학자가, 그리고 마르크스는 유물론자가 되기로요?"

"마르크스는 '역사적 유물론자'였어. 그 얘기로 돌아가보자."

"계속하세요."

"키르케고르와 마르크스는 둘 다 헤겔 철학에서 출발했어. 둘 다 헤겔의 사고방식에서 큰 영향을 받았지만 헤겔이 주장한 세계정신의 관념, 즉 우리가 헤겔의 관념론이라고 부르는 것과는 거리가 있었지."

"그들에게는 너무 막연했겠죠."

"맞아. 일반적으로 거대한 철학 체계의 시대는 헤겔과 함께 끝났다고 말해. 헤겔 이후 철학은 완전히 새로운 방향으로 나아갔어. 거대한 사변적인 체계 대신 이제 이른바 '실존철학'이 등장하지. '행동철학'이라고도 말할 수 있을 거야. 마르크스는 '지금까지 철학자들은 단지 세계를 해석하는 데 그쳤다. 그러나 문제는 세계를 변화시키는 것이다'라고 말하면서 활동을 시작했고 이 말이 철학사에서 중요한 전환점이 되었어."

"스크루지와 성냥팔이 소녀 덕분에 마르크스의 생각을 별 어려움 없이 이해하겠어요."

"말하자면 마르크스는 실천적·정치적 목표를 가지고 있었어. 그 밖에도 그가 철학자이기만 한 것은 아니었어. 그는 역사가이면서 사회학자였고 경제학자였단다."

"그 모든 영역에서 선구적인 사람이었나요?"

"어쨌든 다른 어떤 철학자도 실천철학에서는 마르크스를 능가하지 못했어. 한편으로 우리는 그 이후 '마르크스주의'라고 하는 모든 것을 마르크스 본인의 생각과 동일시하지 않도록 주의해야 해. 마르크스는 자신이 1845년에 '마르크스주의자'가 되었다고 하지만, 마르크스주의자가 아닌 시기도 있었거든."

"예수는 기독교인이었나요?"

"그것도 토론해볼 수 있지."

"하시던 말씀을 계속해주세요."

"처음부터 그의 친구이자 동료였던 프리드리히 엥겔스가 나중에 마르크스주의로 불리게 된 사상에 기여했어. 20세기에는 레닌, 스탈린, 마오쩌둥 등 많은 정치가들이 마르크스주의를 계속 발전시키자고 요구했지. 동구권 국가들에서는 레닌 이후부터 '마르크스 레닌주의'라는 표현을 썼어."

"이제 마르크스 이야기에 집중하는 게 좋겠어요. 그가 '역사적 유물론자'라고 하셨죠?"

"마르크스는 고대의 원자론자나 17~18세기의 기계론적 유물론자 같은 철학적 유물론자는 아니었어. 그러나 그는 한 사회에서는 무엇보다도 물질적인 삶의 조건이 우리의 생각과 의식을 결정한다고 생각했지. 그에 따르면 이러한 유물론적 관계는 역사 발전에 결정적인 작용을 했어."

"세계정신을 이야기한 헤겔과는 아주 다르군요."

"헤겔은 역사가 갑작스러운 변화로 인해 사라지는 대립물들 사이의 긴장에서 발전하는데, 이때 대립물들과 함께 갈등도 사라진다고 했어. 마르크스는 이러한 생각에 동의하면서도, 헤겔이 모든 것을 거꾸로 본다고 생각했단다."

"평생 동안은 아니겠지요?"

"헤겔은 역사를 발전시키는 원동력을 '세계정신'이나 '세계이성'이라고 했는데, 마르크스는 이런 관점이 진리를 혼란스럽게 만든다고 생각했어. 마르크스는 물질적 삶의 조건의 변화가 역사에 결정적으로 작용한다는 것을 증명하려 했어. 한 사회의 정신적인 상황이 물질적 변화를 일으키는 것이 아니라, 반대로 물질적인 상황이 정신적인 상황을 결정한다고 생각한 거야. 마르크스는 특히 한 사회의 경제적인 힘이 다른 모든 분야에 변화를 일으킴에 따라 역사는 발전한다고 강조했지."

"그런 예가 있나요?"

"고대의 철학과 학문은 그 목적이 순수하게 이론적이었어. 아무도 자신들의 이론적 지식이 어떤 분야에서 실천적인 개선 효과가 있는지 관심을 갖지 않았지."

"그래요?"

"그것은 그들이 살던 사회 조직과 관련이 있어. 고대 사회에선 생활과 생필품 생산을 노예 노동에 의존했기 때문에 시민들은 물건을 실용적으로 고안하여 개선할 필요가 별로 없었지. 이것은 한 사회의 물질적인 상황이 그 사회의 사상에 미치는 영향의 예로 볼 수 있어."

"알겠어요."

"마르크스는 한 사회의 물질적·경제적·사회적 상황을 그 사회의 하부구조라고 하고, 생각하는 방식, 정치 제도, 법률, 종교, 도덕, 예술, 철학, 과학을 상부구조라고 불렀어."

"하부구조와 상부구조요."

"저 그리스 신전 모형을 갖다 주겠니?"

"여기요."

"이건 아크로폴리스 위에 있는 고대의 파르테논 신전을 축소한 모형이야. 너도 이걸 실제로 보았지."

"비디오에서요."

"보다시피 이 신전의 지붕은 정말 우아하고 화려해. 아마 이 지붕과 지붕의 전면이 제일 먼저 눈에 띌 거야. 바로 그것을 상부구조라고 할 수 있어. 그렇지만 지붕은 공중에 떠 있을 수 없지."

"기둥들이 받쳐줘야 해요."

"모든 구조물은 튼튼한 기초, 즉 전체 구조를 지탱해주는 토대인 하부구조가 필요해. 마르크스에 따르면 물질적 상황이 한 사회의 사상과 이념에 존재하는 모든 것을 '지탱'해주지. 다시 말해, 한 사회의 상부구조는 그 사회의 물질적 하부구조의 반영인 거야."

"플라톤의 이데아론이 그 당시 유행했던 요업 기술과 아테네에서의 포도 재배의 반영일 뿐이라는 말씀이신가요?"

"아니, 그렇게 간단히 반복되는 얘기가 아니야. 그래서 마르크스도 표현상 그 부분에 유의했어. 한 사회의 하부구조와 상부구조는 당연히 서로 영향을 미치게 돼. 마르크스가 그것을 부정했으면 '기계론적 유물론자'가 되었을 거야. 하지만 그는 하부구조와 상부구조 사이에 상호작용, 즉 갈등이 있다고 생각했기 때문에 '변증법적 유물론자'라고 불렸어. 헤겔이 변증법적 발전을 어떻게 이해했는지 기억나지? 그 밖에도 플라톤이 도자기공이나 포도 농장의 노예로 일한 적이 없다는 것도 알 수 있을 거야."

"알아요. 신전에 대해 더 하실 말씀이 있나요?"

"그래, 아직 남아 있어. 신전의 하부구조를 자세히 살펴보고 내게 설명할 수 있겠니?"

"기둥들이 세 개의 층 또는 세 개의 계단으로 이루어진 하나의 토대 위에 서 있어요."

"마찬가지로 우리도 사회의 하부구조를 세 단계로 구분할 수 있어. 맨 밑에 마르크스가 한 사회의 자연적인 생산 조건이라고 부른 것이 있어. 말하자면 그것을 한 사회가 이용할 수 있는 자연 상태, 각종 식물, 원료, 지하자원 등으로 이해했지. 그것들이 한 사회의 근본적인 하부구조를 형성하고, 이러한 하부구조가 그 사회에서 어떤 생산이 가능한지 명확한 경계를 정해주지. 이것을 통해 대체로 어떤 장소에 어떤 사회와 어떤 문화가 존재할 수 있는지에 대해서도 분명한 경계가 지어져."

"사하라 사막에선 청어를 못 잡고 핀란드에서는 대추야자를 재배할 수 없는 것처럼요."

"잘 알아들었구나. 유목 문화의 사람들은 북노르웨이의 어민들과는 생각하는 방식이 아주 다를 수밖에 없지. 그다음 단계는 한 사회의 생산력이야. 마르크스는 이 단계에 인간의 노동력은 물론 생산수단인 도구, 연장, 기계도 포함시켰어."

"예전에는 물고기를 잡으러 노 젓는 배를 타고 나갔지만 요즈음은 거대한 트롤 어선으로 잡으니까요."

"지금 네가 하부구조의 세 번째 단계를 이미 언급한 셈이야. 이 단계에서 좀 더 복잡해지긴 해. 이제는 한 사회에서 누가 생산수단을 소유하고, 노동은 어떻게 조직되는지, 즉 소유 관계와 노동 분배에 대해 다루기 때문이지. 마르크스는 이것을 한 사회의 생산 관계라고 불렀어. 그것이 세 번째 단계야."

"알겠어요."

"마르크스는 한 사회의 생산 양식이 그 사회에 정치적·이데올로기적 관계를 결정한다고 주장했어. 오늘날 우리가 봉건사회에 살던 사람들과 다른 생각을 하고, 도덕관이 좀 다르다는 것은 우연이 아닌 거지."

"마르크스는 모든 시대에 적용되는 자연법을 믿지 않았던 거군요."

"맞아. 마르크스는 무엇이 도덕적으로 옳은가 하는 질문에 대한 답은 사회의 하부구조가 결정한다고 생각했어. 실제로 옛날 농경사회에서 부모가 자녀의 배우자를 결정했던 것도 이유가 있었어. 결국 누가 농장을 상속하느냐도 문제였던 거야. 현대의 대도시에서는 사회적 관계가 다르기 때문에 인생의 반려자도 다른 방식으로 찾게 되었어. 우리는 미래의 배우자를 파티나 클럽에서 알게 될 수도 있고, 충분히 사랑한다면 일단 먼저 한 집에서 살아볼 수도 있겠지.”

“부모님이 제 남편감을 찾아주시는 건 마음에 들지 않을 거예요.”

“그렇겠지. 너는 이 시대 사람이니까. 마르크스는 그 외에 무엇이 옳고 그른지 결정하는 것은 대개 그 사회의 지배계급임을 강조하고 있어. 모든 역사가 계급 투쟁의 역사라고 생각했기 때문이지. 즉 생산수단을 누가 소유하느냐에 관한 대결의 역사라고 생각했어.”

“인간의 생각과 이념도 역사 발전에 기여하고 있지 않은가요?”

“그렇기도 하고 그렇지 않기도 해. 마르크스는 한 사회의 상부구조 사이의 관계는 그 하부구조에 반작용한다고 확신했지만 상부구조의 독자적인 역사는 인정하지 않았어. 그의 견해로는 고대의 노예 사회에서 오늘날 산업사회에 이르기까지 역사 발전을 추동해온 것은 하부구조의 변화라는 거야.”

“네, 그건 벌써 말씀하셨어요.”

“마르크스는 역사의 모든 단계에서 지배계급과 피지배계급 사이에 갈등이 존재한다고 생각했어. 고대 노예제 사회에는 자유민과 노예 사이에 갈등이 있었고, 중세의 봉건사회에는 봉건 군주와 농노 사이에, 그 후에는 귀족과 시민 간에 갈등이 있었지. 마르크스는 자신의 시대인 시민사회 또는 자본주의 사회에서 자본가와 노동자 또는 프롤레타리아, 즉 생산수단을 소유한 자와 소유하지 못한 자 사이의 갈등을 보았어. 그런데 지배계급은 자신들의 주도권을 결코 자진해서 포기하지 않기 때문에 오로지 혁명을 통해서만 변할 수 있다고 했지."

"공산주의 사회는 어떤가요?"

"마르크스는 특히 자본주의 사회에서 공산주의 사회로 이행하는 문제에 관심을 기울였어. 그래서 마르크스는 자본주의 생산 양식을 상세하게 분석했지. 하지만 그 문제를 살펴보기 전에 인간의 노동에 대한 마르크스의 의견에 대해 먼저 얘기할게."

"네, 그러세요."

"공산주의자가 되기 전 청년 마르크스는 인간이 노동을 하면 어떤 일이 일어나는지에 관심을 가졌어. 헤겔도 그 문제를 분석해서 인간과 자연 사이의 상호 관계, 즉 '변증법적' 관계를 인식했지. 청년 마르크스도 같은 생각을 했던 거야. 인간이 자연에 변화를 주면 인간도 스스로 변하게 돼. 좀 다르게 표현하면, 인간이 노동하는 과정에 자연도 인간에 관여해서 인간의 의식을 바꿀 수 있다는 거야."

"선생님이 무슨 일을 하시는지 말씀해주시면 선생님이 어떤 사람인지 애기할 수 있는 것처럼요."

"맞아. 마르크스는 '우리가 하는 일이 우리의 의식을 규정하지만 우리의 의식도 우리가 일하는 방식을 규정한다'고 생각했어. '손'과 '머리' 사이에 상호 관계가 있다고 할 수도 있지. 이런 식으로 인간의 의식은 인간이 하는 일과 밀접한 관계가 있단다."

"그럼 일이 없다는 것은 아주 나쁜 거군요."

"그렇지. 일이 없는 사람은 어쨌든 공중에 떠 있는 거나 마찬가지니까. 이미 헤겔도 그 점을 강조했어. 헤겔과 마르크스에게 일이란 뭔가 긍정적인 것이고 인간에게 필요한 것이었지."

"그러면 노동자인 것 역시 긍정적인 일이겠군요?"

"근본적으로는 그렇지. 그러나 바로 그 부분에서 자본주의 생산 양식에 대한 마르크스의 혹독한 비판이 시작됐어."

"그건 뭔가요?"

"자본주의 체제에서 노동자는 다른 사람을 위해, 즉 자본가를 위해 노동을 해. 그래서 일이 자기 자신의 외부에 있는 것 또는 자신에게 속하지 않는 것이 되지. 노동자는 자기 일은 물론이고 자기 자신에게도 소외되는 거야. 그래서 인간의 품위를 상실하지. 마르크스는 '소외'라는 헤겔의 표현을 빌려 이야기했어."

"저희 고모는 20년이 넘도록 한 공장에서 사탕을 포장하고 계세요. 그래서 무슨 말씀인지 금방 이해가 돼요. 고모는 아침마다 일하러 가기 싫다고 말씀하세요."

"고모가 자기 일을 싫어하면, 결국 자기 자신도 싫어질 수밖에 없어."

"아무튼 고모는 사탕은 싫어하세요."

"자본주의 사회에서는 노동자가 실제로는 다른 사회 계급을 위해 노예로 일하도록 조직되어 있단다. 그렇게 노동자는 자기 자신의 노동력뿐 아니라 자신의 삶 전체를 자본가에게 '양도'하게 되는 거야."

"정말 그렇게 나쁜 건가요?"

"우린 지금 마르크스가 사물을 어떻게 보느냐에 대해 얘기하고 있어. 그러니 19세기 중반 유럽 사회의 상황에 대한 이야기인 거야. 그래서 그 질문에 대한 대답은 분명히 그렇다고 할 수밖에 없어. 노동자들은 대부분 하루 14시간씩 얼음처럼 차가운 공장의 작업실에서 일했어. 아이들과 임산부들도 일을 해야 할 정도로 임금은 형편없었지. 사회 상황은 이루 말할 수 없이 나빴어. 임금의 일부가 싸구려 술로 지급되기도 했고, 수많은 여자들이 몸을 팔아야 했어. 그때 그들의 고객은 형편이 나은 도시의 사람들이었지. 다시 말해서, 인간의 고귀함을 나타내야 하는 노동이 노동자를 짐승으로 만들었단다."

"너무 화가 나요."

"마르크스도 마찬가지였어. 같은 시대에 시민 계급의 자식들은 상쾌하게 목욕을 끝내고 크고 따뜻한 방에서 바이올린을 켤 수 있었지. 아니면 네 가지 코스 요리를 점심으로 먹기 전에 피아노 앞에 앉아 있을 수 있었어. 물론 그들은 저녁에도 오래 말을 타고 외출했다가 집으로 돌아와 바이올린을 켜거나 피아노를 칠 수 있었지."

"하, 이렇게 불공평할 수가!"

"마르크스도 그렇게 생각했단다. 1848년 마르크스는 프리드리히 엥겔스와 함께 그 유명한 「공산당 선언」을 발표했어. 이 선언의 서두는 이랬지. '하나의 유령이 유럽을 배회하고 있다. 공산주의라는 유령이.'"

"정말 무서운데요."

"시민들에게도 그랬어. 그래서 그때 프롤레타리아가 들고일어나기 시작했어. 그 선언이 어떻게 끝나는지 듣고 싶니?"

"네, 듣고 싶어요."

"공산주의자들은 자기의 견해와 의도를 감추는 것을 경멸한다. 그들은 현존하는 모든 사회질서를 무력으로 타도해야만 자신들의 목표를 달성할 수 있다고 공공연히 선언하고 있다. 지배계급이 공산주의 혁명 앞에서 벌벌 떨게 하라. 프롤레타리아가 혁명으로 잃을 것은 쇠사슬뿐이요, 얻을 것은 새로운 세계다. 만국의 노동자여, 단결하라!'"

"말씀하신 것처럼 상황이 그렇게 나빴다면 저도 그 선언에 서명했을 거예요. 그래도 요즘은 물론 상황이 달라졌겠죠?"

"노르웨이에선 그렇지만 어느 곳이나 그런 건 아니야. 여전히 많은 사람들이 비인간적인 상황에서 살고 있지. 그러면서 자본주의를 더 부유하게 할 상품을 생산하고 있을지도 몰라. 그것을 마르크스는 착취라고 했어."

"그 말을 좀 더 자세히 설명해주세요."

"노동자가 어떤 상품을 만들면, 그 상품엔 일정한 가격이 붙게 돼."

"그렇죠."

"그때 상품의 판매 가격에서 노동자의 임금과 생산 비용을 뺀 금액을 마르크스는 잉여가치 혹은 이윤이라고 했어. 그것은 노동자가 만들어낸 가치를 자본가가 독점하는 것을 뜻해. 그리고 그것을 마르크스가 착취라고 불렀지."

"알겠어요."

"이제 자본가는 그 이윤의 일부를 새로운 자본에 투자할 수 있어. 예를 들면 생산 시설을 현대화하는 데 말이야. 자본가는 상품을 더 싸게 생산하고 싶어 하니까. 그렇게 해서 다음번엔 이윤이 더 늘어나기를 바라지."

"그렇군요, 논리적이에요."

"그래, 그렇게 들리겠지만 마르크스는 이런 관점과 다른 몇 가지 관점에서도, 장기적으로 자본가가 생각한 것처럼 되지는 않을 거라고 예상했단다."

"무슨 말씀이시죠?"

"마르크스는 자본주의 생산 양식이 그 자체에 모순을 내포하고 있다고 생각했어. 마르크스에게 자본주의는 자기 파괴적인 경제 체제였어. 왜냐하면 우선 그런 체제에는 이성적인 조절 장치가 없으니까."

"억압받는 사람들에게는 잘된 일일지도 모르겠군요."

"그렇게 말할 수도 있겠지. 어쨌든 마르크스는 자본주의 체제가 그 자체의 모순 때문에 실패할 거라고 확신했어. 마르크스가 자본주의를 '발전적'이라고 여긴 것은 단지 자본주의를 공산주의로 이행할 때 지나야 할 필수적인 단계로 인식했기 때문이야."

"자본주의가 자기 파괴적이라는 예를 들어주실 수 있나요?"

"그럼. 자본가는 많은 이윤을 남겨서 그 이윤의 일부로 경영을 현대화한다고 했지? 그 밖에 자식들의 바이올린 교습비도 내야 하고, 또 그의 부인은 돈을 많이 쓰는 습관에 젖어 있을지도 몰라."

"그래서요?"

"그러나 그건 이 맥락에선 별로 중요하지 않아. 경영을 현대화한다는 건 새로운 기계를 구입해서 더 이상 많은 사원이 필요 없어진다는 뜻이야. 그렇게 경쟁력을 높이는 거지."

"알겠어요."

"게다가 그 자본가만 그렇게 생각하는 게 아니야. 다시 말해 전체 생산 과정이 지속적으로 합리적이고 능률화될 거라는 거야. 이렇게 해서 공장은 점점 더 커지고, 차차 더 적은 사람들에게 집중되지. 그러면 어떤 일이 일어나겠니?"

"음……."

"노동력은 점점 덜 필요하겠지. 그럼 점점 더 많은 노동자가 일자리를 잃게 돼. 그래서 갈수록 더 큰 사회문제가 생기고, 마르크스는 그러한 위기를 자본주의가 몰락에 가까워졌다는 징조로 생각했어. 그에 따르면 자본주의는 그보다 더 많은 자기 파괴적인 특징이 있어. 경쟁력 있는 제품의 가격을 유지하느라 이윤을 충분히 남기지 못한 채 생산수단에 점점 더 많은 이윤을 쓰게 된다면……. 그러면 자본가는 어떻게 할까? 네가 말해보겠니?"

"아뇨, 전 잘 모르겠어요."

"그래도 잘 생각해보렴. 네가 공장을 가지고 있는데 재정 문제를 처리하지 못해서 파산할 위기에 처해 있다고 가정해보자. 이럴 때 어떻게 하면 비용을 절감할 수 있겠니?"

"임금을 내려야 하지 않을까요?"

"정말 영리하구나! 그래, 그게 네가 할 수 있는 가장 똑똑한 일일 거야. 하지만 모든 자본가가 너처럼 영리하다면, 노동자들은 더 이상 아무것도 살 수 없을 정도로 가난해질 거야. 그럼 한 사회의 구매력은 떨어질 수밖에 없어. 그리고 이제 우리는 정말 악순환에 빠지는 거지. 마르크스는 바로 그럴 때 자본주의의 사유 재산 제도에 최후의 시간이 다가온다고 생각했단다. 그와 동시에 우리는 혁명적인 상황에 처해질 테니까 말이야."

"알겠어요."

"간단히 정리해보면, 마르크스는 결국에는 프롤레타리아가 봉기해서 생산수단을 지배하는 권력을 독점할 거라고 믿었어."

"그러고 나서는요?"

"그런 다음 잠시 동안은 프롤레타리아가 시민 계급을 무력으로 억압하는 새로운 계급사회가 오게 돼. 마르크스는 이러한 과도기를 '프롤레타리아 독재 시대'라고 불렀어. 그리고 그 후에 프롤레타리아 독재는 계급 없는 사회, 바로 '공산주의 사회'로 이행한다고 믿었지. 그것은 '모든 사람', 즉 인민 자신이 생산수단을 공유하는 사회지. 그 사회에서는 모두가 '자기 능력에 따라' 일하고, '자기 필요에 따라' 분배받게 돼. 그럴 때 노동은 노동자 자신의 것이고, 그러니 더 이상 어떤 소외도 존재하지 않는다는 거지."

"굉장한 일이군요. 실제로는 어떻게 됐죠? 혁명이 일어났나요?"

"그렇기도 하고 아니기도 해. 오늘날 경제학자들은 마르크스가 상당수의 중요한 점들을 잘못 알았다고 주장하고 있어. 특히 자본주의의 위기를 분석한 데서 말이야. 마르크스는 오늘날 점점 위협적으로 다가오는 자연 파괴에는 충분히 주의를 기울이지 않았어."

"그래요?"

"그럼에도 마르크스주의는 커다란 변혁을 주도했어. 비록 모든 점에서 마르크스를 따르지 않았더라도, 사회적 평등을 위한 투쟁에서 마르크스의 주장에 기초한 사회주의가 인간적인 사회를 쟁취하는 데 기여했다는 건 의심할 여지가 없지. 어쨌든 오늘날 유럽에서 우리는 마르크스 시대의 사람들보다는 더 공평하고 더 연대감 있는 사회에 살고 있으니까. 그리고 그것은 모든 사회주의 운동 덕분이란다."

"사회주의 운동에 대해 좀 더 자세히 설명해주세요."

"마르크스 이후 사회주의 운동은 두 갈래의 중요한 방향으로 나뉘었단다. 한편으론 사회민주주의가, 다른 한편으론 레닌주의가 생겼지. 서유럽에서는 좀 더 사회적이고 공평한 사회질서를 구현하기 위해 점진적이고 평화적인 길을 택한 사회민주주의가 확산되었어. 우리는 그들이 택한 길을 점진적 혁명이라고 부르지. 반면에 혁명만이 낡은 계급사회를 극복할 수 있다는 신념을 유지했던 레닌주의는 동유럽, 아시아, 아프리카에서 중요해졌어. 이 두 운동은 모두 자기 방식대로 빈곤과 억압에 대항했어."

"하지만 새로운 억압이 생기지 않았나요? 소련과 동유럽에서 말이에요."

"그랬지. 그리고 여기서 다시 확인할 수 있는 사실은 인간이 관여하는 모든 일엔 선과 악이 뒤섞인다는 거야. 마르크스가 죽은 지 50년에서 100년 사이에 사회주의 국가들이 실패한 원인을 마르크스에게서 찾는 것은 잘못된 일이야. 공산주의 자체가 만일 존재했더라면 인간 없이는 성공할 수 없다는 것, 그리고 인간은 실수를 한다는 것을 마르크스가 너무 등한시했다는 점은 확실하지. 내 생각에 지상낙원이란 결코 있을 수 없어. 인간은 언제나 새로운 문제를 만들어내니까."

"맞아요."

"이것으로 마르크스를 끝내자, 소피야."

"잠깐만요! 정의란 동등한 사람들 사이에만 존재한다는 것에 대해선 말씀하지 않으셨어요."

"안 했지, 그건 스크루지가 한 얘기야."

"그걸 어떻게 아셨죠?"

"너와 나를 창작한 사람이 같잖아. 우리는 순수하게 겉으로 보이는 것보다 이런 방식으로 서로 훨씬 더 밀접하게 이어져 있지."

"지독한 풍자가군요!"

"이중 풍자가지. 그건 이중 반어법이니까."

"그래도 다시 불평등 문제를 얘기해주세요. 마르크스는 자본주의 사회를 불평등 사회로 간주했다고 하셨죠. 불평등 사회를 뭐라고 정의할 수 있죠?"

"마르크스주의의 영향을 받은 도덕 철학자 존 롤스가 흥미로운 사고 실험을 제안했어. 네가 미래 사회의 모든 법률을 만들어야 하는 어떤 위원회의 위원이라고 상상해봐."

"그런 위원회에 앉아 있는 모습이 떠올라요."

"그들은 모든 것을 완벽하게 생각해야 해. 그들은 합의를 하자마자, 그러니까 법률에 서명을 하자마자 죽게 되니까."

"오, 서런!"

"그리고 몇 초 후에 그들이 만든 법률이 있는 바로 그 사회에서 다시 깨어날 거야. 다시 말하자면 이런 거야. 그들은 자신이 그 사회의 어디에서 다시 살아날지, 즉 그 사회에서 어떤 지위를 얻게 될지 모른다는 거야."

"알겠어요."

"그런 사회는 평등한 사회일 거야. 누구나 어디를 보든 자기와 똑같은 사람들 가운데 있을 테니까."

"여자든 남자든요? 누구나 자기와 똑같은 사람들 가운데 있다고요?"

"물론이야. 롤스의 실험에선 모두 자기가 남자로 다시 태어날지 여자로 다시 태어날지 모르거든. 그 가능성은 반반이기 때문에 틀림없이 여자를 위한 사회와 남자를 위한 사회가 똑같이 잘 마련되어 있겠지."

"솔깃하네요."

"이제 말해보렴. 마르크스가 살아 있을 때 유럽이 그런 사회였을까?"

"아뇨!"

"그럼 혹시 지금을 그런 사회라고 부를 수 있겠니?"

"글쎄요……. 그게 문제네요."

"곰곰이 생각해봐. 이제 마르크스에 관해 더 이상 할 얘기가 없구나."

"뭐라고 하셨어요?"

"단락 끝!"

다윈

일요일 아침 힐데는 탁 하는 소리에 잠에서 깨어났다. 바인더 공책이 바닥에 떨어져 있었다. 밤 늦게까지 힐데는 소피와 알베르토 크녹스 선생님의 마르크스에 관한 대화를 읽었다. 그리고 엎드려서 이불 위에 공책을 올려놓고 잠들어버렸다. 침대 위 스탠드가 밤새 켜져 있었다.

자명종이 녹색 숫자로 8시 59분을 나타내고 있다.

힐데는 커다란 공장과 그을음으로 뒤덮인 대도시에 관한 꿈을 꾸었다. 어떤 거리 모퉁이에서 한 소녀가 성냥을 팔고 있었다. 긴 외투를 잘 차려입은 사람들이 무관심하게 그 곁을 스쳐 지나갔다.

잠에서 깬 힐데는 자신이 만든 사회에서 눈을 떴을 입법자들을 생각하면서 비에르켈리에서 깨어난 것에 기뻐했다. 힐데가 정확한 장소와 시간을 모른 채 노르웨이에서 깨어났다면 좋았을까? 그곳이 중세였거나 혹은 수만 년 전의 석기시대라면 어땠을까? 힐데는 동굴 입구에 앉아 있는 제 모습을 상상해보았다. 어쩌면 거기서 짐승 가죽을 문지르고 있었을지도 모르지. 열다섯 살 된 어린 소녀는 문화가 생겨나기 전에 과연 어떻게 살았을까? 자기가 이 열다섯 살 먹은 소녀라면 어떻게 생각했을까?

스웨터를 입은 힐데는 공책을 집어 들고는 다시 침대 위에 앉아, 아빠가 쓴 이야기를 계속 읽어 내려갔다.

크녹스 선생님이 말을 끝내자마자, 곧 어떤 사람이 소령의 오두막 문을 두드렸다.

"문을 꼭 열어야겠죠?"

"선택의 여지가 없지."

문밖에는 아주 긴 머리에 수염을 기른 노인이 서 있었다. 오른손에는 여행용 지팡이를, 왼손에는 배를 그린 큰 포스터를 들고 있었다. 배 위에는 여러 가지 동물들이 기어 다니는 모습이 그려져 있다.

"누구시죠?"

선생님이 물었다.

"내 이름은 노아요."

"그런 것 같았습니다."

"자네의 선조지. 하지만 이젠 자기 조상을 기억하는 것은 고리타분한 것이지, 젊은이?"

"손에 들고 계신 게 뭐예요?"

소피가 물었다.

"대홍수에서 구출된 동물들의 그림이지. 자, 받아라, 내 딸아."

노인은 소피에게 커다란 포스터를 주고 말을 이었다.

"이제 난 집으로 돌아가서 포도 넝쿨에 물을 줘야겠어."

노인은 자리에서 작게 발돋움해 공중에서 두 발꿈치를 착 붙이더니 아주 기분 좋은 노인들처럼 숲 속으로 껑충껑충 뛰어갔다.

소피와 알베르토 크녹스 선생님은 다시 집 안으로 들어와 앉았다. 소피가 커다란 포스터를 찬찬히 들여다보자 선생님이 소피의 손에서 그 포스터를 낚아챘다.

"우선 큰 줄기에 집중하기로 하자."

"그럼 시작하세요."

"마르크스가 죽기 전까지 34년 동안 런던에서 보냈다는 얘길 잊었구나. 마르크스는 1849년에 그곳으로 이주해서 1883년에 생을 마쳤지. 같은 시기에 런던 근교에는 찰스 다윈도 살고 있었어. 그는 1882년에 죽었는데, 영국이 낳은 위대한 인물 중 한 사람이라고 해서 웨스트민스터 사원에 성대하게 안장되었어. 다윈과 마르크스의 발자취는 시대와 공간에서만 교차하는 것이 아니란다. 마르크스는 자신의 방대한 저서 『자본론』의 영문판을 다윈에게 바치려고 했지만 거절당했어. 다윈이 죽은 지 1년 뒤에 마르크스가 죽었을 때, 친구 프리드리히 엥겔스가 이렇게 말했단다. '다윈이 유기적 자연의 진화 법칙을 알아냈듯이, 마르크스는 인류 역사의 발전 법칙을 알아냈다.'"

"이해하겠어요."

"다윈과 연관성이 있는 또 다른 중요한 사상가는 심리학자 지그문트 프로이트란다. 프로이트도 반세기가 훨씬 지난 후에 여생을 런던에서 보냈지. 프로이트는 다윈의 진화론이 자신의 정신분석학처럼 인간의 '소박한 자존심'을 상하게 한다고 지적했어."

"이름들이 많이 나오네요. 지금 마르크스 얘기인가요, 아니면 다윈이나 프로이트 이야기인가요?"

"전체적으로 보자면 19세기 중반부터 20세기에 이르는 자연주의의 흐름에 대한 이야기라 할 수 있지. '자연주의'란 인식할 수 있는 자연적 세계 밖에 존재하는 현실을 인정하지 않는 현실관이야. 따라서 자연주의자는 인간도 자연의 일부로 보지. 자연주의자는 합리주의적 사변이나 신의 계시도 아닌, 오로지 자연이 준 사실에서 연구를 시작했어."

"마르크스와 다윈, 프로이트도 그랬나요?"

"그렇단다. 19세기 철학과 과학의 표제어들은 '자연', '환경', '역사', '발전'과 '성장'이지. 마르크스는 인간의 의식은 단지 사회의 물질적 토대의 산물이라고 주장했어. 다윈은 인간이란 긴 생물학적 진화의 결과임을 증명했고 프로이트의 잠재의식 연구는 인간의 행동이 종종 인간 본성에 내재한 특정한 '동물적' 충동 혹은 본능에 따른 것임을 알려주었어."

"선생님이 말씀하시는 자연주의를 조금은 알 것 같아요. 한 사람씩 차례차례 알아보면 어떨까요?"

"마르크스는 이미 다루었으니, 그럼 다윈에 관해 얘기하자. 알고 있겠지만, 소크라테스 이전의 철학자들은 자연 진행 과정에 대해 '자연스러운 설명'을 하려고 애썼단다. 그래서 사람들이 신화적 설명에서 벗어나야 했던 것처럼, 다윈도 오랫동안 인정되었던 인간과 동물의 창조에 관한 교리에서 벗어나야 했어."

"다윈은 철학자였나요?"

"다윈은 생물학자이자 자연 연구자였어. 게다가 그 누구보다도 인간이 신의 피조물이라는 성서적 관점을 뒤흔들어놓은 연구가였지."

"그럼 이제 다윈의 진화론에 대해 설명하실 차례예요."

"다윈 얘기부터 시작할게. 다윈은 1809년 슈루즈베리에서 태어났어. 그의 아버지는 로버트 다윈 박사로, 그 지방에선 꽤 유명한 의사였고 아들을 엄격하게 교육했지. 찰스 다윈이 슈루즈베리에서 상급 학교에 다닐 때 교장 선생님은 다윈을 가리켜 '이리저리 쏘다니며 말도 안 되는 소리만 떠들어대고 괜히 화를 내는 이성적이지 못한 소년'이라고 했지. 교장 선생님의 '이성적'이라는 말은 그리스어와 라틴어를 열심히 공부하는 것을 뜻했지. '이리저리 쏘다닌다'는 말은 찰스 다윈이 온갖 풍뎅이를 수집하러 다녔던 것을 뜻하고."

"교장 선생님은 분명 그런 말을 한 것에 후회했을 거예요."

"다윈은 신학 공부를 하는 동안에도 전공 공부보다 조류와 곤충류에 더 관심을 가졌단다. 그래서 신학 시험에서 별로 좋은 성적을 거둘 수 없었지. 그러나 신학 공부를 병행하면서 다윈은 어느 정도 자연 연구자로서 좋은 명성을 얻을 수 있었어. 다윈의 관심은 무엇보다도 당시 연구가 가장 활발한 학문이었던 지리학에 있었어. 1831년 케임브리지에서 신학 시험을 치른 뒤, 다윈은 광산의 지층과 화석을 연구하기 위해 북웨일스 지방을 여행했지. 같은 해 8월, 스물두 살이던 다윈은 남은 인생을 결정짓는 편지를 한 통 받게 돼……."

"무슨 내용이었어요?"

"그 편지는 다윈의 친구이자 스승이던 존 스티븐스 헨슬로가 보낸 것이었지. 정부의 위탁으로 남아메리카의 남부 해안지방을 측량하는 임무를 맡은 선장 피츠로이가 그에게 자연과학자 한 사람을 추천해달라고 부탁을 했으며, 그가 그 일에 적합한 사람으로 다윈을 추천했다는 내용이었어. 보수를 얼마나 줄지는 잘 모르고, 그 여행은 약 2년쯤 걸릴 것이라고 쓰여 있었지……."

"선생님은 어떻게 그렇게 잘 아세요?"

"이건 사소한 거야."

"그래서 다윈은 그 일을 하겠다고 했나요?"

"다윈은 그 기회를 꼭 잡고 싶었지만 당시 청년들은 부모의 동의가 꼭 필요했어. 다윈은 아버지의 생각을 물었고, 여비를 아버지가 지불해야 했기에 동의를 얻기까지 꽤 옥신각신할 수밖에 없었지. 자연과학자에게 줄 보수는 전혀 계획에 없는 일이었다는 게 나중에 밝혀졌거든……."

"아……."

"다윈이 타고 갈 배는 해군 측량선 H.M.S 비글 호였어. 1831년 12월 27일 비글호는 플리머스에서 남아메리카를 향해 바다 물살을 가르고 나아갔어. 그리고 1836년 10월에야 비로소 영국으로 귀항했지. 2년 걸린다던 여행이 결국 5년이나 걸렸던 거야. 그 남아메리카 항해는 세계 일주 여행이 되어버렸단다. 우리가 지금 여기서 나누는 이 얘기는 근대에 들어 가장 중요한 연구 여행 얘기란다."

"그 사람들이 정말로 전 세계를 항해했나요?"

"말 그대로 진짜 세계 여행이었다. 남아메리카에서부터 태평양을 지나 뉴질랜드, 오스트레일리아와 남아프리카를 항해했어. 남아프리카에서 마침내 영국으로 돌아가기 전에 다시 한 번 남아메리카로 향했어. 다윈 스스로 이 비글호 항해 여행을 자신의 삶에서 가장 중요한 의미를 갖는 사건이라고 했지."

"자연과학자가 바다 한가운데 있는 것은 쉽지 않은 일이었을 텐데요."

"처음 몇 년간 비글호는 남아메리카의 해안을 여러 번 오르내렸어. 그래서 다윈은 육지에서 그 대륙을 꼼꼼히 살펴볼 기회가 많았지. 게다가 남아메리카 서쪽에 있는 태평양의 갈라파고스 제도에 여러 번 정박한 일은 결정적 의미가 있었어. 다윈은 그동안 모은 풍부한 자료를 고향으로 보낼 수 있었어. 다윈은 이렇게 자연과 생물의 역사에 관해 많은 생각을 간직하게 되었어. 스물일곱 살에 고향에 돌아온 다윈은 이미 유명한 자연과학자가 되어 있었지. 훗날 진화론이 될 분명한 관념을 이미 남모르게 갖고 있었어. 하지만 자신의 주저(主著)를 발표하기까지는 몇 년이 더 걸렸지. 다윈이 매우 신중한 사람이었기 때문이야. 물론 자연과학자에겐 당연하지만 말이야."

"그 주요 저서의 이름이 뭔가요?"

"여러 권이 있지만……. 영국에서 가장 격렬한 논쟁을 불러일으킨 책은 1859년에 출판된 『종의 기원』이야. 원래 제목은 'On the Origin of Species by Means of Natural Selection or the Preservation of Favoured Races in the Struggle for life'이지. 이 긴 제목은 근본적으로 다윈 이론의 요약이라고 할 수 있어."

"그럼 번역을 해주셔야지요."

"풀이가 그렇게 간단하지가 않아. 그 속에 들어 있는 개념들이 그 이후로 다양하게 번역되었기 때문이야. 요즘에는 『자연 도태 또는 생존 경쟁에서 살아남은 종족의 보존에 의한 종의 기원』이라고 번역하지. 그리고 '자연 도태'란 말 대신에 '자연 선택', '보존' 대신에 '생존', 그리고 '생존 경쟁'이란 말은 너무 전투적인 느낌이라 '존재를 위한 노력'이라고도 하지."

"정말 의미심장한 제목이군요."

"한 대목씩 살펴보자. 다윈은 『종의 기원』에서 두 가지 이론 또는 주요 주장을 펼치고 있어. 첫째, 살아 있는 모든 동식물은 이전의 원시 형태에서 파생됐다는 거야. 즉 생물학적으로 진화했다는 거지. 둘째, 다윈은 이 진화가 '자연 도태'의 결과라고 설명했어."

"가장 강한 것이 살아남기 때문이죠?"

"우선 진화에 대한 원래의 발전적 사고에 집중하기로 하자. 원래 그 생각 자체가 그렇게 독창적인 것은 아니었어. 생물학적 진화의 가설은 특정 사람들 사이에서는 1800년경에 이미 널리 퍼져 있었어. 그중 프랑스의 동물학자인 장 드 라마르크가 대표적인 인물이지. 라마르크 이전에 이미 다윈의 할아버지인 에라스무스 다윈은 동식물이 몇 안 되는 원시적 종에서 진화했다는 이론을 세웠어. 그러나 아무도 어떻게 그런 진화 과정이 전개되는지 설명할 수가 없었지. 그래서 그들은 교회 성직자들에게 별로 위험한 적이 아니었어."

"다윈과는 달랐군요."

"그래. 거기엔 나름대로의 이유가 있지. 성직자와 많은 과학자들은 여러 가지 동식물의 종은 변하지 않는다는 기독교 교리를 신봉하고 있었어. 그들은 동물 하나하나의 종을 하느님이 특별히 창조했다고 생각했거든. 이런 기독교관은 플라톤과 아리스토텔레스의 생각과도 같아."

"어떻게 그럴 수 있죠?"

"플라톤의 이데아론은 모든 동물은 영원한 이데아 혹은 형상이라는 전형에 따라 창조되었기 때문에 변하지 않는다는 견해에서 출발해. 다양한 동물의 종이 불변한다는 것은 바로 아리스토텔레스 철학의 기본 요소였지. 그런데 이제 다윈의 시대에서는 이 전통적 견해를 다시 검토해야 할 몇 가지 관찰 자료가 발견됐어."

"그게 뭐죠?"

"첫 번째는 새로 발견된 화석들이고, 두 번째는 멸종한 동물들의 거대한 뼈대였어. 다윈조차도 이상하게 여긴 것은 산에서 해양 동물들의 잔해가 발견된 거였어. 다윈은 남아메리카의 안데스 산맥에서 그런 것을 직접 찾아냈어. 대체 해양 동물들이 그 높은 안데스 산맥까지 어떻게 올라갔을까? 대답할 수 있겠니, 소피야?"

"못 하겠어요."

"사람이나 동물이 그랬다고 생각하는 사람들도 있었고, 하느님이 그런 화석을 만들어서 하느님을 부인하는 사람들을 헷갈리게 한 거라고 생각하는 사람들도 있었어."

"과학자들은 어떻게 생각했죠?"

"대부분의 지리학자들은 '대변동 이론'을 내세웠어. 지구가 대홍수와 지진 그리고 다른 천재지변을 여러 번 겪는 동안 모든 생물이 멸종했다는 주장이지. 그런 대변동은 성서에도 적혀 있어. 노아에게 방주를 만들게 한 그 거대한 홍수 말이야. 성서의 가르침대로라면, 대변동 이후에 하느님은 더 완벽한 동물과 식물을 창조해 지상의 생명을 새롭게 했지."

"그럼 화석들은 거대한 대변동으로 사라진 옛날의 생명체들의 흔적인가요?"

"그렇지. 예를 들면 그 화석들은 노아의 방주에 타지 못한 동물들의 흔적인 거야. 다윈이 비글호를 타고 항해를 시작했을 때 영국의 지질학자 찰스 라이엘의 『지질학 원리』제1권을 가져갔어. 라이엘은 높은 산과 깊은 계곡이 있는 오늘날의 지형은 아주 오랫동안 천천히 발전한 결과라고 생각했고, 긴 시간을 전체적으로 관찰해보면 아주 작은 변화도 거대한 지질 변화를 가져올 수 있다고 설명했지."

"그건 어떤 변화죠?"

"지금까지도 영향력을 발휘하고 있는 힘, 즉 기후와 바람, 얼음이 녹고 지진이 일어나며 지각이 부딪치게 되는 힘이지. 끊임없이 떨어지는 물방울이 바위를 뚫는 것은 물방울의 힘이 아니라 바로 그 부단함이야. 라이엘은 긴 시간에 걸쳐 천천히 진행되는 작은 변화가 자연을 완전히 변화시킨다고 생각했어. 다윈은 이런 라이엘의 생각이 안데스 산맥 높은 곳에서 해양 동물의 잔해가 발견되는 이유를 설명할 수 있을 거라고 예감했지. 또 그는 평생의 연구 생활 동안 아주 사소하고 점진적인 변화라도 긴 시간에 걸쳐 계속되면 거대한 변화를 일으킬 수 있다는 것을 결코 잊지 않았어."

"다윈은 그와 비슷한 설명을 동물의 진화에도 적용할 수 있다고 생각한 거죠?"

"맞아. 다윈은 신중한 사람이었기 때문에 스스로 답을 구할 때까지 오랫동안 생각하고 또 생각했어. '문제 제기는 중요하지만 대답은 급하지 않다'는 말처럼, 다윈은 이런 식으로 진정한 철학자들의 방법을 따랐지."

"알겠어요."

"라이엘의 이론 가운데 결정적인 것은 지구의 나이였어. 다윈의 시대에는 하느님이 약 6,000년 전에 지구를 창조했다는 가정을 널리 받아들였어. 이 수치는 아담과 이브에서 현재까지 모든 세대를 계산한 것이지."

"순진하네요!"

"그 이후로 사람들은 점점 영리해졌어. 다윈은 지구의 나이를 약 3억 년으로 추정했어. 한 가지 분명한 것은 시간을 엄청나게 길게 잡지 않으면 라이엘이 주장하는 점진적 지질 변화 이론도, 다윈의 진화론도 무의미해지기 때문이었지."

"그럼 지구는 몇 살이에요?"

"지금 우리가 알기로는 약 46억 년이야."

"와, 엄청나군요……."

"지금까지 생물학적 진화에 대한 다윈의 논증 가운데 한 가지를 살펴봤어. 다양한 암석의 층에 서로 다른 화석이 층층이 발견된다는 사실이지. 또 다른 논증은 여러 생물이 지리적으로는 어떻게 분포해 있는가 하는 문제야. 이 점에서 다윈의 연구 여행은 그야말로 엄청나게 새로운 자료를 제공했어. 다윈은 한 지역에서 여러 가지 동물이 아주 미세한 차이로 구별되는 것을 직접 확인했어. 다윈은 우선 에콰도르 서쪽에 있는 갈라파고스 제도에서 몇 가지 흥미로운 것을 관찰했어."

"얘기해주세요!"

"나란히 촘촘하게 들어선 화산 열도에 관한 얘기야. 섬들 사이엔 식물과 동물의 분포에 큰 차이가 없었어. 하지만 다윈은 작은 차이에 더 관심을 가졌지. 그는 섬 곳곳에서 큰 코끼리거북을 봤는데 그건 섬에 따라 조금씩 차이가 있었어. 신이 섬마다 다른 큰 코끼리거북의 고유종을 창조한 걸까?"

"그럴 리가 없죠."

"더 중요한 건 다윈이 갈라파고스 제도에서 관찰한 조류 세계야. 참새과 새들은 섬마다 달랐는데 우선 그 새의 부리 모양에서 알 수 있었어.

다윈은 이런 다양함이 섬마다 참새가 다른 먹이를 먹는 것과 관계가 있다는 것을 밝혀냈지. 부리가 뾰족한 되새는 잣을 먹고, 피리새는 곤충을, 나무줄기와 가지 사이에서 사는 팽이참새도 곤충을 먹어. 이 여러 가지 참새과 새들은 제각기 먹이를 쪼아 먹기 좋은 부리를 갖고 있었어. 이 새들이 한 참새과에서 유래했을까? 그리고 이 참새과 새들은 시간이 흐르면서 각기 다른 섬 환경에 적응해서 여러 가지 새로운 참새로 변한 걸까?"

"다윈은 결론을 내렸나요?"

"그럼. 다윈은 아마 갈라파고스 제도에서 비로소 다윈주의자, 즉 '진화론자'가 된 걸 거야. 특히 다윈의 눈에 띈 점은, 이 작은 제도의 동물군이 남아메리카에서 본 많은 동물류와 아주 유사하다는 사실이었어. 신은 정말 이 동물들을 서로 약간씩만 다르게 창조한 걸까? 아니면 진화한 결과일까? 다윈은 점차 동물의 종이 변하지 않는다는 생각을 의심하기 시작했지만 상황에 따른 진화나 환경 적응이 어떻게 일어났는지 충분히 설명할 수 없었어. 그가 가진 건 지구에 사는 모든 동물이 친족 간이라는 논증밖에 없었지."

"네?"

"포유동물에서의 엠브리오, 즉 배아(胚芽)의 진화를 말하는 거야. 동일한 임신 초기 단계의 개, 박쥐, 토끼와 인간의 엠브리오를 비교해보면 전혀 차이가 없음을 알 수 있어. 엠브리오가 좀 진화한 후기 단계에 들어서야 비로소 인간의 엠브리오와 토끼의 엠브리오에 차이가 생기지. 이건 인간과 토끼가 먼 친척이라는 증거가 아닐까?"

"그런데 다윈은 한 가지 생물이 어떻게 여러 가지 생물로 진화할 수 있었는지 설명하지는 못했잖아요."

"다윈은 작은 변화가 오래 계속되면 큰 변화가 생긴다는 라이엘의 이론을 계속 생각했지만 보편적 원리를 적용할 만한 근거는 발견하지 못했어. 물론 다윈은 라마르크의 이론도 알고 있었어. 라마르크는 여러 가지 동물 종들이 스스로 필요한 것만 진화시킨다는 사실을 인식했지. 예를 들면 기린의 목이 긴 이유는 여러 세대에 걸쳐 나뭇잎을 먹으려고 목을 길게 늘어뜨렸기 때문인 거야. 따라서 라마르크의 생각은 개체 하나하나가 자신의 노력으로 특성을 획득하고 이것이 후대에 유전된다는 것이지. 그러나 라마르크가 자신의 과감한 주장을 증명해내지 못했기 때문에 다윈은 '획득한 특성'이 유전될 수 있다는 이론을 반박했어. 그런데 이제부터 약간 다르지만 다윈이 꾸준히 생각해온 것이 등장해. 종의 진화에 대한 참된 메커니즘이 바로 그의 눈앞에 다가왔다고 할 수 있지."

"기대돼요."

"하지만 그 메커니즘은 네가 스스로 발견해야 해. 한 가지 질문을 해볼게. 네게 암소 세 마리가 있는데 두 마리에게 먹일 여물밖에 없다면 어떻게 할래?"

"암소 한 마리를 잡아야겠죠?"

"그렇지……. 그럼 어떤 암소를 잡겠니?"

"당연히 우유가 제일 적게 나오는 암소를 고르겠죠."

"정말 그렇게 생각하니?"

"네, 논리적으로요."

"사람들은 수천 년 동안 그렇게 해왔어. 그렇다고 아직 두 마리 암소에 관한 문제가 끝난 건 아니야. 남은 두 마리 암소 가운데 한 마리만 교미시킨다고 가정하면, 어떤 암소를 고르겠니?"

"우유가 많이 나오는 암소죠. 그럼 송아지도 좋은 젖소가 될 테니까요."

"넌 우유를 많이 만드는 젖소가 더 좋은 거지? 그럼 이제 우리에게 과제가 하나 더 있어. 네가 사냥을 좋아하고 사냥개 두 마리를 가지고 있는데, 그중 한 마리를 내놔야 한다면 어떤 개를 가질래?"

"물론 사냥감을 보고 잘 짖는 개를 가져야겠죠."

"그래, 너는 더 우수한 사냥개를 선택하겠지. 바로 그거야. 사람들은 1만 년 이상 가축을 사육해왔어. 암탉이 알을 1주일에 꼭 5개를 낳는 건 아니고 양이라고 다 털이 많은 것도 아니지. 말도 모두 다 건강하고 빨리 달릴 수 있는 건 아니었어. 사람들이 우수한 품종을 '인위적으로 선택'해왔지. 이건 식물계도 마찬가지야. 더 나은 종자를 얻을 수 있는 사람들은 절대로 나쁜 감자를 심지 않아. 또 낟알이 없는 이삭을 베려고 힘들이지도 않고. 다윈은 암소든 벼 이삭이든 개든 참새든 그 어느 것도 각각 전적으로 똑같지는 않다는 것을 지적했어. 자연계에는 엄청나게 많은 변종이 있지만 심지어 동일한 종 안에서도 똑같은 개체는 하나도 없어. 아마 너도 파란 병에 든 물을 마셨을 때 그걸 느꼈을 거야."

"맞아요."

"이제 다윈은 이런 질문을 하게 됐어. '자연계에도 인류와 비슷한 메커니즘이 있을까? 자연도 그 안에서 우량종을 '자연적으로 선택'해 번성하도록 했을까? 그리고 이런 메커니즘을 통해 오랜 시간에 걸쳐 새로운 동식물의 종을 발생시킬 수 있을까?'"

"대답은 '그렇다'였을 거예요."

"그때까지도 다윈은 '자연적' 선택이 어떻게 진행되는지에 대해 제대로 밝힐 수 없었어. 그러다가 비글호를 타고 고향으로 되돌아온 지 꼭 2년 뒤인 1838년 10월, 우연히 인구 문제 전문가 토머스 맬서스가 지은 작은 책 한 권을 얻게 되었지. 바로 『인구 원칙에 대한 소론(인구론)』이라는 책이야. 맬서스에게 이 책을 쓰게 한 사람은 피뢰침을 발명한 미국의 벤저민 프랭클린이야. 프랭클린은 만일 자연계에 번식을 제한하는 요인이 없었다면 지구는 단 한 가지의 식물 종이나 동물 종만으로 뒤덮였을 거라고 지적했어. 그러나 지상에는 많은 생물 종이 있고 서로 번식을 견제하면서 균형을 유지한다고 했지."

"알겠어요."

"맬서스는 이 생각을 좀 더 발전시켜서 지구의 인구 상황에 적용했어. 그가 생각하기에 인간의 번식력은 너무 왕성해서 생존할 수 있는 수보다 더 많은 아기들이 태어나게 될 거야. 그러면 식량 생산이 절대로 인구 증가를 따라갈 수 없으므로, 결국 대다수의 인간들은 생존을 위해 서로 투쟁을 벌이게 된다는 거지. 따라서 어른이 되어 종족을 보존한 사람은 생존 투쟁에서 가장 잘 싸운 사람이라는 말이야."

"그럴듯하네요."

"그런데 바로 그게 다윈이 추구한 보편적인 메커니즘이었어. 그는 갑자기 어떻게 진화가 발전되었는지 설명할 수 있게 됐지. 환경에 가장 잘 적응한 자가 살아남아 그 종이 존속된다는 생존 경쟁의 자연 도태설이 그 대답이었어. 이것이 그가 『종의 기원』에서 발표한 두 번째 이론이야. 다윈은 '코끼리는 다른 동물에 비해 천천히 번식하는데도, 자연 상태에서 서른 살부터 아흔 살까지 번식을 계속하는 코끼리 한 쌍이 그동안 새끼 여섯 마리를 낳고 100년을 살다 죽으면 740년이나 750년 뒤엔 그 자손이 약 1,900만 마리에 이를 것'이라고 했지."

"그러니…… 대구 한 마리가 한 번에 낳는 알 수천 개를 생각하면 말문이 막히네요."

"다윈은 계속해서 같은 먹이를 놓고 싸워야 하는, 서로 친근한 종일수록 생존 경쟁이 더욱 치열하다고 했어. 그리고 그럴 때에는 아주 작은 차이, 그러니까 평균보다 조금만 더 뛰어나도 아주 중요한 역할을 하게 돼. 생존 경쟁이 치열할수록 새로운 종의 진화는 더욱 빨라지지. 결국 가장 잘 적응한 종이 살아남고 다른 종은 멸종하는 거야."

"먹이가 적으면 적을수록, 그리고 자손이 더 많이 생기면 생길수록 진화가 더 빨리 진행되는 건가요?"

"먹이만이 문제는 아니야. 다른 동물에게 잡아먹히지 않는 것도 중요하지. 예를 들면 어떤 보호색을 갖는 것이나 빨리 달릴 수 있는 것, 적을 빨리 알아내는 능력, 만일의 경우에는 맛이 안 좋은 것도 장점일 수 있지. 육식 동물을 죽이는 독도 무시할 수 없어. 많은 선인장에 독이 있는 건 우연이 아니야. 사막에는 거의 선인장만 자라거든. 그래서 선인장은 주로 초식 동물에게 방치되어 있지."

"대부분의 선인장에는 가시도 있어요."

"물론 번식력도 중요한 의미가 있어. 다윈은 식물의 꽃가루받이 작용이 얼마나 정밀한지에 대해서도 많이 연구했어. 식물은 가루받이를 할 때에 도움을 줄 곤충을 유인하기 위해 아름다운 색을 내고 달콤한 향기를 내뿜지. 새들이 아름답게 지저귀는 것도 같은 목적에서야. 느릿느릿하고 우울해 보이는 황소는 암소에게 관심이 없으니 혈통을 잇는 것에도 아주 무관심하지. 결국 개체의 유일한 목적은 종족을 유지하기 위해서 성적 성숙에 도달하고 번식하는 거야. 그건 긴 릴레이 경주와 같아. 어떤 이유에서든 제 유전자를 전달할 수 없는 생물은 언제나 도태돼. 이런 식으로 종족은 끊임없이 개량되고 있어. 특히 질병에 대한 저항력은 살아남은 변이 형태 안에 보존되는 특성이기도 하지."

"그래서 모든 게 점점 나아졌나요?"

"끊임없는 선택이란 특정한 환경 또는 특정한 생태학적 조건에 가장 잘 적응한 생물이 결국 그런 환경에서 살아남게 만드는 거야. 그렇지만 어떤 환경에서는 장점인 것이 다른 환경에서는 효력이 없을 수도 있어. 갈라파고스 제도의 어떤 참새에게는 날 수 있는 능력이 아주 중요했어. 하지만 땅바닥을 파헤쳐서 먹이를 얻는다거나 육식 동물이 없는 상황에서는 날 수 있는 능력이 별로 중요하지 않지. 자연에는 아주 다양한 생태학적 환경이 있기 때문에 시간이 지나면서 다양한 동물의 종이 진화하게 된 거란다."

"하지만 인간은 한 종밖에 없잖아요."

"그래, 그건 인간이 다양한 생활 조건에 적응하는 놀라운 능력을 갖고 있기 때문이지. 다윈은 티에라 델 푸에고 제도의 인디언들이 냉대 기후에서 살아남았다는 사실을 알고서 대단히 놀랐단다. 그러나 이 사실이 모든 인류가 동일하다는 의미는 아니야. 검은 피부는 햇빛으로부터 사람을 보호해주는 역할을 하기 때문에 적도 가까이 사는 사람들의 피부는 북구 지방에 사는 사람들보다 더 어두워. 그래서 백인들이 햇빛에 오랜 시간 노출되면 피부암에 걸릴 가능성이 더 크지."

"북구 지방에서 살기에는 흰 피부가 적합하다는 말씀인가요?"

"물론이지. 그렇지 않으면 어디에 살든 사람들은 검은 피부였을 거야.

하지만 흰 피부는 비타민 D를 더 쉽게 형성하기 때문에 햇빛이 적은 곳에서는 그 점이 아주 중요하지. 요즘은 음식물을 통해서 충분히 비타민 D를 섭취할 수 있기 때문에 그런 사실이 별로 중요하지 않아졌지만. 그래도 자연에 우연은 없단다. 모든 것은 아주 작은 변화들 때문에 비롯되었고, 그런 변화는 수없이 많은 세대를 거쳐 영향을 미쳐왔어."

"정말 놀라운 생각이에요."

"그렇게 생각하니? 그러니까 다윈의 진화론을 요약해보면……."

"어서 말씀해주세요!"

"……이렇게 말할 수 있겠구나. 같은 종에 속하는 개체 사이의 연속적인 다양성과 높은 출생률은 생명체가 진화하는 기본 조건이야. 그리고 생존 경쟁을 통한 자연 도태가 이런 진화의 이면에 있는 원동력 혹은 메커니즘이지. 자연 도태로는 언제나 제일 강한 종이나 가장 잘 적응한 생물이 살아남게 돼."

"그 말씀은 계산 문제처럼 논리적이네요. 『종의 기원』은 어떤 반응을 일으켰나요?"

"난리가 났지. 교회가 가장 격렬하게 반발했고, 영국의 학계는 분열됐어. 다윈이 하느님의 창조 역사를 의심스럽게 만들었으니까 이상하다고 할 만한 일은 아니야. 몇몇 사려 깊은 사람들은 모든 개별적인 종을 한번에 확정하는 것보다 어떤 종을 내재적인 진화 가능성을 가진 것으로 만드는 게 더 위대한 창조 행위라고 주장했어."

"저길 보세요!"

소피가 갑자기 의자에서 벌떡 일어나더니 창밖을 가리켰다. 호수 아래쪽에서 몸에 실오라기 하나 걸치지 않은 남녀가 손을 잡고 걷고 있었다.

"아담과 하와구나. 저 사람들은 분명 자기들의 운명이 빨간 모자나 이상한 나라의 앨리스와는 다르다는 데 만족할 거야. 그래서 여기에 나타난 거겠지."

소피는 창가로 가서 그들이 사라질 때까지 계속 바라보았다.

"다윈은 분명히 인간이 동물에서 진화했다고 했죠?"

"다윈은 1871년 『인류의 기원』을 출간했어. 다윈은 인간과 동물 사이의 중요한 유사점들을 지적했고, 인간과 유인원은 언젠가 같은 조상에서 갈라져 나온 거라고 주장했어. 그사이 이미 멸종된 인류의 두개골 화석이 처음으로 발견됐는데, 먼저 지브롤터의 암석 파편에서, 그리고 몇 년 후 라인란트의 네안데르탈에서 발견됐지. 재미있는 건 『인류의 기원』이 발표된 1871년에는 『종의 기원』이 발표된 1859년보다 사람들의 반발이 훨씬 덜했다는 거야. 그러나 그건 『종의 기원』에서 이미 인간이 원숭이에서 유래했다는 것을 암시했기 때문이지. 다윈은 1882년에 죽었는데, 학문의 개척자로서 엄숙한 장례가 치러졌단다."

"결국 명예로운 대우를 받았군요."

"끝에 가선 그랬지. 하지만 영국에서 처음에는 가장 위험한 인물로 여겨졌어."

"저런!"

"어떤 교양 있는 사람은 이렇게 말했지. '그게 사실이 아니었으면 좋겠어요. 하지만 만약 사실이라면, 널리 알려지지 않았으면 좋겠어요.' 유명한 과학자 한 사람도 비슷한 말을 했어. '우울한 발견은 덜 알려질수록 좋다.'"

"그럼 그 책들은 인간이 타조에게서 나왔다고 증명한 거나 마찬가지였군요!"

"그래, 그렇게도 말할 수 있지. 하지만 사람들은 갈수록 영리해졌어. 많은 사람들이 갑자기 성서의 창세기에 관한 생각을 바꿔야 한다고 느꼈어. 젊은 작가 존 러스킨은 이렇게 말했지. '지질학자들이 제발 나를 가만히 내버려두었으면! 결국 나는 그들이 모든 성서 구절에 망치질하는 소리를 듣게 될 것이다.'"

"망치질 소리는 하느님 말씀에 대한 의심을 말한 건가요?"

"아마 그런 뜻이었겠지. 그런데 여기서 문제가 된 것은 성서의 천지 창조에 대한 이야기를 글자 그대로 이해하지 않게 된 것뿐만이 아니었어. 다윈의 이론은 결국 근본적으로 완전히 우연한 변이 형태가 인간을 탄생시켰다고 말한 셈이지. 게다가 다윈은 인간을 비열한 '생존 경쟁'의 결과로 만들었어."

"다윈은 그런 우연한 변이 형태들이 생겨난 원인을 어떻게 설명했죠?"

"지금 그건 다윈의 이론에서 가장 큰 약점을 건드린 거야. 다윈은 유전에 대해서 아주 불확실한 가정만 했어. 어떤 성향은 교배 단계에서 사라져버리기도 하고 부모는 절대 똑같은 자녀 둘을 얻을 수 없지. 그때에 이미 일종의 변이 형태가 하나 생기기 때문이야. 하지만 다른 편에서 볼 때 이런 방식으로는 진정한 새로운 형태가 생겨날 수 없어. 하지만 그 외에 발아 생식이나 단순한 세포 분열을 통해 증식하는 식물과 동물도 있어. 변이 형태가 어떻게 생겨났는가 하는 문제에 관해서 이른바 신(新)진화론이 다윈의 이론을 완성시켰지.

"얘기해주세요!"

"모든 생명과 모든 번식은 근본적으로 세포 분열을 중심으로 이루어져. 세포 하나가 분열하면 두 개의 똑같은 유전자를 갖는 세포가 생기는 거야. 그러니까 세포가 분열할 때에 세포 하나를 스스로 복제한다고 할 수 있지.”

“그래서요?”

“그런데 이런 과정에서 때때로 아주 작은 오류, 그러니까 복제된 세포와 어미 세포가 같지 않은 경우가 생기기도 해. 그런 일을 현대 생물학에서는 ‘돌연변이’라고 한단다. 그런 돌연변이들은 별로 중요하지 않을 수도 있어. 그러나 그것이 개체의 특성에 명확한 변화를 가져올 수도 있지. ‘돌연변이’에는 아주 해로운 것도 있는데 그런 것들은 다음 세대에서 점점 도태돼. 많은 질병들은 근본적으로 돌연변이 때문이라고 할 수 있어. 그러나 돌연변이는 때때로 개체가 생존 경쟁에서 더 잘 버티는 데 필요한 긍정적인 특성을 전달하기도 한단다.”

“기린의 긴 목처럼요?”

“라마르크는 기린의 목이 서서히 늘어났을 거라고 설명했어. 그러나 진화론에 따르면 획득한 특성은 유전되지 않아. 다윈은 기린의 긴 목을 그 조상의 자연스러운 변이 형태로 봤어. 신진화론은 그런 변이 형태가 정착된 것에 대한 명확한 원인을 제시함으로써 완성도를 높였지.”

“그러니까 돌연변이를 말씀하시는 거죠?”

“그래, 유전 요소에서 정말 우연한 변화가 몇몇 기린의 조상에게 평균 이상의 긴 목을 갖게 한 거야. 먹이가 충분하지 않을 때에 긴 목은 아주 요긴했어. 나무에 가장 높이 닿을 수 있는 놈이 제일 많이 먹을 수 있으니까. 그것 말고도 이런 ‘기린의 조상’ 가운데 몇몇은 땅바닥을 파헤쳐 먹이를 구하는 능력을 발달시켰을 수도 있어. 이렇게 해서 멸종한 동물 종이 오랜 시간이 흐른 후에 서로 다른 두 가지 동물 종으로 나뉜 거지."

"알겠어요."

"자연 도태가 어떻게 일어나는지에 대한 더 새로운 예를 찾아보자. 원칙은 아주 간단해."

"말씀해주세요!"

"영국에는 회색가지나방이라는 특이한 나방 종이 살고 있어. 이름처럼 이 나방은 흰 자작나무 줄기에서 살아. 18세기로 거슬러 올라가면 그 당시에 대부분의 회색가지나방은 밝은 색이었어. 왜 그랬을까, 소피야?"

"굶주린 새가 나비를 쉽게 발견할 수 없으니까요."

"그런데 가끔 어두운 색을 한 나방이 나왔어. 그놈들은 말 그대로 우연한 돌연변이지. 색이 다른 그 변이 형태에게 무슨 일이 일어났을 것 같니?"

"더 쉽게 눈에 띄니까 굶주린 새가 더 잘 잡아먹었을 거예요."

"이런 환경에서는, 그러니까 흰 자작나무 줄기 위에서 어두운 색은 불리한 특성이 되었어. 결국 은빛 회색가지나방만 늘어났지. 그런데 환경이 변했어. 산업화 때문에 부근 지역 나무의 흰 가지가 검게 변했지. 그러면 이제 회색가지나방에게 무슨 일이 일어났겠니?"

"이젠 어두운 색 나방들이 살기 좋아졌겠네요?"

"그래, 그 나방들이 늘어나는데 그리 오랜 시간이 걸리지 않았단다. 1848년에서 1948년 사이에 어떤 지역에서는 검은색으로 변한 돌연변이체인 회색가지나방의 비율이 99퍼센트로 증가했지. 환경이 바뀌어서 밝은 색은 생존 경쟁에 더 이상 아무런 도움이 되지 않았어. 흰색 '패배자'는 나무에 붙어 있을 때 새들이 쉽게 찾아낼 수 있었지. 그러나 중요한 변화가 다시 찾아왔어. 곧 석탄을 덜 쓰게 되었고 좋은 여과 시설을 갖추자 환경이 다시 깨끗해졌지."

"그러면 자작나무 줄기도 다시 흰색이 됐나요?"

"그래. 그래서 회색가지나방도 다시 은빛으로 돌아갔어. 이런 것을 우리는 '적응'이라고 해. 그게 자연법칙이지."

"이해돼요."

"그 밖에도 사람이 환경을 변화시킨 예는 많아."

"어떤 경우죠?"

"살충제로 해충을 박멸하려고 하는 것도 그런 예지. 처음에는 아주 좋은 결과가 나타났어. 하지만 들이나 과수원에 점점 더 많은 살충제를 뿌려 해충에게 생태학적 재앙을 내렸지. 그러나 독성에 저항력 있는 돌연변이로 살아남은 한 떼의 해충이 생겨났어. 이런 '승자'는 더 좋은 생존 기회를 찾았고, 그래서 그것들을 이기기는 훨씬 더 어려워졌지. 인간이 그렇게 열심히 해충을 박멸하려고 했기 때문에 더 강력한 저항력을 지닌 변이 형태가 생겨난 거야."

"정말 끔찍하군요."

"그건 정말 심각한 문제야. 우리는 우리 몸 안의 해로운 균도 이기려고 해. 박테리아 말이야."

"페니실린이나 다른 항생제를 맞으면 되잖아요."

"페니실린 치료 역시 이 작은 악마에게 생태학적 재앙을 초래하지. 페니실린을 많이 맞을수록 우리는 어떤 박테리아를 저항력 있게 만드는 거야. 이런 식으로 전보다 더 이겨내기 어려운 새로운 박테리아를 배양하게 되지. 훨씬 더 강력한 항생제를 써야 하고, 그럼 결국에는……."

"결국에는 박테리아가 입에서 기어 나오나요? 아마 우린 그걸 쏴버려 야겠죠?"

"그거야 좀 지나친 생각이지만 현대 의학이 심각한 딜레마에 빠져 있는 건 사실이야. 한 가지 덧붙이자면 각각의 박테리아는 이전보다 더 독해졌어. 이전에는 많은 아이들이 여러 질병 때문에 제대로 자라지 못했기 때문에 적은 인구만이 살아남았지. 이런 자연 도태를 오늘날 현대 의학이 어느 정도 차단했어. 그러나 개체가 '산을 넘도록' 도와주는 것이 장기적인 안목에서 보면 인간의 저항력을 약화시킬 수도 있어. 멀리 내다보면 심각한 질병을 이겨내는 인간의 유전적인 조건이 약해진다는 거야."

"정말 무시무시하군요."

"그래도 철학자는 그 점을 지적해야 해. 우리가 거기에서 어떤 결론을 이끌어내느냐 하는 것은 또 다른 문제니까. 자, 그럼 이걸 다른 방식으로 요약해보자."

"네, 어서요!"

"삶을 거대한 복권 추첨이라고 생각해보자. 그 게임에서 우리는 당첨된 것만 확인할 수 있어."

"그게 무슨 뜻이죠?"

"생존 경쟁에서 진 생물들은 사라지잖아. 세상에 살아 있는 모든 식물과 동물 종의 뒤편에는 언제나 당첨된 것들끼리 시작하는 새로운 추첨이 수백만 년간 있었어. 탈락한 복권, 그것들은 언제나 단 한 번만 볼 수 있는 거야. 그러니까 오늘날 삶이라는 커다란 복권 추첨에서 탈락한 식물이나 동물의 종은 존재하지 않아."

"최선의 선택만이 남게 되죠."

"그렇게 말할 수 있지. 이제 포스터를 좀 가져오렴. 이건…… 그래, 아까 사육사가 가져오셨지."

소피는 포스터를 건네드렸다. 한쪽 면에는 노아의 방주가, 다른 면에는 다양한 동물 종의 계통수(系統樹)가 그려져 있었다. 크녹스 선생님은 이 면을 소피에게 보여주려고 한 것이다.

"이 그림은 각각의 식물과 동물의 종을 구분해서 그려놓은 거란다. 각각의 종이 다시 다양한 군(群)과 강(綱)에 속하는 게 보일 거야."

"네."

"원숭이와 함께 인간은 영장류에 속해. 영장류는 포유류에, 모든 포유류는 척추동물에 속하고, 다시 척추동물은 다세포 동물에 속하지."

"아리스토텔레스가 생각나네요."

"맞아. 하지만 이 그림은 다양한 종을 오늘날 어떻게 구분하는지만 보여주는 건 아니야. 생명 진화의 역사를 알려주는 것이지. 예를 들면 새는 파충류에서, 파충류는 양서류에서, 양서류는 어류에서 언젠가 갈라져 나왔다는 것을 알 수 있어."

"네, 분명히 보여요."

"이런 계통을 구별할 때마다 돌연변이가 생겨나 새로운 종이 되는 거야. 이런 식으로 수백만 년이 지나면서 다양한 동물군과 동물강이 생겨났지. 그런데 이 그림은 너무 단순하구나. 사실 오늘날 지구에 100만 종이 넘는 동물이 살고 있고, 이 100만 종은 지금까지 지구에 존재했던 동물들의 한 단편일 뿐이야. 예를 들면 삼엽충 같은 종은 완전히 사라졌다는 걸 확인할 수 있지."

"제일 아래에는 단세포 동물이 있군요."

"그중에 몇몇은 아마 20억 년 동안 변하지 않았을 거야. 이 단세포 유기체 가운데서 어떤 선은 식물 영역과 연결되어 있는데, 식물도 아마 동물과 같은 원시 세포에서 갈라져 나왔기 때문이겠지."

"그렇군요. 그런데 질문이 하나 있어요."

"뭐지?"

"이 최초의 '원시 세포'는 어디서 왔나요? 다윈은 그 점에 관해 설명할 수 있었어요?"

"다윈은 아주 신중한 사람이었어. 그 점에 관해서 깊은 사색을 한 적이 있어. 이런 글이 있단다."

……만약에 (이런! 만약이라니!) 우리가 모든 종류의 암모니아와 인(燐)을 포함한 염분, 빛, 온도, 전기 등을 갖춘 따뜻한 작은 연못을 상상하면, 그리고 더욱 복잡한 변화를 가능하게 할 단백질 화합물이 그 속에서 화학적으로 형성된다면…….

"그다음은요?"

"다윈이 고민한 건 최초의 생물 세포가 무기 물질에서 어떻게 생겨날 수 있었는가 하는 것이었는데, 여기서도 다윈은 다시 핵심을 파악했어. 왜냐하면 오늘날 과학은 최초의 원시 생물체가 다윈이 상상한 것처럼 '따뜻한 작은 연못'에서 생겼다고 가정하거든."

"설명해주세요!"

"이 얘기는 이만하면 됐어. 이제 다윈을 지나서 지구 생명의 기원에 대한 가장 새로운 연구로 넘어가보자."

"아무도 생명이 어떻게 생겨났는지 확실히 모른다는 말이에요? 조금 화가 나는데요."

"그렇지는 않겠지만, 생명이 어떻게 생겨났을지에 관한 한 가지 그림을 놓고 점점 많은 부분들이 연결되고 있는 거지."

"계속해주세요."

"먼저 식물이든 동물이든, 지상의 모든 생명은 똑같은 원소로 구성된다는 점을 확실히 해둘게. 생명에 대한 가장 간단한 정의는 모든 살아 있는 것이 신진대사를 하며 독자적으로 번식한다는 거야. 이 과정은 DNA(디옥시리보 핵산)라는 물질에 의해 조종되지. 살아 있는 모든 세포 안에 있는 염색체와 유전자는 이 물질로 구성되어 있어. DNA는 아주 복잡한 분자, 또는 흔히 말하는 거대 분자야. 문제는 최초의 DNA 분자가 어떻게 생겨났는가 하는 것이지."

"그래서요?"

"지구는 약 46억 년 전에 태양계가 형성될 때 생겨났어. 원래 지구는 불타는 덩어리였지만 점점 그 표면이 식었지. 현대 과학은 생명이 아마도 30~40억 년 전에 생겼을 거라고 보고 있어."

"그건 불가능할 것 같아요."

"끝까지 얘기를 들어봐. 우선 그 당시의 지구가 오늘날과는 아주 달랐다는 걸 알아야 해. 생명은 아직 없었고, 대기 중에는 산소도 없었어. 산소는 식물의 광합성을 통해 생겨나지. 산소가 없었다는 점이 중요해. DNA를 형성하는 생명의 구성 요소가 산소를 포함하고 있는 대기에서 생겨났을 거라고는 상상할 수 없으니까."

"왜요?"

"산소는 아주 반응을 잘 일으키는 원소야. 산소가 있었다면 DNA 같은 복잡한 분자가 형성되기도 전에 DNA 분자의 구성 요소는 이미 연소했을 거야."

"아하."

"그러니까 새로운 생명은 오늘날 생겨난 게 아니라는 것, 박테리아나 바이러스도 절대 그렇지 않다는 걸 우리는 확실히 알고 있어. 지상의 모든 생명은 정확히 똑같이 나이를 먹은 거지. 코끼리는 가장 단순한 박테리아와 똑같이 긴 계통수를 갖고 있단다. 너는 코끼리나 사람이 사실상 단세포 생물에서 나온 상호 연관적인 세포 군체(群體)라는 점을 이해할 수 있을 거야. 왜냐하면 우리 몸의 각각의 개별 세포에는 정확히 똑 같은 유전자가 있기 때문이지. '우리는 과연 누구인가'에 대한 총체적인 대답은 우리의 작디 작은 체세포 안에 들어 있는 거란다."

"독특한 생각이군요."

"생명에 대한 커다란 수수께끼 중 하나는 다세포 동물의 세포들이 각각의 기능을 전담할 수 있다는 점이야. 다양한 유전적 성질이 모든 세포 안에 배치되어 있지 않은데도 말이야. 이런 성질 또는 유전자 중의 어떤 것은 '차단'되거나 '추가'된 것이란다. 간 세포는 신경 세포나 피부 세포와는 다른 단백질을 생산해. 그러나 간 세포, 신경 세포, 피부 세포에서 우리는 동일한 DNA 분자를 발견하게 되지. 이 동일한 DNA 분자가 유기체의 전체 설계도를 포함하고 있는데, 이제 거기에 대해 얘기할 거야."

"네, 말씀하세요!"

"대기 중에 산소가 없었을 때는 지구를 둘러싼 오존층도 없었어. 즉 어떤 것도 우주 공간에서 오는 광선을 막지 않았다는 거야. 그 점이 중요해. 이 광선은 아마 복잡한 최초의 분자가 형성될 때 중요한 역할을 했을 거야. 우주 광선은 다양한 지구의 화학 물질을 거대 분자로 만드는 에너지이기도 했거든."

"확실히 알겠어요."

"더 엄밀하게 얘기하면, 모든 생명을 구성하는 복잡한 분자가 생기려면 적어도 두 가지 조건이 충족되어야 해. 대기 중에 산소가 없어야 하며, 우주에서 오는 광선이 지구로 들어와야 한다는 것이지."

"이해했어요."

"'작은 연못' 또는 오늘날 학자들이 흔히 말하는 죽 형태의 '원시 수프'에서 언젠가 대단히 복잡한 거대 분자가 생겼는데, 그것은 스스로 동일한 두 부분으로 나뉠 수 있는 특이한 성질이 있었어. 그렇게 오랜 진화가 시작되었단다. 우린 이미 최초의 유전 물질과 최초의 DNA 또는 최초의 생명 세포에 관해 이야기한 거야. 세포는 분열하고 또 분열했고 처음부터 계속 돌연변이가 발생했어. 아주 오랜 세월이 흐른 뒤에 결국 그런 단세포 유기체는 복잡한 다세포 유기체로 결합했지. 이런 식으로 식물의 광합성도 시작되었고, 그 후에 산소를 포함한 대기가 형성되었어. 산소를 포함한 대기는 두 가지 의미를 갖지. 첫째, 대기는 동물의 허파 호흡을 가능하게 해서 동물이 진화할 수 있게 해주었고, 둘째, 우주 공간의 해로운 광선이 생명체를 해치지 못하게 했어. 이 광선은 최초의 세포 발생에서는 생명의 '불꽃'이었지만 모든 생명체에게는 해로웠으니까."

"그렇지만 그런 대기가 하룻밤 사이에 생길 수는 없잖아요? 최초의 생명체는 어떻게 생겨난 거죠?"

"생명은 원시 바다, 즉 죽 같은 상태의 '원시 수프'에서 생겨났단다. 최초의 생명체는 거기서 위험한 광선을 피하면서 살 수 있었지. 그러다가 아주 긴 시간이 지난 뒤에 바다에서 생명체가 대기를 형성하자, 최초의 양서류가 가장 먼저 바다에서 육지로 기어 올라왔지. 이제 남은 얘기는 다 했어. 우리는 여기 오두막에 앉아서 30~40억 년이 걸린 과정을 돌아보자. 이제 우리는 이 오랜 진화의 과정을 우리 인식 안에 담게 된 거야."

"그럼 선생님은 모든 것이 순전히 우연이었다고 말씀하시는 거예요?"

"아니야. 그런 얘기는 아니란다. 그 그림도 어느 특정한 방향을 따라 진화가 진행되었다는 걸 보여주고 있어. 수백만 년 동안 점점 더 복잡한 신경 체계, 결국 더 큰 뇌를 가진 동물이 생겨났어. 난 그걸 우연이라고는 생각하지 않아. 넌 어떻게 생각하니?"

"사람의 눈은 그저 우연히 생겨날 수는 없을 거예요. 우리가 주위 세상을 볼 수 있는 건 의미가 있다고 생각하지 않으세요?"

"눈의 진화에 대해서는 다윈도 놀랐단다. 눈처럼 섬세한 것이 자연 도태를 통해 생겨났으리라고는 쉽게 상상할 수 없지."

소피는 크녹스 선생님을 올려다보며 자기가 지금 살아 있고, 단 한 번 살 수 있으며, 죽으면 다시는 그 삶으로 돌아오지 못한다는 사실이 정말 이상하게 느껴져서 갑자기 소리 내어 외쳤다.

"우리에게 영원한 창조란 도대체 무엇이란 말인가!
창조된 것을 잡아채어 다시 무로 되돌리는 것밖에는!"

선생님이 엄한 눈초리로 소피를 바라보았다.

"그런 말은 하면 안 돼. 그건 악마가 한 말이야."

"악마요?"

"괴테의 『파우스트』에 나오는 메피스토펠레스가 한 말이야. '우리에게 영원한 창조란 도대체 무엇이란 말인가! 창조된 것을 잡아채어 다시 무로 되돌리는 것밖에는!'"

"이 말을 어떻게 이해해야 하죠?"

"파우스트는 죽어가면서, 그러니까 자기의 오랜 삶을 되돌아보면서 의기양양하게 말했지."

멈춰라, 너는 참으로 아름답구나!
내가 세상에 남긴 흔적은
영원히 사라지지 않을 것이다.
그렇게 지고한 행복을 예감하며
나는 지금 최고의 순간을 맛본다.

"정말 아름다운 표현이군요."

"그러나 이제 악마가 말할 차례야. 죽어가는 파우스트에게 악마는 외쳤어."

지나갔다고! 어리석은 말이다. 왜 지나갔단 말인가?
지나간 일과 순수한 무는 완전히 같다.
우리에게 영원한 창조란 도대체 무엇이란 말인가!
창조된 것을 잡아채어 다시 무로 되돌리는 것밖에는!

'지나갔다'는 말에 무슨 뜻이 있을 것인가?

본래부터 없었던 것과 마찬가지인 것을,

그런데 마치 무언가가 있기나 한 듯이 빙빙 맴돌고 있으니.

나였으면 그보다는 영원한 공허 쪽을 택했으리라.

"정말 염세적이군요. 저는 파우스트의 말이 더 마음에 들어요. 자기의 삶이 다하고는 있지만 파우스트는 자기가 남긴 흔적에서 의미를 찾았으니까요."

"우리가 공부한 것처럼 아주 작은 생명체라도 큰 연관성 속에서 보면 중요한 의미가 있다는 게 다윈 진화론의 결론이야. 우리는 살아 있는 행성이야. 우주 안에서 불타는 태양 주위를 항해하는 커다란 배지. 하지만 우리 각자는 유전자라는 짐을 싣고 삶을 항해하는 배이기도 해. 우리가 이 짐을 다음 항구로 실어 나를 수 있다면 우리의 삶이 헛된 것은 아니겠지. 비에른스티에르네 비에른손이 그의 시 「시편 II」에 이런 생각을 표현했어."

인생의 짧은 봄날을 찬양하라.

봄날은 모든 것을 불고 지나가나니!

아주 작은 것에도 부활이 있으니

형식은 사라질 뿐.

모든 족속은 향상되려고 애쓰고

좋은 종을 만들어낸다.

무한한 시간 속에서

세상은 사라졌다 솟아나는 것!

삶의 환희에 잠기어라, 그대 꽃송이는

봄 언덕 위에서

영원을 찬미하며

그대의 짧은 존재를 누릴지어다.

그대 또한

그대의 창조하는 작은 힘을

보태어라.

힘이 있는 한

영원한 시간 속에서 호흡할지어다!

프로이트

…… 추악하고 이기적인 욕망이 그녀의 마음속에 떠올랐다 ……

힐데 묄레르 크나그는 무거운 공책을 팔에 안고 침대에서 벌떡 일어섰다. 공책을 책상에 올려놓고 옷가지를 챙겨 욕실로 가, 고작 2분 동안 샤워를 하고는 서둘러 옷을 입었다. 그러고는 1층으로 뛰어 내려갔다.

"아침 먹어야지, 힐데야?"

"우선 노를 조금 저어야겠어요."

"그래도, 힐데야!"

힐데는 집에서 나와 정원을 가로질러 달려갔다. 선창에서 배를 풀고 배 안으로 뛰어 들어가서 노를 젓기 시작했다. 만 사이를 정처 없이 저었다. 처음에는 미친 듯이 젓다가 점차 편안하게 저어나갔다.

'우리는 살아 있는 행성이야. 소피야! 우주 안에서 불타는 태양 주위를 항해하는 커다란 배야. 그러나 우리 각자는 유전자라는 짐을 싣고 인생을 항해하는 배이기도 하지. 우리가 이 짐을 다음 항구로 실어 나를 수 있다면 우리의 삶이 헛된 것은 아니겠지⋯⋯.'

힐데는 그 내용을 외웠다. 결국 그것은 소피가 아니라 힐데를 위해 쓰인 것이었다. 공책에 담긴 모든 것은 아빠가 힐데에게 보내는 편지였다.

힐데는 이제 배가 물 위에 떠가며 위아래로 흔들리도록 내버려두었다. 물은 배 바닥을 부드럽게 찰싹였다.

릴레산의 작은 만 수면 위에 떠 있는 조그마한 배처럼 힐데도 인생이라는 수면 위에 떠 있을 뿐이다.

소피와 크녹스 선생은 이 그림 어디에 들어 있는 걸까? 소피와 크녹스 선생은 어디에 있는 것인가?

힐데는 두 사람을 단순히 아빠의 머릿속에 있는 '전자기적 자극'이라고 생각할 수 없었다. 그들이 단지 종이와 아빠의 여행용 타자기로 타이핑된 검은 글자일 뿐이라고 생각할 수도 없었다. 자기 자신도 역시 언젠가 '따뜻한 작은 연못'에 모였던 단백질 화합물의 결합체로 표현될 수 있다. 그러나 자신은 그것 이상이다. 자신은 힐데 묄레르 크나그인 것이다!

커다란 바인더 공책은 정말 환상적인 생일 선물이었다. 아빠는 힐데의 마음에 분명히 새로운 떨림을 만들었다. 그러나 소피와 크녹스 선생님에 대해 쓴 그 유치한 말투는 마음에 들지 않았다.

힐데의 아빠는 집으로 돌아오는 길에 틀림없이 그에 대한 대가를 치르게 될 것이다. 그 점에 대해 힐데는 소피와 크녹스 선생님 두 사람에게 마음의 빚을 지고 있었다. 힐데는 벌써부터 자기 아빠가 코펜하겐 공항에서 우왕좌왕하는 것을 상상할 수 있었다.

힐데는 마음이 가벼워졌다. 다시 선창으로 노를 저어 가서 배를 묶어두었다. 그리고 엄마와 천천히 즐겁게 아침을 먹었다. 삶은 달걀이 맛은 있지만 약간 덜 익었다고 서슴없이 말할 수 있을 정도로 화기애애한 분위기였다.

저녁 늦게야 힐데는 공책을 다시 펼칠 수 있었다. 이제 몇 장 남지 않았다.

다시 문 두드리는 소리가 났다.

"우리 귀를 막고 있을까? 그러면 소리가 멈추겠지."

"아니에요, 누가 왔는지 봐야겠어요."

소피가 문 쪽으로 가자 크녹스 선생님이 소피 뒤로 다가왔다.

밖에는 벌거벗은 남자가 서 있었다. 위엄 있게 서 있었지만 머리에 왕관을 썼을 뿐 아무것도 몸에 걸치지 않았다.

"그래서? 그대들은 나의 새 옷에 대해서 뭐라고 얘길 할 거지?"
하고 남자가 물었다.

선생님과 소피는 당황해서 아무 말도 하지 못했다. 그러나 벌거벗은 남자는 그런 것은 전혀 상관하지 않았다.

"너희들은 나에게 허리를 숙이지도 않는구나!"

그가 외쳤다.

선생님이 용기를 냈다.

"그렇습니다. 하지만 임금님은 완전히 벌거벗고 계시군요."

벌거벗은 남자는 계속 근엄한 태도로 노려보았다. 크녹스 선생님은 소피에게 몸을 구부려 귀에 대고 속삭였다.

"저 사람은 자기가 잘 차려 입었다고 생각하고 있어."

이제 벌거숭이 남자는 성난 얼굴이 되었다.

"이 집에서 무슨 검사라도 받는 건가?"

"유감스럽게도 우리는 모두 제정신입니다. 그 부끄러운 모습으로는 이 집에 들어올 수 없어요."

소피는 갑자기 근엄한 벌거숭이 남자가 너무나 우스꽝스러워서 웃음을 터뜨리고 말았다. 그러자 그것이 비밀 암호인 것처럼 왕관을 쓴 그 남자는 갑자기 자신이 옷을 전혀 입지 않았다는 사실을 깨달았다. 그는 두 손으로 치부를 가리고는 덤불숲으로 달려가더니 금세 사라져버렸다. 그 남자는 그곳에서 아마도 아담과 하와, 노아, 빨간 모자 그리고 곰돌이 푸를 만날 것이다.

두 사람은 문 앞에 계속 서 있었다. 마침내 크녹스 선생님이 말했다.

"안으로 들어가는 게 좋겠구나. 프로이트와 그의 무의식에 대한 이론을 얘기해줄게."

그들은 창가에 앉았다. 소피가 시계를 쳐다보았다.

"벌써 2시 반이에요. 전 가든파티를 시작하기 전에 할 일이 많아요."

"나도 그렇지만 지그문트 프로이트에 관해 짧게 이야기하자."

"철학자인가요?"

"문화철학자라고 할 수 있어. 프로이트는 1856년에 태어나 빈 대학교에서 의학을 공부했어. 그곳에서 생애의 대부분을 보냈는데 그때가 바로 빈의 문화계가 꽃피던 시대였어. 프로이트는 일찍이 우리가 신경학이라 부르는 의학 분야를 전공했어. 19세기 말에서 20세기 초에 들어서

기까지 그는 심층 심리학 또는 정신분석학을 연구했어."

"더 자세히 설명해주세요."

"정신분석학이란 일반적으로 사람의 마음, 곧 사람의 심리를 연구하는 학문이고 그 외에도 노이로제 증상과 심리 질환의 치료 방법이기도 해. 프로이트와 그의 업적에 대해서 완벽하게 설명할 수는 없을 것 같구나. 그러나 무의식에 대한 그의 학설은 인간이 무엇인가를 이해하는 데 꼭 필요한 내용이야."

"벌써 관심이 생겼어요. 얘기해주세요."

"프로이트는 사람과 사회적 환경 사이에는 언제나 긴장이 존재한다고 했어. 정확히 말하면 자신의 충동이나 욕구와 그가 속한 사회 환경이 그에게 요구하는 것 사이의 긴장과 갈등이지. 프로이트가 인간의 성생활을 발견했다고 해도 과장이 아니야. 그 주제로 프로이트는 19세기 말에 매우 중요했던 자연주의 사조의 중요한 대표자가 되었지."

"인간의 '성생활'에 대해서 선생님은 어떻게 생각하세요?"

"이성이 언제나 우리의 행동을 지배하지는 않아. 그러니까 사람은 18세기의 합리주의자들이 주장한 것처럼 합리적인 존재가 아니라는 거야. 종종 비합리적인 충동이 우리 안에 깊이 숨어 있는 욕구나 욕망을 드러내는 것이지. 성욕은 젖먹이 아기가 젖을 먹고자 하는 욕구와 마찬가지로 근본적인 거야."

"알겠어요."

"그 사실 자체가 아마 새로운 발견은 아니었을 거야. 그렇지만 프로이트는 이러한 근본적인 욕구는 우리가 그것의 기원과 정체를 쉽게 인식할 수 없을 정도로 다른 형태를 띠고 나타나, 우리가 의식하지 못하는 사이에 행동을 지배한다는 사실을 지적했어. 그리고 유아도 성욕이 있다고 생각했어. 어린아이의 성에 대한 이러한 주장은 빈의 점잖은 시민들에게 혐오감을 갖게 했고, 프로이트를 공공연히 싫어하게 만들었지."

"그건 놀랍지 않네요."

"이제 성에 관련된 모든 것을 금기시하던 시대에 관해 이야기할 거야. 프로이트는 정신 요법 의사로서 실험을 통해 유아의 성에 관한 실마리를 찾았지. 그러니까 그는 자신의 주장에 관해 경험적인 토대를 갖고 있었다는 거야. 프로이트는 많은 심리적인 고통의 유형들이 유아기의 갈등에서 비롯한다고 확신하고, 우리가 일종의 '영혼의 고고학'이라고 말하는 치료 방법을 발전시켜나갔어."

"그게 무슨 뜻이죠?"

"정신분석학자는 환자의 심리적 고통의 원인이 된 체험을 끌어내기 위해 환자의 도움으로 그의 의식 속에 '파고들어 갈' 수 있어. 프로이트에 따르면 우리는 모두 과거에 대한 기억을 우리 안에 깊숙이 간직하고 있거든."

"이제 좀 알겠어요."

"정신분석학자가 환자의 의식을 들여다보면 환자가 언제나 잊어버리려고 했지만 깊숙이 가라앉아 환자의 에너지를 붙들고 늘어지는 나쁜 경험을 발견하게 돼. 그런 '외상성(外傷性)의 경험'을 다시 의식으로 불러들이면 환자는 '완치'되어 다시 건강해질 수 있는 거야."

"그럴듯하게 들리네요."

"내가 너무 빨리 가고 있구나. 이제 프로이트가 어떻게 사람의 심리를 묘사하는지 살펴보자. 갓난아기를 본 적이 있니?"

"네 살짜리 사촌 동생이 있어요."

"우리는 세상에 처음 태어났을 때, 몸과 마음에서 우러나오는 욕구를 마음껏 표현하지. 우유를 먹지 못하면 울고 기저귀가 젖어도 아마 그럴 거야. 따뜻한 살갗과 닿고 싶으면 분명히 표현을 하지. 이런 우리 안의 충동 또는 쾌락의 원리를 프로이트는 원자아, 즉 '이드'라고 표현했어. 젖먹이 때에 우리는 거의 이드일 뿐이지."

"계속하세요!"

"이드는 우리가 성인이 되어도 평생 동안 남아 있단다. 그렇지만 우리는 서서히 쾌락을 통제하고 환경에 적응하는 법을 배우게 돼. 쾌락의 원리와 현실의 원리가 조화를 이루는 법을 배우는 거지. 프로이트는 조절 능력을 수행하는 자아를 우리가 형성한다고 했어. 우리가 일정한 연령이 되면 무언가에 대한 욕구를 가지게 되더라도 소망이나 욕구가 충족될 때까지 그저 주저앉아 울 수는 없어."

"물론이죠."

"우리가 희망하는 것을 주변 세계가 허락하지 않을 때도 있어. 그러면 우리는 가끔 우리의 희망을 억압해. 즉 그 희망을 밀어내고 잊어버리려고 하는 거지."

"알겠어요."

"그러나 프로이트는 사람 마음속에 있는 제2의 요구도 염두에 두었어. 어린아이일 때 우리는 이미 부모와 주위 세계의 도덕적 요구들을 접하게 돼. 우리가 잘못된 일을 할 때, 부모는 '그만둬!' 또는 '창피한 줄 알아야지!' 하고 말하지. 성인이 되어서도 우리는 그런 도덕적인 요구와 판단의 메아리를 듣고 있어. 우리 주변 세계의 도덕적인 기대는 우리 안에 숨어 있고 우리의 한 부분인 것처럼 보이지. 그것을 프로이트는 '초자아(超自我)'라고 했어."

"양심을 의미하는 건가요?"

"사실 프로이트는 초자아가 양심으로서의 자아에 대응한다고 말한 적이 있어. 그러나 여기서 중요한 것은 우리가 '추하거나 부적절한' 소망을 갖고 있음을 우리에게 알려주는 것이 초자아라는 사실이야. 그건 특히 성적인 욕망에 적용되지. 아까 말한 것처럼 프로이트는 그러한 욕망이 유아기 초기에 설정된다고 했고."

"설명을 더 해주세요!"

"우리는 어린아이가 자기 성기를 갖고 노는 것을 자주 볼 수 있어. 프로이트의 시대에 두세 살 난 아이들은 그런 일을 하면 손가락을 찰싹 얻어맞았지. 그 당시 아이들은 언제나 이런 말을 들었어. '그러면 못써!', '그만둬!', '손은 이불 위에 둬야지!'"

"안됐네요."

"그런 식으로 사람에게 죄의식이 생기는 거야. 프로이트는 이런 죄의식이 초자아 안에 저장되기 때문에 많은 사람들에게 평생 동안 모든 성적인 요소들과 분리되지 않고 이어져 있다고 믿었어. 동시에 프로이트는 성적인 욕구나 욕망이 인간 본성의 자연스럽고도 중요한 부분이라고 지적했어. 그러니까 소피야, 우리는 우리를 한평생 쾌락과 죄의식의 갈등 속에 밀어 넣는 요소를 다 갖고 있는 거야."

"이런 갈등이 프로이트 시대 이후로 많이 줄었다는 말씀은 아니죠?"

"그렇지. 그러나 프로이트의 환자들 중 많은 사람들이 이런 갈등을 너무 심하게 겪어서 프로이트가 '노이로제'라고 부른 상태에까지 이르렀어. 한 예로 그의 환자들 중 한 여자는 자기 형부를 좋아했단다. 자기 언니가 병으로 일찍 죽게 되자 그 여자는 언니가 임종하는 자리에 앉아서 생각했지. '이제 그는 자유로워졌고 나와 결혼할 수 있어!' 이런 생각은 물론 그 여자 안에 있는 초자아의 저항을 받지. 그 초자아의 힘이 워낙 대단해서 그 여자는 프로이트가 말한 대로 그 생각을 억압했어. 즉 그 생각을 무의식 속으로 밀어 넣은 거야. 그 여자는 결국 병이 들었고 심각한 히스테리 증세를 보였어. 프로이트가 치료를 맡았는데, 그때 프로이트는 그 여자가 언니의 임종 자리에서 자기 마음속에 떠올랐던 추악하고 이기적인 소망을 근본적으로 잊어버렸다는 사실을 알아냈어. 그 여자는 치료를 받으면서 그때의 기억을 떠올릴 수 있었어. 이것을 통해 그 여자는 병의 원인을 찾아냈고 다시 건강해졌단다."

"이제 선생님이 '영혼의 고고학'이라고 하신 말씀의 뜻을 알겠어요."

"그러면 인간 심리에 대해 일반적으로 서술해볼게. 프로이트는 오랫동안 환자들을 치료하면서 인간의 의식이 그 정신의 일부분일 뿐이라는 사실을 알게 되었어. 의식은 수면 위에 드러난 빙산의 일각일 뿐인 거야. 그 수면 아래에는, 즉 의식의 문턱 밑에는 심층 의식 또는 '무의식(無意識)'이 자리 잡고 있어."

"무의식이란 그러니까 우리 안에서 잠자고 있는 세계로군요?"

"하지만 모든 경험을 의식 속에 간직하는 건 아니야. 우리가 생각하고 경험한 모든 일과 우리가 곰곰이 생각할 때에만 일어나는 모든 일을 프로이트는 '전의식(前意識)'이라고 했어. 프로이트가 말한 '무의식'은 우리가 억압한 모든 일을 가리키지. 즉 추하고 부적절하고 구역질 나는 일이기 때문에 무조건 잊어버리고 싶은 일이야. 우리는 의식 또는 초자아가 용납할 수 없는 쾌락을 요구하는 마음이 생기면 그것을 지하실로 처넣어버리지. 꺼져버리라고."

"알겠어요."

"이런 메커니즘은 모든 건강한 사람에게 작용해. 그러나 어떤 사람에겐 불쾌하고 금지된 생각을 의식에서 추방하는 일이 너무 괴롭기 때문에 병이 나기도 해. 이렇게 억눌린 생각은 언제나 다시 의식 위로 떠오르려고 하기 때문에, 이런 충동이 비판적인 의식의 눈에 띄지 않도록 억압하고 숨기려면 많은 에너지가 필요해. 1909년에 프로이트가 미국에서 정신분석학 강연을 했을 때 이런 억압의 메커니즘이 어떻게 작용하는지 간단한 예를 늘어 설명했어."

"설명해주세요!"

"프로이트는 청중을 향해 '여러분 중에서 한 사람이 여기서 웃고, 떠들고, 발을 구르며 내 연설을 방해해 분위기가 산만해지는 경우를 상상해보자'고 했어. 그래서 자신이 얘기를 할 수 없게 되면 청중 가운데서 힘센 남자들이 일어나 잠깐 실랑이를 벌인 후에 그 훼방꾼을 복도로 내쫓는 거야. 여기서 그 훼방꾼은 억압되었고, 연사는 연설을 계속할 수 있게 되지. 그러나 그 훼방꾼은 강연장 안으로 다시 들어오려고 할 거야. 그러면 몇 사람이 의자를 들고 문 앞으로 가서 훼방꾼을 완전히 내쫓은 뒤 거기에 의자를 놓고 '저항'이 되어 앉아 있겠지. 이때 강연장 안을 '의식의 세계', 복도를 '무의식의 세계'로 비유하면, 우리는 억압의 과정에 대해 훌륭한 비유를 얻을 수 있게 돼."

"참 훌륭한 비유군요."

"더 확실하게 얘기하자. 훼방꾼은 다시 들어오려고 할 거야. 우리의 억압된 생각과 충동도 마찬가지지. 우리는 무의식의 영역에서 뛰쳐나오려는 억압된 생각의 지속적인 압력 아래서 살고 있어. 그래서 때때로 우리가 원래 '의도하지 않았던' 일들을 무의식적으로 말하거나 행동하게돼. 이런 방식을 통해 무의식은 우리의 느낌과 행위를 지배하고 있어."

"예를 들어주실 수 있나요?"

"프로이트는 비슷한 여러 가지 메커니즘을 기술했는데 그 가운데 하나가 이른바 '실언(失言)'이야. 이전에 우리가 억압했던 어떤 것을 순식간에 말하거나 행동하는 거지. 프로이트는 한 회사원을 예로 들었는데 그 사람은 아주 좋아하지는 않는 자기 사장을 위해 건배사를 해야 했어. 문제는 이 사장이 아주 인기가 없었던 거야. 사장은 직원들 사이에서 공공연하게 돼지라고 불리고 있었지."

"그래서요?"

"일어서서 엄숙하게 잔을 들고는 이렇게 말했지. '돼지를 위해 건배!'"

"정말 멋져요."

"그 직원은 실제로 평소에 사장에 대해 생각하던 바를 자기도 모르게 말해버린 거야. 절대 해서는 안 되는 말이었지만 말야. 예를 더 듣고 싶니?"

"물론이죠."

"어느 교구의 감독자가 귀엽고 사랑스러운 딸이 많은 한 목사의 집을 방문하게 되었어. 그 감독자는 지나치게 코가 컸어. 목사는 그 큰 코에 대해 절대로 언급하지 말라고 딸들에게 신신당부했어. 하지만 어린아이는 자제하는 메커니즘이 아직 발달하지 않았기 때문에 그런 말을 불쑥 꺼내게 되지."

"그래서요?"

"감독자가 왔고, 아름다운 딸들은 모두 그 큰 코에 대해 아무 말도 하지 않으려고 노력했어. 코를 쳐다보지도 않고 관심도 가지지 않으려고 했지. 그런데 커피를 나르던 어린 딸이 근엄한 그 감독자 앞에 서서 이렇게 말했어. '코에 설탕을 조금 타드릴까요?'"

"난처하네요."

"때때로 우리는 합리화를 해. 그러니까 어떤 특정한 상황에서 저지른 일에 대해 실제 이유와는 다른 어떤 이유가 있었다고 자기 자신과 다른 사람을 속이는 거지. 실제 이유가 너무도 부끄러운 것이니까."

"예를 들어주세요."

"나는 네게 최면술을 써서 창문을 열게 할 수 있어. 내가 손가락으로 탁자를 두드리면 네가 일어서서 창문을 열게 하는 거지. 내가 탁자를 두드리고 너는 창문을 열어. 그리고 나는 왜 창문을 열었느냐고 네게 묻지. 너는 아마 너무 더워서 그랬다고 하겠지만 그건 옳은 대답이 아니야. 너는 내 최면술에 복종했다는 사실을 받아들이지 않고 '합리화'를 하게 될 거야."

"알겠어요."

"우리는 거의 날마다 이렇게 이중적으로 의사소통을 해."

"네 살짜리 사촌 동생이 있다고 했잖아요. 그 애는 친구가 많지 않은가 봐요. 제가 찾아갈 때마다 아주 좋아해요. 한번은 제가 엄마한테 얼른 가야 한다고 했더니 그 애가 뭐라고 한 줄 아세요?"

"뭐라고 했니?"

"'그 아줌만 바보야!'라고 하는 거예요."

"그래, 그것도 합리화의 좋은 예시가 되겠구나. 그 아이가 정말 그렇게 생각하지는 않았을 거야. 네가 가야 하는 게 바보 같다고 생각했지만 그대로 말하기가 어려웠던 거지. 그러나 우리가 '투사(投射)'하는 경우도 종종 있단다."

"그 말은 설명을 해주셔야겠어요."

"투사란 우리 스스로 억압하고 싶은 특징을 다른 사람에게 떠넘기는 거야. 예를 들면 지독한 구두쇠가 다른 사람더러 욕심이 많다고 말하는 경우지. 성적인 생각을 많이 하는 사람이 다른 사람을 야하다고 흉보는 것처럼 말이야."

"알겠어요."

"프로이트는 우리의 일상생활이 그런 무의식적인 행위들로 가득 차 있다고 생각했어. 어떤 특정한 사람의 이름을 자꾸 잊어버리고, 이야기하면서 옷을 만지작거리기도 해. 그리고 언뜻 보기엔 우연히 놓인 것 같은 물건들을 방 안 여기저기에 옮겨놓기도 하지. 전혀 악의가 없이 말을 더듬거나 실언을 하거나 글을 잘못 쓰기도 해. 이런 일들은 언뜻 보기엔 아무런 이유도 없는 실수 같지만, 사실은 절대 그렇지 않아. 프로이트는 그런 일을 우리가 생각하는 것처럼 우연한 실수로 보지 않았고 그런 행동을 한 가지 징조로 간주해야 한다고 생각했어. 그런 실언은 우리의 가장 은밀한 비밀을 누설하는 것일 수 있지."

"이제부터는 말 한 마디 한 마디를 잘 생각해봐야겠군요."

"그래도 너는 무의식적인 충동에서 벗어날 수 없을 거야. 우리가 할 수 있는 일은 다만 우리가 불편한 것을 무의식 속으로 밀어 넣을 때에 지나치게 긴장하지 않는 거야. 들쥐가 드나드는 구멍을 막아버리는 것과 같아. 그렇게 할 수는 있겠지만 들쥐는 정원 어느 다른 곳에 또 나타나겠지. 의식과 무의식 사이의 문을 느슨하게 해두는 것이 가장 바람직하다고 할 수 있어."

"문을 닫아버리면 정신적인 고통이 생기나요?"

"그렇지. 신경증 환자는 불편한 일을 자기 의식에서 쫓아내는 데에 너무 많은 에너지를 소비하는 사람이야. 어떤 사람은 아주 특정한 체험을 그렇게 해서 억압해야만 해. 그게 앞에서도 조금 말한 '외상성(外傷性) 체험'이야. 프로이트는 그것을 외상(트라우마)이라고 했는데 '트라우마(trauma)'는 그리스어로 '상처'라는 뜻이야."

"알겠어요."

"프로이트는 치료할 때에 닫힌 문을 조심스럽게 열거나 새로운 문을 열려고 했을 거야. 그는 환자와 함께 치료하면서 억압된 체험을 다시 불러내려고 했지. 물론 환자는 자신이 억압되었다는 사실을 의식하지 못하지만. 그러나 프로이트는 의사나 정신분석학에서 말하는 분석자가 환자의 숨겨진 외상으로 가는 길을 찾는 데 도움을 줄 수 있다고 생각했어."

"그럴 때 의사는 어떻게 해요?"

"프로이트는 그때의 조치를 '자유 연상 기법'이라고 했어. 환자가 완전히 긴장을 풀고 눕게 하고서 자신에게 일어난 일을 말하게 하지. 중요하지 않은 일, 우연한 일, 불쾌하거나 고통스러운 일 모두 가리지 않고 말하게 해. 정신분석가는 환자가 긴 의자에 누워 떠올리는 이야기 속에 언제나 환자의 외상과, 또 그것이 의식화되는 것을 막는 저항의 단서가 포함되어 있다는 가정에서 출발해. 무의식중에 환자는 늘 자기의 외상에 몰두해 있기 때문이야."

"잊으려고 할수록 무의식중에 더 생각하게 되는군요?"

"그렇지. 그러니까 무의식의 신호에 주의해야 해. 프로이트는 무의식으로 가는 '왕도(王道)'는 꿈을 통한다고 했어. 그의 중요한 저서 가운데 하나는 1900년에 출간한 『꿈의 해석』이야. 그 책에서 프로이트는 꿈에는 우연이 없다고 했지. 무의식적인 생각들이 꿈을 통해서 의식에 나타나려고 한다는 거야."

"계속 이야기해주세요."

"프로이트는 오랫동안 자기 환자들이 겪은 경험을 모으고 자기 자신의 꿈도 분석한 후에, 모든 꿈은 근본적으로 욕구를 채우기 위한 것이라고 설명했어. 그는 아이들에게서 그런 점이 명백히 드러난다고 했어. 아이들은 아이스크림과 버찌 꿈을 많이 꾸지. 그러나 어른들의 꿈에는 이룰 수 없는 욕망들이 자주 변장을 하고 나타난단다. 왜냐하면 잠을 자면서도 엄격한 검열이 우리에게 허락된 것과 그렇지 않은 것을 판단하기 때문이야. 잠을 잘 때는 이런 검열이나 억압의 메커니즘이 깨어 있는 상태보다 약해져 있긴 하지만, 우리가 고백할 수 없는 욕망을 꿈속에서 왜곡할 수 있을 만큼 충분히 강력한 힘을 갖고 있어."

"그래서 꿈을 해석해야 하는 건가요?"

"프로이트는 다음 날 아침에 기억나는 꿈의 내용과 그것의 원래 의미는 구별해야 한다고 했지. 그는 꿈의 영상 자체를, 그러니까 우리가 꿈꾼 '영화'나 '비디오'를 꿈의 명시적(明示的) 내용이라고 했어. 그러나 꿈은 의식에 드러나지 않는, 보다 깊은 의미도 갖고 있지. 그 의미를 프로이트는 꿈의 잠재의식이라고 했어. 꿈의 영상과 그 소도구들은 보통 가까운 과거에서 유래하고, 바로 전날 체험한 것도 드물지 않아. 그러나 꿈속의 잠재의식은 먼 과거에서 유래할 수도 있어. 예를 들면 아주 어린 시절에서 말이야."

"그러니까 정말로 뭐가 문제인지 알려면 꿈을 분석해야겠군요."

"그래. 그리고 환자들은 꼭 자신의 정신 요법 의사와 함께해야 해. 환자의 꿈을 의사가 혼자 해석할 수는 없으니 의사는 환자의 도움을 받아야 하고. 이런 상황에서 의사는 해석을 돕는, 소크라테스가 말한 산파 역할을 하는 거야."

"알겠어요."

"프로이트는 꿈의 '잠재의식'을 '명시적 내용'으로 변형시키는 것을 꿈이 자업이라고 표현했어. 그럼 현실에서의 행동이 꿈속에서 '변장'하거나 '암호화'되는 일을 이야기해보자. 꿈을 해석하려면 그 발생 과정을 거꾸로 거슬러 올라가야 해. 꿈의 본래 '주제'를 찾아내기 위해 꿈의 '동기'를 해독해야 하지."

"예를 하나 들어주세요."

"프로이트의 저서에는 그런 사례들이 가득해. 그러나 우리도 단순하고 아주 프로이트적인 예를 생각해낼 수 있지. 한 청년이 사촌 여동생에게서 풍선 두 개를 선물 받는 꿈을 꿨다면……."

"그럼요?"

"아니, 이제 네가 직접 꿈을 해석해보렴."

"흐음…… 그러니까 선생님이 말씀하신 건 꿈의 '명시적 내용'이죠. 사촌 여동생이 그에게 풍선 두 개를 선물했다."

"계속!"

"그리고 꿈에 나오는 소도구는 주로 전날 경험한 것이라고 하셨죠.

그러니까 그 남자는 그 전날 낮에 시장이나 신문에서 풍선 사진을 본 거예요."

"그래, 그랬을 수 있지. 단순히 '풍선'이라는 단어를 들었을 수도 있고, 풍선과 관련된 무언가를 봤을 수도 있어."

"근데 꿈의 '잠재의식'이 뭐예요? 이 꿈에서 정말 중요한 게 뭐죠?"

"지금은 네가 해석가야."

"그 남자는 그저 아주 단순하게 풍선 두 개를 갖고 싶었던 걸까요?"

"아니, 그건 불가능해. 꿈이 욕망을 채우려 한다는 점에서는 네 말이 맞아. 하지만 성인 남자가 풍선 두 개를 열렬히 갖고 싶어 하는 일은 거의 없지. 그런 거라면 꿈을 해석할 필요도 없을 거야."

"그러면…… 이제 생각났어요. 사실은 그 남자가 사촌 여동생을 좋아한 거예요. 그리고 풍선 두 개는 그녀의 가슴이고요."

"그래, 그게 가능한 해석이야. 특히 이런 욕망이 그에게는 다소 수치스러운 것이기 때문에 깨어 있는 상태에서는 인정하고 싶지 않았던 거지."

"그러니까 우리가 말한 꿈속의 풍선은 암호 같은 것이군요."

"그래. 프로이트는 꿈을 억압된 욕망의 변장으로 이룬 성취로 간주했어. 우리가 정확히 무엇을 억압하느냐에 대한 견해는 프로이트가 빈에서 의사로 있으면서 아주 많이 바뀌었어. 그럼에도 변장 메커니즘은 여전했지."

"알겠어요."

"프로이트의 정신분석학은 1920년대에 그 중요성을 인정받았어. 특히 노이로제 치료에 의미가 있었지. 무의식에 대한 그의 학설은 그 밖에도 문학을 포함한 예술 영역에서 아주 중요한 역할을 했어."

"예술가들이 대부분 인간의 무의식적인 정신생활을 다루었다는 말씀이지요?"

"맞아. 프로이트의 정신분석학이 아직 널리 알려지지 않았던 19세기 마지막 10년 동안에도 문학에 그런 특징이 두드러지기는 했지만 말이야. 그건 프로이트의 정신분석학이 바로 그 시대에 생겨난 건 우연이 아니라는 뜻이야."

"그럼 시간문제였다고 생각하세요?"

"프로이트는 억압, 실언 또는 합리화 같은 현상들을 자신이 창작했다고 생각하지 않았어. 그는 그런 인간의 경험을 정신병학에 적용한 최초의 인물일 뿐이었지. 그는 또 자기의 이론을 설명하기 위해 매우 훌륭하게 문학적인 예를 인용할 수 있었어. 이미 말한 것처럼 프로이트의 정신분석학은 1920년대부터 예술과 문학에 직접적인 영향을 미쳤으니까."

"어떻게요?"

"오늘날 시인과 화가들은 자기의 창조적인 직업에서 무의식적인 능력을 이용하려고 해. 특히 이른바 '초현실주의자'들에게 해당되지."

"그게 무슨 뜻이죠?"

"프랑스어 '쉬르레알리슴(Surréalisme)'은 초현실주의라고 번역할 수 있어. 1924년 앙드레 브르통이 「초현실주의 선언」을 발표했는데, 여기서 그는 예술이 무의식에서 비롯되어야 한다고 주장했지. 그럴 경우에만 예술가가 자유로운 영감 속에서 자기가 가진 꿈의 영상을 불러일으키고 꿈과 현실의 구별이 지양된 '초현실'을 추구할 수 있기 때문이라는 거야. 사실 예술가들에게는 언어와 영상이 자유롭게 솟아날 수 있도록 의식의 검열을 파괴하는 것이 중요한 일일 수 있지."

"알겠어요."

"프로이트는 어느 정도까지는 인간이 모두 예술가라는 사실을 증명한 사람이지. 꿈은 작은 예술 작품이야. 그런데 우리는 날마다 새로운 꿈을 꿔. 환자의 꿈을 해석하기 위해 프로이트는 종종 함축적인 상징과 씨름해야 했어. 우리가 그림이나 문학 작품을 해석할 때처럼 말이야."

"우리가 매일 꿈을 꾼다고요?"

"최근에 나온 연구에 따르면 사람은 잠자는 시간 동안 20퍼센트는 꿈을 꾼다고 하는데, 그건 매일 밤 2시간에서 3시간은 꿈을 꾼다는 말이지. 그동안 방해를 받으면, 우리는 신경질적으로 반응한다고 해. 그건 모든 사람이 자기의 실존적 상황을 예술적으로 표현하려는 욕구를 타고났다는 것을 뜻하지. 꿈은 우리 자신을 다루고 있는 거란다. 우리가 무대감독이 돼서 모든 소도구를 모아 연기하지. 자기는 예술에 대해서 아무것도 모른다고 말하는 사람은 자기를 잘 모르는 사람이야."

"알겠어요."

"그 밖에도 프로이트는 인간의 의식이 얼마나 놀라운 능력을 가졌는지 증명했어. 그는 환자와의 작업을 통해 우리가 보고 경험한 모든 것을 의식 깊숙이 보존한다는 사실을 확인했지. 우리는 이렇게 보존한 인상을 다시 불러올 수도 있어. 우리가 어떤 것에 대해 '잠깐 기억을 잃었다가' 조금 뒤 그것을 어쩌다 '입에 올리고', 그리고 더 나중에 그것이 '갑자기 떠오르게' 되었다면, 우리는 무의식 속에 있다가 갑자기 반쯤 열린 의식의 문 사이로 새어나온 어떤 일에 대해 이야기하게 되는 거야."

"그렇지만 그건 보통 아주 오래 걸리잖아요."

"그 점은 모든 예술가들이 분명히 보여주고 있지. 예술적 발상이 떠오르는 순간엔 갑자기 모든 문과 기록실의 모든 서랍이 열려서 필요한 자료들이 저절로 나타나는 것 같다는 거야. 모든 것이 그렇게 솟아나오지. 그리고 우리에게 필요한 말과 영상을 정확히 찾아낼 수 있는 거야. 무의식으로 통하는 문을 조금 열어두었을 때 그런 일이 일어난단다. 그런 걸 '영감'이라고 하지. 그때 우린 그리거나 쓰는 능력이 우리 자신에게서 나오는 것이 아니라는 느낌을 갖게 돼."

"그건 확실히 놀라운 느낌이에요."

"그렇지만 너도 분명히 그런 느낌을 경험한 적이 있을 거야. 예를 들면 이런 영감에 가득 찬 상황을 우리는 지친 아이에게서 쉽게 관찰할 수 있거든. 아이들은 때때로 너무 피곤하면 예민하게 긴장하는 경우가 있어. 그러다가 어느 순간에 갑자기 되는 대로 지껄이기 시작하지. 그러고는 아직 배우지 않은 말들을 하는 것처럼 보이기도 해. 그러나 아이들은 그 말들을 배운 적이 있어. 그 말들은 '잠재'의식 속에 숨어 있다가 피로가 주의를 느슨하게 하고 검열이 작용하지 않을 때 갑자기 튀어나오는 거야. 예술가들에게는 상황이 다르지만, 자유롭고 자발적이며 무의식적인 활동을 통해 더 잘 표현될 수 있는 어떤 것을 이성과 깊은 생각이 통제한다는 사실이 중요한 문제가 될 때가 있어. 그런 상황을 잘 설명하는 짧은 우화를 하나 들려줄까?"

"들어야지요!"

"아주 엄숙하고 슬픈 우화란다."

"그래도 들을래요."

"옛날에 1,000개의 다리로 멋진 춤을 출 수 있는 지네가 있었어. 지네가 춤을 출 때는 숲의 모든 동물들이 모여 구경을 하고 그 춤 솜씨에 깊이 감동했단다. 단 한 동물만 지네의 춤을 좋아하지 않았는데 바로 두꺼비였지…….”

“질투했군요.”

“두꺼비는 어떻게 하면 지네가 더 이상 춤을 추지 못하게 만들 수 있을까 궁리했어. 그러나 두꺼비는 그 춤이 마음에 들지 않는다고 말할 수는 없었어. 자기가 더 잘 출 수 있다고 할 수도 없었지. 아무도 들어주지 않을 테니까. 결국 두꺼비는 끔찍한 간계를 생각해냈지.”

“얘기해주세요!”

“두꺼비는 지네에게 편지를 썼어. ‘훌륭하신 지네님! 저는 당신의 멋진 춤 솜씨에 넋이 나가버렸답니다. 그런데 저는 당신이 춤출 때에 움직이는 방법이 무척 궁금해요. 228번째 왼쪽 발을 들고 나서 59번째 오른쪽 발을 드시나요? 아니면 26번째 왼쪽 발을 들고 나서 299번째 오른쪽 발을 들어서 춤을 시작하시나요? 당신의 답장을 기다리겠습니다. 다정한 인사를 보내며 두꺼비가.’”

“저런 나쁜 녀석!”

“지네는 이 편지를 받고, 태어나서 처음으로 춤출 때 자신이 어떻게 움직이는지 생각해보게 되었어. 그가 어떤 발을 제일 먼저 움직였을까? 그리고 그다음에는 어떤 발을 움직였을까? 어떻게 됐을 것 같니?”

“지네는 더 이상 춤을 출 수 없었을 거예요.”

“그래, 그게 마지막이었어. 생각이 환상을 억압하면 그런 일이 일어난단다.”

“정말 슬픈 얘기예요.”

“그래서 예술가에게는 ‘혼자 내버려두는 일’이 중요하단다. 초현실주의자들은 모든 일이 스스로 흘러가는 상태에 자신을 몰입시키려고 해. 초현실주의자들은 백지를 앞에 놓고 무엇을 쓸 것인지 생각하지 않고 그냥 쓰기 시작하지. 그것을 '자동 기술'이라고 해. 그 표현은 원래 '영매(靈媒)'를 믿는 심령론에서 유래했는데 죽은 사람이 펜을 움직인다는 거야. 이 문제에 대해서는 내일 이야기하자."

"좋아요."

"초현실주의 예술가도 어떤 관점에서는 영매라고 할 수 있어. 그 사람은 자신의 잠재의식을 위한 영매인 거야. 아마 모든 창작 과정에는 일종의 무의식적인 요소가 들어 있을지도 모르지. '독창성'이라는 게 본질적으로 무엇을 말하는 거겠니?"

"'독창적'이라는 건 어떤 새롭고 특별한 것을 만들어낸다는 뜻 아닌가요?"

"대체로 그렇다고 할 수 있지. 그것은 환상과 이성의 섬세한 합작이야. 그런데 이성은 너무 자주 환상을 억압해. 환상 없이는 정말 새로운 일이 생겨날 수 없기 때문에 그런 현상은 좋지 않아. 나는 환상을 진화론적인 체계로 보고 있어."

"죄송한데 저는 지금 그 말을 못 알아들었어요."

"진화론은 자연에서 돌연변이가 계속 생겨난다는 점을 밝혀냈어. 그런데 자연은 이러한 돌연변이 중 소수만을 필요로 해. 즉 소수만이 살아남는다는 거지."

"그래서요?"

"우리가 생각할 때, 우리가 영감을 받을 때, 그리고 많은 새로운 관념으로 머리가 가득 차 있을 때에도 마찬가지야. '생각의 돌연변이'가 우리 의식 속에 계속 나타날 거야. 우리가 엄격한 검열을 하지 않으면 말이지. 그러나 우리는 그 많은 생각들 가운데 몇 개만 실제로 사용해. 여기서 이성이 자신의 권리를 행사하지. 이성 역시 중요한 기능을 하기 때문이야. 낮에 잡은 사냥감이 식탁 위에 올라오면 우리는 품별하는 것을 잊어서는 안 되지."

"훌륭한 비유군요."

"우리 머릿속에 '떠오르는' 모든 것, 그러니까 스쳐 지나가는 모든 생각들을 입에 올린다고 생각해봐. 그러면 접착 메모지나 책상 서랍은 필요 없을 테고, 세상은 곧 우연한 착상이 지배하겠지. '선택'이란 없을 거야."

"이성이 많은 착상 중에서 가장 좋은 것을 선택하나요?"

"그래, 너는 그렇게 생각하지 않니? 새로운 무언가를 만들어내는 것은 환상이겠지만, 환상은 참된 의미에서 선택을 하지는 못해. 환상은 '조합'할 수 없어. 모든 예술 작품은 조합이지. 그런데 조합이란 환상과 이성, 느낌과 생각 사이의 놀라운 합작에서 생겨나. 창조적 과정에는 언제나 우연적인 요소가 있어. 어떤 단계에서는 우연적인 착상들을 제어하지 않는 것이 중요할 수도 있어. 양들도 우리로 몰기 전에 먼저 풀어놓아야 하는 법이지."

크녹스 선생님은 잠시 말없이 창밖을 내다보았다. 소피는 그 시선을 따라 작은 호숫가 아래에 모여 있는 것들을 보았다. 디즈니 만화의 등장인물들이 형형색색으로 정신없이 몰려나와 있었다.

"저기 구피가 있네. 도널드와 그의 조카들…… 그리고 데이지, 다고베르트 아저씨. 칩과 데일 보이세요? 제 얘기 들리세요, 선생님? 미키마우스와 제트 엔진 대니얼도 있어요!"

선생님이 소피에게로 고개를 돌렸다.

"그래, 슬픈 일이구나, 얘야."

"무슨 말씀이세요?"

"우린 여기에 앉아서 소령이 제 양들을 풀어놓을 때 무방비한 희생양이 되는 거지. 물론 그건 내 탓이야. 결국 자유로운 환상의 놀이는 내가 시작했으니까."

"선생님 자신을 비난하지 마세요."

"나는 원래 환상이 우리 철학자들에게도 중요하다고 말하려고 했어. 새로운 무언가를 생각하기 위해서 우리를 혼자 내버려두는 용기를 가져야 해. 그런데 내가 약간 애매하게 표현한 것 같구나."

"너무 심각하게 생각하지 마세요."

"나는 조용히 생각하는 일에 대해 얘기하려고 했는데 그가 이렇게 야단법석을 떨고 있는 거지. 그는 부끄러운 줄 알아야 해!"

"지금 반어적으로 말씀하시는 거예요?"

"내가 아니라 그가 반어적이지. 그래도 한 가지 위안은 내 계획의 토대야."

"무슨 말씀인지 못 알아듣겠어요."

"우린 꿈에 대해 이야기했지. 그러는 동안에 반어의 입김이 서렸던 거야! 도대체 우리가 소령의 꿈의 영상과 뭐가 다르다는 거지?"

"오……."

"하지만 그는 한 가지를 잊고 있어."

"그게 뭔가요?"

"아마 그는 자기 자신의 꿈을 고통스럽게 의식하고 있을 거야. 그는 꿈꾸는 사람이 꿈의 명시적 내용을 기억하는 것처럼 우리가 말하고 행동하는 모든 것에 경도되어 있어. 그는 그렇게 글을 쓰는 거야. 하지만 그는 우리가 대화한 것을 기억할 때도 온전히 깨어 있는 건 아니란다."

"무슨 말씀이세요?"

"그는 꿈의 잠재의식을 모르고 있어. 그는 그것도 변장한 꿈이라는 것을 잊어버린 거야."

"그건 말도 안 돼요!"

"소령도 그렇게 생각할 거야. 게다가 그는 자기 자신의 꿈의 언어를 이해하지 못하니까, 우리에겐 잘된 일이지. 그게 작게나마 우리에게 자유를 주었어. 이 자유로 우리는 곧 따뜻한 여름날 햇빛 속으로 뛰어나온 명랑한 들쥐처럼 불쾌한 의식에서 벗어나게 될 거야."

"우리가 그런 일을 할 거라는 말씀이세요?"

"해야지. 이틀 안에 너에게 새로운 하늘을 보여줄게. 그러면 소령은 더 이상 들쥐가 어디에 있는지, 언제 다시 나타날지 알 수 없을 거야."

"우리가 꿈이든 아니든 간에 저는 어쨌든 한 가족의 딸이기도 해요. 5시예요. 이제 집에 가서 가든파티 준비를 해야 해요."

"음…….가는 길에 부탁 하나 들어주겠니?"

"뭔데요?"

"조금 특별히 주의를 기울여보렴. 집에 가는 길에 소령이 너에게서 시선을 떼지 않도록 그 사람을 생각하면 소령도 너를 생각할 거야."

"그럼 어떻게 되는데요?"

"그사이 나는 조용히 내 머릿속에서 계획을 계속 이어갈 수 있지. 나는 소령의 잠재의식 속으로 완전히 잠기게 될 거야. 소피야, 우리가 다시 만날 때까지 나는 거기에 있을게."

우리들의 시대

······ 인간은 자유를 선고받았는데 ······

자명종 시계가 밤 11시 55분을 가리켰다. 힐데는 천장을 바라보며 자유로운 연상을 해보려고 했다. 그러나 생각은 자꾸 끊어졌다. 힐데는 왜 계속 생각할 수 없는 건지 생각해보았다.

어떤 생각도 억압하고 싶지 않다는 것일까?

어떤 검열이든 모두 무시할 수 있다면 힐데는 깨어 있는 상태로도 꿈을 꾸기 시작할 것이다. 이런 생각은 조금 섬뜩한 데가 있었다.

긴장을 풀고 자신의 생각과 심상을 열어놓으려고 하면 할수록 힐데는 점점 더 호숫가 숲 속의 소령의 오두막에 있는 것 같은 느낌이 들었다.

크녹스 선생님은 지금 무슨 일을 꾸미고 있을까? 물론 크녹스 선생님이 꾸미는 일은 아빠가 꾸민 것이다. 아빠는 무슨 일이 벌어질지 정말 다 알고 있을까? 고삐를 아주 늦추어서 마지막에 크녹스 선생님이 아빠를 놀라게 하려는 건 아닐까?

이제 몇 장 남지 않았다. 마지막 페이지를 볼까? 아니야. 그건 쓸데없는 일일 것이다. 그렇지만 마지막 페이지에는 뭔가가 일어나 있을 것이다. 힐데는 마지막 페이지에서 무슨 일이 벌어질지 이미 정해져 있다는 사실이 믿기지 않았다.

이상한 생각이지 않은가? 바인더 공책은 여기 있고 아빠가 뭔가를 덧붙인다는 것은 불가능하다. 기껏해야 크녹스 선생이 무슨 일을 벌인다면, 깜짝 놀랄 일은······.

어쨌든 힐데도 몇 가지 놀라운 일을 벌일 것이다. 크나그 소령은 힐데를 조종할 수 없다. 그러면 힐데는 자신을 조종할 수 있을까?

의식이란 무엇일까? 우주의 가장 큰 수수께끼 중 하나가 아닐까? 기억이란 무엇일까? 무엇이 우리가 보고 경험한 모든 일을 '기억나게' 할까? 거의 매일 밤 동화 같은 꿈속으로 우리를 끌어들이는 메커니즘은 무엇일까? 이런 생각을 하면서 힐데는 눈을 깜빡거렸다. 그러고는 다시 눈을 뜨고 계속 천장을 쳐다보았다. 결국 힐데는 눈을 뜨는 걸 잊어버리고 잠이 들었다.

힐데가 요란한 갈매기 울음소리에 잠을 깬 것은 6시 66분이었다. 정말 이상한 숫자였다! 침대에서 벌떡 일어나 창가로 가서 만을 내다보았다. 이것은 여름에나 겨울에나 변함없는 힐데의 오랜 습관이다.

거기에 서 있는 동안 힐데는 갑자기 머릿속에서 물감 상자가 폭발하는 듯한 느낌이 들었다. 어젯밤 꿈이 생각난 것이다. 여느 때와 달리 꿈의 색채와 형태가 생생했다.

아빠가 레바논에서 돌아오는 꿈이었는데, 오솔길에서 금 십자가 목걸이를 발견한 소피의 꿈의 연장인 것 같았다.

힐데는 소피의 꿈속에서처럼 오솔길에 앉아서 아주 작은 목소리를 들었다.

"내 이름은 소피야!"

힐데는 그 목소리가 어디서 나는지 듣기 위해 가만히 앉아 있었다. 그 목소리는 곤충이 말하는 것처럼 아주 작은 소리로 바스락거리는 것 같았다.

"너는 눈이 멀었니, 귀가 먹었니!"

하는 소리가 들리는 순간 유엔 군복을 입은 아빠가 정원에 나타났다.

"힐데야!"

힐데는 달려가 아빠의 목에 매달렸다. 그러고는 꿈에서 깨어났다.

힐데는 아르눌프 외베를란의 시 한 구절이 떠올랐다.

어느 날 밤 놀라운 꿈에서 깨어났다.

어떤 목소리가 내게 말하는 것 같았다.

저승의 강처럼 먼 곳에서…….

그러고는 일어났다. 넌 내게 무얼 원하는가?

잠시 후 엄마가 방으로 들어왔다.

"안녕! 벌써 깨어 있었구나!"

"저도 모르게…….."

"나는 평소대로 4시쯤에 올게."

"좋아요."

"멋진 금요일이 되길 바랄게, 힐데야."

"안녕히 다녀오세요!"

엄마가 집을 나서는 소리가 들리자 힐데는 다시 침대에 누워 바인더 공책을 펼쳤다.

'나는 소령의 잠재의식 속으로 완전히 잠기게 될 거야. 소피야, 우리가 다시 만날 때까지 나는 거기에 있을게.'

거기, 그래! 힐데는 계속 읽어 내려갔다. 정말 몇 장 남지 않았다는 사실이 건지에 느껴졌다.

소령의 오두막을 나선 소피는 여전히 호수 아래쪽에 모여 있는 디즈니 만화의 주인공들에게 가까이 다가갔다. 그런데 그것들은 서서히 희미해지더니 배에 도착하자 완전히 사라져버렸다.

소피는 맞은편 둑의 갈대 속으로 배를 저어 가서는, 얼굴을 찡그리고 팔을 휘둘렀다. 크녹스 선생님이 감시를 받지 않고 소령의 오두막에 있을 수 있도록, 소피가 소령의 주의를 끌어야 했다.

숲 속을 달리는 동안 일부러 몇 번 껑충껑충 뛰었다. 그러곤 태엽 감은 인형처럼 걷기도 했다. 다음에는 소령이 지루해하지 않도록 노래를 불렀다.

그러다가 멈춰 서서 크녹스 선생님의 계획이 어떻게 되어가는 걸까 곰곰이 생각했다. 소피는 그런 생각에 사로잡혀 나무 위로 올라가려는 나쁜 마음을 먹게 되었다.

소피는 할 수 있는 한 높이 기어 올라갔다. 거의 꼭대기에 올랐을 때 소피는 갑자기 다시 내려갈 수 없을 것 같은 느낌이 들었다. 한참 있다가 조심해서 내려가야겠다고 마음먹었지만 나무 위에 편안하게 앉아 있을 수가 없었다. 이러는 동안 소령은 곧 싫증을 내고 다시 크녹스 선생님이 무엇을 하는지 알아내려고 신경을 쓸 것이다.

소피는 양팔을 흔들며 닭 울음소리를 두 번 내고 요들송을 불렀다. 15년을 살면서 처음 불러보는 요들송이다. 그 노래에 소피는 기분이 흡족해졌다.

다시 내려오려고 했지만 꼼짝도 할 수 없었다. 그때 갑자기 커다란 거위가 다가와서 소피가 붙어 있는 나뭇가지 아래에 앉았다. 소피는 디즈니 만화 주인공 무리를 본 적이 있기 때문에 거위가 말을 해도 전혀 놀라지 않았다.

"나는 마르틴이라고 해. 원래는 집에서 사는데 오늘은 특별히 야생 거위와 함께 레바논에서 왔어. 너는 도움 없이는 내려올 수 없겠구나."

"그렇지만 넌 나를 도와주기에는 너무 작아."

"성급한 결론이군, 아가씨. 네가 너무 큰 거야."

"그 말이나 이 말이나 마찬가지 아니니?"

"그건 그렇다 치고 내가 네 나이 또래 농부 소년을 태우고 온 스웨덴을 다녔다면 흥미가 생길 거야. 닐스 홀게르손이라는 아이지."

"나는 열다섯 살이야."

"닐스는 열네 살이었지. 한 살 차이는 문제가 아냐."

"어떻게 그 애를 높이 들 수 있었니?"

"내가 뺨을 살짝 치면 정신을 잃게 돼. 다시 정신이 들면 엄지 손가락만큼 작아지지."

"그럼 내 뺨도 살짝 치려고 하겠구나. 어쨌든 이 위에 영원히 앉아 있을 수는 없어. 토요일에는 철학 가든파티를 해야 해."

"그거 재미있겠다. 그렇다면 여기는 분명히 철학책 속이겠군. 나는 닐스 홀게르손하고 스웨덴을 날아다녔을 때, 베름란드의 모르바카에 내린 적이 있어. 거기서 닐스는 학교에 다니는 아이들이 재미있게 볼 만한, 스웨덴에 대한 책을 오랫동안 써온 노부인을 만났지. 부인은 늘 그 책이 교훈적이어야 하고 진리로 가득 차 있어야 한다고 말했어. 그 부인은 닐스가 경험한 얘기를 모두 듣고는 그 애가 거위 등에 타고 본 모든 것을 책에 쓰기로 결심했지."

"놀라운 얘기구나."

"솔직히 말하면 좀 반어적이지. 우린 벌써 이 책 안에 들어와 있으니까 말이야."

소피는 갑자기 뺨을 한 대 얻어맞은 것을 느끼고는 아주 작아졌다. 나무는 이제 숲 전체인 것 같고, 거위는 말만큼이나 커졌다.

"자, 이제 가자."

거위가 말했다.

소피는 가지 위를 걸어서 거위 등에 올라탔다. 인형처럼 작아진 소피에게는 보드라운 깃털이 가시처럼 따가웠다.

소피가 등에 앉자마자 거위는 나무 위로 높이 날아올랐다. 소피는 호수와 소령의 오두막을 내려다보았다. 저 아래에서는 크녹스 선생님이 복잡한 계획을 짜고 있을 것이다.

"더 구경할 거 없지?"

거위는 날개를 치더니 소피가 조금 전에 기어 올라갔던 나무 밑에 내려앉았다. 그때 소피는 거위 등에서 굴러떨어졌다. 두 바퀴를 구르고 나서야 소피는 일어섰다. 그런데 그 순간 놀랍게도 소피는 다시 본래의 크기로 되돌아왔다.

거위는 소피 주위를 두 번 뒤뚱거리며 돌았다.

"도와줘서 정말 고마워."

소피가 말했다.

"별것 아니야. 여기가 철학책 속이라고 하지 않았니?"

"아니, 그건 네가 한 말이야."

"그래, 누가 했거나 마찬가지지. 괜찮으면, 닐스 홀게르손을 태우고 스웨덴을 날아다닌 것처럼 너를 태우고 온 철학의 역사를 지나며 날아다닐 텐데. 우린 밀레토스와 아테네, 예루살렘과 알렉산드리아, 로마와 피렌체, 런던과 파리, 예나와 하이델베르크, 베를린과 코펜하겐을 일주할 수 있어……."

"고마워, 하지만 이만하면 됐어."

"이렇게 반어적인 거위도 한 세기를 통과해서 날아다니면 아주 멋진 일을 하는 것일 텐데. 스웨덴의 행정 구역을 돌아다니는 건 너무 단순한 일이야……."

그 말과 함께 거위는 날아올라 공중에서 날개를 파닥였다.

소피는 완전히 지쳤지만 크녹스 선생님이 자신의 견제 작전에 틀림없이 만족했을 거라고 생각했다. 어쨌든 소령은 크녹스 선생님에게 생각을 기울이지 못하고, 아주 심각한 정신분열에 빠졌을 것이다.

엄마가 일터에서 돌아왔을 때 소피는 집에 들어와 있었다. 그래서 높은 나무에서 내려올 때 거위에게 도움을 받았다는 고백은 하지 않을 수 있었다.

식사를 하고 나서 소피는 가든파티를 준비했다. 다락방에서 4미터가량 되는 식탁보와 버팀목을 꺼내 정원에 가져다 놓았다. 그러고 나서 다시 올라가 접시를 나를 쟁반을 가져왔다.

식탁은 과일나무 아래에 차리기로 했다. 커다란 접시들은 부모님의 열 번째 결혼기념일에 마지막으로 썼던 것들이다. 그때 소피는 겨우 여덟 살이었지만 친구와 친척들이 모두 참석했던 성대한 가든파티를 정확히 기억하고 있다.

일기예보에서는 날씨가 더할 나위 없이 좋을 것이라고 했다. 소피의 생일 전날 천둥 번개를 동반한 끔찍한 폭풍우가 친 뒤로는 비가 단 한 방울도 오지 않았다. 식탁보는 토요일 오전에 덮기로 했다. 엄마는 식탁이 정원에 놓인 것만 보고도 만족해했다.

소피는 저녁 늦게 두 가지 반죽으로 롤빵과 이스트빵을 구웠다. 치킨과 샐러드도 준비했다. 레모네이드도. 소피는 반 남자애들이 맥주를 가져올까 봐 걱정스러웠다. 잔뜩 취해서 소동을 벌이면 어쩌지?

소피가 자러 가려고 할 때, 엄마가 크녹스 선생님이 정말 파티에 오는지 다시 한 번 물었다.

"틀림없이 오실 거예요. 철학적인 마술을 보여준다고 약속하셨어요."

"철학적인 마술? 도대체 그게 뭐니?"

"글쎄요……. 선생님이 마술사라면 마법으로 무언가 불러내겠죠. 모자에서 흰 토끼를 끄집어낼지도……."

"뭐라고?"

"……그렇지만 선생님은 철학자니까 철학적인 마술을 하실 거예요. 결국 철학 가든파티를 여는 거죠."

"또 헛소리!"

"엄만 벌써 할 일을 생각해두셨군요?"

"물론이지, 소피야. 나도 무언가를 해야지……."

"어떤 이야기인가요?"

"아니, 아직은 말할 수 없어. 잘 자렴!"

다음 날 아침 소피는 엄마 때문에 일찍 잠에서 깼다. 엄마가 일하러 나가기 전에 작별 인사를 할 참이었다. 엄마는 소피에게 가든파티를 위해 시내에서 사야 할 물건 목록을 건네주었다.

엄마가 집을 나서자마자 전화벨이 울렸다. 크녹스 선생님이었다. 그는 소피가 언제 집에 혼자 있는지 잘 알고 있었다.

"비밀 계획은 어때요?"

"쉿! 아무 말도 하지 마. 소령이 그 일에 관해 생각해볼 어떤 기회도 주어서는 안 돼."

"어젠 제가 방해를 아주 잘한 것 같아요."

"잘했어."

"철학 수업은 어떻게 되었나요?"

"그래서 전화한 거야. 벌써 우리가 사는 세기에 도달했어. 이제부터는 너 혼자 길을 찾아가야 해. 그럴 만한 기본은 되어 있지. 그래도 만나서 우리들의 시대에 대해서 얘기를 좀 해야겠어."

"전 시내에 가야 하는데……."

"잘됐네. 우리들의 시대에 대해 얘기할 거라고 했잖니."

"그래서요?"

"그 한가운데서 만나니 잘됐지."

"선생님 댁으로 가면 안 되나요?"

"절대로 안 돼. 여기는 엉망진창이야! 나는 곳곳에 숨겨진 도청기를 찾고 있어."

"저런……."

"광장에서 쭉 올라가면 새로 생긴 카페가 있어, '카페 피에르'. 어디인지 아니?"

"네, 연세 갈까요?"

"12시."

"12시에 카페 피에르에서."

"이제 얘긴 그만하자."

"네."

소피는 12시 2분에 카페 피에르에 얼굴을 내밀었다. 둥근 탁자와 검은색 의자, 술잔과 술병이 거꾸로 매달려 있는 현대적인 카페였다.

넓은 곳은 아니어서 소피는 거기에 크녹스 선생님이 없다는 것을 바로 알아보았다. 자리가 거의 다 차 있었는데, 거기 앉아 있는 사람들 얼굴을 하나하나 살폈지만 크녹스 선생님은 없었다.

소피는 혼자 카페에 가는 것이 익숙하지 않았다. 일단 잠깐 나가 있다가 크녹스 선생님을 찾으러 다시 와야 하는 걸까?

소피는 대리석으로 된 카운터에 가서 레몬차를 주문했다. 그러곤 찻잔을 가지고 빈자리에 가서 입구를 바라보고 앉았다. 많은 사람들이 오고갔지만 크녹스 선생님은 오지 않았다.

신문이라도 가져올걸!

주위를 잠깐 둘러보았다. 몇 차례 사람들과 시선이 마주쳤고, 순간 자신이 성숙한 아가씨가 된 듯한 생각이 들었다. 겨우 열다섯 살이지만 열일곱 살이나 적어도 열여섯 살 반은 되어 보일 것이라고 생각했다.

이 카페에 있는 사람들은 모두 자기들의 삶에 대해 어떤 생각을 할까? 소피에게는 이 사람들이 그저 기분 전환이나 하려고 카페에 앉아 있는 것 같았다. 연신 이야기를 하며 열심히 손짓을 하고 있지만 별로 중요한 얘기를 하는 것 같지는 않았다.

소피는 군중의 가장 중요한 특징이 무의미한 '수다'라고 한 키르케고르를 생각했다. 이 모든 사람들이 미적인 단계에서 살아가는 걸까? 아니면 그들에게 실존적으로 중요한 뭔가가 있을까?

크녹스 선생님은 첫 번째 편지에서 아이들과 철학자는 서로 비슷하다고 했다. 소피는 어른이 된다는 생각에 덜컥 겁이 났다. 이제 자기도 우주라는 마술사의 검은 모자에서 꺼내 올려질 흰 토끼의 털 속으로 더 깊이 기어 들어가는 것은 아닐까?

이런 생각을 하면서 소피는 계속 입구를 바라보았다. 그때 갑자기 크녹스 선생님이 거리에서 카페 안으로 빠르게 들어왔다. 한여름인데도 검은 베레모를 쓰고 회색 생선가시 무늬가 있는 반팔 외투를 입었다. 크녹스 선생님은 재빨리 소피에게 다가왔다. 소피는 공공장소에서 선생님을 만나는 것이 아주 새롭다고 생각했다.

"벌써 12시 15분이에요, 게으름뱅이!"

"그 15분은 학문적 15분이라고 하지. 내가 아가씨를 식사에 초대해도 될까?"

선생님은 앉아서 소피의 눈을 들여다보았다. 소피는 어깨를 으쓱였다.

"전 아무래도 상관없어요. 빵 한 조각 정도면."

선생님은 카운터로 가서 커피 한 잔과 치즈와 햄이 든 커다란 바게트 빵 두 개를 가지고 돌아왔다.

"비싸죠?"

"아니, 별로."

"이걸로 늦게 오신 데 대한 사과를 끝내실 건가요?"

"아니, 난 일부러 늦게 온 거야. 이제 이유를 설명할게."

선생님은 바게트 빵을 열심히 몇 번 베어 먹고 나서 이야기를 시작했다.

"이제 우리가 사는 세기에 대해 이야기할 거야."

"그 안에 철학적인 의미가 들어 있나요?"

"그럼! 너무 많아서 사방으로 흩어져버릴 지경이야. 먼저 실존주의에 대해 이야기할게. 인간의 실존적인 상황에 근거를 둔 몇 가지 철학 사조들을 한데 묶어 그렇게 부르지. 20세기 실존철학이라고도 해. 몇몇 실존주의 철학자나 실존주의자들은 키르케고르에게, 다른 이들은 헤겔과 마르크스한테서 영향을 받았지."

"아하."

"20세기에 영향을 미친 또 다른 중요한 철학자로는 독일의 프리드리히 니체가 있어. 그는 1844년부터 1900년까지 살았어. 니체의 철학은 헤겔 철학과, 거기에서 출발한 독일 '역사주의'에 대한 반동의 성격을 띠지. 니체는 헤겔과 그 추종자들의 역사에 대한 관심이 실은 살아 있는 역사에 대한 것이 아니었음을 입증했고, 그 관심을 삶 자체에 대비했어. '가치 전도'에 대한 그의 주장, 특히 그가 '노예의 도덕'이라고 한 기독교적 도덕의 가치 전복을 요구한 것이 유명한데, 그것은 강자의 삶의 실현이 더 이상 약자 때문에 방해를 받아서는 안 된다는 거야. 니체에게는 기독교와 철학적 전통이 세계를 떠나 '하늘' 또는 '관념의 세계'로 향해 있었지. 이것들은 '본래적 세계'로 간주되었지만, 실제로 그것은 단지 허상에 불과한 거야. 그래서 니체는 '대지에 충실하라, 그리고 초현실적인 희망을 말하는 자들을 믿지 말라!'고 말했지."

"그렇군요……."

"키르케고르뿐만 아니라 니체한테서도 영향을 받은 철학자는 독일의 실존주의 철학자 마르틴 하이데거지만, 우린 건너뛰고 프랑스의 실존주의자 장폴 사르트르에 집중하기로 하자. 사르트르는 1905년부터 1980년까지 살았고 일반 대중에게는 실존주의의 대표자로 여겨졌어. 그의 실존주의는 제2차 세계대전 이후에 발전했지. 그는 나중에 프랑스에서 마르크스주의 운동에 참여했지만 정당에는 절대로 가입하지 않았어."

"그래서 우리도 이 프랑스식 카페에서 만난 건가요?"

"어쨌든 완전히 우연은 아니야. 사르트르도 대부분 카페에서 시간을 보냈으니까. 생의 반려자인 시몬 드 보부아르도 카페에서 알게 됐지. 보부아르도 실존주의 철학자였어."

"드디어 여성 철학자가 등장했군요?"

"맞아."

"인류가 드디어 개화되기 시작했다니 다행이에요."

"그러나 우리들의 시대는 새로운 걱정거리가 많이 생겨난 시대이기도 해."

"선생님은 실존주의에 대해 설명하려고 하셨어요."

"사르트르는 '실존주의는 휴머니즘이다'라고 했어. 실존주의가 전적으로 인간 자신에게 근거를 두고 있다는 말이지. 사르트르의 인본주의는 르네상스 시대에서 우리가 만난 인본주의와는 달리 더욱 우울한 모습이라고 할 수 있어."

"왜요?"

"키르케고르와 현 세기 몇몇 실존주의 철학자들은 기독교도였어. 그에 반해서 사르트르는 대표적인 무신론적 실존주의자라고 할 수 있지. 그의 철학은 신이 죽어버린 상황에서 인간의 실존을 냉혹하게 분석한 거야. '신은 죽었다'는 유명한 말은 니체에게서 유래한 말이고."

"더 얘기해주세요!"

"사르트르 철학의 핵심 개념은 키르케고르와 마찬가지로 실존이라는 단어야. 여기서 실존이란 단순히 지금 존재한다는 것을 뜻하는 것은 아니야. 식물과 동물도 현재 있는 것이고 존재하는 것이지만, 그것이 무엇을 의미하는지에 대한 의문을 갖지는 않아. 인간은 자기의 존재를 의식하는 유일한 생물이지. 사르트르는 형이하학적 사물은 '즉자적(卽自的)'이지만, 인간은 '대자적(對自的)'이라고 했어. 그러니까 인간이 존재한다는 것은 사물이 존재한다는 것과는 다른 거야."

"저도 그렇게 생각해요."

"계속해서 사르트르는 인간의 존재는 존재가 처한 그때그때의 의미보다 선행한다고 주장했어. 내가 무엇이냐는 것보다 내가 있다는 것이 앞선다는 거야. 이런 의미에서 사르트르는 '실존이 본질에 선행한다'고 했지."

"복잡하군요."

"'본질'이란 어떤 것이 원래 무엇인지, 그러니까 어떤 것의 '본성'을 뜻해. 그러나 사르트르에 따르면 인간에게는 원래 그런 본성이 없어. 인간은 자기 자신의 본성, 자기 자신의 본질을 스스로 창조해야 하는 거야."

"무슨 말씀인지 알 것 같기는 해요."

"전체 철학의 역사에서 철학자들은 인간이란 무엇인가, 또는 인간의 본성이란 무엇인가 하는 의문에 대한 답을 찾으려고 노력해왔어. 반면에 사르트르는 인간에게는 인간이 되돌아갈 그런 영원한 '본성'은 없다고 했지. 따라서 사르트르에게 삶의 의미에 대한 물음 역시 대체로 무의미했어. 다시 말해서 우리는 즉흥 연기를 맡은 배우인 거야. 연습도 못해보고, 어떤 행동을 해야 하는지 귀에다 속삭여주는 프롬프터나 대본도 없이 무대에 선 배우 같은 거야. 우리는 어떻게 살아갈지 스스로 결정해야 해."

"맞는 말이에요. 우리가 성서나 철학 교과서로 어떻게 살아가야 할지 참고할 수 있다면 훨씬 쉬울 텐데요."

"잘 이해하고 있구나. 사르트르는 인간이 자신의 존재를 의식하고, 또 자기가 언젠가 죽는 것을 의식할 때, 그리고 삶에 대해서 아무 의미도 인식할 수 없을 때에 불안을 느낀다고 했어. 키르케고르에게 불안이 인간의 실존적 상황을 표현하는 매우 중요한 개념이었던 것처럼."

"그렇군요."

"그 밖에 사르트르는 인간이 세계에서 무의미하게 소외되어 있다고 느꼈어. 사르트르가 인간의 '소외'를 말한 것은 헤겔과 마르크스의 중심 사고를 동시에 받아들인 거야. 사르트르는 세상에서 이방인으로 존재한다는 인간의 느낌이 회의, 권태, 구토, 부조리의 감정을 유발한다고 했지."

"'우울'하거나 모든 것에서 '불행'을 찾는 건 꽤 널리 퍼져 있는 감정이지요."

"그래, 사르트르는 20세기의 도시 사람을 표현한 거야. 르네상스의 인문주의자들이 이미 인간의 자유와 독립의 승리를 가리켰다는 것을 너도 잘 알고 있을 거야. 사르트르 자신은 인간의 자유를 저주로 체험했어. 그는 '인간은 자유를 선고받았다'고 썼지. 인간은 선고받은 존재야. 왜냐하면 인간은 자기 자신을 스스로 창조하지 않았기 때문이지. 그럼에도 불구하고 자유로워. 왜냐하면 인간은 한번 세상에 던져지면 자기가 한 모든 일에 책임을 져야 하기 때문이야."

"우리는 우리를 자유로운 개체로 만들어달라고 아무에게도 부탁하지 않았죠."

"사르트르도 그 점을 중요시했지. 우리는 자유로운 개체야. 우리의 자유는 우리가 평생 동안 무언가를 선택할 수밖에 없도록 선고를 내렸어. 우리를 인도할 영원한 가치나 규범은 존재하지 않아. 그만큼 우리 자신의 결정과 선택이 중요하지. 사르트르는 인간은 자기가 한 일에 대한 책임을 결코 피할 수 없다고 지적했어. 따라서 우리는 우리의 책임을 부인하면서, 어쩔 수 없이 그 일을 '해야만' 했다거나 우리가 어떻게 살아야 하는지에 대한 특정한 시민적 책임을 '따라야만' 했다고 변명할 수 없어. 이런 식으로 익명의 대중 속에 휩쓸려 사는 사람은 인격을 상실한 군중의 일원에 지나지 않아. 그는 스스로에게서 도피해 거짓된 삶으로 숨어버리는 거야. 그러나 인간의 자유는 무엇이든 우리 스스로 행동하는, 즉 참되고 '본래적인' 실존일 것을 명령하지."

"그렇군요."

"이건 우리의 윤리적인 결정에도 적용돼. 우리는 결코 인간의 본성과 약점 같은 것에 책임을 전가할 수 없어. 종종 중년의 어떤 남자들은 돼지처럼 행동하며 그 모든 일을 자기들 속에 있다는 '고대의 아담'에게 뒤집어씌우기도 해. 그러나 그런 '고대의 아담'은 존재하지 않아. 고대의 아담은 우리 자신의 행위에 대한 책임을 회피하기 위해 끌어들이는 가공의 인물일 뿐이야."

"그런 남자가 책임져야 할 한계가 틀림없이 있을 거예요."

"사르트르는 삶이 그에게 내재하는 의미는 없다고 주장했지만 그 말이 그에게 아주 적합한 표현은 아니야. 그는 '허무주의자'는 아니었어."

"허무주의자가 뭐죠?"

"모든 것이 아무런 의미도 없고, 또 모든 것이 허용될 수 있다고 주장하는 사람이지. 그러나 사르트르는 삶이 의미를 가져야만 한다고 생각했어. 그것은 명령형이지. 우리 자신도 우리 삶의 뜻과 의미를 창조해야만 해. 그래서 실존이란 자신의 특별한 존재를 창조하는 거야."

"조금 더 자세하게 설명해주세요."

"사르트르는 감각하기 전의 의식은 아무것도 아니라는 사실을 증명하려고 했어. 의식은 언제나 어떤 것에 대한 의식이야. '어떤 것'이 무엇인가 하는 문제는 우리 자신과 환경에 달려 있지. 우리가 무엇을 감각할 것인지에 대해서도 우리는 스스로에게 의미 있는 것을 선택하기 때문이야."

"예시는 없나요?"

"두 사람이 같은 공간에 있으면서도 완전히 다른 체험을 할 수 있단다. 그것은 우리가 주위 세계를 지각할 때 우리의 의견이나 관심을 개입시키기 때문이야. 예를 들면 임산부의 눈에는 가는 곳마다 임산부가 가장 많이 보여. 그건 이전에는 임산부가 없었다는 얘기가 아니라 임신했다는 사실이 지금 자기에게 새로운 의미를 갖게 된 거야. 아픈 사람은 사방에서 앰뷸런스를 만나고……."

"그렇군요."

"우리 자신의 현존은 어떤 공간에서 사물을 지각하는 방식을 통해 특징지어진다고 할 수 있어. 어떤 것이 나에게 중요하지 않으면 나는 그것을 보지 않겠지. 내가 왜 아까 너무 늦게 왔는지 이제 말할 수 있겠구나."

"그건 고의였다고 하셨잖아요?"

"네가 카페에 와서 본 것을 먼저 얘기해봐."

"제일 먼저 선생님이 여기 안 계신 걸 보았어요."

"내가 여기에 '없는 걸' 제일 먼저 보았다는 게 조금 우습지 않니?"

"그럴지도 모르죠. 그래도 전 선생님과 약속을 했으니까요."

"사르트르는 우리가 우리에게 의미가 없는 것을 어떻게 '무화(無化)'시키는지 설명하기 위해 카페 방문을 이용했어."

"그걸 보여주려고 늦게 오셨어요?"

"사르트르 철학에서 이 중요한 사실을 네가 정말 잘 이해했으면 해. 그걸 연습 문제 정도로 생각할 수 있지 않니?"

"쳇!"

"네가 사랑에 빠져 연인의 전화를 기다린다면 너는 아마 저녁 내내 그 연인이 전화하지 않았던 걸 '듣게' 될 거야. 그가 전화하지 않은 걸 너는 내내 확인하는 거야. 네가 기차역까지 마중 나가서 네 연인을 찾지 못하고 플랫폼에 쏟아져 나온 사람들을 만난다면 너는 이 사람들을 전혀 보지 않을 거야. 그들은 방해가 될 뿐이고 너에게는 중요하지 않은 사람들이지. 너는 금방 구역질이 날 것 같고 불쾌한 생각이 들 거야. 사람들은 끔찍하게도 많고 네가 확인하는 유일한 사실은 그곳에 네 연인이 없다는 것뿐이지."

"그렇군요."

"시몬 드 보부아르는 실존주의를 성 역할을 분석하는 데 적용하려고 했어. 사르트르는 인간의 영원한 본성을 부인했어. 우리가 무엇인지는 우리 스스로 창조해야 해."

"그래서요?"

"그건 성에 대한 우리의 관념에도 적용되지. 시몬 드 보부아르는 영원한 '여성성'이나 '남성성'은 없다고 지적했어. 그러나 전통적인 인간 이해는 그것과는 반대되는 것이었어. 예를 들자면 남성이 '초월적인' 본성, 즉 한계를 넘어서는 본성을 가졌다는 주장이 반복되었어. 그래서 남성은 자기의 집 밖에서 삶의 의미와 목표를 추구해야 한다는 것이었지. 또한 여성은 정반대의 경향이 있다고 주장했어. 여성은 '내재적'이어서 그들이 있던 곳에 늘 있으려 한다는 거지. 가정이나 자기 가까이에 있는 일들을 염려해야 하고 또 그러기를 원한다고 말이야. 오늘날에도 우리는 '부드럽고 섬세한 일'에 여성이 남성보다 더 적합하다는 식의 말을 듣곤 해."

"시몬 드 보부아르가 정말 그런 말을 했나요?"

"아니야, 얘기를 제대로 듣지 않았구나. 시몬 드 보부아르는 그러한 여성성이나 남성성은 존재하지 않는다고 했어. 그와는 정반대로 여성과 남성이 그런 뿌리 깊은 선입견이나 관념에서 무조건 해방되어야 한다고 믿었지."

"진심으로 동의해요."

"그녀의 중요한 저서는 1949년에 출간된 『제2의 성』이야."

"그게 무슨 뜻이죠?"

"보부아르는 여성을 생각한 거야. 여성은 인간의 역사에서 겨우 '제2의 성'으로 간주되어왔다는 거지. 남성만이 주체로 등장했고 그에 반해 여성은 남성의 객체가 되었어. 그리고 이렇게 여성은 자기 자신의 삶에 대한 책임을 상실했지."

"그래요?"

"시몬 드 보부아르는 여성이 자신의 삶에 대한 책임을 되찾아야 한다고 했어. 여성은 자신을 되찾아야 하며 자기 남편에게 자신의 정체성을 쉽게 넘겨주지 말아야 한다는 거지. 왜냐하면 남성만이 여성을 억압하는 게 아니라, 여성이 자신의 삶에 대한 책임을 떠맡지 않으면, 여성도 스스로를 억압하기 때문이야."

"우린 우리 스스로 결정하는 한에서만 자유롭고 독립적인 거죠?"

"그렇지. 실존주의는 총 40년 동안 유럽의 문학을 지배했어. 특히 연극에서도 그랬어. 사르트르도 소설과 희곡을 썼단다. 다른 주요 작가로는 프랑스의 알베르 카뮈, 아일랜드의 사무엘 베케트, 루마니아의 외젠 이오네스코와 폴란드의 비톨트 곰브로비치가 있지. 그리고 다른 많은 현대 작가들의 특징은 부조리한 상황을 묘사했다는 거야. 너도 부조리극에 대해서 들어봤겠지."

"네."

"'부조리'하다는 게 무슨 뜻인지 알고 있니?"

"어떤 일이 무의미하거나 불합리하다는 거 아닌가요?"

"맞아. '부조리극'은 인간 존재의 무의미함을 보여주려 해. 그런데 이때 부조리극은 관객이 구경만 하는 게 아니라 적극적으로 반응하기를 바라지. 부조리극의 목표는 부조리한 것이나 무의미한 것을 미화하거나 합리화하는 것이 아니라, 반대로 평범한 사람들이 일상생활에서 관심 없이 지나쳐버리는 부조리한 상황을 묘사하고 폭로해서 관객에게 단순하고 본래적인 현존의 가능성을 깊이 생각하도록 하는 거야."

"설명을 좀 더 해주세요."

"부조리극은 종종 아주 사소하고 일상적인 상황을 소재로 해. 즉 인간을 있는 그대로 묘사하지. 그러나 만약 아주 평범한 아침에 아주 평범한 가정의 화장실에서 벌어지는 일을 정확히 그대로 무대 위에 올린다면, 관객들은 웃음을 터뜨릴 거야. 이 웃음은 자기 자신의 우스운 꼴이 무대 위에 적나라하게 드러나는 데 대한 저항으로 해석할 수 있지."

"그렇군요."

"그러나 '부조리극'에는 초현실주의적인 특징도 있어. 부조리극의 등장인물들은 종종 지극히 비현실적인 상황, 즉 꿈속 같은 상황 속으로 빠져들지. 그런데 이런 상황을 등장인물들이 전혀 놀라는 기색도 없이 받아들이면, 즉 그들이 처한 비정상적인 상황에 대해 아무런 특별한 반응을 보이지 않을 경우엔 관객이 등장인물들의 그런 태연함에 놀라게 돼.

찰리 채플린의 무성영화에서도 그렇지. 이 영화의 희극성은 자기에게 일어난 여러 가지 부조리한 사건들을 보고도 채플린이 놀라지 않는 데 있어. 사람들은 그것 때문에 웃고는 자기의 놀라움과 저항이 무엇을 의미하는지 깊이 생각하게 되는 거야."

"가끔 사람들이 모든 일을 아무 저항 없이 받아들이는 것이 이상하게 느껴져요."

"때로는 내가 어디로 가야 할지 알 수 없어도, 일단 여기를 떠나는 것이 올바른 것일 수도 있어."

"집에 불이 나면 사람들은 다른 거처가 없더라도 뛰쳐나와야 하는 것처럼요?"

"그래, 그렇겠지. 차 한 잔 더 할래? 아니면 콜라?"

"좋아요. 그렇지만 선생님은 너무 늦게 오셨으니까 전 여전히 선생님을 불어터진 국수라고 생각할 거예요."

"그래도 난 그걸 먹고 살 수 있지."

크녹스 선생님은 곧 에스프레소 한 잔과 콜라를 들고 돌아왔다. 그 사이에 소피는 카페가 마음에 든다는 생각을 했다. 그리고 소피는 더 이상 다른 테이블의 대화가 모두 공허하다고 생각하지도 않았다.

크녹스 선생님은 콜라병을 테이블 위에 탁 내려놓았다. 다른 테이블의 몇몇 손님이 이쪽을 쳐다보았다.

"이제 우린 이 길의 끝에 도착했어."

"사르트르와 실존주의로 철학은 끝이 난 건가요?"

"아니, 그렇게 말하는 건 좀 과장 같구나. 실존주의 철학은 전 세계의 많은 사람들에게 큰 의미가 있었어. 우리가 보았듯이 그 뿌리는 키르케고르와 소크라테스까지 거슬러 올라가지. 그와 비슷하게 과거의 다른 철학 사조들도 20세기에서 부활해 다시 한 번 전성기를 누리기도 했어."

"사례를 들어주실 수 있나요?"

"신토마스주의는 토마스 아퀴나스의 전통에 속하는 사상의 재발견이었어. 이른바 분석철학이나 논리적 경험론은 흄과 영국의 경험론, 그리고 아리스토텔레스의 논리학에서 유래했다고 할 수 있지. 또한 20세기에는 네오마르크스주의와 거기서 파생된 많은 사상 조류들이 유행했어. 신진화론에 대해서는 이미 얘기했고. 정신분석학의 의미에 대해서도 살펴보았지."

"그래요."

"우리가 언급할 마지막 사조는 '유물론'인데, 그 뿌리도 역사적으로 멀리 거슬러 올라가야 해. 현대 과학의 많은 측면에서 소크라테스 이전 철학자들의 노력이 떠올라. 우리는 모든 물질을 구성하고 있는 근원이 되는, 더 이상 나눌 수 없는 '소립자'를 여전히 연구하고 있어. 그러나 아직 '물질'이 도대체 무엇인지 그 정체를 정확히 설명하지 못하고 있지. 그러나 현대의 자연과학, 예를 들면 원자 물리학이나 생화학은 많은 사람들이 그것을 자기 인생관의 중요한 부분으로 받아들일 만큼 매력적이야."

"새것과 옛것이 뒤섞여 있군요?"

"그렇게도 말할 수 있겠구나. 우리가 이 수업을 시작할 때 가졌던 의문에 여전히 답을 못 찾고 있기 때문이지. 사르트르는 실존적인 의문이 최종적인 대답을 얻을 수 없다고 주장한 점에서 분명한 흔적을 남겼어. 철학적인 물음은 그 물음의 본질상 각 세대의 모든 개인이 언제나 새롭게 제기해야 할 물음이야."

"그건 좀 암담하군요."

"나도 그렇게 생각해. 하지만 그런 의문을 제기할 때, 우리가 살아 있다는 것을 체험하는 것 아니겠니? 인간이 '큰' 문제에 대한 대답을 추구할 때, 비로소 '작은' 문제에 대한 명석하고도 최종적인 대답을 찾게 되는 거지. 과학과 연구의 기술은 모두 언젠가 철학적인 반성에서 유래한 것처럼. 그리고 인간을 끝내 달까지 보낸 것은 근본적으로 존재에 대한 인간의 경이라고 할 수 있겠지."

"맞아요."

"우주인 닐 암스트롱이 달에 첫발을 내디딜 때 이렇게 말했어. '한 인간에게는 작은 한 걸음이지만 인류에게는 커다란 도약'이라고. 따라서 그 정복자는 달에 첫발을 내디딜 때 그 이전에 살다 간 모든 사람들을 자기가 느낀 감격 속에 끌어들인 거지. 그가 그 일을 할 수 있었던 것은 절대 그 사람 개인의 공적이거나 그 사람과 같은 시대 사람들만의 공로는 아니기 때문이야."

"물론 그렇죠."

"그러나 우리 시대에도 많은 새로운 문제들이 제기되었어. 무엇보다도 환경 문제가 우리 시대에 제기된 가장 중요한 문제야. 그래서 생태철학이 20세기의 중요한 철학 조류의 하나가 되었단다. 서구의 많은 생태철학자들은 인류 문명 전체가 근본적으로 잘못된 길로 접어들었으며, 지구가 지탱할 수 있는 한계나 능력과 정면으로 충돌하는 방향으로 치닫고 있다고 생각했어. 그들은 환경오염이나 파괴의 구체적인 결과를 연구하고 해명하는 데 그치지 않고 좀 더 깊은 차원에서 이 문제를 탐구하고 있어. 즉 그들은 서구적 사유 전체가 무엇인가 결함을 갖고 있다고 주장하는 거야."

"그 말이 맞아요."

"생태철학은 특히 진화의 관념을 문제 삼았어. 진화론은 인간이 자연에서 가장 '높은' 위치에 있다는 생각, 그러니까 우리가 자연의 주인이라는 생각에 근거를 두고 있지. 바로 이런 생각이 우리가 사는 지구 전체를 위험에 빠뜨릴 수 있는 거야."

"그건 생각만 해도 화가 나요."

"많은 생태학자들은 이런 사고를 비판하면서 다른 문화, 예를 들면 인도의 사고와 관념을 끌어왔어. 그들은 우리가 오랫동안 잃어버렸던 어떤 것을 찾기 위해서 이른바 '원시인'이나 아메리카 인디언과 같은 '자연민족'의 사고와 생활 방식도 연구했지."

"알겠어요."

"최근에는 학문적 영역에서도 우리의 학문적 사유 전체가 구조적 변혁 앞에 서 있다는 인식이 생겨났어. 즉 우리가 학문적 사유 일반의 근본적인 변화에 직면했다는 거야. 이미 몇몇 개별 분야에서 새로운 사고가 열매를 맺었어. 우리는 전체적 사유에 무게를 두고 새로운 삶의 방식을 추구하는 이른바 '대안적(代案的) 운동'에서 그런 예를 찾아볼 수 있어."

"좋은 일이에요."

"그러나 동시에 우리에게는 인간이 하는 모든 일에서 돌과 보석을 가려내는 일이 아직 남아 있어. 많은 사람들이 우리가 새로운 시대, 이른바 '뉴 에이지'에 다가가고 있다고 말하지만 새로운 것이 모두 좋은 것은 아니며 오래된 것이라고 해서 모두 내버려야 하는 것도 아니야. 그래서 우리는 이 철학 수업을 하는 거야. 너는 이제 우리 사고의 역사적인 배경을 통해 돌과 보석을 더 쉽게 가려낼 수 있을 거야. 하지만 스스로 삶의 방향을 정립하려고 노력하면, 더 쉽게 해낼 수 있겠지."

"친절한 설명 고마워요."

"난 '뉴 에이지' 깃발을 달고 있는 많은 것들이 모두 속임수라는 걸 네가 확인할 수 있다고 믿어. 우리가 '신경건주의', '신신비주의' 또는 '현대의 미신'이라고 하는 것들 역시 최근 서구 세계에서 유행하고 있지. 그 안에서 일종의 산업이 생겨났어. 기독교가 그 의미를 잃어가는 반면에 세계관의 시장에는 새로운 매물들이 순식간에 쏟아져 나온 거지."

"예를 들면요?"

"너무 많아서 얘기를 시작할 엄두가 안 날 정도야. 원래 자신의 시대를 묘사하기가 그리 쉬운 일은 아니지. 나가서 좀 걸을까? 보여주고 싶은 게 있단다."

소피는 어깨를 으쓱했다.

"시간이 그리 많지 않아요. 내일 있을 가든파티를 잊으신 건 아니죠?"

"물론이지. 그때 놀라운 일이 벌어질 테니까. 우린 힐데의 철학 수업을 끝내야 해. 소령은 그 이상은 미리 생각하지 않았을 거야. 그리고 그것으로 그 사람은 자기 힘의 한 부분을 잃어버리겠지."

크녹스 선생님은 비어 있는 콜라병을 다시 들어 테이블에 탁 하고 내려놓았다.

두 사람은 거리로 나왔다. 바쁜 사람들이 개미 둑의 개미처럼 이리저리 분주하게 오고 있었다. 소피는 선생님이 뭘 보여주려고 하는지 궁금했다.

곧 두 사람은 커다란 전자 제품 가게 앞을 지나게 되었다. 그곳에서는 텔레비전, 비디오, 위성 안테나, 무선 전화기, 컴퓨터, 팩시밀리 등 갖가지 전자 제품을 팔고 있었다.

선생님은 커다란 진열장을 가리키며 말했다.

"이제 20세기야, 소피야. 르네상스 이후로 세계는 폭발해왔다고 말할 수 있어. 유럽인들은 전 세계를 여행하기 시작했지. 지금은 우리가 정반대의 폭발이라고 부를 수 있을 만한 일이 벌어지고 있어."

"그게 무슨 뜻인가요?"

"전 세계가 통신망으로 연결되었다는 거야. 얼마 전까지만 해도 철학자들이 세상을 돌아보기 위해서나 다른 사상가를 만나기 위해서는 말이나 자동차로 며칠 여행해야 했지만 오늘날 우리는 이 행성 어디에서나 앉아서 모든 인간의 경험을 컴퓨터 스크린 안으로 끌어올 수 있지."

"그건 엄청난 생각이지만 조금은 섬뜩하기도 해요."

"문제는 역사가 종말로 향해 가는 것인가, 아니면 우리가 새로운 시대의 문턱에 서 있는 것인가 하는 거야. 우린 더 이상 한 도시나 한 국가의 시민이 아니야. 우리는 전 지구적인 문명 속에 살고 있는 거란다.

"맞는 말씀이에요."

"과학 기술은 지난 30~40년 동안에 그 이전까지의 전 역사를 통해 발전해온 것을 다 합쳐놓은 것보다 더 큰 발전을 이루었어. 특히 통신 기술 분야에서 더욱 극적이지. 하지만 어쩌면 지금 우리가 체험하는 현상은 아직 시작 단계일 뿐일지도 몰라……."

"저에게 그걸 보여주려고 하신 거예요?"

"아니야. 네게 보여주려고 한 건 저기 교회 뒤편에 있어."

두 사람이 몸을 돌리려고 하는데 텔레비전 화면에 유엔군의 모습이 나타났다.

"저기 보세요!"

한 군인이 클로즈업되어 있었다. 크녹스 선생님과 거의 똑같은 검은 수염을 길렀는데, 갑자기 그가 종이판을 들어올렸다. 거기에는 '곧 갈게, 힐데야!'라고 쓰여 있었다. 그는 손짓을 하고 나서 사라졌다.

"저런 악당 같으니라고!"

크녹스 선생님이 외쳤다.

"저 사람이 소령인가요?"

"그건 지금 대답하지 않겠어."

두 사람은 교회 앞의 공원을 지나 새로 난 큰길에 들어섰다. 크녹스 선생님은 조금 흥분한 채로 큰 서점을 가리켰다. 그 서점의 이름은 리브리스로 시내에서 제일 큰 서점이다.

"여기서 뭘 보여주실 건데요?"

"들어가보자."

서점에서 크녹스 선생님은 아주 커다란 서가를 가리켰다. 그것은 세 부분으로 나뉘어 있었다.

뉴 에이지, 대안적 생활양식, 신비주의

책꽂이에는 여러 가지 재미있는 제목으로 된 책들이 있었다.

『사후의 삶?』, 『심령술의 비밀』, 『타로 카드 놀이』, 『UFO 현상』, 『치유』, 『신들이 돌아온다』, 『당신은 여기 온 적이 있다』, 『점성술이란 무엇인가』 등등 다양한 제목들이다. 책꽂이 아래에 있는 긴 의자에는 비슷한 책들이 높게 쌓여 있었다.

"이것도 20세기야, 소피야. 우리 시대의 사원이지."

"저런 걸 믿으시는 건 아니죠?"

"저런 것들 중 대부분은 속임수야. 그러나 포르노 잡지만큼 잘 팔리지. 사실 이것들 가운데 많은 것들 역시 일종의 포르노 잡지라고 할 수 있어. 자라나는 세대는 이런 책들 가운데서 가장 자극적이고 선정적인 책들을 고를 수 있지. 그러나 참된 철학과 이런 책들의 관계는 쉽게 말해 참된 사랑과 포르노 잡지 사이와 같아."

"속이 메스꺼워요."

"공원으로 나가자."

두 사람은 서점에서 나와 교회 앞에 있는 빈 벤치에 앉았다. 나무 아래에서 이리저리 걸어다니는 비둘기 사이로 참새 한두 마리가 열심히 돌아다니고 있었다.

크눅스 선생님이 얘기를 시작했다.

"'초감각적 지각' 또는 '초(超)심리학'이라는 게 있지. '텔레파시', '천리안', '투시력' 그리고 '염력'이라고 하는 것도 있고 '심령술', '점성술' 그리고 'UFO 신앙'이라는 것도 있어. 이 녀석은 이름이 많아."

"하지만 그건 다 속임수라고 하셨잖아요."

"물론 모든 것을 싸잡아 동일시하는 것이 참된 철학자에게 어울리는 일은 아니지만, 나는 내가 방금 언급한 것들이 실제로는 있지도 않은 지역을 세분화해 지도로 그린 것이라는 생각을 떨쳐낼 수가 없어. 어쨌든 여기에는 흄이 '속임수와 현혹'이라고 부르며 재로 만들어버리려고 했던 것들이 많이 포함되어 있어. 이런 책에서 우리는 어떤 참된 경험도 찾을 수 없단다."

"그런데 어떻게 이렇게 많은 책들이 쓰이나요?"

"그건 세상에서 가장 잘되는 장사이기 때문이야. 많은 사람들이 그런 것을 원하지."

"왜 사람들이 그런 걸 원할까요?"

"사람들은 자신들의 힘든 일상을 떨쳐낼 만한 뭔가 '다르고' '신비한' 것을 동경하기 때문이야. 교각살우(矯角殺牛)인 셈이지."

"그게 무슨 말이에요?"

"우리가 어떤 이상한 동화 속에 있다고 하자. 그래서 대낮에 우리 눈앞에 신기한 피조물이 나타난 거야. 믿어지지 않겠지?"

"그럼요."

"그런데 왜 우리는 '긴장되거나' '초월적인' 어떤 것을 체험하기 위해 집시의 천막이나 학문의 뒤뜰을 드나드는 걸까?"

"그 책들의 지은이들이 그냥 충동질을 하고 거짓말을 한다는 말씀이세요?"

"아니, 그런 말은 아니야. 나는 그걸 네게 진화론적으로 설명하려는 거야."

"듣고 있어요!"

"어느 하루 동안에 일어나는 모든 일을 생각해봐. 네 인생에서 딱 하루만 선택하고, 그날 네가 보고 체험하는 모든 일을 떠올려봐."

"그래서요?"

"가끔은 기묘한 우연이 일어난단다. 예를 들면 네가 가게에서 28크로네짜리 물건을 샀어. 그 후에 곧 요룬이 와서 너에게 빌려간 28크로네를 갚는 거야. 그리고 나서 극장에 갔는데 28번 좌석에 앉게 됐지."

"정말 신비한 우연이군요."

"우연은 항상 있어. 그런데 많은 사람들이 그런 우연을 모으는 게 문제야. 그들은 설명할 수 없거나 신비한 일을 모으지. 수백만 사람들의 삶에서 그런 일들을 모아 책을 내면, 어떤 사람에겐 무시 못 할 증거로 보일 수도 있어. 이런 자료는 계속 늘어갈 거야. 그러나 이것 역시 우리가 당첨된 복권만을 보게 되는 복권 추첨과 마찬가지지."

"그런 일을 지속적으로 체험하는 투시력 있는 사람들이나 '영매'는 없을까요?"

"물론 있지. 그러나 우리가 사기꾼들의 말을 무시한다면 그런 신비한 체험에 대해 다른 중요한 설명을 발견하게 될 거야."

"얘기해주세요!"

"무의식에 대한 프로이트의 논리 기억나지?"

"기억력이 좋다는 얘기를 몇 번씩이나 해야 하나요?"

"프로이트는 이미 우리 자신이 우리의 무의식에 대한 일종의 '영매'라고 지적했어. 우리는 갑자기 이유도 제대로 알지 못한 채 우리가 무슨 일을 하거나 생각을 할 때가 있지. 그건 우리가 의식하는 것보다 무한히 더 많은 경험과 생각, 사건들을 갖고 있기 때문이야."

"그래요?"

"사람들은 때로는 잠을 자면서 말을 하거나 걸어 다니기도 해. 그건 일종의 '영혼의 자동 현상'이라고 할 수 있어. 최면 상태에서도 사람들은 '저절로' 이야기하고 행동할 수 있지. 초현실주의자들이 '자동적으로' 글을 쓰려고 시도했던 것처럼 그렇게 그들은 자기 자신의 무의식의 '영매'가 되려고 했던 거야."

"알고 있어요."

"우리 세기에는 죽은 자와 접촉할 수 있는 사람, 즉 '영매'가 주기적으로 등장했어. '영매'는 이른바 몇 세기 전에 살았던 사람의 말을 듣는다고 했어. 영매는 죽은 자의 목소리로 이야기하기도 하고, 그가 말하는 걸 '자동적으로' 받아쓰기도 하지. 사람들은 그런 일을 사후에 삶이 있다거나 인간이 여러 번 산다는 증거로 생각했어."

"그렇군요."

"이런 영매를 모두 사기꾼이라고 하고 싶지는 않아. 그들 중 몇몇은 아마 자기 나름의 확신이 있었을 거야. 또한 그들은 진짜 '영매'일 수도 있어. 그러나 실제로는 자기 자신의 잠재의식의 영매일 뿐이었지. 자신과 다른 어떤 사람도 어떻게 그렇게 되었는지 설명할 수 없는 지식과 능력을 영매가 최면 상태에서 명백히 보여주는 현상에 관한 많은 연구 결과가 나와 있어. 예를 들면 히브리어를 할 줄 모르는 어떤 여자가 갑자기 히브리어로 얘기를 하게 되었다면 그 여자는 틀림없이 그곳에서 산 적이 있는 게 아닐까? 아니면 정말로 히브리어를 말하는 죽은 자의 영혼과 접촉한 걸까? 둘 다 아니라면?"

"선생님은 어떻게 생각하세요?"

"그 영매가 아이였을 적에 유대인 보모가 있었다는 사실이 밝혀졌단다."

"아아……."

"실망했니? 개인이 예전의 경험을 얼마나 훌륭하게 잠재의식 속에 저장해놓을 수 있는지 잘 알려주는 예란다."

"무슨 말씀인지 알겠어요."

"일상에서 흔히 만나는 특이한 일은 대개 프로이트의 무의식 이론을 통해 설명할 수 있단다. 몇 년 동안 보지 못한 친구에게서 갑자기 전화를 받았는데, 마침 나도 그 친구의 전화번호를 찾고 있었다든가 하는……."

"등줄기가 오싹해지는 것 같아요!"

"언뜻 보기엔 우연인 것 같은 이런 일에도 실은 객관적인 원인이 있을 수 있어. 예를 들어 내가 전화를 받은 그 순간에 라디오에서 흘러나오던 노래가 내가 친구를 마지막으로 만났을 때 같이 들었던 노래일 수 있는 거야. 다만 이런 숨겨진 연관 관계를 의식하지 못할 뿐이지."

"속임수이거나…… 당첨된 복권 효과…… 또는 무의식이라고요?"

"어쨌든 그런 서가에는 어떤 의심을 품고 접근하는 게 좋아. 철학자에게는 특히 중요하지. 영국에서는 몇 년 전에 회의론자들이 단체를 만들어서, 초자연적인 사건에 대해 아주 사소한 것이라도 좋으니 제일 먼저 시범을 보여줄 수 있는 사람에게 많은 상금을 주겠다고 했어. 무슨 대단한 기적이 아니라 사소한 정신 감응만 보여줘도 되는 일이었지만 지금까지 아무도 나선 사람이 없었지."

"그렇군요."

"그러나 세상에 우리 인간이 이해할 수 없는 일들이 많이 있다는 것은 또 다른 문제야. 우린 아직도 모든 자연법칙을 알고 있지는 못하니까. 과거에는 자기력이나 전기 작용 같은 많은 현상들이 일종의 마법으로 통했단다. 내가 증조할머님께 텔레비전이나 컴퓨터에 대해 이야기하면 그분은 눈이 휘둥그레지실 거야."

"그래서 선생님은 그런 초자연적인 일을 전혀 믿지 않으세요?"

"그것에 대해서는 이미 얘기했어. '초자연'이라는 표현이 내게는 조금 우습게 들리는구나. 나는 오직 하나의 자연이 있다고 믿어. 자연은 그 자체로서 엄청나게 경이로운 것이지."

"그렇다면 초자연적인 현상이란 저에게 보여주신 책들 속에만 있는 것인가요?"

"참된 철학자는 모두 눈을 뜨고 깨어 있어야 해. 우리가 흰 까마귀를 전혀 본 적이 없더라도 우리는 그걸 찾기를 멈추어서는 안 돼. 언젠가는 나 같은 회의론자가 이전에 믿지 않았던 현상을 인정할 수도 있을 거야. 이런 가능성을 인정하지 않는다면 너는 독단론자인 거고 그렇게 되면 참된 철학자도 아니겠지."

한동안 크녹스 선생님과 소피는 말없이 의자에 앉아 있었다. 비둘기들은 목을 길게 빼고 구구거리고 있었다. 때때로 자전거나 갑작스러운 움직임이 그들을 높이 날려 보냈다.

"전 이제 집에 가서 파티를 준비해야 해요."

"헤어지기 전에 너에게 흰 까마귀를 보여줄게. 그건 우리가 생각하는 것보다 훨씬 가까이 있어."

크녹스 선생님은 벤치에서 일어나 소피를 다시 서점으로 이끌었다. 이번에는 모든 초자연적인 현상에 대한 책들 쪽으로 갔다. 크녹스 선생님은 아주 작은 서가의 가장 뒤쪽에 섰다. 서가 위에는 작은 안내판이 걸려 있다. 그 위에는 '철학'이라고 쓰여 있었다.

소피는 크녹스 선생님이 가리키는 책의 제목을 읽었다.

『소피의 세계』

"이걸 사줄까?"

"그래도 될지 모르겠어요."

곧 소피는 왼손에는 책을, 오른손에는 가든파티를 위해 산 물건이 든 봉지를 들고 집으로 향했다.

가든파티

······ 흰 까마귀 ······

힐데는 침대에 못 박힌 듯 앉아 있었다. 팔이 뻣뻣해지고 커다란 공책을 든 손이 떨리는 것을 느꼈다.

11시가 거의 다 되었다. 벌써 2시간이 넘게 책을 읽었다. 간간이 공책에서 눈을 떼고 큰 소리로 웃음을 터뜨리기도 했지만 때로는 고개를 돌리고 신음 소리를 내기도 했다. 집에 혼자 있는 것이 다행이었다.

2시간 동안 힐데가 읽은 이야기는 압권이었다! 이야기는 소피가 소령의 오두막에서 집으로 돌아가는 길에 소령의 주의를 끌려고 하는 장면에서 시작했다. 끝에서 소피는 나무 위에 올라갔다가 위험에 처했을 때 거위 마르틴이 구원의 천사로 나타난다.

힐데의 아빠가 꽤 오래전에 읽어준 '닐스 홀게르손의 신기한 스웨덴 여행' 이야기를 아직 기억하고 있었다. 그 후 힐데와 아빠는 그 책에 관련된 얘기들을 오랫동안 둘만의 암호로 써왔다. 그런데 아빠는 여기서 다시 그 늙은 거위를 이야기에 끌어들인 것이다.

그리고 소피가 카페의 외로운 손님으로 등장했다. 힐데는 카페에서 크녹스 선생님이 소피에게 사르트르와 실존주의에 대해 이야기한 부분이 특히 흥미로웠다. 그의 설명은 설득력이 있었다. 물론 이 공책을 읽으면서 이미 여러 번 그런 인상을 받았지만.

몇 년 전에 힐데도 점성술에 관한 책을 산 적이 있다. 또 한 번은 타로 카드를 집에 가지고 왔다. 세 번째는 심령술에 대한 책이었다. 그때마다 아빠는 '이성'과 '미신'을 구분해주며 몇 마디 경고를 했다. 이제 비로소 복수의 시간이 되었다. 아빠는 반격을 시작한 것이다. 딸은 이런 속임수의 허구성을 근본적으로 깨쳐야 한다. 아빠는 확실히 하기 위해 전자 제품 가게의 진열장에 있는 텔레비전을 통해 손짓까지 했다. 그렇게까지는 하지 않아도 되는데……

그러나 힐데가 가장 놀란 것은 검은 머리 소녀였다.

소피, 소피! 너는 누구니? 너는 어디에서 왔니? 너는 왜 내 삶에 끼어든 거지?

마지막에 소피는 제 자신에 대한 책을 받았다. 그것은 힐데가 지금 손에 쥐고 있는 것과 같은 책일까? 그렇지만 이건 그냥 공책을 모은 것인데. 상관없지. 누군가에 대해 쓴 책 속에서 바로 그 사람 자신에 대해 쓴 책을 발견하는 것이 어떻게 가능하지? 소피가 이제 그 책을 읽으면 어떤 일이 벌어질까? 이제 어떤 일이 일어날 수 있을까?

힐데는 이제 공책이 몇 장 남지 않았음을 손가락으로 알아차릴 수 있었다.

소피는 시내에서 집으로 갈 때, 버스 안에서 엄마를 만났다. 이런! 손에 들고 있는 책을 보면 뭐라고 하실까?

소피는 가든파티용 풍선과 오색 테이프가 든 봉투에 책을 끼워 넣으려고 했지만 들어가지지 않았다.

"소피구나! 같은 버스에 탔네? 잘됐다."

"엄마……."

"책을 샀네?"

"네. 하지만 제가 산 건 아니에요."

"『소피의 세계』라……. 재미있겠구나."

소피는 거짓말을 해서 될 일이 아니라는 걸 깨달았다.

"크녹스 선생님이 사주셨어요."

"그래. 그럴 줄 알았어. 전에도 얘기했지만 그분을 만나게 되는 게 기대돼. 한번 봐도 되니?"

"집에 갈 때까지는 기다려주세요. 이건 제 책이니까요."

"그래, 물론 네 책이지. 그래도 첫 장만 좀 볼게……. 아니, 이럴수가! '소피 아문센은 학교에서 집으로 돌아오는 길에 친구 요룬과 로봇에 대해 이야기했다.'……"

"정말 그렇게 적혀 있어요?"

"그래. 그렇게 쓰여 있구나, 소피야. 이 책은 알베르토 크나그란 사람이 썼네. 처음 듣는 이름인데, 철학 선생님은 성(姓)이 뭐니?"

"크녹스예요."

"이 이상한 사람이 너에 대해서 책을 썼구나! 다른 이름으로 말이야. 그걸 필명이라고 하지."

"선생님은 책을 쓰지 않았어요, 엄마. 신경 쓰지 마세요. 엄마는 아무것도 몰라요."

"그래, 그럼 말고. 내일이 가든파티야. 그때가 되면 모든 게 제자리로 돌아오겠지."

"그렇지만 크나그 소령은 완전히 다른 현실에 살고 있어요. 그래서 이 책은 흰 까마귀예요."

"이제 그만해. 흰 까마귀는 또 뭐니? 흰 토끼에 대한 얘기 아니었어?"

"내버려두세요!"

엄마와 딸의 대화는 오래 이어지지 못했다. 둘은 클뢰베르베이엔 입구에서 내렸다. 마침 거기선 시위가 벌어지고 있었다.

"맙소사!"

엄마가 외쳤다.

"난 정말 이 동네에서는 거리 시위가 열리지 않을 줄 알았는데."

시위대는 기껏해야 10명에서 12명 정도였다. 플래카드에는 '소령이 곧 온다!', '성 세례 요한 축일에 맛있는 음식을 원하십니까? 물론!', '유엔에 더 많은 힘을!' 이라고 적혀 있었다.

소피는 엄마를 보기가 안쓰러웠다.

"저 사람들에겐 관심 두지 마세요."

"그렇지만 이상한 시위 아니니? 약간 허황된 것 같기도 하고."

"별일 아닐 거예요."

"세상은 놀랍도록 빨리 변해. 저런 일은 놀랄 일도 아니지."

"놀라지 않는 엄마가 놀랍지는 않으세요?"

"아니, 전혀. 저 사람들이 난폭하게 군 것도 아니잖니. 다만 우리 집 장미 덤불을 짓밟지만 않으면 돼. 왜 정원에서 시위를 하는지는 모르겠지만 말이야. 서두르자. 집에 가면 알게 되겠지."

"그건 철학 시위대였어요, 엄마. 참된 철학자는 장미 덤불을 짓밟지 않아요."

"누가 뭐라니? 난 이제 참된 철학자가 있다는 걸 믿어야 하는 건지도 잘 모르겠구나. 요즘은 거의 모든 일이 모조품이라서 말이야."

오후부터 저녁까지 가든파티 준비를 위해 내내 부엌에 있었다. 다음 날 오전에 소피와 엄마는 식탁을 차리고 정원을 장식했다. 요룬도 와서 준비를 도와주었다.

"이게 무슨 날벼락이니!"

요룬이 말했다.

"우리 부모님도 오시다니 네 책임이야, 소피!"

손님들이 도착하기 30분 전에 모든 준비가 끝났다. 정원의 식탁은 오색 테이프와 조명으로 장식했다. 그리고 지하실 창문을 통해서 긴 전기선을 끌어왔다. 정원 문과 나무들 그리고 집 전면을 풍선으로 꾸미느라고 소피와 요룬은 두 시간 동안 풍선만 불었다.

식탁 위엔 이미 음식이 올라와 있었다. 통닭과 샐러드, 롤빵과 이스트빵. 부엌에는 초코 크림 과자와 생크림 케이크, 고리 모양 빵과 초콜릿 케이크를 준비해놓았다. 24단짜리 커다란 바움쿠헨도 이미 식탁 위에 놓여 있었다. 바움쿠헨 꼭대기는 견신례를 받는 작은 소녀의 모형으로 장식되어 있었다. 소피 엄마는 그것이 견신례를 받지 않은 열다섯 살 소녀일 수도 있다고 했다. 그러나 소피는 얼마 전에 견신례를 꼭 받아야 할지 잘 모르겠다고 말했기 때문에 엄마가 일부러 케이크를 그렇게 장식했다고 생각했다.

"정말 우린 최선을 다했어."

엄마는 되풀이해서 말했다.

손님들이 도착하기 시작했다. 먼저 같은 반 여자친구 세 명이 왔는데 한껏 멋을 낸 옷차림에 눈화장까지 하고 있었다. 이어 외르겐과 라세가 약간 어리둥절해하면서도 소년 특유의 건들거리는 모습으로 어슬렁거리며 들어왔다.

"진짜 축하해!"

"너도 이제 어른이구나!"

소피는 요룬과 외르겐이 벌써 은밀하게 시선을 주고받는 것을 알아차렸다. 뭔가 낌새가 수상했다. 아무튼 평범한 여름밤은 아니었다.

모두들 선물을 가지고 왔다. 철학 가든파티를 방문하기에 앞서 몇몇 손님들은 도대체 철학이 뭔지 미리 알아보려 했다. 모두가 철학적인 선물을 생각한 것은 아니지만 사람들 대부분이 적어도 축하 카드에는 철학적인 말을 쓰려고 고민했던 것이다. 소피는 철학 사전과 열쇠가 달린 일기장도 선물로 받았는데, 표지에는 이런 제목이 쓰여 있었다.

'나의 철학적 단상'

손님들이 들어오는 동안, 엄마는 샴페인 잔에 사과 주스를 따랐다.

"어서 와요! 그런데 이 친구는 이름이 뭐지? ……우린 아직 인사를 못 나눴네…… 아, 세실리! 와줘서 고마워!"

친구들이 모두 도착해서 샴페인 잔을 들고 과일나무 아래를 걷고 있을 때에야 요룬 부모님의 흰 벤츠가 정원 문 앞에 도착했다. 세무 공무원인 요룬의 아빠는 단정하고 우아한 회색 양복을 입고 있었고, 우아한 잉에브릭트센 부인은 짙은 빨간색 스팽글이 달린 빨간 정장 바지를 입고 있었다. 소피는 잉에브릭트센 부인이 틀림없이 장난감 가게에서 그런 옷을 입은 바비 인형을 사서 재단사에게 똑같은 옷을 주문했을 거라고 생각했다. 다른 가능성도 생각해볼 수 있다. 어쩌면 잉에브릭트센 씨가 인형을 사서 마술사에게 피와 살이 있는 여자로 바꾸게 했을지도 모른다. 하지만 이건 워낙 실현 가능성이 낮은 일이라 그냥 잊어버리기로 했다.

잉에브릭트센 씨 부부가 벤츠에서 내려 정원으로 갈 때, 어린 친구들은 놀라서 눈이 휘둥그레졌다. 잉에브릭트센 씨가 직접 건네준 길고 가느다랗게 포장된 선물이 바비 인형이라는 걸 알았을 때, 소피는 몹시 실망했지만 내색하지 않으려고 했다. 대신 요룬이 흥분해서 말했다.

"정말 정신이 어떻게 되신 거예요? 소피는 인형을 갖고 놀 나이는 지났어요!"

잉에브릭트센 부인이 스팽글을 찰랑거리면서 재빨리 다가와 말했다.

"장식해둘 수도 있잖니, 요룬아."

"어쨌든 고맙습니다. 소장품으로 간직할게요."

소피는 상황을 무마하려고 얼른 끼어들어 말했다.

손님들은 그 사이에 식탁을 둘러쌌다.

"이제 크녹스 선생님만 오시면 돼."

소피 엄마가 마치 가벼운 걱정을 애써 잊어버리려는 것처럼 약간 흥분해서 말했다. 손님들 사이에는 벌써 이 특별한 손님에 대한 이야기가 돌고 있었다.

"선생님은 온다고 약속하셨어요. 그러니까 꼭 오실 거예요."

"하지만 선생님이 오시기 전에 모두들 먼저 앉아도 되겠지?"

"그럼요. 다들 앉으세요."

엄마는 손님들을 긴 식탁 앞으로 안내하고 자신과 소피 사이에 빈자리를 하나 남겨두었다. 그러고는 음식과 날씨에 관해 몇 마디를 하고, 소피가 이제 숙녀가 다 됐다는 말도 했다.

모두들 테이블에 앉은 지 30분쯤 지났을까, 베레모를 쓴 검은 수염의 중년 남자가 정원 문으로 들어섰다. 손에는 열다섯 송이의 커다란 장미 꽃다발을 들고.

"선생님!"

소피는 자리에서 벌떡 일어나 선생님에게 뛰어갔다. 그의 목을 얼싸안더니 곧 꽃다발을 받아 들었다. 크녹스 선생님은 이런 소피의 환영에 맞추어 호주머니를 뒤적이더니 커다란 중국식 불꽃놀이 폭죽을 몇 개 꺼내 불을 붙였다. 그러고는 식탁을 향해 발걸음을 옮기면서, 불꽃놀이용 초에 불을 당겨 바움쿠헨 꼭대기에 꽂은 다음 소피와 엄마 사이의 빈자리에 앉았다.

"초대해주셔서 감사합니다."

크녹스 선생님이 말했다.

파티에 온 사람들은 모두 완전히 넋이 나가 있었다. 잉에브릭트센 부인은 남편에게 의미심장한 눈짓을 보냈다. 반면 소피 엄마는 철학 선생님이 마침내 모습을 드러내자 눈에 띄게 안도하며 그가 늦은 것이나 정원에 들어서면서 한 모든 일들에는 전혀 신경 쓰지 않는 표정이었다. 파티의 주인공 소피는 배를 움켜잡고 터질 것 같은 웃음을 애써 참았다.

소피 엄마는 유리잔을 몇 번 가볍게 두드리더니 말문을 열었다.

"우리 모두 철학 가든파티에 오신 알베르토 크녹스 선생님을 진심으로 환영합니다! 철학 선생님은 제 새 남자친구는 아니에요. 제 남편이 오랫동안 바다에 나가 있긴 하지만, 제겐 현재 남자친구가 없습니다. 사실 이 특별한 분은 소피의 새로운 철학 선생님이십니다. 크녹스 선생님은 불꽃놀이 폭죽에 불을 붙이는 일 말고도 아주 많은 일을 할 줄 아는 분이죠. 예를 들면 마술사의 검은 모자에서 살아 있는 토끼를 꺼낼 수도 있답니다. 아니 까마귀였던가, 소피야?"

"말씀 감사합니다." 하고 말하면서 크녹스 선생은 자리에 앉았다.

소피가 "건배!"라고 외치자 모두들 잔을 들었다.

그러고 나서 모두들 자리에 앉아 한동안 통닭과 샐러드를 먹었다. 침묵을 깬 건 요룬이었다. 요룬은 갑자기 일어서더니 외르겐을 향해 다가가 다정하게 입을 맞추었다. 외르겐은 요룬의 이 다정한 행동에 답하기 위해 요룬을 자기 쪽으로 끌어당겼다.

"기절할 것 같아요!"

잉에브릭트센 부인이 소리쳤다.

"식사 중이잖니, 얘야."

소피 엄마는 그렇게만 타일렀다.

"왜 안 되죠?"

크녹스 선생님이 소피 엄마에게 고개를 돌렸다.

"이상한 질문을 하시는군요."

"참된 철학자에게 이상한 질문이란 없습니다."

그때 라세와 세실리가 살을 발라 먹은 닭 뼈를 지붕 위로 던지기 시작했다. 보다 못한 소피 엄마가 한마디 했다.

"그만해! 닭 뼈가 빗물받이에라도 끼면 얼마나 성가신 줄 아니?"

"죄송합니다."

둘 중 한 소년이 대답하고 둘은 뼈를 정원 울타리 너머로 던졌다.

"이제 접시를 치우고 케이크를 좀 가져와야겠어."

소피 엄마가 말했다.

"커피 드실 분?"

잉에브릭트센 부부와 알베르토 크녹스 선생님 그리고 다른 두 사람이 더 손을 들었다.

"소피와 요룬이 좀 도와줄래?"

부엌으로 들어가는 길에 요룬과 소피는 짤막한 대화를 나눴다.

"왜 외르겐에게 입맞췄니?"

"그 애를 보니까 갑자기 그러고 싶었어. 걘 정말 매력적이야."

"그래, 기분이 어땠어?"

"상상했던 거하고는 좀 달랐어, 하지만……."

"그럼 처음이었어?"

"그래도 이게 마지막은 아니겠지."

곧 커피와 케이크가 테이블 위에 차려졌다. 크녹스 선생은 소년들에게 중국식 폭죽을 나누어주었다. 그러자 소피 엄마가 커피 잔을 살짝 두드리며 입을 열었다.

"제 딸은 이제 막 열다섯 살이 된 지 일주일하고도 하루가 지났습니다. 보시다시피 성의껏 파티를 준비했어요. 생일 케이크는 스물네 조각으로 되어 있어서 한 사람이 적어도 한 조각씩은 드실 수 있어요. 처음 드시는 분은 두 조각을 드셔도 됩니다. 케이크는 밑으로 갈수록 원둘레가 커지니까요. 우리 삶도 그렇죠. 아주 어렸을 때 소피는 아주 작은 원을 그리며 이 주위를 돌아다녔어요. 그런데 해가 바뀔수록 그 원은 점점 커졌습니다. 이제 그 원은 집에서 옛 시가지까지 뻗어나갔어요. 게다가 소피 아빠가 해외에 있는 적이 많아서 소피는 온 세계로 전화를 걸죠. 소피야, 우리 모두 너의 열다섯 번째 생일을 축하해!"

"감동적이에요!"

잉에브릭트센 부인이 외쳤다.

부인의 말이 엄마를 두고 하는 말인지 엄마의 인사말을 두고 하는 말인지, 아니면 케이크를 두고 하는 말인지 그것도 아니면 소피 자신을 두고 하는 말인지 소피는 알 수가 없었다.

파티에 초대된 손님들은 모두 박수를 쳤다. 이때 한 소년이 폭죽 한 개를 배나무에 던졌다. 그때 요룬이 자리에서 일어나 외르겐을 의자에서 일으켰다. 외르겐은 요룬이 하는 대로 잠자코 따랐다. 그리고 두 사람은 잔디에 누워 입을 맞췄다. 잠시 후 두 사람은 까치밥나무 덤불 아래로 들어갔다.

"요즘에는 여자애들이 더 적극적이야!" 잉에브릭트센 씨가 말했다.

그는 일어나서 까치밥나무 덤불로 다가갔고 다른 사람들도 거의 모두 그를 따라갔다. 소피와 크녹스 선생님만 자리에 남아 있었다. 곧 요룬과 외르겐 주위로 손님들이 반원을 그리며 모여들었다. 요룬과 외르겐의 천진한 입맞춤은 이제 애무 단계로 넘어가고 있었다.

"이 애들을 멈추게 할 수가 없군요!"

잉에브릭트센 부인이 거침없이 말했다.

"그래, 인간의 자연스러운 욕망은 어쩔 수 없지."

잉에브릭트센 씨가 말했다.

그는 혹시 다른 사람들이 이 말을 적절하다고 인정해주지 않을까 봐 주위를 둘러보았다. 사람들은 말없이 고개를 끄덕일 뿐이었다. 그러자 그가 말을 이었다.

"정말 어쩔 수 없군."

소피는 멀리에서 외르겐이 이미 잔뜩 풀물이 밴 요룬의 흰 블라우스 단추를 여는 것을 보았다. 요룬은 외르겐의 허리띠를 만지고 있었다.

"너희들 감기 들겠어!"

잉에브릭트센 부인이 말했다.

소피는 실망스러운 눈빛으로 크녹스 선생님을 바라보았다.

"생각보다 속도가 빠르구나. 우리 되도록 빨리 이 자리를 벗어나야겠어. 내가 짧은 연설을 하나 할게."

이 말에 소피가 박수를 쳤다.

"여러분, 모두 자리에 앉아주세요! 크녹스 선생님이 연설을 하신대요."

요룬과 외르겐을 뺀 나머지 사람들이 어정어정 걸어와서 다시 테이블에 둘러앉았다.

"아니, 정말 연설을 하시려고요?"

소피 엄마가 물었다.

"정말 친절하시군요!"

"이렇게 다들 모여주셔서 감사합니다."

"제가 듣기론 선생님은 산책을 즐기신다고요?"

소피 엄마는 크녹스 선생님과 대화를 나누려고 말문을 열었다.

"건강을 지키는 건 아주 중요하죠. 그리고 선생님은 산책길에 개를 한 마리 데리고 다니신다니 더 다정다감한 분이신 것 같아요. 그 개가 헤르메스죠?"

크녹스 선생님은 자리에서 일어나 커피 잔을 살짝 두드리더니, 이어 말했다.

"제 기억이 맞다면, 우리는 여기서 지금 철학 가든파티를 열고 있습니다. 그래서 철학 연설을 하려고 합니다."

박수 소리 때문에 그의 말이 잠시 중단되었다.

"이렇게 자유분방한 사교 모임에 약간의 이성(理性)이 해가 되지는 않겠죠. 물론 열다섯 번째 생일을 맞은 오늘의 주인공에 대한 축하 인사도 잊어서는 안 되죠."

크녹스 선생님이 이 말을 채 끝맺기도 전에 좌중의 모든 사람들은 요란한 경비행기 소리를 들었다. 경비행기는 곧 정원 위를 낮게 날았다. 경비행기의 꼬리에는 '열다섯 번째 생일을 진심으로 축하합니다!'라고 쓰여 있는 긴 깃발이 달려 있었다.

그러자 더욱 세찬 박수가 터져 나왔다.

그때 소피 엄마가 외쳤다.

"저것 보세요! 이분은 폭죽을 터뜨리는 일 말고도 아주 많은 일을 할 줄 아는 분이라니까요!"

"감사합니다. 별로 대단한 일은 아니죠. 소피와 저는 지난 몇 주간 중요한 철학 탐구를 진행해왔습니다. 지금 이 자리에서 우리가 얻어낸 결과를 알려드리겠습니다. 전 지금 우리 존재의 가장 심오한 비밀을 털어놓으려 합니다."

새가 지저귀는 소리까지 들을 수 있을 정도로 테이블 주위가 아주 조용해졌다. 까치밥나무 덤불 속에서 부스럭거리는 작은 소리가 들려왔다.

"계속 말씀하세요!"

소피가 말했다.

"최초의 그리스 철학에서부터 오늘날에 이르기까지 세심하게 철학 탐구에 몰두한 결과, 우리는 우리의 삶이 한 소령의 의식에 자리하고 있다는 걸 알게 되었습니다. 그 소령은 현재 유엔 감독관으로 레바논에 있으며, 릴레산에 살고 있는 딸을 위해 우리에 관한 책을 한 권 썼습니다. 소령의 딸 이름은 힐데 묄레르 크나그이며 소피와 같은 날에 열다섯 번째 생일을 맞았습니다. 우리 모두에 관한 이 책은 6월 15일 아침, 힐데가 눈을 떴을 때 힐데의 침실 탁자 위에 놓여 있었습니다. 정확히 말하면, 그건 큰 바인더 공책의 형태로 되어 있습니다. 지금 이 순간 힐데의 집게손가락이 이 공책의 맨 마지막 장을 만지작거리고 있습니다."

테이블 주위에 앉아 있던 사람들이 어수선해지기 시작했다.

"그러니까 우리의 존재는 힐데 묄레르 크나그의 생일을 위한 일종의 장난감 이상도 이하도 아닙니다. 우리는 모두 소령이 자기 딸에게 철학을 가르치려고 고안해낸 인물일 뿐입니다. 예를 들면 문 앞에 있는 흰 벤츠 자동차는 아무 가치도 없습니다. 저 불쌍한 유엔 평화 유지군의 소령이 그의 머릿속에서 만들어낸 것일 뿐이죠. 그 소령은 지금쯤 일사병에 걸리지 않으려고 그늘에 앉아 있을 거예요. 여러분, 레바논은 정말 더운 곳이랍니다."

"미쳤군!"

세무 공무원 잉에브릭트센 씨가 소리쳤다.

"순전히 말장난이야!"

"물론 어떻게 이해하든 당신의 자유지요."

크녹스 선생은 상관하지 않고 계속 말했다.

"하지만 진실은 이 가든파티가 모두 말장난일 뿐이라는 것입니다. 그것만이 이 모임에서 최소한의 이성입니다."

잉에브릭트센 씨가 자리에서 벌떡 일어나 말했다.

"사람들은 누구나 자신의 의무를 다하려고 성실하게 노력해요. 게다가 매사에 일어날 수 있는 모든 일에 대비해 보험도 들지요. 그런데 갑자기 할 일 없이 빈둥거리는 얼간이가 와서 모든 것을 파괴하는 '철학적' 주장을 늘어놓고 있습니다!"

크녹스 선생님은 고개를 끄덕였다.

"그렇지만 이런 종류의 철학적 인식에 대해서 보험은 전혀 소용이 없습니다, 잉에브릭트센 씨. 우리는 여기서 자연재해보다 더 나쁜 일에 관해 얘기하고 있습니다. 분명 당신이 아는 것처럼 보험이 그런 손해를 보상해줄 수는 없습니다."

"지금 우리가 이야기하고 있는 건 자연재해가 아니잖소?"

"그렇지요. 이것은 하나의 실존적 재해입니다. 예를 들어 까치밥나무 덤불 안을 한번 봅시다. 그러면 제 말뜻을 이해하실 겁니다. 우리는 자신의 존재 자체가 붕괴되는 일에 대비해 보험을 들 수는 없어요. 마찬가지로 태양이 사라져버리는 일에 대한 보험도 있을 수 없죠."

"이 모든 일들을 그냥 이렇게 놔둘 거요?"

잉에브릭트센 씨가 자기 부인에게 물었다.

부인은 고개를 저었고, 소피 엄마도 마찬가지였다.

"정말 슬픈 일이에요!"

소피 엄마가 말했다.

"우리는 결국 아무것도 대비해놓은 것이 없는 셈이군요."

아이들은 눈을 동그랗게 뜨고 크녹스 선생님만 바라보았다. 젊은이들은 보통 기성세대보다 새로운 생각과 이념을 받아들이는 데 더욱 개방적인 법이다.

"좀 더 이야기를 듣고 싶어요."

안경을 낀 금발의 곱슬머리 소년이 말했다.

"고맙구나. 하지만 더 이상 할 말이 없어. 우리가 어떤 사람의 몽롱한 의식 속에 존재하는 환영일 뿐이라는 사실이 밝혀진 이상, 내 생각에는 이제부터 침묵하는 편이 가장 현명할 것 같구나. 하지만 이제 마지막으로 너희 젊은이들에게 철학사에 대한 작은 강의 하나를 추천해주고 싶어. 그걸 통해서 여러분이 살고 있는 이 세계에 대해 비판적인 관점을 발전시켜나갈 수 있을 거야. 여러분 부모 세대의 가치 체계에 대해 비판을 하는 것도 중요해. 내가 소피에게 가르치려고 했던 것이 바로 비판적인 사유지. 헤겔은 비판적인 사유를 부정적 사고라고 불렀어."

잉에브릭트센 씨는 여전히 서 있었다. 그는 우두커니 서서 손가락으로 테이블 위를 두드렸다.

"이 선동가는 기성세대인 우리가 학교, 교회와 더불어 미래의 세대이며 언젠가 우리의 모든 것을 물려받을 다음 세대에게 심어주려고 하는 건전한 관점들을 파괴하려고 합니다. 이 사람이 이 모임에서 당장 사라지지 않으면 내 변호사를 부르겠소. 이제 이 사람은 자기가 해야 할 일이 뭔지 알 거요."

"지금 당신이 생각하고 있는 올바른 행동은 전혀 중요하지 않습니다.

당신도 그림자에 불과하기 때문이죠. 게다가 나와 소피는 곧 이 파티장을 떠날 겁니다. 왜냐하면 이제까지 우리들의 철학 수업은 순수한 이론적 구상만이 아니라 실제적 측면도 포함했었기 때문입니다. 때가 되면 우리가 감쪽같이 사라져버리는 묘기를 보여드리겠습니다. 그리고 바로 그 방식으로 우리는 소령의 의식에서 도망칠 것입니다."

소피의 엄마는 딸의 손목을 꼭 잡았다.

"엄마를 두고 떠나려는 건 아니지, 소피야?"

소피는 한 팔로 엄마를 감싸안으며 선생님을 올려다보았다.

"엄마가 슬퍼하실 거예요……."

"말도 안 되는 소리. 소피야, 네가 배운 것을 잊지 마. 우리는 이 말도 안 되는 잡담에서 벗어나야 해. 할머니를 위해 바구니에 과자와 포도주를 가득 채웠던 빨간 모자처럼, 너의 엄마도 정말 상냥하고 좋은 분이시지. 예전에 생일 축하 비행을 했던 경비행기에 휘발유가 꼭 필요한 것처럼, 너의 엄마도 지금 슬퍼하시는 게 당연하지만 어쩔 수 없는 일이야."

"선생님 말씀을 이해해요."

다시 엄마에게 몸을 돌리며 소피가 말했다.

"크녹스 선생님 말씀대로 해야겠어요. 어차피 언젠가는 제가 엄마 곁을 떠날 수밖에 없을테니까요."

"네가 보고싶을 거야. 이 세상 밖에 또 다른 세상이 있다면 떠나가렴. 고빈다를 잘 돌볼게. 샐러드 잎을 하루에 한두 장 주면 되겠지?"

크녹스 선생님은 소피 엄마의 어깨 위에 손을 얹었다.

"우린 소피 엄마도 다른 어느 누구도 보고 싶지 않을 거예요. 그건 여러분 모두가 존재하지 않기 때문입니다. 여러분이 존재하지 않으니까 여러분이 우리를 그리워할 이유도 없죠."

"정말 살다 보니 이제 별 끔찍한 모욕을 다 당하는군요."

잉에브릭트센 부인이 흥분해서 소리쳤다.

남편도 고개를 끄덕였다.

"우리는 이 사람을 당장 명예훼손죄로 고소해야겠소. 소피야, 너도 알게 되겠지만 이 사람은 공산주의자야. 오로지 그의 목적은 우리가 사랑하는 모든 것을 우리에게서 빼앗아가는 것이지. 이 사람은 건달이고 타락한 깡패고……."

그때 크녹스 선생님이 자리에 앉았다. 잉에브릭트센 씨도 그를 따라 앉았다. 크녹스 선생님은 화가 나서 얼굴이 빨갛게 달아오르고 있었다. 이때 요룬과 외르겐이 다시 테이블로 다가와 앉았다. 두 사람의 옷은 아주 지저분하고 구겨져 있었다. 요룬의 금발머리는 흙먼지와 진흙으로 뒤범벅되어 있었다.

요룬이 당당히 말했다.

"엄마, 난 아이를 가졌어요."

"좋아, 하지만 집에 갈 때까지 좀 기다려."

요룬의 엄마는 이렇게 말하고 남편 옆으로 바짝 다가갔다. 그러자 잉에브릭트센 씨가 말했다.

"어쨌든 요룬은 조심해야 해. 그 아기가 오늘 저녁에 세례를 받아야 한다면 모든 일은 너 혼자 처리해야 할 테니까."

크녹스 선생님이 침울하게 소피를 바라보았다.

"자, 이제 때가 됐어."

"소피야, 가기 전에 커피를 좀 더 가져다줄래?"

소피 엄마가 말했다.

"네, 엄마. 금방 갖다 드릴게요."

소피는 테이블에 있던 보온병을 집어 들었다. 부엌에 들어가 커피메이커로 커피를 내렸다. 커피를 기다리는 동안 소피는 새와 금붕어에게 먹이를 주었다. 셰레칸은 보이지 않았지만 고양이 통조림을 하나 따서 움푹한 접시에 부어 문 앞에 갖다 놓았다. 소피는 두 눈이 촉촉히 젖어드는 것을 느꼈다.

소피가 커피를 가지고 정원으로 다시 나왔을 때, 가든파티는 열다섯 살 소녀를 위한 파티라기보다는 오히려 어린이 생일 파티 같았다. 콜라병과 레모네이드 병들이 여기저기 널려 있고 초콜릿 케이크 한 조각이 온 테이블 위에 뭉개져 있었으며 초콜릿 과자가 든 큰 그릇이 바닥에 나동그라져 있었다. 소피가 커피 보온병을 테이블 위에 올려놨을 때, 한 소년이 중국식 폭죽을 생크림 케이크에 푹 쑤셔 박았다. 폭죽이 터지자, 테이블과 손님들에게로 생크림이 흩뿌려졌다. 잉에브릭트센 부인의 빨간 정장 바지에도 생크림이 묻고 말았다.

그런데 이상하게도 소피와 손님들은 감정을 자제하고 있었다. 그때 요룬이 초콜릿 케이크를 한 조각 집어 들더니 외르겐의 얼굴에 문질렀다. 그러고는 곧 외르겐의 얼굴을 깨끗이 해주겠다며 그의 얼굴을 핥기 시작했다.

소피 엄마와 크녹스 선생님은 조금 떨어진 곳에 있는 그네에 같이 앉아 있었다. 그러고는 소피에게 손짓을 했다.

"마침내 두 분이서 얘기를 나누게 됐군요."

소피가 말했다.

"네 말이 사실이었어."

소피 엄마가 명랑하게 말했다.

"크녹스 선생님은 대단한 분이야. 선생님에게 너를 맡길게."

소피는 엄마와 크녹스 선생님 사이에 앉았다.

두 소년이 지붕 위로 기어오르고, 한 소녀는 머리핀으로 풍선을 터뜨리고 있었다. 이때 초대받지 않은 한 손님이 오토바이를 타고 왔다. 그는 맥주와 증류주를 상자에 가득 싣고 왔다. 몇몇 소년들이 그 짐 나르는 일을 도왔다.

"애들아, 우리 한번 놀아볼까?"

잉에브릭트센 씨가 일어서서 박수를 치며 말했다.

그러고는 맥주병 하나를 손에 들더니 벌컥벌컥 다 들이켜고 잔디 위에 빈 병을 세워놓고 테이블로 가 바움쿠헨 하단의 네 조각을 가져왔다. 그리고 손님들에게 어떻게 병을 향해 케이크 고리를 던져야 하는지 보여주었다.

"최후의 발악이군."

크녹스 선생님이 말했다.

"소령이 결론을 내리기 전에, 또 힐데가 공책을 덮어버리기 전에 우리 빨리 이곳을 뜨자."

"그럼 엄마 혼자서 이걸 다 치우셔야 할 거예요."

"괜찮아. 여긴 네가 살 곳이 못 되는 것 같아. 크녹스 선생님이 더 나은 곳을 아신다니, 나는 누구보다도 행복하단다. 그런데 네가 얼마 전에 크녹스 선생님이 백마를 갖고 있다고 하지 않았니?"

소피는 주위를 둘러보았다. 정원은 더 이상 알아볼 수 없게 되었다. 곳곳에 그저 빈 병과 닭 뼈, 초콜릿 과자와 고무 풍선들이 널려 있을 뿐이었다.

"이곳은 내 작은 낙원이었는데……."

소피가 말했다.

"너는 이제 낙원 밖으로 쫓겨나게 됐지."

크녹스 선생님이 대답했다.

한 소년이 벤츠 차 안으로 들어가 앉았다. 그러고는 차 시동을 걸더니 닫힌 정원 문으로 돌진해 자갈길을 지나 정원 한가운데를 통과했다.

그때 누군가 소피의 팔을 낚아채서 동굴로 끌어당겼다. 크녹스 선생님의 목소리가 들렸다.

"지금이야!"

바로 그 순간에 흰 벤츠 차는 사과나무를 들이받았다. 아직 채 익지 않은 사과들이 자동차의 보닛 위로 떨어졌다.

"정말 지나치군!"

잉에브릭트센 씨가 소리쳤다.

"손해배상을 청구하겠어!"

그의 매력적인 부인은 남편의 말에 적극 동조하고 나섰다.

"이 일은 모두 다 그 멍청한 철학 선생 때문이에요. 그런데 그 사람은 어디로 숨었지?"

"땅속으로 꺼져버렸나 봐요."

소피 엄마는 당당하게 말하고는 자리에서 일어나 철학 가든파티의 흔적들을 없애기 시작했다.

"커피 더 드실 분 없으세요?"

대위법

…… 두 가지 이상의 멜로디가 동시에 울려 퍼진다 ……

힐데는 침대에서 일어났다. 여기서 소피와 크녹스 선생님의 이야기는 끝이 났다. 도대체 무슨 일이 일어난 걸까? 아빠는 왜 이 마지막 장을 썼을까? 아빠는 '소피의 세계'에 대한 자신의 힘을 과시하려고 했던 걸까?

힐데는 골똘히 생각하면서 욕실로 가서 옷을 입었다. 아침을 간단히 먹고 나서 천천히 정원으로 나와 그네에 앉았다.

힐데는 이번 가든파티에서 일어난 일 가운데 유일하게 자신의 말만이 이성적이라는 크녹스 선생님의 말에 동의했다. 아빠는 힐데의 세계 역시 소피의 가든파티처럼 혼란스럽다고 말하려 한 것일까? 아니면 힐데의 세계도 언젠가 붕괴될 수 있다는 걸 말하고 싶었을까?

그런데 소피와 크녹스 선생님의 문제가 아직 남아 있었다. 그들의 비밀 계획에 무슨 일이 생긴 걸까?

이제 힐데 혼자서 다음 이야기를 진행해야 하는 걸까? 아니면 그들이 정말 이야기에서 빠져나왔을까? 그럼 그들은 지금 어디에 있는 거지?

힐데에게 갑자기 이런 생각이 떠올랐다. 크녹스 선생님과 소피가 정말 이야기에서 빠져나왔다면 그 일에 관해서 어떤 내용도 공책에 적혀 있을 수 없다. 거기에 적혀 있는 모든 내용에 대해서 아빠는 너무도 잘 알고 있을 것이다.

혹시 행간에 숨어 있는 걸까? 최소한 방향은 암시되어 있었다. 힐데는 그네에 앉아서 전체 이야기를 몇 번 더 읽어봐야겠다고 생각했다.

흰색 벤츠가 정원을 가로질러 질주하는 사이 크녹스 선생님은 소피를 동굴 안으로 끌어당겼다. 그러고서 그들은 숲 속을 지나 소령의 오두막을 향해 내달렸다.

"서둘러!"

크녹스 선생님이 외쳤다.

"소령이 우릴 찾기 전에 끝내야 해."

"우린 지금 소령의 눈에서 벗어난 건가요?"

"경계 지역에 있지!"

그들은 노를 저어 호수를 건넜고 오두막으로 달려 들어갔다. 크녹스 선생님은 지하실 문을 열었다. 그는 소피를 지하실 아래로 밀어 넣었다. 그다음에는 모든 것이 캄캄해졌다.

그다음 날부터 힐데는 계획을 실행했다. 힐데는 코펜하겐에 있는 안네 크밤스달에게 편지를 몇 통 보냈고, 전화도 두 번 걸었다. 힐데는 릴레산에서도 친구와 아는 사람들을 지원군으로 소집했다. 한 반의 절반

정도 인원이 필요했다.

그사이에도 힐데는 『소피의 세계』를 읽었다. 한 번 읽고 덮어버릴 책이 아니었다. 힐데는 가든파티에서 소피가 없어진 후에 크녹스 선생님과 소피에게 무슨 일이 일어났을지에 대해 계속 생각하게 되었다.

6월 23일 토요일 9시쯤에 잠을 깬 힐데는 아빠가 이미 레바논의 부대를 떠났다는 걸 알게 되었다. 이제 기다리기만 하면 된다. 아빠는 계획한 날짜의 마지막 날도 아주 세세하게 짜놓은 것이다.

오전에 힐데는 엄마와 함께 한여름밤 축제를 준비하면서 소피와 그 엄마가 축제를 어떻게 준비했을지 생각해보았다.

그런데 그건 모두 지나간 일인가? 아니면 그들도 지금 식사 준비를 하고 있는 걸까?

소피와 크녹스 선생님은 두 개의 커다란 건물 앞 잔디밭에 앉았다. 그 건물에는 환풍기와 환풍구가 보기 싫게 밖으로 튀어나와 있었다. 어떤 집에서 갈색 서류 가방을 든 젊은 남자와 빨간 핸드백을 멘 젊은 여자가 나왔다. 뒤쪽에 있는 작은 길로 차가 한 대 지나갔다.

"무슨 일이 일어난 거죠?"

소피가 물었다.

"우리가 해냈어."

"그런데 여기가 어딘가요?"

"'소령의 오두막'을 뜻하는 마요르스투아야."

"그럼……."

"오슬로에 있는 곳이지."

"정말요?"

"확실해. 이 집은 '샤토 뇌프'라고 하는데, '새로운 성(城)'이라는 뜻이야. 여기서 넌 음악을 공부할 수 있어. 저 건물은 신학대학이야. 언덕 위로 계속 올라가면 자연과학을 공부하는 곳이고, 끝까지 올라가면 문학과 철학을 공부하는 곳이지."

"우린 지금 힐데의 책과 소령의 지배에서 벗어난 건가요?"

"물론이지. 소령은 이 삶 속에 있는 우리를 절대 찾을 수 없어."

"그러면 숲 속을 달리는 동안에 우린 어디에 있던 거죠?"

"소령이 세무 공무원의 차가 사과나무를 향해 가도록 하는 데 몰두해 있는 동안 우린 굴 안에 숨을 수 있었어. 동시에 배아의 단계에 있었지. 말하자면 신구(新舊) 세계에 동시에 속해 있었던 거야. 소령은 우리가 거기 숨으리라고는 생각도 못 했겠지."

"왜 생각을 못 했을까요?"

"그랬다면 그 사람이 우릴 그렇게 쉽게 빠져나가게 두지 않았을 거야. 모든 일이 꿈처럼 흘러갔거든. 글쎄, 아마 놀이에 참여하고 싶었던 것 같아……."

"그게 무슨 말씀이세요?"

"소령은 흰색 벤츠가 출발하도록 만들었어. 그동안 일어난 모든 일 때문에 지칠 대로 지쳐서 아마 시야에서 우리를 일부러 놓치고 싶었을 거야."

이제 아까 그 젊은 남녀가 불과 몇 미터 앞으로 다가왔다. 소피는 자기보다 나이가 훨씬 많은 남자와 풀밭에 앉아 있는 자신이 조금 괴롭게 느껴지면서, 크녹스 선생님의 말을 확인해보고 싶었다.

소피는 벌떡 일어나서 그 남녀에게 달려갔다.

"이 도시의 이름이 뭔가요?"

그러나 그 사람들은 대답해주지 않았고, 소피를 쳐다보지도 않았다. 소피는 아주 화가 났지만 다시 말을 걸었다.

"질문에 답을 듣고 싶어 하는 게 무리한 요구는 아니지 않나요?"

젊은 남자는 여자에게 뭔가를 열심히 설명하고 있었다.

"대위법 작곡은 화음을 내는 멜로디와 하모니가 두 가지 차원에서 전개되는 거야. 그러니까 두 가지 이상의 멜로디가 중요한데……."

"방해해서 죄송하지만……."

"서로 다른 멜로디가 함께 어울려서 화음을 만들어내는 걸 대위법이라고 해. 원래 그 말은 음표 대 음표라는 뜻이지."

무례한 사람들! 두 사람은 귀머거리도 장님도 아니었다. 소피는 그들 앞에 똑바로 서서 세 번째로 길을 가로막았지만 길 옆으로 쉽게 밀쳐졌다.

"바람이 살랑살랑 부네."

여자가 말했다.

소피는 크녹스 선생님에게로 달려왔다.

"저 사람들은 듣질 않아요!"

소피는 힐데와 황금 십자가 목걸이 꿈이 생각났다.

"우린 대가를 치러야 해, 소피야. 우리가 책에서 빠져나오면서 지은이와 똑같은 위치를 기대할 수는 없지. 하지만 우린 정말 여기에 있어. 이제부터 철학 가든파티에서보다 더 나이를 먹지는 않을 거야."

"그리고 가까이 있는 사람들과 절대 접촉할 수 없고요?"

"진정한 철학자는 '절대'라는 말을 쓰지 않아. 지금이 몇 시지?"

"8시예요."

"우리가 가든파티를 떠난 지 얼마나 됐지?"

"오늘 힐데의 아빠가 레바논에서 돌아와요."

"그럼 서둘러야 해."

"왜요?"

"소령이 비에르켈리로 돌아올 때 무슨 일이 일어날지 걱정되지 않니?"

"물론 그렇지만……."

"그럼 출발!"

두 사람은 시내 쪽으로 걸어 내려갔다. 여러 사람들이 두 사람과 마주쳤지만 그 사람들에게 소피와 크녹스 선생님은 그저 공기처럼 보였다.

길가에는 자동차가 줄지어 서 있었다. 선생님은 갑자기 지붕 없는 빨간 스포츠카 앞에 멈춰 섰다.

"이건 탈 수 있겠어. 이게 '우리 차'라고 확실히 믿어야 해."

"이해가 안 돼요."

"설명해줄게. 우린 지금 이 도시에 살고 있는 사람들의 평범한 자동차는 쉽게 탈 수 없어. 사람들이 운전자 없이 달리는 자동차를 발견하면 무슨 일이 일어나겠니? 게다가 우리는 자동차에 시동을 걸지도 못할 거야."

"그럼 이 차를 어떻게 움직이죠?"

"옛날 영화에서 본 적이 있어."

"죄송하지만, 이런 비밀스러운 암시들에 점점 화가 나기 시작해요."

"소피야, 이건 환상의 차야. 우리처럼 말이지. 이 도시 사람들에게는 텅 빈 주차장만 보일 거야. 출발하기 전에 그걸 확실하게 시험해봐야 해."

두 사람은 서서 기다렸다. 잠시 후에 어떤 젊은이가 자전거를 타고 빨간 차를 통과해서 지나갔다.

"봤지! 이건 우리 차야!"

크녹스 선생님이 조수석의 문을 열었다.

"타시지요."

선생님은 운전석에 앉았다. 크녹스 선생님이 꽂혀 있는 자동차 열쇠를 돌리자 시동이 걸렸다.

키르케베이엔을 지나서 곧 드라멘스베이엔에 도착했다. 그들은 리사커와 잔비카를 지났다. 드라멘스베이엔을 막 지났을 때부터 점점 성 세례 요한 축일 첫날의 모닥불이 보이기 시작했다.

"한여름 밤이구나, 소피야! 놀랍지 않니?"

"바람이 상쾌해요. 정말 아무도 우리를 못 볼까요?"

"우리에게 속한 사람들은 보여. 그 사람들을 만나게 될지도 몰라. 지금 몇 시니?"

"8시 반이에요."

"시간을 단축해야겠어. 어쨌든 계속 천천히 저 화물차 뒤만 따라갈 수는 없으니까."

선생님은 넓은 옥수수 밭 안으로 핸들을 꺾었다. 소피는 몸을 돌려 옥수수 대가 차 바퀴에 납작하게 깔려 생기는 큰 무늬를 보았다.

"내일 사람들이 이걸 보면 바람이 밭을 저렇게 만들었다고 하겠지."

크녹스 선생님이 말했다.

알베르트 크나그 소령은 코펜하겐에 도착했다. 6월 23일 토요일 오후

4시 30분이었다. 이제 긴 하루를 남겨놓고 있었다. 로마발 코펜하겐행 비행기는 소령의 여행 중 마지막에서 두 번째 단계였다.

그는 늘 자랑스러워하는 유엔 군복을 입고 출국 심사를 거쳤다. 유엔 군복은 자신뿐 아니라 전 지구를 총괄하는 100년 동안의 전통인 국제 법질서를 대표하는 것이다.

그는 작은 가방을 멨다. 나머지 짐은 로마에서 부쳤다. 그는 빨간 여권을 흔들기만 하면 된다.

'세관 신고 없음.'

알베르트 크나그 소령은 거의 3시간 동안 코펜하겐에 체류하고 나서야 크리스티안산행 비행기를 탔다. 그는 가족을 위해서 몇 가지 작은 선물을 더 사야 했다. 힐데에겐 커다란 생일 선물을 이미 2주 전에 보냈다. 힐데가 생일날 눈을 뜨면 발견하도록 아내 마리트가 침실 탁자 위에 올려두었다. 생일에 통화한 이후로 소령은 힐데와 이야기를 하지 못했다.

노르웨이 신문 몇 개를 사고 공항 바에 앉아서 커피를 마셨다. 먼저 신문 헤드라인을 훑어보고 있을 때 안내 방송이 들렸다.

"알베르트 크나그 씨에게 중요한 소식입니다. 크나그 씨는 스칸디나비아 항공사 안내소로 와주시기 바랍니다."

이게 무슨 소리지? 얼음처럼 차가운 것이 등줄기를 타고 내려가는 기분이었다. 레바논에서 귀환 명령이 떨어진 것은 아니겠지? 아니면 집에서 무슨 소식이 온 걸까?

소령은 안내 창구로 갔다.

"제가 알베르트 크나그입니다."

"어서 오세요. 급한 일이라는군요."

건네받은 편지봉투를 뜯어보니 그 안에 '알베르트 크나그 소령, 스칸디나비아 항공사 안내소 내, 코펜하겐 카스트루프 공항'이라고 적힌 작은 봉투가 들어 있었다.

긴장한 소령이 봉투를 열자 안에는 작은 메모지에 이렇게 써 있었다.

사랑하는 아빠! 집에 돌아오시는 걸 진심으로 환영해요. 레바논에서 돌아오신다니 기뻐요. 집에 오실 때까지 기다릴 수 없어서 아빠를 스피커로 부르게 된 사정을 이해해주세요. 이게 가장 쉬운 방법이었어요.

추신 1: 잉에브릭트센 씨는 유감스럽게도 벤츠 도난 사고에 대해 손해 배상을 청구했어요.

추신 2: 아빠가 집으로 오실 때, 아마 저는 정원에 앉아 있을 거예요. 하지만 그 전에 제 소식을 들으실 수 있을 거예요.

추신 3: 갑자기 제가 정원에 너무 오래 있게 될까 봐 조금 걱정이 돼요. 그런 곳에서는 땅 밑으로 꺼져버리기 쉽잖아요.

　　　　— 아빠의 귀국을 환영하기 위해 많은 시간을 들이고 있는 힐데가

알베르트 크나그 소령은 웃을 수밖에 없었다. 그러나 조종당했다는 생각은 전혀 들지 않았다. 자신은 언제나 뒤에서 조종하기를 좋아했다. 그런데 지금은 이 버릇없고 깜찍한 딸이 릴레산에 있는 집에 앉아서 자기를 공항에서 이리저리 쫓고 있는 것이다! 그 아이가 어떻게 이런 일을 했지? 소령은 봉투를 가슴에 있는 주머니에 넣고 많은 상점들을 돌아다녔다. 그는 식료품 가게에 들어서면서 진열장에 끼워져 있는 작은 편지봉투를 발견했다. 그 봉투에는 굵은 사인펜으로 '크나그 소령'이라고 쓰

여 있었다.

알베르트 크나그 소령에게 중요한 전갈 (덴마크 식품점 내, 코펜하겐 카스트루프
공항)

사랑하는 아빠! 커다란 덴마크 살라미 2킬로그램을 사다주세요. 코냑 소시지
를 사시면 엄마가 좋아하실 거예요.

추신: 림 피오르산 캐비어도 잊으시면 안 돼요.

— 힐데가

알베르트 크나그 소령은 주위를 둘러보았다. 힐데가 이 근처에 있는
건 아니겠지? 나를 마중하게 하려고 마리트가 힐데에게 코펜하겐행 비
행기표를 사준 건 아닐 거야. 이건 분명히 힐데 글씨인데……. 갑자기 유
엔 감시 단원인 자신이 감시당하는 느낌이 들었다. 누군가 자기가 하는
모든 행동을 무선 조종하는 것 같았다.

소령은 가게 안으로 들어가서 살라미 2킬로그램, 코냑 소시지 하나와
림 피오르산 캐비어 세 통을 샀다. 그러고 나서 그는 힐데의 생일 선물을
더 사기 위해 상점들을 계속 둘러보았다. 휴대용 계산기가 필요하려나?
아니면 작은 여행용 라디오? 그래, 그게 좋겠다.

전자 제품 가게에 들어갔을 때 거기서도 창가에 걸린 편지봉투를 발
견했다. 봉투에는 '알베르트 크나그 소령, 공항 전체에서 가장 흥미를 끄
는 가게'라고 적혀 있었다.

사랑하는 아빠! 저는 소피의 안부와 함께 그 애가 아주 자상한 자기 아빠에게

생일 선물로 받은 라디오 겸용 미니 텔레비전에 대한 감사 인사도 대신 전해 드릴게요. 그건 정말 좋았지만 한편으로는 역시 사소한 것일 뿐이었어요. 물론 저도 그런 사소한 것에 대해 관심을 가지긴 했지만요.

추신 1: 아빠가 아직 들르지 않으셨을까 봐 하는 말이지만, 식료품 가게와 와 인과 담배를 파는 큰 면세점에 아빠에게 보내는 메모가 걸려 있을 거예요.
추신 2: 저는 생일에 받은 용돈으로 미니 텔레비전을 살 350크로네를 모았 어요.
　　　　— 벌써 칠면조 속을 다 채우고 월도프 샐러드를 버무려놓은 힐데가

미니 텔레비전은 985크로네. 그건 사소하다고 할 수 있겠지만 알베 르트 크나그 소령이 자기 딸에게 이런 이상한 조종을 당하는 건 전혀 사소하지 않다. 그 애는 지금 여기에 있는 걸까, 없는 걸까?

소령은 발걸음을 뗄 때마다 주위를 둘러보면서 자기가 어떤 사람의 스파이거나 조종을 당하는 태엽 인형 같다는 생각이 들었다. 여기서 그는 걸음걸음마다 자신의 인간적인 자유를 빼앗기고 있는 것일까?

그래도 소령은 면세점으로 걸음을 옮겼다. 면세점에서 소령은 자기 이름이 적혀 있는 흰 편지봉투를 발견했다. 공항이라는 컴퓨터 게임에서 자신이 마우스 커서 역할을 하는 것 같았다. 메모에는 다음과 같이 적혀 있었다.

크나그 소령, 공항 면세점 내. 제가 여기에서 원하는 건 와인 젤리 한 봉지하고 안톤 베르크의 아몬드 과자 두 상자예요. 노르웨이에서 사려면 아주 비싸

다는 걸 잊지 마세요! 제가 알기로 엄마는 캄파리를 즐겨 마셔요.

추신: 어떤 중요한 소식도 놓치지 않으려면 집에 돌아오시는 동안 정신을 바짝 차리고 계셔야 할 거예요.

— 아빠의 영리한 딸 힐데가

알베르트 크나그 소령은 체념하고 한숨을 푹 내쉬었지만, 상점으로 가서 힐데가 주문한 것을 샀다. 그는 이제 플라스틱 봉투 세 개와 작은 가방을 가지고 이륙을 기다리기 위해 28번 출구로 갔다. 메모가 더 있더라도 이젠 그냥 공항에 남겨두고 가야 할 것이다.

그러나 28번 출구의 기둥에도 흰 봉투가 있었다. '크나그 소령에게, 28번 출구, 코펜하겐 카스트루프 공항.' 이것도 힐데의 글씨였지만 출구 번호는 다른 사람의 글씨 같기도 했다. 소령은 판단을 내리기가 어려웠다.

소령은 벽에 붙어 있는 의자에 앉았다. 그는 봉투를 무릎 위에 올려놓았다. 이 거만한 소령은 거기에 앉아서 처음 혼자 여행을 떠나는 어린 소년처럼 앞을 노려보았다. 그 애가 여기 있다 해도, 나를 먼저 발견할 수는 없을 거야. 소령은 모든 행인들을 불안하게 올려다보았다. 잠시 자기가 엄격하게 감시당하는 적군 같다는 생각을 했다. 탑승 방송이 들리자 그는 안심하며 숨을 내쉬었다. 그는 제일 마지막으로 탑승했다. 표를 내면서 개찰구에 붙어 있는 편지봉투를 재빨리 떼어냈다.

소피와 크녹스 선생님은 브레비크스 다리를 건너 크라게레가 시작되는 곳을 지나갔다.

"시속 180킬로로 달리고 있어요."

"9시가 거의 다 됐어. 곧 소령이 세비크 비행장에 착륙할 거야. 교통 통제가 우릴 막지 못해서 다행이야."

"하지만 사람하고 충돌하면 어쩌죠?"

"그게 우리 중에 누구라면 문제지만 보통 자동차는 상관없어."

"네?"

"조심해야 해. 우리가 허비(1963년형 폭스바겐 비틀-옮긴이)를 지나친 걸 못 봤니?"

"못 봤어요!"

"저런. 그건 베스트폴 어딘가에 주차됐을 거야."

"저 앞에 오는 관광버스는 그렇게 쉽게 지나칠 수 없을 거예요. 여긴 사방이 빽빽한 숲이잖아요."

"문제없어. 잘 보렴."

선생님은 숲으로 차를 돌려 나무들이 가장 빽빽이 들어선 숲의 한가운데로 들어갔다.

소피는 안도의 숨을 쉬었다.

"놀랍네요."

"우리가 강철 벽을 통과해도 넌 아무렇지 않을 거야."

"우리가 공기 같은 영혼들이란 뜻인가요?"

"아니, 머리가 혼란스러운 모양이구나. 우리를 둘러싼 현실이 공기 같은 허구란다."

"더 자세히 설명해주세요."

"잘 들어봐. 영혼이 수증기보다도 더 '흐릿하다'는 건 대단한 오해야.

사실 영혼은 얼음보다도 단단하지."

"그런 건 한 번도 생각해본 적이 없어요."

"이야기를 하나 해줄게. 옛날에 어떤 사람이 천사가 없다고 믿고 있었는데 어느 날 숲에 나가 일하고 있을 때 그에게 천사가 내려온 거야."

"그래서요?"

"그 사람은 천사와 함께 조금 걸었어. 그러고는 천사에게 말했지. '그렇소, 이제 나는 천사가 존재한다고 인정해야 하겠군요. 하지만 당신은 나처럼 진정한 존재는 아니오.' 그러자 천사가 '그게 무슨 말인가요?' 하고 물었지. 그 남자가 '우리가 바위를 지날 때, 나는 돌아서 왔지만 당신은 그 속을 통과했소. 그리고 길을 가로질러 넘어진 나무가 있을 때, 나는 그 위로 기어 올라갔지만 당신은 그냥 통과했소.' 하고 답하자, 천사는 깜짝 놀라 '우리가 늪지대를 가로질러 왔던 것이 생각나지 않으세요? 그때 우린 둘 다 안개 속을 통과할 수 있었어요. 우린 안개보다 훨씬 더 조밀하게 응집되어 있기 때문이죠.' 하고 말했어."

"아아……."

"이건 우리와도 관계 있는 얘기야. 영혼은 강철 문도 통과할 수 있어. 탱크도 폭탄도 영혼을 파괴할 수는 없는 거야."

"독특한 생각이에요!"

"우린 곧 리쇠르를 지나갈 거야. 출발한 지 한 시간밖에 안 됐구나. 커피가 그리워지네."

쇤데레와 이웃한 피아네에 도착했을 때 두 사람은 왼쪽 길가에서 휴게소를 발견했다. 휴게소의 이름은 '신데렐라'였다. 선생님이 핸들을 꺾어 잔디밭에 차를 세웠다.

소피는 카페에서 냉장 선반에 있는 콜라병을 집으려고 했지만 병을 움직일 수 없었다. 그 콜라병은 바닥에 딱 붙은 것 같았다. 크녹스 선생님은 차 안에서 발견한 종이컵에 커피를 받으려고 했다. 버튼을 누르기만 하면 되는데 아무리 애를 써도 소용이 없었다.

선생님은 아주 화가 나서 손님들에게 도움을 청했지만 아무도 반응을 보이지 않자 소피가 귀를 막아야 할 정도로 크게 소리를 질렀다.

"커피를 마시고 싶다고!"

그러나 선생님은 곧 숨이 가빠져 그다지 무섭게 화를 내지는 못했다.

"저 사람들은 우리 말을 들을 수가 없어. 물론 우리도 그들의 커피를 뺏을 수 없고."

두 사람이 돌아서서 휴게소를 떠나려고 할 때, 한 할머니가 의자에서 일어나 다가왔다. 빨간 치마에 새파란 스웨터를 입고, 머리에는 하얀 두건을 쓰고 있었다. 휴게소 안에 있는 사람들과는 어딘지 모르지만 분명히 달라 보였다.

할머니는 선생님에게 다가와 말했다.

"자네가 소리를 질렀지, 젊은이."

"죄송합니다."

"커피를 마시고 싶다고 했나?"

"네, 그런데……."

"우리가 바로 이 뒤에서 작은 가게를 하고 있어."

그들은 할머니와 함께 휴게소 뒤편에 있는 오솔길로 들어섰다. 도중에 할머니가 물었다.

"자네들은 여기 처음 왔지?"

"그렇습니다."

선생님이 대답했다.

"그래, 그래. 영원한 세계에 온 것을 환영하네!"

"그럼 할머니도?"

"나는 그림 형제의 동화에서 나왔어. 그 동화가 쓰여진 지는 150년도 훨씬 더 지났지. 그런데 자네들은 어디서 왔나?"

"저희는 철학책에서 나왔습니다. 저는 철학 선생이고 이 애는 제 제자인 소피입니다."

"하…… 하하……. 그래, 그거 참 새롭구먼."

그들은 곧 숲 속의 빈 터에 이르렀다. 거기에는 아담한 갈색 집 몇 채가 있었는데, 집들 사이의 어떤 곳에는 커다란 성 세례 요한 축일의 모닥불이 타고 있었고, 불 주위에는 표정이 밝은 사람들이 춤을 추고 있었다. 소피에게 낯익은 얼굴들이 많았다. 백설공주와 난쟁이들, 운 좋은 한스와 셜록 홈스, 그리고 빨간 모자와 신데렐라도 보였다. 또 이름이 기억나지 않지만 친근한 캐릭터들이 많이 모여 있었다. 요괴와 요정, 사티로스와 마녀, 천사와 악마……. 소피는 심지어 트롤도 보았다.

"여기 곰이 달아난다!"

크녹스 선생님이 외쳤다.

"결국 또 한여름 밤이군. 우린 발푸르기스의 밤에 마지막으로 만났었지. 그때 우린 독일에서 축제를 열었어. 나는 여기 잠깐 다니러 온 것뿐이야. 아, 커피를 마시고 싶다고 했지?"

"네, 부탁드려요."

소피는 이제야 그 집들이 다 과자와 캐러멜, 설탕 등으로 만들어졌다는 것을 깨달았다. 몇몇 캐릭터들이 그 집을 갉아먹으면 빵 굽는 여자가 바로 빙 돌면서 없어진 부분을 채워놓았다. 소피도 한 귀퉁이를 조금 떼서 먹어보았다. 달콤했고 지금까지 먹어본 것 중에서 가장 맛있었다.

할머니가 곧 커피 한 잔을 들고 왔다.

"정말 고맙습니다."

선생님이 말했다.

"그래, 자네들은 커피 값으로 뭘 줄 건가?"

"커피 값요?"

"여기서는 대개 이야기로 지불하지. 커피 값으로 짧은 이야기 하나면 충분해."

"놀라운 인류의 역사에 대해 얘기할 수 있을 것 같은데 저희는 시간이 없어요. 다음에 다시 와서 드려도 될까요?"

"물론이지. 그런데 왜 그렇게 바쁜가?"

선생님이 계획한 것을 설명하자 할머니가 말했다.

"과연, 자네들은 정말 새롭구먼. 하지만 육체적인 근원과 연결된 탯줄은 잘라버려야 해. 우린 살과 그리스도의 피에 매이지 않은 '보이지 않는 민족'이니까."

선생님과 소피는 서둘러 신데렐라 휴게소 앞 스포츠카가 있는 곳으로 돌아왔다. 자동차 바로 옆에서는 한 엄마가 어린 아들이 소변보는 것을 봐주고 있었다.

그들은 빠른 속도로 달려서 곧 릴레산에 도착했다.

코펜하겐발 SX 876기는 저녁 9시 35분에 착륙했다. 비행기가 코펜하겐에서 활주로를 달리는 사이에 소령은 출국장에서 발견한 편지봉투를 열었다. 그 안에는 이렇게 적혀 있었다.

방금 비행기표를 낸 크나그 소령님, 1990년 성 세례 요한 축일의 밤.

사랑하는 아빠! 아마 제가 코펜하겐에 나타날 거라고 생각하셨겠죠? 하지만 아빠가 하시는 일에 대한 제 지배력은 훨씬 더 좋아서 어디서나 아빠를 볼 수 있어요. 전 옛날에 증조할머니에게 요술 거울을 판 집시 가족을 찾아냈고 수정 구슬도 샀어요. 아빠가 방금 비행기에 앉으신 모습이 보여요. 안전벨트 표시등이 꺼질 때까지 안전벨트를 꼭 매고 등받이를 수직으로 놓는 것을 잊지 마세요. 그리고 비행기가 높이 뜨면 등받이를 뒤로 젖히고 편히 쉬세요. 그래야 아빠가 집에 도착했을 때 피곤하지 않을 테니까요. 릴레산은 날씨가 참 좋아요. 레바논보다 몇 도쯤 더 서늘할 거예요. 편안히 오세요.

— 거울 여왕, 고단수 역설가, 아빠의 딸 마녀 힐데

알베르트 크나그 소령은 자신이 화가 난 건지 피곤한 건지 지친 건지 알 수 없었지만 갑자기 웃음을 터뜨렸다. 너무 크게 웃어서 다른 승객들이 쳐다보았다. 곧 비행기가 이륙했다.

소령은 단지 자신이 처방했던 약을 받은 것뿐이었다. 그러나 거기엔 중요한 차이가 있었다. 소피와 크녹스 선생님만 그 약의 희생자들이었다. 하지만 그들은 단지 환영일 뿐이다.

입국 심사를 거쳐 공항 로비로 나왔을 때 소령은 한 무리의 사람들이 자신을 환영하러 나온 것을 보고 깜짝 놀랐다. 대충 힐데 나이쯤 되어 보이는 8명 정도의 소녀들이 '집에 오신 걸 환영해요, 아빠!', '힐데는 정원에서 기다리고 있어요!', '반어를 계속하라!' 라고 쓴 플래카드를 들고 있었다.

나쁜 소식은 소령이 바로 택시를 탈 수 없었다는 것이다. 그는 자신의 짐을 기다려야 했다. 그리고 그사이에 힐데의 학교 친구들이 주변을 어지럽게 돌아서 몇 번이고 플래카드를 다시 읽어야 했다. 어떤 소녀가 장미 꽃다발을 가지고 왔을 때에야 그는 비로소 빙긋 웃었다. 소령은 플라스틱 봉투에서 아몬드 과자를 꺼내 소녀들에게 나누어주었다. 이제 힐데 몫으로는 겨우 두 개만 남았다. 짐이 도착했을 때, 한 젊은 남자가 그에게 말을 걸었고 소령님을 비에르켈리로 모셔 오라는 거울 여왕의 명령을 받았다고 설명했다. 소녀들은 군중 속으로 사라졌다.

그들은 18번 고속도로를 달렸다. 다리와 터널마다 플래카드와 복사한 종이가 걸려 있었다. '집에 오신 걸 환영해요!', '칠면조가 준비되어 있어요!', '저는 아빠를 보고 있어요!' 라는 글귀가 적혀 있었다.

알베르트 크나그 소령은 비에르켈리 정원 문 앞에 내려서야 안도의 한숨을 쉬었다. 운전수에게 100크로네와 칼스버그 맥주 세 캔으로 고마움을 전했다.

아내가 집 앞에서 기다리고 있었다. 긴 포옹 후에 물었다.

"힐데는 어디 있지?"

"선창에 있어요."

크녹스 선생님과 소피는 릴레산 광장에 있는 노르게 호텔 앞에 빨간 스포츠카를 세웠다. 9시 45분이었다. 밖에는 커다란 성 세례 요한 축일의 모닥불이 보였다.

"어떻게 비에르켈리를 찾죠?"

소피가 물었다.

"오두막에 있던 그림 생각나지? 그걸 지금 찾아야 해."

"서둘러야 해요. 저는 소령보다 먼저 가 있고 싶어요."

그들은 울퉁불퉁한 작은 언덕과 바위 사이의 작은 길로 갔다. 중요한 단서는 비에르켈리가 바닷가에 있다는 것이다.

갑자기 소피가 외쳤다.

"저기! 저거예요!"

"그런 것 같구나. 그런데 그렇게 소리를 크게 내면 안 돼."

"아, 왜요. 여기선 아무도 못 듣잖아요."

"소피야 철학 수업을 그렇게 오래 했는데도 아직 성급하게 결론을 내리다니. 실망스럽구나."

"그래도……."

"이 지역에 요정과 트롤, 숲의 정령과 착한 요정이 없다고 믿는 건 아니겠지?"

"아, 죄송해요."

두 사람은 집 앞 자갈길을 넘어서 그네 옆 잔디밭에 차를 멈추었다. 조금 떨어진 곳에 세 사람을 위한 식탁이 차려져 있었다.

"힐데가 보여요! 제 꿈에서처럼 정확히 선창에 앉아 있어요."

소피가 속삭였다.

"정원이 클뢰베르베이엔에 있는 너희 정원과 굉장히 비슷하지?"

"네, 그네부터 거의 대부분이 그래요. 힐데한테 가봐도 될까요?"

"물론, 나는 차에 있을게……."

소피는 선창으로 달려 내려갔다. 하마터면 힐데에게 부딪혀 넘어질 뻔했다. 그렇지만 소피는 얌전하게 힐데 옆에 앉았다.

힐데는 조각배를 묶어놓은 선창의 밧줄을 손가락으로 만지작거리고 있었다. 왼손에는 작은 메모지를 들고 있었다. 누구를 기다리고 있는 게 분명했다. 몇 번이고 시계를 들여다보았다.

소피는 힐데가 아주 예쁘다는 것을 알았다. 힐데는 밝은 금발 곱슬머리에 눈동자는 진한 초록색이었다. 게다가 노란 여름 원피스를 입고 있었다. 요룬과 조금 닮은 것 같다.

소피는 쓸데없다는 걸 알면서도 힐데에게 말을 걸었다.

"힐데야! 나 여기 있어! 나야 나, 소피라고!"

힐데는 전혀 반응이 없었다.

소피는 힐데 옆에 무릎을 꿇고 앉아 귀에 대고 소리쳤다.

"내 말 들리니? 너 장님에 귀머거리야?"

힐데가 눈을 약간 크게 떴다. 희미하게나마 무슨 소리를 들은 걸까?

그러고 나서 힐데는 주위를 돌아봤다. 갑자기 머리를 오른쪽으로 돌리더니 소피의 눈을 똑바로 쳐다봤다. 그러나 시선의 초점이 소피에게 맞춰져 있지는 않았다. 힐데는 마치 소피를 완전히 꿰뚫어 보는 것 같았다.

"너무 큰 소리를 내지 마, 소피야!"

스포츠카에 앉아 있던 크녹스 선생님이 말했다.

"난 정원을 온통 물의 요정으로 채우고 싶지 않아!"

소피는 이제 말없이 앉아 있었다. 단지 그렇게 힐데 곁에 가까이 있는 것으로도 기분이 좋았다.

그때 소피는 "힐데!"라고 부르는 묵직한 남자 목소리를 들었다.

군복을 입고 파란 베레모를 쓴 소령이었다. 그는 정원 끄트머리에 서 있었다.

힐데는 벌떡 일어나 소령에게 달려갔다. 소령과 소피는 그녀와 빨간 스포츠카 사이에서 만났다. 소령은 힐데를 높이 안아 올려서 빙빙 돌렸다.

힐데는 아빠를 기다리면서 선창에 앉아 있었다. 소령이 코펜하겐에 도착한 이후로 힐데는 15분마다 아빠가 지금 어디에 계실까, 어떤 일을 겪었을까, 그리고 그 일을 어떻게 생각하고 계실까 등을 상상했다. 힐데는 내내 쪽지에 메모했고, 그걸 온종일 손에 쥐고 있었다.

아빠가 화나시지는 않았을까? 하지만 아빠가 그 신비한 책을 쉽게 쓴 건 아닐 것이다. 그럼 모든 것이 전과 같아질까?

힐데는 다시 시계를 봤다. 10시 15분이다. 아빠가 곧 오실 것이다. 그런데 그건 뭐였을까? 힐데는 소피에 관한 꿈에서처럼 미약한 숨소리를 들었다.

힐데는 주위를 살폈지만 그 숨결이 뭔지 알 수가 없었다. 그럼 뭐지?

그저 여름날 저녁에 일어날 수 있는 일인 걸까?

힐데는 잠깐 동안 투시력을 갖게 되는 건 아닌가 하는 불안을 느꼈다.

"힐데야!"

힐데는 고개를 돌렸다. 아빠가 정원 끄트머리에 서 있었다.

힐데는 벌떡 일어나 아빠에게 달려갔다. 소령과 힐데는 그네 근처에서 만났다. 소령은 힐데를 높이 안아 올려서 빙글빙글 돌렸다.

힐데는 눈물을 흘렸고 소령도 애써 눈물을 참았다.

"다 컸구나, 힐데!"

"아빠 진짜 작가가 되셨고요!"

힐데는 노란 원피스 소매로 눈물을 닦았다.

"이제 서로 빚진 게 없는 거죠?"

"그래, 그렇구나."

두 사람은 식탁에 마주 앉았다. 힐데는 우선 코펜하겐에서 릴레산으로 오는 도중에 무슨 일이 일어났는지 아주 정확하게 알고 싶었다. 그들은 계속 웃음을 터뜨렸다.

"카페에서는 편지봉투를 못 보셨어요?"

"앉아서 뭘 먹을 시간이 전혀 없었어, 이 말썽꾸러기. 너무 배가 고프구나."

"가엾은 아빠."

"칠면조 얘기는 농담이었지?"

"정말이에요! 제가 다 준비했어요. 지금 엄마가 차리고 계세요."

그러고 나서 힐데는 바인더 공책과 소피 그리고 크녹스 선생님에 대해 자세히 얘기했다. 엄마가 칠면조, 샐러드, 로제 와인과 힐데가 직접 만든 빵을 내왔다.

아빠가 플라톤에 대해 이야기하려고 하자 힐데가 갑자기 가로막았다.

"쉿!"

"왜 그러니?"

"못 들으셨어요? 찍찍거리는 소리가 났는데."

"못 들었는데."

"뭔가 있는 게 분명해요. 아마 쥐인가 봐요."

엄마가 와인을 더 가져오는 사이, 아빠가 말했다.

"하지만 철학 수업은 아직 끝나지 않았어."

"그게 무슨 말씀이세요?"

"오늘 밤 우주에 관해 얘기해줄게."

식사를 시작하기 전에 아빠가 말했다.

"이제 힐데가 너무 커서 무릎에 못 앉히겠어. 하지만 당신은 앉힐 수 있지."

그러고는 엄마를 무릎 위에 앉혔다. 엄마는 뭔가 먹고 싶어질 때까지 그대로 앉아 있었다.

"당신도 곧 마흔이 되는군……."

힐데와 소령이 서로 껴안고 있는 동안에 소피는 눈물을 흘렸다.

소피는 절대 힐데에게 다가갈 수 없었다.

소피는 힐데가 살과 피로 된 진짜 사람이라는 사실이 몹시 부러웠다.

힐데와 소령이 식사를 하려고 식탁에 앉았을 때 크녹스 선생님이 경적을 울렸다.

소피는 위를 올려다봤다. 저 소리도 힐데에게는 들리지 않겠지?

소피는 크녹스 선생님에게 달려가서 옆자리에 앉았다.

"우리 조금 더 지켜볼까?"

소피는 고개를 끄덕였다.

"울었니?"

소피는 다시 고개를 끄덕였다.

"왜 그러니?"

"그 앤 운이 좋아요. 진짜 사람이잖아요……. 곧 커서 진짜 여자가 될 거예요. 건강한 아이도 낳고…….”

“그리고 손자도 보겠지. 하지만 모든 일에는 두 가지 면이 있어. 우리가 처음 철학 수업을 시작할 때 얘기했었지.”

“무슨 말씀이세요?”

“나도 힐데가 운이 좋다고 생각해. 하지만 삶의 운명을 따르는 사람은 죽음의 운명에도 따라야 하지. 삶의 운명이 곧 죽음이니까.”

“그래도 삶을 살아보는 게 더 좋잖아요.”

“우린 힐데처럼…… 그래, 소령처럼 살 수는 없어. 하지만 공평하게 우린 절대 죽지 않아. 숲 속의 할머니가 얘기한 게 무슨 뜻인지 모르겠니? 우리는 ‘보이지 않는 민족’이야. 그분은 150살도 넘었다고 하셨지. 나는 성 세례 요한 축제에서 심지어 3,000살이 넘은 사람도 만났단다.”

“그래도 제가 가장 부러운 건…… 가족이에요.”

“너에게도 가족이 있잖니. 고양이, 앵무새 두 마리 그리고 거북이도 있고…….”

“하지만 우린 이렇게 현실을 떠나 있잖아요.”

“전혀 그렇지 않아. 떠난 사람은 소령이야. 소령이 그의 책 마지막 결론을 쓴 거란다. 그는 이제 다시는 우리를 찾아내지 못할 거야.”

“우리가 돌아갈 수 있을까요?”

“우리가 원하면 언제든지. 하지만 우리는 ‘신데렐라’ 카페 뒤에 있는 숲에서도 새로운 친구들을 만날 수 있어.”

이제 소령 가족은 식사를 하고 있다. 잠시 소피는 이런 식사가 클뢰베르베이엔의 철학 가든파티에서와 같은 변화를 가져올까 봐 겁이 났다. 소령은 아내 마리트를 뜨겁게 사랑하는 것처럼 보였다. 그러나 그는 그저 아내를 무릎 위로 끌어당겼을 뿐이었다.

스포츠카는 식탁에서 상당히 멀리 떨어져 있었다. 소피와 크녹스 선생님은 거기서 하는 이야기를 간간이 들을 수 있었다. 그들은 정원을 응시했고 불행하게 끝이 난 가든파티를 다시 조목조목 오랫동안 회상했다.

한밤중이 되어서야 소령 가족은 식탁에서 일어났다. 힐데와 소령은 그네에 앉아 집 안으로 들어가는 엄마에게 손을 흔들었다.

"먼저 주무세요, 엄마. 우린 할 얘기가 있어서요."

빅뱅

…… 우리도 별들의 먼지에 지나지 않는다 ……

힐데는 아빠의 옆 그네에 편안하게 앉았다. 12시가 다 되었다. 두 사람은 만을 바라보았다. 하늘에는 이제 막 별들이 떠올라 창백하게 빛나고 있었다. 잔잔한 파도가 선창 아래서 돌에 부딪쳐 철썩였다.

이윽고 아빠가 입을 열었다.

"우리가 우주 어딘가에 있는 작은 행성 위에 살고 있다는 건 정말 이상한 일이지."

"맞아요……."

"우리 지구는 태양 주위를 돌고 있는 여러 행성들 중 하나일 뿐이야. 하지만 이 행성은 유일하게 살아 있는 별이지."

"아마 전 우주에서 유일하게 살아 있는 별이겠죠?"

"그럴지도 모르지. 그러나 이 우주 안에 다른 생명이 있을 수도 있어. 우주는 생각할 수도 없을 만큼 거대하니까. 별들 사이의 거리가 엄청나게 멀기 때문에 우리는 그 단위를 광분(光分)과 광년(光年)으로 측정한단다."

"그게 무슨 뜻이에요?"

"1광분은 빛이 1분 동안에 나아가는 거리야. 대단히 먼 거리지. 빛이 공간 속에서 1초에 30만 킬로미터를 가니까 1광분은 30만 킬로미터의 60배, 즉 1,800만 킬로미터야. 1광년은 대략 9조 5,000억 킬로미터고."

"지구에서 태양까지는 거리가 얼마나 되나요?"

"8광분이 조금 넘어. 유월 한낮에 우리 뺨을 데워주는 태양 광선은 태양 표면을 떠나서 8분 동안 우주 공간을 날아와 우리에게 도착하는 거야."

"더 설명해주세요."

"태양계에서 가장 바깥에 있는 행성인 명왕성(2006년 8월 명왕성은 국제 천문연맹이 행성의 분류법을 바꾸면서 행성의 지위를 잃고 왜소행성으로 분류되었다. -옮긴이)은 지구로부터 5광시(光時) 거리에 있어. 망원경으로 명왕성을 관찰하는 천문학자는 그 순간에, 실제로는 그 별의 다섯 시간 전 모습을 보고 있는 거야. 다시 말하면 명왕성의 모습이 우리에게 와 닿는 데는 다섯 시간이 걸리는 거지."

"상상하기 쉽지 않지만 이해할 수 있을 것 같아요."

"좋아. 하지만 이제 겨우 시작이야, 알겠지? 태양은 우리가 '은하수'라고 부르는 은하계에 있는 4,000억 개의 별 가운데 하나야. 이 은하계는 수많은 나선형 팔을 가진 커다란 원반처럼 생겼는데, 우리 태양계는 이런 팔들 중 하나에 자리 잡고 있지. 맑은 겨울밤에 하늘을 쳐다보면 별들이 넓은 띠 모양을 한 것을 볼 수 있는데, 그건 우리가 은하계의 중심 쪽을 보고 있기 때문이야."

"그래서 은하수를 스웨덴 말로 '겨울 꽃밭'이라고 하는군요."

"은하수 안에서 우리에게 가장 가까이 있는 별도 지구에서 4광년 거리에 있어. 어쩌면 그게 저기 보이는 작은 섬 위에 떠 있는 저 별일 수도 있겠지. 지금 이 순간, 저 별에서 어떤 별 관찰자가 정밀한 망원경으로 이곳 비에르켈리를 바라보고 있다면 그 사람은 4년 전의 비에르켈리를 보고 있는 거야. 그는 그네에 앉아 두 다리를 흔들고 있는 열한 살짜리 소녀를 볼 수 있겠지."

"믿어지지 않아요."

"그래도 그게 우리와 가장 가까운 이웃 별이란다. 전체 은하계, 다른 말로 전체 성운은 폭이 9만 광년이야. 그러니까 은하계의 한쪽 끝에서 다른 쪽 끝까지 그 정도의 세월이 걸린다는 거지. 우리 지구에서 5만 광년 떨어진 은하계의 어떤 별을 관찰하면 우리는 5만 년 전의 과거를 보는 거야."

"너무 엄청나서 제 작은 머리로는 상상도 못 하겠어요."

"우리가 우주를 바라볼 때는 과거를 보고 있는 거야. 우리는 이 우주가 현재 어떤 모습을 하고 있는지 절대 알 수 없어. 우리가 수천 광년 떨어진 별 하나를 올려다볼 때, 우리는 우주의 역사에서 사실 수천 년 전으로 돌아가 여행하는 거니까."

"어렵네요."

"우리가 보는 모든 것은 광파의 형태로 우리 눈과 만나. 이런 파장은 공간을 통해 여행할 시간이 필요하지. 천둥이 칠 때를 생각해보자. 항상 번개가 치고 나서 조금 뒤에 천둥 소리가 들리지. 그건 음파가 광파보다 더 천천히 움직이기 때문이야. 천둥 소리가 들리면 방금 전에 어떤 것이 폭발한 소리를 듣는 거지. 별도 마찬가지야. 수천 광년 떨어진 별을 볼 때, 우리는 수천 년 전에 있었던 한 사건의 '천둥'을 보고 있는 셈이야."

"알겠어요."

"지금까지는 우리 은하계에 대해서만 얘기했지. 천문학자들은 우주 안에 약 천억 개의 은하계가 있다고 추정했고, 또 이런 은하계 하나하나 에는 별들이 약 천억 개씩이나 있어. 우리 은하계와 가장 가까이에 있는 은하계는 안드로메다 성운이야. 안드로메다 성운은 우리 은하계에서 200만 광년이나 떨어져 있지. 아까 말했듯이 그 은하계의 빛이 우리에 게 도달하는 데에 200만 년이 걸린다는 뜻이야. 다시 말해 우리가 저 하 늘 높은 곳에 있는 안드로메다 성운을 바라보면 우리는 200만 년 전의 과거를 보는 거지. 우리는 그 성운 안에서 망원경을 지구로 향하고 있는 작은 개구쟁이를 볼 수가 없단다. 운이 좋으면 작은 뇌를 가진 200만 년 전의 원시인 정도는 볼 수 있겠지."

"충격적이에요."

"오늘날 우리에게서 가장 멀리 떨어진 것으로 알려진 은하계는 대략 100억 광년 거리에 있단다. 그러니까 우리가 이 은하계에서 보낸 신호 를 지금 받으면 우주의 역사 속에서 100억 년 전의 과거를 보는 거야. 그 건 우리 태양계 역사의 거의 두 배나 되지."

"현기증 나요."

"그렇게 멀리 떨어진 과거를 보는 게 무슨 뜻인지를 파악하기란 정말 어려운 일이야. 그러나 과학자들은 우리의 세계관에 영향을 줄 수 있는 훨씬 중요한 의미를 발견했어."

"설명해주세요!"

"우주 안에 있는 어떤 은하계도 정지해 있지 않아. 우주의 모든 은하계는 엄청난 속력으로 움직이며 서로에게서 멀어지고 있어. 게다가 우리한테서 멀리 떨어져 있을수록 더 빨리 움직이지. 그래서 은하계들 사이의 거리는 점점 더 멀어지는 거야."

"어렵지만 상상해볼게요."

"네가 풍선 표면에 검은 점을 많이 찍고 바람을 세게 불어 넣으면 점들 사이의 거리가 점점 멀어지겠지? 우주 안의 은하계에도 그런 일이 생기는 거야. 그런 현상을 우주가 팽창한다고 하지."

"어떻게 그런 일이 일어나죠?"

"천문학자들은 대부분 우주의 팽창을 한 가지로만 설명할 수 있다고 생각해. 약 150억 년 전 언젠가 우주의 모든 원소가 아주 작은 한 공간에 모였어. 그 물질은 밀도가 아주 높았고, 중력과 열도 우리가 상상할 수 없을 정도로 엄청났지. 결국 한순간에 모든 것이 폭발했어. 이 폭발을 대폭발, 영어로 '빅뱅(Bing Bang)'이라고 해."

"생각만 해도 소름 끼쳐요."

"대폭발은 모든 물질을 우주의 사방에 흩어놓았고, 그때 그 물질들이 식으면서 별이 되고 은하계와 달, 행성이 되었는데……."

"그런데 우주가 계속 팽창한다고 하셨잖아요?"

"그건 수십억 년 전에 있었던 대폭발 때문이지. 우리는 시간이라는 변수를 무시하고 우주를 지도 위에 그려 넣을 수는 없단다. 은하계들은 언제나 우주 안에서 엄청난 속력으로 서로에게서 점점 멀어지고 있어."

"그건 앞으로도 영원히 계속될까요?"

"그럴 수도 있어. 하지만 다른 가능성도 있지. 크녹스 선생님이 소피에게 행성들이 태양 주위에서 자신의 궤도를 계속 유지할 수 있게 하는 두 가지 힘에 대해 설명했지?"

"중력과 관성요?"

"은하계에도 그런 힘이 작용해. 우주는 계속 팽창하지만 중력은 그 반대 방향으로 작용하기 때문이야. 수십억 년 뒤 어느 날 대폭발의 힘이 약해지면 중력이 작용해서 이 천체가 다시 응집될 거야. 그래서 역폭발, 이른바 '폭발적 수축'이 일어날 수도 있어. 풍선에서 공기를 갑자기 뺐을 때와 비슷하겠지. 그럼 모든 것은 대폭발 이전의 상태로 오랫동안 지속될 거야."

"결국 모든 은하계는 작디작은 한 공간으로 압축되겠군요?"

"그래, 이해했구나. 그다음에는 어떤 일이 일어날까?"

"그다음엔 새로운 폭발이 있고 우주는 다시 팽창하겠죠. 동일한 자연 법칙이 적용되니까요. 그러고는 다시 새로운 별과 은하계가 생길 거예요."

"맞아. 그러니까 천문학자들은 우주의 미래에 대해서 두 가지 가능성을 보고 있는 거야. 즉 우주가 영원히 팽창해서 은하계들이 서로에게서 점점 멀어지든지, 아니면 우주가 다시 수축하든지, 둘 중 하나인 거야. 그건 우주가 얼마나 큰 질량을 가지고 있는지가 결정하게 되겠지. 그런데 천문학자들은 그걸 아직 정확히 파악하지 못했어."

"그런데 혹시 우주가 어느 날 수축하게 될 만한 질량을 가지고 있다면 예전에도 자주 팽창하고 또 수축했겠죠?"

"그건 명백한 결론이야. 하지만 우주의 팽창은 이번 한 번뿐일 가능성도 있어. 영원히 계속 팽창한다면 이 모든 것이 어떻게 시작되었는가 하는 것이 더욱 어려운 문제로 남게 되겠지."

"갑작스러운 폭발이 어떻게 일어났을까요?"

"기독교인들은 대폭발을 창조의 순간에 실제로 일어난 일이라고 생각해. 성서에는 하느님이 '빛이 있으라!'라고 하셨다고 적혀 있지. 크녹스 선생이 기독교의 직선적인 역사관에 대해 언급했지? 우주가 계속 팽창한다는 생각은 창조에 대한 기독교의 믿음에 가장 적합한 것일 수도 있어."

"그래요?"

"동양에서는 순환적인 역사관을 갖고 있었어. 즉 그들은 역사가 영원히 되풀이된다고 생각했지. 예를 들면 고대 인도에서는 세계가 계속 팽창했다가 다시 수축한다는 오랜 믿음이 있었어. 그래서 인도 사람들이 '브라만의 낮'과 '브라만의 밤'이라고 부르는 것이 서로 바뀌게 돼. 이런 생각은 우주가 팽창하고 수축하며 다시 팽창한다는, 그래서 영원한 순환 과정에 놓여 있다는 관념과 잘 어울리지. 지금 두근거리는 커다란 우주의 심장이 머릿속에 그려지는구나……."

"재미는 있지만 두 이론 모두 이해하기 어려워요."

"그 이론들은 소피가 정원에서 곰곰이 생각하던 영원성에 대한 중요한 역설과 비교할 수 있어. 우주가 항상 존재했던 것인지 아니면 그 언젠가 무에서 생겨난 것인지에 대한 문제 말이야."

"아야!"

힐데가 갑자기 이마를 감싸쥐었다.

"왜 그러니?"

"모기가 물었나 봐요."

"틀림없이 소크라테스가 너를 정신 차리게 하려고 한 일일 거야."

크녹스 선생님은 소피와 함께 빨간 스포츠카에 앉아서 소령이 힐데에게 우주에 대해 이야기해주는 것에 귀를 기울이고 있었다.

"우리 역할이 바뀐 것 같지 않니?"

크녹스 선생님이 물었다.

"무슨 말씀이세요?"

"전에는 저 사람들이 우리 말에 귀를 기울였고 우리는 저들을 볼 수 없었지. 그런데 이제는 우리가 저 사람들 얘기를 듣고 있고 저들은 우리를 볼 수 없잖아."

"그게 다가 아니에요."

"무슨 뜻이니?"

"처음에 우리는 힐데와 소령이 사는 세계가 존재한다는 걸 믿지 못했는데 지금 저들은 우리의 현실을 모르고 있어요."

"복수는 달콤한 것이지."

"그래도 소령은 우리 세계로 들어올 수 있었어요……."

"우리 세계도 소령에게는 그저 큰 개입일 뿐이었어."

"저는 우리도 저들의 세계에 개입할 수 있다는 희망을 포기하지 않겠어요."

"하지만 그건 불가능해. 너도 알잖아? 전에 신데렐라 휴게소에서 일어난 일 기억하지? 네가 콜라를 집으려고 하던 모습이 눈에 선하구나."

소피는 침묵했다. 소령이 대폭발에 대해 이야기하는 동안 소피는 정원을 바라보았다. 대폭발이라는 말에 소피에게 생각이 하나 떠올랐다.

소피는 차 안을 샅샅이 뒤지기 시작했다.

"뭐하니?"

크녹스 선생님이 물었다.

"아무것도 아니에요."

소피는 공구함을 열어 스패너를 꺼내 들고 차 밖으로 뛰어나갔다. 그리고 그네로 다가가서 힐데와 소령 앞에 섰다. 먼저 힐데의 시선을 끌어보려고 했지만 반응이 없자 스패너를 공중에 높이 들어 힐데의 이마를 때렸다.

힐데가 "아야!" 하고 소리쳤다.

다음에 소피는 스패너로 소령의 머리를 때렸지만 소령은 아무런 반응이 없었다. 소령이 힐데에게 물었다.

"왜 그러니?"

"모기가 물었나 봐요."

"틀림없이 소크라테스가 너를 정신 차리게 하려고 한 일일 거야."

소피는 풀밭에 누워서 그네를 흔들어봤지만 꼼짝도 하지 않았다. 소피가 그네를 아주 조금이라도 움직일 수 있을까?

"갑자기 다리에 서늘한 바람이 스치는 것 같아요."

힐데가 말했다.

"아니야, 날씨가 이렇게 따뜻한데."

"아니에요. 여기에 뭔가 있나 봐요."

"여기엔 우리 둘뿐이고, 기분 좋은 여름밤이야."

"아니에요, 뭔가가 있어요."

"도대체 뭐가 있다는 거니?"

"크녹스 선생님의 비밀 계획을 기억해보세요."

"그래, 그런데 그게 어쨌다는 거야?"

"그 사람들은 가든파티에서 땅속으로 꺼진 것처럼 감쪽같이 사라졌어요."

"하지만……."

"……땅속으로 꺼진 것처럼……."

"어차피 그 이야기는 언젠가는 끝나야 했어."

"그건 그래요. 하지만 그 후에 일어날 일이 문제예요. 그 사람들이 지금 여기에 있다고 생각해보세요……."

"그렇게 믿고 있니?"

"네, 아빠. 느껴져요."

소피는 차가 있는 곳으로 다시 뛰어왔다.

소피가 스패너를 들고 차에 탔을 때 크녹스 선생님은 "멋지군!" 하고 인정하지 않을 수 없었다.

"네가 가진 아주 특별한 능력을 곧 보게 되겠구나."

소령은 힐데의 어깨에 팔을 얹었다.

"저 파도의 멋진 노래가 들리니?"

"네."

"내일은 배를 타자."

"바람 소리가 이상한 속삭임으로 들리지 않으세요? 백양나무 잎이 어떻게 떨고 있는지 보이세요?"

"그게 살아 있는 행성이지."

"아빠 가끔 '행간'에 숨어 있는 것에 대해 쓰셨죠."

"그래서?"

"아마 이 정원에도 '행간'에 숨어 있는 무언가가 있을 거예요."

"자연은 수수께끼로 가득 차 있어. 지금 우리는 그중에서 하늘의 별에 관해 이야기하고 있지."

"물 위에도 곧 별이 뜰 거예요."

"그래, 네가 아기였을 때 달빛을 보고도 그렇게 말했어. 그리고 어떻게 보면 네 말도 맞아. 달빛과 다른 모든 유기체들은 한때는 서로 한데 뭉쳐 별이 되었던 원소들로 이루어져 있으니까."

"우리도요?"

"그래, 우리도 별들의 먼지에 지나지 않아."

"좋은 말씀이에요."

"망원경이 수십억 광년 떨어진 은하계에서 오는 빛을 잡아내면 그 빛은 우리에게 태초에 우주가 어땠는지를 보여줄 거야. 사람이 하늘에서 볼 수 있는 모든 것은 원래 수천, 수백만 년 된 우주의 화석이야. 점성술사가 할 수 있는 것은 오로지 '과거'를 예언하는 것뿐이지."

"별자리의 별빛이 우리에게 도착하기도 전에 서로 멀어지기 때문인가요?"

"2,000년 전에 별자리들은 오늘날과는 아주 다르게 보였어."

"전 몰랐어요."

"밤하늘이 맑으면 우리는 수백만 년 전, 아니 수십억 년 전의 우주를 볼 수 있어. 말하자면 그렇게 우리는 우리의 고향을 올려다보게 되는 셈이지."

"좀 더 자세히 설명해주세요."

"너와 나도 대폭발로 존재하기 시작했어. 우주의 모든 물질은 유기적인 통일체이기 때문이야. 태초의 어느 순간에 모든 물질은 한 덩어리로 뭉쳐 있었어. 그리고 그건 질량이 엄청났지. 아주 작은 크기지만 무게가 수십억 톤이나 됐어. 이 '최초의 물질'이 엄청난 중력 때문에 폭발했고 모두 산산조각 났지. 우리가 하늘을 쳐다보는 건 우리 자신에게로 가는 길을 찾는 거란다."

"이상한 표현 방식이군요."

"우주의 모든 별과 은하계는 똑같은 원소로 되어 있어. 그중에서 어떤 것은 우리가 있는 지금 여기에서 뭉쳐졌지. 한 은하계는 다른 은하계와 수십억 광년 떨어져 있을 수도 있지만 모든 은하계는 기원이 같단다. 즉 모든 별들과 행성들은 한 가족에 속한다고 할 수 있어."

"알겠어요."

"이 세계를 이루고 있는 원소는 뭘까? 수십억 년 전에 뭐가 폭발한 걸까? 그것은 어디에서 생겨났을까?"

"그건 커다란 수수께끼예요."

"하지만 그건 우리와 깊은 연관이 있어. 우리 자신이 그런 원소로 되어 있기 때문이지. 우리는 수십억 년 전에 피워진 거대한 불의 불꽃이야."

"멋진 말이에요!"

"그래도 이 거대한 숫자의 의미를 과장해서는 안 되겠지. 한 개의 돌멩이를 손에 쥐는 것만으로도 충분해. 우주가 단지 귤 크기만 한 돌멩이로 이루어져 있어도 그게 이해하기 어렵기는 마찬가지일 거야. 이 돌멩이가 어디에서 생겨났는지에 대한 질문은 같을 테니까."

소피는 갑자기 차에서 일어나 만을 가리키며 외쳤다.

"배를 저어보고 싶어요."

"그건 단단히 묶여 있고 게다가 우린 노를 들어 올릴 수도 없단다."

"한번 해보지 않으실래요? 아직 한여름 밤이잖아요."

"물가로 갈 수는 있겠지."

두 사람은 차에서 내려 정원을 가로질러 갔다.

선창에서 강철 고리에 묶여 있는 닻줄을 풀려고 했다. 그러나 닻줄을 들어 올릴 수도 없었다.

"못으로 박아놓은 것 같구나."

크녹스 선생님이 말했다.

"우리에게 시간은 많아요!"

"진정한 철학자는 절대 포기해서는 안 돼. ……우리가 여기 이걸 풀 수만 있다면……."

"이제 하늘에 별이 더 많이 보여요."

힐데가 말했다.

"그래, 지금은 한여름 밤에서도 가장 어두울 때지."

"하지만 별은 겨울밤에 더 빛나요. 아빠가 레바논에 가시기 전날 밤 생각나세요? 새해였어요!"

"그때 너에게 철학책을 써줘야겠다고 결심했지. 크리스티안산의 큰 서점에도 가보고 도서관에도 가봤지만 청소년에게 줄 만한 적당한 철학책이 없었어."

"마치 흰 토끼 가죽의 가느다란 털 속에 앉아 있는 것 같아요."

"이 밝은 밤에 누가 밖에 있나?"

"조각배가 저절로 풀어졌어요!"

"그래, 정말이네……."

"이상하네요. 아빠가 오시기 전에 제가 배를 꼭 묶어뒀거든요."

"정말?"

"소피가 크녹스 선생님의 배를 어떻게 빌렸는지 생각이 나요. 배가 어떻게 호숫가에서 멀어졌는지 기억나세요?"

"너는 소피가 또 어떤 일을 해냈는지 알게 됐구나."

소령이 말했다.

"아빠는 농담만 하시는군요. 저는 저녁 내내 여기에 뭔가가 있다는 걸 느꼈다니까요."

"누가 헤엄쳐 가서 조각배를 끌어와야 할 것 같구나."

"같이 가요, 아빠."

옮긴이의 말

『소피의 세계(Sofies verden)』(노르웨이어본, 1991)의 독일어 번역본(1993)을 처음 읽는 순간, 이 소설은 나에겐 강한 끌림과 커다란 놀라움 그 자체였다. 1994년 봄, 소설이 주는 흥미와 소설 속 여주인공 소피처럼 탐정이 된 듯 호기심에 사로잡혀 사흘 동안 이 작품을 손에서 내려놓지 못했다. 국내 독자에게 꼭 소개해야 할 좋은 책이라고 현암사 출판부에 힘주어 추천했던 그때가 지금도 생생히 기억난다. 그 무렵 독일에서는 『소피의 세계』가 독일어로 번역되어 출간되자마자 순식간에 베스트셀러로 떠올라 평범한 철학 교사였던 요슈타인 가아더는 하루아침에 유명 작가가 되었고, 1994년 '독일 청소년문학상'이 이 작품에 돌아갔다. 우리나라에서도 번역 중이었던 이 작품에 대한 관심은 점점 높아졌고, 1994년 12월 드디어 한국의 독자와 첫 만남이 이루어졌다.

이 작품에 대한 놀라움은 '소설로 읽는 철학'이라는 부제가 말해주듯, 3,000년에 걸쳐 생각의 마디마디를 이어온, 방대한 서양 철학을 이해하기 쉽게 설명하고 있다는 사실에서 비롯된다. 그리고 장편의 '(청소년)소설'이 지닌 그 문학성이 더욱 놀랍다. 소설의 구성과 내용 전개에서 매우 독창적인 등장인물들과 다층적인 이야기 구조를 선보임으로써 이제 이 작품은 세계문학 가운데 현대 고전으로서의 위치를 갖게 되었다.

『소피의 세계』가 우리 독자에게 처음 알려진 이후 어느덧 20여 년의 세월이 흘렀다. 그동안 독자들의 많은 사랑에 힘입어 열다섯 살의 '소피'는 서른다섯 살의 '소피'가 되었다. 그러나 마법의 시간은 세속의 세월을 비껴갔다. 열다섯 살의 소녀 소피를 '그대로의 모습'으로 2015년 12월 우리 독자에게 소개할 수 있게 되었기 때문이다. 이는 독자의 꾸준한 사랑의 덕택이며 그 사랑에 번역자로서 감사의 마음을 전한다. 이러한 사랑이 『소피의 세계』를 좀 더 완전한 작품으로 만들고 싶다는 의지에 원동력이 되었으며, 현암사 편집부와 함께 부단한 노력과 수고를 마다 않고 이 개정판을 선보이는 계기가 되었다. 그동안의 사랑에 대한 작은 보은이 되길 바라는 마음이다.

개정판을 준비하고 이 작품이 출판의 빛을 보기까지 여러 과정이 있었다. 이 책은 가브리엘레 해프스(Gabriele Haefs)가 1993년 번역한, 카를 한저(Carl Hanser)출판사의 독일어본 (『Sofies Welt - Roman über die Geschichte der Philosopie』)을 토대로 번역되었다. 따라서 초판본(1994)의 번역에서는 이름의 번역을 독일어의 음역을 기준으로 삼았다. 개정판(2015)에서는 좀 더 원작에 다가가기 위해 『소피의 세계』의 출발어인 노르웨이어의 음역을 독자에게 알리고자 모든 인물과 지명을 노르웨이어의 음역으로 변환했다. 개정판에서 '소피 아문센', '알베르트 크나그'라고 인물명이 바뀐 이유이기도 하다. 작가의 이름 '요슈타인 가아더'도

노르웨이어의 음역으로는 '요스테인 고르데르'이지만, 작가의 이름을 바꿀 경우 개정판이 아니라 새로운 책으로 오인될 수 있어 '요슈타인 가아더'라는 독일어 음역을 그대로 채택했다. 그리고 중세 이후의 서양 철학사를 설명하는 단락에서 기독교의 '신(der Gott)'이라는 단어는 번역자의 시각에 따라서 유일신의 개념을 강조하는 '하나님'이라고 옮기기도 하고 가톨릭에서 '하느님'으로 표현하기도 하는 것을 참작하여 일반적인 용어인 '하느님'으로 통일했다.

전체 작품의 문체를 고려했을 때, 철학적 지식과 내용 전달이 강조된 '~다.'의 어투와 문어체의 글을 개정판에서는 문답식 대화에 어울리도록 '구어체'로 바꾸었다. 그리고 시대의 변화(2006년에 발표된 명왕성에 대한 표기 등등)를 수용하여 꼭 필요한 어휘 풀이에서는 옮긴이 주를 병기하였다. 그리고 '열다섯 살의 소피'가 21세기 현대사회에서 SNS에 익숙한 우리 젊은 스마트폰 세대들과 지속적으로 소통하기 위해서는 20여 년의 세속적 세월을 뛰어넘어야 했다. 그래서 현재 우리 청소년층에서 사용하는 어휘들과 어법도 개정판 번역에서 반영해야 할 중요한 요소였다. 독자의 빠른 이해를 돕기 위해 간추려졌던 중복된 내용을 개정판에서는 원작의 원문 그대로 되살려내려고 노력했다. 원작의 단락 구분을 그대로 수용하여 편집했다.

『소피의 세계』는 '철학 입문서'인 동시에 '철학 정신에 관한 역사적 배경을 그린 소설'이다. 작가 가아더는 소설 『소피의 세계』를 통해서 "너는 누구니?"라는 화두를 던지며 현대를 사는 우리에게 삶의 근원적 문제들을 깊이 생각하게 하고, 인간 삶의 참된 변화의 원동력이 바로

'생각의 힘'이라는 것을 강조하고 있다. 무엇보다도 작가가 자신의 출신지인 노르웨이를 중심으로 서양 정신세계, 서양 철학의 역사, 그리고 기독교적 세계관을(인도 철학을 포함하여) 이야기로 풀어냈다는 사실도 간과해선 안 될 것이다. 그렇다면 가아더는 '왜 철학 이야기를 들려주는 것인가?'라는 의문도 생겨난다. 소설에서는 '힐데'라는 소녀의 다가오는 열다섯 살 생일을 맞아 생일 선물을 준비하는 아빠가 등장한다. 그는 레바논 평화유지군으로 파병된 유엔군 소속 소령이다. 액자식 구성을 통해서 이 힐데의 아빠는 바로 '소피의 세계'라는 철학책을 창작하고 있는 작가로 소개된다. 그는 평화 유지를 위해서 가족과 떨어져 먼 레바논에 유엔군으로 주둔하고 있고, 외롭게 엄마와 단 둘이 살고 있는 딸 힐데에게 같은 이름의 이 철학책을 선물하려는 것이다. 특히 눈에 띄는 것은 이 소설의 작가인 요슈타인 가아더가 딸을 위해 철학책을 집필하는 소령의 입을 통해서 바로 '철학 강의가 전쟁과 폭력에 저항하는 가장 좋은 방법'이라고 딸 힐데에게 힘주어 말하고 있는 장면이다.

"사랑하는 힐데야, 나는 가끔 사람들이 조금만 더 현명하게 생각한다면 전쟁과 폭력을 충분히 피할 수 있지 않을까 스스로 묻곤 한단다. 어쩌면 전쟁과 폭력에 저항하는 가장 좋은 방법이 이 작은 철학 강의일지도 몰라."

소설의 첫머리에 등장하는 소피와 철학 선생님은 이야기가 진행되는 동안 자신들이 소령이 창작한 '소피의 세계'라는 철학책의 등장인물이라는 것을 깨닫고, 자신들의 운명을 주도적으로 바꾸어 창조주인 소령의 영향권에서 벗어나려고 노력한다. 그러한 등장인물들의 동선을 함께 주목하게 되는 이 소설의 실제 독자들은, 결국 힐데와 소령도 『소피의 세계』라는 작품에서 작가 가아더가 창조해낸 인물이라는 사실을 깨달을 수밖에 없다. 그리고 현재 지금 이곳에 깃들여 살고 있는 모든 존재들이 바로 유한한 피조물임을 말이다. 그러나 이런 제한된 세계 속에서도 변함없는 인간의 사랑과 다음 세대의 성장을 돕는 기성세대의 부단한 노력과 수고가 강조된다. 에덴동산에서 비롯된 이야기는 소설의 말미에서 '지금 이곳'에서 가든파티를 벌이는 젊은이들의 사랑 이야기로 부단히 이어지고 있는 것이다. 그리고 다층적 소설 구조와 등장인물들을 통해서 서로 다른 관점에서 사물과 현실을 인지할 수 있는 가능성이 드러난다. 특히 문답을 통해 대화하는 과정에서 서로 다른 관점의 차이를 깨닫게 되는 것이다. 그리고 이 소설은 '열다섯 살의 소녀'를 주인공으로 하는 소설이다. 주인공 소녀의 '사회화' 과정이 묘사되는 가운데, 오랫동안 가부장제의 남성 중심적 사고가 지배하던 서양 사회의 변화를 염원하는 가아더의 페미니즘적 시각이 강조되고 있다. 이후 발표된 많은 작품들을 통해서도 가아더는 현 사회의 문제를 놓고 침묵하지 않고 전쟁과 폭력에 저항하기 위한 그의 붓끝을 활발히 움직이고 있다. 우리가 살고 있는 지구촌 곳곳의 분쟁과 갈등을 목도하면서 '생각의 힘'을 강조하는 가아더의 문학이 소중하게 여겨지는 까닭도 여기에 있다.

21세기 다매체 시대를 맞이하여 20여 년 전에 발표된 소설 『소피의 세계』에서 활용되는 다양한 매체들을 보면서 다매체 시대를 예견한 작가 가아더의 안목에 감탄하지 않을 수 없다. 그의 철학 강의는 소설책, 편지, 비디오, 컴퓨터 등의 다양한 매체를 활용한 이야기들이어서, 자칫 지루하기 쉬운 철학 강의에 현장감과 생동감을 주어 공감각적 즐거움을 선사한다. 이를 반영하듯 이 소설은 다른 매체로 제작되어 활발하게 수용되고 있다. 노르웨이 감독 에리크 구스타브손(Erik Gustavson)은 소설 『소피의 세계』를 1999년 영화화했고 2000년대 초 우리나라 EBS에서도 이 텔레비전 영화가 수입되어 방영된 적 있다. 이 작품은 현재까지 60개국의 언어로 번역되었고(2011년 기준), CD, 뮤지컬 등의 다양한 형태로 글로벌 시대의 세계인들에게 선보이고 있다.

끝으로 이 『소피의 세계』의 개정판 출간은 현암사 조미현 사장님의 지원과 편집부의 큰 노력과 정성으로 가능할 수 있었다. 조미현 사장님, 김현림 주간님과 편집부 박인애 님께 진심으로 감사드린다.

2015년 12월 청파언덕에서

장영은

초판 감수자의 말

1

플라톤이 대화라는 예술적 형식을 빌려 자신의 철학적 생각을 형상화한 이래 철학과 문학의 결합이란 철학자들에겐 하나의 영원한 화두였다. 그러나 플라톤의 모범을 본받아 많은 사람들이 철학적 진리에 문학적 아름다움의 옷을 입히려는 시도를 해왔음에도 불구하고, 이 일에서 성공을 거둔 사람은 거의 없었다. 아마도 그것은 칸트가 지적했듯이, 학문적 재능과 예술적 천재라는 것이 본질적으로 그 성격을 달리하는 것인지라 한 사람의 정신 속에서 조화롭게 통일을 이루는 것이 쉽지 않기 때문일 것이다. 철학은 본시 개념을 통해 말하는 반면 문학은 이미지를 통해 말하는데, 한 사람이 이 두 가지 능력을 같이 갖기란 흔히 있을 수 있는 일이 아니다. 비록 드물게 문학적 천재와 철학적 재능을 같이 가진 사람들이 없지는 않았으나, 그런 사람들의 경우에도 대개의 경우 한 번은 시인으로서 문학 작품을 쓰고 한 번은 철학자로서 철학 논문을 쓰기는 쉬워도 플라톤의 『잔치(Symposium)』처럼 철학적 사변과 예술적 형식이 완벽히 조화된 작품을 쓰는 것은 플라톤 같은 천재에게만 허락된 예외적인 행운이었다.

2

요슈타인 가아더를 감히 신적인 플라톤에 비견된다고 말한다면 물론 하나의 웃음거리에 지나지 않을 것이다. 그러나 방금 말했듯이 철학과 문학의 결합이 얼마나 어렵고 드문 일인가를 고려한다면, 요슈타인 가아더가 철학적 사변을 가장 대중적인 문학 형식인 소설을 통해 성공적으로 형상화한 것은 실로 경탄할 만한 일이라 하지 않을 수 없다. 그러나 작가의 성공이 단지 철학을 이해하기 쉽게 풀어쓴 데 있는 것은 아니다. 요사이 우리 독서계에는 철학을 쉽게 풀어썼다는 책들이 유행처럼 쏟아져 나오고 있다. 하지만 철학이 말하는 지혜는 주머니 속의 동전처럼 그렇게 쉽게 소유될 수 있는 것이 아니다. 철학이란 모든 것을 몇 푼의 돈을 통해 손쉽게 얻으려는 속물들이 가까이하기에는 너무도 진지한 학문이기 때문이다. 도리어 이 소설의 성취는 바로 그 철학적인 진지함과 엄밀함이 매혹적인 아름다움의 옷을 입고 형상화되었다는 데 있다. 다시 말해 작가는 철학적인 사색의 길이 비록 고통스러운 정신의 노동과 인내를 요구하는 것이라 하더라도 거기에는 다른 곳에서는 결코 얻을 수 없는 아름다움과 기쁨이 있다는 것을 생생히 보여줌으로써 읽는 이의 마음속에 철학적 삶과 태도에 대한 자연스러운 동경을 불러일으킨다. 바로 이것이 이 소설을 사이비 통속 철학과 구별되게 하는 결정적 차이이다. 사람들은 철학을 대중에게 쉽게 이해시키기 위해 철학을 통속화시킨다. 그러나 요슈타인 가아더는 다만 철학에 아름다움의 옷을 입혔을 뿐이다.

3

이 소설이 우리에게 주는 감동은 그것이 가진 예술적 아름다움에만 있는 것은 아니다. 철학적인 내용 자체에서도 이 소설이 보여주는 생각의 깊이는 놀랄 만큼 깊다. 피상적으로만 본다면 『소피의 세계』는 탈레스로부터 현대 철학에 이르기까지 온갖 철학자들의 여러 주장들을 잡다하게 나열하고 있는 것처럼 보인다. 그러나 철학적 관심의 이러한 표면적 다양성에도 불구하고 이 소설은 몇 가지 서로 연관된 근본 물음과 궁극적 관심에 의해 관통되고 있다. 그것은 '나는 누구인가?', '나는 어디서 왔는가?', 그리고 '세계는 어디에서 생겼는가?' 하는 철학의 영원한 물음이다. 이런 물음은 너무도 쉽고 단순해서 도리어 따라가기 힘든 철학의 근본 물음이다. 이런 물음은 잘못 던지면 터무니없는 억지 물음이 되거나, 상투적인 물음이 되기 십상이다. 그런데 요슈타인 가아더는 나와 세계의 존재에 대한 근본 물음을 의미 있는 물음으로 제기하는 데 성공했다. 이것은 작가가 나와 세계의 존재를 바로 나 자신에게 낯선 것으로 만드는 데 성공했다는 것을 뜻한다. 처음에 생생한 현실로서 그려지던 소피의 세계는 이 소설이 진행되면서 어떤 중년 소령이 자기 딸에게 생일 선물로 주기 위해 창작한 소설 속의 현실임이 밝혀진다. 이것은 독자를 당혹하게 한다. 왜냐하면 우리가 이 소설을 처음 읽기 시작했을 때 우리는 소피의 삶과 세계를 자명하고도 확실한 현실적 세계로서 받아들였기 때문이다. 우리는 그 자명하고도 확실한 존재의 기반이 흔들리는 것을 심정적으로 받아들이지 못하고 저항한다. 그리고 소설이 완전히 끝나는 순간까지 소피의 세계가 한갓 허구가 아닌 자명하고 확고한 현실이기를 기대한다. 그러나 작가는 그런 우리의 기대를 채워주지 않는다.

그러나 우리는 도대체 무엇을 가리켜 허구와 비현실이라 하고, 무엇을 가리켜 확실하고 자명한 존재라고 말하는가? 우리가 처음에 그토록 자명한 것으로 받아들였던 소피의 세계는 소령의 의식이 만들어낸 관념적 현실이었다. 그러나 이런 사정은 소령의 경우에도 마찬가지다. 그는 다시 요슈타인 가아더의 『소피의 세계』 속에서만 존재하는 관념적 존재에 지나지 않는다. 그렇다면 확실하고 자명한 존재란 무엇인가? 『소피의 세계』를 읽는 우리들 자신은 이 소설 속의 존재들보다 더 나은가? 나 자신과 내가 속한 이 세계의 존재는 소피의 세계와는 달리 자명하고 확고한 것인가? 작가는 독자인 우리를 이 물음 속으로 피할 수 없이 밀어 넣는다. 그리고 우리로 하여금 스스로 되묻게 한다. 소피의 세계가 자신의 존재 근거를 자기 자신 속에 갖고 있지 않았듯, 우리의 세계 역시 실은 그것의 존재 근거를 자기 속에서 명증적으로 드러내 보이지 않는다. 그렇다면 마치 마술사가 우리가 이해할 수 없는 과정을 통해 그의 검은 모자에서 느닷없이 흰 토끼를 끄집어내듯, 우리의 세계 역시 우리가 끝내 헤아릴 수 없는 방식으로 어떤 다른 원천, 어떤 무한한 정신에 의해 생겨나 지탱되고 있는 것은 아닌가? 그리고 그 세계 속의 우리 자신 역시 무한한 우주의 역사 속에서 어디에서 와 어디로 가는지 알지 못한 채 왔다가 사라져가는 한 줌 별의 먼지에 지나지 않는 것은 아닌가? 어떤 의미에서 우리의 존재는 소피의 존재에 비해 더 확고하고 자명한가? 어떤 의미에서 우리의 세계는 소피의 세계에 비해 더 굳건하단 말인가?

　　일상성 속에 빠져 있는 의식을 일깨워 자기에게 가장 익숙하고 자명한 듯이 보이던 것, 바로 자기 자신과 주변 세계의 존재를 도리어 끝없이 낯설고 불가사의한 것으로 체험하게 하는 것이야말로 철학이 이룰 수 있는 가장 근원적인 성취의 하나이다. 그런 점에서 『소피의 세계』는 한갓 철학의 소개를 위한 교양 소설이 아니라, 이미 그 자체로서 하나의 의미 있는 철학적 성취인 것이다.

4

이 책이 탁월한 문학적 구성을 바탕으로 철학 이야기를 풀어나가는 매우 독특한 형식을 취하고 있기 때문에 그간의 감수 작업이 결코 쉽게 진행되지는 않았다. 그래서 이 소설이 가지는 문학적인 아름다움을 우리말로 재현하고 동시에 철학적인 서술들을 가능한 한 정확하고 명료하게 표현해내기 위해서 세심한 원문 대조 과정을 바탕으로 적지 않은 노력을 기울였다. 오랜만에 좋은 책을 대하고 있다는 기쁨과 보람으로 이 책의 감수를 끝까지 마칠 수 있었다. 그럼에도 불구하고 여전히 있을 수 있는 오류와 불완전함에 대해서는 앞으로도 계속 수정해나갈 것을 약속드린다. 지금의 형태로 책이 나오기까지 현암사 편집부의 조미순, 김지영, 이혁원 님의 수고가 적지 않았다. 그분들의 도움과 노고에도 감사의 뜻을 전한다.

1994년 12월
김상봉
(전남대 철학과 교수)

찾아보기